HANDBUCH
DER ALTERTUMSWISSENSCHAFT

BEGRÜNDET VON IWAN VON MÜLLER
ERWEITERT VON WALTER OTTO
FORTGEFÜHRT VON HERMANN BENGTSON

ZWEITE ABTEILUNG, DRITTER TEIL

ANTIKE RHETORIK

TECHNIK UND METHODE

VON

JOSEF MARTIN†

PROFESSOR EMERITUS
DER UNIVERSITÄT WÜRZBURG

C. H. BECK'SCHE VERLAGSBUCHHANDLUNG
MÜNCHEN 1974

ISBN 3 406 04770 X

© C. H. Beck'sche Verlagsbuchhandlung (Oscar Beck) München 1974
Druck: Druckerei Georg Appl, Wemding
Printed in Germany

INHALTSVERZEICHNIS

Abkürzungsverzeichnis	VII
Vorwort des Herausgebers	XI
Einleitung. Definition und Einteilung der Rhetorik	1
Erster Abschnitt · Die *inventio*	13
Erstes Kapitel. Die gerichtliche Beredsamkeit	15
I. Allgemeine Voraussetzungen	15
II. Die Statuslehre	28
A. Die *status rationales*	28
1. Der *status coniecturalis*	30
2. Der *status definitionis*	32
3. Der *status qualitatis*	36
4. Die *translatio*	42
B. Die *status legales*	44
1. *Scriptum et voluntas*	46
2. *Leges contrariae*	48
3. *Ambiguitas*	50
4. *Syllogismus*	51
III. Die Teile der Gerichtsrede	52
1. Die Einleitung	60
2. Die Erzählung	75
3. Die *digressio*	89
4. Die *propositio* und *partitio*	91
5. Der Beweis	95
a) Der unkünstliche Beweis – b) Der künstliche Beweis – c) Das Beispiel – d) Die *refutatio* – e) Die Frage – f) Die Behandlung der Beweise	
6. Die *altercatio*	137
7. Das Lächerliche	138
8. Der Schluß der Rede	147
Zweites Kapitel. Die beratende Beredsamkeit	167
Drittes Kapitel. Die epideiktische Beredsamkeit	177

Zweiter Abschnitt · Die *dispositio* 211
A. Die τάξις der *status rationales* 229
B. Die τάξις der *status legales* 240

Dritter Abschnitt · Die Lehre vom Ausdruck 245
Erstes Kapitel. Allgemeine Regeln 247
Zweites Kapitel. Der Redeschmuck 259
I. Die Tropen 261
II. Die Figuren 270
1. Die Sinnfiguren 275
2. Die Wortfiguren 295
a) Die grammatischen Figuren – b) Die rhetorischen Wortfiguren –
c) Die *figurae per ordinem*
III. Die *compositio* 315
1. Die Lehre vom Satzbau 315
2. Die Lehre von der Wortfolge 320
a) Der *ordo* – b) Die *iunctura* – c) Der *numerus* – d) Der *cursus*
Drittes Kapitel. Die Stilarten 329

Vierter Abschnitt · Die *memoria* 347

Fünfter Abschnitt · Die *pronuntiatio* 351

Register, bearbeitet von Joachim Hopp 357

ABKÜRZUNGSVERZEICHNIS

I. Autoren

Die Abkürzungen der lateinischen Autoren entsprechen in der Regel den im Thesaurus Linguae Latinae (Index librorum scriptorum inscriptionum ex quibus exempla adferuntur, Leipzig 1904; Suppl. Leipzig 1958) verwendeten. Sie sind deshalb hier nicht mehr eigens aufgeführt.

Häufiger zitierte Editionen:

G.	Cornuti artis rhetoricae epitome, ed. J. Graeven, Berlin 1891.
Gramm. Lat.	Grammatici Latini, ed. H. Keil, 7 vol. + 1 Suppl., Leipzig 1855–80 (Nachdr. Hildesheim 1961).
Grill.-M.	Grillii commentum in Ciceronis rhetorica, ed. J. Martin: Grillius. Ein Beitrag zur Geschichte der Rhetorik, in: Studien zur Geschichte und Kultur des Altertums XIV, Heft 2–3, Paderborn 1927.
H.	Rhetores Latini minores, ed. C. Halm, Leipzig 1863 (Nachdr. Frankfurt a. M. 1964).
P.S.-R.	Prolegomenon Sylloge, ed. H. Rabe, Leipzig 1935 (Rhetores Graeci vol. XIV).
Rhet. Gr.-W.	Rhetores Graeci, ed. Ch. Walz, 9 vol., Stuttgart-Tübingen 1832–1836.
Sp.	Rhetores Graeci, ed. L. Spengel, 3 vol. Leipzig 1853–1856. (Bei fehlender Bandangabe ist immer vol. I gemeint.)
Sp.-H.	Rhetores Graeci ex recog. L. Spengel, ed. C. Hammer, vol. I pars II, Leipzig 1894.
VS	Die Fragmente der Vorsokratiker, Griech. und Deutsch, ed. H. Diels, 8. Aufl., ed. W. Kranz, Berlin 1903, 1956[8].

Aischin.	Aischines
or.	Orationes
Aischyl.	Aischylos
Ag.	Agamemnon
Alex.	Alexandros
fig.	περὶ σχημάτων (Sp. III p. 7ff.)
rhet.	περὶ ῥητορικῶν ἀφορμῶν (Sp. III p. 1ff.)
Anaxim.	Anaximenes
rhet.	Ars rhetorica
Anon.	Anonymus
de sublim.	περὶ ὕψους (Sp. p. 243ff. = Sp.–H. p. 105ff.)
fig.	περὶ τῶν τοῦ λόγου σχημάτων (Sp. III p. 110ff.)
	περὶ σχημάτων (Sp. III p. 171ff.)
	περὶ τῶν σχημάτων τοῦ λόγου (Sp. III p. 174ff.)
rhet.	περὶ ῥητορικῆς (Sp. p. 321ff. = Sp.–H. p. 208ff.)
trop.	περὶ ποιητικῶν τρόπων (Sp. III p. 207ff.)
Anon. Seguer.	Anonymus Seguerianus
rhet.	τέχνη τοῦ πολιτικοῦ λόγου (Sp. p. 425ff. = Sp.–H. p. 352ff. = G. p. 1ff.)
Antiphon	Antiphon
or.	Orationes
Aps.	Apsines
rhet.	τέχνη ῥητορική (Sp. p. 329ff. = Sp.–H. p. 217ff.)

Aristeid.	Aristeides
rhet.	Aristidis qui feruntur libri rhetorici II, ed. W. Schmid, Leipzig 1926 (Rhetores Graeci vol. V)
Aristoph.	Aristophanes
Ach.	Acharnenses
av.	Aves
fr.	Fragmenta
nub.	Nubes
ran.	Ranae
Arist.	Aristoteles
an. pr.	Analytica priora
poet.	De arte poetica
probl.	Problemata
rhet.	Ars rhetorica
SE	Sophistici elenchi
Ath.	Athenaios, Deipnosophistai
Athanas. Alex.	Athanasios v. Alexandria
prol.	προλεγόμενα (P. S. p. 171 ff. R)
Beda	Beda Venerabilis
trop.	Liber de schematibus et tropis (H. p. 611 ff.)
Choirob.	Choiroboskos
trop.	περὶ τρόπων ποιητικῶν (Sp. III p. 244 ff.)
Clem. Alex.	Clemens v. Alexandria
strom.	Stromateis
Demetr.	Demetrios v. Phaleron
eloc.	περὶ ἑρμηνείας (Sp. III p. 257 ff.)
Demosth.	Demosthenes
or.	Orationes
Diog. Laert.	Diogenes Laertios, De clarorum philosophorum vitis
Dion. Hal.	Dionysios v. Halikarnaß
	Opuscula, ed. H. Usener und L. Radermacher, Leipzig 1899, 1904 (Nachdr. Stuttgart 1965)
comp.	De compositione verborum
Dem.	De Demosthene
Isokr.	De Isocrate
Lys.	De Lysia
orat. vet.	De oratoribus veteribus
rhet.	Ars rhetorica
Thuk.	De Thucydide
Doxopat.	Doxopatres
homil. in Aphth.	ὁμιλίαι εἰς Ἀφθόνιον (Rhet. Gr. II p. 81 ff. W)
prol.	προλεγόμενα τῆς ῥητορικῆς (Rhet. Gr. VI p. 4 ff. W)
Greg. Kor.	Gregorios v. Korinth
trop.	περὶ τρόπων (Sp. III p. 215 ff.)
Hermog.	Hermogenes
	Opera, ed. H. Rabe, Leipzig 1913 (Rhetores Graeci vol. VI)
id.	περὶ ἰδεῶν
inv.	περὶ εὑρέσεως
meth.	περὶ μεθόδου δεινότητος
prog.	προγυμνάσματα
stat.	περὶ τῶν στάσεων
Hdn.	Herodianos
fig.	περὶ σχημάτων (Sp. III p. 83 ff.)
Hdt.	Herodot, Historiae
Hom.	Homer

Il.	Ilias
Od.	Odysseia
Iambl.	Iamblichos
vita Pyth.	De vita Pythagorae
Isokr.	Isokrates
epist.	Epistulae
or.	Orationes
Joh. Sicul.	Johannes Sikeliotes
schol. in Hermog. id.	σχόλια εἰς τὰς ἰδέας τοῦ Ἑρμογένους (Rhet. Gr. VI p. 56ff. W)
Kokondr.	Kokondrios
trop.	περὶ τρόπων (Sp. III p. 230ff.)
Longin.	Longinos
fr.	Fragmenta ἐκ τῶν Λογγίνου (Sp. p. 325ff. = Sp.–H. p. 213ff.)
rhet.	τέχνη ῥητορική (Sp. p. 297ff. = Sp.–H. p. 179ff.)
Lys.	Lysias
or.	Orationes
Max. Plan.	Maximos Planudes
prol.	προλεγόμενα τῆς ῥητορικῆς (Rhet. Gr. V p. 212ff. W)
schol. in Hermog. inv.	σχόλια εἰς τοῦ Ἑρμογένους εὑρέσεις (Rhet. Gr. V p. 370ff. W)
schol. in Hermog. id.	σχόλια εἰς τοῦ Ἑρμογένους ἰδέας (Rhet. Gr. V p. 439ff. W)
Men.	Menandros
rhet.	περὶ ἐπιδεικτικῶν (Rhet. Gr. IX p. 127ff. W = Sp. III p. 329ff.)
Minuc.	Minukianos
epich.	περὶ ἐπιχειρημάτων (Sp. p. 415ff. = Sp.–H. p. 340ff.)
Paus.	Pausanias, Perihegesis
Phld.	Philodemos
rhet.	Volumina Rhetorica, ed. S. Sudhaus, Leipzig 1892, 1896 (Nachdr. Amsterdam 1964)
Philostr.	Philostratos, ed. C. Kayser, Leipzig 1870/71 (Nachdr. Hildesheim 1964)
epist.	Epistulae
VS	Vitae Sophistarum
Phoib.	Phoibammon
fig.	περὶ σχημάτων ῥητορικῶν (Sp. III p. 41ff.)
Phot.	Photios
bibl.	Bibliotheca
Plat.	Platon
apol.	Apologia
Euthyd.	Euthydemos
Gorg.	Gorgias
Hipp. mai.	Hippias maior
leg.	Leges
Menex.	Menexenos
Phaidr.	Phaidros
polit.	Politikos
rep.	De re publica
soph.	Sophistes
symp.	Symposion
Plut.	Plutarch
Quaest. conv.	Quaestiones convivales
Prol. in Hermog.	προλεγόμενα τῆς Ἑρμογένους ῥητορικῆς (Rhet. Gr. IV p. 1ff. W)
Ruf.	Rufos
rhet.	τέχνη ῥητορική (Sp. p. 461ff. = Sp.–H. p. 399ff.)

Schol. in Hermog. stat.	σχόλια εἰς στάσεις τοῦ Ἑρμογένους (Rhet. Gr. IV p. 39 ff. W)
Sext. Emp.	Sextus Empiricus
adv. math.	Adversus mathematicos
Simpl.	Simplicius
in cat.	In Aristotelis categorias commentarium, ed. C. Kalbfleisch, Berlin 1907 (Comm. in Arist. Graeca VIII)
Sopat.	Sopatros
in Hermog.	εἰς τὴν Ἑρμογένους τέχνην (Rhet. Gr. V p. 1 ff. W)
Soph.	Sophokles
fr.	Fragmenta
OC	Oedipus Coloneus
Syrian.	Syrianos
in Hermog. comm.	Syriani in Hermogenem Commentaria, ed. H. Rabe, Leipzig 1892/3.
Theon.	Theon v. Alexandria
prog.	προγυμνάσματα (Sp. II p. 57 ff.)
Thuk.	Thukydides
Tib.	Tiberios
fig.	περὶ σχημάτων (Sp. III p. 57 ff.)
Troil.	Troilos
prol.	προλεγόμενα τῆς ῥητορικῆς Ἑρμογένους (Rhet. Gr. VI p. 42 ff. W)
Tryph.	Tryphon
trop.	περὶ τρόπων (Sp. III p. 189 ff.)
Victorin.	Q. Fabius Laurentius Victorinus
rhet.	Explanationum in rhetoricam M. Tullii Ciceronis libri duo (H. p. 155 ff.)
Xen.	Xenophon
Ages.	Agesilaos
an.	Anabasis
Hell.	Hellenika
Kyr.	Kyrupaedia
mem.	Memorabilia
Zonai.	Zonaios
fig.	περὶ σχημάτων τῶν κατὰ λόγον (Sp. III p. 161 ff.)

II. Sonstige Abkürzungen

Abh. München	Abhandlungen der Königl. Bayer. Akademie der Wissenschaften. Philosophisch-philologische Klasse
AJPh	American Journal of Philology
ClQuart.	Classical Quarterly
DLZ	Deutsche Literaturzeitung
IG	Inscriptiones Graecae
Jb.f.kl.Phil.	Jahrbuch für klassische Philologie
LZbl.	Literarisches Zentralblatt für Deutschland
Philol.	Philologus
RE	Realencyclopädie der classischen Altertumswissenschaft von Pauly-Wissowa
RhM	Rheinisches Museum für Philologie
Suppl.	Supplement
WklPh	Wochenschrift für klassische Philologie

VORWORT DES HERAUSGEBERS

Mit dem Erscheinen der ‚Antiken Rhetorik' aus der Feder Josef Martins kann im ‚Handbuch' eine seit Jahrzehnten empfundene Lücke geschlossen werden. Das Werk tritt jetzt an die Stelle von Richard Volkmanns ‚Rhetorik der Griechen und Römer', die mehreren Generationen als Leitfaden gedient hat, obwohl das Buch seit langem erneuerungsbedürftig war. Was in der ‚Antiken Rhetorik' Martins geboten wird, ist, wie im Titel angedeutet, im wesentlichen ein ausführlicher Überblick über die Technik und Methode. Gerade auf diesem Gebiet hat sich das Fehlen eines Abrisses besonders fühlbar gemacht. Erst mit dem Erscheinen dieses Bandes wird es möglich sein, die antike Rhetorik in den Rahmen der Geistesgeschichte der Alten Welt einzuordnen. Aber auch für das Fortwirken der Rhetorik des Altertums wird sich dieser Band als nützlich erweisen.

Herausgeber und Verlag sind dem Verfasser, Herrn Professor Dr. Josef Martin, zu großem Dank verpflichtet, daß er die mühevolle Aufgabe übernommen und nach jahrelanger Arbeit zu Ende geführt hat. Doch war es ihm nicht vergönnt, das Erscheinen seines Werkes zu erleben. Er ist am 21. November 1973 im Alter von fast 90 Jahren heimgegangen. Bei der Gestaltung des Druckmanuskripts und bei den Korrekturen hatte er sich der Hilfe von Joachim Hopp in München erfreuen können. Herr Hopp hat auch die Zitate nachgeprüft und das Register zusammengestellt. Ihm gebührt ein Wort aufrichtigen Dankes, ebenso aber auch Frau Dr. Ursula Pietsch, die sich des Bandes im Verlag angenommen hat.

München, im Januar 1974   Hermann Bengtson

EINLEITUNG

DEFINITION UND EINTEILUNG DER RHETORIK

Redner und Reden gibt es schon in den homerischen Epen, aber keine Rhetorik. Als ihre Erfinder und Lehrer werden die Syrakusaner Korax und sein Schüler Teisias genannt, die nach dem Sturz der Tyrannen 427 zur Regelung der von diesen gestörten Besitzverhältnisse in Syrakus als Redner auftraten und ihre Redekunst in ein System gebracht haben. Korax soll auch eine τέχνη ῥητορική geschrieben haben. Durch ihn kam dann diese Kunstlehre nach Athen, wo er mit dem damals bedeutendsten Sophisten, Gorgias von Leontinoi, zusammentraf, der 427 mit einer Gesandtschaft der Leontiner nach Athen gekommen war und Lehrer des Isokrates wurde. Als Musterbeispiele für seine Schüler schrieb Gorgias eine fingierte Verteidigungsrede des Palamedes gegen die Vorwürfe des Odysseus und eine Lobrede auf Helena, die ebenfalls eine Verteidigungsrede gegen die Vorwürfe bezüglich ihrer Verbindung mit Paris darstellt. Gorgias hielt auch Festreden für die Olympischen und Pythischen Spiele, schrieb eine Lobrede auf die Bürger von Elis und die Grabrede für die im Peloponnesischen Kriege gefallenen Athener. Lediglich für die symbuleutische Rede fehlen solche Lehrstücke. In diesen Stücken zeigt er sich als der Schöpfer des mit klingenden Figuren überladenen sogenannten gorgianischen Stils, den sein Schüler Isokrates wieder auf ein annehmbares Maß zurückgeführt hat. Isokrates begann seine rednerische Tätigkeit als Logograph. Aus dieser Tätigkeit stammen die Reden zur Verteidigung des Sohnes des Alkibiades (or. XVIII; XIX). Zur Eröffnung seiner Schule schrieb er die Programmrede κατὰ τῶν σοφιστῶν (or. XIII). In den auf sie folgenden Reden nimmt er zu politischen Fragen Stellung, um den Leser für seine eigene politische Anschauung zu gewinnen und gleichzeitig Musterstücke für jedes Gebiet der Redekunst zu bieten: Im ‚Panegyrikos' (or. IV) wirbt er für die Einigung aller Griechen zu einem Zug gegen die Perser, bei dem Athen und Sparta sich in die Führung teilen sollten. Im ‚Busiris' (or. XI) handelt er über politische Reformen, die aber dem mythischen ägyptischen König Busiris zugeschrieben werden, und will außerdem seinen Rivalen, den Sophisten Polykrates, übertreffen. In der ‚Helena' (or. X) streitet er gegen die Lehrmethode der Sokratiker. Nach seiner Abkehr von der Politik der radikalen Demokraten wendet er sich immer mehr der Monarchie zu. In einem Schreiben an den Fürsten Nikokles von Cypern πρὸς Νικοκλέα (or. II) handelt er von der Pflicht eines Fürsten. Im ‚Nikokles' (or. III) läßt er den Fürsten selber zu seinen Untertanen über ihre Pflichten sprechen. Im ‚Euagoras' (or. IX) entwickelt er eine neue Literaturgattung, das prosaische Enkomion. In der Folge sind es außenpolitische Fragen, die ihn in seinen Reden beschäftigen: Im ‚Plataikos' (or. XIV) spricht er gegen Theben, das mit den athenischen Demokraten verbündet war. Im

'Archidamos' (or. VI) verlangt er, Sparta zu unterstützen; im 'Areopagitikos' (or. VII) wendet sich Isokrates offen von der athenischen Demokratie ab und empfiehlt eine gemäßigte Demokratie mit einem Areopag an der Spitze; im 'Philippos' (or. V) breitet er vor dem makedonischen König seine politischen Anschauungen in Form eines Briefes aus. In der 'Antidosis' (or. XV) – einer Rede, die eigentlich bei dem Streit um die Höhe der Steuer zu halten ist, wenn jemand dem Beklagten den Tausch der Steuer mit ihm vorschlägt – gibt er einen Überblick über das, was er auf dem Gebiete der Erziehung im Kampfe gegen Platon geleistet hat. In schon hohem Alter hat er noch den 'Panathenaikos' (or. XII) begonnen und nach drei Jahren im Alter von 97 Jahren vollendet. Mit diesen Schriften hat er die griechische Kunstprosa auf den höchsten Stand gebracht. Er schreibt im hohen und klaren Stil, gibt dem Sinn und der Struktur nach entsprechenden Perioden gleich hohe Silbenzahl (ἰσόκωλα) oder hebt sie durch das Aneinanderklingen verschiedener Wörter hervor (παρόμοια), meidet den Hiat und pflegt einen Prosarhythmus in κῶλα und Perioden.

Das griechische Wort für Beredsamkeit und für die Lehre der kunstmäßigen Unterweisung in ihr, ῥητορική (sc. τέχνη), begegnet uns zum ersten Male bei Platon.[1] Auch das Wort ῥήτωρ, von dem jenes abgeleitet ist, erscheint für uns zum ersten Male auf einer Inschrift aus ungefähr der Mitte des fünften Jahrhunderts,[2] aber nicht schon in der Bedeutung 'Redner' oder 'Redelehrer', sondern im Sinne von 'Antragsteller'. In dieser Bedeutung hat das Wort, weil die Redegewandtheit dem Volke verdächtig erschien, gelegentlich sogar schon einen verächtlichen Sinn erhalten.[3] Die Bedeutung 'Lehrer der Beredsamkeit' gehört erst der hellenistischen Zeit an. In Rom hießen die Redelehrer, seit dort vom zweiten Jahrhundert v. Chr. an Griechen ihre Kunst lehrten, *rhetorici* oder *rhetores*.[4]

Was ist nun Rhetorik? Es gibt viele Definitionen. Den ältesten uns bekannten Redelehrern, Korax und Teisias, zwei Sizilier, wird die Definition zugeschrieben, sie sei Erzeugerin der Überredung, πειθοῦς δημιουργός.[5] Sie wurde aber wahrscheinlich erst später von Gorgias auf sie übertragen, der sie sich in dem nach ihm benannten Platonischen Dialog von Sokrates abringen läßt, nachdem er kurz zuvor sie als die „Fähigkeit" erklärt hatte „zu lehren, durch Worte zu überzeugen, vor Gericht die Richter und überhaupt die Bürger in jeder Versammlung".[6] Ob aber eine von diesen beiden wirklich die des Gorgias ist, ob er überhaupt schon eine Definition gegeben hat, oder ob sie nur von Platon für seine Zwecke erfunden wurde, kann man nicht sagen.[7] Es könnte aber doch für Gorgias als Urheber sprechen, daß sein Schüler Iso-

---

[1] Plat. Phaidr. 261a; besonders oft im Gorgias, z.B. 449d – 450e.
[2] IG I² 45,20.
[3] W. Kroll, RE Suppl. VII (1940) Sp. 1040 ff. s. v. Rhetorik.
[4] Cic. de orat. I 12,52.
[5] Prol. in Hermog. (Rhet. Gr. IV p. 19,20 W) = P.S. 17 p. 277,18 R; Doxopat. prol. (Rhet. Gr. VI p. 14,2 W) = P.S. 4 p. 26,21 R.
[6] Plat. Gorg. 452e; 453a.
[7] Nach Sext. Emp. adv. math. II 2 lautete sie: ῥητορική ἐστι πειθοῦς δημιουργὸς διὰ λόγων, ἐν αὐτοῖς τοῖς λόγοις τὸ κῦρος ἔχουσα, πειστική, οὐ διδασκαλική. Nach dem Neuplatoniker Plutarch hatte sie folgenden Wortlaut (Rhet. Gr. VII p. 33,29 ff. W): ῥητορική ἐστι τέχνη περὶ λόγους τὸ κῦρος ἔχουσα, πειθοῦς δημιουργὸς ἐν πολιτικοῖς λόγοις περὶ παντὸς τοῦ προτεθέντος, πιστευτικῆς καὶ οὐ διδασκαλικῆς · εἶναι δὲ αὐτῆς τὴν πραγματείαν ἰδίαν, μάλιστα περὶ δίκαια καὶ ἄδικα, ἀγαθά τε καὶ κακά, καλά τε καὶ αἰσχρά.

krates[8] und auch der Platoniker Xenokrates aus Chalkedon[9] die gleiche Definition vorgetragen haben. Das πείθειν bleibt auf lange Zeit in den Definitionen vorherrschend: Es scheint noch durch in der Definition des Theodektes,[10] wird ausgesprochen in der des Aristoteles[11] und ist das Ziel des Redners nach Ariston,[12] einem Schüler des Kritolaos, nach Hermagoras dem Älteren[13] und seinem Zeitgenossen und Nebenbuhler Athenaios,[14] nach Apollodoros von Pergamon[15] und Theodoros von Gadara.[16] Auch für Dionys von Halikarnaß ist die Rhetorik eine δύναμις τεχνικὴ πιθανοῦ λόγου mit dem Ziel πιθανῶς εἰπεῖν.[17] Bei den Römern hat der Auctor ad Herennium[18] der Rhetorik *non parum fructus* zugebilligt, wenn sie recht verstanden und maßvoll betrieben wird, und im Anschluß an Hermagoras als Aufgabe des Redners festgestellt *dicere... cum adsensione auditorum*. Cicero[19] erklärt als Aufgabe des Redners *dicere ad persuadendum accommodate*, der Enzyklopädist Cornelius Celsus das *dicere persuasibiliter in dubia civili materia*.[20] Diese auf Gorgias zurückgeführte Definition hat die Zeit ihrer Gültigkeit weit überschritten: nur auf die gerichtliche und beratende Beredsamkeit zugeschnitten und als Gegenstand der Rede nur die *quaestiones civiles* und die dabei in Frage kommende *inventio* berücksichtigend wurde sie noch in der ersten Hälfte des fünften Jahrhunderts vom Neuplatoniker Syrian[21] vertreten, wahrscheinlich, weil sie als diejenige Platons galt, durch den sie überliefert wurde.

Trotz aller gegen die Gorgianische Definition der Rhetorik schon im Altertum erhobenen Bedenken hat sie sich doch, besonders weil sie in der Schule eine maßgebende Rolle spielte, bis ins 18. Jahrhundert hinein erhalten. Da aber erhoben sich erneut scharfe Urteile gegen das πείθειν und anstelle des *docere* schob sich das *movere*, die seelische Erschütterung des Hörers, in den Vordergrund. Das geschah, nicht zufällig, auf dem Hintergrund der damals weithin herrschenden revolutionären Stimmung des Volkes. Geblieben ist aber als Ziel immer noch das *docere*, wenn es

---

[8] Quint. inst. II 15,4; Sext. Emp. adv. math. II 62: ἐπιστήμη πειθοῦς; vgl. Isokr. or. XV 187.

[9] Sext. Emp. adv. math. II 61: οἱ περὶ τὸν Ξενοκράτην πειθοῦς δημιουργόν.

[10] Quint. inst. II 15,10: a quo (Gorgia) non dissentit Theodectes... in quo est finem esse rhetorices *ducere homines dicendo in id quod auctor velit*.

[11] Arist. rhet. I 2,1355b 25f.: ἔστω δὴ ἡ ῥητορικὴ δύναμις περὶ ἕκαστον τοῦ θεωρῆσαι τὸ ἐνδεχόμενον πιθανόν. Quint. inst. II 15,13: *rhetorice est vis inveniendi omnia in oratione persuasibilia*.

[12] Quint. inst. II 15,19: *scientia videndi et agendi in quaestionibus civilibus per orationem popularis persuasionis*; Sext. Emp. adv. math. II 61: Ἀρίστων ὁ Κριτολάου γνώριμος σκοπὸν μὲν ἐκκεῖσθαί φησιν αὐτῇ τὴν πειθώ, τέλος δὲ τὸ τυχεῖν τῆς πειθοῦς.

[13] Hermagoras bezeichnet als Ziel des Redners (Sext. Emp. adv. math. II 62): τὸ τεθὲν πολιτικὸν ζήτημα διατίθεσθαι κατὰ τὸ ἐνδεχόμενον πειστικῶς; Aug. rhet. 3 p. 138,30f. H: *persuadere, quatenus rerum et personarum condicio patitur, dumtaxat in civilibus quaestionibus*.

[14] Sext. Emp. adv. math. II 62: Ἀθήναιος δὲ λόγων δύναμιν προσαγορεύει τὴν ῥητορικὴν στοχαζομένην τῆς τῶν ἀκουόντων πειθοῦς.

[15] Quint. inst. II 15,12: *Apollodorus dicens iudicialis orationis primum et super omnia esse persuadere iudici et sententiam eius ducere in id quod velit*.

[16] Quint. inst. II 15,21: *Theodorus Gadareus dicit: ars inventrix et iudicatrix et enuntiatrix decente ornatu secundum mensionem eius, quod in quoque potest sumi persuasibile, in materia civili*.

[17] Max. Plan. prol. (Rhet. Gr. V p. 213,22ff. W) = P.S. 7 p. 65,14ff. R.

[18] Auct. ad Herenn. I 1,1; 2,2.

[19] Cic. de orat. I 31,138.

[20] Quint. inst. II 15,22.

[21] Rhet. Gr. III p. 649,16ff. W.

sich um die notwendige Aufklärung schwieriger Verhandlungsgegenstände, besonders in der politischen Rede und in der kirchlichen Predigt handelte.[21a]

Im ‚Gorgias' führt Sokrates seinen Gegner zu dem Zugeständnis, daß der Redner notwendig gerecht ist, niemals ungerecht sein will und niemals Unrecht tun kann und daß gerecht sein und sich auf das Recht verstehen müsse, wer ein tüchtiger Redner werden wolle.[22] Platon hat auch moralische Qualitäten vom Redner verlangt. Xenokrates, sein zweiter Nachfolger in der Schulleitung, hat denn auch das εὖ λέγειν in die Definition aufgenommen,[23] und im Anschluß an ihn haben dann auch die Stoiker die Rhetorik als ἐπιστήμη τοῦ εὖ λέγειν, Kunst des schönen Ausdrucks, definiert. Kleanthes nannte die Rhetorik *bene dicendi scientia* und Chrysippos im Anschluß an ihn *scientia recte dicendi*, wobei nach der Erläuterung Quintilians[24] auch die *mores* des Redners in die Definition eingeschlossen waren, da nur ein guter Mensch auch gut reden könne. Das entspricht dem Grundsatz der Stoa, μόνον τὸν σοφὸν ῥητορικὸν εἶναι,[25] den Cicero[26] ins Lateinische gebracht hat: *dicere enim bene nemo potest nisi qui prudenter intellegit*. Der Techniker Hermagoras, der durch Vereinigung stoischer Lehren mit denen des Aristoteles, mit den rhetorischen Praktikern und der Philosophie ein lang herrschendes System geschaffen hat, dem der junge Cicero und auch noch Augustinus verbunden war, erklärte die Rhetorik zur δύναμις τοῦ εὖ λέγειν τὰ πολιτικὰ ζητήματα.[27] Von den Römern hat der Ältere Cato zuerst den Redner als den *vir bonus dicendi peritus* erklärt.[28] Albutius, ein Zeitgenosse des Älteren Seneca, bezeichnete die Rhetorik als die *scientia bene dicendi*,[29] und auch Quintilian[30] nennt sie *scientia bene dicendi* und das *opus* des kunstmäßigen Redners *bona oratio* und bekennt von sich selbst: *idque cum omnibus confitendum est, tum nobis praecipue, qui rationem dicendi a bono viro non separamus*.

Über das Wesen der Rhetorik, ob sie nun eine Kunst oder lediglich eine Fertigkeit oder sogar eine Wissenschaft ist, darüber haben die Rhetoren während des ganzen Altertums gestritten. Gorgias hatte sie eine Kunst genannt, heftig zurückgewiesen von Platon[31] (Sokrates), der sie lediglich als Fertigkeit in der Hervorbringung von Lust und Wohlgefallen betrachtet, wie die Kochkunst eine ist, indem er Schmeichelei ihre Hauptbeschäftigung, sie selbst nur ein Schattenbild eines Teiles der Politik nennt. Umso merkwürdiger ist es, daß der Neuplatoniker Plutarch sie wiederum für eine Kunst erklärt haben soll.[32] Aristoteles hatte zwar auch im ‚Gryllos', der verlorenging, die Definition des Gorgias bekämpft,[33] im Proömium zu seiner ‚Rhetorik' aber nennt

---

[21a] Über diesen Wandel des πείθειν vgl. W. Jens, in: Reallexikon der Deutschen Literaturgeschichte III, Berlin 1971, S. 432 ff. s.v. Rhetorik mit reichlichen Literaturangaben zu den einzelnen Punkten.
[22] Plat. Gorg. 508 c.
[23] Sext. Emp. adv. math. II 6.
[24] Quint. inst. II 15,34: Cleanthis ... finitio *rhetoricen esse bene dicendi scientiam*; nam et orationis omnes virtutes semel complectitur et protinus etiam mores oratoris, cum bene dicere non possit nisi bonus.
[25] Diog. Laert. VII 122.
[26] Cic. Brut. 6,23.
[27] Sopat. in Hermog. (Rhet. Gr. V p. 15,17 f. W).
[28] Quint. inst. XII 1,1.
[29] Quint. inst. II 15,36.
[30] Quint. inst. II 14,5; 15,38; 17,43.
[31] Plat. Gorg. 453 a; 454 a; 462 b – c; 463 a – d.
[32] Rhet. Gr. VII p. 33,29 f. W.
[33] Quint. inst. II 15,16.

er sie wie die Dialektik eine τέχνη, eine δύναμις, aber keine Wissenschaft.[34] Auch Hermagoras von Temnos behandelt sie wie Aristoteles als eine δύναμις, wenn er auch nach Art der Stoiker die Rhetorik als Art der Gattung λογικὴ ἐπιστήμη unterordnet.[35] Der Auctor ad Herennium[36] scheint in seinem einleitenden Kapitel der Rhetorik den Charakter einer *ars* zuzuerkennen, Cicero,[37] der jede klare Entscheidung meidet, spricht wenigstens von der *artificiosa eloquentia*. Die Unterredner in seiner Schrift ‚De oratore' verhalten sich gegenüber der Anerkennung der Rhetorik als einer Kunst sehr zurückhaltend: Mucius Scaevola hält sie überhaupt für keine Kunst oder doch nur für eine *ars pertenuis*.[38] Antonius bezeichnet sie nur als eine *quasi ars*, sie erscheint ihm *facultate praeclara, arte mediocris* zu sein, und er bekennt, sie sei zwar nicht *ars maxima*, will aber nichts dagegen sagen, wenn jemand sie *magnam quandam artem* nennt; er hat sie sogar, worin ihm Crassus zustimmt, lediglich als eine *observatio earum rerum, quae in dicendo valent*, bezeichnet.[39] Der letzte große Techniker der Griechen, Hermogenes, hat sie für eine τέχνη λυσιτελοῦσα erklärt.[40] Andere dagegen haben sie nach Quintilian[41] eine κακοτεχνία genannt oder eine *ars fallendi*.

Xenokrates soll nach Sextus Empiricus[42] die Gorgianische Definition sich zu eigen gemacht, andererseits aber auch die Rhetorik als ἐπιστήμη τοῦ εὖ λέγειν erklärt haben. Das ist aber die Definition der Stoiker: Kleanthes hat die Rhetorik ἐπιστήμη τοῦ εὖ λέγειν, Chrysippos ἐπιστήμη τοῦ ὀρθῶς λέγειν genannt.[43] Das εὖ λέγειν findet sich auch in der Definition des stoisch beeinflußten Technikers Hermagoras, für den die Rhetorik aber nicht eine τέχνη, sondern eine δύναμις ist.[44] Auch für den Peripatetiker Ariston ist die Rhetorik eine *scientia*;[45] die Bestimmung des Albutius deckt sich mit der des Kleanthes.[46] Quintilian[47] selbst erklärt sich auch für die stoische Auffassung der Rhetorik als *scientia bene dicendi*, deren *finis et summum est bene dicere*.

Was ist der Gegenstand der Beredsamkeit? Gorgias war des Glaubens, daß der Redner über alle Dinge am besten zu sprechen vermöge, ja er glaubte, daß er es besser verstünde als die Sachverständigen.[48] Er kannte also noch keine Beschränkung

---

[34] Arist. rhet. I 1,1354a 11; 2,1355b 25f.; Quintilian (inst. II 15,6 – 13) wendet gegen die Definition des Aristoteles wie gegen die des Gorgias ein, daß die Rhetorik nicht allein zu überreden vermöge wie z.B. das Geld, und auch, daß sie nur die inventio berücksichtige, die ohne elocutio keine Rede ausmachen könne.

[35] Sopat. in Hermog. (Rhet. Gr. V p. 15,17f. W): ἡ ῥητορικὴ δύναμίς ἐστι τοῦ εὖ λέγειν τὰ πολιτικὰ ζητήματα. Schol. in Hermog. stat. (Rhet. Gr. IV p. 63,9ff. W): ὁ μὲν γὰρ Ἑρμαγόρας οὕτω διαιρεῖ · ἔστι τι γένος, λογικὴ ἐπιστήμη, εἶδος δ' αὐτῆς ἡ ῥητορική.

[36] Auct. ad Herenn. I 1,1: illud monuerimus, artem sine adsiduitate dicendi non multum iuvare.

[37] Cic. inv. I 5,6; Quint. inst. II 17,1.

[38] Cic. de orat. I 23,107.

[39] Cic. de orat. II 7,30; 8,32; 57,232.

[40] Doxopat. homil. in Aphth. (Rhet. Gr. II p. 104,14f. W) = P.S. 9 p. 107,2f. R.; Rhet. Gr. VII p. 510,27f. W; vgl. Auct. ad Herenn. I 1,1.

[41] Quint. inst. II 15,23: quidam eam neque vim neque scientiam neque artem putaverunt, sed Critolaus *usum dicendi* (nam hoc τριβή significat), Athenaeus *fallendi artem*; 15,2: quidam etiam pravitatem quandam artis id est κακοτεχνίαν nominaverunt.

[42] Sext. Emp. adv. math. II 61; 6.

[43] Quint. inst. II 15,34.

[44] Vgl. Anm. 35; Max. Plan. prol. (Rhet. Gr. V p. 213,16f. W) = P.S. 7 p. 65,8 R: δύναμις περὶ λόγον.

[45] Quint. inst. II 15,19.

[46] Quint. inst. II 15,36.

[47] Quint. inst. II 14,5; 15,38.

[48] Plat. Gorg. 456c: οὐ γάρ ἐστι, περὶ ὅτου οὐκ ἂν πιθανώτερον εἴποι ὁ ῥητορικὸς ἢ ἄλλος ὅστις οὖν τῶν δημιουργῶν ἐν πλήθει · 457a:

des Redestoffes. Erst Hermagoras hat den beschränkenden Begriff der πολιτικὰ ζητήματα in seine Definition aufgenommen.⁴⁹ Dionys von Halikarnaß⁵⁰ ist ihm darin gefolgt, und auch beim Auctor ad Herennium⁵¹ klingt das noch in der Bestimmung des *officium oratoris* nach.

Die Ansichten darüber, was die Rhetorik eigentlich sei, gingen also weit auseinander; zwischen Philosophen und Rhetoren herrschte darüber ein heftiger Streit: Die einen erkannten darin nur eine Fertigkeit (δύναμις), andere ließen sie wenigstens als eine τέχνη gelten, die Sophisten betrachteten sie als ἐπιστήμη; ganz ablehnend war das Urteil des Kritolaos, der nur eine τριβή in ihr sah.⁵² Platon⁵³ hat sie nur als eine auf Erfahrung beruhende Fertigkeit bezeichnet und eine wissenschaftliche und sittliche Durchdringung gefordert. Die wissenschaftliche Untersuchung hat dann, an ihn anknüpfend, Aristoteles in den drei Büchern περὶ ῥητορικῆς durchgeführt, in denen der Rhetorik der Platz zwischen ἐμπειρία und ἐπιστήμη angewiesen wird. Gegenstand seiner Beschäftigung mit der Rhetorik war vor allem die Lehre über den Beweis. Seine Schule nahm im Konkurrenzkampf mit den Sophisten die Rhetorik auch in ihren Lehrplan auf. Noch mehr aber beschäftigte sich die Stoa mit der Rhetorik, die nun wieder zu dem Ruhm gelangte, eine Wissenschaft zu sein. Im Sinne der Stoa hat dann auch Hermagoras, der sie mit Aristoteles aber wieder als δύναμις betrachtet und die praktische Auffassung der Redelehrer mit jener der Philosophen verbindet, sein System aufgestellt.

Die Rhetorik beschäftigt sich nun aber nicht nur mit der gesprochenen Rede einer der drei Aristotelischen Gattungen. Sie hat auch Geltung für die geschriebene Rede eines Mannes, der wegen mangelnder Redegabe oder wegen mangelnder Vollbürgerschaft am öffentlichen Auftreten verhindert ist und sich deshalb gezwungen sieht, seine Gedanken als geschriebene Reden zu verbreiten, und sie ist daher auch

---

δυνατὸς μὲν γὰρ πρὸς ἅπαντάς ἐστι ὁ ῥήτωρ καὶ περὶ παντὸς λέγειν. Cic. inv. I 5,7: Gorgias Leontinus ... omnibus de rebus oratorem optime posse dicere existimavit.

⁴⁹ Vgl. Anm. 35; Fortun. rhet. I 1 p. 81,9f. H: civiles quaestiones, quae in communem animi conceptionem possunt cadere, id est, quas unusquisque potest intellegere; Aug. rhet. 4 p. 139,3 ff. H: omnia quaecumque huius modi sunt, ut ea nescire pudori sit, et quae vel ignorantes, quasi sciamus tamen, cum simulatione prae nobis ferimus, quotienscumque in dubitationem vocantur, efficiunt civilem quaestionem; Sulp. Vict. 1 p. 313,17f. H: civilis quaestio est, quae nullius artis propria in communi omnium opinione versatur.

⁵⁰ Rhet. Gr. III p. 611,3 ff. W: ῥητορική ἐστι δύναμις τεχνικὴ πιθανοῦ λόγου ἐν πράγματι πολιτικῷ, τέλος ἔχουσα τὸ εὖ λέγειν.

⁵¹ Auct. ad Herenn. I 2,2: oratoris officium est de iis rebus posse dicere, quae res ad usum civilem moribus ac legibus constitutae sunt, cum adsensione auditorum, quoad eius fieri poterit.

⁵² Quintilian (inst. II 15,23 f.) beschäftigt sich hier mit der Frage, wie diese Urteile zustande gekommen sind. Sie stammen von Leuten, die ohne tiefere Kenntnis aus Platon angefertigte Exzerpte, aber nie den ganzen ‚Gorgias' und die anderen Schriften gelesen hätten und so zu der irrigen Vorstellung gekommen seien, Platon habe die Rhetorik für *peritia quaedam gratiae ac voluptatis* und *civilitatis particulae simulacrum et quarta pars adulationis* gehalten (Plat. Gorg. 462 b; 463 d). K. Brzoska, RE II, 2 (1896) Sp. 2025 s.v. Athenaios Nr. 21, will, da die Äußerung des Athenaios, die Rhetorik sei eine *ars fallendi*, im Widerspruch zu seiner Definition der Rhetorik als λόγων δύναμις στοχαζομένη τῆς τῶν ἀκουόντων πειθοῦς (Sext. Emp. adv. math. II 62) stehe, Athenodorus statt Athenaios lesen.

⁵³ Plat. Gorg. ab 449a; Phaidr. 260 cde; 270c; 271 b; 273 cd; 277 e.

Stilkunst ganz allgemein. Sie ist aber auch Inbegriff der Erziehung überhaupt, sie bildet die Grundlage des Jugendunterrichts in den Schulen der Grammatiker wie in den eigentlichen Rhetorenschulen. Bis in die Zeit des Hellenismus hinein wurde der höhere Unterricht, d.h. in Grammatik wie in Rhetorik, sowohl von Grammatikern wie von Rhetoren betrieben;[54] der Unterricht in der Rhetorik begann dabei mit der Lektüre der Prosaliteratur, besonders des Demosthenes, und schloß nach den sogenannten προγυμνάσματα, d.h. der Behandlung von Themen, vielfach ähnlich unseren Schulaufsätzen, mit den γυμνάσματα, der Übung mit aus der Praxis genommenen Fällen. Die Sophisten gaben dabei ihren Schülern vielfach auch von ihnen geschriebene Reden zum Auswendiglernen (vgl. den Platonischen ‚Phaidros‘) und fertige Einleitungen, die für extemporierte Reden Hilfe leisteten. In der Kaiserzeit, wo das freie Wort verboten und niemandem gestattet war, sich über öffentliche Dinge zu äußern, zog sich die Rhetorik in die Rhetorenschulen zurück; hier wurden die Schüler in Deklamationen geübt, wobei oft Themata ganz abstruser Art behandelt wurden, die dem wirklichen Leben vollkommen fremd waren. Es galt, die Kunst der Erfindung und des Stils zu üben, die Rhetorik wurde zur Stilkunst. Dadurch, daß sie sich mit den Dingen des öffentlichen Lebens befaßte, erzog sie zur ἀρετὴ πολιτική und wurde zur Erziehung überhaupt. Aus der Behandlung von Werken der klassischen Beredsamkeit wie der Dichtung in der Schule hat sich mit der Zeit ein Schema entwickelt für die Erfindung, den Aufbau und die stilistische Gestaltung von Prosawerken und auch der Dichtkunst nach dem Prinzip der μίμησις in sachlicher wie auch in stilistischer Beziehung, das bis weit in die christliche Zeit hinein Geltung behielt.

Rhetorik, Unterricht in der Kunst der Beredsamkeit, haben in Athen erstmals die Sophisten betrieben. Bei ihren Schülern setzten sie dabei voraus, daß sie eine natürliche Begabung (φύσις, *natura*) mitbrachten, die durch Unterricht (τέχνη, μάθησις, *ars*) und Übung (ἄσκησις, μελέτη, *exercitatio*) zur Entfaltung gebracht werden sollte. Protagoras hatte diese drei Grundforderungen zuerst aufgestellt,[55] Isokrates[56] hatte sie zur Grundlage jeder Unterweisung erklärt, Platon[57] hat sie übernommen, Aristoteles[58] hat in ihnen die Grundlage der Bildung gesehen, Quintilian[59] die Beredsamkeit als ihr Werk erklärt. Er berichtet auch gleichzeitig, daß einige Rhetoren als vierte Voraussetzung noch die *imitatio* nannten, die er selber lieber der *ars* unterordnen möchte. Auch der Auctor ad Herennium[60] nennt als eine der drei Quellen der Beherrschung der Rhetorik die *imitatio* neben *ars* und *exercitatio*; die *natura* fehlt bei ihm vielleicht nur, weil ihm ihr Vorhandensein selbstverständlich erschien. Auch Cicero[61] kennt neben der *natura*, *ars* und *exercitatio* auch die *imitatio*. Am wichtigsten aber ist die *natura*.[62]

---

[54] Suet. gramm. 4,6: veteres grammatici et rhetoricam docebant ...

[55] L. Spengel, Die Definition und Einteilung der Rhetorik bei den Alten. RhM 18 (1863) S. 487.

[56] Isokr. or. XIII 14 ff.; XV 187.

[57] Plat. Phaidr. 269 d.

[58] Diog. Laert. V 18.

[59] Quint. inst. III 5,1: facultas orandi consummatur natura, arte, exercitatione, cui partem quartam adiciunt quidam imitationis.

[60] Auct. ad Herenn. I 2,3: haec omnia tribus rebus adsequi poterimus: arte, imitatione, exercitatione.

[61] Cic. inv. I 1,2; de orat. I 4,14 ff.; II 21,89 ff.

[62] Cic. de orat. I 25,113: *sic igitur, sentio,*

Der Unterricht war rein auf die praktische Verwendbarkeit ausgerichtet und vollzog sich hauptsächlich im Vortrag von Musterstücken, die von den Schülern auswendig gelernt wurden, wie etwa von Phaidros, der in dem nach ihm benannten Dialog Platons mit der Erlernung einer Musterrede des Lysias beschäftigt ist. In der sizilischen Rhetorik, aber auch noch in Athen, dienten diese Vorträge der Einübung verschiedener Möglichkeiten, das εἰκός anzuwenden, in der Hauptsache also der Einübung der Beweisführung in Fällen der gerichtlichen Praxis. So wird wahrscheinlich die Lehre vom εἰκός des Korax-Teisias und Gorgias den Schülern vermittelt worden sein, ihre Kunst auch, das Kleine groß und das Große klein erscheinen zu lassen, das Alte auf neue und das Neue auf alte Weise zu behandeln, die Kunst der kurzen und der unbeschränkt langen Rede.[63] Was Platon[64] von der Kunst des Chalkedoniers Thrasymachos rühmt, seine Überlegenheit in der Kunst kläglicher, auf Armut und Alter bezüglicher Reden, seine Kunst, zu erbittern und die Erbitterung wieder zu dämpfen und seine Stärke im Verleumden und umgekehrt im Zunichtemachen von Verleumdungen, wird, weil Sokrates von der Wirkung seiner Kunst spricht, auch in praktischen Unterweisungen vermittelt worden sein. Theoretische Schriften aber setzt Platons Nachricht voraus, daß Thrasymachos auch über die Disposition der Anklage- und Verteidigungsrede gehandelt habe. Es wird auch berichtet, daß er eine τέχνη ῥητορική verfaßt habe, ἀφορμαὶ ῥητορικαί und συμβουλευτικοί.[65] Musterstücke waren wahrscheinlich ἔλεοι,[66] die Sammlung von Proömien[67] und die ὑπερβάλλοντες.[68] Schriftlich fixiert war wohl auch schon die ὀρθοέπεια des Protagoras, Abhandlungen über grammatisches Geschlecht, Soloezismen und Satzarten, ebenso die Wörtersammlung des Likymnios für den Gorgiasschüler Polos,[69] die der Erzielung einer schönen Form der Rede dienen sollte,[70] wie auch die μουσεῖα λόγων des Polos selbst mit Lehren über διπλασιολογία, γνωμολογία, εἰκονολογία.[71] Auch Euenos aus Paros hat sicher schriftlich über die Redeteile gehandelt, wobei er es, wie die Bezeichnungen ὑποδήλωσις, παρέπαινος, παράψογος lehren, auf gesuchte Unterabteilungen abgesehen hatte.[72] Aus mnemotechnischen Gründen soll er seine Lehre über die παράψογοι in Verse gebracht haben. Die genannten Lehren über die τάξις standen sicher in einem der vielen damals in Umlauf befindlichen rhetorischen Lehrbücher, die Phaidros erwähnt.[73]

Als ältestes uns erhaltenes Lehrbuch der Rhetorik galt seit L. Spengel[74] und P. Wendland[75] die sogenannte ‚Rhetorik an Alexander', die diese mit Berufung auf

---

naturam primum atque ingenium ad dicendum vim adferre maximam; 28,126: *permulta, quae orator a natura nisi haberet, non multum a magistro adiuvaretur.*

[63] Plat. Phaidr. 267a – d.
[64] Plat. Phaidr. 266d – 267a.
[65] Suda I, 2 p. 729 Adler s.v. Θρασύμαχος; Schol. Aristoph. Av. 880.
[66] Arist. rhet. III 1,1404a 15.
[67] Ath. X 416a.
[68] Plut. Quaest. conv. I 2,3.
[69] Plat. Phaidr. 267bc.
[70] Plat. Phaidr. 267c: ὀνομάτων τε Λικυμνίων ἃ ἐκείνῳ (Πώλῳ) ἐδωρήσατο πρὸς ποίησιν εὐεπείας.
[71] Plat. Phaidr. 267bc.
[72] Plat. Phaidr. 267a.
[73] Plat. Phaidr. 266d.
[74] L. Spengel, Die ῥητορικὴ πρὸς Ἀλέξανδρον, ein Werk des Anaximenes. Zeitschrift für die Altertumswissenschaft 7 (1849) S. 1258 – 67.
[75] P. Wendland, Anaximenes von Lampsakos, Berlin 1905.

Quintilian dem Anaximenes von Lampsakos zuschrieben. Neuerdings hat V. Buchheit[76] sich eingehend mit der Frage beschäftigt und ist zu dem Resultat gekommen, daß die Schrift zwar noch dem vierten Jahrhundert angehöre, aber nicht von Anaximenes stamme. Ich behalte aus praktischen Gründen den Namen Anaximenes bei, ohne zu der Frage selbst Stellung zu nehmen. Sie soll der Heranbildung praktischer Redner dienen und umfaßt deshalb nicht mehr nur Einzelgebiete der Rhetorik, sondern stellt das zu ihrer Abfassungszeit bekannte Wissen um die Rhetorik in seinem ganzen Umfang dar. Sie teilt die λόγοι πολιτικοί in drei γένη, das δημηγορικόν, ἐπιδεικτικόν und δικανικόν ein; dazu sieben εἴδη: προτρεπτικόν, ἀποτρεπτικόν, ἐγκωμιαστικόν, ψεκτικόν, κατηγορικόν, ἀπολογητικόν und ἐξεταστικόν.[77] L. Spengel hat aber auf Grund einer Nachricht Quintilians[78] und des Syrian[79] τρία in δύο geändert und τὸ δὲ ἐπιδεικτικόν getilgt; der letzte Herausgeber, M. Fuhrmann,[80] behält es bei. Im ‚Sophistes'[81] Platons führt der Fremde den Theaitetos hin zur Teilung der einen τέχνη πιθανουργική in zwei γένη, von denen das eine ἰδίᾳ, das andere δημοσίᾳ in drei Arten (εἴδη) vollzogen wird, in der τέχνη δικανική, δημηγορική und προσομιλητική. Die beiden ersten werden δημοσίᾳ, öffentlich im Staatsinteresse betrieben, die dritte, die τέχνη προσομολητική aber ἰδίᾳ betriebene, wird von Platon als die sophistische Beredsamkeit erläutert.

Aristoteles[82] ging nicht wie bisher von der Erfahrung aus, sondern von der wissenschaftlichen Auffassung vom Zustandekommen der Rede. Dabei sind drei Faktoren beteiligt: der Redegegenstand, der Redner und der Zuhörer. Nimmt man das Verhalten des Redners zum Redegegenstand als Grundlage für die Einteilung, können die Reden eingeteilt werden in solche über ζητήματα πολιτικά (*quaestiones civiles*), d. h. über allgemein verständliche Fragen, zu deren Verständnis keine besonderen Fachkenntnisse erforderlich sind, und in solche, die spezielle Fachkenntnisse voraussetzen. Geht man von dem Verhältnis des Zuhörers zum Redner und zum Stoff aus, kann der Hörer die Rolle des Beurteilers übernehmen, als Richter, wenn der Gegenstand der Rede der Vergangenheit angehört. Es liegt dann das γένος δικανικόν (*genus iudiciale*) vor. Der Redner orientiert sich dann an den τελικὰ κεφάλαια,[83] dem δίκαιον und ἄδικον. Im ersten Falle besteht die Aufgabe des Redners in der Verteidigung: ἀπολογία,[84] *depulsio*,[85] *defensio*,[86] im zweiten in der Anklage: κατηγορία,[87] *inten-*

---

[76] V. Buchheit, Untersuchungen zur Theorie des Genos epideiktikon von Gorgias bis Aristoteles, München 1960, S. 189 ff.
[77] Anaxim. rhet. 1,1,1421 b 7 ff.
[78] Quint. inst. III 4,9.
[79] Syrian. in Hermog. comm. II p. 11,17 – 21 R.
[80] M. Fuhrmann, Anaximenis Ars Rhetorica, quae vulgo fertur Aristotelis ad Alexandrum, Leipzig 1966.
[81] Plat. soph. 222 c; Quint. inst. III 4,10 erklärt dazu: Plato in Sophiste iudiciali et contionali tertiam adiecit προσομιλητικήν, quam sane permittamus nobis dicere sermocinatricem: quae a forensi ratione disiungitur et est accommodata privatis disputationibus, cuius vis eadem profecto est, quae dialecticae.
R. Volkmann, Die Rhetorik der Griechen und Römer in systematischer Übersicht, Leipzig 1885² (unveränderter Nachdr. Hildesheim 1963), S. 18, polemisiert gegen die Erklärung Quintilians und faßt die προσομιλητική als λόγος ἐντευκτικός auf, der Gelegenheits-, Gesandtschaftsreden und Ähnliches umfaßt.
[82] Arist. rhet. I 3,1358 a 36 ff.
[83] Hermog. prog. 11 p. 25,22 f. R.
[84] Arist. rhet. I 3,1358 b 11.
[85] Cic. inv. I 8,10; Quint. inst. III 9,1.
[86] Auct. ad Herenn. I 2,2.
[87] Arist. rhet. I 3,1358 b 11.

tio,[88] *accusatio aut petitio*, je nachdem, ob es sich um eine staats- oder um eine zivilrechtliche Klage handelt.[89] Weist der Gegenstand der Rede aber in die Zukunft, hat man es mit dem γένος συμβουλευτικόν,[90] dem *genus deliberativum*,[91] *contionale*,[92] der *deliberatio*,[93] zu tun. Jetzt ist das συμφέρον (*utile*) und βλαβερόν (*inutile*) das τέλος der Rede.[94] Im ersten Falle richtet sich das *officium* des Redners auf das Zureden, προτροπή,[95] *suasio*.[96] Bildet dagegen das βλαβερόν, *inutile*, das τέλος, besteht das *officium* im Abraten, ἀποτροπή,[95] *dissuasio*.[96] Im γένος δικανικόν und συμβουλευτικόν hat der Hörer eine aktive Rolle; ist er aber nur passiv als Zuhörer beteiligt, rein ästhetisch Form und Inhalt der Rede genießend, hat man es mit dem γένος ἐπιδεικτικόν,[97] *genus demonstrativum*,[98] *laudativum*[99] zu tun. Dieses dritte γένος wendet τὸ καλόν, *honestum*, und τὸ αἰσχρόν, *turpe*, als τελικὰ κεφάλαια an.[100] Im ersten Falle bestimmt sich das *officium* des Redners als ἔπαινος,[101] *laus*,[102] im zweiten Falle als ψόγος,[101] *vituperatio*.[102]

Von diesen drei γένη steht bei Aristoteles[103] das γένος συμβουλευτικόν an der Spitze, es folgt dann das δικανικόν und ἐπιδεικτικόν; die symbuleutische Beredsamkeit hält er für die bedeutendste und schwierigste. Der Auctor ad Herennium[104] und Cicero,[105] mit Hinweis auf Aristoteles, und Quintilian[106] stellen das *genus demonstrativum* an die Spitze und lassen das *genus deliberativum* und *iudiciale* folgen. Später hat Cicero[107] es vorgezogen, das *genus iudiciale* voranzustellen und ihm das *deliberativum* und *demonstrativum* anzuschließen. Das entsprach der Meinung des Hermagoras. Mit dieser Schätzung der gerichtlichen Beredsamkeit hängt es wohl auch zusammen, daß Apollodoros von Pergamon sich nur mit ihr beschäftigte und die beratende und epideiktische außer acht ließ.[108] Im allgemeinen aber blieb die Aristotelische Dreiteilung immer vorherrschend, lediglich in der Verwendung der τελικὰ κεφάλαια machten sich Verschiedenheiten bemerkbar; so hat Cicero[109] für das *genus deliberativum* neben dem *utile* noch das *honestum* genannt, und Quintilian[110] war der Meinung, daß die einzelnen τέλη überhaupt nicht auf ein bestimmtes *genus* beschränkt seien. Doch hat auch die Sucht, für jede Art der Rede oder Schriftstellerei eine eigene Gattung aufzustellen, obwohl sie leicht unter die drei Aristotelischen einzuordnen waren, schließlich zu einer willkürlichen Vielzahl von Gattungen geführt, daß Quintilian[111] geradezu glaubt, sich für sein Festhalten an den dreien entschuldigen zu müssen.

---

[88] Cic. inv. I 8,10; Quint. inst. III 9,1.
[89] Auct. ad Herenn. I 2,2.
[90] Arist. rhet. I 3,1358b 7.
[91] Auct. ad Herenn. I 2,2; Cic. inv. I 5,7; Quint. inst. III 3,14.
[92] Quint. inst. IX 4,130.
[93] Cic. inv. I 9,12; Quint. inst. III 8,25.
[94] Arist. rhet. I 3,1358b 22.
[95] Arist. rhet. I 3,1358b 8f.
[96] Auct. ad Herenn. I 2,2; Quint. inst. III 8,6.
[97] Arist. rhet. I 3,1358b 8.
[98] Auct. ad Herenn. I 2,2; Cic. inv. I 5,7.
[99] Quint. inst. III 4,12; 7,28.
[100] Arist. rhet. I 3,1358b 25; Quint. inst. III 4,16.
[101] Arist. rhet. I 3,1358b 12f.
[102] Auct. ad Herenn. I 2,2; Quint. inst. III 7,1.
[103] Arist. rhet. I 3,1358b 7f.; Cic. inv. I 5,7 stellt aber um: Aristoteles ... tribus in generibus rerum versari rhetoris officium putavit, demonstrativo, deliberativo, iudiciali.
[104] Auct. ad Herenn. I 2,2.
[105] Cic. inv. I 5,7.
[106] Quint. inst. III 3,14.
[107] Cic. de orat. I 31,141; top. 24,91: genera causarum; vgl. auch Quint. inst. II 21,23.
[108] Quint. inst. III 1,1.
[109] Cic. inv. II 4,12.
[110] Quint. inst. III 4,6.
[111] Quint. inst. III 3,4.

Als erstes *officium* des Redners bezeichnet Cicero[112] das *dicere ad persuadendum accommodate*. Das gilt für alle drei Aristotelischen *genera*. Es vollzieht sich im *docere*, *movere* und *delectare*,[113] dem Mittel gegen die in den beiden ersten liegende Möglichkeit der Ermüdung. Nun besteht ja die Rede aus dem Inhalt und der Form, den *res* und den *verba*, dem Stoff, wie der Redner ihn erfaßt und dem Hörer näherbringen will, und der sprachlichen Form, die seine Argumente noch glaubwürdiger und bestimmender machen soll. Jenem Zwecke dient die εὕρεσις,[114] *inventio*,[115] diesem die λέξις,[116] *elocutio*.[117] Diese beiden bilden die sich aus dem Wesen der Rede ergebenden *partes rhetorices*; für sich allein können wir die beiden in der Theorie nicht mehr greifen. Aristoteles handelt wie auch Anaximenes von der εὕρεσις, λέξις und τάξις[118] und weiß noch von einem vierten Teil, der ὑπόκρισις, die aber, wie er sagt, zu seiner Zeit noch nicht Gegenstand technischer Behandlung geworden sei.[119] Auch der Auctor ad Herennium[120] erklärt, daß zu seiner Zeit noch niemand gründlich darüber gehandelt habe; der unter Augustus lehrende Albutius erkannte weder die *memoria* noch die *actio* an, weil sie mehr eine Sache der natürlichen Begabung als der Kunst seien. Daß schon Thrasymachos derselben Meinung gewesen sei – so Quintilian[121] –, verträgt sich schlecht mit der Nachricht des Aristoteles,[122] daß Thrasymachos in seiner Schrift über die Erregung des Mitleids auch über die ὑπόκρισις gehandelt habe, sich also über ihre Bedeutung für die Erregung der Affekte bewußt war. Theophrast hat in einer eigenen Schrift ausführlicher über die ὑπόκρισις gehandelt.[123] Als fünfter Teil kommt schließlich zu den *partes rhetorices* die *memoria* hinzu, *rerum omnium custos*.[124] Cicero und Quintilian lassen es bei diesen fünf Teilen der Rhetorik. Quintilian[125] aber weiß noch von Rhetoren, die zur *inventio* noch das *iudicium* fügen und so zu sechs Teilen kommen. Sulpitius Victor[126] führt mit Berufung auf ungenannte Quellen nur die *intellectio*, *inventio* und *dispositio* an, unter die er den *ordo* mit der οἰκονομία, die *elocutio* und *pronuntiatio* einbezieht; er spricht aber nicht von *partes rhetorices*, sondern von *officia oratoris*. So nennt sie auch Fortunatian.[127] Für Augustinus[128] besteht das *officium oratoris* im *intellegere*, *invenire*, *iudicare*, in der *ordinatio*, der *explicatio rerum*, die aus der *structurae qualitas* und der *quantitas verborum* besteht; es folgt dann noch die *memoria* und zuletzt die *pronuntiatio*, die den *motus corporis* und den *sonus vocis* in sich schließt. Wer diese fünf Teile der Rhetorik erfüllt und dazu noch die dreifache

---

[112] Cic. de orat. I 31,138.
[113] Cic. de orat. II 27,115: ita omnis ratio dicendi tribus ad persuadendum rebus est nixa: ut probemus vera esse, quae defendimus; ut conciliemus eos nobis, qui audiunt; ut animos eorum, ad quemcumque causa postulabit motum, vocemus; opt. gen. 1,3; Brut. 49,185; orat. 21,69; Quint. inst. III 5,2; XII 10,59.
[114] Hermog. inv. I 1 p. 93,5 ff. R.
[115] Auct. ad Herenn. I 2,3; Quint. inst. III 3,1.
[116] Arist. rhet. III 1,1403 b 15.
[117] Auct. ad Herenn. IV 7,10; Cic. inv. I 7,9; Quint. inst. VIII prooem. 6.
[118] In Buch I und II über die εὕρεσις, in Buch III über die λέξις und τάξις. Die Bezeichnungen fehlen noch bei Anaximenes; Kap. 2 – 12 im III. Buch handeln über die λέξις, Kap. 13 ff. über die τάξις. Über μνήμη und ὑπόκρισις schweigt er.
[119] Arist. rhet. III 1,1403 b 20 ff.
[120] Auct. ad Herenn. III 11,19.
[121] Quint. inst. III 3,4.
[122] Arist. rhet. III 1,1404 a 14 f.
[123] Diog. Laert. V 48.
[124] Cic. part. 1,3.
[125] Quint. inst. III 3,5.
[126] Sulp. Vict. 4 p. 315,6 f.; 14 p. 320,9 ff. H.
[127] Fortun. rhet. I 1 p. 81,21 f. H: inventio, dispositio, elocutio, memoria, pronuntiatio.
[128] Aug. rhet. 1 p. 137,4 ff. H.

Aufgabe des Redners beherrscht, das *docere, delectare, movere*,[129] der darf sich rühmen, im Besitz der Kunstberedsamkeit (*eloquentia*) zu sein.[130]

Denn diese drei *officia oratoris*, das *docere, delectare, movere* finden ihren Platz je nach der Wahl des *genus orationis*. Cicero hat das, soweit für uns erkennbar, zum ersten Mal betont. Im ‚Orator'[131] weist er dem *probare* die *necessitas*, dem *delectare* die *suavitas*, dem *flectere* die *victoria* zu und sagt:[132] *is est enim eloquens, qui et humilia subtiliter et magna graviter et mediocria temperate potest dicere.* So ist auch Augustinus diesen Anforderungen gefolgt.[133]

[129] Cic. Brut. 49,185: tria sunt enim ... quae sint efficienda dicendo: ut doceatur is apud quem dicetur, ut delectetur, ut moveatur vehementius; Quint. inst. III 5,2: tria sunt item, quae praestare debeat orator, ut doceat, moveat, delectet.

[130] Cic. orat. 21,69: erit igitur eloquens ... is qui in foro causisque civilibus ita dicet, ut probet, ut delectet, ut flectat. probare necessitatis est, delectare suavitatis, flectere victoriae.

[131] Cic. orat. 21,69.

[132] Cic. orat. 29,100.

[133] Aug. doctr. christ. IV 17,34f.: qui ergo dicendo nititur persuadere, quod bonum est, nihil illorum trium spernens, ut scilicet doceat, ut delectet, ut flectat; oret atque agat, ut, quemadmodum supra diximus, intellegenter, libenter, oboedienter audiatur. quod cum apte et convenienter facit, non immerito eloquens dici potest, etsi non eum sequatur auditoris adsensus. ad haec enim tria, id est ut doceat, ut delectet, ut flectat etiam illa tria videtur pertinere voluisse idem, ipse Romani auctor eloquii, cum itidem dixit: *is erit igitur eloquens, qui poterit parva submisse, modica temperate, magna granditer dicere*, tamquam si adderet illa etiam tria, et sic explicaret unam eandemque sententiam dicens: *is erit igitur eloquens, qui, ut doceat, poterit parva submisse, ut delectet, modica temperate, ut flectat, magna granditer dicere*: haec autem tria ille, sicut ab eo dicta sunt, in causis forensibus posset ostendere, non autem hoc est in ecclesiasticis quaestionibus, in quibus huius, quem volumus informare, sermo versatur. in illis enim ea parva dicuntur, ubi de rebus pecuniariis iudicandum est, ea magna, ubi de salute ac de capite hominum, ea vero, ubi nihil horum iudicandum est nihilque agitur, ut agat sive decernat, sed tantummodo ut delectetur auditor, inter utrumque quasi media et ob hoc modica, hoc est moderata dixerunt.

ERSTER ABSCHNITT

DIE INVENTIO

ERSTES KAPITEL

DIE GERICHTLICHE BEREDSAMKEIT

I. Allgemeine Voraussetzungen

Die Tätigkeit des Redners in einem ihm vorgegebenen Falle, einer *quaestio civilis*, begann noch vor der *inventio* mit der νόησις oder *intellectio*,[1] d.h. mit dem Durchdenken des Falles und der Erkenntnis seiner Art und des *genus causarum*, dem er angehört. Cicero nennt die *intellectio* nicht, weil sie, so meint Sulpitius Victor,[2] mehr Sache der *diligentia* und *sapientia* sei als der *ars*. Augustinus[3] gibt knapp als Inhalt der *intellectio* an, festzustellen, ob eine *quaestio civilis generalis* oder *specialis*, d.h. das, was man sonst eine θέσις[4] oder ὑπόθεσις[5] nennt, vorliege, ob sie *simplex* oder *coniuncta ex pluribus* sei, *absoluta* oder *conparativa*. Auch bei Sulpitius Victor[6] steht an erster Stelle der *intellectio* die Entscheidung darüber, ob es der Redner mit einer θέσις oder einer ὑπόθεσις zu tun hat.

Die Einteilung der *quaestiones civiles* in θέσεις und ὑποθέσεις geht auf Hermagoras zurück.[7] Cicero nennt die θέσις *propositum*,[8] *consultatio*,[9] *quaestio*,[10] *quaestio infinita*,[11] *genus infinitum*;[12] bei Quintilian heißt sie *quaestio infinita*,[13] *quaestio generalis*,[14] *quaestio philosopho conveniens*.[15] Augustinus und Sulpitius Victor nennen sie *thesis*,[16] *quaestio generalis*;[17] Athenaios hält sie für eine *pars causae*.[18] Die Thesis behandelt Fragen allgemeiner Art, in denen weder Personen noch Ort und Zeit eindeutig festgelegt sind.[19] In seiner Jugendschrift ‚De inventione'[20] hat Cicero die Behandlung der θέσις

---

[1] Sulp. Vict. 4 p. 315,7 H.
[2] Sulp. Vict. 4 p. 315,10ff. H.
[3] Aug. rhet. 1 p. 137,4ff. H.
[4] Cic. orat. 14,46; Quint. inst. III 5,5.
[5] Quint. inst. III 5,7: causa.
[6] Sulp. Vict. 4 p. 315,15ff. H: intellegendum primo loco est, thesis sit an hypothesis. cum hypothesin esse intellexerimus, id est controversiam, intellegendum erit an consistat, tum ex qua specie sit, deinde ex quo modo, deinde cuius status, postremo cuius figurae.
[7] Cic. inv. I 6,8; Quint. inst. II 21,21; Aug. rhet. 5 p. 140,9 H.
[8] Cic. part. 18,61: infinitum nullis neque personis neque temporibus notatum propositum voco; top. 21,80: causa certis personis locis temporibus actionibus negotiis cernitur aut in omnibus aut in plerisque eorum, propositum autem aut in aliquo eorum aut in pluribus nec tamen in maximis. itaque propositum pars est causae; Quint. inst. III 5,5; Sulp. Vict. 1 p. 314,7 H; Isid. orig. II 15 p. 515,12f. H.
[9] Cic. de orat. III 28,109.
[10] Cic. inv. I 6,8 nach Hermagoras; Grill. § 8 p. 42,21; 43,4 M.
[11] Cic. de orat. III 28,109; part. 18,61.
[12] Cic. part. 18,61.
[13] Quint. inst. III 5,5.
[14] Quint. inst. III 5,9.
[15] Quint. inst. III 5,5.
[16] Aug. rhet. 5 p. 140,1 H; Sulp. Vict. 2 p. 314,9 H; vgl. Quint. inst. III 5,14.
[17] Aug. rhet. 7 p. 141,8 H.
[18] Quint. inst. III 5,5.
[19] Cic. inv. I 6,8 nach Hermagoras (vgl. Anm. 10): quaestionem autem eam appellat, quae habeat in se controversiam in dicendo positam sine certarum personarum interpositione; Aug. rhet. 5 p. 140,1f. H: thesis est res, quae admittit rationalem considerationem sine

als für die Rhetorik untauglich abgelehnt, später[21] hat er diese Anschauung wesentlich korrigiert. Diese allgemeinen Fragen haben auch eigentlich mit der Rhetorik nichts zu tun; da aber die Lehre der Rhetorik über die sprachliche Form für die philosophische wie auch für die schöne Literatur und die Dichtung Geltung gewonnen hatte und die Beschäftigung mit den Thesen als besonders geeignete Vorbereitung für die mit den *quaestiones infinitae* oder Hypothesen erkannt wurde,[22] hat die Rhetorik die Beschäftigung mit ihnen ebenfalls für sich in Anspruch genommen. Ihre Behandlung bildete von da ab ein besonderes Kapitel in den sogenannten προγυμνάσματα, *praeexercitationes* oder *praeexercitamina*.[23]

Bei der Thesis, so formuliert Augustinus,[24] geht es um die Einsicht in die Qualität einer Sache, bei der Hypothesis um eine Streitsache; bei jener wird etwas untersucht, das alle tun müssen, bei der Hypothesis, was der eine oder andere oder auch mehrere, sicher aber nur eine ganz beschränkte Zahl von Menschen tun müssen. In der Thesis untersuchen wir, gleichsam als Unwissende, was am besten zu tun sei, in der Hypothesis verteidigen wir es als Wissende, oder, wie Sulpitius Victor[25] es ausdrückt, Ziel der Thesis ist die *inspectio*, der Hypothesis die *actio et iudicatio*. Anwendungsgebiet der Hypothesis sind *controversiae et lites* oder *actiones et causae*, also die forensische Beredsamkeit, der Thesis die ἀνασκευή und die κατασκευή, Beweis und Widerlegung.[26]

---

definitione personae; Sulp. Vict. 2 p. 314,9f. H: thesis est, ut quidam volunt, res rationalem disputationem recipiens sine definitarum personarum circumstantia; 3 p. 314,25 H hält er es aber für richtiger zu definieren: thesis est res rationalem disputationem recipiens, cuius finis inspectio.

[20] Cic. inv. I 6,8: quas quaestiones procul ab oratoris officio remotas facile omnes intellegere existimamus; nam quibus in rebus summa ingenia philosophorum plurimo cum labore consumpta intellegimus, eas sicut aliquas parvas res oratori attribuere magna amentia videtur. Der Verweis auf die Philosophen aber zeigt, daß er nur das genus cognitionis im Auge hat. Schon Hermagoras hat nach Quintilian (inst. II 21,22) die von ihm quaestiones genannten für die Behandlung durch den Redner abgelehnt: sed quaestiones si negat (Hermagoras) ad rhetoricen pertinere, dissentit a nobis. Auch Hermog. stat. I p. 29,1 ff. R hat die θέσεις von der rednerischen Behandlung ausgeschlossen: ἔστι τοίνυν ἀμφισβήτησις λογικὴ ἐπὶ μέρους ἐκ τῶν παρ' ἑκάστοις κειμένων νόμων ἢ ἐθῶν περὶ τοῦ νομισθέντος δικαίου ἢ τοῦ καλοῦ ἢ τοῦ συμφέροντος ἢ καὶ πάντων ἅμα ἢ τινῶν · τὸ γὰρ ὡς ἀληθῶς τε καὶ καθόλου καλὸν ἢ συμφέρον ἢ τὰ τοιαῦτα ζητεῖν οὐ ῥητορικῆς. τὴν δὲ ἀμφισβήτησιν ταύτην ἀνάγκη περί τε πρόσωπα γίνεσθαι καὶ πράγματα.

[21] Cic. orat. 14,45: orator, non ille vulgaris sed hic excellens, a propriis personis et temporibus semper, si poterit, avocabit controversiam; latius enim de genere quam de parte disceptare licet, ut quod in universo sit probatum id in parte sit probatum necesse; de orat. III 30,120: ornatissimae sunt igitur orationes eae, quae latissime vagantur et a privata et a singulari controversia se ad universi generis vim explicandam conferunt et convertunt, ut ei, qui audiant, natura et genere et universa re cognita de singulis reis et criminibus et litibus statuere possint; Victorin. rhet. I 6 p. 176,9f. H: practicen autem thesin dicit ab oratore tractari, sed ut argumenti locum teneat, non materiae.

[22] Quint. inst. III 5,13: quo modo *an sibi uxor ducenda sit* deliberabit Cato, nisi constiterit uxores esse ducendas? et quo modo *an ducere debeat Marciam* quaeretur, nisi Catoni ducenda uxor est?

[23] Hermog. prog. tit. p. 1 – 27 R; vgl. Prisc. rhet. tit. p. 551 – 560 H.

[24] Aug. rhet. 6 p. 140,19f.; 22ff. H.

[25] Sulp. Vict. 3 p. 314,25f.; 33f. H.

[26] Sulp. Vict. 3 p. 314,34ff. H: itaque hypothesin sciemus quidem in controversiis et litibus esse, sive actionibus atque causis, thesin vero in κατασκευαῖς et ἀνασκευαῖς, itemque in his, quas Graeci χρείας vocant.

Die Thesis endlich geht immer auf die Zukunft, die Hypothesis dagegen immer auf die Vergangenheit oder die Gegenwart.[27]

Cicero[28] teilt die *proposita* (θέσεις), die *quasi pars causae* sind, in zwei Arten:[29]

1. *propositum actionis, quod refertur ad faciendum quid*,[30] d. h. die θέσεις πολιτικαί oder πρακτικαί des Hermogenes,[31] in denen die Redner sich üben sollen. Bei den praktischen Thesen wird gefragt: *an navigandum, an ducendum uxorem, an rhetoricae dandum studium*,[32] *an res publica administranda*.[33]

2. *propositum cognitionis*, dessen *finis* die *scientia* ist, auch θέσεις θεωρητικαί nach Hermogenes:[34] οἰκεῖαί τινος ἐπιστήμης καὶ προσήκουσαι τοῖς περὶ αὐτὰς ἀναστρεφομένοις· deshalb werden sie von Priscian[35] auch *positiones privatae* oder *inspectivae sive intellectivae* genannt, weil ihr Ziel die *inspectio* oder der *intellectus* ist. Bei ihnen wird gefragt, ob etwas ist, was es ist und wie beschaffen es ist.[36] Es werden also Fragen gestellt wie εἰ σφαιροειδὴς ὁ κόσμος, εἰ πολλοὶ κόσμοι, εἰ ὁ ἥλιος πῦρ, *an pilae formam habeat mundus, an multi sint mundi, an ignis sit sol*.[37]

Man gliedert die θέσεις πολιτικαί weiter in ἁπλαῖ, wie z. B. εἰ γαμητέον, in αἱ κατὰ τὸ πρός τι, z. B. εἰ βασιλεῖ γαμητέον, und διπλαῖ, z. B. εἰ ἀθλητέον μᾶλλον ἢ γεωργητέον.[38]

Kommt zur θέσις die Angabe von Person, Ort, Zeit u. a. hinzu, die sogenannte περίστασις, so wird aus ihr eine ὑπόθεσις,[39] eine *quaestio finita*, eine *res rationalem disputationem recipiens*, deren Ziel die *actio* und *iudicatio* ist, der eigentliche Stoff des Redners.[40] Die περιστάσεις, *circumstantiae*,[41] μόρια περιστάσεως des Hermagoras oder die στοιχεῖα τοῦ πράγματος, wie Theodoros sie nannte,[42] ergeben sich durch die Beantwortung der Fragen *quis, quid, quando, ubi, cur, quomodo, quibus adminiculis, quos Graeci* ἀφορμάς *vocant*,[43] Angaben der zur Tat dienenden Mittel oder Personen, als welche Augustinus[44] *laqueus, gladius, venenum, litterae, internuntius, mandata, servus,*

---

[27] Aug. rhet. 6 p. 140,26 ff. H: omnis thesis de futuro est, hypothesis raro: quin immo numquam nisi de praeterito aut eo quod iam agatur facit quaestionem. nemo enim neque reus fieri potest, nisi fecerit aut fecisse dicatur, neque praemium aut aliquid huiusmodi petere, nisi iam meritus sit aut meritum esse se contendat.

[28] Cic. part. 18,61.

[29] Cic. part. 18,62; top. 21,81f.

[30] Cic. part. 18,62.

[31] Hermog. prog. 11 p. 25,3.10 R.

[32] Prisc. rhet. 11 p. 559,11f.; 18 H: Priscian nennt sie auch positiones activae; civiles heißen sie, weil sie communibus et ad civitatem pertinentibus subiacent opinionibus.

[33] Quint. inst. III 5,8.

[34] Hermog. prog. 11 p. 25,11.6f. R.

[35] Prisc. rhet. 11 p. 559,17.23f. H.

[36] Cic. part. 18,62; top. 21,82.

[37] Hermog. prog. 11 p. 25,7f. R; Prisc. rhet. 11 p. 559,20f. H.

[38] Hermog. prog. 11 p. 25,16ff. R; Prisc. rhet. 11 p. 559,25f. H: positionum autem aliae sunt simplices, aliae ad aliquid conparantur et duplices videntur esse: er kennt also die zweite Gruppe nicht.

[39] Quint. inst. III 5,7: finitae autem sunt ex complexu rerum, personarum, temporum ceterorumque: hae ὑποθέσεις a Graecis dicuntur, causae a nostris. Nur personae et tempora nennt Cic. part. 18,61, inv. I 6,8 lediglich die personarum certarum interpositio; Sulp. Vict. 2 p. 314,10f. H: hypothesis res rationalem disputationem recipiens cum definitarum personarum circumstantia.

[40] Sulp. Vict. 3 p. 314,26f. H.

[41] Aug. rhet. 7 p. 141,11f. H; vgl. Quint. inst. V 10,104.

[42] Aug. rhet. 7 p. 141,15f. H.

[43] Aug. rhet. 7 p. 141,20f. H.

[44] Aug. rhet. 8 p. 142,10ff. H.

conscius, sicarius anführt. Apollodoros hat zehn Peristasen aufgezählt,[45] nach Augustinus[46] aber keinen Unterschied zwischen Thesis und Hypothesis anerkannt und dem unterscheidenden Merkmal einer Person keine Bedeutung beigemessen; denn im Falle des Orestes mache nicht die Person des Orestes den Gegenstand der Klage aus, sondern die Tat; es sei also belanglos, ob die Frage laute, ob Orestes oder ob ein Muttermörder strafbar sei; hier gebe es also keinen Unterschied zwischen Thesis und Hypothesis. In Wirklichkeit aber sei es so, daß zuerst über die zweite Frage, die Thesis, entschieden werden müsse und dann erst über die erste, die Hypothesis, natürlich über die Frage, ob Orestes wegen Muttermordes zu bestrafen sei. Es handelt sich bei dieser Frage um die zweite, von Hermogenes[47] πρός τι genannte Art der Thesis. Von ihr spricht auch Quintilian,[48] wenn er sagt, daß auch *remotae a personis propriis ad aliquid referri solent*, wenn es sich also nicht um eine namentlich bestimmte (*propria*) Person handelt, sondern, wie in dem angegebenen Beispiel *an in tyrannide res publica administranda sit*, wo unter dem Begriff *tyrannis* sich die Person eines Tyrannen verstecke, aber doch keine Hypothesis zustande kommen könne, weil es sich nicht um eine bestimmte Person handle. Eine merkwürdige Lösung der Frage, ob die περίστασις einer Person eine Hypothesis ausmache, gibt Sulpitius Victor.[49] Bei der Frage, *an Ciceroni post consulatum eundum in provinciam fuerit*, entscheidet er sich dahin, es liege eine Thesis vor, wenn wir die Frage stellten, eine Hypothesis aber, wenn Cicero selbst die Überlegung anstelle. Als Gegenstück dazu setzt er aus dem *genus iudiciale* den Fall, daß jemand in der Einsamkeit angetroffen würde, wie er, ein blutiges Schwert in der Hand, einen Ermordeten begrabe und nun des Mordes angeklagt werde. Er entscheidet sich für eine wirkliche *causa*, für eine Hypothesis also, und es ist auch so; denn es ist vorhanden: der Täter, der Ort, der Leichnam und das *instrumentum*. Die Schule kann den Fall aber auch als Thesis betrachten, zur Einübung für den wirklichen Fall.

Hat der Redner den ihm vorgelegten Fall als Hypothesis erkannt, steht er vor der Entscheidung, ob der Fall einen *status* hat, d.h., ob er sich vor Gericht vertreten läßt, der Ankläger seine Klage begründen, der Beklagte sich verteidigen und der Richter ein Urteil sprechen kann. Fälle, in denen das nicht der Fall ist, heißen ἀσύστατα.[50] Hermagoras hat davon vier Arten unterschieden:[51]

---

[45] Quint. inst. III 5,17: ipsum deinde negotium sic finit: *negotium est congregatio personarum, locorum, temporum, causarum, modorum, casuum, factorum, instrumentorum, sermonum, scriptorum et non scriptorum*.

[46] Aug. rhet. 5 p. 140,7ff. H: Apollodorus... negat quicquam aliud esse hypothesin quam thesin, et nullius momenti esse discrimen personarum ... non minus enim infinitam et interminatam esse hypotheseos quam theseos quaestionem. nam cum quaeratur, sit necne animadvertendum in Oresten, non personam esse quae faciat quaestionem, sed factum, et nihil interesse an ita quaeratur, sit necne animadvertendum in matricidam: quod si ita est, nihil inter hypothesin thesinque distare.

[47] Hermog. prog. 11 p. 25,16f.; 19f. R.

[48] Quint. inst. III 5,8f.

[49] Sulp. Vict. 2 p. 314,13ff.; 19ff. H: e diverso: *quidam in solitudine inventus est, cum gladium cruentum teneret et recens cadaver occisi hominis sepulturae daret: reus fit caedis.* haec quidem certa causa est; potest enim ille, quicumque repertus est, reus fieri, etsi definitae personae circumstantiam non habet.

[50] Hermog. stat. 1 p. 32,9 R; Fortun. rhet. I 2 p. 82,14f. H; Aug. rhet. 15 p. 146,1 H; Grill. § 11 p. 54,20 M.

1. Die ἐλλείπουσα, auch κατ' ἐλλιπές, κατὰ μόριον, κατ' ἀπερίστατον genannt, die vorliegt, wenn eine oder mehrere Punkte der *circumstantiae* fehlen. Fortunatian[52] führt dafür das Beispiel an, daß ein Vater seinen Sohn enterben will, ohne einen Grund dafür zu haben. Augustinus[53] nennt keinen Namen dafür und erklärt nur, diese Art bilde kein Thema für die Schule, weil es ohne *circumstantia* überhaupt keines geben könne; er gibt aber zu, daß die mangelnde Vorsicht des Klägers auch einen solchen Fall vor den Richter bringen könne.

2. Die zweite Art ist *isazusa*, auch ἰσομερής, κατ' ἰσότητα, πρίων[54] genannt. Sie liegt vor, wenn der Kläger und der Beklagte dasselbe vorbringen. Als Beispiel dient der Fall zweier junger Leute, die beide schöne Frauen haben und sich gegenseitig des Nachts aus der Wohnung des anderen heraustreten sehen und sich nun gegenseitig des Ehebruchs anklagen.

3. Die dritte Art heißt μονομερής, ἑτερομερής,[55] wenn nur der Kläger seine Sache vertreten kann, der Angeklagte aber nichts dagegen vorzubringen hat, wie der *leno*, der weiß, daß zehn junge Leute zu ihm kommen werden und ihnen nun heimlich eine Grube gräbt, in der sie umkommen. Des Mordes angeklagt, hat er keine Möglichkeit, sich zu verteidigen. Augustinus bemerkt dazu, daß er im Gegensatz zu seinem Lehrer Demokrates solche Fälle zulasse, wenn sie auch nur eine mögliche Wahrscheinlichkeit der Verteidigung erkennen ließen, daß er sie sonst aber als *heteromeria* ablehne.

4. Als viertes Asystaton wird die ὑπόθεσις ἄπορος genannt, der *modus caliginosissimus* des Augustinus,[56] bei dem der Richter keine Möglichkeit sieht, ein Urteil zu fällen. Fortunatian führt als Beispiel an: Drei Leute machen zusammen eine Reise, von der nur zwei zurückkehren und sich gegenseitig des Mordes am dritten beschuldigen. Augustinus gibt ein Beispiel, das noch verschlungener ist, aber besser zu einem anderen, gleich zu besprechenden Asystaton gehört.

C. Iulius Victor[57] kennt nur diese vier Beispiele des Hermagoras. Die ἐλλείπουσα nennt er nicht namentlich, der Umstand aber, daß bei dem ungenannten Asystaton die *circumstantiae* fehlen und das Beispiel *reum facit iniuriarum pauperem dives* gewählt wird, zeigt, daß es sich nur um die ἐλλείπουσα handeln kann. Es folgen dann noch κατ' ἰσάζουσαν,[58] mit dem Beispiel des Fortunatian, weiter καθ' ἑτερομερίαν, mit dem Beispiel, das Fortunatian bei der ἄχρωμος verwendet und zuletzt das ἄπορον mit dem Beispiel, das Fortunatian zur ἀντιστρέφουσα anführt.

Außer den vier Asystata des Hermagoras weiß dann Fortunatian[59] noch von acht anderen, die sich bei verschiedenen Autoren finden. Es sind das:

---

[51] Fortun. rhet. I 2 p. 82,15f. H; Aug. rhet. 15 p. 146,3ff. H.

[52] Fortun. rhet. I 2 p. 82,17ff. H.

[53] Aug. rhet. 15 p. 146,6ff. H.

[54] Fortun. rhet. I 2 p. 82,22ff. H; Aug. rhet. 15 p. 146,10ff. H.

[55] Fortun. rhet. I 2 p. 82,27ff. H; Aug. rhet. 16 p. 146,24ff. H.

[56] Fortun. rhet. I 2 p. 83,5ff. H; Aug. rhet. 16 p. 147,6ff. H.

[57] Iul. Vict. 2 p. 374,29ff. H.

[58] Iul. Vict. 2 p. 374,37ff.; 375,3ff.; 7ff. H.

[59] Fortun. rhet. I 3 p. 83,10ff. H.

1. Die ἀντιστρέφουσα,[60] die eintritt, wenn die beiden Gegner während des Prozesses den Standpunkt vertauschen. Das Beispiel des Fortunatian ist das von Augustinus[61] und von C. Iulius Victor[62] für das Asystaton ἄπορον beigebrachte: Jemand verlangt ausgeliehenes Geld mit Zinsen zurück, der Beklagte aber will das Geld nur zur Verwahrung bekommen haben und deshalb nur ohne Zinsen zurückgeben. Während des Prozesses aber werden durch ein Gesetz die Schulden aufgehoben. Da verlangt der Kläger das angeblich nur zur Verwahrung gegebene Geld ohne Zinsen zurück, der Beklagte aber verweigert die Zahlung, weil er das Geld geliehen habe und geschuldetes Geld nach dem Gesetz nicht zurückgegeben werden müsse.

2. Beim ἄχρωμος[63] ist eine Verteidigung nicht möglich. Das Beispiel des Fortunatian handelt von zehn Soldaten, die sich in Kriegszeiten die Daumen abschneiden und deshalb *laesae rei publicae* angeklagt werden.

3. Die *species* ἀδύνατος[64] liegt vor, wenn eine Klage der Gesetzlichkeit der natürlichen Dinge widerstreitet, z.B. wenn ein Knabe des Ehebruches mit der Frau eines anderen beschuldigt wird.

4. Bei dem Asystaton ἀπίθανος[65] wird etwas behauptet, was sehr wenig Wahrscheinlichkeit in sich hat, z.B. daß Blinde wieder sehend geworden seien, oder Belagerte hätten Boten schicken können. Fortunatian bemerkt dazu, die Möglichkeit bestünde aber doch, daß durch göttliche Einwirkung die Sehkraft wiederhergestellt worden sei und daß die Boten durch einen von den Belagerern weniger scharf bewachten Teil der Stadt, oder wenn die Belagerer in tiefem Schlaf lagen, entsandt werden konnten. Wegen dieser allerdings schwachen Möglichkeit könnten solche Fälle aber doch behandelt werden, sie seien *cacosystatae*,[66] im Gegensatz zu den Asystata und den auch von Augustinus[67] so genannten ἄλογα oder *plasmata inrationabilia*, die man nicht einmal *controversiae* nennen dürfe.

5. Das Asystaton ἀπρεπής[68] liegt vor, wenn etwas als unpassend für die Person empfunden wird, z.B. wenn ein Mann für seine Tapferkeit als Lohn die Ehe mit seiner Tochter fordert.

6. Bei dem Asystaton ἀναίσχυντος[69] ist der erste Teil ohne Scham, z.B. wenn ein verschwenderischer Vater seinen Sohn enterben will. Fortunatian meint aber, *consilio* könne die Materie bestehen, nicht aber bei der Gerichtsverhandlung.

7. Das Asystaton παρ' ἱστορίαν[70] entsteht, wenn etwas bei der *controversia* der historischen Wahrheit widerspricht, z.B. wenn behauptet wird, Hortensius habe als Konsul Bürger ohne Verurteilung hinrichten lassen.

8. Das letzte Asystaton hat bei Fortunatian den Namen ἄλογος,[71] nachdem er kurz zuvor[72] noch neben den *cacosystatae* und den *asystatae* von den *plasmata inrationabilia*,

---

[60] Fortun. rhet. I 3 p. 83,14ff. H.
[61] Aug. rhet. 16 p. 147,9ff. H.
[62] Iul. Vict. 2 p. 375,7ff. H.
[63] Fortun. rhet. I 3 p. 83,20ff. H.
[64] Fortun. rhet. I 3 p. 83,24ff. H.
[65] Fortun. rhet. I 3 p. 83,27ff. H.
[66] Fortun. rhet. I 3 p. 83,34 H.
[67] Aug. rhet. 15 p. 146,1f. H.
[68] Fortun. rhet. I 4 p. 84,4ff. H.
[69] Fortun. rhet. I 4 p. 84,7ff. H.
[70] Fortun. rhet. I 4 p. 84,14ff. H.
[71] Fortun. rhet. I 4 p. 84,21f. H.
[72] Fortun. rhet. I 3 p. 84,1ff. H.

id est aloga gesprochen hatte und jetzt wiederum hinzufügt, daß *omnis asystata alogos dici possit.*

Die vier Asystata des Hermagoras kommen dadurch zustande, daß beim ersten dem κατ' ἀπερίστατον oder ἐλλείπουσα der Fehler in dem Mangel eines oder mehrerer der Punkte liegt, die die *circumstantiae* bewirken, beim zweiten, der *isazusa*, kein Kläger da ist, weil jeder der beiden durch die Anklage gegen den anderen sich selbst beschuldigt,[73] beim dritten, der μονομερής,[74] es keine Verteidigung gibt und beim vierten, dem ἄπορον,[75] der Richter kein Urteil zu finden weiß. Hermogenes[76] kennt acht Asystata ohne irgendeine gliedernde Unterscheidung: τὸ μονομερές, τὸ ἰσάζον διόλου, τὸ ἀντιστρέφον, τὸ ἄπορον, τὸ ἀπίθανον, τὸ ἀδύνατον, τό ἄδοξον, τὸ ἀπερίστατον. Davon decken sich μονομερές, ἰσάζον διόλου, ἀπερίστατον und das ἄδοξον, das dem ἀπρεπής des Fortunatian entspricht, mit denen des Fortunatian. Das ἄχρωμος, ἀναίσχυντος, παρ' ἱστορίαν und das ἄλογος des Hermagoras kennt Hermogenes nicht. Hermogenes[77] kennt aber noch andere, den Asystata nahekommende Fälle, die auch zu Übungszwecken benützt werden. Eine generelle Bezeichnung für sie hat er nicht, Fortunatian[78] aber nennt sie *cacosystatae*, Grillius[79] *cacosyntheta*. Hermogenes[80] führt nur drei Fälle auf, hält es aber für möglich, daß man noch andere, ähnliche, auffinden kann:

1. Das ἑτερορρεπές[81] mit dem Beispiel: Kritias flieht zu den Statuen des Harmodios und Aristogeiton, um sich Straffreiheit zu sichern; die Athener beraten, ob sie ihn wegziehen dürfen.

2. Das κακόπλαστον[82] entspricht dem παρ' ἱστορίαν des Fortunatian.

3. Das dritte κακοσύνθετον ist das προειλημμένον τῇ κρίσει,[83] bei Grillius πρόλημψις,[84] dem ἄπορον ähnlich. Es wird durch folgendes Beispiel erläutert: Eine Frau zeigt den allen anderen unbekannten Aufstieg zur Burg des Tyrannen ihrem Manne, der den Tyrannen tötet. Darauf bezichtigt er seine Frau des Ehebruches.

Grillius[85] zählt die gleichen acht Asystata auf wie Hermogenes, nur in verschiedener Reihenfolge, weil er sie in einer bestimmten Gliederung vorlegt, indem er von den notwendigen Voraussetzungen ausgeht, die Cicero[86] für das Zustandekommen eines *status* angegeben hat: *omnis res, quae habet in se positam in dictione ac disceptatione aliquam controversiam, aut facti aut nominis aut generis aut actionis continet quaestionem*, d.h. einen *status*. Da die *dictio* Ankläger und Beschuldigten umschließt und die *disceptatio* den Richter benennt, entsteht gleichzeitig auch eine Teilung nach den Personen. In

---

[73] Fortun. rhet. I 2 p. 82,22f. H; Aug. rhet. 15 p. 146,22f. H: utervis eorum sive accusat alterum, se criminatur, sive se purgat, defendit eum, quem criminari videtur.

[74] Fortun. rhet. I 2 p. 83,3 H: hic enim lenonis nulla defensio est; Aug. rhet. 16 p. 146,25 H: reo nulla defensio est.

[75] Fortun. rhet. I 2 p. 83,5 H: cum iudex non invenit quam sententiam dicat; Aug. rhet. 16 p. 147,14 H: non enim video quid sit hic quod in sententia ferenda iudex sequi possit.

[76] Hermog. stat. 1 p. 32,10ff. R.
[77] Hermog. stat. 1 p. 33,17f. R.
[78] Fortun. rhet. I 3 p. 83,34 H.
[79] Grill. p. 8,9 M.
[80] Hermog. stat. 1 p. 34,14f. R.
[81] Hermog. stat. 1 p. 33,18ff. R.
[82] Hermog. stat. 1 p. 34,2 R.
[83] Hermog. stat. 1 p. 34,9ff. R.
[84] Grill. p. 8,15 M.
[85] Grill. p. 6,1 – 7,18; § 11 p. 53,5 – 54,14 M.
[86] Cic. inv. I 8,10.

der *dictio* sind nun bei der Aufzählung des Grillius[87] die ersten fünf Asystata μονομερές, ἀπερίστατον, πάνυ ἄδοξον, ἀπίθανον und ἀδύνατον fehlerhaft, in der *disceptatio* die folgenden drei: ἰσάζον, ἀντιστρέφον und ἄπορον.

Nur fünf Asystata kennt Sulpitius Victor.[88]

1. Die *causa* ἰσάζουσα, wenn z.B. zwei Arme sich gegenseitig des Diebstahls bezichtigen, nachdem sie die gemeinsame Wand durchbrochen hatten.

2. Die *causa* μονομερής ohne Angabe eines Beispiels, nur mit der näheren Kennzeichnung: *si ex altera parte praevalida sit causa, ex altera prorsus infirma*, während beim ersten Fall *paria ex utraque parte dicuntur*.

3. Die *causa* ἄπορος, wenn die *actio* nicht zur Entscheidung kommen kann, z.B. bei einer Wette, ob die Zahl der Sterne gerade oder ungerade ist.

4. Die *causa* ἄδοξος, die *de rebus personisve deformibus* handelt.

5. Die *causa* ἀπίθανος, wenn die *circumstantia* unglaubwürdig ist, wenn z.B. jemand eine hundertfache Belohnung fordert, weil er hundert Tyrannen getötet hat.

Schon die Beispiele zeigen, daß die ἀσύστατα nichts mit der praktischen Beredsamkeit zu tun haben, sondern für die Schule konstruiert sind. Weder der Auctor ad Herennium noch auch Cicero und Quintilian haben sich damit befaßt. Erst das Aufkommen der Deklamationen hat zu ihrer Ausbildung geführt.

Steht es so auch fest, daß die Hypothesis wirklich eine gerichtliche Verhandlung ermöglicht, muß sich nach Sulpitius Victor[89] der Redner darüber klar werden, ob es sich bei der zu vertretenden *causa* um eine *causa ethica* oder *pathetica* oder um eine *causa iudicialis* handelt. Das sind *species*, die zur Unterscheidung für die Gestaltung der λέξις und des Vortrages zur Unterstützung der Beweisführung wichtig sind. In der *causa ethica* nämlich muß die ganze Rede dem Charakter der Personen entsprechen, in der *pathetica* müssen die Affekte zum Ausdruck kommen, die für die in Frage stehende Handlung der Personen von Bedeutung sind. Hier muß die Sache *celsius atque commodius* vorgetragen werden, in der *ethica diligentius et cultius et laetius*. In der *causa iudicialis* herrscht nur der reine Kampf, eine *actio pressa et teres et forensis*. Der *causa iudicialis* entspricht bei Fortunatian das *genus apodicticum*.[90] Als Beispiel führt er dafür an: Ein Mann, der auf Reisen geht, hinterläßt bei seinem Freunde ein gewisses Maß Getreide, das dieser, als eine Hungersnot entsteht, um den doppelten Preis verkauft, weshalb er von dem Zurückgekehrten *de lucro* belangt wird. Für das *genus ethicum*[91] dient ihm als Beispiel, daß drei Liebhaber sich streiten, wen von ihnen die *meretrix* am meisten liebe; denjenigen, den sie küßt, den, dem sie die Neige ihres Bechers reicht, oder den, den sie kränzt. Für das *genus patheticum*[92] führt er einen Vater an, der, weil das Gesetz es erlaubte, seine drei Söhne vor den Augen der Mutter tötete, die sich dann mit dem gleichen Schwert tötet. Der Vater wird beschuldigt, ihren Tod verursacht zu haben. Fortunatian[93] fügt als viertes und fünftes noch das

---

[87] Grill. p. 6,22 ff.; 25 ff. M.
[88] Sulp. Vict. 5 p. 315,22 ff. H.
[89] Sulp. Vict. 6 p. 316,5 ff.; 9 ff.; 13 ff.; 18 ff. H.
[90] Fortun. rhet. I 10 p. 89,5 ff. H.
[91] Fortun. rhet. I 10 p. 88,28 ff. H.
[92] Fortun. rhet. I 10 p. 88,32 ff. H.
[93] Fortun. rhet. I 10 p. 89,9 ff.; 13 ff.; 88,21 H.

genus diaporeticum und das *mixtum* hinzu. Bei jenem ist der Fall sehr schwierig und nichts Sicheres auszumachen, wie in dem Falle, daß der Vater zwischen zwei feindliche, mit den Waffen streitende Brüder tritt und verwundet wird, ungewiß von wem, und nun wegen *dementia* beschuldigt wird, weil er die Aussage über den Täter verweigert. Das gleiche Beispiel paßt aber auch zum *genus mixtum*, weil zu dem *genus diaporeticum* noch das *patheticum* infolge des Zweikampfes der feindlichen Brüder kommt. Fortunatian weist diese Arten dem *genus publicum sive commune controversiarum* zu.

Die übrigen technischen Schriften wissen nichts von diesen fünf *genera* oder *species causae*. Als nächsten Schritt nach der Erkenntnis, daß die Frage einen *status* hat, betrachtet Cicero[94] die Feststellung, ob es sich um eine *causa simplex* oder *coniuncta* handelt, und im letzten Falle, ob sie aus mehreren *quaestiones* besteht oder aus einem Vergleich. Eine *causa simplex* liegt z.B. vor, bei der Frage *Corinthiis bellum indicamus an non?* eine *quaestio coniuncta ex pluribus* illustriert Cicero durch das Beispiel *utrum Carthago diruatur an Carthaginiensibus reddatur an eo colonia deducatur*, für eine *quaestio coniuncta ex comparatione* gibt Cicero das Beispiel *utrum exercitus in Macedoniam contra Philippum mittatur, qui sociis sit auxilio, an teneatur in Italia, ut quam maximae contra Hannibalem copiae sint.* Quintilian[95] spricht hier nicht von einer *causa*, sondern vom *genus* einer solchen, Fortunatian[96] vom *genus* einer *controversia*, Sulpitius Victor[97] aber von den *figurae causarum*. Und nicht nur, daß die Bezeichnung so uneinheitlich ist, Sulpitius Victor[98] unterteilt auch die *causa concertativa* noch einmal in eine solche *circa rem* und eine solche *circa personam*. Fortunatian[99] spaltet das ganze *genus controversiae*, weil die *quaestio* sowohl zum *genus legale* wie auch zum *genus rationale* gehören kann, in sieben Arten auf.

1. *Simplex rationale*, wenn es sich nur um eine Tat handelt, z.B. wenn ein junger Mann, das Schwert in der Hand, neben einer frischen Leiche gefunden wird.

2. *Simplex legale*, wenn z.B. das Gesetz verbietet, daß ein Fremder die Mauer besteigt, ein Fremder aber das Verbot nicht achtet, die Mauer besteigt und dabei den Feind in die Flucht schlägt.

3. *Coniunctum rationale*, das selbst wieder auf zweifache Weise zustande kommt, *rebus* nämlich und *causativis*; der erste Fall liegt vor, wenn jemand des Ehebruchs und eines Sakrilegs angeklagt wird, der zweite, wenn ein ausschweifender junger Mann geschworen hat, nicht zu heiraten; hier ist die *quaestio* einfach: ob er enterbt werden darf; aber sie ist verbunden mit zwei bestimmenden Gründen, daß er nämlich ausschweifend ist und geschworen hat.

4. Das *coniunctum legale* liegt vor bei einem Verstoß gegen zwei Gesetze, wenn z.B. ein Fremder nachts mit einer Waffe die Mauer besteigt, gegen die Gesetze, daß ein Fremder die Mauer nicht besteigen und niemand nachts eine Waffe tragen darf.

5. Beim *genus conparativum rationale* können Personen und Sachen verglichen wer-

---

[94] Cic. inv. I 12,17.
[95] Quint. inst. III 10,3.
[96] Fortun. rhet. I 8 p. 86,34 H.
[97] Sulp. Vict. 9 p. 317,32f. H: aut enim est simplex causa aut coniuncta aut concertativa.
[98] Sulp. Vict. 10 p. 318,22 H.
[99] Fortun. rhet. I 8f. p. 87,1 – 88,16 H.

den. Das Beispiel für den ersten Fall ist, daß der eine Belohnung verlangen darf, der am meisten für den Staat geleistet hat. Wer ist besser von den beiden Bewerbern, der Arzt oder der Redner? Die Sachen werden verglichen, wenn zwei sich um die Belohnung streiten, von denen der eine den Feind zurückgeschlagen, der andere eine feindliche Stadt genommen hat.

6. Das *conparativum legale* liegt z.B. vor, wenn Gesetze vorschreiben, daß enthauptet werde, wer seinen Eltern nicht helfe, und ebenso der Mann, der den Tempel der Ceres betritt. Wenn nun ein Sohn seiner Mutter im Cerestempel Hilfe bringt, muß die Frage entschieden werden, nach welchem Gesetz der Sohn hätte handeln müssen.

7. Das *mixtum* schließlich wird auch wiederum je nach der Zusammensetzung zweifach geteilt; entweder ist es ein *simplex et conparativum* oder ein *mixtum ex rationali et legali*. Für den ersten Fall wird als Beispiel angeführt: Ein des Verrates angeklagter Vater hat zwei Söhne, einen tapferen und einen heeresflüchtigen. Er bittet jenen, die Niederschlagung des Verfahrens zu erwirken, der aber wünscht sich die Straflosigkeit des Bruders. Freigesprochen enterbt der Vater den tapferen Sohn. Die Frage lautet nun: ob der Sohn sich gegen den Willen des Vaters eine Belohnung erbitten darf (*simplex*) und was er sich mehr hätte wünschen sollen (*conparativum*). Das Beispiel für den zweiten Fall lautet: Nach der Bestimmung, daß ein wegen Verrates Verurteilter zur Bewachung der Behörde übergeben und am dreißigsten Tage gefoltert werde, damit er Mitwisser nenne, wird ein so Verurteilter seinem Magistratskollegen in Haft übergeben, von ihm aber beim Ehebruch ertappt und getötet, weil es erlaubt ist, den Ehebrecher zu töten; der Beamte wird der Mitwisserschaft beschuldigt. Da ergeben sich die Fragen, ob er mitschuldig war oder jener ein Ehebrecher (*rationale*) und ob getötet werden durfte, wer gefoltert werden sollte, um Mitwisser zu nennen (*legale*).

Als wichtig für die Gestaltung der Rede schon gleich vom *principium* an wird von den Rhetoren eine Gruppe von *genera causarum*,[100] *modi causarum*[101], *figurae materiarum* oder *controversiarum*, σχήματα,[102] genannt, „nach dem Grade der Anständigkeit"[103] geschiedene Klassen. Der Auctor ad Herennium[104] und Augustinus[105] nennen jeder nur vier, die übrigen jeder fünf *genera*, nämlich:

1. σχῆμα ἔνδοξον, *honestum*.
2. σχῆμα παράδοξον, *admirabile*.
3. σχῆμα ἄδοξον, *humile*.
4. σχῆμα ἀμφίδοξον, *dubium vel anceps*.
5. σχῆμα δυσπαρακολούθητον, *obscurum*.

Quintilian[106] hält es für richtig, als sechstes noch das *genus turpe* einzufügen, das einige dem *humile*, andere dem *admirabile* unterordnen.

---

[100] Auct. ad Herenn. I 3,5; Cic. inv. I 15,20; Quint. inst. IV 1,40; Grill. § 20 p. 84,12 M; Victorin. rhet. I 15 p. 195,16 H.
[101] Sulp. Vict. 7 p. 316,24 H.
[102] Fortun. rhet. II 13 p. 109,2f. H; Aug. rhet. 17 p. 147,20f. H.
[103] R. Volkmann, a.a.O. S. 108.
[104] Auct. ad Herenn. I 3,5: genus honestum, turpe, dubium, humile.
[105] Aug. rhet. 17 p. 147,21ff.; 148,1ff. H: ἔνδοξον, ἀμφίδοξον, παράδοξον, ἄδοξον.
[106] Quint. inst. IV 1,40.

Das *genus honestum* ist nach dem Auctor ad Herennium[107] vorhanden, wenn wir verteidigen oder angreifen, was nach Meinung aller verteidigt oder angegriffen werden muß, was nach Augustinus[108] sowohl für die Person wie auch für die Sache gilt. Das *genus admirabile* liegt dann vor, wenn sowohl die Person wie die Sache dem Anstandsgefühl und dem Sinn des Hörers für Wahrheit widerspricht. Dem *humile genus* gehört ein Fall an, in dem die Sache unbedeutend ist oder die Person einem niederen Stande angehört, so daß der Hörer kein Interesse dafür aufbringt. Ein *genus anceps* liegt vor, wenn der Richter im Zweifel ist, worüber er zuerst entscheiden soll, oder, wenn die Ehrenhaftigkeit den Richter wohlgesinnt macht, das Vergehen aber feindselig, da der Fall sowohl mit Ehrenvollem wie mit Schimpflichem sich beschäftigen muß. Das *genus obscurum* schließlich kommt nach Cicero[109] entweder durch die *tarditas* der Hörer oder die verwickelten, der Klage zugrunde liegenden Verhältnisse zustande, nach Victorinus[110] und Grillius[111] aber auf dreifache Weise: *a iudice, si tarde colligat dictam rem; ab oratore, si aut minus dicat aut multa dicendo se involvat; ab ipsa causa, si obscurissima sint argumenta, quae vix intellegat iudex.* Nach Sulpitius Victor[112] ist die *causa obscura vel personis multis impedita vel rebus.*

Die Kenntnis dieser *genera* oder *figurae* ist schon für das *exordium* notwendig. Das bringen schon der Auctor ad Herennium und Cicero gleich zu Beginn ihrer Darlegungen über das *exordium* zum Ausdruck.[113] Die *genera* geben dem Redner den Weg an, den er beschreiten muß, um die Aufgabe des *exordium* zu erfüllen, den Hörer *benevolum, attentum, docilem* zu machen. Beim *genus honestum* (ἔνδοξον) hält Hermagoras es für überflüssig, eine Einleitung zu sprechen, weil der Richter der *causa* schon mit Wohlwollen gegenübersteht.[114] Auch Grillius[115] ist der Meinung, daß er die Hilfe der Rede nicht mehr benötigt, um günstig gesinnt zu werden. Augustinus[116] aber vertritt die Auffassung, daß den Redner nichts hindern könne, ein kurzes *exordium* zu sprechen, voll Vertrauen und Würde, um das Wohlwollen der Richter noch zu verstärken. Beim *genus admirabile* (παράδοξον) rät Augustinus,[117] wenn Person und Sache gegen die Würde verstoßen, eine längere Einleitung zu machen, um sich von allen Vorwürfen zu reinigen in gehaltenen Gedanken und Worten, in fast schmeichelnder Sprache, gesenkten Blickes und so zu tun, als ob Neid zu falschen Anschuldigungen geführt habe. Cicero[118] will, daß man, falls die Richter nicht vollends feindlich gesinnt sind, um ihr Wohlwollen werbe, im schlimmeren Falle aber, wenn ihre Haltung durchaus feindlich ist, *insinuatione*, d.h. auf Umwegen, und als ob man nicht um Wohlwollen werbe, es doch tue. Beim *genus humile* (ἄδοξον), wenn die

---

[107] Auct. ad Herenn. I 3,5.
[108] Aug. rhet. 18 p. 148,4f. H.
[109] Cic. inv. I 15,20.
[110] Victorin. rhet. I 15 p. 196,37ff. H.
[111] Grill. § 20 p. 85,15ff. M.
[112] Sulp. Vict. 8 p. 317,24f. H.
[113] Auct. ad Herenn. I 3,5: quo commodius exordiri possimus genus causae est considerandum; Cic. inv. I 15,20: qui bene exordiri causam volet, eum necesse est genus suae causae diligenter ante cognoscere.
[114] Aug. rhet. 19 p. 148,30ff. H; auch nach Cicero (inv. I 15,21) kann man das principium umgehen, aber auch das Wohlwollen noch steigern.
[115] Grill. § 20 p. 84,14f. M.
[116] Aug. rhet. 19 p. 149,4f. H.
[117] Aug. rhet. 21 p. 150,17ff. H.
[118] Cic. inv. I 15,21.

Sache dem Richter so gering und die Person so unbedeutend erscheint, daß er der Sache keine Aufmerksamkeit zuwendet, muß der Redner die Sache möglichst groß erscheinen lassen;[119] er muß zeigen, daß sie im allgemeinen Interesse liege und geahndet werde und daß nur das Recht und die Wahrheit eine Rolle spielten und nicht die Bedeutung einer Person oder Sache.[120] Das alles soll in einfacher, aber entschiedener Sprache vorgetragen werden. Ist eine Sache *anceps* (ἀμφίδοξον), weil die Richter im Unklaren sind über die *iudicatio*, muß der Redner damit beginnen, sie über die zur Beurteilung stehende Sache zu belehren; ist sie aber *anceps*, weil die Person ehrenhaft ist, die Sache aber unehrenhaft oder umgekehrt, muß der Redner das Wohlwollen der Richter zu gewinnen suchen und deshalb das Ehrenhafte ins rechte Licht setzen, daß das Gegenteilige verdeckt wird.[121] Auf alle Fälle müssen die Richter von der schlimmen Seite abgelenkt und auf die ehrenhafte hingelenkt werden, so daß es schließlich den Anschein gewinnt, als handle es sich um eine *causa honesta*. Beim *genus obscurum* endlich ist es Aufgabe des Redners, im *exordium* schon die Richter *dociles facere*.[122]

Schließlich haben die Rhetoren noch eine weitere Teilung der *causae* versucht, die am Schlusse der *intellectio* steht. Die Grundlage für ihre Zusammenordnung ist die Behandlungsweise des Redestoffes, die der Redner in der ganzen Rede durchführt. Es ist der *ductus*. Fortunatian[123] beantwortet die Frage, was der *ductus* sei, mit dem Satz: *quomodo tota causa agenda sit*. Martianus Capella[124] sagt etwas klarer: *ductus est agendi per totam causam tenor sub aliqua figura servatus*. Beide[125] nennen fünf Arten davon: den *ductus simplex, subtilis, figuratus, oblicus, mixtus*. Der *ductus simplex* liegt dann vor, wenn die Worte des Redners sich mit seinem Vorhaben decken; der *subtilis*, wenn die Absicht des Redners anders ist als die Worte es ausdrücken; der *figuratus*, wenn irgendein Schamgefühl den Redner hindert, offen zu reden; von ihm unterscheidet sich der *oblicus* dadurch, daß hier eine Furcht Anlaß zur Zurückhaltung ist; der *ductus mixtus* kommt zustande, wenn Schamgefühl und Furcht die freie Rede verhindern. Als Beispiele werden angeführt für den *ductus simplex*:[126] Jemand wird neben der frischen Leiche eines Ermordeten angetroffen und des Mordes angeklagt. Zur Bestimmung des *ductus* gehört die Kenntnis der Absicht des Redners, das *consilium*, und die Zeit, aus der das *consilium* erkannt wird.[127] Daß die Leiche gefunden wurde, ist das αἴτιον, das *causativum litis*, es gehört der Vergangenheit an, das *consilium* ist deshalb wahr, d.h. die Absicht des Redners deckt sich mit den Tatsachen; der *ductus* ist deshalb der *ductus simplex*. Wenn aber ein Vater seinen Sohn enterben will, weil er keine Freunde hat, so ist das *consilium* des Vaters nicht, den Sohn wirklich zu enterben, sondern er will ihn nur veranlassen, sich Freunde zu suchen. Das αἴτιον, daß er keine Freunde hat, gehört der Gegenwart an, das *consilium* ist deshalb nicht

---

[119] Grill. § 21 p. 88,12 ff. M.
[120] Aug. rhet. 21 p. 150,25 ff. H.
[121] Cic. inv. I 15,21; Aug. rhet. 20 p. 149,28 ff. H.
[122] Cic. inv. I 16,21.
[123] Fortun. rhet. I 5 p. 84,24 H.
[124] Mart. Cap. rhet. 20 (470) p. 463,35 f. H.
[125] Fortun. rhet. I 5 p. 84,27 ff. H; Mart. Cap. rhet. 20 (470) p. 464,1 ff. H.
[126] Fortun. rhet. I 6 p. 85,14 f. H.
[127] Fortun. rhet. I 5 p. 85,5 ff.; 6 p. 85,10 ff.; 15 ff. H.

wahr, deckt sich also nicht mit dem Thema der Klage: wir haben den *ductus subtilis*.[128] Ein anderer Fall: Ein Vater hat ein unerlaubtes Verhältnis zur Frau seines Sohnes. Dieser ertappt den Ehebrecher, der durch Verhüllung unkenntlich gemacht ist und tötet ihn nicht, obwohl das Gesetz es erlaubt. Die Frage des Vaters, wer der Ehebrecher gewesen sei, beantwortet der Sohn aus Schamgefühl nicht und wird deshalb enterbt. Die Weigerung des Sohnes ist hier das *causativum litis*, es gehört der Gegenwart an, das *consilium* ist deshalb nicht wahr, es liegt der *ductus figuratus* vor.[129] Den *ductus oblicus*[130] haben wir bei folgendem Beispiel: Ein Tyrann hatte die Tyrannis, angeblich, um sie abzuschaffen, niedergelegt, aber nach einer tapferen Tat als Belohnung die Bewachung der Burg und der Waffen für sich gefordert. Aus Furcht wagt niemand offen zu widersprechen. Der *ductus mixtus*[131] ist zusammengesetzt aus dem *ductus figuratus* und dem *ductus oblicus*. Aber nur wenn die Rede nicht nur in einem Teil, sondern ganz figuriert ist, kann man vom *ductus* sprechen; findet sich die Figuration nur in einem oder mehreren Teilen der Rede, dann nennt Fortunatian[132] das einen *modus*, Martianus Capella[133] *color*. Quintilian[134] nennt den *ductus* eine *controversia figurata*, die in dreifacher Weise zustande kommt: aus Furcht, aus Schamgefühl und wenn die versteckte Rede lediglich das Wohlgefallen der Hörer hervorzurufen sucht. Drei Arten der figurierten Rede nimmt auch die fälschlich Dionys von Halikarnaß zugeschriebene Rhetorik[135] an, wenn der Redner seiner eigenen Sicherheit wegen nicht offen spricht, auf etwas anderes abzielt als seine Worte sagen und gerade das Gegenteil seiner wahren Meinung zum Ausdruck bringt. Ebenso handelt Hermogenes[136] von drei Arten der ἐσχηματισμένα προβλήματα, dem σχῆμα ἐναντίον, wenn wir das Gegenteil von dem sagen, was wir meinen, wie beim *ductus subtilis*. Bei der zweiten Art, dem σχῆμα πλάγιον, wird wie beim *ductus oblicus* nicht nur das Gegenteil von dem gesagt, was der Redner wirklich meint, sondern darüber hinaus noch etwas anderes zu erreichen versucht, wie beim *ductus oblicus*. Das πλάγιον wird erläutert durch das Beispiel des Reichen, der in einer Hungersnot der Stadt Getreide verspricht, wenn man ihm den Armen zum Töten ausliefere. Der klagt sich nun selber an; er will aber natürlich nicht sterben, er meint das Gegenteil von dem, was er sagt, er will so den Antrag des Reichen zu Fall bringen und führt darüber hinaus noch weiter seine Meinung aus, der Reiche habe gar kein Getreide, und falls er es habe, müsse man es ihm nehmen. Das dritte σχῆμα endlich, das σχῆμα κατὰ ἔμφασιν, entspricht dem *ductus figuratus*. Bei ihm ist der Redner durch irgendeinen gewöhnlich sittlichen Grund gehindert, frei herauszureden, läßt aber im Laufe der Rede doch seine wahre Meinung deutlich durchblicken. Das Beispiel läßt das Gerücht entstehen, ein Vater habe ein unerlaubtes Verhältnis zu seiner Schwiegertochter. Scham hindert

---

[128] Fortun. rhet. I 6 p. 85,18 ff. H; Mart. Cap. rhet. 20 (470) p. 464,3 ff. H.

[129] Fortun. rhet. I 6 p. 85,24 ff. H; Mart. Cap. rhet. 20 (470) p. 464,5 ff. H.

[130] Fortun. rhet. I 6 p. 85,31 ff. H; Mart. Cap. rhet. 20 (470) p. 464,7 ff. H.

[131] Fortun. rhet. I 6 p. 86,4 ff. H; Mart. Cap. rhet. 20 (470) p. 464,10 ff. H.

[132] Fortun. rhet. I 5 p. 84,25; 7 p. 86,29 f. H.

[133] Mart. Cap. rhet. 20 (470) p. 464,16 H.

[134] Quint. inst. IX 2,65.

[135] Dion. Hal. rhet. VIII 2 p. 295,15 ff. Us. - Rad.

[136] Hermog. inv. IV 13 p. 204,17 ff.; 205,1 ff.; 9 ff.; 206,1 ff. R.

den Sohn, von der Verfehlung des Vaters zu sprechen; in der Vorspiegelung aber, wahnsinnig zu sein, läßt er doch so viel durchblicken, daß die Hörer das Vergehen des Vaters erkennen.

Die Beispiele zeigen, daß es sich um Konstruktionen für Schulübungen handelt. Im übrigen ist es auch schwer vorstellbar, eine Rede vollständig schematisiert zu sprechen, was außerdem zu große Anforderungen an die Hörer stellte. Auch Quintilian[137] weiß eigentlich nur, daß die durchaus figurierte Rede in den Schulen häufig ist, die er dann allerdings, fälschlich natürlich, als *controversiae figuratae*[138] bezeichnet. Vor Gericht aber habe es noch keine Notwendigkeit gegeben, nicht offen zu sprechen; nur wenn es gelte, mächtige Personen zu tadeln, könne das notwendig erscheinen,[139] aber dabei kann es sich doch auch nur um einen *modus*, nicht um den *ductus* handeln.

II. Die Statuslehre

A. Die status rationales

Einen wichtigen Platz in der *intellectio* nimmt die Feststellung des *status*, der στάσις,[1] ein, d.h. des ζήτημα. Es entwickelt sich aus der bejahenden Behauptung der einen Partei, der κατάφασις[2] – *affirmatio, (accusatoris) intentio,*[3] *insimulatio*[4] – und der ihr widersprechenden der anderen Partei, der ἀπόφασις[5] – *negatio, (defensoris) depulsio,*[6] *deprecatio*[7] – oder, wenn es sich um ein gerichtliches Verfahren handelt, aus dem Widerspruch des αἴτιον – *litis causativum,*[8] *ratio*[9] –, der Begründung seiner *affirmatio* durch den Kläger, und dem συνέχον – *continens,*[10] *firmamentum*[11] –, d.h. der Begründung seines Standpunktes durch den Beklagten. Schließlich führt es zum κρινόμενον, der *iudicatio*[12] des Richters. Auf wen die Bezeichnung στάσις, *status*, zurückgeht, läßt sich nicht ausmachen. Durch Quintilian[13] wissen wir, daß die einen Rhetoren Her-

---

[137] Quint. inst. IX 2,67.
[138] Quint. inst. IX 2,65.
[139] Quint. inst. IX 2,68.

[1] Cic. top. 25,93; Quint. inst. III 6,3; Sulp. Vict. 4 p. 315,17 H; nach Fortun. rhet. I 2 p. 82,1 H ist es sogar die erste Aufgabe des Redners, wenn ihm eine controversia vorgelegt wird.
[2] Fortun. rhet. I 2 p. 82,4.6 H; Aug. rhet. 11 p. 143,28f. H: cataphasin intentionem verbo factam possumus dicere.
[3] Cic. inv. I 10,13; Fortun. rhet. I 2 p. 82,2f. H.
[4] Auct. ad Herenn. I 11,18.
[5] Fortun. rhet. I 2 p. 82,5.8 H; Aug. rhet. 11 p. 144,2 H: abnuentia.
[6] Cic. inv. I 10,13; Fortun. rhet. I 2 p. 82,2.4 H.
[7] Auct. ad Herenn. I 11,18.
[8] Fortun. rhet. I 2 p. 82,6f. H; Aug. rhet. 13 p. 144,24 H: causam Hermagoras αἴτιον vocat.
[9] Auct. ad Herenn. I 16,26; Cic. inv. I 13,18; Quint. inst. III 11,1.4.
[10] Fortun. rhet. I 2 p. 82,8f. H; Aug. rhet. 13 p. 144,24 H; Hermagoras nannte nach Aug. rhet. 13 p. 145,4 H das συνέχον auch αἴτιον αἰτίου, nach Quint. inst. III 11,6 αἴτιον ἐξ αἰτίου.
[11] Auct. ad Herenn. I 16,26; Cic. inv. I 13,18; Quint. inst. III 11,1.
[12] Auct. ad Herenn. I 16,26; Quint. inst. III 11,4; Fortun. rhet. I 2 p. 82,10f. H; Aug. rhet. 13 p. 144,25 H.
[13] Quint. inst. III 6,3.

magoras als den nennen, der den Namen zuerst gebraucht hat, andere aber den Isokratesschüler Naukrates oder Zopyros von Klazomenai, andere wieder wollen wissen, daß schon Aischines[14] die Bezeichnung angewendet hat. Sopater[15] sagt nun zwar, daß dem Isokrates die Statuslehre noch nicht bekannt gewesen sei, was aber nicht daran hindert, daß die Sache selbst schon vor Hermagoras geübt wurde. Dafür zeugen die Ausführungen des Anaximenes[16] zum εἶδος ἀπολογητικόν und auch die ‚Rhetorik' des Aristoteles.[17] Hermagoras mag alles nur in einem festen System geordnet haben. Στάσις oder *status* war aber nicht die einzige Bezeichnung; Cicero[18] und Quintilian[19] sprechen auch von der *constitutio*; Theodoros nannte die στάσις auch κεφάλαιον,[20] *caput, ad quod referantur omnia*;[21] andere bezeichneten sie als *summa quaestio, in qua causa vertitur*[22] oder einfach als *quaestio*.[23] Die Bedeutung des Wortes στάσις, *status*, ist umstritten; am wahrscheinlichsten aber scheint sie mit der Auffassung des gerichtlichen Verfahrens als eines Kampfes zusammenzuhängen; das kommt auch verschiedentlich in den Erläuterungen der Rhetoren zum Ausdruck.[24] Zum ersten Male gebraucht Aischines das Wort in diesem Sinne in der Rede gegen Ktesiphon, wo er die Tätigkeit der Richter für das Wohl der Stadt mit dem Ringen der Faustkämpfer um die στάσις vergleicht; das Wort bedeutet hier die Stellung des Faustkämpfers. Später wird daneben noch die Bedeutung *quod in hoc causa consistat* angeführt.[25]

Hermogenes[26] hat die ζητήματα πολιτικά in zwei Arten eingeteilt, in das γένος νόμικον, *genus legale*, und das γένος λογικόν, *genus rationale*. Jenes befaßt sich mit der Interpretation eines Gesetzes, einer Urkunde, von Inschriften u.a., um in einem Rechtsfall zu entscheiden, mit der Absicht also, die Anwendung der eigenen Interpretation für den vorliegenden Fall zu behaupten oder ablehnen zu lassen. Als Beweismittel kommen dabei die sog. πίστεις ἄτεχνοι[27] in Frage, Gesetze, Zeugen, Eide, Folter u.a., die der Mithilfe der Beredsamkeit entraten können. Die *quaestiones rationales*, das γένος λογικόν aber, haben es mit der Behandlung von Rechtsfällen mittels logischer Schlüsse zu tun. Das γένος λογικόν umschließt nun nach Hermagoras im γένος δικανικόν, *genus iudiciale*, die vier στάσεις:[28] στοχασμός, *coniectura*, ὅρος, *(de)finitio*, ποιότης, *qualitas*, und μετάληψις, *translatio*.

---

[14] Aischin. or. III 206.
[15] Sopat. in Hermog. (Rhet. Gr. V p. 7,14 ff. W).
[16] Anaxim. rhet. 4,7,1427a 22 ff.
[17] Arist. rhet. I 14,1374b 25 ff.; III 17,1417b 23 ff.
[18] Cic. inv. I 8,10.
[19] Quint. inst. III 6,2.
[20] Aug. rhet. 12 p. 144,18 f. H.
[21] Quint. inst. III 6,2.
[22] Quint. inst. III 11,2.27.
[23] Aug. rhet. 11 p. 144,5 H.
[24] Cic. inv. I 8,10: constitutio est prima conflictio causarum; top. 25,93: in quo primum insistit quasi ad repugnandum congressa defensio; Quint. inst. III 6,4: quae appellatio dicitur ducta vel ex eo, quod ibi sit primus causae congressus, vel quod in hoc causa consistat ... statum quidam dixerunt primam causarum conflictionem (vgl. Cic. part. 29,102); VII 1,8: ... statim pugna est.

[25] Quint. inst. III 6,4.
[26] Hermog. stat. 2 p. 37,19 f.; 39,20 f. R; Quint. inst. III 5,4; 6,67; Fortun. rhet. I 11 p. 89,25 H; Aug. rhet. 9 p. 142,15; 11 p. 143,18 f. H.
[27] Arist. rhet. I 15,1375a 22 ff.; Cic. de orat. II 27,116; Quint. inst. V 1,1; Fortun. rhet. II 23 p. 115,15 H: genera argumentorum: duo, artificiale et inartificiale; 25 p. 116,22 f. H; Iul. Vict. 4,2 p. 387,9 H.
[28] Quint. inst. III 6,56; Fortun. rhet. I 11 p. 89,29 f. H; Aug. rhet. 9 p. 142,20 ff. H.

Hat beim *genus rationale* der Kläger seine Anklage (κατάφασις, *intentio*) vorgetragen, kann der Angeschuldigte die Tat einfach zugeben; dann hört aber jede rednerische Behandlung der *causa* einfach auf, und der Richter hat das Wort zum Urteilsspruch; ein *status* kann hier gar nicht zustande kommen.[29]

Der Angeschuldigte kann die Tat aber auch einfach ableugnen (ἀπόφασις, *negatio*).[30] In diesem Falle lautet das κρινόμενον, *iudicatio: an fecerit*.[31] Wir haben es dann also mit einer *facti quaestio* zu tun:[32] Der unbekannte Tatbestand muß jetzt erst durch einen Schluß aus sichtbaren Zeichen vermutungsweise gewonnen werden. Deshalb heißt der *status*, der sich hier ergibt, στοχασμός,[33] *coniectura*.

1. *Der status coniecturalis*

Gegenstand des *status coniecturalis* können sowohl Vorgänge wie auch die dabei mitwirkende innere Einstellung des Täters sein. Man unterscheidet deshalb eine *coniectura de re* und eine *coniectura de animo*.[34] In beiden Fällen kann sich die *coniectura* auf alle drei Zeiten beziehen.[35] Die *coniectura de re* kommt sowohl in θέσεις (*quaestio infinita*) wie in ὑποθέσεις vor, die *coniectura de animo* aber nur in ὑποθέσεις (*quaestio finita*). Als Beispiele für die drei Zeiten in θέσεις führt Quintilian[36] an: *an atomorum concursu mundus sit effectus, an providentia regatur, an sit aliquando casurus*; für die ὑποθέσεις: *an parricidium commiserit Roscius, an regnum adfectet Manlius, an recte Verrem sit accusaturus Q. Caecilius*. Für die *coniectura de animo*[37] nennt er als Beispiele: *qua mente Ligarius in Africa fuerit? qua mente Pyrrhus foedus petat? quomodo laturus sit Caesar, si Ptolemaeus Pompeium occiderit?*

Die Rhetoren unterscheiden nun beim *status coniecturae* zwei Grade, den στοχασμὸς τέλειος, nämlich *coniectura perfecta* oder *plena*, wenn sowohl nach der Person wie auch nach der Tat gefragt wird, und den στοχασμὸς ἀτελής, *coniectura imperfecta* oder *non plena*,[38] wenn nur nach der Tat gefragt wird. Wie jede *quaestio* kann auch der στοχασμός[39] entweder ἁπλοῦς, *simplex*, sein, wenn nur eine Person oder eine Sache in Frage kommt, also z. B. nur ein *adulterium* oder ein *furtum*, oder διπλοῦς, *controversia coniuncta* oder *duplex*,[40] wenn es sich um mehrere Vergehen derselben Art, etwa in Klagen *de repetundis* handelt oder auch um verschiedene, wenn etwa die Klage auf *sacrilegium* und *homicidium* lautet.[41]

Aber auch die στοχασμοὶ διπλοῖ zerlegen die Rhetoren noch einmal, nämlich in drei στοχασμοὶ συνεζευγμένοι,[42] *controversiae conplexivae*:[43]

[29] Quint. inst. VII 1,6.
[30] Arist. rhet. III 17,1417b 23: οὐ γέγονεν· Cic. top. 25,93: refutatio accusationis und depulsio criminis; Iul. Vict. 6,3 p. 400,30f. H.
[31] Quint. inst. III 6,5.
[32] Cic. inv. I 8,10.
[33] Hermog. stat. 2 p. 36,9 R; Quint. inst. III 6,5; Aug. rhet. 9 p. 142,21 H.
[34] Quint. inst. VII 2,1.
[35] Quint. inst. VII 2,2: cum de re agitur, aut quid factum sit, in dubium venit, aut quid fiat, aut quid sit futurum.

[36] Quint. inst. VII 2,2.
[37] Quint. inst. VII 2,6.
[38] Hermog. stat. 2 p. 37,2; 3 p. 53,14 R; Sulp. Vict. 27 p. 327,8 H; Iul. Vict. 3,2 p. 376,31 H.
[39] Hermog. stat. 3 p. 53,15ff. R; Cic. inv. I 12,17; Quint. inst. III 10,1.
[40] duplex: Sulp. Vict. 29 p. 328,16.24; 31 p. 329,30; 35 p. 332,27; 36 p. 333,30; 334,14 H.
[41] Quint. inst. III 10,1.
[42] Hermog. stat. 3 p. 56,21 ff. R.
[43] Fortun. rhet. I 28 p. 101,26 H.

a) στοχασμὸς ἐμπίπτων, *coniectura incidens*,[44] wenn während der Untersuchung noch ein anderer, neuer Punkt durch Konjektur geklärt werden muß.

b) στοχασμὸς προκατασκευαζόμενος, *praeparatio*,[45] wenn ein Punkt schon vor der Behandlung des eigentlichen Klagepunktes durch *coniectura* geklärt werden muß.

c) στοχασμὸς συγκατασκευαζόμενος,[46] wenn die Beweise der Tat sich gegenseitig stützen.

Eine andere Einteilung der *coniecturae duplices* hat C. Iulius Victor.[47] Die erste Art ist die *anticategoria*,[48] *mutua accusatio*,[49] *concertativa*,[50] wenn nämlich beide Parteien sich gegenseitig beschuldigen, so daß der Richter jeden von beiden verurteilen kann. Apollodoros war der Meinung, daß es sich da um zwei Anschuldigungen und um zwei Verteidigungen handle, und Quintilian[51] pflichtete ihm bei. Die zweite Art[52] ist dann gegeben, wenn der Angeklagte die Schuld auf einen anderen schiebt, selbst auf Tote, ein Fall, der nicht nur in Schulübungen, sondern auch vor Gericht vorkomme. Von der dritten Art,[53] in der darum gestritten wird, *hic testamento nominatus an ille* und *veneni sint signa an cruditatis*, gehört der erste unter die *controversiae legales* zur Amphibolie, der zweite wird zwar auch von Quintilian[54] in dem Kapitel über die *coniectura* angeführt, scheint aber doch mehr zum dritten *status*, der *definitio*, zu gehören. In der vierten Art[55] behaupten beide Parteien, die Tat oder Untat begangen zu haben.

Schließlich kennen Cicero[56] und Quintilian[57] als dritte Art neben der *controversia simplex* und *coniuncta* noch das *genus comparativum* oder *genus ex aliqua comparatione iuncta*, in dem gefragt wird *utrum potius*. Es muß also die Wahl gegeben sein zwischen zwei oder mehr Tätern oder Vergehen, oder auch wenn zwei oder mehrere Personen auf eine Belohnung Anspruch erheben oder um das Recht streiten, vor Gericht in einer bestimmten Sache die Anklage erheben zu dürfen (*divinatio*). Für diese Art der Behandlung gibt Quintilian[58] noch an: *totam causam nostram cum tota adversarii causa componimus aut singula argumenta cum singulis*.

Bei der Behandlung der *coniectura*, die von der Vergangenheit ausgeht, müssen die *personae*, *causae* und *consilia* betrachtet werden; es geschieht das in der Abfolge, ob der Beschuldigte die Tat vollbringen wollte, vollbringen konnte und auch wirklich vollbracht hat.[59] Dazu ist vor allem notwendig, die Person des als Täter Beschuldigten genau zu betrachten, die Affekte, die ihn beherrschen, *ira, odium, metus, cupiditas, spes,*

---

[44] Hermog. stat. 3 p. 56,24 ff. R; Fortun. rhet. I 28 p. 101,19 H; Sulp. Vict. 29 p. 328,24 f.; 30 p. 328,30 f. H.

[45] Hermog. stat. 3 p. 57,11 ff. R; Sulp. Vict. 31 p. 329,30 f. H.

[46] Hermog. stat. 3 p. 58,2 ff. R; Sulp. Vict. 33 p. 331,10 ff. H.

[47] Iul. Vict. 3,2 p. 377,6 ff. H.

[48] Quint. inst. III 10,4; VII 2,9.18.20.26; Fortun. rhet. I 12 p. 91,1 H; Sulp. Vict. 36 p. 333,30 H; Iul. Vict. 3,2 p. 377,8; 16 p. 426,16 H.

[49] Quint. inst. III 10,4; Fortun. rhet. I 12 p. 91,1 H.

[50] Quint. inst. VII 2,9; Sulp. Vict. 10 p. 318,22 H.

[51] Quint. inst. VII 2,20.

[52] Quint. inst. VII 2,23 f.; Sulp. Vict. 36 p. 333,32 f. H; Iul. Vict. 3,2 p. 377,11 ff. H.

[53] Iul. Vict. 3,2 p. 377,14 f. H.

[54] Quint. inst. VII 2,8.

[55] Iul. Vict. 3,2 p. 377,15 f. H.

[56] Cic. inv. I 12,17.

[57] Quint. inst. III 10,3.

[58] Quint. inst. VII 2,22.

[59] Quint. inst. VII 2,27: *ut facere voluerit, potuerit, fecerit*.

herauszustellen,[60] sowie die Planung des Verbrechens zu klären.[61] Die Frage *an potuerit*[62] wird geklärt durch die Betrachtung der *potestas* des Angeschuldigten und seiner *facultas*. Bei der Entscheidung des *an fecerit*[63] müssen die mit der Tat in Zusammenhang stehenden Worte und Handlungen betrachtet werden, die Zeit vor der Tat, die gleichzeitigen Geschehnisse und die Zeit nach der Tat, sowie sichtbare, mit der Tat zusammenhängende Zeichen, *indicia, signa, vestigia*,[64] die einen Schluß auf den Täter zulassen.[65]

2. Der status definitionis

Der Beklagte kann die Tat auch zugeben, jedoch gegen die Bezeichnung der Tat durch den Kläger einen Einwand erheben.[66] Die Bezeichnung der Tat muß nun bestimmt werden, es entsteht also eine *controversia nominis*.[67] Der *status* in diesem Falle heißt ὅρος, ὁρικὴ στάσις,[68] *constitutio definitiva*,[69] *finitivus status*,[70] *finitio*,[71] *finis*,[72] περὶ τῆς ἰδιότητος, *id est de proprietate*,[73] *de eodem et altero, id est* περὶ τοῦ αὐτοῦ καὶ θατέρου.[74] Cicero[75] erläutert das dabei stattfindende Verfahren durch das Beispiel des C. Flaminius, der als Konsul im zweiten Punischen Krieg unglücklich gekämpft und zuvor als Volkstribun gegen den Willen der Optimaten ein Gesetz über die Aufteilung des Ager Picenus et Gallicus eingebracht hatte. Auch der eigene Vater war gegen das Vorgehen des Sohnes und führte ihn aus der Volksversammlung weg. Dafür wurde er der Majestätsverletzung angeklagt. Die Anklage lautete (*intentio*, κατάφασις): „Du hast die Majestät verletzt." Der Angeklagte setzte sich zur Wehr (*depulsio*, ἀπόφασις): „Ich habe die Majestät nicht verletzt." Der Ankläger begründet seine Anklage (*causa, causativum litis*, αἴτιον): „Du hast einen Volkstribunen aus der Versammlung weggeführt." Darauf begründet der Angeklagte seine ἀπόφασις durch

---

[60] Quint. inst. VII 2,35.

[61] Quint. inst. VII 2,42: post haec intuenda videntur et *consilia*, quae late patent.

[62] Cic. inv. II 7,24: sin fuisse aliis quoque causa faciendi videbitur, aut potestas defuisse aliis demonstranda est aut facultas aut voluntas. potestas, si aut nescisse aut non adfuisse aut conficere aliquid non potuisse dicentur. facultas, si ratio, adiutores, adiumenta ceteraque, quae ad rem pertinebunt, defuisse alicui demonstrabuntur; Quint. inst. VII 2,44f.

[63] Quint. inst. VII 2,46f.

[64] Quint. inst. V 9,9.

[65] Cic. inv. II 13,43: ante rem, quod in itinere se tam familiariter applicaverit, quod sermonis causam quaesierit, quod simul deverterit, deinde cenarit. in re nox, somnus. post rem, quod solus exierit, quod illum tam aequo animo reliquerit, quod cruentum gladium habuerit.

[66] Quint. inst. VII 3,4: res est manifesta, sed de nomine non constat.

[67] Cic. inv. I 8,10: omnis res, quae habet in se positam in dictione ac disceptatione aliquam controversiam, aut facti aut nominis aut generis aut actionis continet quaestionem ... nominis, quia vis vocabuli definienda verbis est; Hermog. stat. 2 p. 37,5ff. R: ἔστι γὰρ στάσις ὁρικὴ ὀνόματος ζήτησις περὶ πράγματος, οὗ τὸ μὲν πέπρακται, τὸ δὲ λείπει πρὸς αὐτοτέλειαν τοῦ ὀνόματος.

[68] Hermog. stat. 2 p. 37,5; 4 p. 59,11 R.

[69] Cic. inv. I 8,10; II 17,52.

[70] Quint. inst. III 6,5; Fortun. rhet. I 13 p. 91,5 H; Sulp. Vict. 40 p. 337,17; 41 p. 338,3; finitiva quaestio: 38 p. 336,19f.; 39 p. 337,8f. H.

[71] Quint. inst. III 6,5.49; Cic. top. 21,82 und Auct. ad Herenn. I 12,21: definitio.

[72] Aug. rhet. 9 p. 142,26 H nach Hermagoras; Victorin. rhet. I 8 p. 179,21 H.

[73] Aug. rhet. 9 p. 142,27 H nach Theodoros.

[74] Aug. rhet. 9 p. 142,28f. H; Cic. part. 19,65; top. 22,85; 23,87.

[75] Cic. inv. II 17,52.

Die gerichtliche Beredsamkeit

das *firmamentum*, συνέχον: „Ich habe gegen meinen Sohn lediglich von der mir zustehenden väterlichen Gewalt Gebrauch gemacht." Dagegen wendet der Ankläger ein (*rationis infirmatio*): „Wer durch Anwendung der väterlichen, also einer privaten Gewalt, die tribunizische Gewalt, d.h. eine Volksgewalt, schmälert, mindert die Hoheit des Staates." Es kommt nun zur *iudicatio*, ob der die Hoheit des Staates schmälert, der die väterliche Gewalt gegen die tribunizische Gewalt einsetzt.

Im *status definitionis* geht es also um die Frage *quid sit*.[76] Es handelt sich darum, den wirklichen Tatbestand durch die Definition des Wortlautes[77] des Gesetzes, entsprechend der Absicht des Gesetzgebers, zu bestimmen, wobei der gewöhnliche Sprachgebrauch *ex opinione hominum*[78] wie auch die Etymologie[79] herangezogen wird, natürlich so, daß die Definition für die vom Redner vertretene Sache günstig ist.[80] Die Definition darf weder zu eng noch zu weit sein. Die richtige Definition ist die *definitio plena*, die zu enge ist die *parum plena*, die zu weite die *definitio falsa*.[81]

Fortunatian[82] unterscheidet zunächst einmal zwischen der *definitio simplex* (*anasceuastica*) und der *definitio duplex*, die er wieder in die *definitio duplex sive conparativa* (*anthoristica*) und die *definitio duplex sive coniuncta* zerlegt. Bei jener handelt es sich um die Definition zweier Sachen. Zur Erläuterung gibt Fortunatian das schon von Quintilian für den von ihm *quaeritur hoc an hoc*[83] genannten Fall angeführte Beispiel von dem Manne, der aus einem Tempel privates dort hinterlegtes Eigentum entwendet hat und nun als *sacrilegus* belangt wird.[84] Hier müssen die beiden Begriffe *furtum* und *sacrilegium* durch Definition geklärt werden. Die zweite Art der *definitio duplex*, die *definitio coniuncta*,[85] wird erläutert durch den Fall, daß ein Nichtmyste einen Eingeweihten fragt, ob das, was er im Traume von einem Mysterium gesehen hat, richtig sei und der Eingeweihte, weil er die Frage bejaht hat, als Verräter mystischer Geheimnisse angeklagt wird. Zwei Fragen sind hier durch Definition zu entscheiden: „Was heißt Geheimnisse verraten?" und „Was ist ein Eingeweihter?".

Dazu stellt Fortunatian nun noch zwei weitere *definitiones*, die *definitio ex partibus* und die *definitio antithetica*.[86] Jene haben wir in dem Falle, daß die Feinde sich von einer belagerten Stadt zurückziehen, während von den Nachbarn erbetene Hilfe schon unterwegs war. Die Belagerten verweigern nun den ausgemachten Lohn. Die hier notwendige Definition, was Hilfe bringen bedeutet, wird in verschiedenen Teilen gegeben: was ausgemacht war, was geschickt wurde und daß die Feinde sich

---

[76] Cic. orat. 14,45; Quint. inst. III 6,44.80.
[77] Cic. inv. II 17,52: Quint. inst. VII 3,1.
[78] Cic. inv. II 17,54.
[79] Quint. inst. I 6,29: in definitionibus adsignatur etymologiae locus; V 10,55: finimus aut vi ... aut ἐτυμολογίᾳ; VII 3,25: maximus autem usus in approbando refellendoque fine propriorum ac differentium nonnumquam etiam etymologiae ... maxime rara est.
[80] Quint. inst. VII 3,28: excusso *quid sit*, prope peracta est quaestio *an hoc sit*: id enim agimus, ut sit causae nostrae conveniens finitio; Rut. Lup. II 5 p. 14,30f. H: ὁρισμός, hoc fit, cum definimus aliquam rem nostrae causae ad utilitatem, neque tamen contra communem opinionem.
[81] Quint. inst. VII 3,23: ea duobus generibus evertitur (definitio), si aut falsa est aut parum plena.
[82] Fortun. rhet. I 13 p. 91,7ff. H.
[83] Quint. inst. VII 3,9.
[84] Quint. inst. VII 3,21f.; Fortun. rhet. I 13 p. 91,17ff. H; Iul. Vict. 3,3 p. 377,32f.; 378,5ff. H; Hermog. stat. 4 p. 62,3ff. R.
[85] Fortun. rhet. I 14 p. 91,22ff. H.
[86] Fortun. rhet. I 14 p. 91,28ff.; 34ff. H.

zurückgezogen hatten. In der *definitio antithetica* wird zur Leugnung des Vergehens noch ein durch die beklagte Handlung erreichter Vorteil angeführt. Beispiel: Jemand, der eine von einem Epheben ihm anvertraute Chlamys auf das Grab des toten Epheben legte, wird vom Vater wegen Grabschändung belangt. Jener aber will das Grab nicht nur nicht verletzt, sondern sogar noch geschmückt haben.

Auch Sulpitius Victor[87] unterscheidet zwischen *simplices* und *duplices definitiones*. Bei der *definitio simplex* harrt nur ein Gegenstand auf seine Definition, bei der *definitio duplex* gibt es wiederum zwei Möglichkeiten: Entweder streiten sich zwei Personen um eine Sache, wenn sich z. B. einer aufmacht, den Tyrannen zu töten, ein anderer aber diesem, der fliehen will, zufällig begegnet und ihn tötet, beide dann aber die auf die Tötung eines Tyrannen gesetzte Belohnung beanspruchen. Hier ist zu definieren: „Was heißt den Tyrannen töten?"[88] Bei der zweiten Art aber geht es darum, welche von zwei Bezeichnungen für eine Sache zutrifft, eine schwerer oder leichter zu wertende. Quintilian nennt diesen Fall *hoc an hoc*.[89] Das von ihm und Fortunatian gegebene Beispiel von dem aus einem Tempel entwendeten privaten Gut bringt auch Sulpitius Victor.[90] Hier ist durch Definition zu entscheiden: *furtum an sacrilegium*. Sulpitius Victor[91] kennt noch eine weitere Art der *definitio duplex*, nämlich *aliud quidem in quaestionem venit et aliud iudicatur*, wenn z. B. jemand, der ein leeres Grab erbrochen hat, wegen Grabschändung angeklagt wird. Es wird da aber nicht gefragt, ob er ein Grab erbrochen hat, weil das ja feststeht, sondern ob das noch ein Grab gewesen ist. Die Richter haben aber zu entscheiden, ob ein Grab geschändet wurde. Die *definitio* ist die gleiche, die Hermogenes[92] ὅρος ἐμπίπτων nennt.

Hermogenes[93] kennt ebenfalls die Unterscheidung in *definitiones simplices* und *duplices*: ὅροι ἁπλοῖ καὶ διπλοῖ. Er teilt aber die διπλοῖ nicht nach Personen und Sachen ein, sondern löst sie in fünf Klassen auf:[94]

a) ὅρος ἀντονομάζων, wenn Kläger und Beklagter die Tat unter zwei verschiedenen Benennungen fassen; das entspricht dem Beispiel Quintilians *furtum an sacrilegium*.

b) ὅρος κατὰ σύλληψιν, wenn der Kläger die vom Beklagten vorgetragene Definition anerkennt, sie aber als *species* einem übergeordneten *genus* unterordnet. Im Beispiel dafür hat ein Mann, der ins Ausland reiste, dem Strategen seine Tochter anvertraut. Der aber tat ihr Gewalt an und wurde deshalb vom zurückkehrenden Vater wegen öffentlichen Verbrechens belangt. Der Stratege aber gab nun zwar zu, Gewalt verübt zu haben, stritt aber das öffentliche Vergehen ab; der Vater jedoch bestand auf beiden, weil die Gewalttat ein Teil eines öffentlichen Vergehens war.

c) ὅρος κατὰ πρόσωπα διπλοῦς, wenn zwei behaupten, eine und dieselbe Tat be-

---

[87] Sulp. Vict. 41 p. 338,1 ff. H.
[88] Quint. inst. VII 3,10: in omnibus autem huius generis litibus quaeritur *an etiam hoc*, quia nomen, de quo ambigitur, utique in alia re certum est ... *tyrannicidium occidere tyrannum: an et in mortem compellere?*
[89] Quint. inst. VII 3,8 f. polemisiert hier gegen Cicero, der part. 19,65 und top. 22,84 f.; 23,87 erklärt hatte: definitionem esse de eodem et de altero, z. B. si quaeratur idemne sit pertinacia et perseverantia.

[90] Sulp. Vict. 41 p. 338,5 ff. H.
[91] Sulp. Vict. 41 p. 338,19 ff. H.
[92] Hermog. stat. 4 p. 64,15 R.
[93] Hermog. stat. 4 p. 61,21 ff. R.
[94] Hermog. stat. 4 p. 62,1 ff.; 62,11 ff.; 64,4 ff.; 64,15 ff.; 65,1 ff. R.

gangen zu haben oder eine und dieselbe Sache für sich zu beanspruchen, z. B. wenn ein Vater als Belohnung für eine Heldentat verlangt, einem anderen, der ebenfalls einen Sohn hat, die Priesterwürde zu nehmen und sie ihm zu übertragen. Nach dem Tode der beiden Väter streiten sich die beiden Söhne um die Priesterwürde, der eine mit der Begründung, er sei schon als Sohn eines Priesters geboren, der andere, sein Vater sei noch als Priester gestorben.

d) ὅρος ἐμπίπτων,[95] wenn, wie beim στοχασμὸς ἐμπίπτων, zur eigentlichen Frage noch eine andere tritt, die noch vor der *iudicatio* durch Definition zu klären ist. Als Beispiel bringt Hermogenes das auch von Fortunatian für die *definitio coniuncta* verwendete Beispiel von dem Traum des Nichtmysten. Zu der *iudicatio* „Was heißt Geheimnisse verraten?" tritt eine andere, ebenfalls durch Definition zu beantwortende Frage „Was ist ein Nichteingeweihter?"

e) δύο ὅροι, wenn bei ein und derselben Person zwei Definitionen verlangt werden, z. B. wenn jemandem die Aufnahme in ein Priestertum verweigert wird, weil er seinen Vater, einen Ehebrecher, getötet hat; denn das Gesetz bestimmt, daß Priester nur werden könne ὁ καθαρὸς καὶ ἐκ καθαροῦ. Es müssen also zuerst durch Definition die beiden Fragen beantwortet werden: „Wer ist rein?" und „Wer ist Sohn eines Reinen?".

C. Iulius Victor[96] endlich nennt neben dem *finis simplex* zwei *fines duplices*, als erste Art jene, in der *duo nomina veniunt in quaestionem*, die durch das Beispiel vom Tempelraub illustriert wird und bei der die beiden Begriffe *furtum* und *sacrilegium* geklärt werden müssen. Bei der zweiten Art[97] wird gefragt, ob neben der eigentlichen Bezeichnung einer Sache auch noch eine andere, ihr an sich nicht zukommende Bezeichnung gebraucht werden könne, z. B. ob man einen Liebestrank auch Gift nennen könne. Dafür wird als Beispiel angeführt, eine Frau habe ihrem Manne, der sie oft schlug, einen Liebestrank bereitet, eine Versöhnung aber zurückgewiesen, worauf der Mann sich durch Erhängen tötete. Sie wurde wegen Giftmordes angeklagt. Es mußte also erst durch Definition entschieden werden, ob es angehe, einen Liebestrank auch Giftbecher zu nennen.[98] Zu diesen beiden *fines duplices* fügt er noch drei andere,[99] einen *finis multiplex*, bei dem eine Sache durch *partitiones et divisiones* geklärt werden muß. Weiter einen *finis per etymologiam*. Beispiel: Ein Mann wollte den Tyrannen töten, traf ihn aber nicht an und tötete nur dessen Kinder.[100] Mit dem zurückgelassenen Schwert tötete sich dann der Tyrann selbst. Dem angeblichen Tyrannenmörder wird die Belohnung verweigert, weil Tyrannenmörder nur sei, wer den Tyrannen wirklich getötet und nicht nur seinen Tod verschuldet habe. Zuletzt nennt er noch *finis, in quo aliud continet et aliud continetur*, wofür als Beispiel die geträumte Einweihung in die Mysterien gewählt wird.[101] Als Gesetzesunterlage für die Bestra-

---

[95] Ihm entspricht die duplex definitio sive coniuncta des Fortunatian (rhet. I 14 p. 91,22 H) und des C. Iulius Victor (3,3 p. 378,26f. H): finis, in quo aliud continet et aliud continetur.
[96] Iul. Vict. 3,3 p. 378,2ff. H.
[97] Iul. Vict. 3,3 p. 378,8ff. H.
[98] Quint. inst. VII 3,10.
[99] Iul. Vict. 3,3 p. 378,14ff.; 21ff.; 26ff. H.
[100] Ähnlich Quint. inst. VII 3,7.10; Sulp. Vict. 41 p. 338,8ff. H; Hermog. stat. 4 p. 59,18ff. R.
[101] Vgl. Anm. 95.

fung wird angeführt: *si quis sacra indicaverit, poenas luat*.¹⁰² Da muß nun durch Definition geklärt werden, was *indicare* heißt, *dicere, an assentire nescienti* und weiterhin noch die Frage *an profanus sit, qui talia somniavit*.¹⁰³

3. *Der status qualitatis*

Kann der Beklagte die Tat nicht leugnen und auch die Bezeichnung nicht bestreiten, bleibt ihm noch der Weg, sie als rechtens geschehen, als gesetzlich, gerecht und nützlich darzustellen.¹⁰⁴ Es handelt sich also jetzt um die Eigenschaft der Tat, und deshalb heißt auch der sich so ergebende *status* ποιότης,¹⁰⁵ *qualitas*.¹⁰⁶ Der Auctor ad Herennium¹⁰⁷ nennt ihn *iuridicialis constitutio*, weil in ihm gefragt wird, *iure an iniuria factum sit*. Cicero spricht von der *controversia generis*¹⁰⁸ und der *constitutio generalis*,¹⁰⁹ weil die *controversia de vi et de genere negotii* geht und weil, worauf Victorinus¹¹⁰ verweist, *genus, quo cuiuslibet rei qualitas indicatur*.¹¹¹ Hermagoras aber nennt den dritten *status* κατὰ συμβεβηκός, d.h. *per accidentia*¹¹² oder *ex accidenti*,¹¹³ weil gefragt wird, *an illi accidat viro bono esse vel malo*, oder auch στάσις κοινή.¹¹⁴

Hermagoras hat die ποιότης, die *mater omnium statuum*,¹¹⁵ vierfach unterteilt: ποιότης συμβουλευτική, ἐπιδεικτική, δικαιολογία, πραγματική. Auffallend ist an dieser Einteilung, daß die ποιότης συμβουλευτική und ἐπιδεικτική, zwei der übergeordneten drei Aristotelischen *genera causarum*, aus denen die verschiedenen *status* entstehen, als Unterteile der ποιότης erscheinen. Cicero¹¹⁶ hat deshalb auch diese beiden aus der Zahl der *status* gestrichen und nur die beiden anderen anerkannt. Grillius¹¹⁷ glaubt, Hermagoras habe diese Einteilung vorgenommen, weil er die ποιότης als die *mater omnium statuum* ansah, aus der alle anderen *status* kommen, und weil die Teile dem übergeordneten *genus* ähnlich seien. Quintilian¹¹⁸ aber hat schon

---

¹⁰² Iul. Vict. 3,3 p. 378,27f. H.
¹⁰³ Iul. Vict. 3,3 p. 378,30f. H.
¹⁰⁴ Arist. rhet. III 17,1417b 25f.
¹⁰⁵ Hermog. stat. 2 p. 37,14ff. R: ἂν μέντοι φανερὸν ᾖ καὶ τέλειον τὸ κρινόμενον, ἡ ζήτησις περὶ τὴν ποιότητα τοῦ πράγματος ἵσταται, οἷον εἰ δίκαιον, εἰ νόμιμον, εἰ συμφέρον ἤ τι τῶν τούτοις ἐναντίων. καὶ ὄνομα μὲν γενικὸν τούτῳ ποιότης.
¹⁰⁶ Quint. inst. VII 4,1: et qualis sit cuiusque rei natura et quae forma quaeritur.
¹⁰⁷ Auct. ad Herenn. I 14,24.
¹⁰⁸ Cic. inv. I 8,10; 9,12: generis est controversia, cum et, quid factum sit, convenit et, quo id factum nomine appellari oporteat, constat et tamen, quantum et cuiusmodi et omnino quale sit, quaeritur.
¹⁰⁹ Cic. inv. I 8,10; 11,14; II 21,62; Grill. § 12 p. 55,19 M.
¹¹⁰ Victorin. rhet. I 5 p. 171,7ff. H: haec vox (scl. genus) triplicem significantiam habet. est genus, id est patria, parentes, origo, sanguis ... est item genus, sub quo multa similia ex eodem descendentia continentur, ut animal genus ... est tertium illud genus, quo cuiuslibet rei qualitas indicatur: si dicas, cuius generis vestis, cuius generis factura. in hoc genere artem rhetoricam ponit.
¹¹¹ Dadurch erledigt sich R. Volkmanns Kritik, a.a.O. S. 51, die Bezeichnung als genus sei merkwürdig, weil die Frage nach der Beschaffenheit einer Tat keineswegs immer eine Frage nach ihrem genus ist.
¹¹² Quint. inst. III 6,56.
¹¹³ Aquila rhet. 16 p. 26,26 H.
¹¹⁴ Schol. in Hermog. stat. (Rhet. Gr. IV p. 223,5 W).
¹¹⁵ Grill. § 12 p. 55,16; 56,2f. M.
¹¹⁶ Cic. inv. I 11,14: constitutio, quam generalem nominamus, partes videtur nobis duas habere, iuridicialem et negotialem.
¹¹⁷ Grill. § 12 p. 55,21ff. M.
¹¹⁸ Quint. inst. VII 4,2: eidem qualitati succedunt facienda ac non facienda, appetenda vitanda: quae in suasorias quidem maxime cadunt, sed in controversiis quoque sunt frequentia, hac sola differentia, quod illic de futuris, hic de factis agitur.

Die gerichtliche Beredsamkeit 37

darauf hingewiesen, daß auch die Qualitäten gut, schlecht, ehrenhaft, schimpflich, nützlich und schädlich als τελικὰ κεφάλαια im γένος συμβουλευτικόν und ἐπιδεικτικόν Verwendung finden. So mag Hermagoras dazu gekommen sein, die beiden *causarum genera* als Glieder der *qualitas* zu erklären. Ciceros oder seines Lehrers Meinung hat sich durchgesetzt, und Hermogenes hat die beiden beanstandeten *species* nicht in sein System aufgenommen. Übriggeblieben sind nur die ποιότης πραγματική, *qualitas negotialis*, und die δικαιολογία, *qualitas iuridicialis*.[119]

a) Nach Cicero[120] beschäftigt sich die *qualitas negotialis* mit Fragen des bürgerlichen Rechtes und der Billigkeit. Im Anschluß daran erklärt Victorinus,[121] in der *qualitas negotialis* werde aus einem schon bestehenden Gesetze geschlossen, wie der Gegenstand der *controversia* zu behandeln sei. An anderer Stelle meint er, in ihr werde eine allgemeine Gesetzesbestimmung auf eine *species* zurückgeführt, durch Erklärung eines anerkannten, bestehenden Gesetzes[122] ein neues geschaffen, nach dem die im Streitfall in Frage stehende Sache erlaubt sei. Quintilian[123] aber wendet sich gegen die Interpretation Ciceros und vertritt die Auffassung, daß in der *qualitas negotialis de rebus ipsis quaeritur remoto personarum complexu*.[124] Er verweist also die *negotialis* unter die θέσεις; das ist auch die Meinung C. Iulius Victors,[125] nach dem in der *negotialis infinite et quodammodo citra personae complexum de re ipsa quaeritur, qualis ipsa sit*. So habe sie deliberativen Charakter; komme der Fall aber vor den Richter, habe sie überredenden Charakter, wie fast alle Reden, die eine Handlung als erlaubt darzustellen suchen. Die Beziehung der *qualitas negotialis* zum *genus deliberativum*[126] zeigt schon, daß sie sich mit den Dingen beschäftigt, wie sie sein sollen, also mit der Zukunft, während die *qualitas iuridicialis* es mit Dingen zu tun hat, die schon geschehen sind.[127] Hermogenes[128] hat etwas ausführlicher über die Behandlung der στάσις πραγματική

---

[119] Cic. inv. I 11,14; II 21,62; Quint. inst. III 6,33.57: negotialem (πραγματικήν vocat), in qua de rebus ipsis quaeritur remoto personarum complexu; Fortun. rhet. I 14 p. 92,4f. H; Victorin. rhet. I 11 p. 189,37f.: 190,18f.: negotialis qualitas talis est, cum aliquid generatim iure cautum ad speciem devocamus; II 23 p. 281,19ff. H: negotialis enim non habet ius certum, sed quaerit de eo iure, quod esse debeat in negotio praesenti. in negotiali qualitate ius efficitur sententia iudicis: in absoluta, quod positum ius et notum est, ab oratore sumitur; Sulp. Vict. 10 p. 318,25 H; Iul. Vict. 3,5 p. 379,4; 3,6 p. 380,12 H; Grill. § 12 p. 55,24f. M: in negotiali quaeritur de futuro iusto vel utili; Hermog. stat. 2 p. 38,3.9 R.

[120] Cic. inv. I 11,14: negotialis, in qua, quid iuris ex civili more et aequitate sit, consideratur; II 21,62: negotialis est, quae in ipso negotio iuris civilis habet implicatam controversiam.

[121] Victorin. rhet. I 11 p. 190,22 H: in negotiali qualitate ex aequitate praecedentis iuris nova iura firmantur; II 22 p. 281,13 H: in negotiali de iure tractatur; Sulp. Vict. 46 p. 342,4 H: (in negotiali) sine ullo scripto de aequitate rerum disceptatur.

[122] Victorin. rhet. II 23 p. 281,17f. H: in negotiali quaeritur, quid esse debeat iuris, in absoluta, quid est iuris.

[123] Quint. inst. III 6,58.

[124] Quint. inst. III 6,57.

[125] Iul. Vict. 3,5 p. 379,4f. H.

[126] Mart. Cap. rhet. 17 (467) p. 462,13ff. H.

[127] Hermog. stat. 2 p. 38,1ff. R: ἢ γὰρ περὶ μέλλοντος πράγματος ἔχει τὴν ζήτησιν ἢ περὶ τινος ἤδη γεγονότος. κἂν μὲν περὶ μέλλοντος, ἔσται πραγματική· πραγματικὴ γάρ ἐστιν ἀμφισβήτησις περὶ πράγματος μέλλοντος, εἰ δεῖ γενέσθαι τόδε τι ἢ μὴ γενέσθαι, δοῦναι ἢ μὴ δοῦναι ... ἂν μέντοι πεπραγμένον ᾖ περὶ οὗ ἡ κρίσις ἤδη, κοινὸν μὲν ὄνομα τούτῳ δικαιολογία. Victorin. rhet. I 11 p. 189,38f. H: iuridicialis semper de praeterito est et negotialis semper de futuro; Iul. Vict. 3,6 p. 380,13f. H; Grill § 14 p. 67,10ff. M.

[128] Hermog. stat. 7 p. 76,4–79,16 R.

gehandelt. Er stellt dafür sechs Punkte auf:[129] τὸ νόμιμον, τὸ δίκαιον, τὸ συμφέρον, τὸ δυνατόν, τὸ ἔνδοξον und τὸ ἐκβησόμενον und teilt die στάσις πραγματική selbst ein in die πραγματικὴ ἔγγραφος und die πραγματικὴ ἄγραφος. Zur ersten gehört der Fall, daß nach geltendem Recht drei Tage über einen Krieg beraten werden muß, Demosthenes aber beantragte, als Philipp Elatea nahm, am gleichen Tage noch auszurücken; zur zweiten dagegen gehört es, wenn Kleon nach der Besetzung von Pylos verlangte, Pythios genannt zu werden. Das νόμιμον kann natürlich nur bei einer πραγματικὴ ἔγγραφος eintreten und muß sich dann nach der Behandlungsweise der στάσεις νομικαί richten. Im Falle der πραγματικὴ ἄγραφος tritt an die Stelle des Gesetzes das Herkommen. Das δίκαιον gehört unter die *species* der ποιότης δικαιολογική; beim συμφέρον muß das Nützliche und Notwendige beachtet werden, z. B.: Es ist nützlich, Olynth dazuzunehmen, noch mehr aber ist es notwendig, damit Philipp, wenn er es nähme, nicht stark gegen uns würde. Das δυνατόν wird in der Art behandelt, daß zuerst gezeigt wird, es sei nicht schwer, und selbst, wenn es schwer sei, sei es doch notwendig, und für das Rechte müsse man auch Mühen und Gefahren auf sich nehmen; das ἔνδοξον wird ähnlich wie das συμφέρον behandelt; beim ἐκβησόμενον sind beide Möglichkeiten des Ausganges eines Planes zu berücksichtigen, man muß sagen: ob wir nun siegen oder nicht, es wird auf alle Fälle nützlich sein, Hilfe zu bringen, ja sogar schon, sie nur zu beschließen.

b) Die στάσις δικαιολογική,[130] auch einfach δικαιολογία,[131] *qualitas iuridicialis*, wird wiederum zweigeteilt, in die κατ' ἀντίληψιν,[132] *constitutio iuridicialis absoluta*[133] und die δικαιολογία κατ' ἀντίθεσιν,[134] *constitutio iuridicialis adsumptiva*.[135] Im ersten Falle gibt der Beklagte seine Tat nicht als ein Vergehen zu, sondern stellt sie von vornherein als gesetzlich erlaubt und rechtmäßig hin. Die Rechtmäßigkeit ist gegeben durch Natur und Übereinkommen, durch *lex, mos, iudicatum* und *pactum*; dazu gehören noch *pietas, fides, continentia*.[136] Grillius[137] führt als Beispiel an: Der Sohn eines Feldherrn hatte im Kriege seinen Vater verlassen und wurde deshalb vom Vater

---

[129] Hermog. stat. 7 p. 76,4f.; 76,6ff.; 76,12ff; 77,3ff.; 77,6ff.; 77,20ff.; 78,22ff.; 79,7ff. R.

[130] Quint. inst. III 6,33.47.

[131] Hermog. stat. 2 p. 38,9 R.

[132] Hermog. stat. 2 p. 38,13; 5 p. 65,10ff. R; Quint. inst. VII 4,4.

[133] Auct. ad Herenn. I 14,24: eius constitutionis (iuridicialis) partes duae sunt, quarum una absoluta, altera adsumptiva nominatur. absoluta est, cum id ipsum, quod factum est, ut aliud nihil foris adsumatur, recte factum esse dicemus; Cic. inv. I 11,15; II 23,69: absoluta est, quae ipsa in se, non ut negotialis implicite et abscondite, sed patentius et expeditius recti et non recti quaestionem continet; Quint. inst. VII 4,4; Fortun. rhet. I 14 p. 92,12 H; Victorin. rhet. I 11 p. 190,32. 44 H; Sulp. Vict. 57 p. 350,6 H; Iul. Vict. 3,7 p. 380,20ff. H: absoluta qualitas fit, quotiens . . . res, quae in iudicium vocatur, perniciosa non esse fere monstratur recteque facta et iure.

[134] Hermog. stat. 2 p. 38,17f.; 6 p. 72,3ff. R; Quint. inst. VII 4,7.

[135] Auct. ad Herenn. I 14,24; Cic. inv. I 11,15; II 24,71; Quint. inst. VII 4,7; Fortun. rhet. I 15 p. 93,3 H; Victorin. rhet. I 11 p. 190,32f.; 191,1 H; Sulp. Vict. 24 p. 325,9 H; Iul. Vict. 3,6 p. 380,18 H: (pars) relativa.

[136] Quint. inst. VII 4,4 – 6: est enim de re sola quaestio, iusta sit ea necne. iustum omne continetur natura vel constitutione: natura . . . hinc sunt pietas, fides, continentia et talia. adiciunt et id, quod sit par . . . constitutio est in lege, more, iudicato, pacto; Iul. Vict. 4,5 p. 390,18f. H: partes iusti excutientur in eo, quod est natura iustum, more iustum, pacto iustum; Grill. § 15 p. 68,25f. M.: absoluta autem tractatur quattuor partibus, lege, arte, more, natura.

[137] Grill. § 15 p. 68,22ff. M.

getötet. Seiner Tat wegen angeklagt, erwidert der Vater nur: „Ich habe ihn mit Recht getötet."; das Gesetz erlaubte nämlich, den Heeresflüchtigen zu töten. Das ist die stärkste Art der Verteidigung.[138]

Ist es aber nicht möglich, die Tat wie bei der *qualitas absoluta* als in sich gerechtfertigt hinzustellen, ist der Täter vielmehr gezwungen, die Tat als Vergehen zuzugeben. Er muß zur Unterstützung noch auf andere Hilfsmittel zurückgreifen, um eine Rechtfertigung oder wenigstens eine Entlastung zu erreichen. Das geschieht in der *qualitas iuridicialis adsumptiva*, zunächst einmal so, daß, wenn auch nicht in so wirksamer Weise wie in der *qualitas absoluta*, die Tat verteidigt wird, in dem ἀντέγκλημα,[139] *relatio*,[140] *relatio criminis*,[141] und in der ἀντίστασις,[142] *comparatio*,[143] *comparativum genus*,[144] *compensatio* und *conpensativus status*,[145] *qualitas conpensativa*.[146]

1. Das ἀντέγκλημα ist die stärkste Verteidigung in der *qualitas adsumptiva*.[147] Den griechischen Namen trägt die *relatio*, weil die Verteidigung der Tat ganz der Anklage des durch die Tat Betroffenen dient: Er wurde getötet, aber er war ein Räuber. Die Schuld lastet auf dem Geschädigten,[148] weil er durch eine eigene Rechtswidrigkeit die des Angeklagten verschuldet und dadurch gerechtfertigt hat.

2. Die ἀντίστασις, *comparatio*,[149] versucht, eine Tat durch Hinweis auf den durch die Tat entstandenen, die schlimmen Folgen der Tat aber überwiegenden Nutzen für das Staatswesen oder doch für viele Menschen, sogar für den Gegner, zuweilen auch für uns selbst zu verteidigen. Es wird also das Gesetzwidrige einer Handlung mit deren verursachtem Nutzen verglichen, wobei das Verdienst als bedeutender angesehen wird.[150] So verteidigt Mancinus den Vertrag mit Numantia mit dem Hinweis

---

[138] Quint. inst. VII 4,4: defensio longe potentissima est, qua ipsum factum, quod obicitur, dicimus honestum esse.

[139] Hermog. stat. 2 p. 39,3 ff.: γίνεται γὰρ ἀντέγκλημα, ὅταν ὁμολογῶν ὁ φεύγων πεποιηκέναι τι ὡς ἀδίκημα ἀντεγκαλῇ τῷ πεπονθότι ὡς ἀξίῳ παθεῖν, ἃ πέπονθεν· 6 p. 72,2 R; Quint. inst. VII 4,8; Iul. Vict. 3,8 p. 381,9 H.

[140] Fortun. rhet. I 15 p. 93,5; 27 p. 101,11 H; Victorin. rhet. II 26 p. 284,6 H; Sulp. Vict. 53 p. 346,21 H.

[141] Cic. inv. I 11,15; II 24,71; 26,78: relatio criminis est, cum reus id, quod arguitur, confessus alterius se inductum peccato iure fecisse demonstrat; Victorin. rhet. I 11 p. 192,2 H; Auct. ad Herenn. I 13,24: translatio criminis; Fortun. rhet. I 15 p. 93,6 H: relativus status.

[142] Hermog. stat. 2 p. 38,21 ff.: γίνεται γὰρ ἀντίστασις, ὅταν ὁμολογῶν ὁ φεύγων πεποιηκέναι τι ὡς ἀδίκημα ἀνθιστᾷ ἕτερόν τι εὐεργέτημα δι' αὐτοῦ τοῦ ἀδικήματος πεπραγμένον· 6 p. 72,2 R; Quint. inst. VII 4,12; Iul. Vict. 3,8 p. 381,9.15 H.

[143] Auct. ad Herenn. I 14,24; Cic. inv. I 11,15; I 24,71 f.: comparatio est, cum aliquid factum, quod ipsum non sit probandum, ex eo, cuius id causa factum est, defenditur.

[144] Quint. inst. VII 4,12.

[145] Fortun. rhet. I 15 p. 93,5.20 H; Victorin. rhet. II 24 p. 281,34 H; Sulp. Vict. 9 p. 318,5; 38 p. 336,16; 52 p. 345,17 H; Victorin. rhet. II 17 p. 272,35 f. H: conpensativa constitutio.

[146] Victorin. rhet. I 11 p. 191,2 f. H.

[147] Quint. inst. VII 4,8: in quo genere fortissimum est, si crimen causa facti tuemur ... ἀντέγκλημα dicitur.

[148] Auffallend ist die von Grillius (p. 8,2 ff. M) vertretene Ansicht, daß die relatio sich nicht nur gegen den Geschädigten, sondern auch gegen den Ankläger richten kann.

[149] Die Bezeichnung comparatio wird von Victorin. rhet. I 11 p. 191,3 f. H erklärt: ideo Cicero conparationem vocat, quod conparetur id, quod in crimen vocatur, et id, quod se reus profuisse dicit.

[150] Quint. inst. VII 4,9: factum defenditur ... in aliqua utilitate aut rei publicae aut hominum multorum aut etiam ipsius adversarii, nonnumquam et nostra, si modo id erit, quod facere nostra causa fas sit: quod sub extrario

darauf, daß das Heer ohne den Vertrag untergegangen wäre;¹⁵¹ oder, ein Feldherr hatte die Schiffe in Brand gesteckt, weil die Soldaten, statt ins Gefecht zu ziehen, sich immer wieder auf die Schiffe zurückzogen. Er führte die Soldaten heraus und siegte. Angeklagt, verteidigt er sich damit, daß der Sieg den Verlust der Flotte aufgewogen habe.¹⁵² Das berühmteste Beispiel für die *comparatio* jedoch ist Orestes: *occidi quidem, sed meruit*.

Im Gegensatz zur *relatio* und *comparatio* wird in zwei anderen *species* der *qualitas adsumptiva*, der μετάστασις,¹⁵³ *remotio*,¹⁵⁴ *remotio criminis*,¹⁵⁵ *remotivus status*,¹⁵⁶ und in der συγγνώμη,¹⁵⁷ *concessio*,¹⁵⁸ *venia*,¹⁵⁹ nicht mehr die Tat, sondern der Täter verteidigt. In beiden Fällen wird die Tat als ein Vergehen zugegeben und verworfen.

1. Die *remotio criminis* wird angewandt, wenn die Tat weder durch sich selbst noch durch von außen aufgenommene Hilfsmittel verteidigt werden kann. Es bleibt dann dem Angeklagten zunächst die Möglichkeit, die Tat von sich abzuwälzen und die Schuld auf einen anderen zu schieben.¹⁶⁰ In der *relatio criminis* wird sie durch die schlimme Tat eines anderen ausgelöst, in der *remotio* aber durch die Einwirkung eines anderen veranlaßt. Und zwar kann der Angeschuldigte die Tat auf eine Person abwälzen,¹⁶¹ die auf Grund ihrer Autorität einen Zwang ausüben kann; so sagt Gracchus, der für den Vertragsabschluß mit Numantia verantwortlich gemacht wurde, er sei vom Feldherrn beauftragt worden.¹⁶² Die Schuld kann aber auch auf eine Sache abgeschoben werden; so entschuldigt der Soldat sein Fernbleiben vom Heere, er sei durch Stürme, Krankheit, Flüsse gehindert worden. Auch Krieg und Seuchen gelten als unüberwindliche Hindernisse.¹⁶³

accusatore et legibus agente prodesse numquam potest, in domesticis disceptationibus potest.

¹⁵¹ Quint. inst. VII 4,12.
¹⁵² Sulp. Vict. 52 p. 345,23 ff. H; ähnlich Fortun. rhet. I 15 p. 93,23 ff. H; Iul. Vict. 3,8 p. 381,19 ff. H.
¹⁵³ Hermog. stat. 2 p. 39,9; 6 p. 72,2 R; Quint. inst. VII 4,14; Iul. Vict. 3,8 p. 381,9 f.; 23 H.
¹⁵⁴ Fortun. rhet. I 15 p. 93,5 H; Sulp. Vict. 54 p. 347,14 H; Grill. § 15 p. 69,16 M.
¹⁵⁵ Auct. ad Herenn. I 14,24; Cic. inv. I 11,15; II 24,71; 29,86; Victorin. rhet. I 11 p. 191,12.26; II 29 p. 285,23 H.
¹⁵⁶ Fortun. rhet. I 15 p. 93,11 H.
¹⁵⁷ Hermog. stat. 2 p. 39,11; 6 p. 72,2 R; Iul. Vict. 3,8 p. 381,10.31 H.
¹⁵⁸ Auct. ad Herenn. I 14,24; Cic. inv. I 11,15; II 24,71; 31,94; Victorin. rhet. I 11 p. 191,15; II 31 p. 286,30 H; Quint. inst. VII 4,14: excusatio.
¹⁵⁹ Fortun. rhet. I 15 p. 93,5; 16 p. 93,32; II 6 p. 105,29 H; Sulp. Vict. 55 p. 348,32 H; Iul. Vict. 4,6 p 392,1 H.

¹⁶⁰ Cic. inv. I 11,15: remotio criminis est, cum id crimen, quod infertur, ab se et ab sua culpa et potestate in alium reus removere conatur; Grill. § 15 p. 69,16 f. M: remotio est, quando crimen illatum personae in aliam personam retorquetur.
¹⁶¹ Auct. ad Herenn. I 15,25: ex remotione criminis causa constat, cum a nobis non crimen, sed culpam ipsam amovemus, et vel in hominem transferimus vel in rem quampiam conferimus; Cic. inv. II 29,86: remotio criminis est, cum eius intentio facti, quod ab adversario infertur, in alium aut in aliud demovetur; Victorin. rhet. II 29 p. 285,26 ff. H; Quint. inst. VII 4,13 f.: proximum est in alium transferre crimen ... interdum ergo culpa in hominem relegatur ... interim derivatur in rem; Sulp. Vict. 54 p. 347,14 f. H: remotio est, cum reus removet a se culpam in aliquam necessitatem vel in alicuius imperium; Iul. Vict. 3,8 p. 381,26 f. H: contenti a nobis removere aliorsum transferimus vel in personam vel in rem.
¹⁶² Quint. inst. VII 4,13.
¹⁶³ Quint. inst. VII 4,14; Fortun. rhet. I 15 p. 93,16 ff. H.

2. In der *concessio*[164] verteidigt der Angeklagte schon nicht mehr sein zugegebenes Vergehen, sondern bittet nur noch um Verzeihung. Das geschieht auf zweifache Art:

a) Einmal in der *purgatio*,[165] *venia purgativa*,[166] indem er seinen guten Willen beteuert und für sein Handeln *error, casus, necessitas, oblivio* verantwortlich macht.[167] *Error* liegt der *purgatio* zugrunde in dem Beispiel der zwei ähnlichen Zwillingsbrüder, von denen der eine exuliert war, der andere aber wegen seiner großen Ähnlichkeit verwechselt und getötet wurde, was nach dem Gesetz dem anderen gegenüber erlaubt gewesen wäre.[168] *Casus*, ein Unglücksfall, wird verantwortlich für die Tat des Jägers gemacht, der seine Lanze gegen ein Wild wirft, unglücklicherweise aber damit einen Menschen tötet.[169] *Necessitas*, Nötigung, kann der Redner für sich geltend machen, der auf Befehl der Feinde, in deren Gefangenschaft er sich befindet, ein Lob auf sie schreibt und öffentlich vorträgt.[170] *Oblivio*, Vergeßlichkeit, liegt vor, wenn ein Priester, der nicht, wie es sich gehörte, die Opfer vollzog, sagt, er habe es vergessen.[171]

b) Gelingt es aber dem Angeklagten nicht zu zeigen, daß er nicht absichtlich gefrevelt habe, bleibt ihm nur noch übrig, in der *deprecatio*[172] um Verzeihung zu bitten, was allerdings vor römischen Richtern keinen Erfolg haben konnte, wohl aber in Griechenland möglich und üblich war. Der Angeklagte konnte dann seine Bitten dadurch unterstützen, daß er auf sein Vorleben verwies, daß er bis dahin ein untadeliges Leben geführt habe, indem er den Adel und die Ehre seiner Familie und Freunde erwähnt, daß er sich um den Staat verdient gemacht habe und sich voraussichtlich noch mehr hervortun werde, schließlich konnte er auch noch an die Milde des Richters appellieren, dem ein mildes Urteil den Ruhm eines gütigen Richters eintragen werde.[173]

[164] Cic. inv. II 31,94: concessio est, per quam non factum ipsum probatur ab reo, sed ut ignoscatur, id petitur; Grill. § 15 p. 71,1 ff. M: ideo autem concessio dicitur, quia conceditur culpa et admissum crimen in imprudentia ... casu ... necessitate.

[165] Auct. ad Herenn. I 14,24: purgatio est cum consulto negat se reus fecisse; Cic. inv. I 11,15: purgatio est, cum factum conceditur, culpa removetur; II 31,94: purgatio est, per quam eius, qui accusatur, non factum ipsum, sed voluntas defenditur.

[166] Fortun. rhet. I 16 p. 93,32 H.

[167] Auct. ad Herenn. I 14,24: ea (purgatio) dividitur in imprudentiam, fortunam, necessitatem; Cic. inv. II 31,94: ea (purgatio) habet partes tres: imprudentiam, casum, necessitudinem; Quint. inst. VII 4,14: ignorantia; Fortun. rhet. I 16 p. 93,32f. H: purgativa modis fit quattuor: errore, casu, necessitate, oblivione; Victorin. rhet. I 11 p. 191,18; 27 p. 225,23f. H.

[168] Fortun. rhet. I 16 p. 94,1f. H; Grill. § 15 p. 71,3 ff. M.

[169] Cic. inv. II 31,96; Fortun. rhet. I 16 p. 94,4ff. H; Grill. § 15 p. 71,7f. M; Quint. inst. VII 4,15: fortuna.

[170] Fortun. rhet. I 16 p. 94,7ff. H; Grill. § 15 p. 71,9ff. M; den durch Naturereignisse eintretenden Zwang bezeichnet Quintilian (inst. VII 4,13) als necessitas, Cicero (inv. II 32,98) als necessitudo.

[171] Fortun. rhet. I 16 p. 94,11 ff. H.

[172] Auct. ad Herenn. II 17,25; Cic. inv. I 11,15; II 34,104; Quint. inst. VII 4,17; Fortun. rhet. I 16 p. 94,14 H: deprecativa venia.

[173] Auct. ad Herenn. II 17,25: deprecatione utemur ... si qua virtus aut nobilitas erit in eo qui supplicabit; si qua spes erit usui futurum si sine supplicio discesserit; Cic. inv. II 34,104: si pro aliquo claro aut forti viro, cuius in rem publicam multa sunt beneficia ... deinde augere beneficia licebit et iudices per locum communem ad ignoscendi voluntatem ducere; Quint. inst. VII 4,18f.: plurimum valent ... vita praecedens si innocens, si bene meritus, si spes in futurum innocenter victuri et in aliquo usu futuri ... extra nobilitas, dignitas, propinqui, amici. in eo tamen, qui cognoscit, plurimum ponendumst, laus enim misericordis potius quam reprensio dissoluti consecutura est.

4. Die translatio

Der vierte *status* des γένος λογικόν, die μετάληψις,[174] lateinisch *translatio*,[175] auch παραγραφή[176] = *praescriptio*[177] genannt, *quaestio actionis*,[178] *reprehensio*,[179] war schon dem Aristoteles,[180] wenn auch noch nicht dem Namen nach, bekannt. Hermagoras soll ihn aber erst erfunden haben, d. h. er wird ihm zuerst den Namen gegeben haben.[181] Im griechischen Gerichtsverfahren war die μετάληψις häufiger anzutreffen, im römischen aber kam sie seltener vor,[182] weil durch die Einrede des Prätors viele Prozesse abgewiesen wurden und das römische Privatrecht derart eingerichtet war, daß der den Prozeß verlor, der nicht, wie es sich gehörte, seine Sache führte.[183] Wenn sie aber wirklich einmal in einem öffentlichen, nicht nur in einem Privatprozeß vorkam, spielte sie eine so untergeordnete Rolle, daß noch ein anderer *status* zu Hilfe genommen werden mußte.[184]

Von der *translatio* konnte der Angeklagte Gebrauch machen, wenn er weder die Schuld leugnen, noch ihre Benennung durch den Kläger bestreiten, noch die Tat oder sich selbst in der ἀντίληψις oder der ἀντίθεσις verteidigen oder wenigstens entschuldigen konnte.

Die *translatio* wurde nun vorgenommen:[185]

a) *a persona accusatoris*, wenn z. B. eingewendet werden konnte, daß ein *infamis* keinen Prozeß führen könne.

b) *a persona rei*, wenn geltend gemacht wurde, ein tapferer Mann könne nicht angeschuldigt werden.

c) *a re*, wenn z. B. ein Sohn gegen seinen Vater klagt, er wolle sich die Herrschaft aneignen, dieser aber einwenden kann, daß ein Sohn gegen seinen Vater nur wegen *dementia* klagen könne.

---

[174] Hermog. stat. 2 p. 42,5f.; 8 p. 79,18 R; Aug. rhet. 10 p. 143,11 H nach Hermagoras.
[175] Auct. ad Herenn. I 12,22; Quint. inst. III 6,68; Fortun. rhet. I 11 p. 89,30; 22 p. 97,30 H; Aug. rhet. 10 p. 143,12 H.
[176] Hermog. stat. 2 p. 42,11 R.
[177] Fortun. rhet. I 11 p. 89,31 H; Sulp. Vict. 42 p. 338,31; 44 p. 340,14f. H; Iul. Vict. 3,9 p. 382,4 H; Mart. Cap. rhet. 11 (453) p. 458,31 H nach Hermagoras.
[178] Cic. inv. I 8,10; Quint. inst. III 6,84: quaestiones sive actionis sive translationis; VII 5,1.
[179] Aug. rhet. 10 p. 143,12 H.
[180] Arist. rhet. III 15,1416a 33; Quint. inst. III 6,60.
[181] Cic. inv. I 11,16; Quint. inst. III 6,60; Aug. rhet. 10 p. 143,11 H; Grill. § 8 p. 46,14 M.
[182] Auct. ad Herenn. I 12,22: hac parte constitutionis Graeci in iudiciis, nos in iure plerumque utimur. in iudiciis tamen nonnihil utimur...
[183] Auct. ad Herenn. I 12,22: haec partitio legitimae constitutionis his de causis raro venit in iudicium, quod in privata actione praetoriae exceptiones sunt et causa cadit qui egit nisi habuit actionem, et in publicis quaestionibus cavetur legibus ut ante, si reo commodum sit, iudicium de accusatore fiat utrum illi liceat accusare necne; Cic. inv. II 19,57: in nostra quidem consuetudine multis de causis fit, ut rarius incidant translationes. nam et praetoris exceptionibus multae excluduntur actiones et ita ius civile habemus constitutum, ut causa cadat is, qui non quemadmodum oportet egerit.
[184] Cic. inv. II 19,58: quare in iure plerumque versantur. ibi enim et exceptiones postulantur et agendi potestas datur et omnis conceptio privatorum iudiciorum constituitur. in ipsis autem iudiciis rarius incidunt et tamen, si quando incidunt, eiusmodi sunt, ut per se minus habeant firmitudinis, confirmentur autem adsumpta alia aliqua constitutione.
[185] Fortun. rhet. I 22 p. 97,30f. H: translatio modis fit quattuor: a persona, a re, a tempore, a loco; Sulp. Vict. 44 p. 340,19f. H; Iul. Vict. 3,9 p. 382,6f. H.

d) *a tempore*, wenn der Einwand gemacht werden kann, die Klage hätte früher oder später, aber nicht zum gegenwärtigen Zeitpunkt erfolgen müssen.

e) *a loco*, wenn behauptet wird, die Klage hätte an einem anderen Ort, also etwa nicht in Rom, sondern in der Provinz oder nicht vor dem Prätor, sondern vor dem Konsul erfolgen müssen.

f) *a modo*, wenn der Angeklagte geltend macht, er dürfe nicht nach diesem, sondern müsse nach einem anderen Edikt oder einer anderen Formel belangt werden.[186]

Es konnten aber auch in einer Klagesache zwei *translationes* vorkommen.[187] Der Angeklagte konnte sich also wenigstens für einige Zeit der Verantwortung entziehen, dadurch, daß er die Rechtmäßigkeit des Verfahrens, die Zuständigkeit des Gerichtes und des Anklägers bestritt und die Umbesetzung des Gerichtes beantragte.

Die *translatio* konnte nun einerseits ἔγγραφος[188] sein, wenn der Einspruch auf Grund eines geschriebenen Gesetzes erfolgte und die *quaestio* sich gleichzeitig auf dieses Gesetz berief; die ἔγγραφος heißt gewöhnlich nur παραγραφή,[189] die ἄγραφος[190] dagegen, die ebenfalls von einem geschriebenen Gesetz als Grundlage ausging, deren *quaestio* aber nicht auch das Gesetz zum Gegenstand hat, heißt μετάληψις. Bei der παραγραφή unterscheidet man wieder eine τελεία und eine ἀτελής.[191] Bei dieser wird nur eine der Peristasen bestritten, bei jener die Rechtmäßigkeit des ganzen Verfahrens.

Die *translatio* fand nicht einstimmige Aufnahme in den Kanon der *status*. Cicero[192] glaubt zwar, daß bei vielen Rhetoren der Grund für die Ablehnung im Neid gegen Hermagoras lag; auch er spricht zwar in der Jugendschrift ‚De inventione'[193] von vier *status*, nämlich *facti, nominis, generis* und *actionis*, in den ‚Partitiones oratoriae'[194] aber und im ‚Orator'[195] weiß er lediglich von den drei ersten als den *status rationales*. Auch Antonius kennt nur drei *status rationales*:[196] *factum non factum* nämlich, *ius iniuria* und *bonum malum*. Seine Anhänger haben dann doch die *translatio* aufgenommen, aber unter die *status legales*. Athenaios hat wieder vier *status*, die στάσις προτρεπτική oder παρορμητική, die der *suasoria* nahesteht; die συντελική, die der *coniectura* entspricht, die ὑπαλλακτική, *finitio*, und die *iuridicialis*, für die er den von den übrigen Rhetoren gebrauchten Namen beibehält. Einige hielten die ὑπαλλακτική für die *translatio*. Caecilius und Theon fügten den drei *an sit, quid sit, quale sit* noch die *quantitas* bei. Von der *translatio* wollten sie also nichts wissen, ebensowenig Theodoros, der noch einen fünften *status, ad aliquid*,[197] hinzufügte. Bei anderen Rhetoren steht sie aber doch wieder unter sechs,[198] wieder bei anderen unter acht *status* an letzter Stelle.[199] Quin-

---

[186] Fortun. rhet. I 22 p. 97,32 – 98,27 H.

[187] Iul. Vict. 3,9 p. 382,15 f. H: nonnumquam et in una controversia duae translationes exsistunt.

[188] Hermog. stat. 2 p. 42,12 R.

[189] Hermog. stat. 2 p. 42,11.14 R.

[190] Hermog. stat. 2 p. 42,13 R.

[191] Syrian. in Hermog. comm. II p. 158,3 R = Rhet. Gr. IV p. 770,16 W.

[192] Cic. inv. I 11,16; Victorin. rhet. I 11 p. 192,32 f. H; er gibt als glaubwürdigen Grund an: quod omnis constitutio actionem constituat, translatio autem id videatur agere, ne actio sit.

[193] Cic. inv. I 8,10.

[194] Cic. part. 29,102; 30,104: in coniectura, definitione, aequitate.

[195] Cic. orat. 14,45: quicquid est quod in controversia aut in contentione versetur, in eo aut sitne aut quid sit aut quale sit quaeritur.

[196] Quint. inst. III 6,45 – 48.

[197] Quint. inst. III 6,51.

[198] Quint. inst. III 6,53.

[199] Quint. inst. III 6,55.

tilian²⁰⁰ endlich nimmt neben der *coniectura*, *qualitas* und *finitio* noch fünf *species* der *constitutio legalis* an, lehnt die *translatio* aber ab. Noch Augustinus²⁰¹ weiß von der Bestreitung der Berechtigung der *translatio* als *status*; die Autorität des Hermagoras aber ist für ihn ausschlaggebend.

B. Die status legales

Neben den vier στάσεις λογικαί, στοχασμός, ὅρος, ποιότης und μετάληψις, stehen bei Hermagoras¹ noch vier στάσεις νομικαί, in denen der Redner sich bemüht, für einen bestimmten Fall, in dem die Tat zugestanden ist und auch in ihrer Bezeichnung und Qualität feststeht, einen in sich unklaren Gesetzestext durch Interpretation zu klären. Die vier *status legales* sind:

1. κατὰ ῥητὸν καὶ ὑπεξαίρεσιν,² *scriptum et voluntas*.³
2. ἀντινομία,⁴ *leges contrariae*.⁵
3. ἀμφιβολία,⁶ *ambiguitas*.⁷
4. συλλογισμός,⁸ *collectio*,⁹ *ratiocinatio*.¹⁰

---

²⁰⁰ Quint. inst. III 6,66 f.
²⁰¹ Aug. rhet. 10 p. 143,1 ff. H.

¹ Hermog. stat. 2 p. 39,21 R; Quint. inst. III 6,61: (Hermagoras) legales autem quaestiones has fecit: scripti et voluntatis, ratiocinativum, ambiguitatis, legum contrariarum; Fortun. rhet. I 22 p. 97,26 H: legales status sunt secundum Hermagoran quattuor; Aug. rhet. 11 p. 143,18 f. H: sunt item aliae quaestiones quattuor, quas inventores νομικάς, nos legales appellamus; Sulp. Vict. 24 p. 325,15 H: legales autem status sunt quattuor; Iul. Vict. 3,11 p. 383,2 H: sunt autem legales status quattuor.
² Quint. inst. III 6,61; ῥητὸν καὶ διάνοια: Hermog. stat. 2 p. 40,8; 9 p. 82,5 ff. R; Quint. inst. III 6,46; Aug. rhet. 11 p. 143,20 H; Iul. Vict. 3,11 p. 383,5 H.
³ Quint. inst. III 6,61; VII 6; Fortun. rhet. I 22 p. 97,27; 23 p. 99,1 H: scripti et voluntatis status; Aug. rhet. 11 p. 143,19 H; Victorin. rhet. I 12 p. 193,23 H; Sulp. Vict. 24 p. 325,15; 61 p. 351,17 f. H; Iul. Vict. 3,1 p. 376,24 f. H; Grill. § 17 p. 74,7.18 M; scriptum et sententia: Auct. ad Herenn. I 11,19; Cic. inv. I 13,17; II 40,116.
⁴ Hermog. stat. 2 p. 41,1; 10 p. 83,20 ff. R; Quint. inst. III 6,46; Aug. rhet. 11 p. 143,20 H; Iul. Vict. 3,11 p. 383,4 H.
⁵ Auct. ad Herenn. I 11,19; Cic. inv. I 13,17; II 40,116; 49,144; Quint. inst. III 6,46; VII 7; Fortun. rhet. I 22 p. 97,27; 23 p. 99,11 H;

Victorin. rhet. I 12 p. 193,24 H; Sulp. Vict. 24 p. 325,15 f.; 62 p. 352,8 H: legum contrariarum status; Iul. Vict. 3,1 p. 376,25 H; Grill. § 17 p. 74,7; 75,4 M; contentio legum contrariarum: Aug. rhet. 11 p. 143,20 f. H.
⁶ Hermog. stat. 2 p. 41,13; 12 p. 90,6 ff. R; Quint. inst. III 6,46.88; VII 9,1; Aug. rhet. 11 p. 143,21 H; Iul. Vict. 3,11 p. 383,3 H.
⁷ Quint. inst. III 6,43.46; VII 9; Fortun. rhet. I 22 p. 97,27; 24 p. 99,18 H; Aug. rhet. 11 p. 143,21 H; Victorin. rhet. I 12 p. 193,24 H; Sulp. Vict. 24 p. 325,16 H; Iul. Vict. 3,1 p. 376,25; 3,11 p. 383,2 f. H; Grill. § 17 p. 74,8; 75,19 M; ambiguum: Auct. ad Herenn. I 11,19; 12,20; II 11,16; Cic. inv. I 13,17; II 40,116.
⁸ Hermog. stat. 2 p. 40,15; 11 p. 88,4 ff. R; Quint. inst. III 6,43.46.88; VII 8,1; Aug. rhet. 11 p. 143,22 H; Iul. Vict. 3,11 p. 383,3 H.
⁹ Quint. inst. VII 8; Fortun. rhet. I 22 p. 97,27; 25 p. 100,11 H; Victorin. rhet. I 12 p. 193,24 H; Sulp. Vict. 24 p. 325,16 H; Iul. Vict. 3,1 p. 376,25; 3,11 p. 383,3; 3,15 p. 384,26 und 4,11 p. 394,34 H: collectivus status; ebenso Fortun. rhet. I 25 p. 100,9 H; collectivum: Quint. inst. III 6,46.
¹⁰ Auct. ad Herenn. I 11,19; 13,23; II 12,18; Cic. inv. II 40,116; 50,148; Victorin. rhet. I 12 p. 193,25 H; Grill. § 17 p. 74,8; 76,23 M; ratiocinativum: Cic. inv. I 13,17; Quint. inst. III 6,46; ratiocinativus status: Quint. inst. III 6,43; VII 8,3.

Ebensoviele, wenn auch nicht in der gleichen Reihenfolge, nennen auch Augustinus[11] und Sulpitius Victor.[12] Alle anderen Rhetoren weichen von der Aufstellung des Hermagoras ab:

1. In der Zahl der στάσεις νομικαί. Der Auctor ad Herennium[13] rechnet zu den *constitutiones legitimae* außer den vier Hermagoreischen noch die *definitio* und die *translatio*. Die *definitio* steht auch bei Cicero[14] als fünfte *constitutio legalis*. Nach ihm richten sich auch seine Kommentatoren Victorinus[15] und Grillius,[16] der die *definitio legalis* als Erfindung Ciceros bezeichnet. Mit Berufung auf Cicero nimmt auch Fortunatian[17] die *definitio legalis* unter die *status legales* auf, dazu noch die *translatio*. Damit stellt er sich neben den Auctor ad Herennium. C. Iulius Victor[18] behandelt zwar die vier Hermagoreischen *status legales* zusammen, vorher aber, im Anschluß an die *translatio rationalis*, noch die *translatio legalis*.[19] Daß die *translatio* zu den *legales* gezählt wird, läßt sich daraus verstehen, daß es sich bei ihr auch um Gesetze handelt, aber doch nur insofern, als in ihr um die Rechtmäßigkeit der *actio* nach dem vom Kläger benannten Gesetz gestritten wird, während es in den *status legales* um die Auslegung eines Gesetzes geht. In der rationalen Definition sodann wird die Richtigkeit und die richtige Bezeichnung festgestellt, bei den *status legales* aber soll, weil ein Gesetzestext unklar ist, durch die Definition der Wille des Gesetzgebers ermittelt werden. Es handelt sich also lediglich um die äußere Gleichheit des Verfahrens; deshalb sagt auch Victorinus,[20] daß beide sich lediglich dadurch unterscheiden, daß im *status legalis* ein Wort oder Begriff eines Gesetzes geklärt werden muß, oder wie Grillius[21] es ausdrückt, daß ohne *scriptum* wohl auch die *rationalis*, nicht aber die *legalis* existieren kann. Auch Quintilian[22] ist der Meinung, daß eine und dieselbe *finitio* dem *status rationalis* wie dem *legalis* gemeinsam ist; die *translatio* aber zählt er dort, wo er von sich selber spricht, zu den *status legales*.[23] Antonius aber und seine Schüler haben nach der Angabe Quintilians[24] wie der Auctor ad Herennium die *definitio* und auch die *translatio* den *legales* zugerechnet. Von dem vierten Fall, der *ratiocinatio* schließlich, wollte Albutius nichts wissen.[25] Hermogenes ist wieder zu der Vierzahl des Hermagoras zurückgekehrt.

2. Die zweite wichtige Änderung besteht darin, daß Antonius den Unterschied zwischen *status legales* und *status rationales* aufhob und die beiden bis dahin selbständigen *status*, ὅρος und μετάληψις, zusammen mit den vier Hermagoreischen *status legales* als sechs Glieder der ποιότης νομική zwischen στοχασμός und δικαιολογία setzte. Nach Quintilian[26] hat diese Anordnung auch den Beifall des

---

[11] Aug. rhet. 11 p. 143,19ff. H.
[12] Sulp. Vict. 24 p. 325,15f. H.
[13] Auct. ad Herenn. I 11,19; 12,21f.
[14] Cic. inv. I 13,17 (definitivum); II 40,116; 51,153; orat. 14,45.
[15] Victorin. rhet. I 12 p. 193,25; II 51 p. 300, 13 f. H.
[16] Grill. § 17 p. 74,8.11; 78,1 M.
[17] Fortun. rhet. I 22 p. 97,27ff. H.
[18] Iul. Vict. 3,1 p. 376,24f.; 3,11 – 15 p. 383,1 – 385,31 H.
[19] Iul. Vict. 3,10 p. 382,22ff. H.
[20] Victorin. rhet. II 51 p. 300,14ff. H.
[21] Grill. § 17 p. 78,2ff. M.
[22] Quint. inst. III 6,89.
[23] Quint. inst. III 6,66.
[24] Quint. inst. III 6,46.
[25] Quint. inst. III 6,62.
[26] Quint. inst. III 6,45f.

Verginius Flavus gefunden, der in der Zeit Neros den angesehensten Platz unter den römischen Rhetoren eingenommen hat. Auch Cicero[27] hat einmal, wie später auch Hermogenes,[28] die *legales* als *species* der *qualitas* betrachtet. Dieser Übergang wurde erleichtert durch den Umstand, daß in der *qualitas*, wie im *status legalis*, die Tat in allen Punkten feststeht und es sich nur noch um die Frage *iure an iniuria* handelt.

3. Cicero[29] hat zu Beginn seiner rhetorischen Schriftstellerei den *legales* die Eigenschaft eines *status* abgesprochen und eine deutliche Trennungslinie zwischen ihnen und den *status* gezogen.

Bei den *status legales* handelt es sich nicht um die Gesetzlichkeit der Tat, sondern um die Auslegung einer nicht eindeutigen oder durch die Änderung der Verhältnisse unhaltbar gewordenen gesetzlichen Bestimmung. Es geht also darum, durch Interpretation den Willen des Gesetzgebers nach den Grundsätzen der Billigkeit zu erkennen und mit den gegebenen Verhältnissen in Einklang zu bringen oder für den vorliegenden, gesetzlich noch nicht erfaßten und festgelegten Fall nach Analogie anderer Gesetzesbestimmungen eine Lösung zu finden. Die richterliche Beurteilung des Falles kann dann erst nach einer der vier στάσεις λογικαί gewonnen werden. Unter ‚Gesetz' ist aber nicht nur eine mit diesem Wort bezeichnete gesetzliche Bestimmung zu verstehen, es müssen vielmehr unter dem Begriff ‚Gesetz' auch Verträge privater Art, Testamente, Beschlüsse, selbst Briefe verstanden werden, überhaupt alles, was irgendwie mit einer vertraglichen Bindung, geschrieben oder nicht, zusammenhängt.[30] Die Streitfrage kann sich auf eine oder mehrere derartige Bestimmungen beziehen, und je nachdem kann das ῥητόν einfach oder mehrfach sein. Das ist der Fall, wenn es sich in zwei Teile zerlegen läßt und jeder der Kontrahenten einen davon verficht.[31] Die Vielzahl der Gesetze und ihre verschiedene Art bringt es mit sich, daß es mehrere Arten des *status legalis* gibt. Bald verteidigen wir den Wortlaut des Gesetzes, bald suchen wir die Absicht des Gesetzgebers festzulegen und sie zur Grundlage unseres Urteils zu machen, bald suchen wir, da wir kein unmittelbar unseren Fall behandelndes Gesetz haben, ein anderes, das sich auf den besonderen Fall beziehen ließe, bald ziehen wir andere zum Vergleich heran oder erklären den Wortlaut in anderer als der gewohnten Weise. So entstehen die oben genannten vier Fälle.[32]

1. Scriptum et voluntas

Der erste Fall, zugleich der in der römischen Gerichtspraxis am häufigsten vorkommende, ist die στάσις κατὰ ῥητὸν καὶ ὑπεξαίρεσιν, *scripti et voluntatis quaestio*.[33] Sie liegt vor, wenn sich der Wortlaut des Gesetzes, ῥητόν, und der Wille des Gesetz-

---

[27] Cic. de orat. II 26,112; part. 31,107.

[28] Hermog. stat. 2 p. 37,17 ff. R.

[29] Cic. inv. I 13,17: eius autem genera, quae separata sunt a constitutionibus, quinque sunt; II 39,115: ac de constitutionibus quidem satis dictum est: nunc de iis controversiis, quae in scripto versantur, dicendum videtur.

[30] Hermog. stat. 2 p. 39,23 f. R; Cic. part. 31,107; Quint. inst. VII 5,6; 7,10; Victorin. rhet. I 12 p. 193,20 f. H.

[31] Hermog. stat. 2 p. 40,3 ff. R.

[32] Quint. inst. III 6,8 f.

[33] Quint. inst. VII 6,1.

Die gerichtliche Beredsamkeit

gebers, διάνοια, zu widersprechen scheinen. Quintilian[34] teilt die Fälle des *dictum* ein in das *dictum ex iure obscuro* und das *dictum ex iure manifesto*.

a) Zur ersten Art gehören die Fälle, bei denen sowohl das *scriptum* wie auch die *voluntas* dunkel sind und jede der beiden Parteien ihre eigene Interpretation verficht und die der anderen Seite bekämpft. Als Beispiel dient hier der Fall, daß zwei Diebe zusammen zehntausend Sesterzien gestohlen haben. Das Gesetz bestimmt, daß ein Dieb das Vierfache der gestohlenen Summe zahlen muß. Es werden nun von jedem Dieb 40000 Sesterzien verlangt, jeder will aber nur 20000 Sesterzien zahlen. Beide Parteien stützen sich auf die *voluntas* des Gesetzgebers. Ein anderes Beispiel illustriert den Fall, daß ein Sohn, nach dessen Geburt die Mutter eine Dirne wurde, am Sprechen bei einer Volksversammlung gehindert wurde, weil das Gesetz verbietet, daß der Sohn einer Dirne vor der Volksversammlung spreche. Handelt es sich um den Sohn einer Dirne, ist alles klar. Wie aber, wenn die Mutter erst nach der Geburt des Kindes zur Dirne wurde? Ein drittes Beispiel für das *ex iure obscuro* hat zur Grundlage den Gesetzestext: *bis de eadem re ne sit actio*. Hier entsteht die Frage, ob es sich darum handelt, daß nicht in einer und derselben Sache zweimal verhandelt wird, oder ob verboten werden soll, daß ein und derselbe Kläger in der gleichen Sache zweimal die Klage erheben darf.[35]

b) Für den Fall *ex iure manifesto* gibt Quintilian drei Möglichkeiten: Zum ersten ist es klar, daß man eine Bestimmung nicht immer anwenden kann, z. B. wenn das Gesetz lautet, daß *liberi*, die ihre Eltern nicht ernähren, gefesselt werden sollen. Da ist aber ohne weiteres ersichtlich, daß *infantes* nicht unter das Gesetz fallen. Als zweites Beispiel dieser Art bringt Quintilian einen Fall, bei dem sich nur aus der in Frage stehenden Tat selbst ein Argument ergibt: Im Gesetz steht geschrieben, daß ein Fremder, der die Mauer besteigt, mit dem Tode bestraft wird. Als die Feinde die Mauer besetzt hatten, bestieg ein Fremder die Mauer und vertrieb die Feinde. Die Todesstrafe wird für ihn verlangt. Diesen Fall hatte der Gesetzgeber offenbar nicht vorgesehen, jedenfalls hätte er nicht die Todesstrafe statt einer Belohnung angeordnet. Man wird in diesem Falle keinen schlagenderen Beweis vorbringen können gegen das *scriptum* als die Tat selbst. Einen dritten Fall haben wir vor uns, wenn etwas in den Worten des Gesetzes selbst die Absicht des Gesetzgebers enthüllen kann, z. B. wer des Nachts mit einem Eisen ertappt wird, soll ins Gefängnis kommen. Ein Mann mit einem eisernen Ring wird angetroffen und ins Gefängnis geworfen. Hier scheint das Wort ‚ertappt' (*deprensus*) klar anzuzeigen, daß nur ein schädliches Eisen gemeint sein kann.[36]

In Testamenten kommt es auch vor, daß die Absicht des Testamentars klar ist, aber nichts davon im Testament steht. Dafür bringt Quintilian[37] ein historisches Beispiel, das auch von Cicero mehrfach erwähnt wird: M. Coponius, dessen Frau zur Zeit seines Todes schwanger schien, bestimmte in seinem Testamente, daß sein Erbe sein etwa nachgeborener Sohn sein solle; falls dieser aber sterbe, bevor er rechtsfähig sei,

---

[34] Quint. inst. VII 6,4.
[35] Quint. inst. VII 6,2–4.
[36] Quint. inst. VII 6,5–8.
[37] Quint. inst. VII 6,9f.; vgl. Cic. de orat. I 39,180.

solle Curius Erbe sein. Es kam aber gar kein Sohn zur Welt. Curius trat nun das Erbe an, die Verwandtschaft aber bestritt, daß das Testament in Betracht käme, weil die darin vorgesehene Bedingung der Geburt eines Sohnes nicht eingetreten sei. L. Crassus aber obsiegte als Sachwalter mit der Interpretation, es sei in der *voluntas* des Erblassers gelegen, daß, wer nach dem Tode eines etwaigen Sohnes Erbe gewesen wäre, es auch sei, nachdem der Sohn gar nicht geboren worden sei. Quintilian[38] berichtet noch von einem zweiten hierher gehörigen selbst erlebten Fall: Jemand hatte in seinem Testament ein Vermächtnis von 5000 Sesterzien eingesetzt; als er nachträglich eine Korrektur vornahm, tilgte er das Wort ‚Sesterzien' und setzte dafür die Worte ‚Pfund Silbers' ein, die Worte ‚fünftausend' blieben versehentlich stehen. Es war klar, daß das neue Ergebnis nicht dem Willen des Erblassers entsprach, weil die Summe von 5000 Pfund Silbers ungewöhnlich und unglaublich erschien. Hier war also zwar ein *scriptum* da, aber die *voluntas* mußte erst erschlossen werden.

2. Leges contrariae

Der zweite *status legalis*, die ἀντινομία, *leges contrariae*, liegt vor, wenn zwischen zwei oder mehreren Gesetzen oder auch zwischen Teilen eines einzigen Gesetzes ein Widerspruch besteht, wenn also ein Gesetz befiehlt oder erlaubt, das andere verbietet. Selbstverständlich kann es kein Widerspruch des Rechtes sein, weil ja damit das eine Gesetz das andere aufheben würde. Quintilian[39] sieht in der ἀντινομία zwei *status scripti et voluntatis*; auch Hermogenes[40] ist dieser Ansicht.

Quintilian[41] ist der Meinung, daß der *status legum controversiarum* auch gegeben sei, wenn zwei gleichartige Gesetze gegeneinander stehen, z.B. das Gesetz über die dem Tyrannenmörder wie das über die dem tapferen Mann zugestandene Erfüllung eines Wunsches. Hier stehen aber nicht zwei Gesetze gegeneinander, sondern höchstens zwei Personen, wenn nur einer von ihnen die Belohnung erhalten könnte.[42] Ähnlich ist es auch mit dem Beispiel des entführten Mädchens, das entweder den Tod des Entführers oder die Ehe mit ihm ohne Aussteuer verlangen kann.[43] Nun hat aber derselbe Mann in der gleichen Nacht zwei Mädchen entführt, von denen das eine den Tod des Entführers, das andere die Heirat mit ihm fordert. Hier besteht ja auch nicht ein Widerspruch zwischen zwei Gesetzen, sondern zwischen zwei Frauen. Trotzdem aber halten Quintilian und C. Iulius Victor[44] die ἀντινομία für gegeben. Auch die zwei Teile des Gesetzes, das uneheliche, vor dem ehelichen geborene Kind solle legitim sein, das nach dem ehelichen geborene aber nur die Bürgerqualität besitzen,

---

[38] Quint. inst. VII 6,11.
[39] Quint. inst. VII 7,1.
[40] Hermog. stat. 2 p. 41,2ff. R.
[41] Quint. inst. VII 7,2.
[42] Bei Cic. inv. II 49,144 ist die eigene Gattin die Mörderin des Tyrannen. Nach seinem Tode müßten gemäß dem Gesetz auch die fünf nächsten Blutsverwandten getötet werden. Nach dem Gesetz, daß der Magistrat dem Tyrannenmörder eine Bitte gewähren muß, bittet nun die Frau um das Leben des Tyrannensohnes. Cicero bemerkt dazu: sunt qui ex lege occidi puerum dicant oportere. res in iudicio est.

[43] Quint. inst. VII 7,3; Victorin. rhet. II 49 p. 297,39ff. H; Iul. Vict. 3,13 p. 383,32ff. H.
[44] Iul. Vict. 3,13 p. 383,30f.; 34f. H; Quint. inst. VII 7,2f.: colliduntur autem aut pares inter se ... aut secum ipsae, ut duorum fortium ... duarum raptarum.

können nicht als *leges contrariae* betrachtet werden. Quintilian[45] unterscheidet noch drei Arten von Gesetzen, die gegeneinander stehen können: *diversae, similes* und *impares*. Eine *lex diversa* ist gegeben, wenn man auch ohne die Anwendung der *lex contraria* Gründe zur Verteidigung vorbringen kann. Es gibt z.B. ein Gesetz, nach dem ein Magistrat die Burg nicht verlassen darf; wenn er sich dagegen vergangen hat, soll er verurteilt werden. Ein tapferer Mann aber tritt nach einem Gesetz, daß ihm eine Bitte gewährt werden muß, für Straflosigkeit ein. Es kann hier jedoch auch ohne die *lex contraria* manches für den Magistrat vorgebracht werden, z.B. daß auf der Burg ein Brand ausgebrochen war oder daß der Magistrat zum Kampf gegen den Feind ausrücken mußte; aber auch der tapfere Mann muß sich fragen, ob er alles, was er wünschen mag, auch wirklich annehmen darf. Im übrigen gehört dieser Fall eher in die *deprecatio* der *qualitas iuridicialis adsumptiva*. Für die *leges similes* wird als Beispiel ein Gesetz gegeben, daß der Tyrannenmörder ein Standbild im Gymnasium erhalten solle; ein anderes Gesetz besagt, daß kein Standbild einer Frau im Gymnasium aufgestellt werden dürfe. Wie aber, wenn eine Frau den Tyrannen getötet hat? Für die *leges impares* soll das Beispiel gelten: Ein tapferer Mann verwendet sich, wieder nach dem Gesetze, daß ihm ein Wunsch erfüllt werden muß, für die Straflosigkeit eines Deserteurs. *Impares* sollen die beiden Gesetze sein, weil manches eingewendet werden kann gegen das Gesetz, gegen den Deserteur aber nur das Eintreten des tapferen Mannes.

Cicero[46] gibt auch Richtlinien für die Behandlung dieses *status legalis*. Danach ist zu überlegen:

a) Welches Gesetz sich *ad res maiores* bezieht, d.h. auf *res utiliores, honestiores* und *magis necessarias*.

b) Welches Gesetz später gegeben ist, weil das letzte gewöhnlich das schwerwiegendste ist.

c) Welches Gesetz befiehlt, welches nur erlaubt; das Gesetz, das befiehlt, muß befolgt werden, das erlaubt, erhebt nur Anspruch auf freiwillige Befolgung.

d) Welches Gesetz für Nichtbefolgung eine Strafe und welches Gesetz dabei die höhere Strafe androht; denn das Gesetz, dessen Beachtung am wichtigsten erscheint, muß zuerst beachtet werden.

e) Welches Gesetz befiehlt und welches verbietet; denn oftmals scheint das verbietende durch eine Klausel das befehlende zu verbessern.

f) Welches Gesetz für die ganze Gattung und welches nur für einen Teil gilt, welches für mehrere Fälle und welches nur für einen bestimmten Fall geschrieben ist; denn das letzte scheint mehr an die Sache heranzukommen und sich mehr auf das Urteil zu beziehen.

g) Ob man auf Grund eines Gesetzes sofort handeln muß und ob es eine Verzögerung und einen Aufschub gestattet; denn was sofort zu tun befohlen wird, muß auch zuerst ausgeführt werden.

---

[45] Quint. inst. VII 7,4–6.
[46] Cic. inv. II 49,145–147; Quint. inst. VII 7,7–9; Victorin. rhet. II 49 p. 298,13 ff. H; Iul. Vict. 4,9 p. 393,35 ff. H; Grill § 17 p. 75,15 f. M.

h) Man muß darauf hinarbeiten, daß die eigene *lex* sich auf das *scriptum* zu stützen scheint, die gegnerische aber erst durch das *ambiguum* oder die *ratiocinatio* oder die *definitio* erreicht, daß das klarere *scriptum* verpflichtender und stärker zu sein scheint.

i) Man muß zu dem eigenen Gesetz auch das Urteil hinzufügen, das Gesetz des Gegners aber zu einer anderen Entscheidung hinführen, so daß beide sich nach Möglichkeit nicht zu widersprechen scheinen.

k) Man muß, wenn möglich, bewirken, daß nach der eigenen Auffassung beide Gesetze als beachtet erscheinen, nach der Auffassung der Gegner aber das eine notwendigerweise außer acht bleiben muß.

Fortunatian[47] fügt noch hinzu, daß man darauf achten müsse, a) welche Gesetze sich auf den Staat und welche auf private Angelegenheiten, b) welche sich auf die Götter bezögen.

3. *Ambiguitas*

Das *ambiguum* tritt ein, wenn die Meinung des Schreibers im Dunkel liegt, weil das Geschriebene zwei oder mehrere Dinge bedeuten kann, und zwar, wenn die einzelnen Worte oder auch Wortverbindungen mehrdeutig sind. Mehrdeutigkeit einzelner Worte liegt z. B. vor bei dem Worte *gallus*, das den Vogel, den Gallier und den Gallus, d. h. den Verschnittenen im Dienst der Dea Syra bedeuten kann,[48] oder wenn ein Wort in seiner Gesamtheit eine andere Bedeutung hat als in Silben zerlegt.[49] Silbentrennung und Akzentverschiebung spielen im Griechischen eine Rolle. Wenn zwei Söhne vorhanden sind, Leon und Pantaleon, macht es einen Unterschied, ob Leon und Pantaleon erben oder πάντα Λέων.[50] Ebenso ist es von Bedeutung, ob eine αὐλὴ τρίς zu Boden fällt und deshalb Staatseigentum wird oder eine αὐλητρίς;[51] ferner ob es für den Fall, daß eine Hetäre Goldschmuck trägt, im Gesetz heißt δημόσια ἔστω oder δημοσία ἔστω, weil das Proparoxytonon den Goldschmuck, das Paroxytonon aber die Hetäre selbst zum Staatseigentum macht.[52] Diese *ambiguitas* kommt natürlich auch im Lateinischen vor: es ist z. B. ein Unterschied zwischen *ingenua* und *in genua*, und ebenso, ob im Testamente eines Mannes gelesen wird, er wolle *inculto loco* oder *in culto loco* beerdigt sein.[53] Häufiger ist die *ambiguitas* in Wortverbindungen. Bei der Bestimmung in einem Testament *poni statuam auream hastam tenentem*, ist unklar, ob die Statue oder die Lanze von Gold sein soll;[54] ebenso bleibt in dem Satze des Testamentes *heres meus uxori meae dare damnas esto argenti, quod elegerit, pondo centum* im Dunkel, wer als Subjekt zu *elegerit* zu denken ist.[55]

Doch wie die Amphibolie zustande kommt und wie sie aufgelöst werden kann ist nach Quintilian[56] bedeutungslos. Sicher werden zwei Interpretationen als möglich gelten müssen, und nach beiden Seiten zu disputieren, ist in gleicher Weise gegeben.

---

[47] Fortun. rhet. II 10 p. 108,3 ff. H.
[48] Quint. inst. VII 9,2.
[49] Quint. inst. VII 9,4 f.
[50] Hermog. stat. 2 p. 41,20 ff. R; Quint. inst. VII 9,6.
[51] Quint. inst. VII 9,4.
[52] Hermog. stat. 2 p. 41,16 ff. R.
[53] Quint. inst. VII 9,4 f.
[54] Quint. inst. VII 9,8.
[55] Quint. inst. VII 9,9; Victorin. rhet. II 39 p. 290,23; 291,11 ff. H.
[56] Quint. inst. VII 9,14 f.

Die einzige wirkliche Frage in der Amphibolie ist die Frage, welcher Sinn der naturgemäßere ist, wenigstens manchmal, immer aber, was mehr der Billigkeit und welche Interpretation am meisten der Art des Verfassers entspricht.

4. Syllogismus

Der Syllogismus entsteht, wenn für einen Fall, der in keinem Gesetz vorgesehen ist, aus einer anderen anerkannten Gesetzesbestimmung durch Analogieschluß eine Lösung gesucht wird. Quintilian[57] sieht im Syllogismus eine gewisse Ähnlichkeit mit dem *scriptum et voluntas*, weil die eine Partei bei beiden sich immer mit dem *scriptum* beschäftigt, mit dem Unterschied allerdings, daß beim *scriptum et voluntas* gegen das *scriptum* im Interesse der *voluntas* gesprochen wird, während im Syllogismus die Tragweite des *scriptum* ausgedehnt wird. Er glaubt auch, daß eine Beziehung zwischen dem Syllogismus und der *definitio* bestehe und will das durch das Beispiel einer von ihrem Manne häufig geschlagenen Frau erklären, die ihm einen Liebestrank gibt und ihn dann verläßt. Der Mann tötet sich dann selbst durch Erhängen, die Frau aber wird wegen Giftmordes, auf den der Tod steht, angeklagt. Hier ist offenbar durch Definition der Liebestrank als ein Gift erklärt worden, der Syllogismus aber zieht nur aus der Ähnlichkeit des Liebestrankes mit einem Gifttrank den Analogieschluß, daß die Frau die gleiche Strafe erdulden soll wie eine Giftmörderin. Eine Beziehung zwischen dem Syllogismus und der *definitio* könnte nur dann zustande kommen, wenn der Kläger mit seiner starken, durch Definition gewonnenen Behauptung nicht durchkäme und sie dann durch die mildere Form des Syllogismus ersetzte: Die Frau verdient dieselbe Strafe wie eine Giftmörderin.

Quintilian hat auch versucht, die einzelnen *species* des Syllogismus aufzuzeigen. Er unterscheidet:

a) *an quod semel ius est, idem et saepius*,[58] wofür er den Fall der Ehebrecherin als Beispiel anführt, die nach dem Gesetz vom Felsen gestürzt wird, den Sturz aber lebend übersteht und nun zum zweiten Male hinabgeworfen wird, weil das Gesetz vorschreibt, daß eine Ehebrecherin vom Felsen hinabgestürzt werden soll.

b) *an quod in uno, et in pluribus*,[59] mit dem Beispiel, daß jemand zwei Belohnungen verlangt, weil er zu gleicher Zeit zwei Tyrannen getötet habe, das Gesetz aber nur von einem Tyrannen spricht.

c) *an quod ante, et postea*.[60] Im Beispiel des Mädchenräubers flüchtet der Räuber, kehrt aber später wieder zurück, als das Mädchen geheiratet hatte. Dieses verlangt nun die nach dem Gesetze gegen Mädchenraub zugesagte freie Wahl zwischen dem Tod des Übeltäters oder undotierter Heirat, hier also den Tod.

d) *an quod in toto, idem in parte*.[61] Nach dem Gesetz ist es verboten, einen Pflug als Pfand anzunehmen. Gilt das Gesetz auch nur für die Pflugschar?

---

[57] Quint. inst. VII 8,1 f.
[58] Quint. inst. VII 8,3; Iul. Vict. 3,15 p. 384, 29 ff. H.
[59] Quint. inst. VII 8,3; Iul. Vict. 3,15 p. 384, 31 ff. H.
[60] Quint. inst. VII 8,4; Iul. Vict. 3,15 p. 384, 33 ff. H.
[61] Quint. inst. VII 8,4.

e) *an quod in parte, idem in toto*.⁶² In Tarent war es verboten, Wolle zu exportieren. Läßt sich das Gesetz aber auch anwenden, wenn jemand gleich ganze Schafe ausgeführt hat?

In allen diesen Fällen konnte man sich noch auf ein Gesetz berufen. Es gibt aber auch Fälle, wo dies nicht möglich ist und man ein ähnliches Gesetz heranziehen muß. Wenn z. B. jemand seine Mutter getötet hat, wofür kein bestimmtes Gesetz eine Strafe bestimmt, darf man darauf verweisen, daß ein Gesetz bestimmt, daß der Vatermörder in einen Sack gesteckt werden soll und für den Parallelfall des Muttermörders das Gleiche verlangen.⁶³ Neben diesem Syllogismus *a simili* nennen die Rhetoren noch:

a) *a consequenti*:⁶⁴ Nach dem Gesetz ist es erlaubt, den Ehebrecher zu blenden. Ein Reicher wird beim Ehebruch ertappt und geblendet, läßt sich aber jetzt durch einen Parasiten zur Ehebrecherin führen. Der Ehemann blendet jetzt den Parasiten, weil der Ehebrecher durch dessen Augen zu der Ehebrecherin geführt wurde.

b) *a contrario*:⁶⁵ Aus dem Gesetz, daß der Deserteur mit dem Tode bestraft werden soll, wird geschlossen, daß einem tapferen Manne eine Belohnung zukomme.

c) *a maiore ad minus*:⁶⁶ Wenn das Gesetz einen Verbannten innerhalb der Landesgrenzen zu töten erlaubt, muß es auch erlaubt sein, ihn nur zu peitschen.

d) *a minore ad maius*:⁶⁷ Wenn man den einfachen Dieb peitschen darf, muß es auch erlaubt sein, den Räuber zu töten; oder wenn das Gesetz bestimmt, einen Soldaten, der seinen Kameraden gerettet hat, mit dem Kranze auszuzeichnen, muß es erst recht angebracht sein, jenem den Kranz zu verleihen, der seinen Feldherrn gerettet hat.⁶⁸

Das sind die Fälle, die Fortunatian aufzählt. Mit ihm deckt sich Grillius. Bei C. Iulius Victor fehlt *a consequenti*; Hermogenes⁶⁹ nennt ἀπὸ τοῦ ἴσου, ἀπὸ τοῦ μείζονος, ἀπὸ τοῦ ἐναντίου, ἀπὸ τοῦ ἐλάττονος. Ausschlaggebend aber muß immer die Billigkeit sein.

III. Die Teile der Gerichtsrede

Die erste Nachricht von einer Gliederung der Rede ist mit dem Auftreten der Sizilier Korax und Teisias verknüpft, die gemeinhin als die Begründer der antiken Beredsamkeit angesehen werden. Als solche hat sie, oder wenigstens einen von ihnen, zuerst

---

⁶² Quint. inst. VII 8,4; Iul. Vict. 3,15 p. 385, 1,ff. H.

⁶³ Quint. inst. VII 8,6; Fortun. rhet. I 25 p. 100,13 f. H; Iul.Vict. 3,15 p. 385,3 f. H; Grill. § 17 p. 76,25 ff. M.

⁶⁴ Fortun. rhet. I 25 p. 100,15 ff. H; Grill. § 17 p. 77,1 ff. M.

⁶⁵ Fortun. rhet. I 25 p. 100,21 f. H; Iul. Vict. 3,15 p. 385,4 f. H; Grill. § 17 p. 77,6 ff. M.

⁶⁶ Fortun. rhet. I 25 p. 100,23 ff. H; Iul. Vict. 3,15 p. 385,5 f. H; Grill. § 17 p. 77, 9 ff. M.

⁶⁷ Fortun. rhet. I 25 p. 100,26 H; Iul. Vict. 3,15 p. 385,6 f. H; Grill. § 17 p. 77,14 ff. M.

⁶⁸ Fortun. rhet. I 25 p. 100,11 f. H; Grill. § 17 p. 76,24 f. M.

⁶⁹ Hermog. stat. 11 p. 89,16 ff. R.

Die gerichtliche Beredsamkeit 53

Aristoteles[1] bezeichnet und in seiner συναγωγὴ τεχνῶν an die Spitze gestellt.[2] Vorher aber hatte er in seinem Σοφιστής erklärt, Ἐμπεδοκλέα πρῶτον ῥητορικὴν κεκινηκέναι.[3] Diogenes Laertios[4] hat behauptet, er habe ihn zum Erfinder der Beredsamkeit gemacht. Wir hören von seinen Bemühungen um die Beredsamkeit nur, daß er in der λέξις neue Wege eingeschlagen und, wie dann später auch Gorgias, die Sprache der Dichter auch für die Prosa verwendet habe.[5] Eine τέχνη aber hat er sicher nicht geschrieben, und von Versuchen, die Einteilung der Rede festzulegen, erfahren wir auch nichts, wohl aber wird uns berichtet, daß Korax oder Teisias oder auch beide eine rhetorische τέχνη geschrieben hätten.[6]

Cicero,[7] mit Berufung auf Aristoteles, und die Walzscholien[8] geben in gleicher Weise als Anlaß dieser Leistung des Korax die politischen Veränderungen an, die durch den Sturz der Könige Gelon und Hieron I. von Syrakus eingetreten waren. Nur schiebt Cicero zivilrechtliche Streitigkeiten in den Vordergrund, nach den Walzscholien aber soll Korax, der als παραδυναστεύων[9] bezeichnet wird, die praktische Aufgabe übernommen haben, durch die schon vorher erprobte Macht seiner Rede[10] beim Tyrannen das aufgewiegelte Volk wieder zu Ruhe und Ordnung zurückzuführen,[11] was in der stürmischen Zeit nach dem Umsturz auch angebrachter und deshalb auch wahrscheinlicher erscheint als die Durchführung von Zivilprozessen.[12]

---

[1] Korax wird allein erwähnt: Anaxim. rhet. 1421b 3; Arist. rhet. II 24,1402a 18; Teisias steht allein: Arist. SE 34,183b 31f.; Plat. Phaidr. 267a; Cic. inv. II 2,6; Mart. Cap. rhet. 3 (434) p. 453,5 H; beide zusammen: Cic. Brut. 12,46; Quint. inst. II 17,7; III 1,8.

[2] Cic. Brut. 12,46; inv. II 2,6; vgl. A.E. Douglas, The Aristotelian Συναγωγὴ τεχνῶν after Cicero, Brut. 46 – 48, Latomus 14 (1955) S. 536 – 539; Doxopat. prol. (Rhet. Gr VI p. 12,14 W) = P.S. 4 p. 25,11 R; homil. in Aphth. (Rhet. Gr. II p. 140,12f. W) = P.S. 9 p. 150,13f. R: Κόρακα, ὅστις τὰ τῆς ῥητορικῆς ἔργα εἰς φῶς προήγαγε· vgl. St. Wilcox, Corax and the Prolegomena, AJPh 64 (1943) S. 1–23.

[3] Sext. Emp. adv. math. VII 6; Quint. inst. III 1,8.

[4] Diog. Laert. VIII 57: Ἀριστοτέλης δ' ἐν τῷ Σοφιστῇ φησι πρῶτον Ἐμπεδοκλέα ῥητορικὴν εὑρεῖν.

[5] Diog. Laert. VIII 57: ἐν δὲ τῷ Περὶ ποιητῶν φησι (Ἀριστοτέλης) ὅτι καὶ Ὁμηρικὸς ὁ Ἐμπεδοκλῆς καὶ δεινὸς περὶ τὴν φράσιν γέγονεν, μεταφορητικός τε ὢν καὶ τοῖς ἄλλοις τοῖς περὶ ποιητικὴν ἐπιτεύγμασι χρώμενος.

[6] Cic. Brut. 12,46: itaque ait Aristoteles ... artem et praecepta Siculos Coracem et Tisiam conscripsisse; Quint. inst. III 1,8: artium scriptores antiquissimi Corax et Tisias Siculi; Max. Plan. prol. (Rhet. Gr. V 215,19ff. W) = P.S. 7 p. 67,3ff. R; Rhet. Gr. VII 6,6ff. W = P.S. 13 p. 189,13ff. R.

[7] Cic. Brut. 12,46: cum sublatis in Sicilia tyrannis res privatae longo intervallo iudiciis repeterentur.

[8] Chr. Walz, Rhetores Graeci vol. I – IX, Stuttgart – Tübingen 1832 – 1836; H. Rabe, Prolegomenon Sylloge, Leipzig 1931 (Rhetores Graeci vol. XIV).

[9] Troil. prol. (Rhet. Gr. VI p. 48,27f. W) = P.S. 5 p. 52,5 R; Prol. in Hermog. (Rhet. Gr. IV p. 11,14 W) = P.S. 17 p. 269,21 R.

[10] Troil. prol. (Rhet. Gr. VI p. 48,29ff. W) = P.S. 5 p. 52,7ff. R: ἑώρα γάρ, ὡς οὐ δύναται πείθειν ἅπαντα τὸν δῆμον καθάπερ ἕνα τῶν τυράννων, ἐμηχανᾶτο τὰ προοίμια.

[11] Doxopat. prol. (Rhet. Gr. VI p. 13,2ff. W) = P.S. 4 p. 25,17ff. R: ἤρξατο λόγοις πρότερον θεραπευτικοῖς καὶ κολακευτικοῖς τὴν ἐκκλησίαν καὶ τὸ θορυβῶδες καταπραῦναι τοῦ δήμου; homil. in Aphth. (Rhet. Gr. II p. 119, 16ff. W) = P.S. 9 p. 126,5ff. R: Κόρακα (φασίν) ἄρτι τὸν δῆμον ἐκ τῆς ἀγρίου τυραννίδος ἐκείνης παραλαβόντα καὶ συγκεχυμένον εὑρόντα, καὶ ἵνα μὲν τὸ θορυβοῦν παύσῃ καὶ πείσῃ προσέχειν, τοὺς τῶν προοιμίων τύπους ἐπινοήσαντα.

[12] Gegen die beratende Beredsamkeit als die von Korax zuerst geübte Kunst sprechen sich aus: A. Gercke, Die alte τέχνη ῥητορική und ihre Gegner, Hermes 32 (1897) S. 344; P. Hamberger, Die rednerische Disposition in der alten τέχνη ῥητορική, Rhetorische Studien, Heft 2, Paderborn 1914, S. 36f.; dazu J. Tolkiehn,

Keiner der Scholiasten sagt auch etwas von seiner Tätigkeit als Gerichtsredner, nur die symbuleutische Beredsamkeit erscheint als das Gebiet des Korax; er wird sogar der Erfinder der symbuleutischen Rede genannt.[13] Als Ratgeber hatte er schon den Königen gedient, jetzt aber galt es, eine der Zeitlage angemessene Methode für diese Bemühungen um das Volk zu finden, das erst beruhigt und gewonnen werden mußte.

Mit dieser seiner Tätigkeit haben nun die Rhetoren auch Nachrichten über die von Korax erfundene und durchgeführte Gliederung der Rede verbunden, so als ob sie das wesentlich Neue seiner Kunst ausmachte. Aber es wird sofort offenbar, daß es sich dabei nicht um die Gliederung der symbuleutischen Rede handelt, sondern um die Gerichtsrede.[14] Das geschieht auf die Art, daß kein Übergang von der symbuleutischen zur Gerichtsrede erkennbar gemacht wird, so als ob die Gliederung eine Folge seiner beratenden Tätigkeit wäre. Daß Korax einmal seine in der beratenden Rede erprobte Kunst auch bei gerichtlichen Auseinandersetzungen gebrauchte, wäre nicht weiter auffällig;[15] daß er es wirklich tat, beweist der Umstand, daß man ihn auch den Erfinder des εἰκός nannte,[16] eines Beweisverfahrens, das, wenn es auch in der symbuleutischen Beredsamkeit gelegentlich vorkommen kann, doch eigentlich nur für die Gerichtsrede erfunden ist. Die Walzscholien geben nun für diese dem Korax zugeschriebene Gliederung der Gerichtsrede aber Nachrichten, die sehr weit voneinander abweichen. So zählt Troilos[17] acht Stufen der Einteilung auf:

1. Das προοίμιον zur Gewinnung des Wohlwollens der Richter.
2. Die προκατασκευή zur Beseitigung einer αἰτία λυποῦσα.
3. Die προκατάστασις, d. h. die Einleitung der folgenden schlichten Darstellung der Geschehnisse, die in der κατάστασις folgt.

WklPh 32 (1915) S. 897; K. Aulitzky, RE XI, 2 (1922) Sp. 1379 s. v. Korax Nr. 3.

[13] Sopat. in Hermog. (Rhet. Gr. V p. 6,20ff. W); Doxopat. homil. in Aphth. (Rhet. Gr. II p. 140,14ff. W) = P.S. 9 p. 150,15ff. R.

[14] Troil. prol. (Rhet. Gr. VI p. 49,5ff. W) = P.S. 5 p. 52,12ff. R: τὴν δὲ κατάστασιν ψιλὴν τῶν πραχθέντων ἔκθεσιν, τοὺς δὲ ἀγῶνας ἀπόδειξιν καὶ πίστιν τῶν ψιλῶς διηγηθέντων, εἶτα τὴν παρέκθεσιν ἀπόδειξιν οὖσαν τοῦ κρινομένου βίου· ἐσκόπει γάρ, ὡς ἐπὶ ἑνὶ καὶ μόνῳ ἐγκλήματι ποιήσασθαι τὴν κατηγορίαν ὁ φεύγων ἀπολυθήσεται, καὶ διὰ τοῦτο τὴν παρέκβασιν ἐπενόησε, τοὺς δ' ἐπιλόγους ἀνακεφαλαίωσιν τῶν εἰρημένων διὰ τοῦτο ὡς εἰκὸς τοὺς δικαστὰς πολλὰ ἀκούσαντας εἰς λήθην ἐλθεῖν.

[15] Sein Schüler Teisias soll für andere gerichtliche Reden geschrieben haben, wie Paus. VI 17,8 berichtet. Die Geschichte vom Rechtsstreit des Korax mit seinem Schüler Teisias aber darf nicht in diesem Sinne verwendet werden; die Fabel wird auch von anderen erzählt und ist erst in nachchristlicher Zeit entstanden; vgl. J. Geffcken, Griechische Literaturgeschichte I, Heidelberg 1926, S. 315, Anm. 179.

[16] Arist. rhet. II 24,1402a 17f.: ἔστι δ' ἐκ τούτου τοῦ τόπου (= τοῦ εἰκότος) ἡ Κόρακος τέχνη συγκειμένη. Plat. Phaidr. 267a: Τεισίαν δὲ Γοργίαν τε ἐάσομεν εὕδειν, οἳ πρὸ τῶν ἀληθῶν τὰ εἰκότα εἶδον ὡς τιμητέα μᾶλλον, τά τε αὖ σμικρὰ μεγάλα καὶ τὰ μεγάλα σμικρὰ φαίνεσθαι ποιοῦσιν διὰ ῥώμην λόγου.

[17] Troil. prol. (Rhet. Gr. VI p. 49,1ff. W) = P.S. 5 p. 52,8ff. R; E. Drerup führt bei P. Hamberger, a.a.O. S. 26ff., diese Gliederung auf die Nachricht des Aristoteles zurück und hält alle anderen für erfunden; für sie entscheiden sich auch P. Hamberger, a.a.O. S. 34 (der unter Gleichsetzung von παρέκθεσις und παρέκβασις sieben Teile der Gerichtsrede annimmt; Hinweis von Herrn J. Hopp, München) und D.A.G. Hinks, Tisias and Corax and the Invention of Rhetorik, ClQuart 34 (1940) S. 61–69; ablehnend verhalten sich: J.K. Schönberger, LZbl. 67 (1916) S. 169f.; O. Schissel von Fleschenberg, DLZ 37 (1916) S. 1400f.; Bedenken äußert: K. Aulitzky, RE XI, 2 (1922) Sp. 1380 s.v. Korax Nr. 3; J. Geffcken, a.a.O. S. 315 und Anm. 183 hält nur das προοίμιον für gesichert.

4. Die κατάστασις.

5. Die ἀγῶνες, die Beweise.

6. Die παρέκθεσις, eine ἀπόδειξις τοῦ κρινομένου βίου.

7. Die παρέκβασις oder διέξοδος, die den natürlichen Rahmen überschreitende Darstellung eines uns für die Behandlung der Sache nützlich erscheinenden Gegenstandes, die dazu dienen kann, den Richter in eine erregte oder mildere Stimmung zu versetzen.

8. Den ἐπίλογος.

Nur fünf Punkte kennen die anonymen Prolegomena zur Rhetorik des Hermogenes,[18] das προοίμιον nämlich, die διήγησις, die ἀγῶνες, die παρέκβασις und den ἐπίλογος. Die anonymen Prolegomena zu den *status*[19] und Maximos Planudes[20] kennen nur noch vier Teile, das προοίμιον, die διήγησις, die ἀγῶνες und den ἐπίλογος. Und drei Teile endlich, προοίμιον, ἀγῶνες und ἐπίλογος nennt die anonyme Epitome zur Rhetorik.[21]

Welche der verschiedenen, von den Quellen aufgeführten Einteilungen der Gerichtsrede ist nun die des Korax? W. Süß[22] lehnt jede ab; er bestreitet überhaupt die Lehre einer Gliederung der Rede durch Korax, weil die εἰκός-Theorie keine Dispositionslehre haben könne und erst Korax die Lehre von der Disposition aufgestellt habe. Dagegen macht P. Hamberger[23] geltend, daß Gorgias, der Schüler des Korax, im ‚Palamedes' und in der ‚Helena' eine bis ins einzelne entwickelte Disposition kenne, was doch eine längere Entwicklung voraussetze, und ebenso Antiphon[24] in der Rede περὶ τοῦ Ἡρῴδου φόνου.

W. Stegemann[25] hat ergänzend darauf hingewiesen, daß in der alten τέχνη die Vorzugsstellung des πραγματικὸς τόπος den λεκτικὸς τόπος nicht zur Geltung kommen lasse und also auch eine gute Disposition gefordert werden müsse; dazu seien auch die alten, in der eleatischen Dialektik geschulten Rhetoren durchaus zu einem logischen Aufbau befähigt gewesen. Damit ist aber noch nichts für die Herkunft eines der verschiedenen Dispositionsschemata und besonders nicht für das von Troilos überlieferte gesagt. Gorgias wird wohl, wie ja auch Sopater[26] meint, zu dem bei Korax Gelernten noch einiges hinzugelernt und aus Eigenem hinzugefügt haben.

---

[18] Prol. in Hermog. (Rhet. Gr. IV p. 12,17f. W) = P.S. 17 p. 270,22f. R.

[19] Rhet. Gr. VII p. 6,9f. W = P.S. 13 p. 189, 17 R; Rhet. Gr. VII p. 20,26 W = P.S. 13 p. 206,19 R: προοίμιον, διήγησις, πίστεις, ἐπίλογοι.

[20] Max. Plan. prol. (Rhet. Gr. V 215,22f. W) = P.S. 7 p. 67,6f. R; für diese Gliederung entscheidet sich L. Radermacher, Studien zur Geschichte der griechischen Rhetorik, RhM 52 (1897) S. 413; vgl. auch K. Barwick, Die Gliederung der historischen TEXNH und die horazische Epistula ad Pisones, Hermes 57 (1922) S. 1–62.

[21] Rhet. Gr. III p. 610,6f. W; diese Gliederung scheint O. Navarre, Essai sur la rhétorique grecque avant Aristote, Paris 1900, S. 16ff. die richtige zu sein.

[22] W. Süß, Ethos: Studien zur älteren griechischen Rhetorik, Leipzig – Berlin 1910, S. 74.

[23] P. Hamberger, a.a.O. S. 68ff.

[24] P. Hamberger, a.a.O. S. 105ff.

[25] W. Stegemann, RE V A 1 (1934) Sp. 145 s.v. Teisias Nr. 6.

[26] Sopat. in Hermog. (Rhet. Gr. V p. 7,9ff. W); übrigens wird sich das, was er übernommen hat, weniger auf die Einteilung der Rede als auf die Lehre vom εἰκός beziehen, die er selbst zur Lehre über den καιρός umgebildet hat.

Sein ‚Palamedes'[27] gliedert sich so:

§ 1–4 προοίμιον mit einer Wendung gegen die Gegner und der Überleitung πόθεν ἄρξωμαι.

§ 5 Der Gegner spricht nicht die Wahrheit.

§ 6–21 Beweis: a) 6–12: ἀδύνατός εἰμι τοῦτο πράττειν. b) 13–21: τίνος ἕνεκα προσῆκε βουληθῆναι ταῦτα πράττειν;

§ 22–27 Die λύσις, πρὸς τὸν ἀντίδικον, *refutatio*: βούλομαι δὲ μετὰ ταῦτα πρὸς τὸν κατήγορον διαλεχθῆναι.

§ 28–32 πρὸς δ' ὑμᾶς, ὦ ἄνδρες κριταί, περὶ ἐμοῦ βούλομαι εἰπεῖν.

§ 33–36 λοιπὸν δὲ περὶ ὑμῶν πρὸς ὑμᾶς ἐστί μοι λόγος.

§ 37 Kurzer Schluß mit Ablehnung einer Zusammenfassung.[28]

Mit Troilos und den anderen Rhetoren hat diese Anordnung nur gemein, daß sie auch προοίμιον, ἀγῶνες und ἐπίλογος enthält. Umgekehrt ist von den durch das εἰκός vorgegebenen Teilen bei Troilos nichts zu spüren. Ähnlich liegt die Sache auch bei Antiphon. Seine Rede περὶ τοῦ Ἡρῴδου φόνου[29] wird eingeteilt:

§ 1–7 Proömium in der Form der *insinuatio*.

§ 8–18 παραγραφή, *translatio*, gegen die Form der Anklage, da der Beklagte wegen φόνος ἑκούσιος dem Areopag und nicht den Elfmännern hätte überantwortet werden müssen.

§ 19–63 Die ἀγῶνες bringen dann Wahrscheinlichkeitsschlüsse zugunsten des Angeklagten, zeitlich geordnet.

§ 19–24 Aus der Darstellung der Ereignisse bis zu dem Zeitpunkt, da Herodes in Mytilene verschwand, ergibt sich kein Beweis für die Schuld des Euxitheos.

§ 25–28 *Refutatio* gegen die Verdächtigung als Mörder.

§ 29–56 Auch in Mytilene konnte nichts Beweiskräftiges gegen ihn beigebracht werden. Daran schließt sich ganz im Sinne des εἰκός

§ 57–59 Die Frage, warum er den Mord hätte begehen sollen.

§ 60–63 Auch der Mitangeklagte Lykinos hatte keine Motive für eine Anstiftung zum Mord.

§ 64–73 Enthalten in einer παρέκβασις eine Warnung an die Richter vor einem Fehlurteil.

§ 74–80 πρὸς ὑμᾶς, ὦ ἄνδρες κριταί, περὶ ἐμοῦ: Verteidigung der Familie gegen eine etwaige Verdächtigung athenfeindlicher Gesinnung, weil seine Vaterstadt vom athenischen Seebund abgefallen war.

§ 81–84 Verwendung eines religiösen Motivs: Die Götter haben während der Seefahrt nicht gegen den Angeklagten eingegriffen.

---

[27] VS II p. 294–303 Nr. 82 B 11a.

[28] Die früher entstandene ‚Helena' ist nach O. Immisch in seiner Ausgabe (Berlin–Leipzig 1927) S. 7ff. ebenso streng gegliedert. Ein prooemium mit der Erörterung des κόσμος-Begriffes, gegen den sich Helena verfehlt haben soll, und der πρόθεσις (1–2) und die recapitulatio und peroratio (20–21) umrahmen den Hauptteil mit der Verteidigung der Helena, der Isokrates (or. X 14) das Recht gab, die Rede als eine Apologie zu bezeichnen, während Gorgias selbst sie ein ἐγκώμιον nannte.

[29] Antiphon or. V.

§ 85–96 Epilog.

Die bei Gorgias und Antiphon sich zeigende Gliederung hätte sich niemals aus der von Troilos und anderen für Korax angegebenen entwickeln können, weil bei Troilos alle Anzeichen der εἰκός-Theorie fehlen. Die Gliederung des Troilos muß also entstanden sein, als die εἰκός-Theorie bereits überwunden war, zu einer Zeit aber wiederum, als für die symbuleutische Rede in der rhetorischen τέχνη noch keine Gliederung festgelegt war, wie sie eigentlich in dem Bericht über Korax erwartet, aber nicht gegeben wird. Es ist nur eine Gliederung für die Rede nach dem γένος δικανικόν, über deren Anwendung und Behandlung durch Korax aber jede Andeutung fehlt. Das weist in die Zeit zwischen Korax und Isokrates. Ähnlich ist es auch bei Anaximenes,[30] dessen Schrift im ganzen zwar auf die politische, also symbuleutische Rede ausgerichtet ist, die Gliederung der Rede aber nicht nach ihr, sondern nach der gerichtlichen Rede gibt. Bei dieser kennt er nur vier Teile:

1. Das προοίμιον mit der Bekanntmachung des Gegenstandes der Klage oder Verteidigung.
2. Die ἀπαγγελία oder διήγησις, die *narratio*.
3. Den Beweis, und zwar
    a) Die βεβαίωσις, später gewöhnlich πίστεις genannt.
    b) Die προκατάληψις, auch πρὸς τοὺς ἀντιδίκους bezeichnet, die Vorwegnahme der Argumente des Gegners, λύσις oder *refutatio*.
4. Die παλιλλογία, ἐπίλογος, bei dem auch die Erweckung der Affekte mitbehandelt wird.

Er kennt also nur vier Teile, wenn man mit Aristoteles den positiven Beweis und die Widerlegung zusammen als Beweis rechnet, oder auch fünf, wenn man sie mit anderen getrennt zählt.

Soviel zunächst über die Gliederung der Gerichtsrede. Über die ältere Gliederung der beratenden Rede läßt sich, glaube ich, auch noch etwas mehr ermitteln. Ich habe oben, bei der Erörterung der von den Scholien angegebenen einzelnen Teile der Gerichtsrede, die Nachricht des Doxopater[31] nicht erwähnt, weil sie nicht einheitlich ist, sondern aus einem älteren und einem jüngeren, im Widerspruch zum ersten stehenden Teil besteht. Weil der Scholiast von Korax glaubt, daß λόγος ἐστίν, ᾧ ῥυθμίζεται ἀνθρώπου τρόπος, gibt er als dessen Ziel an: ἐπὶ τὰ πρόσφορα τὸν δῆμον καὶ προτρέπειν καὶ ἀποτρέπειν. Korax beginnt also λόγοις πρότερον θεραπευτικοῖς καὶ κολακευτικοῖς τὴν ἐκκλησίαν καὶ τὸ θορυβῶδες καταπραΰναι τοῦ δήμου, ἅτινα καὶ προοίμια ἐκάλεσε. Darauf begann er περὶ ὧν ἔδει συμβουλεύειν τῷ δήμῳ καὶ λέγειν ὡς ἐν διηγήσει καὶ μετὰ ταῦτα ἀνακεφαλαιοῦσθαι καὶ ἀναμιμνήσκειν ἐν συντόμῳ περὶ τῶν φθασάντων καὶ ὑπ' ὄψιν ἄγειν τὰ λεχθέντα τῷ δήμῳ. Bis dahin ist alles in Ordnung; merkwürdigerweise aber folgt jetzt eine neue, mit der ersten in Widerspruch stehende Gliederung, als ob sie das Ergebnis der vorausgegangenen Ausführungen sei; sie enthält jetzt fünf Teile: προοίμιον, διήγησις, ἀγῶνες, παρέκβασις, ἐπίλογος. Das sind die dem Scholiasten geläufigen Teile der Gerichtsrede. Es

---

[30] Anaxim. rhet. 29 – 37, 1436a 33 – 1445b 24.

[31] Doxopat. prol. (Rhet. Gr. VI p. 12,16 ff. W) = P.S. 4 p. 25,13 ff. R.

sollen zwei auseinanderklaffende Teile zusammengebracht werden. Im ersten aber ist der nach dem προοίμιον im Mittelstück stehende Kern, das συμβουλεύειν, die eigentliche Aufgabe des Redners, die sich mit der Rede vor den Königen trifft, das περὶ ὧν ἔδει συμβουλεύειν τῷ δήμῳ. Auffallend ist die Bezeichnung dieses Teiles als ὡς διήγησις. Er steht an der dem Scholiasten geläufigen Stelle der διήγησις in der Gerichtsrede. Er ist selbstverständlich für die beratende Beredsamkeit und in seiner Bedeutung klar, aber er hat noch keinen eigentlichen Namen gefunden und kann nur durch Vergleich mit der διήγησις, die etwa den gleichen Platz in der Gerichtsrede einnimmt, bezeichnet werden. Und schließlich noch die ἀνακεφαλαίωσις. Das ist die alte, von Korax gefundene Gliederung der symbuleutischen Rede: προοίμιον, συμβουλεύειν, ἀνακεφαλαίωσις, das Hauptstück mit dem wesentlichen Inhalt der Rede, der auch vorher schon gegeben war, umrahmt von dem προοίμιον und der ἀνακεφαλαίωσις, den beiden zeitbedingt wichtigsten Teilen für Korax, weil in ihnen die Erregung und Dämpfung der Affekte ihren Platz hat.

Aristoteles[32] erkennt nur mehr zwei Teile der Rede als wesentlich an, die Bekanntmachung des Gegenstandes der Rede nämlich, die πρόθεσις, und den Beweis, die πίστεις, zu dem er auch die *refutatio* rechnet.[33] Nach seinen eigenen Worten war es aber zu seiner Zeit auch schon üblich geworden, vier Teile anzunehmen: προοίμιον, πρόθεσις, πίστις und ἐπίλογος.[34] Seine Zweiteilung hat sich nicht durchgesetzt. Nach Diogenes Laertios[35] haben die Stoiker wieder vier Teile angenommen: προοίμιον, διήγησις, πρὸς τοὺς ἀντιδίκους und ἐπίλογος, wobei der dritte Teil auch den positiven Beweis einbezieht. Diese Vier- oder Fünfteilung, je nachdem, ob die beiden Teile des Beweises zusammen als ein Teil oder getrennt gerechnet werden, hat sich durchgesetzt. Der Auctor ad Herennium[36] freilich und Cicero in seinem Jugendwerk ‚De inventione'[37] und selbstverständlich auch noch sein Kommentator Grillius[38] haben sechs Teile. Auch noch Sulpitius Victor,[39] der zwar weiß, daß *quidam* vier *partes orationis* kennen: *exordium, narratio, argumentatio, peroratio sive conclusio*, aber auch, daß andere, *qui videntur plenius tradere*, durch Hinzufügen der *partitio* und durch Zerlegung der *argumentatio* in *confirmatio* und *reprehensio* zu sechs Teilen gekommen sind, schließt sich in der ausführlichen Behandlung der einzelnen Teile dieser letzten Richtung an. Im ‚Orator' aber nennt Cicero[40] nur noch fünf Teile, ebenso auch Quintilian.[41] In den ‚Partitiones oratoriae'[42] aber zählt er nur noch vier Teile auf. Später war man dann wieder bestrebt, die Rede in eine größere Zahl von Gliedern aufzuteilen. Auch C.

---

[32] Arist. rhet. III 13,1414a 35f.
[33] Arist. rhet. III 17,1418b 5f.
[34] Arist. rhet. III 13,1414b 8f.
[35] Diog. Laert. VII 43.
[36] Auct. ad Herenn. I 3,4: exordium, narratio, divisio, confirmatio, confutatio, conclusio.
[37] Cic. inv. I 14,19 hat die gleichen Teile, nur daß er statt divisio und confutatio die Ausdrücke partitio und reprehensio verwendet.
[38] Grill. § 18 p. 81,6ff. M: partes orationis sex.
[39] Sulp. Vict. 17 p. 322,4ff. H.
[40] Cic. orat. 35,122: ordiri, exponere, confirmare, adversia evertere, peroratione concludere.
[41] Quint. inst. III 9,1: prooemium, narratio, probatio, refutatio, peroratio.
[42] Cic. part. 1,4: duae valent ad rem docendam, narratio et confirmatio; ad impellendos animos duae, principium et peroratio; 5,15: principium, narratio, firmamentum, peroratio; vgl. 8,27.

Iulius Victor neigt dazu. Einleitend[43] nennt er als Aufgabe des Redners, in der *inventio* das *principium, narratio, egressus, partitio, confirmatio, reprehensio* und *epilogus* zu finden; später[44] geht er sogar, mit Berufung auf die genannte Stelle, auf fünf Teile zurück: *principium, narratio, excessus, quaestiones* und *epilogus*, um dann bei der Einzelbehandlung[45] aber wieder auf acht zu kommen: *principium, propositio, partitio, narratio, egressio, argumentatio, reprehensio* und *epilogus*. Fortunatian,[46] der selbst nur vier Teile anerkennt, *principia, narratio, argumentatio* und *peroratio*, berichtet, daß andere Rhetoren wieder eine viel weitergehende Teilung vorgenommen haben. Außer den vier von ihm selbst angenommenen Teilen nennt er da noch:[47]

1. προέκθεσις, die vorliegt, wenn vor der *narratio* noch etwas der Belehrung wegen beigebracht wird.[48]

2. προπαρασκευή, *praeparatio* oder auch *praestructio*, durch die der Richter erst vorbereitet werden muß, wenn dem Redner noch etwas feindlich im Wege steht, dem er erst noch begegnen muß, oder wenn er noch etwas zur allgemeinen Kenntnis vorbringen muß, das ihm während der ganzen Verhandlung nützen und den Richter günstig stimmen kann.[49]

3. διέξοδος, auch παρέκβασις, *egressio, excessus*, die ihren Platz immer nach der *narratio* hat und verwendet wird, wenn die *narratio* etwas enthält, das *maximam in se continet atrocitatem*, die aber auch überall dort ihren Platz hat, wo es die *atrocitas rei* verlangt; sie will den Richter erregen oder auch milder stimmen und das Leben des Angeschuldigten verdächtigen.[50]

4. ἀνανέωσις, die nach der *narratio* folgt und den Zweck hat, den Richter auf die Beweisführung vorzubereiten, ohne sich auf die Sache selbst einzulassen, im Gegensatz zur προπαρασκευή, die sich mit der Sache selbst beschäftigt, um den Richter zu gewinnen.[51]

5. διαίρεσις, *partitio*, die Angabe der Gliederung des ganzen Stoffes, über den der Redner sprechen will. Sie will es dem Hörer ermöglichen, sich den Stoff leichter einzuprägen und ihn gleichzeitig erkennen lassen, worin der Redner mit dem Gegner übereinstimmt und was noch Gegenstand der *controversia* bleibt. Notwendig ist sie, wenn es sich um eine *causa coniuncta, longa* oder *obscura* handelt. Sie kann von uns ausgehen, dann heißt sie προηγουμένη διαίρεσις, oder vom Gegner, dann ist sie eine ἀναγκαία διαίρεσις, oder sie ist eine *partitio communis*, dann kann sie μικτή genannt werden.[52]

6. πρόθεσις, *propositio*, steht zu Beginn jeder Beweisführung; sie ist notwendig *in causis obscuris* und *multiplicibus*.[53]

---

[43] Iul. Vict. 1 p. 373,27f. H.
[44] Iul. Vict. 14 p. 421,15f. H.
[45] Kap. 5–11: argumentatio; 12: reprehensio; 13: propositio; 14: partitio; 15: principia; 16: narratio; 17: egressio; 18: epilogus.
[46] Fortun. rhet II 12 p. 108,23f. H.
[47] Fortun. rhet. II 12 p. 108,25ff. H.
[48] Fortun. rhet. II 15 p. 110,20f. H.
[49] Fortun. rhet. II 15 p. 110,22ff. H.
[50] Fortun. rhet. II 20 p. 113,14ff. H; Iul. Vict. 17 p. 429,2ff. H; Mart. Cap. rhet. 46 (552) p. 487,6ff. H.
[51] Fortun. rhet. II 20 p. 113,25ff. H.
[52] Fortun. rhet. II 21 p. 113,31ff.; 22 p. 115, 1ff. H.
[53] Fortun. rhet. II 22 p. 115,4ff. H; Iul. Vict. 13 p. 417,5ff. H.

7. ὑπεξαίρεσις.⁵⁴ Fortunatian versteht darunter die Unterschlagung einer für den Redner gefährlichen Sache, die der Gegner aber auch nicht vorbringt, weil er nichts von ihr weiß oder auch bei ihrem Bekanntwerden für sich selber fürchten muß. Das kann aber kein Punkt einer Rede sein, weil er ja gar nicht in ihr sichtbar wird und höchstens erst nachträglich von einem Erklärer der Rede festgestellt werden kann. Aus diesem Umstande nun, daß Philodemos⁵⁵ die ὑπεξαίρεσις zwischen πίστις und ἐπίλογος anführt, glaubt R. Volkmann⁵⁶ schließen zu dürfen, daß es sich um die *refutatio* oder προκατάληψις handle, um die Vorwegnahme eines Einwandes. Das paßt aber auch nicht für die *refutatio*, wenigstens nicht bei der Verteidigung. Man muß ausgehen von der Wortbedeutung, der heimlichen Vorwegnahme, und beachten, daß die Frage nach dem angeblichen Redeteil erst nach der Behandlung der *epilogica quaestio*, des letzten Redeteils bei Fortunatian, gestellt wird. Dabei wird festgestellt, daß die ὑπεξαίρεσις nur *a quibusdam* als ein *inter partes orationis* eingelegter Redeteil betrachtet wird. Das von Fortunatian⁵⁷ beigebrachte Beispiel der von Räubern in Gefangenschaft gehaltenen Stiefmutter, die diesen das doppelte Lösegeld versprochen hat für die Tötung des Stiefsohnes, der all diese Dinge verschweigen muß, damit der Vater sie nicht zurückkauft, zeigt, daß diese Konstruktion nur in die Schulpraxis gehört, als eine *quaestio*, nicht als Redeteil.

8. ἀνακεφαλαίωσις, *recapitulatio*, *enumeratio*, ist ebenfalls kein Redeteil, sondern nur ein Teil des Epilogs wie auch die δείνωσις, *indignatio*, οἶκτος oder ἔλεος, *miseratio*; sie erscheint notwendig, wenn eine *partitio* verwendet wurde, wenn der Rechtsfall sich in viele Streitpunkte entwickelt hat.⁵⁸

Zum Schluß fügt Fortunatian⁵⁹ noch die Zweiteilung des Beweises an, die προηγούμενα genannte *confirmatio* unserer eigenen Argumente und die Widerlegung der vom Gegner vorgebrachten, die ἀναγκαῖα.

1. Die Einleitung

Die Einleitung der Rede heißt griechisch προοίμιον.¹ Das Wort wird gewöhnlich mit οἴμη oder οἶμος zusammengebracht; beide sind Synonyme vom gleichen Stamme und beide bedeuten ‚Weg', nur daß das erste auch für den Weg oder Gang einer Dichtung oder eines Liedes gebraucht wird.² Dafür, daß das Wort soviel bedeutet wie ‚Vorgesang' oder ‚Vorspiel' und daß es zuerst für das Vorspiel der Flötenspieler gebraucht und von da aus auf den Eingang der Rede übertragen worden sei, beruft man sich auf Aristoteles.³ Er stellt das Wort neben πρόλογος als den Beginn einer Dichtung und

---

⁵⁴ Fortun. rhet. II 30 p. 119,19 ff. H.
⁵⁵ Phld. rhet. I p. 202,18 Sudhaus.
⁵⁶ R. Volkmann, a.a.O. S. 125.
⁵⁷ Fortun. rhet. II 30 p. 119,25 ff. H.
⁵⁸ Fortun. rhet. II 31 p. 119,30 ff.; 120,2 f. H.
⁵⁹ Fortun. rhet. II 12 p. 108,27 ff. H.

¹ Anaxim. rhet. 29,1,1436a 33; Arist. rhet. III 13 f., 1414b 8.19; Hermog. inv. I 1 p. 93,5 R; Anon. Seguer. rhet. p. 427,4 f. Sp. = I p. 352,7 Sp.-H. = p. 1,2 G; Aps. rhet. I p. 331,5 Sp. = p. 217,4 Sp.-H; Quint. inst. IV 1,1; prooemium: Quint. inst. III 9,1; Fortun. rhet. II 15 p. 110,3 H; Iul. Vict. I p. 373,32; 15 p. 421,19 H.
² οἶμος = ὁδός: Rhet. Gr. VII 54,2 f. W; οἴμη = ᾠδή: Rhet. Gr. VII 56,7 W; beide Deutungen zusammen bei Quint. inst. IV 1,2 f.; Anon. Seguer. rhet. p. 427,15 ff. Sp. = 4 p. 352, 18 ff. Sp.-H. = p. 1,13 ff. G.
³ Arist. rhet. III 14,1414b 20.

Die gerichtliche Beredsamkeit

προαύλιον als den Beginn eines Flötenspiels und sagt damit nur, daß es wie die beiden anderen auch einen Anfang bedeutet.[4] Wenn die Bezeichnung für die Einleitung einer Rede also von der Einleitung eines Flötenspiels übertragen wäre, müßte sie προαύλιον und nicht προοίμιον heißen; aber auch dies könnte nur für die Einleitung der epideiktischen Rede in Frage kommen, weil sie nach Aristoteles,[5] ebenso wie die zum Flötenspiel, ihren Stoff unabhängig vom folgenden Hauptteil nimmt. Aristoteles[6] jedenfalls bezeichnet das προοίμιον als eine Art ὁδοποίησις, Wegbereitung, und das paßt auch zur Einleitung der Rede. Die lateinische Bezeichnung für die Einleitung der Rede ist *exordium*[7] und *principium*.[8] Beide sagen ein und dasselbe aus, nämlich ihre Stellung am Anfang der Rede.

An der Anfangsstellung des προοίμιον in der Rede hielten in späterer Zeit die Apollodoreer noch immer fest, weil es die Aufgabe habe, die Aufmerksamkeit des Hörers zu wecken. Sie hielten eine Rede ohne Proömium oder ohne Epilog für kein den Gesetzen der Rhetorik nach vollständiges Ganzes, für ein vernunftwidriges Ding ohne Kopf.[9] Die Theodoreer aber, die die Rhetorik nicht wie jene als Wissenschaft, sondern als Kunst betrachteten, die ihre Gesetze den jeweiligen Umständen anpaßte, wollten sich an keinen festen Platz für einen Redeteil, auch nicht einmal an die Notwendigkeit eines Proömium und der *narratio* binden,[10] wie Aristoteles[11] ja auch nur die πρόθεσις und die πίστις für notwendig anerkannt hatte. Alexandros, der Sohn des Numenios, und Neokles[12] wollten das Proömium auch hinter die *narratio* stellen. Quintilian[13] kommt bei der Behandlung der Frage nach dem Platz für das Proömium zu der Feststellung, daß der Richter ja erst den Fall kennen muß, die *narratio* also vorher erfolgen muß, bevor seine Aufmerksamkeit und sein Wohlwollen durch das Proömium geweckt werden sollen. Er beruft sich dabei auf Cicero, der in der ‚Miloniana' auch drei in die *narratio* gehörige Punkte herausgezogen und vor das Proömium gestellt habe, weil die Verhältnisse es so förderlicher erscheinen ließen und diese Teile den Richter vorbereiteten. Auch wenn der Richter gereizt sei und darauf dringe, die Sache selbst zu hören, sollte nach der Meinung der Theodoreer das Proömium erst

---

[4] Arist. rhet. III 14,1414b 23f.: οἱ αὐληταί, ὅ τι ἂν εὖ ἔχωσιν αὐλῆσαι, τοῦτο προαυλήσαντες συνῆψαν τῷ ἐνδοσίμῳ· 1415a 12f.: ἐν δὲ τοῖς λόγοις καὶ ἔπεσι δεῖγμά ἐστι τοῦ λόγου, ἵνα προειδῶσι περὶ οὗ ἦν ὁ λόγος.

[5] Arist. rhet. III 14,1414b 24ff.: καὶ ἐν τοῖς ἐπιδεικτικοῖς λόγοις δεῖ οὕτως γράφειν, ὅ τι γὰρ ἂν βούληται εὐθὺ εἰπόντα ἐνδοῦναι καὶ συνάψαι.

[6] Arist. rhet. III 14,1414b 20f.: πάντα γὰρ ἀρχαὶ ταῦτ' εἰσί, καὶ οἷον ὁδοποίησις τῷ ἐπιόντι.

[7] Auct. ad Herenn. I 3,4; Cic. inv. I 14,19; 15,20; Quint. inst. IV 1,1; Fortun. rhet. II 14 p. 109,15 H; Victorin. rhet. I 14 p. 194,35 H; Sulp. Vict. 17 p. 322,4.11 H; Grill. § 20 p. 83,22 M.

[8] Auct. ad Herenn. I 3,4; Cic. inv. I 15,20; Quint. inst. IV 1,1; Fortun. rhet. II 12 p. 108, 23 H; Aug. rhet. 19 p. 149,10 H; Iul. Sev. 5 p. 357,14; 23 p. 369,19 H; Iul. Vict. 1 p. 373,27; 14 p. 421,15 H.

[9] Anon. Seguer. rhet. p. 431,1ff. Sp. = 26 p. 357,22ff. Sp.–H. = p. 6,13ff. G.

[10] Anon. Seguer. rhet. p. 431,29ff. Sp. = 31f. p. 359,1ff. Sp.–H. = p. 8,3ff. G.

[11] Arist. rhet. III 13,1414b 7f.

[12] Anon. Seguer. rhet. p. 442,15 Sp. = 126 p. 373,23f. Sp.–H. = p. 23,20f. G; Rhet. Gr. VII p. 53,11ff. W: Dafür daß das Proömium am Anfang wie auch nach der narratio stehen könne, wird auf Demosthenes' Rede gegen Meidias (or. XXI 77) verwiesen.

[13] Quint. inst. IV 2,24ff.; Fortun. rhet. II 20 p. 113,6ff. H.

nach der *narratio* stehen.[14] Auch nach C. Iulius Victor[15] kann das Proömium nach der *narratio* stehen, wenn bei Argwohn der Richter der Sache etwas im Wege steht und sie sofort eine Darlegung der Streitsache wünschen. Fortunatian[16] ist der Meinung, daß das Proömium sogar in *quacumque orationis parte potest poni*.

Für überhaupt überflüssig hat schon Anaximenes[17] das Proömium erklärt, wenn die Hörer dem Redner wohlgesinnt seien, wenn er sich also nicht um ihr Wohlwollen bemühen zu müssen glaube. Auch Aristoteles[18] hat es nicht als einen notwendigen Teil der Rede betrachtet und nur dann für gegeben erachtet, wenn die Gegner die Sache nicht für so bedeutend hielten, wie der Redner es wollte. Schon deswegen oder des Schmuckes wegen, ohne den es vielleicht hausbacken aussehe, ist ein Proömium nötig. Hermagoras wollte beim *genus honestum* kein Proömium sprechen, weil es da nicht notwendig sei, sich um das Wohlwollen der Richter zu bemühen.[19] Augustinus[20] aber meint, nichts hindere daran, auch da ein Proömium zu sprechen und schon vorhandenes Wohlwollen noch zu verstärken und die Niederlage des Gegners zu steigern und rät, weil sonst die Rede beschnitten und kopflos wirke, stolzer und voll Selbstvertrauen die Rede einzuleiten, aber ohne Ruhmredigkeit, um keine Mißgunst zu wecken. Für die Notwendigkeit des Proömium dagegen setzt sich Apollodoros[21] ein, weil man kein Stück aus der aus einzelnen Teilen zusammengesetzten Rede nehmen könne, ohne ihre gesunde Unversehrtheit zu zerstören; wenn man auch den Schluß nicht entfernen dürfe, weil ohne ihn alles Vorausgehende umsonst gesagt sei, gelte das Gleiche auch für das Proömium. Deshalb habe ja auch keiner der alten Redner eine Rede ohne Proömium geschrieben. Die Theodoreer[22] hielten ihm entgegen, er gehe von der falschen Voraussetzung aus, denn die Rhetorik sei eine Kunst; für sie selbst gelte nur, nach der jeweiligen Nützlichkeit zu handeln. Die Alten hätten zwar schriftlich keine Reden ohne Proömien hinterlassen, gesprochen aber hätten sie die Reden häufig ohne Proömium, wofür bei Thukydides[23] die Rede an Alkidas und die Lakedämonier zeuge. Außerdem seien vor dem Areopag Proömium und Epilog verboten gewesen, was die Vorbereitung der Hörer angehe, könne ein Proömium gesprochen werden, wenn es notwendig sei, wenn nicht, sei es überflüssig. Die Theodoreer[24] unterließen das Proömium auch, wenn ihnen nur knappe Zeit zugemessen war, weil sie sonst durch die Vorbereitung auf die Rede den Gegner nur noch mehr reizten; sähen sie aber, daß der Gegner die *narratio* nicht annehmen würde, sprächen sie ein Proömium, andernfalls nicht.

Cicero[25] hält es für bequemer, *in infrequentibus causis* gleich *ab ipsa re* anzufangen und auch für richtig, in einer *causa honesta* das Proömium zu übergehen. Auch

---

[14] Vgl. Anm. 12.
[15] Iul. Vict. 15 p. 421,26 ff. H.
[16] Fortun. rhet. II 20 p. 113,25 f. H.
[17] Anaxim. rhet. 29,7,1436b 19 ff.
[18] Arist. rhet. III 14,1415b 34 ff.
[19] Aug. rhet. 19 p. 148,30 f. H.
[20] Aug. rhet. 19 p. 149,4 ff. H.
[21] Vgl. Anm. 9; Anon. Seguer. rhet. p. 431, 10 ff. Sp. = 27 ff. p. 358,6 ff. Sp. – H. = p. 7,3 ff. G.
[22] Vgl. Anm. 10; Anon. Seguer. rhet. p. 432, 5 ff. Sp. = 33 p. 359,10 ff. Sp. – H. = p. 8,11 ff. G; Rhet. Gr. VII p. 64,8 ff.; 65,7 ff. W.
[23] Thuk. III 30,1.
[24] Anon. Seguer. rhet. p. 432,24 ff. Sp. = 34 f. p. 360,2 ff. Sp. – H. = p. 9,4 ff. G.
[25] Cic. de orat. II 79,320; inv. I 15,21.

Quintilian[26] ist der Meinung, daß der Kläger, um den Richter, der die Sache noch nicht kennt, zu unterrichten, gleich mit der *narratio* beginnen sollte. Schließlich hat auch C. Iulius Victor[27] noch angemerkt, daß ein Proömium nicht immer notwendig sei, wenn nämlich die Sache nicht bedeutend, die Zeit knapp oder der Richter über die Verzögerung ungehalten sei.

Umgekehrt haben der anonyme Verfasser der ἐπίταξις περὶ εὑρέσεως des Hermogenes,[28] Maximos Planudes[29] und andere spätere Rhetoren auch zwei, drei und mehr Proömien in einer und derselben Rede zugelassen. Der Anonymus hält es für möglich, zu jedem Teile der Rede ein Proömium zu sprechen. Er gibt als Beispiel für zwei Proömien die dritte Olynthische Rede des Demosthenes,[30] für drei die zweite Olynthische Rede an.[31] Andere haben sogar bis zu sechs Proömien aufgespürt.

Das Proömium wird von Anaximenes[32] als ἀκροατῶν παρασκευὴ καὶ τοῦ πράγματος ἐν κεφαλαίῳ μὴ εἰδόσι δήλωσις, ἵνα γιγνώσκωσι, περὶ ὧν ὁ λόγος bestimmt. Aristoteles[33] nennt als die angelegentlichste und diesem allein zukommende Aufgabe des Proömium δηλῶσαι, τί ἐστι τὸ τέλος, οὗ ἕνεκα ὁ λόγος.

Von Hermogenes ist weder eine Definition des Proömium überliefert noch etwas über seine Aufgabe und seine ἀρεταί, nach der Erklärung eines Scholiasten deshalb, weil das allmählich allgemein bekannt geworden war.[34] Spätere erklären das Proömium als λόγος ἐπεξεργαστικὸς εὐνοίας καὶ εὐμαθείας καὶ προσοχῆς·[35] oder als λόγος παρασκευάζων τὸν ἀκροατὴν εἰς ὑποδοχὴν τῆς ὑποθέσεως·[36] oder als ἀρχὴ σύμπαντος λόγου καὶ σπερματικῶς ἔχον τὰ τῆς ὑποθέσεως.[37] Sein τέλος ist: τὸ παρασχεῖν εὐήκοον πρὸς τὰ λοιπὰ τὸν ἀκροατήν.[38]

Der Auctor ad Herennium[39] nennt es das *principium orationis, per quod animus auditoris constituitur ad audiendum*. Für Cicero[40] ist es die *oratio animum auditoris idonee comparans ad reliquam dictionem*. Quintilian[41] bestimmt seinen Zweck als keinen anderen als *ut auditorem, quo sit nobis in ceteris partibus accommodatior, praeparemus*; der Anonymus Seguerianus[42] als τοιόνδε παρασκευάσαι τὸν ἀκροατήν. Diese Vorbereitung vollzieht sich auf dreifache Weise, indem der Redner versucht, den Hörer wohlwollend, aufmerksam und gelehrig zu machen. So sieht Anaximenes[43] das τέλος des Proömium darin, ἵνα οἱ ἀκροαταὶ γιγνώσκωσι, περὶ ὧν ὁ λόγος, παρακολουθῶσί τε τῇ ὑποθέσει, καὶ ἐπὶ τὸ προσέχειν παρακαλέσαι καὶ καθ' ὅσον τῷ λόγῳ δυνατὸν εὔνους ἡμῖν αὐτοὺς ποιῆσαι. Bei Aristoteles[44] lautet es einfacher: τὸν ἀκροατὴν εὔνουν ποιῆσαι καὶ προσεκτικόν, εἰς δὲ εὐμάθειαν ἅπαντα ἀνάγειν· beim Anonymus Seguerianus[45]

---

[26] Quint. inst. IV 1,24.41.
[27] Iul. Vict. 15 p. 421,24 ff. H.
[28] Rhet. Gr. VII p. 68,13 ff.; 70,11 – 71,29 W.
[29] Max. Plan. prol. (Rhet. Gr. V p. 365, 8 ff. W).
[30] Demosth. or. III 1.3.
[31] Demosth. or. II 1.3.5.
[32] Anaxim. rhet. 29,1,1436a 33 ff.
[33] Arist. rhet. III 14,1415a 23 f.
[34] Rhet. Gr. VII p. 56,10 ff. W.
[35] Rhet. Gr. VII p. 65,20 f. W.
[36] Rhet. Gr. VII p. 52,16 f. W.
[37] Rhet. Gr. VII p. 68,6 f. W.
[38] Rhet. Gr. VII p. 52,19 f. W.
[39] Auct. ad Herenn. I 3,4.
[40] Cic. inv. I 15,20.
[41] Quint. inst. IV 1,5.
[42] Anon. Seguer. rhet. p. 428,19 f. Sp. = 9 p. 354,5 f. Sp.-H. = p. 3,3 f. G.
[43] Anaxim. rhet. 29,1,1436a 35 ff.
[44] Arist. rhet. III 14,1415a 35 ff.
[45] Anon. Seguer. rhet. p. 428,20 f. Sp. = 9 p. 354,6 f. Sp.-H. = p. 3,4 f. G.

heißt es: τὸ προσέχειν καὶ εὐμάθειαν καὶ εὔνοιαν ἀπεργάσασθαι. Der Auctor ad Herennium[46] sieht die Vorbereitung des Hörers darin, ihn *attentum, docilem, benevolum* zu machen. Nach Cicero[47] geschieht seine Vorbereitung dadurch, ihn *benevolum, attentum, docilem facere* oder auch *benevolum, docilem, attentum*.[48] So ist die Anordnung auch bei Quintilian.[49] Fortunatian[50] hat die Reihenfolge *attentum, benivolum, docilem*; Sulpitius Victor[51] *benevolum, docilem, attentum*; C. Iulius Victor[52] *benevolum, attentum, docilem*. Aristoteles, Cicero, Quintilian und nach diesem auch C. Iulius Victor halten es also für notwendig, erst das Wohlwollen des Hörers zu gewinnen und dann erst seine Aufmerksamkeit und den Willen zu wecken, sich belehren zu lassen. Sie verbinden damit wohl auch die Vorstellung, so eine logische Entwicklung abzuzeichnen. Cicero vertauscht dann nur an der zweiten Stelle noch das *docilem* mit dem *attentum*. Der Auctor ad Herennium, Fortunatian und der Anonymus stellen die Erregung der Aufmerksamkeit in den Vordergrund und lassen dann das *docilem* oder das *benevolum facere* folgen.

Das Proömium kann nun, wenn es auf die Gewinnung des Wohlwollens des Hörers abzielt, von der Person oder von der Sache, wie Quintilian[53] lehrt, nach Apsines[54] von der Person oder der Sache oder von beiden ausgehen. Nach Anaximenes[55] aber stehen dem Wohlwollen entweder die Personen oder die Sachen, über die gesprochen wird, oder die Rede entgegen. Die Personen aber können der Kläger und der Angeklagte sein, die nach griechischem Recht ihre Sache selbst vertreten müssen. Der Auctor ad Herennium[56] teilt aber die Person schon in die des Redners, des Gegners und des Hörers (Richters) ein, und ebenso verfährt auch Cicero,[57] so daß es also vier *res* sind, von denen das Proömium ausgehen kann, wenn der Redner das Wohlwollen der Hörer zu gewinnen sucht. Der Anonymus Seguerianus[58] kennt die gleiche Einteilung. Quintilian[59] nennt nur *personae* und *causae*, gibt sich aber mit der Teilung der *personae* in Kläger, Gegner und Richter nicht zufrieden. Er tritt dafür ein, daß auch der *actor*, der nach römischem Recht vom Kläger und Angeklagten verschieden ist, als vierte Person gerechnet werden soll; der Redner sei nämlich, wenn er auch nicht oder doch nur wenig für sich spreche, doch von größter Bedeutung, wenn man ihn für einen *vir bonus* halten müsse. In diesem Falle wirke er nicht wie ein Advokat, sondern beinahe als glaubwürdiger Zeuge. Apollodoros[60] hat sich auch damit noch nicht zufrieden gegeben und noch viele andere Punkte aufgezählt, die beachtet werden sollten: der Charakter des Richters, umlaufende Meinungen über die Sache, wenn sie auch selbst damit nichts zu tun hätten und dazu noch alle Hypo-

---

[46] Auct. ad Herenn. I 4,6.
[47] Cic. inv. I 15,20.
[48] Cic. top. 26,97.
[49] Quint. inst. IV 1,5: benevolum, attentum, docilem.
[50] Fortun. rhet. II 13 p. 109,1 H.
[51] Sulp. Vict. 18 p. 322,19f. H.
[52] Iul. Vict. 15 p. 421,33f. H.
[53] Quint. inst. IV 1,6.

[54] Aps. rhet. 1 p. 331,6f. Sp. = p. 217,5f. Sp.–H.
[55] Anaxim. rhet. 29,10,1436b 37ff.
[56] Auct. ad Herenn. I 4,8.
[57] Cic. inv. I 16,22; vgl. auch Fortun. rhet. II 14 p. 109,20f. H.
[58] Anon. Seguer. rhet. p. 428,5f. Sp. = 7 p. 353,15f. Sp.–H. = p. 2,8f. G.
[59] Quint. inst. IV 1,6f.
[60] Quint. inst. IV 1,50.

stasen: *personae, facta, dicta, causae, tempora, loci, occasiones* und andere. Quintilian[61] fügt selbst noch *metus* hinzu, bemerkt aber doch, daß alle diese Punkte sich unter den drei genannten begreifen lassen.

Hermogenes[62] läßt das προοίμιον ἐξ ὑπολήψεως wie Quintilian von der Sache oder den Personen ausgehen. Bei den Sachen[63] muß man von der Freude oder der Erbitterung der Richter ausgehen, je nachdem, ob die Sache gut oder schlecht ist. Bei den Personen[64] unterscheidet Hermogenes:

1. Die Richter, über die er keine näheren Ausführungen mehr macht, nachdem er schon bei den Sachen von ihrer Haltung gesprochen hat.

2. Den Ankläger, dem gewöhnlich Feindschaft oder Neid untergeschoben wird. Den Verdacht des Neides wegen Ansehens oder Reichtums muß man sofort zurückweisen. Feindschaft wird man teilweise zugestehen, wenn man sich gegen eine frühere Beschuldigung wehrt, aber leugnen, wenn sie sich gegen angesehene und mächtige Personen, wie Feldherrn, Gesetzgeber und Wohltäter des Staates richtet, weil es gefährlich ist, gegen mächtige Menschen vorzugehen. Statt eine persönliche Feindschaft zuzugeben, muß man sich da auf den Staat, die Gesetze oder das öffentliche Wohl berufen.

3. Beim Verteidiger wird gewöhnlich Wohlwollen oder Gewinn angenommen. Den Vorwurf des Gewinnes muß man sofort zunichte machen, außer es handelt sich um die Belohnung für eine Heldentat oder Tyrannenmord u.ä., oder wenn wir Verwandte verteidigen.

4. Betreffs der Leute, die Anschuldigungen vorbringen und Schwierigkeiten machen, – besonders von Feinden – muß man erst feststellen, ob die Einwendungen gut oder schlecht sind. Der Ankläger wird dann die vorhandenen natürlichen schlechten Eigenschaften, wie Übermut und hochfahrendes Wesen, hervorheben und bekräftigen, die guten aber als nicht vorhanden hinstellen. Der Verteidiger aber wird gerade umgekehrt handeln.

5. Von den Leuten aber, die von außen kommen und meistens feindlich sind, kann man im Proömium ausgehen, indem man nach der Absicht fragt. Wenn z.B. Verbannten, die der belagerten Stadt Hilfe gebracht haben und den Sieg erfochten, wieder die Heimkehr zu gestatten beantragt wird, kann man davon ausgehen, daß die Feinde wünschen, ihnen die Rückkehr nicht zu gestatten, damit wir ihnen ausgeliefert seien.

Von den Kommentatoren des Hermogenes behält der anonyme Verfasser der προλεγόμενα τῶν εὑρέσεων[65] die Fünfteilung des πρόσωπον bei; er unterscheidet aber bei den κατήγοροι die eigentlichen διώκοντες und die im Auftrag zur Anklage redenden, die δι' ἐντολέων λαλοῦντες. Unter den ἀπολογούμενοι versteht er diejenigen, οἵτινές εἰσιν οἱ ἐντολεῖς οἱ βοηθοῦντες τοῖς φεύγουσι, und bezeichnet die ἔξωθεν

---

[61] Quint. inst. IV 1,51.
[62] Hermog. inv. I 1 p. 93,5 ff. R.
[63] Hermog. inv. I 1 p. 94,6 ff.; 93,15 ff. R.
[64] Hermog. inv. I 1 p. 95,17 ff.; 98,1 ff.; 99,9 ff.; 100,12 ff. R.
[65] Rhet. Gr. VII p. 53,1 ff. W.

ἐμφαινόμενοι kurzweg als die ἀντίδικοι. Von den πράγματα ist da nicht die Rede, wohl aber am Schlusse der kurzen Abhandlung, wo als Ausgangspunkte des Proömium angeführt werden: ἀφ' ἑαυτοῦ, ἀπὸ τοῦ ἀντιδίκου, ἀπὸ τῶν ἀκουόντων, ἀπὸ τοῦ πράγματος.[66] In eine enge Verbindung mit den τέλη des Proömium bringt der gleiche Verfasser die drei, nach anderen auch vier Ausgangspunkte, die er als σύστασις τοῦ οἰκείου προσώπου bezeichnet, die Empfehlung des Redners, um das Wohlwollen der Hörer zu erreichen, als διαβολὴ τοῦ ἀντιδίκου, προσοχή, durch die Steigerung der Sache. Dazu kommt als vierter Punkt noch merkwürdigerweise ἡ ἔφοδος, die *insinuatio*, wenn man etwas nicht offen aussprechen will und es deshalb unter anderen Worten versteckt.[67] Der anonyme Verfasser einer ἐπίταξις περὶ εὑρέσεως des Hermogenes[68] leitet aus dem dreifachen τέλος die Empfehlung der eigenen Persönlichkeit, die Herabsetzung des ἀντίδικος und das Lob der Richter ab. Nach Apsines[69] geht das Proömium von der Person, der Sache oder ἐξ αἰτίας aus, wenn die Hörer vermuten, daß der Redner aus Feindschaft oder Gunst oder Zorn die Klage vertritt oder in eigenem Interesse und nicht aus Sorge für das allgemeine Wohl. Bei der Person wird gefragt, ob die Rede für oder gegen eine angesehene Person ist oder für einen Angehörigen; von der Sache kann die Einleitung ausgehen, wenn sie geringfügig erscheint oder wenn es sich um ein παράδοξον, eine *causa admirabilis*, handelt.

Anaximenes[70] will, daß der Redner, besonders wenn er zum ersten Male auftritt, den Zuhörern sagt, die Gerechtigkeit erfordere, ihn erst einmal mit Wohlwollen anzuhören, von sich selbst aber erklärt, er sei nicht im Vertrauen auf eigenes Können gekommen, sondern im Glauben, dem Staate nützen zu können. Bringt man ihm nicht Wohlwollen entgegen,[71] muß er das sich selbst, der Sache oder der Rede zuschreiben. Im ersten Falle muß er die Rede gleich damit beginnen, daß er Vorwürfe gegen sich vorwegnimmt, sich kurz verteidigt und sie als falsch nachweist. Liegt aber schon ein Urteil gegen ihn vor, muß er es als ungerecht hinstellen und behaupten, daß Feinde ihn ins Unglück gestürzt hätten und daß es, nachdem die Sache schon einmal entschieden sei, ungerecht wäre, jetzt immer noch die gleiche Beschuldigung gegen ihn zu erheben. Droht ihm aber vielleicht erst ein Urteil, muß er sich bereit erklären, sich sofort vor dieser Versammlung richten zu lassen. Wird er dann nicht gerichtlich belangt, muß das als Beweis für seine Unschuld gelten. Es kann aber auch von der Sache her Mißtrauen entstehen oder von der Rede her,[72] weil sie zu lang oder nicht überzeugend ist. In beiden Fällen muß der Redner auf die Verhältnisse und auf den Umfang der Sache hinweisen und versprechen, die Wahrheit aufzuzeigen. Das sind zwar Anweisungen für die Demegorie, sie treffen aber auch für die gerichtliche Rede zu.

Aristoteles[73] verlangt, daß der Redner Einsicht, Tugend und Wohlwollen habe.

---

[66] Rhet. Gr. VII p. 54,18 ff. W.
[67] Rhet. Gr. VII p. 54,3 ff. W.
[68] Rhet. Gr. VII p. 65,21 ff. W.
[69] Aps. rhet. 2 p. 336,25 f.; 337,12 ff.; 26 ff. Sp. = p. 224,13 f.; 225,11 ff.; 226,4 ff. Sp. – H.
[70] Anaxim. rhet. 29,8 f., 1436 b 29 ff.
[71] Anaxim. rhet. 29,10 ff., 1436 b 38 ff.
[72] Anaxim. rhet. 29,23 f., 1437 b 18 ff.; 29, 25 f., 1437 b 28 ff.
[73] Arist. rhet. II 1,1378 a 8.

Der Auctor ad Herennium[74] nennt als Mittel, *a nostra persona* Wohlwollen zu erwerben, seine eigene Aufgabe ohne Anmaßung zu loben, erlittenes Mißgeschick oder bevorstehende Schwierigkeiten zu erwähnen, mit demütiger Beschwörung um Hilfe zu bitten, weil er sonst niemanden darum anzugehen wage. So weit stimmt Cicero[75] mit dem Auctor ad Herennium überein. Dieser rät dem Redner aber noch, über sein Verhältnis zum Staate, zu den Eltern, Freunden und auch zu den Hörern zu sprechen, wenn es irgendwie zur Sache, die er vertritt, passe. Cicero seinerseits gibt noch den Rat, etwa vorgehaltene Beschuldigungen oder wenig anständige Verdächtigungen aus dem Wege zu räumen. Nach Quintilian[76] muß der Redner als ein *vir bonus* erscheinen und nicht als ein Advokat; so nämlich gewinne er an Glaubwürdigkeit; denn der Hörer wird nur zu dem Vertrauen haben, von dem er weiß, daß er die Sache richtig sieht, sie auch richtig vertritt und nicht aus Schlechtigkeit falsch und schließlich in feindlicher Gesinnung darstellt. Der Redner muß deshalb auch den Eindruck erwecken, er trete nur auf, um der Pflicht gegen Verwandte oder Freunde, wenn möglich auch gegen den Staat, zu genügen oder sonst ein bemerkenswertes Beispiel zu geben. Auf alle Fälle muß der Hörer glauben können, daß eine wichtige und ehrenhafte Überlegung ihn hergeführt habe. Besonderes Gewicht aber verleiht seinen Worten das Fehlen jeder schmutzigen Gesinnung, von Haß und Parteilichkeit; wie eine stumme Empfehlung wirkt auch die Feststellung, daß er unvorbereitet, schwach und der Begabung seines Gegners nicht gewachsen sei. Überhaupt solle man die Praxis der Alten befolgen und seine Beredsamkeit möglichst verbergen.[77] Der Anonymus Seguerianus[78] kennt die Werbung um Wohlwollen nur von der Person des Redners her. Er kann es nämlich erreichen durch sein persönliches Wesen, aber auch durch Freundschaft schon vom Vater her, durch gleichgerichtete Bestrebungen, durch Ehrbarkeit; ferner dadurch, daß er die guten Menschen lobt, die Kühnen vorzieht, keinem mißgünstig ist, nicht nur von seinen eigenen Vorzügen redet, sondern die schlechten Eigenschaften seines Gegners mit Stillschweigen übergeht und nur von der Sache spricht, auch den anderen reden läßt, sogar bittere Gedanken freundlich vorbringt, Recht und Billigkeit zu achten weiß, indem er sich lange zurückhält, nicht gleich auf die Klage drängt, auch zur Versöhnung geneigt ist, keine kränkenden Exkurse macht und mildere Strafen beantragt. Das alles klebt nicht an den Schulregeln, sondern ist mehr von der praktischen Seite des Redebetriebes gesehen.

Für den *litigator*, den Klienten oder Kläger und den Angeklagten, so stellt Quintilian[79] fest, gilt das Gleiche wie für den Redner. Wo er aber ausführlicher[80] vom *litigator* handelt, zeigt er eine vielfache Art der Behandlung. Man kann auf seine eigene Würde verweisen, aber auch seine Schwächen anführen, manchmal seine Verdienste, über die man aber mit größerer Zurückhaltung sprechen muß als über fremde. Auch der Hinweis auf Alter, Geschlecht und Lage tut seine Wirkung, wenn z.B. Frauen, Greise oder Waisen an ihre Eltern, Kinder und Gatten erinnern. Geht der

---

[74] Auct. ad Herenn. I 5,8.
[75] Cic. inv. I 16,22.
[76] Quint. inst. IV 1,7f.
[77] Quint. inst. IV 1,9.
[78] Anon. Seguer. rhet. p. 429,20ff. Sp. = 16–18 p. 355,21ff. Sp.-H. = 4,16ff. G.
[79] Quint. inst. IV 1,6f.
[80] Quint. inst. IV 1,13.

Redner vom Gegner aus,[81] muß er im ganzen das, was er von sich gesagt hat, ins Gegenteil umkehren, indem er ihn dem Hasse aussetzt und dabei ausführt, jener habe unflätig, hochfahrend, treulos, grausam, frech, bösartig oder schädlich gehandelt. Dann muß Neid gegen ihn geweckt werden, dadurch, daß auf seine vornehme Herkunft, seinen Reichtum, seine Verwandten, seine Anhängerschaft, Klienten und Gastfreunde, seine Stärke und Übermacht hingewiesen und behauptet wird, er benütze diese seine Vorteile unerträglich anmaßend, jedenfalls in größerem Umfange als er auf die Wahrheit bedacht sei. Er muß durch Betonung seines Taugenichtslebens, seines Müßigganges und seiner Genußsucht der Verachtung preisgegeben werden. Ein erfahrener Redner aber wird sich mit der Feststellung dieser schlimmen Eigenschaften nicht begnügen, sondern sie steigern und etwa vorhandenes Gutes herabsetzen. Den Anwalt des Gegners aber mit Ehren zu nennen,[82] etwa vorzugeben, durch sein Ansehen und seine Beredsamkeit in Furcht versetzt zu werden, nimmt den Richter für den Redner ein und macht ihm zugleich den Gegner verdächtig; allerdings darf der Redner nur selten zu diesem Mittel greifen. Cornelius Celsus war sogar der Ansicht, das gehöre nicht zur Streitsache, Quintilian aber glaubt sich eins mit den bedeutendsten Rednern; was den Redner betreffe, berühre auch die Klage, seien doch auch die Richter geneigt, lieber dem zu glauben, den zu hören sie geneigter sind.

Wenn man vom Hörer, d.h. dem Richter, ausgeht,[83] steht an erster Stelle bei dem Kläger sowohl wie bei dem Angeklagten, daß er den Richter lobt, und zwar maßvoll, aber doch so, daß es seiner Sache nützt. Das kann so geschehen, daß der Redner ihn vorsichtig an die von ihm klug und milde durchgeführten Verfahren und an das allgemeine Urteil darüber erinnert und dabei durchblicken läßt, welches Urteil man erwartet; er kann ihn etwa bei der Vertretung eines angesehenen Mannes an seine eigene Würde erinnern, bei der eines unbedeutenden an seine Gerechtigkeit, bei unglücklichen Menschen an sein Mitleid. Gut ist es dabei auch, das Temperament des Richters zu kennen; denn je nach seiner Art kann man es entweder in den Dienst der Sache stellen oder die ihr entgegenstehende mildern. Es kann aber auch sein, daß der Richter mit der einen oder anderen Partei befreundet oder verfeindet ist. Vielleicht muß gerade die befreundete Partei sich damit besonders beschäftigen, weil es schon vorgekommen ist, daß Richter, um den Schein der Ungerechtigkeit zu meiden, ungerecht gegen ihre Freunde entschieden. Es wird auch notwendig sein, die Meinung, die der Richter von zu Hause mitgebracht hat, zu festigen oder ihn davon abzubringen. Zuweilen gilt es auch, ihnen eine Furcht zu nehmen, wie in der „Miloniana"[84] vor den Waffen des Pompeius, oder sie ihnen auch erst einzuflößen, wie in der ersten Rede gegen Verres[85] die Furcht vor der Öffentlichkeit bei einem etwaigen Freispruch des Verres erweckt wurde. Das zweite Verfahren hält Quintilian vor einem größeren Gerichtshof für sicherer, vor Einzelrichtern nur anwendbar, wenn alles andere ver-

---

[81] Quint. inst. IV 1,14; Auct. ad Herenn. I 5,8; Cic. inv. I 16,22; Iul. Vict. 15 p. 422, 5f. H.

[82] Quint. inst. IV 1,11f.

[83] Anaxim. rhet. 29,9,1436b 32f.; Auct. ad Herenn. I 5,8; Cic. inv. I 16,22; Quint. inst. IV 1,16–21; Iul. Vict. 15 p. 422,6ff. H; Rhet. Gr. VII p. 66,9ff. W.

[84] Cic. Mil. 1,3.

[85] Cic. Verr. II 1,6,15.

sagt hat. Und wenn es die Notwendigkeit verlangen sollte, gehört es doch ebensowenig zur Kunst der Beredsamkeit, wie Berufung einzulegen oder den Richter noch vor dem Urteilsspruch zu beschuldigen.

Auch die Sache[86] selbst kann als Ausgangspunkt des Proömium dienen, wenn sich der Redner um das Wohlwollen der Hörer bemühen will. Anaximenes[87] spricht nur von der beratenden Beredsamkeit und rät, die Sache gleich vorweg aufzugreifen. Was zu unseren Gunsten spricht,[88] muß man finden und steigern, was gegen uns ist, entweder ganz zurückweisen oder doch abschwächen, die eigene Sache lobend hervorheben, die des Gegners mit Verachtung herabsetzen. Auch ein Appell an das Mitleid kann zuweilen angebracht erscheinen. Allerdings, meint Quintilian, müßte, wenn wir etwas Schlimmes erlitten haben oder noch zu erleiden fürchten, das Mitleid den Richtern im Proömium sparsamer vorgesetzt werden als im Epilog, in dem allen Affekten freie Bahn gelassen wird, so daß man den Personen erdichtete Reden in den Mund legt, Tote wieder erweckt und die Kinder der Angeschuldigten auftreten läßt.

Anaximenes[89] behandelt zum Schlusse noch für die beratende Rede die Möglichkeit, daß die Rede selbst Anlaß geben könnte, im Proömium das Wohlwollen der Hörer zu gewinnen, wenn nämlich die Rede zu lang oder auch nicht überzeugend ist, oder längst bekannte Dinge behandelt werden. Im ersten Fall muß man auf die Menge der Gegenstände verweisen, im zweiten hervorheben, daß gerade der richtige Augenblick dafür sei, daran zu erinnern, im dritten kann man nur versprechen, in der Ausführung die Wahrheit nachzuweisen.

Es kommt nun zu all dem noch hinzu, in den sogenannten προοίμια περιστατικά[90] alles, was mit den Personen und Dingen irgendwie in Zusammenhang steht, zur Gewinnung des Wohlwollens zu gebrauchen: neben den Kindern Verwandte, Freundschaften, ja ganze Landstriche und Gemeinden, alles, was nur irgendwie unter der Niederlage des Klienten zu leiden haben könnte, die Zeit, den Ort, die allgemeine Lage, die öffentliche Meinung, der Ruf der Gerichte, die Erwartung des Volkes.[91]

Das erste *officium* der Einleitung, das *attentum facere*, wird durch die Erklärung des Redners erreicht, er werde über große, neue und unglaublich scheinende Dinge sprechen, die alle oder besonders hervorragende Männer, den Staat und die unsterblichen Götter angehen.[92] Das Interesse des Richters muß geweckt werden durch Erregung von Furcht und Hoffnung, durch Mahnung und Bitten, auch durch Erregung seiner Eitelkeit.[93] Dazu kommt am Schluß noch das Versprechen, sich kurz zu fassen und nicht von der Sache abzuschweifen;[94] schließlich muß man die Gegenstände der

---

[86] Auct. ad Herenn. I 5,8: si nostram causam laudando extollemus, adversariorum per contemptionem deprimemus; Cic. inv. I 16,22; Quint. inst. IV 1,23.

[87] Anaxim. rhet. 29,23f., 1437b 18ff.

[88] Quint. inst. IV 1,27f.

[89] Anaxim. rhet. 29,25f., 1437b 28ff.

[90] Anon. Seguer. rhet. p. 428,18f. Sp. = 8 p. 354,4f. Sp. - H. = p. 3,1f. G nach Harpokration; Rhet. Gr. VII p. 67,13ff. W.

[91] Quint. inst. IV 1,30f. mit Hinweisen auf Cic. Cael. 1,1 (tempus), Deiot. 2,5 (locus), Mil. 1,1ff. (habitus) und Verr. II 1,1,1 (opinio).

[92] Auct. ad Herenn. I 4,7; Cic. inv. I 16,23; Quint. inst. IV 1,33; Iul. Vict. 15 p. 422, 32ff. H; Anon. Seguer. rhet. p. 429,6ff. Sp. = 14 p. 355,5ff. Sp. - H. = p. 4,1ff. G.

[93] Quint. inst. IV 1,33.

[94] Quint. inst. IV 1,34.

Rede kurz aufzählen und direkt zur Aufmerksamkeit auffordern.[95] Zur Steigerung kann noch erklärt werden, daß man auch die Punkte, die der Vorredner außer acht gelassen habe, selber ergänzend nachtragen werde.[96] Am wichtigsten aber ist bei allem die Glaubwürdigkeit des Redners.[97]

Wer *attentus* ist, ist auch schon *docilis*, gewillt, sich weiter belehren zu lassen. Ein Mittel dazu ist, daß der Redner die Einzelpunkte des Falles kurz aufzählt.[98] Bedeutende Autoren, sagt Quintilian,[99] waren der Meinung, man solle den Richter nicht immer aufmerksam und einer Belehrung zugänglich machen, wenigstens nicht bei einer schlechten Sache, weil da die Unkenntnis des Richters nur günstig sein könne. Quintilian ist gegen diese Auffassung, weil die Unkenntnis des Richters nicht seiner Unaufmerksamkeit, sondern dem Irrtum zuzuschreiben ist, in den man ihn versetzt habe. Wenn der Gegner ihn schon vor uns durch seine Rede überzeugt habe, könne er von seiner falschen Meinung nur abgebracht werden, wenn wir ihn vorher aufmerksam und einer Belehrung zugänglich gemacht haben. Er verweist dafür auf den Eingang von Ciceros ‚Ligariana'[100] und auf die Rede für Caelius.[101]

Um zu erkennen, welche der drei Forderungen zu erfüllen sind, wurden die *genera causarum*[102] aufgestellt:

Das *genus honestum* (ἔνδοξον) liegt vor, wenn eine Sache verteidigt wird, von der alle überzeugt sind, sie verteidigen zu müssen, wenn die Hörer, ohne daß der Redner sich selbst dazu geäußert hat, für die Sache begeistert sind und es z. B. für notwendig halten, einen tapferen Mann gegen einen Mörder zu verteidigen.[103]

Beim *genus humile* (ἄδοξον) muß man aber versuchen, eine Sache von der besonderen weg auf eine allgemeine Bedeutung zurückzuführen, so daß sie alle angeht, weil eine Sache, je geringer sie ist, desto häufiger bei allen vorkommen kann.[104] Sulpitius Victor[105] verlangt auch bei einer unbedeutenden Sache die Einhaltung der gleichen Vorschriften wie für die *attentio*, weil der Richter aufmerksam gemacht werden muß, da sonst die Gefahr besteht, daß er die Sache als zu gering und unbedeutend betrachtet und sie gar nicht anhören will. Da muß der Redner erklären, die Sache selbst sei zwar gering, die Hoffnung des Klienten aber groß, und es sei Sache des Richters als eines *vir bonus*, über die größten wie über die kleinsten Dinge mit der gleichen Gerechtigkeit zu entscheiden.

Beim *genus dubium* (ἀμφίδοξον) kann die Person anständig und die Sache unanständig oder umgekehrt sein. Da gilt es, den Richter zu belehren, aber auch zu versuchen, sein Wohlwollen zu gewinnen. Vor allem soll man sich dabei vom Unehren-

---

[95] Auct. ad Herenn. I 4,7.
[96] Aps. rhet. 3 p. 344,17ff. Sp. = p. 236,19ff. Sp.-H.
[97] Anon. Seguer. rhet. p. 429,6ff. Sp. = 14 p. 355,5ff. Sp.-H. = p. 4,1ff. G: προσοχὴν δὲ ἀπεργάσῃ ... εἰ ἀξιόπιστος φαίνοιο, ἢ πολλῶν ἔμπειρος εἶναι πραγμάτων προσποιοῖο ἢ αὐτὸς πειραθεὶς ἢ καὶ παρ' ἄλλων πειραθέντων μαθὼν καὶ συμβουλεύσας.
[98] Auct. ad Herenn. I 4,7; Cic. inv. I 16,23; Quint. inst. IV 1,34; Fortun. rhet. II 19 p. 113,

1f. H; Iul. Vict. 15 p. 423,3 H; Arist. rhet. III 14,1415a 12f.
[99] Quint. inst. IV 1,37–39.
[100] Cic. Lig. 1,2f.
[101] Cic. Cael. 13,31.
[102] Siehe S. 24–26.
[103] Auct. ad Herenn. I 3,5.
[104] Aug. rhet. 18 p. 148,17ff.; 21 p. 150,29ff. H.
[105] Sulp. Vict. 8 p. 317,17ff. H.

haften ab- und dem Ehrenhaften zuwenden, so daß nichts von dem Schimpflichen mehr schaden kann.[106]

Beim *genus obscurum* (δυσπαρακολούθητον)[107] ist es das Natürlichste, den Hörer aufzuklären. Sulpitius Victor[108] mahnt, sich die größte Mühe zu geben, um den Hörer einer Belehrung zugänglich zu machen und die Sache um so sorgfältiger darzulegen, je dunkler sie ist, die Gegeneinwände zum eigenen Nutzen zu verwenden und dem Gegner vor allem in den Punkten zuzusetzen, in denen er am meisten verwundbar ist.

Das *genus admirabile* (παράδοξον)[109] hat nach Sulpitius Victor[110] seinen Namen davon, daß sich die Richter darüber wundern, daß sich jemand gefunden hat, der eine solche Sache vertritt. In ihm wird nämlich jemand verteidigt, der auf keine Weise mehr verteidigt werden kann.[111] Augustinus[112] nennt eine derartige *causa* ein *thema malae opinionis*, in dem es sowohl um die Würde der Person als auch um die Sache selbst schlecht bestellt ist. Es muß deshalb in der ganzen Rede, besonders aber im Proömium eine aufgeregte Spannung erzielt werden.[113] Das einzige, das in einem solch schwierigen Falle vielleicht noch erreicht werden kann, nämlich das Wohlwollen des Richters zu gewinnen, wird sich nicht mehr mit den gewöhnlichen Mitteln des *principium* erreichen lassen.[114] Die Rhetoren unterscheiden dabei zwischen Fällen, in denen die Hörer nicht ganz feindlich eingestellt sind und solchen, in denen sie sich völlig ablehnend verhalten. In jenen muß der Redner versuchen, auf dem gewöhnlichen Wege das Wohlwollen der Hörer zu gewinnen, im zweiten *remedia*, d.h. das Verfahren der *insinuatio*,[115] anwenden. Augustinus[116] gebraucht die Bezeichnung *insinuatio* nicht, sondern spricht nur von *longiora principia*, Sulpitius Victor[117] von einer *laboriosa praelocutio*. Die griechische Bezeichnung dafür ist ἔφοδος.[118] Cicero[119] nennt sie eine *oratio quadam dissimulatione et circuitione obscure subiens auditoris animum*, während das *principium* offen und auf geradem Wege um das Wohlwollen wirbt. Fortunatian[120] definiert die *insinuatio*: *subdolum principium, quo occultius inrepimus in animum iudicis*. Grillius[121] unterscheidet zwei Verfahrensmöglichkeiten, die *dissimulatio* und die *circuitio*. Bei jener stellt sich der Redner heuchlerisch, als wolle er gar kein Wohlwollen verlangen, will es aber gerade durch diese seine Haltung erwerben.

---

[106] Fortun. rhet. II 13 p. 109,8f. H.
[107] Cic. inv. I 16,21; Quint. inst. IV 1,41; Fortun. rhet. II 13 p. 109,10 H.
[108] Sulp. Vict. 8 p. 317,25 ff. H.
[109] Cic. inv. I 15,20; Quint. inst. IV 1,40; Fortun. rhet. II 13 p. 109,5 H; Victorin. rhet. I 15 p. 196,15 H; Sulp. Vict. 7 p. 316,25 H; Grill. § 20 p. 84,22; 21 p. 87,17 M; παράδοξον: Quint. inst. IV 1,40; Fortun. rhet. II 13 p. 109,5.9 H; Aug. rhet. 17 p. 147,23; 18 p. 148,12 H; Sulp. Vict. 7 p. 316,25 H; turpe: Auct. ad Herenn. I 3,5; 4,6.
[110] Sulp. Vict. 7 p. 316,32 ff. H.
[111] Victorin. rhet. I 15 p. 196,15f. H.
[112] Aug. rhet. 21 p. 150,17f. H.
[113] Sulp. Vict. 7 p. 316,30f. H.
[114] Quint. inst. IV 1,42.
[115] Auct. ad Herenn. I 4,6; Cic. inv. I 15,20; Fortun. rhet. II 14 p. 109,13 H; Sulp. Vict. 17 p. 322,15 H; Grill. § 21 p. 87, 18f. M.
[116] Aug. rhet. 21 p. 150,18 H.
[117] Sulp. Vict. 17 p. 322,15 H.
[118] Auct. ad Herenn. I 4,6; Max. Plan. prol. (Rhet. Gr. V p. 366,15 W); Rhet. Gr. VII p. 20,27 W = P.S. 13 p. 206,20 R; Rhet. Gr. VII p. 54,6 W.
[119] Cic. inv. I 15,20.
[120] Fortun. rhet. II 14 p. 109,13f. H.
[121] Grill. § 20 p. 86,9 ff.; 21 p. 87,19f. M.

Er erklärt also, er habe verdient, was er jetzt erleide, will aber dadurch gerade das Gegenteil erreichen, oder er erklärt, sein Tod werde gerade denen nützen, die der Richter hasse. Die *circuitio* aber besteht darin, daß er nicht um Wohlwollen bittet, sondern es geradezu erntet. Er wird also, so meint der Auctor ad Herennium,[122] damit beginnen, daß er zugibt, die Dinge seien nichtsnutzig und unwürdig, über sie müsse man urteilen und nicht über den Menschen, darauf günstige richterliche Entscheidungen über die gleichen, geringere und schwerere Fälle anführen und so auf den vorliegenden Fall kommen. Er wird nicht über den anstößigen Beklagten, sondern über einen beliebten Mann und eine gute Sache sprechen, um den Hörer von dem, was er haßt, zu dem zu leiten, was er schätzt. Was man nicht leugnen kann, muß geringer erscheinen oder in anderer Absicht getan und aussehen, als ob es mit der ganzen Sache nichts zu tun habe oder durch Reue wieder gutgemacht werden könne, und überhaupt sei er schon genug bestraft. Er muß erklären, daß er nicht vom Gegner reden werde, es aber doch versteckt tun, um ihn schlecht zu machen. Wenn ihm so der Hörer allmählich genügend vorbereitet erscheint, muß er sich versteckt an die Sache heranarbeiten und versprechen, sich zuerst mit den Argumenten des Gegners, am besten mit dem zuletzt angeführten, zu beschäftigen. Die *insinuatio* ist aber nun nicht auf Anstoß erregende Fälle beschränkt; der Redner wird sich ihrer auch bedienen, wenn der Hörer schon durch die Rede des Gegners gewonnen ist oder wenn die Zeit für das Auftreten des Redners erst angesetzt ist, wenn die Hörer schon ermüdet sind. Im letzten Falle muß sie der Redner durch irgendeine Sache zum Lachen bringen, durch eine Geschichte oder Fabel, auf Grund eines Zurufes oder beifälligen Lächelns sagen, vorbereitet würde er anders sprechen, er werde nicht wie die anderen nur Worte machen, sondern kurz darlegen, was er willens sei zu tun.

Es empfiehlt sich, von der Rede des Gegners auszugehen, weil so der Eindruck erweckt wird, als sei das Proömium nicht schon zu Hause ausgearbeitet, sondern erst an Ort und Stelle aus der augenblicklichen Situation heraus entstanden. Dadurch wird der Ruf des Redners gesteigert, sein Ansehen gemehrt; der dazu kommende schlichte Stil vermehrt noch seine Glaubwürdigkeit, so daß die Hörer auch das zu Hause Ausgearbeitete für extemporierte Rede ansehen.[123]

Hermogenes[124] läßt das Proömium sich aufbauen:

1. Auf der πρότασις, dem Vordersatz mit der Angabe der Aufgabe.
2. Auf der κατασκευή oder βεβαίωσις.
3. Auf der ἀπόδοσις oder ἀξίωσις, der Meinungsbildung.
4. Auf der βάσις, die πρότασις und ἀπόδοσις zusammenbringt.

Beim Anonymus der Prolegomena[125] heißt der zweite Teil αἰτία, auch κατασκευή genannt, Darlegung der Wahrscheinlichkeit der πρότασις, der dritte ἀνταπόδοσις oder ἀξίωσις, der vierte συναγωγή oder βάσις.

---

[122] Auct. ad Herenn. I 6,9f.; Cic. inv. I 17,23 ff.; Quint. inst. IV 1,42–49.
[123] Quint. inst. IV 1,54.
[124] Hermog. inv. I 5 p. 106,15 ff. R.
[125] Rhet. Gr. VII p. 68,24 ff.; 69,21 ff. W.

Der Umfang des Proömium, sagt Quintilian,[126] solle der *causa* entsprechen: bei einer nur einfachen also kurz, länger aber bei einem komplizierten Fall und bei einer schimpflichen oder verdächtigen Sache. Wie er übermäßige Länge verwirft, findet er aber die Forderung, das Proömium auf vier Sätze zu beschränken, lächerlich. Wer diese Forderung erhoben hat, ist nicht bekannt; ich möchte allerdings nicht – wie R. Volkmann[127] – einen älteren Rhetor annehmen, der, wie später Hermogenes, das Proömium aus vier Teilen bestehen ließ, aus denen dann Quintilian fälschlich vier Sätze gemacht habe.

Der Stil des Proömium soll nach Cicero[128] dadurch gekennzeichnet sein, daß es immer entsprechend der *causa* mit Sorgfalt bearbeitet, treffend und mit Gedanken ausgestattet und mit Worten geschmückt ist. Ebenso heißt es kurz darauf, daß es *pro portione rerum* einen gewissen Schmuck und Würde besitzen muß.[129] Schon früher[130] hatte er verlangt, daß das Proömium ein Höchstmaß an Gedanken und Würde enthalte und überhaupt alles, was ehrenhafte Gesinnung angeht, weil das den Redner am meisten empfiehlt; so wenig wie möglich aber sollen Schmuck und Zierde und abgerundete Form verwendet werden, weil dies den Verdacht absichtlicher Zurüstung und gekünstelter Sorgfalt erregen und so der Rede die Glaubwürdigkeit, dem Redner sein Ansehen genommen werde. C. Iulius Victor[131] hat das so weit eingeschränkt, daß dem Proömium zwar oft, aber nicht immer, kunstvolle Anordnung der Gedanken und Worte zukomme. Der Auctor ad Herennium[132] will beobachtet wissen, daß im Proömium die Sprache sanft dahinfließe, nur gebräuchliche Worte verwendet werden, damit die Rede nicht gesucht erscheine. Quintilian[133] beharrt bei der Vorschrift der Alten, daß im Proömium kein ungebräuchliches Wort, keine kühne Metapher, kein veraltetes und kein poetisches Wort gebraucht werden soll. Der Stil des Proömium darf nicht dem der Beweisführung, nicht dem bei der Verwendung von *loci communes* üblichen und nicht dem der Erzählung ähnlich sein; er darf aber auch nicht kunstvoll ausgearbeitet und abgerundet sein, sondern soll immer der einfachen und kunstlosen Sprache gleichen und nicht durch Worte und Mienen zu viel versprechen, weil die prunklose Rede oft besser ankommt. Letzten Endes muß man sich auch danach richten, was für die Formung des Richters günstiger ist. Hermogenes[134] will den Stil so eingerichtet wissen, daß die panegyrische Rede durch die Eurhythmie der gesprochenen Rede und die Freude an Großartigkeit in den Gedanken gekennzeichnet sei. Das προοίμιον der öffentlichen Rede soll dagegen große und in die Länge gezogene κῶλα haben, die pathetische Rede aber bündiger und klar (εὔκολος) sein. Maximos Planudes[135] verlangt, daß das προοίμιον in der Wortwahl kunstlos sei und nicht hervorsteche, was durch Meidung hervorleuchtender Tropen erreicht werden könne. Der

---

[126] Quint. inst. IV 1,62; Cic. de orat. II 79,320; Iul. Vict. 15 p. 421,23f. H: oportet... causis principia nec magnis parva nec parvis magna praeponi.
[127] R. Volkmann, a.a.O. S. 142.
[128] Cic. de orat. II 78,315.
[129] Cic. de orat. II 79,320.
[130] Cic. inv. I 18,25.
[131] Iul. Vict. 15 p. 423,17f. H.
[132] Auct. ad Herenn. I 7,11.
[133] Quint. inst. IV 1,58–60.
[134] Hermog. inv. I 5 p. 107,3ff. R.
[135] Max. Plan. schol. in Hermog. inv. (Rhet. Gr. V p. 382,9ff. W).

Scholiast εἰς εὑρέσεις¹³⁶ versteht das so, daß der Redner keine schweren und wuchtigen σχήματα λέξεως, sondern μέτρια καὶ εὔκολα anwende. Maximos¹³⁷ erklärt dann weiter, manchmal könne die Rede auch bündig und periodenähnlich sein, bisweilen sich auch dem Stile der Erzählung nähern. Der Anonymus der προλεγόμενα τῶν εὑρέσεων¹³⁸ des Hermogenes verlangt für das προοίμιον, daß es klar und kurz, περιηγμένον καὶ λέξιν μεταφορικὴν ἔχον sei. Die alte Strenge jedoch hat sich sehr gelockert. Manche Theoretiker haben auch die ἀποστροφή, die Abwendung des Redners vom Richter zu einer anderen Person hin, im Proömium nicht gestattet. Selbstverständlich spricht der Redner zu jenen, deren Wohlwollen er gewinnen will; bisweilen ist es aber doch notwendig, daß er sich einem anderen zuwendet. Die das verboten haben, taten es nicht, weil sie es für unerlaubt, sondern für nicht nützlich hielten. Demosthenes wie auch Cicero haben denn auch von der ἀποστροφή Gebrauch gemacht; daraus darf aber nicht gefolgert werden, daß sie immer erlaubt ist. In gleicher Weise sind auch Vergleiche, wenn sie nur kurz sind, Metaphern und Tropen, erlaubt, die von vorsichtigen Rhetoren verboten werden.¹³⁹ Wirkliche Fehler des Proömium sind nach dem Auctor ad Herennium:¹⁴⁰

1. Das *prooemium vulgare*, das sich für mehrere Fälle verwenden läßt.
2. Das *commune*, das auch für den Gegner geeignet ist.
3. Das *nimium longum*, das aus gesuchten Wörtern *compositum* ist.
4. Das *non ex ipsa causa natum videtur*.
5. Das *quod neque benevolum neque docilem neque attentum facit auditorem*.

Cicero¹⁴¹ schiebt zwischen dem *commune* und dem *compositum* noch das *commutabile* ein, das nur weniger Änderungen bedarf, um auch vom Gegner passend verwendet werden zu können. Das vierte *vitium* heißt bei ihm *separatum*, das fünfte nennt er *contra praecepta*, das keines der *officia* des Proömium erfüllt. Vor diesem fügt er noch das *translatum* ein, das *aliud conficit, quam causae genus postulat*, wenn z. B. der Hörer aufmerksam statt wohlwollend gemacht wird. Quintilian¹⁴² streicht von den *vitia* Ciceros das *longum* und das *contra praecepta*. Sulpitius Victor¹⁴³ nennt nur das *prooemium longum, vulgare, commutabile, contra praecepta*; es ist aber sicher vor *commutabile commune* ausgefallen, das in der folgenden Erklärung an dieser Stelle behandelt wird. Fortunatian¹⁴⁴ nennt das *vulgare* auch *generale* und folgt im übrigen Cicero. Er nennt dann noch sechs Arten von *vitia*,¹⁴⁵ die man aber, wenn die Sache es erfordere, anwenden dürfe, nämlich das ἀπολογητικόν, γνωμικόν, ἐνθυμηματικόν, παραδειγματικόν, ἐσχηματισμένον und ἀμεταφορητικόν. Daß ἀπολογητικόν¹⁴⁶ das Adjektiv zu

---

[136] Rhet. Gr. VII, 2 p. 717,1 ff. W; εὔκολος - σαφής: Rhet. Gr. VII, 2 p. 717,6 f. W; Max. Plan. schol. in Hermog. inv. (Rhet. Gr. V p. 383,1 f. W).
[137] Max. Plan. schol. in Hermog. inv. (Rhet. Gr. V p. 382,14 ff. W).
[138] Rhet. Gr. VII p. 68,10 f. W.
[139] Quint. inst. IV 1,63–70.
[140] Auct. ad Herenn. I 7,11.
[141] Cic. inv. I 18,26: vulgare, commune, commutabile, longum, separatum, translatum, contra praecepta.
[142] Quint. inst. IV 1,71.
[143] Sulp. Vict. 18 p. 322,26 H.
[144] Fortun. rhet. II 15 p. 110,1 f. H.
[145] Fortun. rhet. II 15 p. 110,7 f. H.
[146] Fortun. rhet. II 23 p. 115,28 f. H.

ἀπόλογος = Fabel ist, hat schon C. Halm[147] im *Index rerum et verborum* angemerkt. Die vier ersten Stücke richten sich also gegen die Verwendung von beweisenden Stücken im Proömium: Enthymem und Beispiel sind γένη der πίστεις ἔντεχνοι, Gnome und Fabel εἴδη des Enthymems. Die Verwendung von σχήματα, der figurierten Rede und der Tropen, wozu die Metapher gehört, gehören zur stilistischen Gestaltung. Die Stellungnahme des Fortunatian ist hier auffallend: Während der Scholiast mäßige und klare Figuren zuläßt, verbietet er sie vollends, verlangt aber wie die anonymen Prolegomena die Verwendung von Metaphern, die auch der Scholiast[148] zur Steigerung verwendet wissen will.

2. Die Erzählung

Von Aristoteles gibt es keine Definition der Erzählung. Er sagt nur gelegentlich,[1] daß die Erzählung allein die gerichtliche Rede angehe und daß es für den Prozeßführenden nichts weiter gebe, als zu zeigen, daß eine Sache ist oder nicht ist, geschehen oder nicht geschehen.[2] In der epideiktischen Rede müssen die Taten, auf denen die Rede basiert, dargelegt werden, und zwar nicht zusammenhängend nach der Zeitenfolge, sondern nach den τελικὰ κεφάλαια gegliedert, den Tatsachen, die für bestimmte Eigenschaften sprechen.[3] Und das, obwohl es bei der Demegorie und der epideiktischen Rede keine Erzählung geben kann. Anaximenes[4] aber will, daß in der διήγησις über die früheren Taten berichtet oder, wenn sie schon bekannt sind, daran erinnert wird, die gegenwärtigen in einzelnen Stücken dargelegt oder auf die künftigen voraus hingewiesen wird. Damit umfaßt er alle drei γένη der Beredsamkeit.

Sehr allgemein ist die Definition des Apollodoros:[5] διήγησίς ἐστι περιστάσεως ἔκθεσις. Alexandros, der Sohn des Numenios,[6] wandte dagegen ein, daß die περίστασις eine Vielzahl von Personen, Sachen und Ursachen usw. sei, die διήγησις aber nur jeweils eines davon zum Inhalt haben könne, und bestimmte deshalb die διήγησις als ἔκθεσις καὶ παράδοσις τῷ ἀκροατῇ τοῦ πράγματος, οὗ κοινούμεθα αὐτῷ. Zenon von Laodicea[7] hielt es wieder mit Apollodoros und betrachtete die διήγησις als τῶν ἐν τῇ ὑποθέσει πραγμάτων ἔκθεσις. Das gegnerische Schulhaupt Theodoros[8] definierte: διήγησίς ἐστι πράγματος αὐτοτελοῦς κατὰ ψιλὴν ἀπόδοσιν ἔκθεσις περὶ τῶν ἤδη γεγονότων. Für Neokles[9] ist die Erzählung: ἡ δικανικὴ ἔκθεσις πραγμάτων εἴς τινα προκειμένην ζήτησιν ἀνηκόντων, und zwar lediglich τῶν ἐνεστώτων ἔνδειξις und τῶν μελλόντων πρόρρησις, oder auch dem Apollodoros entgegenkommend:

---

[147] C. Halm, Rhetores Latini minores, Leipzig 1863 (Nachdr. Frankfurt a. M. 1964), S. 631.
[148] Rhet. Gr. VII, 2 p. 717,19f. W.

[1] Arist. rhet. III 13,1414a 37f.
[2] Arist. rhet. I 1,1354a 27f.
[3] Arist. rhet. III 16,1416b 16ff.
[4] Anaxim. rhet. 30,1,1438a 3ff.
[5] Anon. Seguer. rhet. p. 434,30f. Sp. = 50 p. 363,6f. Sp.-H. = p. 12,3f. G; bei Quint. inst. IV 2,31 lautet die Definition: oratio docens auditorem, quid in controversia sit.

[6] Anon. Seguer. rhet. p. 434,31ff. Sp. = 50f. p. 363,7ff. Sp.-H. = p. 12,4ff. G.
[7] Anon. Seguer. rhet. p. 434,23f. Sp. = 48 p. 362,20f. Sp.-H. = p. 11,17f. G.
[8] Anon. Seguer. rhet. p. 434,25ff. Sp. = 49 p. 363,1ff. Sp.-H. = p.11,19ff. G.
[9] Anon. Seguer. rhet. p. 434,17ff. Sp. = 46f. p. 362,13ff. Sp.-H. = p. 11,10ff. G.

περιστάσεως ἔκθεσις εἴς τινα ζήτησιν ἀνηκούσης. Apsines[10] bestimmte die Erzählung als πραγμάτων γενομένων ἔκθεσις. Cicero[11] nennt die *narratio* die *rerum explicatio et quaedam quasi sedes et fundamentum constituendae fidei*. Iulius Severianus[12] bezeichnet die *narratio* kurz als *insinuatio totius causae*.

Beim Auctor ad Herennium[13] und bei Cicero kommt zum ersten Male, wenigstens für uns sichtbar, ein neues Moment in der Definition der Erzählung vor, daß es sich nämlich nicht nur um Geschehnisse, sondern auch um *res ut factae* handelt, ebenso bei Quintilian.[14] Übereinstimmend mit dem Auctor ad Herennium legt Cicero[15] dann dar, daß es drei *genera* der *narratio* gibt:

1. *genus, in quo ipsa causa et omnis ratio controversiae continetur*, die Darstellung des zur Beurteilung kommenden Falles in der gerichtlichen Beredsamkeit.

2. Das zweite *genus* wird von der *digressio* gebildet, die nicht zur Sache selbst gehört, die aber der Beschuldigung oder einer Ähnlichkeit wegen oder der Unterhaltung wegen eingelegt wird und irgendwie noch mit dem Falle zu tun hat, also auch noch in der gerichtlichen Beredsamkeit vorkommen kann.[16]

3. Das dritte *genus* aber, in dem die *res ut factae* zu Hause sind, hat nichts mehr mit den *civiles causae* zu tun. Es gliedert sich wieder in zwei Teile: In dem einen handelt es sich um Personen, im anderen um Sachen. Die Erzählung, die in der Darstellung von Sachen[17] besteht, hat drei Teile:

a) Fabel, *in qua nec verae nec veri similes res continentur*.
b) Historischer Inhalt, *historia est gesta res, ab aetatis nostrae memoria remota*.
c) *Argumentum*, eine *ficta res, quae tamen fieri potuit*.

Die Erzählung aber, die es mit Personen[18] zu tun hat, ist derart, daß man aus ihr neben der Sache auch die Reden und die Gesinnung der Personen erkennen kann; da ist viel heitere Unterhaltung, ein buntes Geschehen, verschiedenartige Charaktere, Ernst und Leichtsinn, Hoffnung und Furcht, Verdacht, Sehnsucht, Verstellung, Irrtum, Mitleid, Glücksumschwung, plötzliche Freude und glücklicher Ausgang nötig. Es handelt sich also um romanhafte Literatur.

Die gleiche Einteilung hat auch Hermogenes[19] im zweiten Kapitel seiner προγυμνάσματα. Er definiert dementsprechend das διήγημα auch als ἔκθεσις πράγματος γεγονότος ἢ ὡς γεγονότος und unterscheidet vier εἴδη: μυθικόν, πλασματικόν, auch δραματικόν genannt, ἱστορικόν und πολιτικόν ἢ ἰδιωτικόν. Bei Priscian[20] sind es die *narratio fabularis, fictilis, historica* und *civilis*. Eine ähnliche Konstruktion hat auch der

---

[10] Aps. rhet. 5 p. 353,4 Sp. = p. 249,16f. Sp.–H.
[11] Cic. part. 9,31.
[12] Iul. Sev. 7 p. 358,28 H.
[13] Auct. ad Herenn. I 8,12.
[14] Quint. inst. IV 2,31.
[15] Cic. inv. I 19,27.
[16] Quint. inst. IV 2,11 erkennt nach dem Vorgang bedeutender Autoren zwei Arten von narrationes an: alteram ipsius causae, alteram in rerum ad causam pertinentium expositione.
[17] Auct. ad Herenn. I 8,13; Cic. inv. I 19,27; Mart. Cap. rhet. 46 (550) p. 486,16f. H nennt vier genera narrationis: historia, fabula, argumentum, negotialis vel iudicialis assertio.
[18] Auct. ad Herenn. I 8,13; Cic. inv. I 19,27.
[19] Hermog. prog. 2 p. 4,6f.; 16ff. R.
[20] Prisc. rhet. 2 p. 552,13 H.

Anonymus Seguerianus.²¹ Er unterscheidet eine doppelte Art der διήγησις, eine γενική und εἰδική; jene ist ihm die ἀπαγγελία πραγμάτων γεγενημένων ἢ ὄντων ἐπὶ κριτοῦ ἢ κριτῶν, ὑπὲρ ὧν δεῖ φέρειν τὰς ἀποδείξεις.

Das εἶδος ist ebenso zweifach, nämlich die διήγησις ἀληθής, die ἐπὶ κριτῶν λεγομένη, und πεπλασμένη oder καθ' ἑαυτήν. Die letzte wieder kann βιωτική sein, das Privatleben betreffen, ἱστορική, μυθική und περιπετική, die einen Glückswechsel zum Inhalt hat, eine romanhafte Erzählung. Die διηγήσεις ἐπὶ κριτῶν aber werden entweder in einer Streitsache gesprochen – teils sind sie auch eine persönliche Darstellung des Streitfalles, teils kommen sie aber auch von außen her noch zu der Streitsache hinzu, um Glaubwürdigkeit zu erreichen, um der Steigerung willen und um den Gegner herabzusetzen – oder auch aus irgendeinem anderen Grunde. Diese nennt er παραδιήγησις.

Fünf *genera* der *narratio* unterscheidet Fortunatian:²² das *directum* und *convincens*, die beide verwendet werden, wenn etwas bewiesen werden soll, wobei das *convincens* den Richter nicht so sehr belehren als den Gegner niederschlagen will; das *conversum*, wenn etwas zurückgewiesen und widerlegt werden soll; das *conparativum*, wenn Person und Sache nach einem Vergleich verlangen; wenn aber die Sache das nicht verlangt, tritt das *genus solutum* ein.

Die Schüler des Theodoros von Byzanz haben nach Aristoteles²³ drei εἴδη der διήγησις unterschieden: διήγησις, ἐπιδιήγησις, προδιήγησις. Nach Martianus Capella²⁴ waren es fünf: προδιήγησις, ὑποδιήγησις, παραδιήγησις, ἀντιδιήγησις und die καταδιήγησις. Fortunatian²⁵ kennt acht: die eigentliche διήγησις, die *narratio principalis*, die ἀντιδιήγησις, die im ganzen oder nur teilweise die Rede des Gegners umkehrt und widerlegt, die μερικὴ διήγησις,²⁶ die in einzelne Teile zerlegte, zugleich mit dem jeweiligen Beweispunkt verbundene Erzählung. Die παραδιήγησις gehört zwar auch zu den διηγήσεις ἐπὶ κριτῶν λεγομέναι, hat aber mit dem eigentlichen πρᾶγμα nichts zu tun, tritt jedoch zuweilen zum Beweis oder zur Anschuldigung oder als Übergang oder aus irgendeiner anderen Absicht ein, um eine außerhalb des Prozeßgegenstandes liegende Anschuldigung zu beseitigen, der *amplificatio* wegen, um den Richter zu erregen oder zu besänftigen oder auch durch eine witzige Bemerkung heiter zu stimmen oder nur durch eine angenehme, der *delectatio* dienende Abschweifung das Interesse des Publikums wachzuhalten. Sie ist nach der ἐπιδιήγησις die zweite der drei vom Auctor ad Herennium und Cicero²⁷ genannten Redearten und der zwei, von Quintilian²⁸ nach dem Vorgang bedeutender Autoren anerkannter Gerichtsreden, von denen die erste *ipsius causae* ist, die zweite, die παραδιήγησις,

---

²¹ Anon. Seguer. rhet. p. 435,6ff. Sp. = 52ff. p. 363,14ff. Sp.–H. = p. 12,10ff. G.
²² Fortun. rhet. II 18 p. 111,30ff. H.
²³ Arist. rhet. III 13,1414b 14f.
²⁴ Mart. Cap. rhet. 46 (552) p. 486,31f. H.
²⁵ Fortun. rhet. II 19 p. 112,5ff. H.
²⁶ Iul. Vict. 16 p. 425,2 H kennt die μερικαὶ διηγήσεις, wenn die διήγησις zerlegt und mit Beweisstücken durchsetzt wird, weil entweder die lange Reihe der Tatsachen befürchten läßt, daß der Richter das zuerst Gehörte wieder vergißt, oder wenn unter einer Klage mehrere Taten verhandelt werden, wie bei Klagen de repetundis.
²⁷ Auct. ad Herenn. I 8,13; Cic. inv. I 19,27.
²⁸ Quint. inst. IV 2,11.

in rerum ad causam pertinentium expositione. Der Anonymus Seguerianus[29] unterscheidet drei εἴδη der παραδιήγησις: die eigentliche παραδιήγησις, die προδιήγησις und die ἐπιδιήγησις. Einige Rhetoren hielten auch die παραδιήγησις für identisch mit der παρέκβασις. Der Unterschied aber ist der, daß die παραδιήγησις immer noch mit einigen Teilen des πρᾶγμα zusammenhängt, die παρέκβασις dagegen ein Ausbrechen der Rede auf Grund einer Ähnlichkeit der Dinge ist.[30] Die ὑποδιήγησις entsteht, *quando quaestionem narrativo modo approbamus*;[31] nach Rufos[32] ist sie die Erzählung, die mit den Taten zugleich auch die Absichten des Täters und den Grund seines Verhaltens vorträgt.[33] Aus dem Umstand, daß die Übernahme von Stücken der Beweisführung in die Erzählung nicht stattfinden sollte, erklärt sich die Benennung. Die καταδιήγησις[34] kommt besonders in jenen Streitfragen vor, in denen die Erzählung den ganzen Raum der Rede einnimmt und die Beweisführung schon in der Erzählung enthalten ist. Die ἐπιδιήγησις, *repetita narratio*, trägt die in der *narratio* zu kurz gekommenen Dinge innerhalb der *argumentatio* oder vor dem Epilog vor. Zusammen mit der προδιήγησις des Theodoros[35] nennt sie der Anonymus Seguerianus als εἶδος der παραδιήγησις.[36] Von Hermogenes[37] wird sie auch προκατάστασις genannt und für unerläßlich gehalten, wenn ihr Fehlen nicht für kunstlos erklärt werden soll. Apsines[38] bezeichnet sie als ἔφοδος πρὸς τὰς ἀποδείξεις ἢ κατασκευὴ τῶν ἀποδείξεων· sie dient also der Vorbereitung der eigentlichen Erzählung und hat ihren Platz zwischen der Erzählung und dem προοίμιον. Sie geschieht auf dreifache Weise, indem Gesinnung und Vorhaben der eigenen Person oder der Hörer oder des Gegners einer Prüfung unterzogen werden. Als letzte *species* wird von Fortunatian[39] noch die διασκευή genannt, die nicht so sehr der Belehrung als vielmehr der Steigerung dient.

Neben der Bezeichnung διήγησις gebrauchten spätere Rhetoren noch andere, in ihrer Bedeutung etwas voneinander abweichende Ausdrücke. Oberbegriff ist ἀφήγησις, die Darlegung der Dinge an sich, *species* sind die διήγησις und die αὐτῶν τῶν γεγονότων ἐν τῷ πράγματι τῷ κρινομένῳ ἀφήγησις. Die ἀφήγησις erscheint häufig auch ἐν τοῖς κεφαλαίοις, den kurzen Inhaltsangaben der πρόθεσις. Während διήγησις und ἀφήγησις der Bekanntmachung der Tatsachen dienen, hat die κατάστασις den Zweck, die gegnerischen Vorstellungen des Hörers zu beseitigen und den Hörer in die vom Redner gewünschte günstige Verfassung zu bringen.[40] Korax

---

[29] Anon. Seguer. rhet. p. 435,27f. Sp. = 57 p. 364,11ff. Sp.-H. = p. 13,12f. G.
[30] Anon. Seguer. rhet. p. 436,4ff. Sp. = 61 p. 364,21ff. Sp.-H. = p. 14,1ff. G.
[31] Fortun. rhet. II 19 p. 112,10f. H.
[32] Ruf. rhet. 24 p. 467,7ff. Sp. = 25 p. 404, 1ff. Sp.-H.
[33] Gemeint ist wohl die von Hermog. inv. II 7 p. 122,18 R genannte διήγησις ἐγκατάσκευος, wenn die Erzählung mit ταῖς αἰτίαις ausgerüstet wird, wenn sie σύντομος καὶ πολιτική ist, ἵνα γένηται ῥητορικωτέρα τῇ προσθήκῃ τῶν αἰτιῶν εἰς τὴν κατασκευὴν βοηθουμένη (p. 123, 1ff. R); neben der ἁπλοῦς und ἐνδιάσκευος διήγησις, wenn sie σύντομος καὶ φαιδροτέρα ist und sie ihren Namen daher hat, ὅτι τοῖς ἀπὸ τῆς διασκευῆς μέρεσι βοηθεῖται (p. 123,5ff. R).
[34] Fortun. rhet. II 19 p. 112,11ff. H.
[35] Arist. rhet. III 13,1414b 15.
[36] Anon. Seguer. rhet. p. 435,28 Sp. = 57 p. 364,12 Sp.-H. = p. 13,12f. G.
[37] Hermog. inv. II 1 p. 109,3ff. R.
[38] Aps. rhet. 4 p. 348,12ff. Sp. = p. 242,13ff. Sp.-H.
[39] Fortun. rhet. II 19 p. 112,15f. H.
[40] Aps. rhet. 5 p. 353,24ff. Sp. = p. 250,18ff. Sp.-H.

hatte nach Syrian[41] unter κατάστασις das προοίμιον verstanden, und ebenso Anaximenes.[42]

Wie beim Proömium ist auch bei der *narratio* die Frage heftig umstritten worden, ob sie an einem bestimmten Platz für alle Fälle festgebannt und ob sie überhaupt notwendig ist und nicht unterbleiben kann. Für die meisten epideiktischen Reden hat nun Aristoteles[43] schon festgehalten, daß sie keine *narratio* benötigen, weil die Tatsachen als bekannt vorausgesetzt und nur kurz angedeutet werden müssen. Ferner hat die διήγησις nur in der Gerichtsrede ihren Platz und ist auch da in der Rede des Verteidigers geringer als in der des Klägers; in der Demegorie kommt sie nur vor, wenn ein Beispiel aus der Vergangenheit angeführt wird, sonst aber nicht, weil niemand, der über erst noch Kommendes spricht, erzählen kann. Cicero[44] sieht die Möglichkeit eines Verzichts auf die *narratio* darin, daß sie schaden oder doch wenigstens nichts nützen könne; wenn also die eigene Rede Anstoß erregte oder der Gegner schon erzählt hat und es nichts nützt, das Gleiche noch einmal mit anderen Worten zu sagen oder wenn der Hörer schon vom Gegner eingenommen ist. Fortunatian[45] fügt dem noch hinzu, die *narratio* könne unterbleiben, wenn sie der Sache schade, nämlich bei einer *causa conparativa* und bei Gesetzesvorschlägen. Das sind Gründe, die auch Apsines[46] anführt. In dem Streit zwischen den Apollodoreern und den Theodoreern spielt auch diese Frage eine große Rolle. Wie immer ein Proömium sprechen, so wollten die Apollodoreer[47] auch immer erzählen. Die Alten hätten ebenfalls nie die Erzählung unterlassen; sie gehöre eben zum *officium* des Redners und sei zur Unterrichtung des Richters notwendig, und selbst, wenn dieser die Streitsache schon kenne, könne die Erzählung nicht einfach unterbleiben, damit der Richter nicht etwa an einer anderen Ansicht festhalte. Das gelte für den Kläger, aber auch für den Verteidiger, der mit seinem Verzicht die Darstellung des Gegners anerkennen würde, während er durch die *narratio* die ihm peinlichen Dinge beseitigen könne. Alexandros und Neokles aber,[48] Anhänger des Theodoros, halten die Erzählung nicht immer für notwendig; einmal nämlich könnten wir Teile der Erzählung oder auch sie ganz ablehnen, wenn sie uns nicht nützlich schienen, dann auch, weil in den Gesetzesvorschlägen nicht erzählt werde – die Darlegung der Gründe oder auch der Bitte bedeutet nicht eine Darlegung des Sachverhaltes, sondern nur nicht dazugehöriger Außendinge – und drittens, weil die Erzählung bei der Rede des zweiten Sprechers überflüssig sei.[49] Überhaupt, meint Alexandros,[50] finde die Erzählung lediglich des Verständnisses und der Klarheit wegen statt und sei deshalb überflüssig, wenn beides bei den Richtern vorhanden sei, andernfalls müsse man erzählen; sei nur der erste Grund vorhanden, müsse des zweiten

---

[41] Syrian. in Hermog. comm. II p. 127,4ff. R. = Rhet. Gr. IV p. 575,7ff. W.
[42] Anaxim. rhet. 29,28,1438a 2.
[43] Arist. rhet. III 13,1414a 37f.; 16,1416b 26f.; 1417b 12ff.
[44] Cic. inv. I 21,30.
[45] Fortun. rhet. II 16 p. 111,1ff. H.
[46] Aps. rhet. 5 p. 353,19ff. Sp. = p. 250,12ff. Sp.-H.

[47] Anon. Seguer. rhet. p. 441,1ff. Sp. = 113ff. p. 372,1ff. Sp.-H. = p. 22,1ff. G.
[48] Anon. Seguer. rhet. p. 441,17ff. Sp. = 116ff. p. 372,18ff. Sp.-H. = p. 22,17ff. G.
[49] Den letzten Grund gibt auch Max. Plan. schol. in Hermog. inv. (Rhet. Gr. V p. 390,4ff. W) an.
[50] Anon. Seguer. rhet. p. 441,29ff. Sp. = 121f. p. 373,4ff. Sp.-H. = p. 23,2ff. G.

wegen erzählt werden; fehle aber jener, müsse man ihn aus den Beweisen beschaffen. Auch hielten Tyrannen oder Könige, wenn sie Richter seien, nichts von einer διήγησις, sondern drängten zur Sache. Quintilian[51] erkennt als Gründe zur Unterlassung der Erzählung so kurze Fälle an, daß sie eher eine *propositio* als eine Erzählung nötig haben. Man braucht natürlich auch keine Erzählung, und das treffe für beide Parteien zu, wenn es nichts darzulegen gibt und nur über die Auslegung eines Gesetzes Zweifel bestehen, oder wenn der Fall zwar für eine Erzählung Platz ließe, alles aber dem Richter schon bekannt oder vom Vorredner richtig dargelegt ist, oder weil dem Redner eine *propositio* zu genügen scheint und er es für vorteilhafter hält, nicht zu erzählen, oder wenn die ganze Sache für den Gegner günstiger liegt und der Richter schon unterrichtet ist. Er fügt noch den Fall bei, daß der Angeklagte auf die Erzählung verzichtet, wenn er die Schuld weder leugnen noch entschuldigen kann und lediglich auf der Entscheidung einer *causa legalis* besteht. Celsus[52] ging noch einen Schritt weiter und hielt eine *narratio* auch dann für überflüssig, wenn der Angeschuldigte einfach leugnet, was man ihm vorwirft; denn eine *narratio* müsse den ganzen Umfang der Anschuldigung umfassen, die den Gegenstand des Prozesses bildet. Dagegen wendet sich nun Quintilian[53] und behauptet, weil er ja auch eine Erzählung *in rerum ad causam pertinentium expositione* annimmt, die Behauptung des Angeschuldigten *non occidi hominem* sei zwar noch keine Erzählung; es könne aber eine und zwar eine lange *narratio* gegen die Begründung der gegnerischen Anschuldigung geben, nämlich über das Vorleben des Angeklagten, über die Gründe, die einen Unschuldigen vor Gericht bringen könnten und über noch andere Umstände, die durch ihre Darlegung den Glauben an die Anschuldigung erschüttern könnten; der Kläger habe ja seine Anklage ebenfalls durch eine Darstellung der näheren Umstände zu begründen versucht. Und jetzt reuen Quintilian[54] seine früheren Zugeständnisse, und er sucht nun auch dort eine Erzählung vorzufinden, wo die anderen keine finden wollen. Wenn nämlich der Angeklagte auf die Behauptung des Klägers *fuisti in eo loco, in quo tuus inimicus occisus est* antworte *non fui*, müsse er ja auch erzählen, wo er gewesen sei; so könne der wegen *ambitus* Angeschuldigte zu seinem eigenen Vorteil von seinen Eltern erzählen, was für ein Leben er selbst führte, was er für Verdienste habe, die ihn zur Bewerbung um die Ehrenstellen verleitet hätten; und ebenso könne der *repetundarum* Angeklagte mit Nutzen von seinem früheren Leben erzählen und von den Dingen, die ihn dazu verleitet hätten, die ganze Provinz oder auch nur den Kläger oder den Zeugen gegen sich aufzubringen. Ebenso[55] sei die Ausführung eines Beispiels, die Abwehr einer von außen herangetragenen Anschuldigung oder auch die Steigerung keine *narratio ipsius causae*, beziehe sich aber doch auf die *causa*. Selbst rein erdichtete Erzählungen mit dem Zweck, den Richter zu erregen oder zu beruhigen, ein Bonmot und auch nur der Unterhaltung dienende Erzählungen gehörten dazu. Schließlich aber schränkt Quintilian[56] sein früheres Zugeständnis, man brauche keine Er-

---

[51] Quint. inst. IV 2,4 – 8; Iul. Sev. 7 p. 358, 18 ff. H; Iul. Vict. 16 p. 425,34 ff. H.
[52] Quint. inst. IV 2,9.
[53] Quint. inst. IV 2,11 – 13.
[54] Quint. inst. IV 2,14 ff.
[55] Quint. inst. IV 2,17 – 19.
[56] Quint. inst. IV 2,85.

zählung, wenn der Richter schon unterrichtet sei, ein: das gelte nämlich nur, wenn dieser nicht bloß die Tat kenne, sondern sie auch in einem für uns günstigen Sinne betrachte, und er kommt dazu, wer – wenigstens als Verteidiger – eine ihm ehrenwert erscheinende Sache übernommen habe, habe nun die Pflicht, sie durchzuführen, und dazu gehöre auch die *narratio*. Im übrigen meint er jetzt,[57] die Frage laute nicht so sehr, ob die *narratio* nötig sei, sondern, wie sie sein solle.

Anaximenes[58] hatte den Rat gegeben, die Erzählung, wenn sie nur Weniges und dazu Bekanntes enthalte, mit dem Proömium zusammenzulegen, sie aber unmittelbar hinter dieses zu stellen, wenn sie einen mäßigen Umfang, aber Unbekanntes zum Inhalt habe. Aristoteles[59] wiederum verlangte, man müsse an vielen Punkten der Rede erzählen und manchmal auch nicht am Anfang. Die Frage nach dem Ort, an dem die Erzählung, wenn sie notwendig sei, eingeordnet werden solle, hat dann genau wie die gleiche über das Proömium in der Zeit der Schulkämpfe zu lebhaften Auseinandersetzungen geführt. Während nämlich Apollodoros[60] und seine Anhänger verlangten, daß die Erzählung nach dem Proömium folge, weil sie nach der dort erfolgten Vorbereitung des Richters ihn zum Anhören der Erzählung antreibe, wollten die Theodoreer[61] auf keinem festen Platz bestehen; Alexandros und Neokles setzten sie auch bald nach vorne, wenn der Richter gereizt zu den Tatsachen zu kommen trachtete, oder in kleinere Einzelpartien zerlegt mitten in die Beweisführung, weil der Richter, durch die Beweise gewonnen, der Erzählung leichter zugänglich sei. Dieses Verfahren wurde besonders dann empfohlen, wenn der Richter durch die Anklage schon sehr voreingenommen war.

Umstritten war auch die Frage, ob die Erzählung ein geschlossenes Ganzes sei, oder ob man sie in Teile zerlegt anbringen dürfe. Die Apollodoreer bestritten das, weil auch die anderen Teile nicht zerlegt werden dürften. Alexandros aber hielt die Teilung der Erzählung wie die der anderen Teile nicht nur für erlaubt, sondern für geboten, wenn es viele Anklagepunkte gäbe; manchmal sei es sogar notwendig zu teilen, wenn die Erzählung zu umfangreich sei. Ob es nur eine oder mehrere Erzählungen geben dürfe, bildete ebenfalls eine Streitfrage; Theodoros entschied sich für mehrere, weil es bei Einspruchsklagen gegen die Gültigkeit einer Klage auch eine Erzählung der Klage und eine des Einspruchs gäbe. Alexandros aber bestreitet, daß es bei einem Prozeßgegenstand zwei Erzählungen geben könne; nur wenn jede Beschuldigung für sich den Gegenstand einer Klage ausmache, sei auch für jede eine Erzählung möglich.[62] Quintilian[63] weist darauf hin, daß auch Cicero wiederholt erzählt habe, und hält das nicht nur für berechtigt, sondern sogar bisweilen für not-

---

[57] Quint. inst. IV 2,20.82.

[58] Anaxim. rhet. 31,1 – 3,1438b 14 – 25.

[59] Arist. rhet. III 16,1417b 10f.

[60] Anon. Seguer. rhet. p. 442,10ff. Sp. = 124 p. 373,18ff. Sp. – H. = p. 23,15ff. G; Quint. inst. IV 2,24.

[61] Anon. Seguer. rhet. p. 442,13ff. Sp. = 125ff. p. 373,21ff. Sp. – H. = p. 23,19ff. G; Quint. inst. IV 2,28; Iul. Vict. 16 p. 424,39ff.; 425,22ff.; 27ff. H.

[62] Anon. Seguer. rhet. p. 443,8ff.; 12ff.; 18ff.; 21ff. Sp. = 132 – 135 p. 374,24ff.; 375, 1ff.; 8ff.; 12ff. Sp.–H. = p. 25,5ff.; 8ff.; 15ff.; 18ff. G.

[63] Quint. inst. IV 2,85; Cicero gibt selbst (Cluent. 1,1; 4,9) die einzelnen Darlegungen an.

wendig, *in causis repetundarum* nämlich, und auch, wie Alexandros annimmt, in allen Klagen, die nicht einfach sind.

Damit die Rede ihren Zweck erreichen könne, hat Isokrates[64] und haben in seinem Gefolge fast die meisten späteren Rhetoren drei *virtutes* der *narratio* verlangt, daß sie nämlich σαφής, (*lucida, dilucida, perspicua, manifesta, aperta*),[65] σύντομος (βραχεῖα, *brevis*) und πιθανή (*probabilis, verisimilis, credibilis*, πιστή)[66] sei. Diese Reihenfolge haben auch Quintilian,[67] Anaximenes,[68] Sulpitius Victor[69] und Iulius Severianus[70] eingehalten. Die Kürze dagegen steht vor der Klarheit bei Anaximenes[71] in der einfachen Aufzählung, beim Auctor ad Herennium,[72] Cicero,[73] Fortunatian,[74] C. Iulius Victor[75] und dem Anonymus Seguerianus.[76] Der Auctor ad Herennium[77] begründet diese Reihenfolge: *quo brevior, dilucidior et cognitu facilior narratio fiet*. Die Kürze dient hier der Klarheit und dem leichteren Verständnis; in der ersten Gruppe ist sie lediglich ein Mittel, das Gedächtnis zu unterstützen: *per quas (tres partes) efficitur, quo facilius iudex intellegat, meminerit, credat*.[78]

Von den drei *virtutes necessariae* der *narratio* zielt die *brevitas*, die der Redner, um die Aufmerksamkeit und die Bereitschaft des Hörers zur Belehrung zu stärken, schon am Schluß des Proömium versprochen hat, darauf ab, daß der Hörer das Vorgetragene leicht im Gedächtnis behält. So hat es schon Anaximenes[79] mit knappen Worten formuliert. Das ist auch die Meinung Quintilians,[80] während nach Fortunatian[81] die Kürze der Erzählung den Zweck hat, daß der Richter lieber zuhört. Aristoteles[82] aber hat über die Vorschrift der Rhetoren seiner Zeit, die Erzählung müsse schnell, d.h. kurz sein, gelacht und selbst Regeln für die richtige Handhabung der *narratio* gegeben: Er tritt für ein mittleres Maß der *narratio* ein, d.h. daß man nur soviel erzählen soll, als notwendig ist, um die Sache klar zu legen, oder nur soviel, daß es möglich sei, etwas als geschehen oder einem anderen als recht oder unrecht geschehen zu erkennen

---

[64] Quint. inst. IV 2,31.
[65] lucida: Quint. inst. IV 2,31; Mart. Cap. rhet. 46 (551) p. 486,22 H;
dilucida: Auct. ad Herenn. I 9,14; Iul. Sev. 6 p. 357,17 H;
perspicua: Quint. inst. IV 2,31; Iul. Vict. 16 p. 423,36 H;
manifesta: Fortun. rhet. II 17 p. 111,28f. H;
aperta: Cic. inv. I 20,28; Sulp. Vict. 19 p. 322,35 H;
plana: Cic. top. 26,97.
[66] probabilis: Cic. inv. I 20,28; Sulp. Vict. 19 p. 322,36 H; Iul. Vict. 16 p. 423,36 H;
versimilis: Auct. ad Herenn. I 9,14; Quint. inst. IV 2,31; Fortun. rhet. II 17 p. 111,29 H; Iul. Sev. 6 p. 357,18 H; Mart. Cap. rhet. 46 (551) p. 486,22 H;
credibilis: Quint. inst. IV 2,31.52; Cic. top. 26,97.
[67] Quint. inst. IV 2,36.40.52; vgl. auch Cic. top. 26,97.
[68] Anaxim. rhet. 30,5,1438a 22ff.
[69] Sulp. Vict. 19 p. 322,36 H.
[70] Iul. Sev. 6 p. 357,17f. H; eine andere Anordnung hat Mart. Cap. rhet. 46 (551) p. 486,22f. H: lucida, verisimilis, brevis.
[71] Anaxim. rhet. 30,4,1438a 22.
[72] Auct. ad Herenn. I 9,14.
[73] Cic. inv. I 20,28.
[74] Fortun. rhet. II 17 p. 111,28f. H.
[75] Iul. Vict. 16 p. 423,36 H.
[76] Anon. Seguer. rhet. p. 436,14 Sp. = 63 p. 365,7f. Sp.–H. = p. 14,11 G.
[77] Auct. ad Herenn. I 9,15.
[78] Quint. inst. IV 2,33.
[79] Anaxim. rhet. 30,5,1438a 23f.: συντόμως δέ, ἵνα μνημονεύσωσι τὰ ῥηθέντα.
[80] Quint. inst. IV 2,35: maxime tamen haec in ea parte custodienda sunt, quae prima iudicem docet: in qua si acciderit, ut aut non intellegat aut non meminerit aut non credat, frustra in reliquis laborabimus.
[81] Fortun. rhet. II 17 p. 111,28 H.
[82] Arist. rhet. III 16,1416b 30 – 1417b 20.

und für den Gegner natürlich das Gegenteil. Dazu aber muß noch gesagt werden, was den Redner als einen tüchtigen Mann von rechter Art, den Gegner aber als das Gegenteil erscheinen läßt, oder auch, was für den Richter angenehm zu hören ist. In der Verteidigung soll die Erzählung kürzer sein, weil man sich bei dem Bekannten nicht aufzuhalten brauche, wenn es sich darauf nicht bezieht, daß etwas zwar getan wurde, aber nicht mit Unrecht. Weiter müsse der Redner dabei noch Dinge anführen, deren Unterlassung Mitleid und Empörung hervorruft. Die Erzählung muß dann auch noch den Charakter des Redners erkennen lassen. Dazu gehört, daß er seine Absicht, ihre Art und ihr Ziel angibt, nach dem Grundsatz, nur das Gesetzliche, das Recht und nicht den Nutzen zu wollen und deshalb auch, was unglaublich erscheint, als solches zuzugeben. Schließlich bleiben auch die Folgen der Sache noch zu erzählen, auch wenn sie schon bekannt sind.

Die Kürze wird erreicht, wenn der Redner von den Worten und den Sachen[83] nur das zuläßt, dessen Entfernung die Rede unklar macht oder nicht mehr sagt, als unbedingt notwendig ist und nur soviel, als genügend ist. Er soll erst mit dem beginnen, was für den Richter wirklich in Frage kommt, und dann aufhören, wenn das nicht mehr der Fall ist. Er soll auch nicht von hinten anfangen, damit er es nicht noch einmal wiederholen muß, nicht Einzelheiten, sondern nur die Hauptsachen erzählen, nicht vom vorgesetzten Plane ab- und zu einer anderen Sache übergehen und so erzählen, daß man aus dem Gesagten auch das Nichtgesagte erschließen kann. Er soll auch über alles hinweggehen, was seiner Sache schaden könnte, aber auch über das, das ihr nichts nützen kann; er soll nichts zweimal sagen, nicht nach jedem Punkte noch einmal eine, wenn auch nur kurze *recapitulatio* anbringen, er soll auch nicht glauben, es genüge, über viele Dinge kurz zu reden, sondern nur über wenige und über diese so kurz wie möglich;[84] denn oftmals, meint Cicero,[85] schadet die Länge einer Rede mehr als ihre Dunkelheit. Der Anonymus Seguerianus[86] warnt auch noch im einzelnen vor παρεκβάσεις und ἐπεισόδια. Als vor Verstößen gegen die λέξις der *brevitas* warnt er vor Tautologien und Synonyma und legt nahe, wenn sie wirklich nicht zu vermeiden seien, nur kurzsilbige zu verwenden; er warnt davor, wie in der Dichtung unnötige Epitheta zu verwenden und ist gegen Periphrasen und tropische Ausdrücke und empfiehlt Ellipsen, Asyndeta, die scheinbare *praeteritio*, das ἐπεζευγμένον, die Verwendung nur eines einzigen Verbums zu mehreren Gliedern.

Für die *perspicuitas* der *narratio* gilt zunächst einmal, was auch für die *brevitas* gilt[87] und was sich aus ihrem besonderen Zwecke, auf die *argumentatio* vorzubereiten, ergibt. Auch bei ihr muß man zwischen der *perspicuitas* der Dinge und der λέξις unterscheiden. Zunächst soll nur über Dinge gesprochen werden, die dem allgemeinen

---

[83] Der Anon. Seguer. rhet. p. 436,16f. Sp. = 64 p. 365,9ff. Sp. - H. = p. 14,13f. G unterscheidet zwischen einer συντομία ἐν τοῖς πράγμασιν und einer ἐν ταῖς λέξεσιν.

[84] Anaxim. rhet. 30,8,1438a 38ff.; Auct. ad Herenn. I 9,14; Cic. inv. I 20,28; de orat. II 80,326; Quint. inst. IV 2,40ff.; Sulp. Vict. 19 p. 323,1ff. H; Iul. Sev. 6 p. 357,21ff. H; Iul. Vict. 16 p. 424,1ff. H; Anon. Seguer. rhet. p. 436,15ff. Sp. = 63ff. p. 365,8ff. Sp. - H. = p. 14,12ff. G.

[85] Cic. inv. I 20,29; de orat. II 80,326.

[86] Anon. Seguer. rhet. p. 436,25ff. Sp. = 67ff. p. 365,19ff. Sp. - H. = p. 14,21ff. G.

[87] Sulp. Vict. 19 p. 322,36f. H.

Wissensstand entsprechen. Die Erzählung muß dann die Reihenfolge der Geschehnisse und sie selbst vollständig wiedergeben; sie soll in klarer Ordnung, nicht etwas nicht Dazugehöriges hinzunehmen, nicht immer wieder dasselbe wiederholen. Bei der λέξις muß darauf geachtet werden, daß für die Dinge die gebräuchlichen Bezeichnungen verwendet werden; die Sprache soll die des gemeinen Lebens sein, ebensowenig ungewöhnlich gesucht wie schmutzig, in allem klar und eindeutig, nach Personen, Sachen, Zeit, Ort und Ursachen geschieden und der Vortrag so, daß der Richter alles leicht verstehen kann.[88]

Bei der Forderung, daß die Erzählung πιστή, nicht ἄπιστος sein soll, geht es nicht um die Wahrheit, das *verum*, sondern um das *verisimile*, das εἰκός. Daher auch die Forderung des Anaximenes,[89] die αἰτίαι beizufügen, παρ' ἃς εἰκότως τὰ λεγόμενα δόξει πραχθῆναι. Als wahrscheinlich aber gilt die Erzählung, wenn sie dem *mos*, der *opinio* und der *natura* entspricht und alle Peristasen in günstigem Sinne gedeutet werden können, daß also etwa der des Betrugs Beschuldigte begehrlich sei, der wegen Ehebruchs Angeklagte wollüstig und der eines Mordes wegen Belangte verwegen sei; wenn nicht mehr eingewendet werden kann, die Zeit sei für die Tat zu knapp, kein Grund und kein Ort sei dafür geeignet gewesen und die Tat hätte von dem Beschuldigten nicht ausgeführt werden können. Der Auctor ad Herennium[90] merkt dazu an, daß selbst dann noch Glaubwürdigkeit bewiesen werden müsse, wenn die Tat auf Wahrheit beruhe, weil diese für sich oftmals keinen Glauben finde. Die Peristasen müssen sich in das Bild einfügen und sich nicht widersprechen. Auch das ἦθος und das πάθος des Erzählenden bewirken Glaubwürdigkeit, wenn diese wahrhaft und nicht erheuchelt sind. Auch von sich selbst darf der Redner, um sich glaubwürdig zu machen, einmal etwas Schlechtes in kleinen Dingen aussagen, über den Gegner aber Gutes. Auch die ἐνάργεια, die den Fall unmittelbar vor Augen stellt, wirkt für die Glaubwürdigkeit, ebenso die λέξις, wenn sie ungekünstelt ist und wie aus dem Stegreif gesprochen wirkt; außerdem tut es auch gut, wenn der Redner nicht alles als sicher behauptet, sondern auch einmal mit „ich glaube" oder „vielleicht" oder „wahrscheinlich" beginnt. Ja, er darf sogar einmal zugestehen, daß seine Behauptung kaum glaubhaft sei, aber trotzdem wahr, man müsse die Tat als noch viel schwerer ansehen und er wundere sich selbst, daß und wie es geschehen sei, aber er werde es beweisen.

Einige Rhetoren haben sich mit diesen drei *virtutes narrationis necessariae* nicht zufrieden gegeben und noch nach anderen gesucht. Schon Theodektes hat neben den drei noch *magnificentia* (μεγαλοπρέπεια) und *iucunditas* verlangt,[91] Theophrast das *suave* und *adfluens*,[92] andere wollten noch die *evidentia*, ἐνάργεια,[93] dazugenommen wissen.

---

[88] Auct. ad Herenn. I 9,15; Cic. inv. I 20,29; de orat. II 80,329; Quint. inst. IV 2,36 ff.; Iul. Sev. 6 p. 357,18 ff. H; Iul. Vict. 16 p. 424,22 ff. H; Anon. Seguer. rhet. p. 437,29 ff.; 438,14 ff. Sp. = 80 ff. p. 367,12 ff.; 85 ff. p. 368,6 ff. Sp. - H. = p. 16,18 ff.; 17,13 ff. G.

[89] Anaxim. rhet. 30,9,1438b 3f.

[90] Auct. ad Herenn. I 9,16; Cic. inv. I 21,29; Quint. inst. IV 2,52 ff.; Sulp. Vict. 20 p. 323, 16 ff. H; Iul. Sev. 6 p. 357,24 ff. H; Iul. Vict. 16 p. 424,26 ff. H; Anon. Seguer. rhet. p. 438,25 ff. Sp. = 89 ff. p. 368,18 ff. Sp. - H. = p. 18,7 ff. G.

[91] Quint. inst. IV 2,61.63.

[92] Cic. orat. 24,79; part. 9,31.

[93] Cic. top. 26,97; Quint. inst. IV 2,63; der Anon. Seguer. rhet. p. 439,9 f. Sp. = 96 p. 369,13 f. Sp. - H. = p. 19,5 f. G ordnet sie der πειθώ unter.

Quintilian[94] bemerkt jedoch dazu, daß die *magnificentia* nicht zur *narratio* gehöre, sondern allen Redeteilen zukomme und auch nicht immer nützlich, die *evidentia* aber der *perspicuitas* unterzuordnen sei.[95] Wieder andere wollten als *virtutes narrationis* außer den drei gebräuchlichen noch μεγαλοπρέπεια, αὔξησις, ἡδονή und προσήνεια oder ἐπιείκεια anerkannt wissen.[96] Zenon[97] nennt als ἀρεταί der Erzählung: Ἑλληνισμός, σαφήνεια, συντομία,[98] πρέπον und κατασκευή. Statt des Ἑλληνισμός hat Cicero den *sermo purus et Latinus* neben das alte *dilucide planeque dicere*, weiter das πρέπον, *decorum*,[99] gestellt; an anderer Stelle[100] aber fügt er zu den drei alten noch das *illustre et suave* und wieder an anderer Stelle[101] noch die *narratio evidens*, die *morata* und *cum dignitate*, wozu Quintilian[102] wieder bemerkt, in der *oratio morata* müsse alles *cum dignitate* sein. Alle genannten *virtutes* können aber nicht von der *narratio* allein in Anspruch genommen, also nicht als *necessariae* bezeichnet werden; sie gehören teilweise wenigstens zu der folgenden Gruppe (*adsumptae ad ornandum*).[103] Im Gegensatz zu dieser Vielfalt hält Theodoros von Gadara die πιθανότης für die einzige ἀρετή der διήγησις, alle anderen aber nicht für ihr allein eigentümlich. Als neue *virtus* aber führt Harpokration die gewollte ἀσάφεια für schwache Fälle neben der σαφήνεια in glaubwürdigen ein.[104]

Außer den genannten *virtutes necessariae* gibt es noch die *virtutes adsumptae ad ornandum*. Dazu gehört auch die von Theodektes gewünschte *narratio iucunda* oder *suavis* (ἡδεῖα) *et adfluens*.[105] Die dürre *brevitas* darf nicht schmucklos bleiben, wenn sie nicht für kunstlos gelten soll; überhaupt soll die *narratio* so weit als möglich mit *gratia ac venere* geschmückt werden;[106] besonders die ἐπιδιήγησις, *narratio repetita*, soll *fusior et ornatior* sein.[107] Das wird erreicht durch das Persönliche, die Beimischung von γνῶμαι, zuweilen auch durch eine Erzählung aus der alten Zeit und durch feinen Witz (ἀστεϊσμός).[108] Ihr Platz ist besonders in der *narratio in personis posita* des *genus a causis civilibus remotum* mit den der Unterhaltung dienenden Momenten.[109] Die *iucunditas* trägt auch dazu bei, daß der Richter der Erzählung leichter Glauben schenkt.[110] Zu den *virtutes adsumptae* gehört auch die schon erwähnte μεγαλοπρέπεια, die durch er-

---

[94] Quint. inst. IV 2,61.
[95] Quint. inst. IV 2,64.
[96] Anon. Seguer. rhet. p. 439,23 ff. Sp. = 101 p. 370,4 ff. Sp.-H. = p. 19,19 ff. G.
[97] Diog. Laert. VII 59.
[98] Cic. orat. 23,79.
[99] Cic. orat. 21,70.
[100] Cic. part. 9,32: suavis autem narratio est, quae habet admirationes exspectationes exitus inopinatos, interpositos motus animorum, colloquia personarum, dolores iracundias metus laetitias cupiditates, d.h. alles, was er (inv. I 19,27) und Quintilian (inst. IV 2,107) im Anschluß an ihn, als Eigenart der zum tertium genus remotum a civilibus causis gehörigen narratio, quae versatur in personis gehörend bezeichnet haben.

[101] Cic. top. 26,97.
[102] Quint. inst. IV 2,64.
[103] Cic. part. 9,31.
[104] Anon. Seguer. rhet. p. 440,1 ff.; 4 ff. Sp. = 103 f. p. 370,14 ff.; 17 ff. Sp.-H. = p. 20,8 ff.; 11 ff. G.
[105] Quint. inst. IV 2,63.
[106] Quint. inst. IV 2,46: non inornata debet esse brevitas; 2,116: narrationem, ut si ullam partem orationis, omni qua potest gratia et venere exornandam puto.
[107] Quint. inst. IV 2,128.
[108] Anon. Seguer. rhet. p. 439,15 ff. Sp. = 99 p. 369,19 ff. Sp.-H. = p. 19,10 ff. G.
[109] Vgl. Anm. 100.
[110] Quint. inst. IV 2,119.

habene Sprache und Gedanken und die Meidung schimpflicher Worte und niedriger Beispiele erreicht wird.¹¹¹

Die *narratio* ist nach Quintilian¹¹² entweder ganz zugunsten der Partei des Redners oder seines Gegners oder beider. Im ersten Falle bleibt es nur bei der Beachtung der *virtutes necessariae,* die den Richter in die Lage versetzen, leichter zu verstehen, sich zu erinnern und zu glauben. Er muß das vom Redner Erdichtete genauso glauben wie das Wahre, das er sagt. Für den Fall, daß die Sache für den Klienten ungünstig ist, haben einige Rhetoren vorgeschlagen, auf die *narratio* überhaupt zu verzichten. Das bedeutet aber das Eingeständnis des Redners, daß es mit der von ihm vertretenen Sache schlecht steht.¹¹³ Ob Schweigen erlaubt oder Reden geboten ist, hängt vom *genus causae* ab.¹¹⁴ Liegt ein Fall des Konjekturalstatus oder der *qualitas* vor, handelt es sich also um die Feststellung des tatsächlichen Geschehens, oder um dessen Qualität, so muß der Redner erzählen, auch wenn alles gegen ihn eingestellt ist, wenn er nicht will, daß der Richter die Darstellung des Gegners für wahr hält. Steht die Tat fest und wird nur nach der Qualität gefragt, erzählt man das Gleiche wie der Gegner, nur auf andere Weise, indem man andere Motive, eine andere Absicht, einen anderen Plan angibt. Schon durch die Wahl der Worte können manche Punkte gemildert werden, wenn man z. B. Freigebigkeit statt Verschwendung, Sparsamkeit statt Geiz sagt. Auch durch die Miene, die Stimme, die Haltung kann man die Gunst des Hörers oder doch wenigstens Mitleid erreichen; manchmal reicht auch schon ein Geständnis, um Tränen zu wecken.¹¹⁵ Wenn im Falle des Konjekturalstatus der Gegner seine Anschuldigung vorträgt, muß sie beseitigt werden.¹¹⁶ Geht es aber nicht um die Schuld, sondern lediglich um die Frage der juristischen Behandlung, um einen Fall des *status coniecturalis* also, kann die Tat ruhig zugestanden werden, auch wenn der Fall gegen den Redner spricht; aber selbst da kann die Erzählung noch die gehässige gegnerische Darstellung in ihrer Wirkung mildern.¹¹⁷

Es gibt aber auch falsche Darstellungen, von denen sich die einen auf äußere Mittel, wie Zeugenaussagen, stützen, die anderen ihre Beweiskraft lediglich durch die Kunst des Redners erhalten, der Beschönigungsmittel, die sogenannten *colores,* verwendet, zum Teil aber sich auch auf die Streitsache selbst bezieht. Aber was der Redner auch immer erfindet, muß wirklich möglich sein können und zu Person, Ort und Zeit passen und in Plan und Ordnung, wenn möglich, auch mit einer Tatsache zusammenhängen oder durch einen Beweis aus der Sache selbst gefestigt werden, weil alles von außen Aufgenommene die Lüge verrät. Vor allem muß, was vielfach außer acht gelassen wird, darauf gesehen werden, daß kein Widerspruch der Dinge in sich und mit der Wahrheit selbst entsteht. Im ganzen Verlauf muß auch der Redner sich seiner Erdichtung bewußt bleiben. Handelt es sich um die eigene Partei, genügt es, daß er wenigstens einen Punkt der Verdächtigung beantwortet; handelt es sich um den Gegner, kann er in mehreren Punkten Verdächtigungen aussprechen. In Schulvor-

---

¹¹¹ Anon. Seguer. rhet. p. 439,19 ff. Sp. = 100 p. 369,23 ff. Sp. – H. = p. 19,15 ff. G.
¹¹² Quint. inst. IV 2,33.
¹¹³ Quint. inst. IV 2,66.
¹¹⁴ Quint. inst. IV 2,68.
¹¹⁵ Quint. inst. IV 2,75 – 77.
¹¹⁶ Quint. inst. IV 2,81 – 84.
¹¹⁷ Quint. inst. IV 2,68 – 71.

tragen, in denen ja nicht auf Fragen geantwortet werden muß, besteht die Freiheit, alles aufzuzählen, worauf man antworten kann. Erdichten aber kann man nur, wofür es keine Zeugen gibt, worüber nur der Redner allein oder Tote oder Leute mit den gleichen Interessen wie der Redner antworten könnten oder der Gegner, dem man nicht zu glauben braucht, wenn er gegen uns zeugt. Früher hatte man noch Träume und andere abergläubische Dinge herangezogen, die Quintilian für veraltet erklärt. Beschönigungsmittel darf man nur benützen, wenn sie zur ganzen Rede passen, zumal die Beweiskraft einiger nur in der fortgesetzten Wiederholung liegt. Es kann, in der Schule wenigstens, auch sein, daß beide Parteien die gleichen *colores* benützen, nur in verschiedenem Sinne; ebenso kann es vorkommen, daß in gewissen Fällen keine gefunden werden können, die Verteidigung also ohne sie geführt werden muß.[118]

Ist aber ein Teil der Auseinandersetzungen für den Redner, ein anderer für den Gegner günstig, können dessen Einwände je nach dem Fall zusammen oder getrennt behandelt werden. Wenn das für den Redner Ungünstige die für ihn günstigen Momente überwiegt, ist es am besten zu trennen und zuerst die für ihn günstigen Punkte darzulegen und zu begründen und dann gegen die ihm schädlichen schlagende Beweise vorzubringen.[119] Überwiegt dagegen das für ihn Förderliche, kann er es mit dem ihm Entgegenstehenden verbinden, so daß dieses, in die Mitte genommen, an Kraft verliert. Das Günstige aber muß durch irgendeinen Beweis gefestigt, dem Gegner dagegen mit Angabe von Gründen die Glaubwürdigkeit abgesprochen werden, weil sonst zu befürchten ist, daß das für den Redner Günstige durch die Vermischung mit dem Ungünstigen getrübt wird.[120]

Es gibt Vorschriften über die Vermeidung der *vitia* der *narratio*: man solle keine Exkurse einfügen, sich nicht vom Richter ab- und einer anderen Person zuwenden, keine Prosopopoeie anwenden, keine Beweise führen, sich auch, wie manche wollen, keiner Affekte bedienen. Alle diese Verbote können, aber nur, wenn es wirklich notwendig ist, gelockert werden. Die Umgehung der *virtutes narrationis*, kurz und klar zu sein, wird sich nur selten durch einen Exkurs rechtfertigen lassen, und wenn, darf er nur kurz sein und so gehalten, daß der Redner nur durch die Gewalt der Leidenschaft vom Wege abgekommen zu sein scheint. Die ἀποστροφή kann zugelassen werden, weil sie zuweilen eine kürzere Erzählung und eine bessere Möglichkeit zu überzeugen gewährt. Eine Beweisführung selbst ist in der *narratio* nicht statthaft, wohl aber ist es möglich, einzelne Beweisgründe einzustreuen, eine kurze Verteidigung und Erklärung.[121] Das geschieht in der sogenannten καταδιήγησις, in der Zeugenaussagen und andere Mittel des unkünstlichen Beweises vorgebracht werden.[122] Die Erzählung kann auch unterbrochen werden, wenn der Redner dem von ihm vorgebrachten künstlichen Beweis durch andere künstliche und unkünstliche mehr Kraft

---

[118] Quint. inst. IV 2,88 – 100.
[119] Fortun. rhet. II 16 p. 111,8.16 ff. H nennt die Rede in diesem Falle narratio concisa.
[120] Quint. inst. IV 2,101 f.
[121] Quint. inst. IV 2,103 – 110; Fortun. rhet. II 19 p. 112,22 ff. H; Iul. Vict. 16 p. 424,12 ff.; 426,30 ff. H.
[122] Fortun. rhet. II 19 p. 112,11 ff. H.

geben will. Hermogenes nennt diese Rede ἐγκατάσκευος.¹²³ Wenn von der ἐπιδιήγησις Gebrauch gemacht werden soll, was nur selten vorkommen darf, muß sie kurz sein, darf nicht alles und in der gleichen Ordnung wiederholt und soll am gehörigen Orte in der *narratio* schon angekündigt werden.¹²⁴

Wie kein anderer Teil der Rede soll die *narratio* mit jeder möglichen Anmut geschmückt sein.¹²⁵ Dabei kommt es aber auch wieder sehr auf die Art der Gegenstände der *narratio* an. Bei unbedeutenden Taten, bei fast allen Privatreden, müssen die Form gemäßigt und dem Stoff angepaßt, die Worte sorgfältigst gewählt werden, wie es dem *genus medium* entspricht. Was in den allgemeinen Darlegungen unter dem Reichtum der umgebenden Rede verborgen lag, soll da nach den Worten Zenons mit Gedanken imprägniert (*sensu tincta*) sein, und das rhythmische Gefüge des Satzes soll möglichst angenehm sein. Nicht die Figuren der Dichtung, die auf die Autorität der Alten hin gegen die Sprachgewohnheit aufgenommen wurden – es soll ja reines Latein sein –, sollen verwendet werden, sondern jene, die durch ihre Mannigfaltigkeit die Langeweile verjagen und durch ihren Wechsel den Geist entspannen. Ist die Sache aber wichtiger, kann man bei der Darstellung blutiger Dinge Entrüstung, bei traurigen Mitleid anklingen lassen, aber nicht so, daß die Affekte ausgeschöpft werden, sondern nur, daß die Skizze schon das Bild ahnen läßt. Nützlich ist es auch, die Wahrheit durch ein glaubwürdiges Bild der Taten zu unterstützen.¹²⁶ Auch das Ansehen des Redners, das in seinem Leben und in seinem Stil erkennbar werden muß, kann der Darstellung Glauben verleihen. Je würdiger und ernster es ist, um so größeres Gewicht hat seine Aussage. Nicht im geringsten darf man an Gerissenheit denken, weil die Richter vor nichts mehr auf der Hut sind. Je mehr sich der Redner vor den Hörern zeigen will, desto verdächtiger macht er sich dem Richter.¹²⁷

Hermogenes hat in den Büchern περὶ ἰδεῶν und περὶ μεθόδου δεινότητος eingehend über die Mittel der geschmückten Darstellung gehandelt. Apsines¹²⁸ nennt παθητικαί, ἠθικαί, σφοδραί, πάνυ ἐν βαρύτητι, ἐγκωμιαστικαί und μέσαι διηγήσεις, der Anonymus Seguerianus¹²⁹ sieben τόποι διηγήσεως: αὔξησις, μείωσις, εὐφημία, παράλειψις, ἐπανάμνησις, ἐπὶ τὸ κρεῖττον ἢ χεῖρον φράσις und ἐνάργεια. Darüber wird in dem Kapitel über die λέξις gehandelt werden.

Einige Rhetoren waren der Meinung, man müsse den Beginn der *narratio* immer von der Person aus nehmen und den Klienten lobend hervorheben, den Gegner aber sofort schmähen. Das war, weil die beiden Personen miteinander im Streite lagen, das häufigste Verfahren.¹³⁰ Mit gleichzeitiger Angabe von Nebenumständen hat Cicero dieses Verfahren in der Rede ‚Pro Cluentio Habito'¹³¹ geübt, ohne sie nüchtern

---

¹²³ Hermog. inv. II 7 p. 123,2f. R: τῷ ἐγκατασκεύῳ χρησόμεθα τρόπῳ ταῖς αἰτίαις κατασκευάζοντες αὐτήν (τὴν διήγησιν)· Iul. Vict. 16 p. 425,8 H.

¹²⁴ Quint. inst. IV 2,128.

¹²⁵ Quint. inst. IV 2,116.

¹²⁶ Quint. inst. IV 2,117–121.

¹²⁷ Quint. inst. IV 2,125f.

¹²⁸ Aps. rhet. 5 p. 358,5ff. Sp. = p. 257,17ff. Sp.–H.

¹²⁹ Anon. Seguer. rhet. p. 440,8ff. Sp. = p. 105 p. 370,22ff. Sp.–H. = p. 20,15ff. G.

¹³⁰ Quint. inst. IV 2,129–131.

¹³¹ Cic. Cluent. 5,11–10,29.

in der Rede für Ligarius[132] begonnen; er hat aber auch in der Rede ‚*Pro Tullio*'[133] den Anfang von der Sache aus genommen.

Endigen soll die *narratio* nach Fortunatian[134] dort, wo der Beweis beginnt; der Übergang dazu soll ausführlicher, jedoch nicht abrupt erfolgen; das kann der Kläger immer tun, nicht aber der Verteidiger.[135]

3. Die digressio

Der durch längere nüchterne Darstellung verursachten und mit der Erlahmung der Aufmerksamkeit verbundenen Ermüdung des Hörers konnte der Redner durch Unterbrechung der geradlinigen Weiterführung der Rede und durch eine kurze, der Erfrischung und Erheiterung dienende Einlage, die sogenannte παρέκβασις,[1] διέξοδος,[2] *digressio*,[3] *digressus*,[4] *egressus*,[5] *egressio*,[6] *excursus*,[7] entgegentreten. Anaximenes, Aristoteles und der Auctor ad Herennium haben sie nicht erwähnt. Hermagoras hat sie nach Cicero[8] definiert als eine *oratio a causa atque a iudicatione ipsa remota, quae aut sui laudem aut adversarii vituperationem contineat aut in aliam causam deducat, ex qua conficiat aliquid confirmationis aut reprehensionis, non argumentando, sed augendo per quandam amplificationem*. Später[9] hat er selber von der Übung einiger *ornandi aut augendi causa digredi* gesprochen. In seiner Jugendschrift[10] scheint er sich selbst der Definition des Hermagoras angeschlossen zu haben, stimmt sie doch mit dem von ihm unterschiedenen zweiten *genus narrationis* überein: *in quo digressio aliqua extra causam aut criminationis aut similitudinis aut delectationis non alienae ab eo negotio, quo de agitur, aut amplificationis causa interponitur*. Nach der Meinung Quintilians[11] ist sie *alicuius rei, sed ad utilitatem causae pertinentis, extra ordinem excurrens tractatio*. C. Iulius Victor[12] schließt sich dieser Meinung an. Der Anonymus Seguerianus[13] wendet sich gegen Rhetoren, die sie für identisch mit der παραδιήγησις erklärt hatten und nennt sie ἐκδρομὴ λόγων καθ' ὁμοίωσιν ἢ μίμησιν τῶν γεγονότων. Korax soll die παρέκβασις schon als vierten Redeteil genannt haben.[14] Hermagoras weist ihr den Platz zwischen *argumentatio* und *conclusio* an.[15] Sie gehört jedoch nicht zu den festen Redeteilen; Cicero will es zwar

---

[132] Cic. Lig. 1,2 – 10,30.
[133] Cic. Tull. 6,14.
[134] Fortun. rhet. II 20 p. 113,12 ff. H; Cic. de orat. III 53,203: ab re digressio, in qua cum fuerit delectatio, tum reditus ad rem aptus et concinnus esse debebit.
[135] Quint. inst. IV 2,132.

[1] Quint. inst. IV 3,12.14; Fortun. rhet. II 20 p. 113,15 H; Iul. Vict. 17 p. 429,2 H; Mart. Cap. rhet. 46 (552) p. 487,6 H; Anon. Seguer. rhet. p. 436,4 Sp. = 61 p. 364,21 Sp. – H. = p. 14,2 G.
[2] Fortun. rhet. II 20 p. 113,15 H.
[3] Cic. inv. I 51,97; de orat. III 53,203; Quint. inst. IX 1,28; Mart. Cap. rhet. 46 (552) p. 487,6 H.
[4] Quint. inst. X 1,49.
[5] Quint. inst. IV 3,12.
[6] Quint. inst. IV 3,12; Iul. Vict. 17 p. 429,2 H.
[7] Quint. inst. IV 3,12; Iul. Vict. 17 p. 427,29 H.
[8] Cic. inv. I 51,97.
[9] Cic. de orat. II 19,80.
[10] Cic. inv. I 19,27.
[11] Quint. inst. IV 3,14.
[12] Iul. Vict. 17 p. 429,3 f. H.
[13] Anon. Seguer. rhet. p. 436,6 ff. Sp. = 61 p. 364,23 ff. Sp. – H. = p. 14,3 ff. G.
[14] Prol. in Hermog. (Rhet. Gr. IV p. 12,17 W) = P.S. 17 p. 270,22 f. R.
[15] Cic. inv. I 51,97: hanc si qui partem putabit esse orationis, sequatur licebit. nobis autem non placuit in numerum reponi, quod de causa digredi nisi per locum communem displicet.

jedem einzelnen überlassen, es damit zu halten, wie er wolle, er persönlich aber ist dagegen, ihr den Rang eines Redeteils zuzuerkennen, mit der Begründung, eine Abschweifung von der *causa* erscheine nur bei einem *locus communis* statthaft. Er weiß aber von anderen Rednern, daß sie ihr den Platz nach der *narratio* und vor der *peroratio* gaben, und er tadelt das nicht einmal, weil die Aufteilung passend erscheine; er findet es aber nicht klug, weil, was sie als Regel für das Proömium und die *narratio* aufstellen wollten, im Verlaufe der ganzen Rede möglich sei.[16] Innerhalb der *narratio* läßt sie C. Iulius Victor[17] nur selten zu, und dann bloß, wenn sie kurz ist. Die Redner hatten sich eben schon zu Ciceros Zeit daran gewöhnt, eine *digressio* nicht nur, wenn es notwendig oder nützlich erschien, einzulegen, sondern immer;[18] erst wurde das in der Schule, dann aber auch auf dem Forum üblich, weil sie dadurch Gelegenheit erhielten, ihr Können zu zeigen und Beifall zu ernten.[19] Auch Quintilian[20] betrachtet die *digressio* nicht als einen Redeteil und will sie auch nicht an einem festen Platz in der Rede einordnen, sie könne seiner Meinung nach vielmehr nicht nur an die Erzählung, sondern auch an einzelne Beweise wie an die ganze *argumentatio* angegliedert werden, wenn die Sache es erfordere oder wenigstens erlaube; sie müsse nur irgendwie mit der Sache zusammenhängen und dürfe nicht gewaltsam angegliedert werden und nicht das von Natur aus Zusammengehörende trennen. Alexandros, der Sohn des Numenios,[21] hielt überhaupt nichts von der παρέκβασις. Gegen jene, die παρέκβασις und παραδιήγησις für identisch hielten, erklärte er, was nicht mit der Sache zusammenhänge, könne keine παρέκβασις sein, und was nicht zur Sache gehöre und von außen komme, habe nichts mit einer Hypothesis zu tun. Sowohl Cicero als auch Quintilian haben trotz ihrer Zurückhaltung über die *egressio* gehandelt, und Cicero hat, worauf Quintilian[22] hinweist, in seinen Reden auch die *digressio* geübt. Auch Fortunatian[23] spricht ihr den Charakter eines Redeteiles ab, weil sie überall verwendbar sei; er läßt aber ihre Verwendung nach der *narratio* zu, wenn der Stoff es verlangt, d.h. wenn der Stoff viel Härte enthält, zu deren Linderung die *digressio* beitragen kann.

Als Inhalt hatte Hermagoras das angegeben, was sich zum eigenen Lobe oder zum Tadel des Gegners verwenden lasse oder zu einer anderen Sache überleite, die zur Beweisführung dienen könne.[24] Was nicht zu den fünf Redeteilen gehört, ist streng genommen ein Exkurs. Quintilian[25] stellt dafür zusammen: *indignatio, miseratio, invidia, convicium, excusatio, conciliatio, maledictorum refutatio*, jede *amplificatio*, jede Art von Affekt, alles, was die Rede schmückt und angenehm macht, besonders das Lob von Menschen und Gegenden und Orten und deren Beschreibung, die Darstellung von Geschehnissen, die Erzählung von Fabelhaftem. Cicero hat in den ‚Verrinen' das Lob Siziliens und den Raub der Proserpina angebracht, in der verlorenen Rede für C. Cornelius das Lob des Cn. Pompeius, in der Rede ‚Pro Archia poeta' das umfang-

---

[16] Cic. de orat. II 19,80f.
[17] Iul. Vict. 16 p. 426,30f. H.
[18] Quint. inst. IV 3,1.
[19] Quint. inst. IV 3,2.
[20] Quint. inst. IV 3,4.14.

[21] Anon. Seguer. rhet. p. 436,10ff. Sp. = 62 p. 365,3ff. Sp. – H. = p. 14,7ff. G.
[22] Quint. inst. IV 3,13.17.
[23] Fortun. rhet. II 20 p. 113,15ff. H.
[24] Cic. inv. I 51,97.
[25] Quint. inst. IV 3,15.

reiche Lob der Dichtung.²⁶ Dazu gibt es eine Menge von Dingen, die mit der Sache gar nichts zu tun haben und lediglich der *delectatio* dienen, durch die der Richter sich erholt, ermahnt und milde gestimmt, beraten, gebeten und gelobt wird. Auch Witzworte haben als Inhalt der *digressio* eine besonders gute Wirkung, weil die durch sie erregte Heiterkeit das Wohlwollen sichert, den Gegner schwächt und gehässige Dinge, die durch Beweise nur schwer zu beseitigen sind, durch Lachen zunichte gemacht werden. Auf einige kann sich der Redner zu Hause vorbereiten, anderes muß ihm der Augenblick eingeben, wenn sich z. B. während der Rede etwas Unerwartetes ereignet, eine Unterbrechung eintritt oder jemand neu ankommt. So mußte Cicero in der gehaltenen, uns aber nicht überlieferten ‚Miloniana' schon gleich im Proömium, durch das Geschrei der Clodianer gezwungen, zur Beruhigung der Hörer eine *digressio* einlegen.²⁷

Über den Umfang einer *digressio* gibt es keine bindenden Vorschriften. In der ‚Miloniana' besteht eine *a re digressio* nur in dem kurzen Satz: *et aspexit me illis quidem oculis, quibus tum solebat, cum omnibus omnia minabatur.*²⁸ Ist sie vorbereitet, kann sie aber auch nach der *narratio* und der Beweisführung länger sein und diese gewissermaßen empfehlen.²⁹ In der Rede ‚Pro Murena'³⁰ spricht Cicero nach der Einleitung von sich selbst, in der Rede ‚Pro Cluentio'³¹ in der Erregung über die Hochzeit der Sassia. Wenn für die *narratio* die Vorschrift gilt, *ne qua ex re fiat excursio* und Quintilian³² verlangt, ein Exkurs müsse kurz und so sein, *ut vi quadam videamur adfectus velut recto itinere depulsi* und er den Rat erteilt,³³ *qui ex media erumpit, cito ad id redire debet unde devertit*, gibt er damit doch selbst zu, daß man auch länger abschweifen könne; und die Beispiele zeigen, daß es auch wirklich so gehandhabt wurde. Die Praxis war eben mächtiger als die Theorie, und die *brevitas* mußte dem Hauptziel, Erfolg zu haben, untergeordnet werden.

Für den Übergang der *digressio* zur Sache verlangt Cicero,³⁴ daß er *aptus et concinnus* sei. Die *egressio* in der Rede ‚Pro Cluentio'³⁵ schließt er mit den Worten: *mihi ignoscere non deberetis, si tacerem*, um mit der Rede wieder weiterzufahren: *nunc iam summatim exponam quibus criminibus Oppianicus damnatus sit.* Nach Quintilian³⁶ gab es für den Abschluß eine von manchen für eine rhetorische Figur gehaltene Formel: *longius evectus sum, sed redeo ad propositum*, die sogenannte ἄφοδος.

4. Die propositio und partitio

Quintilian¹ behandelt nach der *narratio* vor dem Beweis die *egressio*, *propositio* und *partitio*, drei Teile, die nach seiner Angabe einige Rhetoren zu den fünf üblichen

---

²⁶ Quint. inst. IV 3,12f.; Iul. Vict. 17 p. 428, 10ff. H.
²⁷ Quint. inst. IV 3,16f.
²⁸ Cic. Mil. 12,33; Quint. inst. IX 2,56.
²⁹ Quint. inst. IV 3,17.
³⁰ Cic. Mur. 2,3–4,10.
³¹ Cic. Cluent. 6,15f.
³² Quint. inst. IV 2,103f.
³³ Quint. inst. IV 3,17.
³⁴ Cic. de orat. III 53,203; Quint. inst. IX 1,28.
³⁵ Cic. Cluent. 6,18; 7,19.
³⁶ Quint. inst. IX 3,87.

¹ Quint. inst. III 9,1.

Teilen des *genus iudiciale* hinzugefügt hatten. Von der *propositio*, πρόθεσις,[2] von alten Rhetoren nach Hermogenes auch als προέκθεσις oder ὑπόσχεσις[3] bezeichnet, erwähnt er das noch einmal zu Beginn seiner Darstellung der *propositio* zustimmend,[4] hatte doch Aristoteles die πρόθεσις neben den πίστεις als einzige Teile der Gerichtsrede anerkannt. Quintilian[5] ist damit nicht einverstanden, daß sie von den genannten Rhetoren als Anhängsel der *narratio* betrachtet wird; er will sie vielmehr als Beginn der ganzen *confirmatio* wie auch jedes einzelnen Beweises angesehen wissen. Später allerdings hat Hermogenes auch die Möglichkeit eingeräumt, sie schon vor der *narratio* einzufügen.[6]

Die *propositio* hat die Aufgabe, das ζήτημα klarzulegen[7] und die Hörer auf den kommenden Beweis aufmerksam zu machen. Sie kann *simplex*, *duplex* oder auch *multiplex* sein, weil ja oft auch mehrere *crimina* in einer *causa* behandelt werden, wie z.B. die Anklage gegen Sokrates auf Verderben der Jugend und auf Einführung neuer religiöser Vorstellungen lautete. Außerdem läßt sich ein Vergehen in mehrere Teile, d.h. *crimina*, aufspalten, wie in der Klage παραπρεσβείας in Lüge, Unterlassung von Aufträgen, Verzögerung, Annahme von Geschenken.[8] Die *propositio* kann einfach gesetzt werden, etwa *caedis ago*, oder auch mit einer Begründung versehen werden oder in eigenem Namen, in dem des Gegners: *adulterii mecum agitur*, oder auch im Namen beider: *inter me et adversarium quaestio est*, oder: *ego hoc dico, adversarius hoc*, gegeben werden; man kann aber auch stellvertretend für die *propositio* der Darlegung ohne weitere Angaben hinzufügen *de his cognoscetis*.[9]

Die *propositio* kann auch unterbleiben, wenn die Sache an sich klar ist und wenn die *quaestio* sich unmittelbar an die *narratio* anschließt.[10] Sie ist doch zuweilen auch sehr nützlich in einer *causa legalis*, z.B. bei dunklen und verwickelten Fragen, manchmal auch, um die Sache in Bewegung zu bringen. Das kann dadurch geschehen, daß man etwas einfließen läßt, was dazu förderlich sein kann, z.B. im Falle des Fremden, der die Mauer bestiegen hat: „Eindeutig bestimmt das Gesetz, daß ein solcher mit dem Tode bestraft werden soll, sicher bist du ein Fremder, sicher hast du die Mauer bestiegen, so bleibt nichts übrig als daß du sterben mußt." Das erfüllt nicht nur die Aufgabe der *propositio*, die *quaestio* aufzuzeigen, es beschleunigt auch das Eingeständnis des Gegners und nimmt auch die Möglichkeit, das Urteil hinauszuschieben.[11]

Werden die eigenen *propositiones* oder die des Gegners oder beider zusammen in Ordnung der Reihe nach aufgezählt, so ist das eine *partitio*, wie Quintilian[12] feststellt. Daraus erklärt sich, daß der Auctor ad Herennium und Cicero die *propositio* überhaupt nicht erwähnen; die *partitio* ist offenbar der übergeordnete Begriff. So erscheint sie

---

[2] Arist. rhet. III 13,1414 a 35; 1414 b 7; Anon. Seguer. rhet. p. 447,29 Sp. = 161 p. 381, 1 Sp.-H. = p. 30,21 G.
[3] Hermog. meth. 12 p. 427,16 f. R.
[4] Quint. inst. IV 4,1.
[5] Quint. inst. III 9,5.
[6] Hermog. inv. III 2 p. 128,7 ff. R; vgl. auch Anon. Seguer. rhet. p. 448,11 f. Sp. = 166 p. 381,16 f. Sp.-H. = p. 31,8 G.

[7] Quint. inst. IV 4,1 f.: in ostendenda quaestione principali, sed nonnumquam etiam in singulis argumentis poni solet ... quid in quaestione versetur.
[8] Quint. inst. IV 4,5.
[9] Quint. inst. IV 4,8 f.
[10] Quint. inst. IV 4,2.
[11] Quint. inst. IV 4,3 f.
[12] Quint. inst. IV 5,1.

auch wirklich beim Auctor ad Herennium.[13] Er sagt: *divisio est, per quam aperimus quid conveniat, quid in controversia sit, et per quam exponimus quibus de rebus simus acturi*. An anderer Stelle[14] äußert er sich einmal deutlicher: *causarum divisio in duas partes distributa est. primum per narrationem debemus aperire quid nobis conveniat cum adversariis, si ea quae utilia sunt nobis convenient, quid in controversiis relictum sit* – das ist die *propositio* – und weiter: *cum hoc fecerimus, distributione uti debemus. ea dividitur in duas partes: enumerationem et expositionem*. Enumeratio ist die Aufzählung der einzelnen Punkte, über die gesprochen werden soll, die aber nicht mehr als drei Teile umfassen soll, denn es besteht die Gefahr, zu viel oder zu wenig zu sagen. Beim Zuhören könnte leicht der Verdacht einer die Glaubwürdigkeit gefährdenden sorgsamen und kunstvollen Vorbereitung entstehen. Die Beschränkung der *partitio* auf drei *propositiones* wird von Quintilian zurückgewiesen, weil eine zu große Vielfalt über das Erinnerungsvermögen des Richters hinausgehe und seine Aufmerksamkeit mindere; es bestehe aber kein Grund, sie gesetzlich an eine Zahl zu binden, weil ja manchmal einmal das Bedürfnis bestehen könnte, mehr zu erfahren.[15] *Expositio*[16] ist die kurze aber vollständige Darstellung der Punkte, über die gesprochen werden soll. So heißt es auch bei Cicero:[17] *partes eius (partitionis) sunt duae ... una pars est, quae, quid cum adversariis conveniat et quid in controversia relinquatur, ostendit* – das ist wieder die *propositio* – *altera est, in qua rerum earum, de quibus erimus dicturi, breviter expositio ponitur distributa*, das ist die *partitio*. Bei Quintilian[18] fällt ein merkwürdiges Schwanken in der Vorstellung des Verhältnisses von *propositio* und *partitio* auf, das wohl mit einem Quellenwechsel zusammenhängt: Hat er seine Darstellung der *partitio* mit der Feststellung begonnen, sie sei eine geordnete Aufzählung sämtlicher *propositiones*, so daß *partitio* der übergeordnete Begriff ist, spricht er im Schlußteil bei der Behandlung der *virtutes* unvermittelt von einer *divisa* und einer *simplex propositio*. Daß es sich dabei nicht um die *propositiones et simplices et duplices vel multiplices*[19] handeln kann, ist klar; er meint vielmehr sicher mit der *simplex propositio*, was er vorher einfach *propositio* genannt hat und mit der *divisa propositio* die *partitio*, die nun zu einer *species* der *propositio* geworden ist. Gleich darauf aber kehrt er das Verhältnis wieder um und spricht von einer *partitio prima*, in der festgestellt wird, *quid sit de quo conveniat, quid de quo ambigatur*,[20] also von der *propositio*, offenbar unter dem Einfluß Ciceros.[21] Die Nichtbewältigung verschiedener Quellen wird dabei offenbar. Eine eindeutige Rückkehr zur Auffassung Ciceros durch Fortunatian[22] bedeutet die Annahme von zwei *genera* (wohl *partes partitionis*): *cum aut ostendit, quid cum adversario conveniat et quid in controversia relinquatur, quod vocamus per seiunctionem: aut cum eas res, de quibus erimus dicturi, breviter exponimus, ut eas animo teneat auditor, quod vocamus per enumerationem*. Hermogenes[23] wiederum faßt dann *propositio* und *partitio* unter dem Begriff der προκατασκευή zu-

---

[13] Auct. ad Herenn. I 3,4.
[14] Auct. ad Herenn. I 10,17.
[15] Quint. inst. IV 5,3.
[16] Auct. ad Herenn. I 10,17.
[17] Cic. inv. I 22,31.
[18] Quint. inst. IV 5,1.26.

[19] Quint. inst. IV 4,5.
[20] Quint. inst. IV 5,28.
[21] Vgl. Anm. 17.
[22] Fortun. rhet. II 21 p. 113,34 ff. H.
[23] Hermog. inv. III 2 p. 126,19 ff.; 127,8 f.
R.

sammen, die den Zweck hat, προεκτίθεσθαι τὰ κεφάλαια καὶ τὰ ζητήματα, οἷς περιπλακεὶς ὁ λόγος συμπληρώσει τὴν ὑπόθεσιν – d.h. die πρόθεσις – und ἐπὶ κεφαλαίου τὴν τομὴν ἐσήμανε τοῦ λόγου.

Für die *partitio altera*, d.h. die eigentliche *partitio*, erklärt Cicero,[24] daß in ihr *breviter expositio ponitur distributa*. Weiterhin verlangt er dann für sie:

1. *brevitas*, die fordert, daß kein unnötiges Wort verwendet wird, weil der Hörer nur von der Sache und den Teilen der *causa*, nicht aber von außerhalb der Sache liegenden Worten und Schmuckmitteln gefesselt werden soll.

2. *absolutio*, die verlangt, daß alle *genera*, über die gesprochen werden soll, in der *partitio* erfaßt werden, damit kein nützliches Glied übergangen oder erst nachträglich außerhalb der *partitio* beigebracht wird.

3. *paucitas*, die darin besteht, daß nur die *genera* als Teile der *partitio* verwendet werden, nicht aber die *partes*, εἴδη, die den *genera* untergeordnet sind, daß nicht mehr angekündigt wird, als dazu nötig ist zu zeigen, daß selbst in einer einfachen Sache eine *distributio* verwendet wird.

Einige Rhetoren hielten es für notwendig, die *partitio* immer anzuwenden, weil durch sie die Sache klarer und der Richter aufmerksamer werde und geneigter, sich belehren zu lassen, wenn er wisse, worüber jetzt und später gesprochen werden soll. Andere dagegen glaubten, dieses Verfahren sei für den Redner gefährlich, weil ihm manchmal, was er angekündigt habe, entfallen könne und erst später wieder einfalle.[25] Wichtigere Gründe dagegen, die *partitio* immer zu verwenden, sind, daß etwas angenehmer wirkt, was nicht fertig von zu Hause mitgebracht wird, sondern sich beim Reden plötzlich aus der Verhandlung zu ergeben scheint, weil eine Bekanntgabe der Beweispunkte vor der späteren Ausführung allen Reiz der Neuheit nimmt; manchmal muß auch der Richter über die wahren Absichten des Redners getäuscht werden, damit eine unerwartete schwere *propositio* ihn erschauern läßt wie der Anblick des Messers des Arztes den Kranken erschrecken läßt.[26] Muß man dagegen in mehreren Punkten Anklage erheben oder sich gegen mehrere verteidigen, ist die *partitio* nützlich und angenehm. Handelt es sich aber nur um ein *crimen*, gegen das man sich nur auf mehrfache Weise verteidigen will, ist sie überflüssig.[27]

Ist nun die *partitio* auch nicht immer notwendig, nützlich und angenehm, macht sie doch, richtig angewandt, die Rede klar und durchsichtig[28] und verleiht ihr viel Licht und Anmut. Sie bewirkt ferner nicht nur, daß das, was gesagt wird, klarer wird, wenn die Dinge aus der Menge herausgehoben und dem Richter vor Augen gestellt werden, sondern sie wirkt auch erholend auf den Hörer, wenn er sieht, wie immer wieder ein Abschnitt zu Ende gebracht wird, wie dem Wanderer der Anblick der sich verringernden Meilenzahl auf den Wegsteinen viel von seiner Müdigkeit nimmt. Deshalb aber braucht man noch lange nicht die einzelnen Punkte an den Fingern abzuzählen. Man muß eine allzu gliederreiche Aufzählung meiden; wer tausend Teile

---

[24] Cic. inv. I 22,31f.
[25] Quint. inst. IV 5,1f.
[26] Quint. inst. IV 5,4f.
[27] Quint. inst. IV 5,8.
[28] Cic. inv. I 22,31.

macht, fällt in die gleiche Dunkelheit, gegen die die *partitio* erfunden worden ist.[29] Deshalb fordert auch Fortunatian,[30] die *causa* in nicht zu viele Teile aufzuspalten und die Einteilung auch nicht mit Selbstsicherheit vorzuführen, sich in der Ausführung genau an die einmal aufgestellte Reihenfolge der *partitio* zu halten und nicht eine andere Teilung in der Ausführung einzuführen. Eine Ausnahme von dieser Forderung ist nur gegeben, wenn die Rede nicht in viele Teile aufgespalten ist, so daß nicht zu fürchten ist, der Richter könne verwirrt werden. Am Ende darf man noch einen anderen Hauptteil zur gefälligen Abwechslung, oder weil es der Sache förderlich ist, beibringen. Quintilian[31] nennt als *virtutes* der *propositio* wie der *partitio*, daß sie *aperta*, *lucida* und *brevis* sei und durch kein überflüssiges Wort belastet. Auch daran muß festgehalten werden, daß nichts in ihr fehlt, aber auch nichts zu viel ist, so daß man also nicht noch nach *species* einteilt, wenn die Einteilung in *genera* schon genügt.

5. Der Beweis

Der Beweis ist teils positiv, im Nachweis, daß die in Frage kommenden Taten gerecht und nützlich waren, teils negativ, in der Widerlegung der vom Kläger vorgebrachten Behauptungen. Jenes ist die βεβαίωσις,[1] πίστις,[2] κατασκευή,[3] *argumentatio*,[4] *probatio*,[5] *confirmatio*,[6] das *firmamentum* für die *firmissima argumentatio*.[7] Die Widerlegung heißt ἀνασκευή,[8] λύσις,[9] *reprehensio*,[10] *confutatio*,[11] *refutatio*.[12] Beide werden von den Rhetoren bald als selbständige Beweisarten, bald als Teile des Beweises gebraucht.

Der Anonymus Seguerianus[13] definiert den Beweis als λόγος κατασκευαστικὸς τοῦ προκειμένου ζητήματος, Alexandros, der Sohn des Numenios, als λόγος ἄγων εἰς συγκατάθεσιν. Cicero[14] sagt: *confirmatio est, per quam argumentando nostrae causae fidem et auctoritatem et firmamentum adiungit oratio*. Fortunatian[15] bemerkt: *argumentatio vero est elocutio, qua argumenta ipsa verbis explicantur*.

Anaximenes[16] unterscheidet zwei Arten von πίστεις, eine, die unmittelbar aus den Reden, Handlungen und Personen entsteht, und eine zweite, die πίστεις ἐπίθετοι, die zu den Reden und Handlungen noch von außen hinzukommt. Für Aristoteles[17]

---

[29] Quint. inst. IV 5,22–25.
[30] Fortun. rhet. II 21 p. 114,9ff.; 22 p. 114, 19ff. H; vgl. Quint. inst. IV 5,28.
[31] Quint. inst. IV 5,26f.

[1] Anaxim. rhet. 32,1,1438b 30.
[2] Anaxim. rhet. 7,2,1428a 17; Arist. rhet. I 2,1355b 35; III 13,1414a 36.
[3] Quint. inst. II 4,18; Sulp. Vict. 3 p. 314,36 H.
[4] Auct. ad Herenn. II 18,27, was aber auch für den Einzelbeweis gebraucht wird; Cic. inv. I 29,44; Fortun. rhet. II 23 p. 115,9 H.
[5] Quint. inst. III 9,1; V prooem. 5.
[6] Cic. inv. I 14,19; 24,34.
[7] Cic. inv. I 14,19.
[8] Quint. inst. II 4,18; Sulp. Vict. 3 p. 314,36 H.
[9] Aps. rhet. 7 p. 365,15 Sp. = p. 268,21 Sp.-H; Anon. Seguer. rhet. p. 451,3 Sp. = 186 p. 385,9 Sp.-H. = p. 36,14 G.
[10] Cic. inv. I 14,19.
[11] Auct. ad Herenn. I 3,4; II 2,2.
[12] Quint. inst. III 9,1.
[13] Anon. Seguer. rhet. p. 445,12f.; 17 Sp. = 143f. p. 377,18f.; 23f. Sp.-H. = p. 27,9f.; 14 G.
[14] Cic. inv. I 24,34.
[15] Fortun. rhet. II 23 p. 115,11f. H.
[16] Anaxim.rhet. 7,2,1428a 16ff.
[17] Arist. rhet. I 2,1355b 35; vgl. auch Aps. rhet. 6 p. 360,4 Sp. = p. 260,18 Sp.-H; Minuc. epich. 1 p. 417,4f. Sp. = p. 340,2f. Sp.-H; Anon. Seguer. rhet. p. 445,23 Sp. = 145 p. 378, 4f. Sp.-H. = p. 27,21 G; Quint. inst. V 1,1;

ist die Kunst des Redners das Maß, auf das er alles bezieht. Das Wichtigste sind ihm deshalb die Beweise, die der Redner durch seine Kunst selbst finden und gestalten kann. Er nennt diese πίστεις ἔντεχνοι. Daneben stehen die πίστεις ἄτεχνοι, die dem Redner schon von außen vorgegeben sind und die er wie jene auch durch seine rednerische Kunst gestalten muß. Daher kommt denn auch die Bemerkung des Alexandros, Sohn des Numenios,[18] daß die Bezeichnung ἄτεχνος nur für die εὕρεσις gilt, nicht aber auch für die χρῆσις, die rednerische Verwendung. Auch Neokles[19] sagt, die πίστεις ἔντεχνοι seien jene, ὧν καὶ ἡ χρῆσις ἐπὶ τοῖς λέγουσιν. Dazu stimmt die Bemerkung Quintilians,[20] die ἄτεχνοι erforderten die höchsten Mittel der Beredsamkeit, um ihre Bedeutung zu heben oder zu schwächen. Sie galten auch immer als die wirksamsten,[21] weil sie aus Gebieten genommen sind, über die sich alle einig sind, während die ἔντεχνοι gefunden werden müssen.[22]

Die διὰ τοῦ λόγου ποριζόμεναι πίστεις teilt Aristoteles[23] in drei εἴδη ein:
1. ἐν τῷ ἤθει τοῦ λέγοντος.
2. ἐν τῷ τὸν ἀκροατὴν διαθεῖναί πως.
3. ἐν αὐτῷ τῷ λόγῳ διὰ τοῦ δεικνύναι ἢ φαίνεσθαι δεικνύναι.

Das sind

1. Die Beweise διὰ τοῦ ἤθους,[24] die sich aus dem ἦθος, dem Charakter und dem bisherigen Leben des Redners, des Angeschuldigten also, ergeben, der für sich selber sprechen muß; einem guten Menschen nämlich ist man geneigt, Vertrauen zu schenken. Das muß aber der Redner selbst bewirken, nicht eine vorgefaßte Meinung der Hörer über die Art des Redners. Aristoteles wendet sich gegen die Meinung einiger Techniker, daß die gute Gesinnung des Redners nichts zur Glaubwürdigkeit beitrage; sie hat vielmehr entscheidende Bedeutung für die Überzeugung. Hier unterscheidet sich Aristoteles wesentlich von der Auffassung des Anaximenes,[25] der die δόξαι τοῦ λέγοντος unter die πίστεις ἐπίθετοι einreiht, indem er selbst bei der Auffindung und Gestaltung der Beweise vom Charakter und der bisherigen Betätigung ausgeht, wodurch die Rede die Kraft und Möglichkeit erhält, auf den Willen des Hörers einzuwirken.

2. Die zweite Art bilden Beweise aus dem πάθος,[26] in das der Redner den Hörer versetzt und durch das er ihn für sich gewinnt. Aristoteles hält das für eine Sache, mit der sich die Techniker seiner Zeit am meisten beschäftigten.

3. Die dritte Art wird durch die in der Rede selbst gebotene Darlegung über das an jeder Sache Glaubwürdige, die wirkliche oder nur scheinbare Wahrheit, gewonnen.[27]

Fortun. rhet. II 23 p. 115,15 H; Iul. Vict. 5 p. 395,20 H.

[18] Anon. Seguer. rhet. p. 446,1 Sp. = 145 p. 378,13f. Sp. – H. = p. 27,29f. G.

[19] Anon. Seguer. rhet. p. 446,4f. Sp. = 147 p. 378,17f. Sp. – H. = p. 28,3f. G.

[20] Quint. inst. V 1,2.

[21] Schol. in Hermog. stat. (Rhet. Gr. IV p. 337,26ff. W).

[22] Arist. rhet. I 2,1355b 37ff.; Minuc. epich. I p. 417, 8f. Sp. = p. 340,6f. Sp. – H; Cic. de orat. II 27,116f.; Quint. inst. V 1,1.

[23] Arist. rhet. I 2,1356a 2ff.

[24] Arist. rhet. I 2,1356a 4ff.

[25] Anaxim. rhet. 7,2,1428a 23f.

[26] Arist. rhet. I 2,1356a 14ff.

[27] Arist. rhet. I 2,1356a 19f.

Die drei Arten der ἔντεχνοι, wie Aristoteles sie bietet, finden sich noch bei anderen Rhetoren.[28] Minukian[29] hat sie sogar sinngemäß in Übereinstimmung mit Aristoteles genannt:

1. ἠθικαί, das sind jene, ὅσαι ἀπὸ τῆς δόξης τοῦ προσώπου τὴν πίστιν λαμβάνουσιν.
2. παθητικαί, ὅσαι τὸν ἀκροατὴν εἰς ὃ βούλεται ὁ λέγων ὑπάγουσι καὶ ἄνευ τῆς τῶν πραγμάτων ἀποδείξεως.
3. λογικαί, αἱ αὐταὶ καὶ πραγματικαί, die ἀπὸ τοῦ πράγματος, περὶ οὗ ὁ λόγος ἐστί, τὰς ἀποδείξεις ἔχουσιν.

Neokles[30] hat zwar neben den πίστεις ἄτεχνοι auch die ἔντεχνοι von Aristoteles aufgenommen, die ἔντεχνοι aber nur in zwei εἴδη geteilt, das εἶδος ἀπὸ τοῦ πάθους und das ἀπὸ τοῦ πράγματος. Die παθητικὴ πίστις ist die τῷ πάθει τοῦ λέγοντος ἐπιφέρουσα τοῦ ζητουμένου τὴν πίστιν· von der πίστις ἀπὸ τοῦ πράγματος aber sagt er, daß sie auf dreifache Weise zustande kommt: κατὰ τὸ εἰκός, κατὰ τεκμήριον, κατὰ παράδειγμα, durch Beweismittel der Rede. Dadurch kennzeichnet er sic als πίστις ἐν αὐτῷ τῷ λόγῳ. Die παθητική entspricht der ἐν τῷ ἤθει τοῦ λέγοντος. Die Gleichsetzung von πάθος, dem häufigeren Affekt, mit dem selteneren ἦθος ist geläufig. Es fehlt aber das zweite Aristotelische εἶδος, das πάθος des Hörers. Vielleicht erklärt sich das durch den Hinweis auf eine Stelle Quintilians,[31] wo er von den *adfectus* spricht und das πάθος meint und sagt: *id unum epilogi genus visum est plerisque Atticorum et philosophis fere omnibus, qui de arte oratoria scriptum aliquid reliquerunt. id sensisse Atticos credo, quia Athenis adfectus movere etiam per praeconem prohibebatur orator. philosophos minus miror, apud quos vitii loco est adfici, nec boni mores videntur, sic a vero iudicem averti, nec convenire bono viro vitiis uti.*

a) *Der unkünstliche Beweis.* Neben den unmittelbar aus den Reden, Handlungen und Personen gewonnenen Beweisen hat Anaximenes[32] die von außen genommenen Beweismittel gestellt, die πίστεις ἐπίθετοι, und als solche Zeugnisse, Folter und Eide genannt. Aristoteles[33] hat den πίστεις ἄτεχνοι außer den drei genannten des Anaximenes noch Gesetze und Verträge hinzugefügt. Der Auctor ad Herennium[34] kennt, ohne die Scheidung in künstliche und unkünstliche Beweise vorzunehmen, *testes, quaestiones, argumenta, rumores*, deren mindere Beweiskraft er in der Bemerkung erkennen läßt: *plus oportere signis et argumentis credi quam testibus.* Cicero[35] nennt die gleichen, die *ad coniecturam accedunt*, was an die Bezeichnung ἐπίθετοι des Anaximenes erinnert. Bei der Behandlung der *constitutio legalis* erwähnt er auch noch *pactum,*

---

[28] Dion. Hal. Lys. 19 p. 30,20 ff. Us. – Rad; vgl. dazu L. Spengel, Über die Rhetorik des Aristoteles, Abh. München VI. Bd. II. Abtg. (1851) S. 481 f.; bei Cicero (de orat. I 19,87) spricht Charmadas davon. Cicero deutet diese Dreiteilung oft durch die Worte conciliare, movere und docere an: de orat. II 27,115; 28, 121; 29,128; 77,310; orat. 37,128; part. 13, 46.

[29] Minuc. epich. 1 p. 417,10 ff.; 20 ff.; 23 ff. Sp. = p. 340,8 ff.; 341,1 ff.; 4 ff. Sp. – H.
[30] Anon. Seguer. rhet. p. 446,5 ff. Sp. = 147– 149 p. 378,18 ff. Sp. – H. = p. 28,4 ff. G.
[31] Quint. inst. VI 1,7.
[32] Anaxim. rhet. 7,2,1428 a 23 f.
[33] Arist. rhet. I 2,1355 b 37; 15,1375 a 24 f.
[34] Auct. ad Herenn. II 6,9; 7,11.
[35] Cic. inv. II 14,46.

iudicatum und *leges*.³⁶ Später³⁷ spricht er von den *argumenta*, die *sine arte* genannt werden und die der Redner *foris ad se delata tamen arte tractat*, und führt dafür nur die *testes* und *quaestiones* an. In ‚*De oratore*'³⁸ ergänzt er die Liste und kennt jetzt *tabulae, testimonia, pacta, conventa, quaestiones, leges, senatus consulta, res iudicatae, decreta, responsa, reliqua*. In den ‚*Topica*'³⁹ erwähnt er nur *argumenta, quae adsumuntur extrinsecus*, die von den Griechen als *argumentationes* ἄτεχνοι bezeichnet würden *et maxime ex auctoritate ducuntur* und führt so eine Berufung auf ein Urteil des P. Scaevola an. Quintilian⁴⁰ und, im Anschluß an ihn, Fortunatian⁴¹ nennen *praeiudicia, rumores, tormenta, tabulae, ius iurandum, testes*; Quintilian⁴² hat seine Liste noch durch *divina testimonia, responsa, oracula, omina* ergänzt. Dementsprechend gibt dann C. Iulius Victor⁴³ die erste Liste Quintilians ergänzt durch *responsa, omina, vox aliqua emissa*. Minukian⁴⁴ kehrt wieder zu den fünf πίστεις ἄτεχνοι des Aristoteles zurück, nur erweitert durch die προκλήσεις, die Aufforderung einer Partei an die andere, einen Eid zu leisten, Sklaven zur Folterung zu stellen oder Zeugen beizubringen.

1. *praeiudicium*⁴⁵ oder *iudicatum* ist nach dem Auctor ad Herennium⁴⁶ *id, de quo sententia lata est aut decretum interpositum*, nach Cicero:⁴⁷ *de quo iam ante sententia alicuius aut aliquorum constitutum est*, eine schon erfolgte Entscheidung über einen ähnlichen Rechtsfall, z. B. über Ungültigkeitserklärungen oder Bestätigungen von Testamenten, die gegen die Söhne gerichtet waren oder über eine mit der Sache selbst zusammenhängende Angelegenheit. Dahin gehören auch Urteile, die über die Sache selbst bereits ergangen sind, wie über die Deportation eines Verurteilten, über eine Freiheitserklärung oder ein Urteil in einer Zivilklage vor dem Centumviralgericht. Nach Fortunatian⁴⁸ werden die *argumenta inartificialia* im allgemeinen auf die gleiche Weise behandelt wie die *artificialia*, weil für beide Beweise dieselben τόποι genommen werden; man müsse nur beachten, daß sie nicht irgendwie schädlich seien und sich nicht gegenseitig widersprechen, daß sie nicht gewöhnlich seien, nicht auch für den Gegner passend, nicht zu weit hergeholt und nicht über oder unter der Bedeutung der Sache liegen. Die von außen genommenen Beweise stützen sich auf die *auctoritas* derer, von denen die erste Entscheidung gefällt wurde, und auf die Ähnlichkeit der Fälle.⁴⁹

2. *leges*. Ist ein Gesetz im Sinne des Redners, muß er gegen den Richter, der etwa eine eigene Auslegung vorbringen will, darauf verweisen, daß sein Amtseid, ‚nach bestem Wissen' zu richten, dazu verpflichte, nicht gegen das Gesetz zu entscheiden. Werde ein Gesetz nicht angewendet, bräuchte es gar nicht da zu sein. Dagegen zu sprechen, sei ebenso falsch und schädlich, wie etwa klüger zu sein als der Arzt; noch schlimmer sei die daraus entstehende Gewöhnung an den Ungehorsam.⁵⁰

---

³⁶ Cic. inv. II 22,68.
³⁷ Cic. part. 14,48.
³⁸ Cic. de orat. II 27,116.
³⁹ Cic. top. 4,24.
⁴⁰ Quint. inst. V 1,2; 2,1–7,34.
⁴¹ Fortun. rhet. II 25 p. 116,22f. H.
⁴² Quint. inst. V 7,35.
⁴³ Iul. Vict. 6,5 p. 403,31; 6,6 p. 406,32–407, 3 H.
⁴⁴ Minuc. epich. 1 p. 417,7f. Sp. = p. 340,5f. Sp.–H.
⁴⁵ Quint. inst. V 2,1.
⁴⁶ Auct. ad Herenn. II 13,19.
⁴⁷ Cic. inv. II 22,68.
⁴⁸ Fortun. rhet. II 25 p. 116,24ff. H.
⁴⁹ Quint. inst. V 2,2.
⁵⁰ Arist. rhet. I 15,1375a 25ff.

3. *testes*, *testimonia* (μαρτυρίαι), freiwillige Geständnisse eines Mitwissers, können glaubwürdig, unglaubwürdig oder zweifelhaft sein. Im ersten Falle genügt es, das bloße Zeugnis allein anzuführen, es müßte denn sein, daß man es mit einer Sentenz oder einem Enthymem ausschmücken möchte; im zweiten Falle muß gezeigt werden, daß der Zeuge nicht aus Gunst oder Rache oder Gewinnsucht ein falsches Zeugnis gibt, daß ein falsches Zeugnis keinen Vorteil, vielmehr großen Schaden bringt, wenn der Zeuge als Lügner überführt und ihm dann nicht nur eine Geldstrafe auferlegt wird, sondern auch sein guter Ruf und seine Ehre Schaden leidet.[51] Aristoteles[52] unterscheidet Zeugen für die Sache und für die Person, gute für den Verteidiger und schlechte, die gegen ihn für den Kläger sprechen. Unter den alten Zeugen, d.h. Zeugen für das frühere Geschehen, versteht er Dichter und angesehene Männer, die unbestechlich sind, unter den gleichzeitigen ebenfalls angesehene Männer, die schon ein Urteil gesprochen haben und dadurch für Leute, die in einen ähnlichen Streit verwickelt sind, von Nutzen sein können. Hat jemand keinen Zeugen, muß ‚nach bestem Wissen und Gewissen', nach der Wahrscheinlichkeit entschieden werden, die sich nicht durch Geld beeinflussen läßt und nie eines falschen Zeugnisses überführt werden kann. Der Auctor ad Herennium[53] macht den Wert der Zeugenaussagen vom Ansehen der Zeugen abhängig, von ihrer Lebensführung und der Festigkeit ihres Zeugnisses. Er hält es aber doch für notwendig festzustellen, daß man ihnen weniger glauben dürfe als den *signa* und *argumenta*. Quintilian[54] widmet den Zeugenaussagen ein ganzes Kapitel mit Berufung auf das zweibändige Werk seines Lehrers Domitius Afer[55] über Zeugen, dessen Umfang in der Bedeutung begründet liegt, die den Zeugenaussagen, dem wichtigsten Beweismaterial der alten Zeit, im öffentlichen Recht zukam. Er macht einen Unterschied zwischen den Zeugen, die bei der Gerichtsverhandlung anwesend sind und ihr Zeugnis mündlich abgeben, und denen, die abwesend sind, weil sie schon vorher vor vereidigten Zeugen ihr Zeugnis abgegeben haben, das aufgezeichnet, versiegelt und erst bei der mündlichen Verhandlung verlesen wurde. In beiden Fällen liegen also die Zeugnisse als bekannt vor. Der Redner kann sich nun ganz allgemein mit dem Werte von Zeugenaussagen befassen, da die einen den Standpunkt vertreten, es gebe keine wertvolleren Zeugnisse als jene, die sich auf das Wissen eines Menschen stützen, die anderen aber ihnen alle Glaubwürdigkeit entziehen möchten durch Aufzählung aller Möglichkeiten, wie falsche Zeugnisse zustande gekommen sind. Er kann aber auch von bestimmten einzelnen Zeugen und Zeugnissen ausgehen und sogar auf die Unglaubwürdigkeit ganzer Völkerschaften oder auf die Zeugnisse vom Hörensagen hinweisen, in denen nicht wirkliche Zeugen zu Worte kommen, sondern Menschen, die Aussagen nicht vereidigter Leute wiedergeben. In einem Repetundenprozeß können z.B. Leute, die unter Eid erklären, dem Angeklagten Geld gegeben zu haben, nicht als Zeugen, sondern als Ankläger betrachtet werden. Der Redner kann aber auch, ohne sich bei allgemeinen Dingen aufzuhalten, gleich die einzelnen Zeugen für seinen Fall vornehmen, um damit den

---

[51] Anaxim. rhet. 15,1 – 3,1431 b 20ff.
[52] Arist. rhet. I 15,1375 b 26ff.
[53] Auct. ad Herenn. II 6,9; 7,11.
[54] Quint. inst. V 7.
[55] Quint. inst. V 7,7

Wert der eigenen zu erhöhen, die gegnerischen aber unglaubwürdig zu machen, weil ihre Aussagen nicht zur Sache gehörten, sich widersprächen und falsch seien.[56] In der *actio* liegen die Zeugnisse bereits vor; der Redner soll sie nur verwenden und durch seine Kunst wirksam machen oder vernichten.[57] In der folgenden *interrogatio* dagegen muß der Redner die Zeugnisse durch Befragung der Zeugen erst selber suchen. Das ist die weitaus schwierigere Aufgabe, die viel Scharfsinn und Wachsamkeit, Menschenkenntnis und vorsichtiges Vorgehen verlangt, damit der eigene Zeuge nicht durch den Gegner erschreckt und überlistet wird oder seiner Glaubwürdigkeit schadet, indem er übereifrig alles zu wissen vorgibt.[58] Die *interrogatio* ist aber keine Aufgabe und kein Beweis für einen guten Redner, sondern Sache eines geschickten Anwalts, wenn Quintilian[59] es auch für nötig hält, ihr den meisten Platz zuzuweisen.

4. Der Eid (ὅρκος) ist eine unbeweisbare Aussage unter Anrufung der Götter. Gewicht erhält sie nämlich durch die Annahme, niemand dürfe wohl einen Meineid schwören, weil er die Strafe der Götter fürchte und weil man diesen zwar vor den Menschen, aber nicht vor den Göttern verbergen könne.[60] Nach Aristoteles[61] und im Anschluß an ihn auch noch Quintilian[62] und C. Iulius Victor[63] können die Streitenden Eide anbieten und annehmen und den eigenen wie den des Gegners ablehnen. Wer ihn aber annimmt, ohne gleichzeitig die Bedingung zu stellen, daß auch der Gegner schwören müsse, gilt fast als gottlos. Wenn jemand trotzdem bedingungslos den Eid anbietet, wird er sich auf die religiöse Bedeutung des Eides berufen oder sein Leben dafür einsetzen, damit man nicht glaube, er schwöre falsch. Er kann auch betonen, die Art des Streites sei nicht so, daß er sich deswegen selbst verfluchen würde, oder er führt das Vertrauen auf sein gutes Gewissen an, oder er sagt, er wolle selber zu seiner Sache sprechen und zeigen, für wie leicht und unbedeutend er halte, was er anbiete. Wer aber den Eid dem anderen zuschiebt, der scheint Entgegenkommen zu beweisen, da er den Gegner zum Richter macht und den Richter, dessen Pflicht eigentlich die Untersuchung ist, von dieser Bürde befreit. Die Verweigerung des Eides ist nur dann leicht, wenn es glaubhaft sein kann, daß der Betreffende die Sache nicht kennt. Andernfalls bleibt ihm nur übrig zu behaupten, der Gegner suche ihm nur Anfeindungen zu bereiten, und er selbst wolle nur erreichen, daß er in einer Sache, in der er nicht gewinnen könne, sich beklagen könne. Ein schlechter Mensch würde deshalb diese Bedingung annehmen, er selbst aber wolle lieber beweisen, was er behaupte, als einen Zweifel an der Richtigkeit seines Schwurs aufkommen zu lassen. Quintilian[64] hat in seiner Jugend gelernt, einem anderen ebensowenig den Eid zuzuschieben, wie dem Gegner die Wahl des Richters zu überlassen und den Richter aus den Advokaten des Gegners zu wählen.

5. Urkunden, Verträge (συνθῆκαι),[65] *pacta*,[66] *tabulae*,[67] sind nach Aristoteles[68]

---

[56] Quint. inst. V 7,1.4 – 6.
[57] Quint. inst. V 7,3.
[58] Quint. inst. V 7,10f.
[59] Quint. inst. V 7,8 – 37.
[60] Anaxim. rhet. 17,1,1432a 34ff.
[61] Arist. rhet. I 15,1377a 8ff.
[62] Quint. inst. V 6.
[63] Iul. Vict. 6,6 p. 405,16ff. H.
[64] Quint. inst. V 6,6.
[65] Arist. rhet. I 15,1376a 33.
[66] Cic. inv. II 22,68.
[67] Quint. inst. V 5.
[68] Arist. rhet. I 15,1376b 7ff.

private und spezielle Gesetze, und ihre Gültigkeit wird durch das Gesetz garantiert, nicht umgekehrt; das Gesetz selber ist aber auch eine Art von Vertrag, so daß jeder, der einen Vertrag unglaubwürdig macht oder aufhebt, auch die Gesetze umstößt. Die meisten freiwilligen Vereinbarungen vollziehen sich im praktischen Leben nach Verträgen, so daß der gegenseitige Verkehr unter den Menschen aufhört und alles, was zusammenpaßt, zerfällt, wenn die Verträge ungültig werden.

6. *Die Folteraussage* (βάσανος), *quaestiones,*[69] *tormentum,*[70] ist nach Anaximenes[71] ein erzwungenes Zeugnis eines Mitwissenden, nach Aristoteles[72] auch eine Art von Zeugnissen, die ihre Glaubwürdigkeit einem gewissen Zwange verdanken und, falls sie für den Redner sprechen, nach Anaximenes weit zuverlässiger als Zeugen sind. Für Aristoteles gelten sie sogar als die einzig wahren, weil es für die Gefolterten gut sei, die Wahrheit zu sagen, um von der Qual befreit zu werden, während Zeugen oft nicht die Wahrheit sagen. Ihre Bedeutung stützt Anaximenes durch den Hinweis, daß Privatleute wie Staaten sie als Beweis für die wichtigsten Dinge betrachten. Der Auctor ad Herennium[73] weist zu ihrer Empfehlung auf die Übung der *maiores* hin, durch die Folter die Wahrheit zu erhalten. Cicero[74] beruft sich auf das Vorbild der Alten, die das Verfahren nicht zugelassen hätten, wenn es ihnen nicht zweckmäßig erschienen wäre. Er weist auf die Bedeutung des Schmerzes, auf den Gebrauch der Folter bei den Athenern und Rhodiern, gebildeter Menschen also, hin, deren Einrichtung aber, freie Bürger und nicht nur Sklaven zu foltern, er allerdings sehr hart findet. Cicero fügt noch hinzu, daß bei den eigenen Vorfahren Folterungen von Sklaven in Prozessen gegen ihre Herren im allgemeinen nicht zugelassen waren, nur bei Inzest und Verschwörung. Um den Wert der Folteraussage richtig zu erkennen, kommt es allerdings, bemerkt Quintilian,[75] darauf an, wer die Folter verlangt, wer sich ihr unterziehen muß, von wem sie angeboten wird, gegen wen und warum, wer sie geleitet hat und wie sie vollzogen wurde, ob der Gefolterte Glaubwürdiges ausgesagt hat und nicht davon abgewichen ist, oder ob er unter dem Einfluß des Schmerzes seine Aussage geändert hat und ob das gleich zu Beginn der Folter oder erst später geschah.

7. *Rumores* werden von der einen Partei als einstimmiges Urteil der öffentlichen Meinung angesehen, von der anderen als von keinem bestimmten Urheber verbreitetes Gerede, das Böswilligkeit veranlaßt und Leichtgläubigkeit noch vergrößert habe, was selbst unschuldigen Menschen begegnen könne. Man kann aber dagegen geltend machen, daß ohne Grund nicht so ohne weiteres ein Gerücht entstehen könne.[76]

b) *Der künstliche Beweis.* Mit πίστις bezeichnet der griechische Techniker die *argumentatio*; πίστις kann daneben aber auch die Glaubwürdigkeit bedeuten, und man tut gut, sich das bei der Lehre vom Beweis vor Augen zu halten. *Argumentatio* kann aber,

---

[69] Auct. ad Herenn. II 6,9; Cic. inv. II 14,46.
[70] Quint. inst. V 4,1.
[71] Anaxim. rhet. 16,1432a 12ff.
[72] Arist. rhet. I 15,1376b 31ff.
[73] Auct. ad Herenn. II 7,10.
[74] Cic. part. 34,117f.
[75] Quint. inst. V 4,2.
[76] Quint. inst. V 3,1.

worauf Victorinus[77] ausdrücklich aufmerksam macht, nach dem Vorbild der Alten auch im Sinne von ‚*argumentum*' gebraucht werden, so daß es also sowohl ‚einzelner Beweis' wie die ganze ‚Beweisführung' bedeuten kann. Die πίστις wird auch ἀπόδειξις, *evidens probatio*,[78] genannt und unterscheidet sich nach Alexandros, dem Sohne des Numenios,[79] von der πίστις dadurch, daß sie wahre Vordersätze und richtige Schlußfolgerungen bildet, die πίστις aber weder immer glaubwürdig noch immer wahr ist, zwar Schlüsse zu bilden scheint, aber sie nicht bildet und deshalb mehr für den Redner, jene aber mehr für den Philosophen geeignet ist.

Die πίστεις teilt Aristoteles[80] ein in solche, die durch Induktion (ἐπαγωγή) gebildet werden und in solche, die durch Syllogismus oder auch scheinbaren Syllogismus gebildet werden. Der Syllogismus der Rhetorik ist das ἐνθύμημα, die Induktion das παράδειγμα. Das ἐνθύμημα hat nach Minukian[81] seinen Namen davon, daß entweder der Redner selbst den Beweis findet und überdenkt oder davon, daß er dem Richter die Überlegung darüber überläßt, oh nicht etwas bei ihm zu einem richtigen Syllogismus fehlt, denn der rhetorische Syllogismus hat nicht alle Teile des dialektischen und überläßt es dem Richter, aus den Vordersätzen und der *confirmatio* Schlüsse zu ziehen, während der dialektische dies selbst übernimmt. Ἐνθύμημα kann dreierlei bedeuten:[82] Einmal jede geistige Vorstellung, dann eine sich auf Gründe stützende Behauptung und schließlich, was die Rhetorik besonders angeht, den Schluß eines Vernunftbeweises, der sich aus notwendigen Folgerungen (*ex consequentibus*) oder auch aus dem Gegenteil (*ex repugnantibus*) ergibt. Jenes hielten manche für das ἐπιχείρημα, dieses, das der Auctor ad Herennium das *contrarium* nannte, für das wirkliche Enthymem.[83] Anaximenes[84] bezeichnete als Enthymeme: οὐ μόνον τὰ τῷ λόγῳ καὶ τῇ πράξει ἐναντιούμενα, ἀλλὰ καὶ τοῖς ἄλλοις ἅπασιν. Cicero[85] kennt es unter der Bezeichnung *ratiocinatio*. Quintilian[86] möchte es lateinisch mit *commentum* oder *commentatio* wiedergeben und nennt es *argumenti elocutio: ex consequentibus, quod habet propositionem coniunctamque ei protinus probationem ... ex pugnantibus vero ... fortior multo probatio est ... optimum autem videtur enthymematis genus, cum proposito dissimili vel contrario ratio subiungitur.*[87] Der Anonymus Seguerianus[88] scheint sich der Definition des Neokles anzuschließen: ἐνθύμημα δέ ἐστι λόγος προειρημένων τινῶν περὶ τοῦ ζητουμένου ἢ καὶ περὶ τοῦ καθηγουμένου αὐτοῦ καί τινα συνήχησιν ἐχόντων τῶν ἀκροατῶν τὸ ἐνδέον κεφαλαιωδῶς καὶ συνειλημμένως προστιθείς. Harpokration[89] nennt es einfach λόγος πρὸς ἀπόδειξιν λαμβανόμενος τῶν ὑποκειμένων, andere[90] τοῦ προηγουμένου

---

[77] Victorin. rhet. I 29 p. 232,1 ff. H; vgl. dazu Fortun. rhet. II 23 p. 115,10 ff. H: argumenta ea sunt, quibus causa adprobatur, argumentatio vero est elocutio, qua argumenta ipsa verbis explicantur.

[78] Quint. inst. V 10,7.

[79] Anon. Seguer. rhet. p. 445,17 ff. Sp. = 144 p. 377,24 ff. Sp. – H. = p. 27,15 ff. G.

[80] Arist. rhet. I 2,1356b 1 ff.

[81] Minuc. epich. 3 p. 419,12 ff. Sp. = p. 343, 4 ff. Sp. – H.

[82] Quint. inst. V 10,1 f.

[83] Quint. inst. V 10,2; vgl. Auct. ad. Herenn. IV, 18,25.

[84] Anaxim. rhet. 10,1,1430a 23 f.

[85] Cic. inv. I 31,51; 34,57.

[86] Quint. inst. V 10,1.

[87] Quint. inst. V 14,1 f.; 4.

[88] Anon. Seguer. rhet. p. 447,14 ff. Sp. = 157 p. 380,11 ff. Sp. – H. = p. 30,6 ff. G.

[89] Anon. Seguer. rhet. p. 447,21 f. Sp. = 159 p. 380,18 f. Sp. – H. = p. 30,12 f. G.

[90] Anon. Seguer. rhet. p. 447,18 ff. Sp. = 158 p. 380, 15 ff. Sp. – H. = p. 30,10 f. G.

ἐπιχειρήματος συμπέρασμα προσαγόμενον τῷ ζητήματι ἐν μιᾷ περιόδῳ. Maximos Planudes[91] stellt fest: ἐνθύμημά ἐστι συνεστραμμένος συλλογισμὸς ἀτελὴς καθ' ἓν ἀξίωμα.

Der rhetorische Syllogismus, wie Aristoteles das Enthymem bezeichnet, hat es im Gegensatz zu dem apodiktischen nicht mit Wahrem, sondern nur mit Glaubwürdigem oder Wahrscheinlichem zu tun. Er hat auch nicht die volle Form von fünf Gliedern. Die Existenz zweigliedriger rhetorischer Schlüsse ist nach Cicero[92] umstritten. Victorinus[93] aber sagt, daß von vielen auch Schlüsse anerkannt werden wie *si peperit, virgo non est, peperit autem*, wo auf die *approbatio* und die *conclusio* verzichtet ist. Daß es auch einteilige geben soll, lehnt Cicero[94] ab; Victorinus[95] aber verweist auf Schlüsse wie *inimicus occidit*, die eigentlich nur aus der *propositio* bestehen. Das Enthymem ist aber nicht an die volle Form gebunden. Deshalb wurde es auch als *pars syllogismi*,[96] *syllogismus imperfectus*,[97] *correptior probatio*,[98] συνεστραμμένη ἐπαγωγή[99] bezeichnet. C. Iulius Victor[100] spricht noch von einem *enthymema nudum et viduum* und *circumcisum*. Sein Beispiel *nisi vero credittis eum, qui patri non temperavit, quo minus manus inferret, alienis temperaturum*, bei dem die *affirmatio* überflüssig war, gehört zu dem τόπος τῶν δεικτικῶν ἐκ τοῦ μᾶλλον καὶ ἧττον des Aristoteles[101] mit dem Beispiel: τοὺς πλησίον τύπτει ὅς γε καὶ τὸν πατέρα.

Die Enthymeme hat Aristoteles[102] in δεικτικά und ἐλεγκτικά, beweisende und widerlegende, eingeteilt; die einen sind Schlüsse aus dem, was zugegeben wurde, die anderen legen das, was nicht zugestanden wurde, durch Schlüsse dar. Die zweite Art findet weit mehr Anklang als die beweisende; denn alles Widerlegende wird besser als Syllogismus erkannt, weil das, was man hart nebeneinander stellt, deutlicher als Syllogismus erkannt wird. Bei Quintilian[103] heißen die beiden εἴδη *enthymema ex consequentibus* und *ex repugnantibus*. Für jenes gibt er das Beispiel: *bonum est virtus, qua nemo male uti potest*.[104] Es folgt hier auf die Behauptung unmittelbar die Begründung. Man nannte dieses Enthymem auch *rationi simile*.[105] Für das *enthymema ex repugnantibus* lautet sein Beispiel: *an bonum est pecunia, qua quis male uti potest?*[106] Apsines[107] nennt unter den τόποι für das ἐνθύμημα, daß es ἢ ἐξ ἀκολούθου συλλογιστικῶς ἢ ἐκ μάχης gewonnen werde.

Außer diesen beiden εἴδη (δεικτικά, ἐλεγκτικά) hat Fortunatian[108] noch drei weitere genannt: γνωμικόν, παραδειγματικόν und συλλογιστικόν. Die gleichen fünf findet man ebenfalls mit der Bemerkung, daß sie auch für das ἐπιχείρημα gelten, bei

---

[91] Max. Plan. schol. in Hermog. inv. (Rhet. Gr. V p. 403,11f. W).
[92] Cic. inv. I 40,72.
[93] Victorin. rhet. I 38 p. 246,23 ff. H.
[94] Cic. inv. I 40,74.
[95] Victorin. rhet. I 37 p. 245,17 H.
[96] Quint. inst. V 14,24.
[97] Quint. inst. V 10,3; Iul. Vict. 10 p. 411,2 H.
[98] Iul. Vict. 11 p. 412,1 H.
[99] Minuc. epich. 3 p. 419,24f. Sp. = 343,17 Sp.-H.
[100] Iul. Vict. 11 p. 412,4ff. H.

[101] Arist. rhet. II 23,1397b 12.15.
[102] Arist. rhet. II 22,1396b 23ff.; 23,1400b 26ff.; Max. Plan. schol. in Hermog. inv. (Rhet. Gr. V p. 406,18 W).
[103] Quint. inst. V 10,2.
[104] Quint. inst. V 14,25.
[105] Quint. inst. V 14,17.
[106] Quint. inst. V 14,25.
[107] Aps. rhet. 10 p. 376,27f. Sp. = p. 285,14f. Sp.-H; vgl. Max. Plan. schol. in Hermog inv. (Rhet. Gr. V p. 406,18ff. W).
[108] Fortun. rhet. II 29 p. 118,34 H.

C. Iulius Victor.[109] Nach ihm haben die Alten lediglich das *elencticon* gekannt, in dem zwei gegensätzliche Begriffe hart nebeneinander gestellt werden, z. B. *liberalem se praedicat; idem peculatum fecisse convincitur;* das *dicticon* kam als nächstes hinzu; es geschieht *a consequentibus;* als Beispiel dient: *quod si apparet huic numquam officio pecuniam fuisse potiorem, certe eum liberalen iudicari oportet;* das *gnomicon* enthält eine Sentenz, unterscheidet sich aber von der eigentlichen Sentenz dadurch, daß diese nicht selbständig ist, sondern als Ausgangspunkt für einen Schluß verwendet wird; lautet also z. B. die Sentenz: *difficile est modum pretio statuere, nisi libidini feceris,* heißt das *enthymema gnomicon: Karthaginienses nobis iam hostes sunt; nam qui omnia parat contra me, ut quo tempore velit, bellum possit inferre, hic iam mihi hostis est, tametsi nondum armis agat;* das *paradigmaticon* geht von einem Beispiel aus, unterscheidet sich jedoch vom selbständigen dadurch, daß dieses zur Unterstützung eines Beweises dient, das *enthymema paradigmaticon* aber ein Beispiel als *propositio* nimmt und daraus seine Schlüsse zieht; das *syllogisticon* zieht aus Vielem nach Art des Syllogismus seinen Schluß. In Fällen, bei denen alles auf dem Beweis ruht, soll man *dictica* meiden und *syllogistica* anwenden; *paradigmatica* und *gnomica* gehören zu ernsten und wichtigen Fällen.[110] Neokles[111] stellt vier σχήματα der Enthymeme auf: ἀποδεικτικόν, ἐλεγκτικόν, συλλογιστικόν, μικτόν; das letzte ist gleich dem ἐπιχειρηματικόν, ὃ μετὰ τὴν πρόθεσιν εὐθὺς ἅμα τῷ ἐπιχειρήματι ἐκφέρεται.

Wird ein Enthymem zu Ende geführt und dann ein zweites als Ergänzung eines beim ersten fehlenden Stückes, nicht als etwas völlig Neues, nachgetragen, so wird es ein ἐπενθύμημα genannt. Hermogenes[112] sieht das auch für gegeben an, wenn das zweite Enthymem dem Ganzen größere Schärfe verleiht; er führt als Beispiel an: Wenn jemand sagt, schlimm sei es, dem Vaterland Böses zu tun, das man dem Feinde antun müsse, setzt dann das Enthymem: schlimmer ist der Bürger, der Unrecht tut, als der Feind, weil dieser in seiner Eigenschaft als Feind Verzeihung findet, jener aber, weil er Bürger ist, sich größeren Haß zuzieht, und dann noch der schärferen Wirkung wegen hinzusetzt: besonders, wenn der Bürger denen Unrecht tut, denen er vorher Wohltaten erwiesen hat, so ist das ein Epenthymem.

Wird das Enthymem als verkürzter Syllogismus bezeichnet, hat das Epichirem die volle Form des Syllogismus von drei bis fünf Gliedern. Cicero[113] hat sich für fünf entschieden, weil alle Nachfolger des Aristoteles und Theophrast es so gehalten hätten.

Es sind das:[114]

1. *propositio, per quam locus is breviter exponitur, ex quo vis omnis oportet emanet ratiocinationis.*

2. *approbatio, per quam id, quod breviter expositum est, rationibus affirmatum probabilius et apertius fit.*

3. *adsumptio, per quam id, quod ex propositione ad ostendendum pertinet, adsumitur.*

---

[109] Iul. Vict. II p. 412,22 ff. H.
[110] Iul. Vict. II p. 412,24 ff.; 27 ff.; 31 ff.; 413, 2 ff.; 12 ff.; 21 ff. H.
[111] Rhet. Gr. VII, 2 p. 766,4 ff.; 13 f. W.
[112] Hermog. inv. III 9 p. 152,10 f.; 153,20 ff. R.
[113] Cic. inv. I 35,61.
[114] Cic. inv. I 37,67.

4. *adsumptionis approbatio, per quam id, quod adsumptum est, rationibus firmatur.*
5. *complexio, per quam id, quod conficitur ex omni argumentatione, breviter exponitur.*

Auch der Auctor ad Herennium[115] kennt den fünfgliedrigen Syllogismus, die *absolutissima et perfectissima argumentatio*, mit der *propositio, ratio, rationis confirmatio, exornatio* und *complexio*. Die volle Form ist aber nicht immer anzuwenden; durch Weglassung der *exornatio* und der *complexio* entsteht der kürzeste Syllogismus des Epichirems.[116] Drei Glieder scheinen Quintilian[117] und anderen Autoren als die äußerste Form. Ebenso nennt auch Cicero[118] eine dreigliedrige Kurzform, aus *propositio, adsumptio* und *conclusio* bestehend. Er definiert das ἐπιχείρημα = *ratiocinatio* als *oratio ex ipsa re probabile aliquid eliciens, quod expositum et per se cognitum sua se vi et ratione confirmet*.[119] Valgius hat das Epichirem *adgressio* genannt, eine Bezeichnung, die Quintilian[120] nicht glücklich fand, weil der Name ἐπιχείρημα nicht nur für die Art der Behandlung eines Gegenstandes, sondern auch für den Gegenstand selbst, der in Angriff genommen wird, d.h. der bewiesen werden soll, gilt, wenn er zwar noch nicht mit Worten ausgedrückt wird, aber doch schon in unserem Denken vorhanden ist. Quintilian[121] bestimmt das von Cicero *ratiocinatio* genannte ἐπιχείρημα als *certa quaedam sententiae comprehensio, quae ex tribus minimum partibus constat*, d.h. als eine *pars syllogismi*, die sich vom echten Syllogismus nur dadurch unterscheidet, daß dieser mehr *species* hat und Wahres aus Wahrem erschließt, das Epichirem aber mehr mit dem Glaublichen und Wahrscheinlichen arbeitet.[122] Auch die Angabe des Fortunatian,[123] daß das Epichirem eine *exsecutio sive adprobatio propositionis aut adsumptionis* sei, bedeutet, daß es eine *pars syllogismi* ist. Nach Neokles[124] ist es ein Syllogismus μετὰ τῆς οἰκείας τῶν μερῶν ἀποδείξεως. Als *imperfecta apodixis* aber bezeichnet Caecilius[125] das *epichirema*, dessen *pars confirmans* es sei, von ihm verschieden nur durch das *genus conclusionis*. Beide aber, *epichirema* und *apodixis*, werden von Autoren entgegengesetzter Auffassung als *ratio per ea, quae certa sunt, fidem dubiis adferens* erklärt.[126] So allgemein als Beweismittel bestimmen auch Minukian[127] und Rufos[128] das ἐπιχείρημα. Andere gehen in seiner Bestimmung vom ἐνθύμημα aus. Quintilian[129] spricht ja schon von ihrem engen Zusammenhang. C. Iulius Victor[130] nennt das *epichirema* die *exsecutio enthymematis*, mit dem es *vis et substantia* gleich habe. Umgekehrt haben aber auch einige Rhetoren behauptet, daß das ἐνθύμημα τοῦ προηγουμένου ἐπιχειρήματος συμπέρασμα sei.[131] Merkwürdig muß die von Maximos Planudes[132] gege-

---

[115] Auct. ad Herenn. II 18,28.
[116] Auct. ad Herenn. II 19,30.
[117] Quint. inst. V 14,6.
[118] Cic. inv. I 35,60.
[119] Cic. inv. I 34,57.
[120] Quint. inst. V 10,4.
[121] Quint. inst. V 10,5.7.
[122] Quint. inst. V 14,14.
[123] Fortun. rhet. II 29 p. 118,30f. H.
[124] Max. Plan. schol. in Hermog. inv. (Rhet. Gr. V p. 395,12f. W); Rhet. Gr. VII, 2 p. 752, 7f. W.
[125] Quint. inst. V 10,7.
[126] Quint. inst. V 10,8.
[127] Minuc. epich. 1 p. 417,26f. Sp. = p. 341, 7ff. Sp.-H.
[128] Ruf. rhet. 26 p. 467,18f. Sp. = 27 p. 404, 13f. Sp.-H.
[129] Quint. inst. V 10,2f.
[130] Iul. Vict. 11 p. 412,1f.; 411,37 H.
[131] Anon. Seguer. rhet. p. 447,18f. Sp. = 158 p. 380,15f. Sp.-H. = p. 30,10f. G.
[132] Max. Plan. schol. in Hermog. inv. (Rhet. Gr. V p. 395,14f. W).

bene Definition wirken, das ἐπιχείρημα sei ein λόγος ἔξωθεν λαμβανόμενος πρὸς ἀπόδειξιν. Dazu muß man gleich die Angaben Minukians und des Apsines[133] stellen: τῶν δὲ ἐπιχειρημάτων τὰ μέν ἐστι παραδειγματικά, τὰ δὲ ἐνθυμηματικά. Weil nun von Aristoteles die πίστεις ἔντεχνοι in ἐνθύμημα und παράδειγμα geteilt werden, soll in einer späten Entwicklung bei den Rhetoren ἐπιχείρημα im allgemeinen Sinne von πίστις gebraucht sein.[134] Dann hätte aber Minukian[135] nicht im unmittelbar vorausgehenden Satz sagen können: ἐπιχειρήματα δέ ἐστι τὰ πρὸς πίστιν τοῦ ὑποκειμένου ζητήματος λαμβανόμενα. Außerdem sind es bei Minukian nicht ἐνθυμήματα und παραδείγματα, sondern ἐνθυμηματικά und παραδειγματικά, zwei der fünf von Fortunatian angegebenen und von C. Iulius Victor behandelten genera oder formae der Enthymeme und Epichireme, des δεικτικόν und des παραδειγματικόν.[136]

Aristoteles[137] läßt die Enthymeme aus εἰκότα und σημεῖα gebildet werden. Vom εἰκός sagt Anaximenes,[138] es sei etwas, wofür der Hörer gleich, wenn es ausgesprochen werde, Beispiele zur Hand hat. Er erläutert das in der Weise, daß der Hörer, wenn er den Redner sagen höre, er wünsche die Größe des Vaterlandes, das sofort für glaublich hält, weil er das Gleiche wünsche. Es ist also nicht das zwingend Wahre, sondern das, was nach dem allgemeinen Empfinden im Durchschnitt so ist. In den ‚Analytica'[139] bestimmt es auch Aristoteles als einen nach der allgemeinen Vorstellung richtigen Satz, als das, was nach unserem Wissen meistens geschieht oder nicht geschieht, ist oder nicht ist. Σημεῖα sind Zeichen, d.h. alles, was vor, während oder nach der Tat geschehen ist und auf diese schließen läßt, können wie das εἰκός nach unserer Vorstellung wahrscheinlich oder ein zwingender Satz sein. Ein Zeichen kann eine Meinung oder auch ein Wissen bewirken; die letzte Art ist natürlich die bessere, dann folgt jene, die eine sehr wahrscheinliche Meinung erzeugt.[140] Ein apodiktischer Satz heißt bei Aristoteles τεκμήριον·[141] das Wort ist von τέκμαρ (= Endpunkt) abgeleitet und besagt also den endgültigen Abschluß des Beweisverfahrens. Anaximenes[142] nennt τεκμήριον alles, von dem die Rede ist, wenn es der Tat oder sich selbst widerspricht. Nach Aristoteles[143] muß aus ihm ein Syllogismus möglich sein. Neokles[144] teilt die πίστεις ἔντεχνοι bekanntlich in zwei Arten ein, wobei die πίστεις ἀπὸ τοῦ πράγματος zustande kommen, und zwar auf dreifache Weise: κατὰ τὸ εἰκός, κατὰ τεκμήριον und κατὰ παράδειγμα. Das eigentliche εἰκός läßt er aus dem εἰκός εὔλογον und dem πιθανόν[145] bestehen und wegen der nahen Verwandtschaft mit dem τεκμήριον, einem εἰκὸς ἄλυτον,[146] und dem σημεῖον,[147] einem τεκμήριον ἤδη κατα-

---

[133] Minuc. epich. 2 p. 418,1f. Sp. = p. 341, 10f. Sp. – H; Aps. rhet. 10 p. 376,20f. Sp. = p. 285,7f. Sp. – H.
[134] R. Volkmann, a.a.O. S. 195.
[135] Minuc. epich. 1 p. 417,26f. Sp. = p. 341, 7ff. Sp. – H.
[136] Siehe S. 103f.
[137] Arist. rhet. I 2,1357a 32.
[138] Anaxim. rhet. 7,4,1428a 26ff.
[139] Arist. an. pr. II 27,70a 3ff.
[140] Anaxim. rhet. 12,1f., 1430b 30ff.

[141] Arist. rhet. I 2,1357b 4.9f.
[142] Anaxim. rhet. 9,1,1430a 14ff.
[143] Arist. rhet. I 2,1357b 5f.
[144] Siehe S. 97.
[145] Anon. Seguer. rhet. p. 446,14.16 Sp. = 149 p. 379,3.5 Sp. – H. = p. 28,13.15 G.
[146] Anon. Seguer. rhet. p. 446,23f. Sp. = 151 p. 379,13 Sp. – H. = p. 29,4f. G.
[147] Anon. Seguer. rhet. p. 446,25ff. Sp. = 152 p. 379,15ff. Sp. – H. = p. 29,6ff. G.

λαμβανόμενον, sagt er, daß zu seiner Zeit statt des εἰκός gewöhnlich das σημεῖον gebraucht wurde. Aus dem εἰκός und den σημεῖα, von denen das τεκμήριον das ἀναγκαῖον ist, werden aber nach Aristoteles[148] die Enthymeme gebildet; Neokles befindet sich also mit ihm in Übereinstimmung, wenn nach seiner Gewohnheit das auch etwas umständlich zum Ausdruck kommt.

Die Auffindung und Verwendung der πίστεις ἔντεχνοι ist Sache des Redners. Die Rhetorik gibt ihm dazu τόποι,[149] τόποι τῶν ἐνθυμηματικῶν ἐπιχειρημάτων,[150] στοιχεῖα,[151] *loci argumentorum*,[152] *elementa*,[153] Fundstätten der Beweise an die Hand; sie richtig zu nützen, ist Sache sorgfältigen Denkens. Es genügt jedoch nicht allein, sie aufzufinden; es muß noch die Übung dazu kommen, um die für jeden einzelnen Fall in Frage kommenden *loci* richtig zu erkennen und zu verwenden.

Anaximenes[154] hat sich damit begnügt, für Einzelfälle gerade die in Frage kommenden τόποι zu nennen. Bei der Behandlung des εἰκός z. B. erwähnt er die von Natur aus gegebenen Gewohnheiten, aus denen heraus wir alle handeln, den Charakter, das Streben nach Gewinn, die Wahrscheinlichkeit, daß der Beklagte die Tat oder eine ähnliche auch früher schon einmal begangen habe, daß er sich Vorteile davon versprochen und Umgang mit Leuten habe, die ebenso geartet seien wie er. Aristoteles[155] wich von dieser Betrachtung der Einzelfälle ab und versuchte die Behandlung der τόποι wissenschaftlich zu gestalten, damit sie für jedes rhetorische γένος verwendbar seien. So kam er zunächst zu 28 beweisenden τόποι, denen er die zehn scheinbaren und schließlich auch die Enthymeme anfügte, die etwas widerlegen. Jene 28 στοιχεῖα δεικτικῶν ἐπιχειρημάτων sind:

1. ἐκ τῶν ἐναντίων mit dem Beispiel: Selbstbeherrschung ist gut; denn zügelloses Leben ist schädlich.

2. ἐκ τῶν ὁμοίων πτώσεων: Nicht alles, was recht ist, ist gut, sonst müßte nämlich auch alles, was mit Recht geschieht, auch gut sein, z. B. rechtens zu sterben.

3. ἐκ τῶν πρὸς ἄλληλα: Handelt einer gut oder schlecht, muß auch der andere das an sich erfahren haben oder auch umgekehrt, was einer gut oder schlecht erfahren hat, muß der andere gut oder schlecht getan haben.

4. ἐκ τοῦ μᾶλλον καὶ ἧττον: Wenn nicht einmal die Götter alles wissen, um wieviel weniger dann die Menschen; oder umgekehrt: Wenn Theseus nicht Unrecht getan hat, als er die Helena raubte, dann auch nicht Paris.

5. ἐκ τοῦ τὸν χρόνον σκοπεῖν: Aristoteles führt dazu das Wort des Iphikrates aus einer fälschlich dem Lysias zugeschriebenen, nicht erhaltenen Rede an: „Wenn ich vor der Tat für das Gelingen eine Bildsäule verlangt hätte, hättet ihr sie mir bewilligt. Wie wollt ihr sie mir jetzt nach gut vollbrachter Tat nicht gewähren?"

6. ἐκ τῶν εἰρημένων καθ' αὑτοῦ πρὸς τὸν εἰπόντα: Wenn das gegen uns Gesagte auf den zurückgewendet wird, der es gesagt hat. So fragte Iphikrates in einer ver-

---

[148] Arist. rhet. I 2, 1357 b 3 ff.
[149] Arist. rhet. II 22, 1395 b 22.
[150] Minuc. epich. 3 p. 419, 31 f. Sp. = p. 343, 24 f. Sp. – H.
[151] Arist. rhet. II 22, 1396 b 20.
[152] Quint. inst. V 10, 20.
[153] Victorin. rhet. I 26 p. 220, 22 H.
[154] Anaxim. rhet. 7, 5 f., 1428 a 35 ff.; 1428 b 6 ff.
[155] Arist. rhet. II 23, 1397 a 7 – 1400 b 25.

lorengegangenen Rede den Aristophon, ob er wohl für Geld die Flotte verraten würde, und sagte auf dessen Nein: „Du, ein Aristophon, würdest sie nicht verraten haben, und ich, ein Iphikrates, sollte es tun?"

7. ἐξ ὁρισμοῦ: Wer sagt, das δαιμόνιον sei ein Gott oder sein Werk, der muß auch an einen Gott glauben.

8. ἐκ τοῦ ποσαχῶς: Aristoteles verweist hier, statt ein Beispiel zu geben, auf seine ‚Topik', wo die Frage erörtert wird, in wievielerlei Sinne gesagt werden könne, es sei etwas rechtens geschehen. Die Stelle ist aber nicht in unserer ‚Topik' zu finden.

9. ἐκ διαιρέσεως: Wenn man sagt, alle Menschen tun aus drei Gründen Unrecht; das fragliche Verbrechen kann aber aus den beiden ersten unmöglich begangen sein, und die Gegner selber lehnen den dritten ab.

10. ἐξ ἐπαγωγῆς: Wenn man Leuten, die fremde Pferde und denen, die fremde Schiffe zugrunde gerichtet haben, nicht seine eigenen Pferde und Schiffe anvertraut, wird man auch nicht die Verteidigung des eigenen Landes denen anvertrauen, die fremdes Land nicht gut verwahrt haben.

11. ἐκ κρίσεως περὶ τοῦ αὐτοῦ ἢ ὁμοίου ἢ ἐναντίου: Auf Grund eines schon vorliegenden Urteils: Sappho sagt, Sterben sei ein Übel, so hätten es die Götter entschieden; sonst würden sie ja selbst sterben.

12. ἐκ τῶν μερῶν: Aristoteles verweist in der ‚Topik' auf das Beispiel von der Bewegung der Seele. Wird, so heißt es da, die Bewegung der Seele behauptet, müssen alle Bewegungsarten daraufhin untersucht werden, ob die Seele sie zuläßt. Trifft das bei keiner der Arten zu, bewegt sich die Seele nicht.

13. ἐκ τοῦ ἀκολουθοῦντος: Aus den guten und schlimmen Folgen der meisten Dinge: Wenn z. B. Bildung gleichzeitig Weisheit und Mißgunst zur Folge hat, kann man sagen, man wolle sich zwar der Mißgunst wegen nicht, der Weisheit wegen aber doch bilden lassen.

14. ὅταν περὶ δυοῖν καὶ ἀντικειμένοιν ἢ προτρέπειν ἢ ἀποτρέπειν δέῃ, τῷ πρότερον εἰρημένῳ τρόπῳ ἐπ' ἀμφοῖν χρῆσθαι. Eine Priesterin sagt, um ihren Sohn davon abzuhalten, als Redner aufzutreten: Sprichst du das Rechte, wirst du von den Menschen gehaßt, sagst du, was unrecht ist, von den Göttern. Umgekehrt kann sie ihm aber auch raten, Redner zu werden; denn sagt er, was nicht recht ist, liebten ihn die Menschen, sagt er aber, was recht ist, die Götter.

15. ἐπειδὴ οὐ ταὐτὰ φανερῶς ἐπαινοῦσι καὶ ἀφανῶς, ἀλλὰ φανερῶς μὲν τὰ δίκαια καὶ τὰ καλὰ ἐπαινοῦσι μάλιστα, ἰδίᾳ δὲ τὰ συμφέροντα μᾶλλον βούλονται, ἐκ τούτων πειρᾶσθαι συνάγειν θάτερον. Aristoteles bezeichnet diese Form als den Haupttopos der παράδοξα. Es wird dabei versucht, das Ungünstige zu beweisen, weil die Menschen gerne vor der Welt die Tugend und das Recht preisen, insgeheim aber mehr auf den eigenen Vorteil aus sind.

16. ἐκ τοῦ ἀνάλογον ταῦτα συμβαίνειν: Aus den gleichen Folgen wird auf die gleiche Ursache geschlossen. Als Beispiel dient ein Wort des Iphikrates, dessen jugendlicher Sohn, weil er groß war, zu einer Leiturgie verpflichtet werden sollte: Wenn man die großen Kinder für Männer halte, müsse man auch kleine Männer für Knaben halten.

17. ἐκ τοῦ τὸ συμβαῖνον ἐὰν ᾖ ταὐτόν, ὅτι καὶ ἐξ ὧν συμβαίνει ταὐτά: Wenn aus der Gleichheit des Ergebnisses auf die gleiche Ursache geschlossen wird. So sagt Xenophanes, es sei ebenso gottlos, von der Geburt der Götter zu sprechen wie von ihrem Tode; in beiden Fällen nämlich folge, daß zu irgendeiner Zeit die Götter nicht seien.

18. ἐκ τοῦ μὴ ταὐτὸ ἀεὶ αἱρεῖσθαι ὕστερον καὶ πρότερον, ἀλλ' ἀνάπαλιν: Der Schluß aus dem Widerspruch in den Handlungen derselben Menschen zu verschiedenen Zeiten: In der Verbannung haben wir für die Heimkehr gekämpft; sollen wir uns etwa nach der Rückkehr verbannen, um nicht kämpfen zu müssen?

19. τὸ οὗ ἕνεκ' ἂν εἴη, εἰ μὴ γένοιτο, τούτου ἕνεκα φάναι εἶναι ἢ γεγενῆσθαι: Wenn einer ehrenhaften Handlung ein schlechtes Motiv unterlegt werden soll, wenn z. B. behauptet wird, man habe einem anderen etwas geschenkt, um es ihm wieder wegzunehmen und ihm dadurch wehzutun.

20. τὸ σκοπεῖν τὰ προτρέποντα καὶ ἀποτρέποντα καὶ ὧν ἕνεκα καὶ πράττουσι καὶ φεύγουσιν: Die Untersuchung der Gründe des Für und Wider einer Tat.

21. ἐκ τῶν δοκούντων μὲν γίγνεσθαι ἀπίστων δέ: Als die Behauptung des Redners Androkles, die Gesetze bedürften eines Gesetzes, das sie regelt, heftigen Widerspruch fand, sagte er: Obwohl die Fische im Meer leben, brauchen sie das Salz wie auch die Oliven das Öl.

22. τὸ τὰ ἀνομολογούμενα σκοπεῖν, ein τόπος ἐλεγκτικός: Es handelt sich um die Feststellung von Widersprüchen: Er sagt zwar jetzt, er liebe euch, war aber damals mit den Dreißig Tyrannen eng verbunden. Er nennt mich prozeßsüchtig, vermag aber keinen einzigen Prozeß zu nennen, den ich geführt habe. Er hat nie einem Menschen etwas geliehen, ich dagegen habe viele von euch ausgelöst.

23. τὸ λέγειν τὴν αἰτίαν τοῦ παραδόξου: Wenn durch Angabe eines wahren Grundes ein Verdacht einer ungewöhnlichen Tat zurückgewiesen wird: Eine Frau, die ihren Sohn einer anderen untergeschoben hatte, kam, als sie ihn umarmte, in den Verdacht, unerlaubte Beziehungen zu ihm zu haben. Die Angabe des wirklichen Grundes aber führte zur Zerschlagung des Verdachtes.

24. ἀπὸ τοῦ αἰτίου, ἄν τε ὑπάρχῃ, ὅτι ἔστι, κἂν μὴ ὑπάρχῃ, ὅτι οὐκ ἔστιν: Die Angabe eines wirklich vorhandenen Grundes beweist, daß etwas wirklich ist; wenn er aber nicht vorhanden ist, wird dadurch bewiesen, daß etwas nicht ist. Dem Leodamos war vorgeworfen worden, er habe unter der Herrschaft der Dreißig seinen Namen auf der Schandsäule ausgelöscht. Er verwies aber darauf, daß die Dreißig ihm mehr vertraut hätten, wenn ein schriftliches Zeugnis für seine Verfeindung mit dem Volke vorhanden gewesen wäre.

25. εἰ ἐνεδέχετο βέλτιον ἄλλως, ἢ ἐνδέχεται, ὧν ἢ συμβουλεύει ἢ πράττει ἢ πέπραχε σκοπεῖν· φανερὸν γὰρ ὅτι, εἰ μὲν οὕτως ἔχει, οὐ πέπραχεν: Es wird untersucht, ob es für den Angeklagten eine andere Möglichkeit gegeben hätte, seine Absicht besser zu erreichen als der von ihm gewählte Weg. Ist dies der Fall, dann hat er es nicht getan, weil niemand wissentlich das Untaugliche tut. Aristoteles aber warnt vor dieser Art der Beweisführung, weil sich oft erst nachher herausstellt, wie man etwas hätte besser machen können.

26. ὅταν τι ἐναντίον μέλλῃ πράττεσθαι τοῖς πεπραγμένοις, ἅμα σκοπεῖν: Es wird auf den Widerspruch hingewiesen, der sich aus einer Handlung ergibt. Als die Eleaten z. B. den Xenophanes fragten, ob sie der Leukothea opfern und eine Totenklage halten sollten, riet er ihnen: Wenn die Leukothea für sie eine Göttin sei, dürften sie keine Totenklage halten; wenn sie ein Mensch sei, ihr nicht opfern.

27. τὸ ἐκ τῶν ἁμαρτηθέντων κατηγορεῖν ἢ ἀπολογεῖσθαι: Wenn man aus begangenen Fehlern die Gründe für Anklage oder Verteidigung hernimmt. Es war ein Fehler von Medea, ihre Kinder wegzuschicken. Weil sie nicht gefunden werden konnten, wurde sie des Mordes an ihnen beschuldigt. Sie verteidigte sich, indem sie sagte, sie würde eher den Iason als ihre Kinder getötet haben.

28. ἀπὸ τοῦ ὀνόματος: Wenn die Bedeutung eines Namens geeignet ist, seinen Träger in gutem oder schlechtem Sinne zu beleuchten, z. B. wenn man die Gesetze Drakons die eines Drachen nennt.

Nicht alle diese τόποι sind aber an sich klar durchschaubar und finden erst durch das beigefügte Beispiel ihre Erklärung. Es kommt hinzu, daß auch kein System einer Anordnung erkennbar ist und die τόποι vielmehr wahllos aneinander gereiht werden; unter der Nummer 22 wird ein widerlegender τόπος gebracht und auch eigens als solcher bezeichnet, während erst in Nummer 25 die widerlegenden τόποι behandelt werden. Es wird auch nicht davon gesprochen, daß zwischen allgemeinen und separaten τόποι unterschieden wird. Es überrascht deshalb, daß Neokles[156] beim Anonymus Seguerianus berichtet, einige Rhetoren hätten τόποι κοινοί, für alle *status* geltende, andere wieder τόποι ἴδιοι, nur für einen einzelnen *status* gültige aufgestellt. Aristoteles aber habe die meisten τόποι κοινοί und ἴδιοι genannt, in Übereinstimmung mit dem Akademiker Eudemos. Von den ἴδιοι allerdings spricht Aristoteles in seiner ‚Rhetorik' nicht. Es ist auch zweifelhaft, ob er überhaupt schon eine solche Scheidung vorgenommen hat; denn ihre Einführung setzt eine schon ausgebildete Statuslehre voraus. Beim Anonymus fehlen auch alle Einzelheiten, die seine Angabe über die τόποι ἴδιοι bestätigen könnten. Neokles, auf den er sich beruft, zählt nur in straffer Zusammenfassung und Gliederung zehn τόποι κοινοί mit ihren Gliederungen auf. Es sind das:[157]

1. ὅρος, der sich in den ὅρος ὁλόκληρος, die vollständige Definition, τὰ ἐν τῷ ὅρῳ mit γένος, ἴδιον, διαφορά und παρακείμενα τῷ ὅρῳ gliedert.

2. διαίρεσις, die καταρίθμησις, μερισμός und εἰδικὴ διαίρεσις sein kann.

3. παράθεσις, die κατὰ τὸ μᾶλλον, κατὰ τὸ ἧττον, κατὰ τὸ ἴσον vollzogen werden kann.

4. συστοιχία, die πράγματα und ὀνόματα umfaßt.

5. περιοχή als περιοχὴ ὡς κατὰ μέρη und περιοχὴ ὡς κατὰ δύναμιν.

6. ὅμοιον, das sich in das κατὰ ποιότητα ὅμοιον und in das ὅμοιον κατ' ἀναλογίαν gliedert.

---

[156] Anon. Seguer. rhet. p. 448,25 ff. Sp. = 170 p. 382,5 ff. Sp. – H. = p. 32,7 ff. G. = 171 – 181 p. 382,11 – 384,4 Sp. – H. = p. 32, 12 – 35,3 G.

[157] Anon. Seguer. rhet. p. 448,30 – 450,7 Sp.

7. προεπόμενα, nämlich τὰ πρὸ τοῦ πράγματος, τὰ ἐν τῷ πράγματι, τὰ μετὰ τὸ πρᾶγμα.

8. μάχη, die als παρακείμενα die ἀντικείμενα und die ἐναντία haben kann.

9. δύναμις mit zweimal vier Teilen:
a) ἐκ τοῦ ἀγαθοῦ: κτίσις, αὔξησις, κρίσις, ὄνησις.
b) ἐκ τοῦ κακοῦ: ἔκκλισις, μείωσις, ἀπόκλισις, ὑπόστασις.

10. κρίσις nach Quintilian[158] *auctoritas ... si quid ita visum gentibus, populis, sapientibus viris, claris civibus, illustribus poetis referri potest.*

Die Zusammenstellung dieser τόποι, die Neokles für eine Leistung des Aristoteles und des Eudemos hielt, wollte offenbar Sichtung und Ordnung in die willkürliche Aufzählung des Aristoteles bringen. In die weitere Entwicklung der Lehre von den τόποι bekommen wir infolge der mangelhaften Überlieferung erst wieder Einblick durch den Auctor ad Herennium und Cicero, deren Darstellungen offenbar eine durchsichtigere logische Gliederung geben wollen. Von den sechs *partes* des Konjekturalstatus teilt jener[159] das *probabile* in die *causa*, die zur Untat verführt hat, und die *vita*, das Vorleben des Angeklagten ein: die Ursache kann sein: Hoffnung auf Vorteile, Ehre, Geld, Herrschaft, Erfüllung eines Begehrens oder die Vermeidung von Nachteilen, Feindschaft, Unehre, Schmerz, Strafe. Bei der *vita*[160] erwähnt er das Vorleben des Beschuldigten, in dem er vielleicht schon einmal etwas Ähnliches getan hat oder in einen ähnlichen Verdacht gekommen ist, z. B. Habgier oder Ehrgeiz. Das *signum*,[161] das auf die *idonea perficiendi facultas* abzielt, hat sechs Teile: *locus, tempus, spatium, occasio, spes perficiendi, spes celandi*. Beim *argumentum*[162] selbst werden Vergangenheit, Gegenwart und Folgen betrachtet. Klarer und geordneter hat Cicero die Lehre über die τόποι vorgetragen. Im ersten Buche seiner Jugendschrift ‚De inventione'[163] geht er davon aus, daß jede *confirmatio* entweder *ex eo, quod personis, aut ex eo, quod negotiis est attributum*, entsteht. Diese Zweiteilung führt sein Kommentator Victorinus[164] auf die sieben Peristasen zurück, von denen die beiden ersten, *quis* und *quid*, die Person und die Sache bezeichnen, die fünf letzten aber dem *quid* untergeordnet sind.

Die *personae attributa* sind:[165]

1. *nomen*, wozu auch das *cognomen* als das *proprium et certum vocabulum hominis* gehört.

2. *natura*, die das natürliche Geschlecht umfaßt, die Zugehörigkeit zu einer Bürgerschaft, Vorfahren, Verwandte, Alter, Geist und Körper.

3. *victus*, d.h. Erziehung, Unterricht, Lehrer, Freunde, Lebensgemeinschaft, Beschäftigung, Erwerb und Vermögensverwaltung.

4. *fortuna*, Freiheit oder Knechtschaft, Reichtum oder Armut, vornehme Geburt, Privatmann oder im Besitze einer Amtsgewalt, ob mit Recht oder Unrecht, Glück, Berühmtheit, Art der Kinder, Todesart bei Verstorbenen.

---

[158] Quint. inst. V 11,36; vgl. Hermog. prog. 3 p. 8,7 R.
[159] Auct. ad Herenn. II 2,3: probabile, collatio, signum, argumentum, consecutio, approbatio.
[160] Auct. ad Herenn. II 3,5.
[161] Auct. ad Herenn. II 4,6.
[162] Auct. ad Herenn. II 5,8.
[163] Cic. inv. I 24,34.
[164] Victorin. rhet. I 24 p. 213,43 ff. H.
[165] Cic. inv. I 24,34–25,36.

5. *habitus*, die gleichbleibende geistige und körperliche Vollkommenheit in der Beherrschung irgendeiner Sache, Tüchtigkeit oder Kunst, ein Wissen oder eine nicht von Natur gegebene körperliche Geschicklichkeit, die durch fleißiges Training erworben wurde.

6. *adfectio*, jede aus irgendeinem Grunde vorübergehend auftretende körperliche oder seelische Veränderung des normalen Zustandes, wie z.B. Freude, Begierde, Furcht, Krankheit und Schwäche.

7. *studium*, die dauernde, mit Lust und Eifer betriebene Beschäftigung mit einer Sache, z.B. Philosophie, Dichtkunst, Geometrie oder Literatur.

8. *consilium*, die vernünftige Überlegung der Durchführung oder Unterlassung einer Tat.

9.–11. *facta, casus, orationes* lassen sich von den drei Zeitmomenten aus betrachten. Die *negotiis attributa*[166] sind entweder

1. *continentia cum ipso negotio*, die also immer untrennbar mit dem *negotium* verbunden sind, bestehend aus einer kurzen Zusammenfassung des ganzen *negotium* mit einer Darstellung dessen, was vor, in und nach dem *negotium* geschehen ist, oder

2. *in gestione negotii*. Hier wird gefragt nach

a) *locus*,

b) *tempus*, sowohl nach der absoluten Zeitbestimmung wie der Dauer,

c) *occasio*, der mit der Zeit zusammenhängenden günstigen oder ungünstigen Situation für eine Tat oder ihre Unterlassung. Es gibt drei Arten der *occasio*:

α) *genus publicum*, bei dem die gesamte Bürgerschaft zusammenkommt, wie Spiele, Festzeiten, Krieg;

β) *genus commune*, das alle zur selben Zeit trifft, Ernte, Hitze, Kälte;

γ) *genus singulare*, das jemand persönlich betrifft, wie Eheschließung, Opfer, Bestattung, Gastmahl und Schlaf.

d) *modus*, die Frage nach der Art und Weise und der Gesinnung bei der Tat. Dazu gehören die nach den Richtlinien *clam, palam, vi, persuasione* gemessenen Eigenschaften der *prudentia* und der *imprudentia*, die der *purgatio*, συγγνώμη,[167] durch Betonung von *inscientia, casus* und *necessitas* dient und die Erregung, Unwillen, Zorn oder Liebe anstrebt.

e) *facultas*, alles, wodurch etwas leichter gemacht wird, oder ohne das etwas überhaupt nicht geschehen kann.

3. Die dritte Art der *negotiis attributa* ist die *negotio adiuncta*, das *maius, minus* und *aeque magnum*, gemessen an Bedeutung, Zahl und Gestalt des *negotium*, z.B. an der Körpergröße. Das *simile* wird nach der äußeren Gestalt oder der natürlichen Veranlagung betrachtet; *contraria* sind z.B. *frigus* und *calor*, *vita* und *mors*; *disparatum* ist das, was durch die Negation getrennt wird, wie *sapere et non sapere*; das *genus* umschließt einzelne *partes* wie *cupiditas, amor* und *avaritia*; beim *eventus* schließlich fragt man, was bei jeder Sache herausgekommen ist, herauskommt oder herauskommen wird. Zu den *negotiis attributa* gehören auch noch ihre Folgen (*consecutio*).

---

[166] Cic. inv. I 26,37–28,43.   [167] Siehe S. 40f.

Man muß:

1. Die Taten feststellen, denen der gleiche Name zukommt.

2. Ihre Erfinder und Urheber suchen und die, die deren Beispiel billigten und nachahmten.

3. Ermitteln, ob es für diese Sache irgendein Gesetz, eine Gewohnheit, eine Abmachung, ein Urteil, eine Wissenschaft oder eine Theorie gibt.

4. Das Wesen dieser Sache feststellen, ob sie gemeinhin vorzukommen pflegt oder ungewöhnlich und selten ist.

5. Darauf achten, ob die Menschen sie durch ihr eigenes Urteil billigen oder Anstoß daran nehmen.

6. Prüfen, was sofort nach der Tat oder nach einiger Zeit an Ähnlichem zu folgen pflegt und ob es etwa zur Ehrenhaftigkeit und zum Nutzen gehört.

Anders stellt sich die Lehre von den τόποι in den späteren Werken Ciceros, in ‚De oratore'[168] und in den ‚Topica'[169] dar. Dort wird der Beweis *ex sua vi atque natura aut foris* genommen und festgestellt, daß *alii loci in eo ipso de quo agitur haerent, alii adsumuntur extrinsecus*. Das erinnert an die von Anaximenes[170] vorgenommene Teilung der Beweise in πίστεις ἐξ αὐτῶν τῶν λόγων καὶ τῶν πράξεων καὶ τῶν ἀνθρώπων und in πίστεις ἐπίθετοι. Die *loci qui adsumuntur extrinsecus* brauchen uns hier, weil sie πίστεις ἄτεχνοι sind, nicht weiter zu berühren. R. Volkmann[171] hat aus dieser Andeutung herausgelesen, daß Ciceros Quelle voraristotelische Rhetorik vorgetragen hat; er hat auch gesehen, daß die Peristasen bis auf das *quid*, *ubi* und *unde* fehlen, daß vor allem nicht nach dem *quis* gefragt wird; es handelt sich also um thetische τόποι. Gegen die Behauptung, Cicero stelle eine ganz neue Topik auf, macht doch die Tatsache bedenklich, daß die *loci ab eo, quod rem attingit* in ‚De oratore' sich mit den *adiuncta negotio* in ‚De inventione' enger berühren.[172] Die Quelle Ciceros läßt sich nicht mehr ermitteln. Seine ‚Topica'[173] aber bringt er selbst mit denen des Aristoteles in Zusammenhang; der Grund ist nicht zu erkennen. In ‚De oratore',[174] unmittelbar vor den Ausführungen des Antonius über die τόποι, bemerkt Catulus zu Antonius, daß Aristoteles *posuit quosdam locos, ex quibus omnis argumenti ratio ... inveniretur* und vermutet, daß Antonius jene Schriften gelesen und gelernt habe. Das ist offenbar als ein Hinweis auf die Quellen Ciceros gedacht. Antonius gibt das zu und erläutert seine Erklärung noch durch die Aussage, daß er die συναγωγὴ τεχνῶν und die ‚Rhetorik' des Aristoteles gelesen habe. Es ließe sich also wohl denken, daß Cicero seine Lehre von Antonius übernommen hat.[175] Bei der ersten Gruppe, bei der es sich nur um die πίστεις ἔντεχνοι handelt, werden die Beweise entnommen:[176]

1. *ex toto*, wobei die ganze Sache durch eine *universa definitio* erläutert wird.

2. *ex partibus* durch die *partium enumeratio*.

---

[168] Cic. de orat. II 39,163.
[169] Cic. top. 2,8.
[170] Anaxim. rhet. 7,2,1428a 17ff.
[171] R. Volkmann, a.a.O. S. 212.
[172] Cic. de orat. II 39,166; inv. I 28,41–43.
[173] Cic. top. 1,1.
[174] Cic. de orat. II 36,152.
[175] Cic. de orat. II 38,160.
[176] Cic. de orat. II 39,164f.; top. 2,9f.

3. *ex nota* oder *vocabulo* durch die *notatio*, wenn aus der Bedeutung eines Wortes ein Argument gewonnen werden soll.

4. *ab eo, quod rem attingit*.[177] In diesem Falle wird gefragt nach

a) *coniugata*,[178] vom gleichen Wortstamm gebildeten Wörtern.

b) *genus*. Dieses wird in den ‚Topica' durch das Beispiel erläutert, daß alles Silber der Frau vermacht ist, weshalb sie auch das im Hause gebliebene gemünzte Silber erhält.

c) *ex parte*,[179] mit dem Beispiel aus den ‚Topica', daß gemünztes Silber den Namen Silber beibehält.

d) *ex similitudine*: Wenn die Tiere ihre Jungen lieben, mit welcher Zärtlichkeit müssen dann wir unsere Kinder lieben?

e) *ex dissimilitudine*:[180] Wenn die Barbaren in den Tag hinein leben, müssen unsere Pläne immer auf die Ewigkeit gerichtet sein.

f) *ex contrario*: Wenn Gracchus ruchlos gehandelt hat, dann Opimius vortrefflich.

g) *ex consequentibus*:[181] Wenn jemand ermordet wurde und du sein Feind warst, der immer frech war und als einziger einen Grund zur Tat hatte, und du wirst mit einem Schwert am Tatort ertappt, kann man dann an deiner Schuld zweifeln?

h)-k) *ex consentaneis et ex praecurrentibus et ex repugnantibus*:[182] Alle drei Formeln sind in einer Rede des jungen Crassus gegen Carbo vereint: „Offenkundig hast du dich verstellt und etwas ins Werk zu setzen versucht, weil du den Tod des Ti. Gracchus so oft in der Volksversammlung beklagt hast, an der Ermordung des P. Africanus beteiligt warst, und als Tribun ein Gesetz eingebracht hast, das dich für immer von den Guten schied."

l) *ex causis*: Wenn man die Habsucht beseitigen will, muß man erst die Verschwendungssucht bekämpfen.

m) *ex iis, quae sunt orta de causis*,[183] wozu als Beispiel steht: Wenn wir die Mittel des Staatsschatzes zum Krieg und zu Friedenswerken verwenden, helfen wir den Steuern.

n)-p) *ex comparatione*, nämlich *ex maiore, ex minore, ex pari*.

Cicero[184] teilt die *loci communes* ein in:

a) *loci communes certae rei*, die eine *amplificatio* enthalten und nur in der *peroratio* zu verwenden sind, z. B. der Satz, daß ein Vatermörder die höchste Strafe verdient.

b) *loci communes dubiae rei*, die auch aus dem *contrarium* glaubliche Beweise liefern,

---

[177] Cic. de orat. II 39,166 – 40,172; top. 3,11 – 4,23.

[178] Cic. top. 3,11f.; coniuncta: de orat. II 39,166; 40,167.

[179] Cic. top. 3,13: a forma.

[180] Cic. top. 3,16: a differentia.

[181] Cic. top. 4,18: ab adiunctis.

[182] Nach ex contrario folgt Cic. de orat. II 40,170: ex consequentibus – ex consentaneis – ex praecurrentibus – ex repugnantibus; in den ‚Topica' (4,18f.) ist die Reihenfolge: ab adiunctis – ab antecedentibus – a consequentibus – a repugnantibus; ab adiunctis müßte dann eigentlich ex consentaneis entsprechen.

[183] Cic. top. 4,22: ab efficientibus.

[184] Cic. inv. II 15,48 ist nicht zu verwechseln mit dem certus locus accusatoris et defensoris (II 16,51).

wie z. B. *suspicionibus credi oportere, et contra, suspicionibus credi non oportere.* Victorinus[185] bemerkt: *ex thetico genere orti.*

Die Beweise können nicht nur aus unzweifelhaften Tatsachen entnommen werden, sondern auch aus Erdichtetem, *a fictione*, καθ' ὑπόθεσιν,[186] weil sich auch etwas vorbringen läßt, das, falls es wahr wäre, die Frage klären oder doch wenigstens zu ihrer Klärung beitragen könnte: Einer, der seinen Eltern nicht den gesetzlichen Unterhalt gewährt, sich aber auch weigert, deswegen ins Gefängnis zu gehen, stellt die Frage: Wie wäre es, wenn ich ein Kind, ein Soldat oder im Interesse des Staates abwesend wäre? Genauso kann bei einem tapferen Manne, der einen Wunsch aussprechen darf, eingewendet werden: Wie wäre es, wenn er die unumschränkte Herrschaft eines Tyrannen verlangte oder die Zerstörung der Tempel?

Der von Cicero in ,De inventione' vorgetragenen Lehre über die *loci communes* schließt sich Quintilian[187] im ganzen an und teilt die *loci argumentorum* in *argumenta a personis* und in *argumenta a rebus ducenda* ein. Zur ersten Gruppe gehören:[188] *genus, natio, patria, sexus, aetas, educatio et disciplina, habitus corporis, fortuna, condicionis distantia, animi natura, studia, adfectio, ante acta dictaque, animi motus, consilia, nomen.* Bei allen Sachen,[189] die meistens mit Personen verbunden sind, werden die Fragen gestellt, warum, wo, wann, wie und wodurch sie geschehen sind; das sind die Peristasen, wozu nach Hermogenes[190] die Philosophen noch die ὕλη oder δύναμις gefügt haben, die aber, wie Quintilian bemerkt, keine neue Peristase bezeichnet, sondern die ganze Materie der *causa* umfaßt. Ihr gesamter Stoff gliedert sich in zwei *genera* mit je vier *species*, weil die *ratio faciendi* sich um Erwerb, Erhaltung, Bewahrung und Gebrauch des Guten und um die Befreiung vom Bösen, seine Meidung, Minderung und das Ertragen bewegt. Bei den *argumenta* für die *res* stellt sich die Frage nach dem Warum sowohl bei der Beschuldigung wie auch bei der Verteidigung. Beweise werden auch dem Ort[191] und der Zeit[192] entnommen, weil alle Beweise aus dem stammen, was vor, bei und nach der Tat geschehen ist. Ein τόπος ist auch die *facultas*,[193] zu der man auch das *instrumentum* stellen muß und den *modus*, τρόπος,[194] der Tat. Alle Dinge aber, nach deren *vis et natura* gefragt wird, müssen eigentlich nach den drei Fragen, *an sit, quid sit, quale sit*, eingeteilt werden, die nicht mehr zur ὑπόθεσις gehören, sondern zur θέσις. Da diese drei Gruppen sich aber nicht mehr aufspalten lassen, weil sie alle drei gemeinsame τόποι haben, behandelt man sie besser bei den τόποι, die sich jeweils für sie anwenden lassen.[195] Die Beweise werden auch gewonnen *ex finitione seu fine*,[196] und zwar entweder als ein Ganzes oder durch Zerlegung in die einzelnen Teile. So erhält man die Definition durch Feststellung der Bedeutung, möglich ist aber auch die Definition durch Etymologie. Der *finitio generis* dienen *genus, species*, wofür

---

[185] Victorin. rhet. II 16 p. 271,40 H.
[186] Quint. inst. V 10,95 – 97; Hermog. inv. III 11 p. 158,20 R: πλαστὸν ἐπιχείρημα; Cic. top. 10,45: ficta enim exempla similitudinis habent vim.
[187] Quint. inst. V 10,23.
[188] Quint. inst. V 10,24 – 30.
[189] Quint. inst. V 10,32f.

[190] Hermog. inv. III 5 p. 140,19f. R; Quint. inst. V 10,33.
[191] Quint. inst. V 10,37; vgl. Cic. inv. I 26,38.
[192] Quint. inst. V 10,42.45.
[193] Quint. inst. V 10,49; vgl. Cic. inv. I 27,41.
[194] Quint. inst. V 10,51f.
[195] Quint. inst. V 10,53.
[196] Quint. inst. V 10,54f.

Cicero[197] *forma* sagt, *differens* und *proprium*. *Argumentorum loci* sind auch *ex similibus* und *dissimilibus, ex contrariis, ex repugnantibus, ex consequentibus, ex causis* und *efficientibus ex appositis vel comparativis, minora ex maioribus*, nämlich *maiora ex minoribus, paria ex paribus*.[198]

Eine ganz neue Gliederung der τόποι legt Fortunatian[199] vor; er unterscheidet für das *genus artificiale* vier Hauptgruppen von *loci*, die drei παρεπόμενα des Aristoteles-Eudemos[200] und dazu als vierten noch den *locus circa rem*. Daß gerade die vier παρεπόμενα die Grundlage für die Gliederung der Beweisführung bilden, will R. Volkmann[201] auf Hermagoras zurückführen, weil C. Iulius Victor,[202] der die gleiche Einteilung gibt, im Titel seiner Schrift auf Hermagoras als eine seiner Quellen hinweist, in dessen rhetorischem System auch sonst die Vierzahl eine Rolle spielt. Aber gerade in der Frage dieser vier übergeordneten Hauptpunkte der *loci* schweigen die ältesten Zeugen für Hermagoras. Das hat L. Radermacher[203] dazu geführt, einen jüngeren Bearbeiter des Hermagoreischen Werkes als Grundlage für Fortunatian und C. Iulius Victor anzunehmen und dafür auf den ebenfalls unter den Quellen des C. Iulius Victor genannten Aquilius zu verweisen. Fortunatian[204] nennt sieben *loci ante rem*: *a persona, a re, a causa, a tempore, a loco, a modo, a materia*; das sind die bekannten sieben Peristasen, und daraus erklärt sich wohl auch, daß sich das beim *locus ante rem* unmögliche *a re* eingeschlichen hat, das dann auch C. Iulius Victor,[205] der mit Fortunatian eng übereinstimmt, weggelassen hat. Aus der zweiten Gruppe *in re* zählt Fortunatian[206] zwölf *loci* auf: *a toto, a parte, a genere, a specie, a differentia per septem circumstantias (qui locus recipit in se etiam a maiore ad minus et a minore ad maius), a proprio, a definitione, a nomine, a multiplici appellatione, ab initio, a progressione vel profectu, a perfectione vel consummatione*. Die dritte Gruppe *circa rem*[207] umfaßt zehn *loci*: *a simili, cuius species sunt quinque: exemplum, similitudo, fabula, imago, exemplum verisimile, id est quod de comoedia sumitur: addunt quidam et apologos, ut sunt Aesopi fabulae; a dissimili, a pari, a contrario per positionem et negationem,* ἀπὸ τοῦ πρός τι, *id est ad aliquid, quod figuratur casibus quattuor, quibus colligimus coniuncta et copulata, id est genetivo, dativo, accusativo, ablativo: ab inter se collidentibus per habitationem et amissionem, id est* ἕξιν καὶ στέρησιν, *a maiore ad minus, a minore ad maius, a praecedenti, ab eo quod simul est, vel a coniunctis vel a consequentibus*. Als *loci post rem*[208] werden der *locus ab eventu*, ἀπὸ τῆς ἐκβάσεως,[209] und der *locus a iudicato* genannt, mit dem bewiesen wird: *cum aut omnium hominum iudicio nitemur aut plurium aut optimorum aut eminentium ex his aut eorum qui in unaquaque arte vel scientia versati sunt*. Dazu gehört auch das *iudicatum*

---

[197] Cic. top. 3,13f.
[198] Quint. inst. V 10,73f.; 86f.
[199] Fortun. rhet. II 23 p. 115,16f. H.
[200] Anon. Seguer. rhet. p. 449,21 ff. Sp. = 178 p. 383,13ff. Sp. – H. = p. 33,13ff. G: τὸ δὲ παρεπόμενον ἔχει τρόπους τρεῖς, τὰ πρὸ τοῦ πράγματος, τὰ ἐν τῷ πράγματι, τὰ μετὰ τὸ πρᾶγμα.
[201] R. Volkmann, a.a.O. S. 208f.
[202] Iul. Vict. 6,1 p. 395,22ff. H.

[203] L. Radermacher, RE X, 1 (1917) Sp. 876 s.v. C. Iulius (Victor) Nr. 532.
[204] Fortun. rhet. II 1 p. 103,1f.; 23 p. 115,18f. H.
[205] Iul. Vict. 6,1 p. 395,24f. H.
[206] Fortun. rhet. II 23 p. 115,21ff. H.
[207] Fortun. rhet. II 23 p. 115,26ff. H.
[208] Fortun. rhet. II 23 p. 116,3ff. H.
[209] Quint. inst. V 10,86; Iul. Vict. 6,4 p. 402,8f. H.

religiosum, quod ad deos pertinet. Aus verschiedenen Autoren werden dann noch nachgetragen:[210] die *loci* ἀπὸ τῆς συζυγίας, *id est a coniunctione sive coniugatis, quod quasi iunctum est personae qualitati: ut si eum, qui hostilia sentiat, hostem iudicandum esse dicamus.* Die Reihe wird dann noch einmal ergänzt[211] durch die *loci a qualitate, a quantitate, a coniunctis, id est* ἀπὸ τῶν πτώσεων[212] καὶ συνθέτων, *a partitione, id est* ἀπὸ τῆς διαιρέσεως, *per omnes circumstantias cum partimur aut personas aut tempora aut cetera.*

Apsines[213] zählt dreizehn τόποι auf:

1. ἀπὸ ἐλάττονος, der aus Person, Sache, Zeit, Ort, Art und Weise gewonnen werden kann.
2. ἀπὸ παρακειμένου.
3. ἀπὸ ἐναντίου.
4. ἀπὸ μείζονος.
5. κατὰ ἐναντίωσιν κρίσεως ἐνδόξου.
6. συλλογιστικῶς.
7. ἐκ διλημμάτων, ὅταν δύο ἐναντία θεὶς ἐξ ἀμφοῖν ἕλῃς.
8. ἀπὸ οὐσίας.
9. ἀπὸ τῶν ἀποβάσεων τῶν ἐνδεχομένων.
10. κατὰ πρόσληψιν.
11. ἐκ τοῦ ἐκλειφθέντος.
12. ἐξ ἀκολούθου συλλογιστικῶς.
13. ἐκ μάχης.

In der Erläuterung fehlen aber 1., 3., 4. und 8., dafür werden ἀπὸ τοῦ παρελθόντος χρόνου, ἐνθυμηματικῶς, παραβολικῶς und ἐκ διαφορᾶς neu aufgenommen.[214] Minukian[215] hat 33 τόποι ἐνθυμηματικῶν ἐπιχειρημάτων zusammengestellt, ohne daß sich jedoch eine bestimmte Anordnung erkennen läßt.

Im zweiten Buche seiner Schrift ‚De inventione' trägt Cicero[216] seine Lehre von den τόποι = *loci* noch einmal vor, dieses Mal aber auf die einzelnen *status* ausgerichtet, so wie auch C. Iulius Victor[217] die Verwendung eines jeden *locus* für die einzelnen *status* durchgeht. Jede *coniectura* wird gewonnen

1. *ex causa,*[218] ihrem Fundament, gegliedert in *impulsio* und *ratiocinatio*, Trieb und vernünftige Überlegung.
2. *ex persona,*[219] für die jene gleichen Teile aufgezeigt werden wie im ersten Buch.

---

[210] Fortun. rhet. II 24 p. 116,8ff. H.
[211] Fortun. rhet. II 24 p. 116,13ff. H.
[212] Mart. Cap. rhet. 49 (559) p. 489,21 H.
[213] Aps. rhet. 10 p. 376,22ff. Sp. = p. 285,9ff. Sp.–H.
[214] Aps. rhet. 10 p. 379,10ff.; 13ff.; 380,7ff.; 11ff. Sp. = p. 289,8ff.; 11ff.; 290,16ff.; 19ff. Sp.–H.
[215] Minuc. epich. 3 p. 419,31ff. Sp. = p. 343, 24ff. Sp.–H.
[216] Er beginnt mit dem status coniecturalis (II 16,50), der am ausführlichsten behandelt wird, geht dann zum status definitionis (II 18,55) und translationis (II 20,61) über; er behandelt darauf die qualitas mit ihren species, der iuridicialis absoluta (II 23,71) und der adsumptiva (II 26,77f.; 28,85f.; 30,90.94; 33,101f.; 35,108; 36,109); schließlich folgt der status generis legalis mit seinen Untergruppen: ambiguitas (II 41,121), scriptum et voluntas (II 43,125; 48,143), leges contrariae (II 49,147) und syllogismus (II 50,150.152).
[217] Iul. Vict. 6,1 – 6,4 p. 395,22 – 403,27 H.
[218] Cic. inv. II 5,16f.
[219] Cic. inv. II 9,28.

3. *ex facto*.[220]

Nun wird jeweils das Verfahren des Klägers und des Verteidigers festgelegt. Der Kläger[221] verwendet bei der *causa* für den Fall der *impulsio* die *amplificatio*, für den Fall der *ratiocinatio*, des Vorteils oder Nachteils der Tat, als Hauptteil das Argument, daß kein anderer einen Grund zur Tat und eine so passende Gelegenheit dazu hatte; außerdem kann er den Nachweis der *potestas*, der *facultas* und *voluntas* benützen. Der Verteidiger[222] muß jeweils von den gleichen Punkten ausgehen und das Gegenteil behaupten. Bei der Person obliegt dem Kläger die *improbatio hominis* nach den schon im ersten Buche angegebenen Punkten, von denen her auch der Verteidiger das Gegenteil zu behaupten hat. Für den dritten Punkt, das *factum*,[223] kommen die *loci*: *quid sit ante rem factum* in Frage, woraus die Hoffnung und die Möglichkeit erkannt wird, die Tat zu vollenden: *quid in ipsa re gerenda* und *quid postea consecutum sit*. Neben diesen *continentia cum ipso negotio* steht die *negotii gestio* mit den Teilen *locus, tempus, occasio, facultas*. Es folgt *quid adiunctum sit negotio: quid maius, quid minus, quid aeque magnum sit, quid simile*, dann die *res quae negotiis attributae sunt*. Cicero[224] hält es hier nicht für notwendig und auch nicht für leicht, die *loci* nach Kläger und Verteidiger aufzuteilen, weil jeder aus der Sache selbst das Notwendige erkennen muß und weil es zu weit führte, die Möglichkeiten im einzelnen zu entwickeln. Die Arbeit aber würde erleichtert, wenn der Redner nachdächte über das *quare, quo consilio, qua spe perficiundi quicque factum sit; hoc cur modo potius quam illo; cur ab hoc potius quam ab illo; cur nullo adiutore aut cur hoc; cur nemo sit conscius aut cur sit aut cur hic sit; cur hoc ante factum sit; cur hoc in ipso negotio, cur hoc post negotium, aut factum de industria aut rem aut rem ipsam consecutum sit; constetne oratio aut cum re aut ipsa secum; hoc huiusne rei sit signum an illius, an et huius et illius et utrius potius; quid factum sit, quod non oportuerit, aut non factum, quod oportuerit*.[225]

Denkt man an die Scheidung zwischen κοινοί und ἴδιοι τόποι beim Anonymus Seguerianus,[226] so sind die *loci* für den Kläger und für den Vertreter ἴδιοι oder *proprii*.[227] Cicero[228] überläßt aber die Trennung offenbar dem Leser, wenn er seine Ausführungen beginnt: *nunc exponemus locos, quorum pars aliqua in omnem coniecturalem incidit controversiam*. Der *locus accusatoris* und der *locus defensoris* müssen sicher als *loci proprii* gelten. Als solche bezeichnen sie auch der Auctor ad Herennium:[229] *proprii (loci) sunt ii quibus nisi accusator nemo potest uti, et ii quibus nisi defensor*; und Victorinus:[230] *sunt alii proprii (loci) in coniectura accusatoris et proprii defensoris*. Davon teilt der Auctor ad Herennium[231] jede Gruppe in zwei Fälle ein:

a) *locus proprius accusatoris* in einen amplifikatorischen Fall, der das Abscheuliche des Verbrechens steigert und in einen zweiten, der es nicht zuläßt, mit dem Bösen Mitleid zu haben.

---

[220] Cic. inv. II 12,38.
[221] Cic. inv. II 5,19; 6,20; 7,24.
[222] Cic. inv. II 8,25; vgl. I 24,34 ff.
[223] Cic. inv. II 12,39 f.; 41 f.
[224] Cic. inv. II 13,44.
[225] Cic. inv. II 14,45.

[226] Siehe S. 110 f.
[227] Iul. Sev. 15 p. 363,3 f.; 16 p. 363,14 f. H.
[228] Cic. inv. II 5,16.
[229] Auct. ad Herenn. II 6,9.
[230] Victorin. rhet. II 16 p. 271,42 f. H.
[231] Auct. ad Herenn. II 6,9.

b) *locus defensoris*, der die falsche Anschuldigung durch den Ankläger zurückweist und durch Klagen Mitleid zu gewinnen sucht.

Cicero[232] spricht zwar auch von *loci*, die aus einem *proprium argumentum* entstehen, der Ausdruck *locus proprius* aber ist ihm fremd; es sind eben auch nur *loci communes*. Er spricht jedoch davon, daß in jeder *causa* ein Teil der Argumente nur mit der gerade verhandelten *causa* so verbunden ist, daß er sich nicht gut auf alle anderen gleichartigen *causae* übertragen läßt – also *loci proprii* –; ein anderer Teil aber – das sind die *loci communes* – passe für alle gleichartigen *causae*;[233] das sind die τόποι κοινοί des Anonymus Seguerianus. Es ist daher befremdlich, wenn Cicero, nachdem er die *loci, quorum pars aliqua in omnem coniecturalem incidit controversiam* abgehandelt hat, mit den Worten schließt: *hoc sit nobis dictum communiter de omni genere locorum communium* und neu ankündigt: *nunc exponemus, in coniecturalem constitutionem qui loci communes incidere soleant*.[234] Dazu bemerkt Victorinus:[235] *nunc subiungit certos coniecturae locos, qui in aliam constitutionem non cadunt*, also wirkliche *loci proprii* sind neben jener ersten Art des Klägers und des Verteidigers: *sunt alii proprii in coniectura accusatoris et proprii defensoris*. Diese zweite Art sind nun die *loci*:[236] *suspicionibus credi oportere et non oportere; rumoribus credi oportere et non oportere; testibus credi oportere et non oportere; quaestionibus credi oportere et non oportere; vitam ante actam spectari oportere et non oportere; eiusdem esse, qui in illa re peccarit, hoc quoque admisisse et non esse eiusdem; causam maxime spectari oportere et non oportere*. Es sind, wie auch Victorinus bemerkt, thetische *loci*,[237] die sich nach beiden Seiten verwenden lassen und auch Beweise für das Gegenteil bringen (*loci communes dubiae rei*), während jene ersten nur Entrüstung oder Klage zum Ausdruck bringen; beide aber kommen wie auch die Beweise aus den *attributa personis* und den *attributa negotio*.[238]

c) *Das Beispiel*. Das Beispiel, παράδειγμα, *exemplum*, nach Quintilian[1] von den Lateinern lieber *similitudo* genannt, ist Gegenstand der Rhetorik:

1. Als ein Mittel, die Ermüdung und Unaufmerksamkeit des Hörers zu bekämpfen.[2]
2. Als Schmuckmittel in der Rede, besonders aber in der Dichtung.[3]
3. Als Beweismittel.[4]

Es ist neben der *imago* (εἰκών), *collatio* (παραβολή)[5] ein Teil des *comparabile*,[6] das selbst wieder ein Teil des *probabile* ist. An sich hat es mit der *causa* nichts zu tun; es gehört zu den Dingen, die *extrinsecus adducuntur in causam*.[7]

Das παράδειγμα gehört nach Anaximenes[8] zu den πίστεις ἐξ αὐτῶν τῶν λόγων καὶ τῶν πράξεων καὶ τῶν ἀνθρώπων, also zu den πίστεις ἔντεχνοι des Aristoteles,

---

[232] Cic. inv. II 16,50.
[233] Cic. inv. II 14,47.
[234] Cic. inv. II 5,16; 16,50.
[235] Victorin. rhet. II 16 p. 271,36f. H.
[236] Cic. inv. II 16,50.
[237] Victorin. rhet. II 15 p. 271,10.14.40 H: omnes ex thetico genere orti.
[238] Victorin. rhet. II 16 p. 272,4ff.; 10ff. H.

[1] Quint. inst. V 11,1.
[2] Auct. ad Herenn. I 6,10.

[3] Auct. ad Herenn. II 29,46: exornatio constat ex similibus et exemplis; Quint. inst. V 11,5: similitudo adsumitur interim et ad orationis ornatum.
[4] Quint. inst. V 11,6: exemplum est ... utilis ad persuadendum id, quod intenderis, commemoratio.
[5] Victorin. rhet. I 28 p. 228,10f. H.
[6] Cic. inv. I 30,47.49.
[7] Quint. inst. V 11,1.
[8] Anaxim. rhet. 7,2,1428a 17f.; 20.

und zwar als ἐπαγωγή,[9] *inductio*.[10] Neokles hat, wie schon bekannt,[11] bei seiner Gliederung der πίστεις ἔντεχνοι das εἶδος ἀπὸ τοῦ πράγματος auf dreifache Weise zustande kommen lassen: κατὰ τὸ εἰκός, κατὰ τεκμήριον und κατὰ παράδειγμα. Das εἰκός als ἐπαγωγή ist vorhanden, wenn von vielen und ähnlichen Dingen gezeigt wird, daß sich etwas so verhält wie der Redner gesagt hat[12] und wenn von zwei zu dem gleichen γένος gehörigen Dingen das eine an sich verständlicher ist als das andere. Die Verwendung des παράδειγμα ist angezeigt, wenn der Redner merkt, daß durch das von ihm vorgebrachte εἰκός keine Überzeugung erzielt wird und er deshalb seine Aussage klarer machen will, damit die Hörer ihm eher Glauben schenken, wenn er ihnen eine andere, der geschilderten ähnliche Tat vorführt, die in der gleichen Weise geschehen ist.[13]

Neokles erklärt das παράδειγμα als ἐμφερὲς καὶ ὅμοιον καὶ εἰκὸς τῷ ζητουμένῳ πράγματι, ἀφ' οὗ ὁρμώμενος ἄν τις ἀξιῶσαι ὁμοίως τὰ ὅμοια φρονεῖν καὶ ἐπὶ τοῦ ζητουμένου, z.B. können dafür, daß jemand, der sich Leibwächter verschafft hat, nach der Tyrannis strebt, Peisistratos, Phalaris und Dionysios Beispiele sein. Alexandros, der Sohn des Numenios, nennt das παράδειγμα: λόγος ἀπὸ τῶν κατὰ μέρος ἤτοι ἐπὶ τὸ κατὰ μέρος ἐπάγων ἢ ἐπὶ τὸ καθόλου ἢ ἀπὸ τοῦ ὁμοίου ἐπὶ τὸ ὅμοιον. Für Zenon ist das παράδειγμα die Erinnerung an eine wirklich geschehene, der vom Redner vorgebrachten ähnliche Tat.[14] Quintilian[15] nennt das Beispiel *rei gestae aut ut gestae utilis ad persuadendum id, quod intenderis, commemoratio*.

Das Beispiel hat nach Aristoteles[16] zwei εἴδη, eines, das die wirklichen Ereignisse der Vergangenheit berichtet und eines, das nicht wirkliche Tatsachen berichtet, sondern Dinge, die vom Redner selber erfunden wurden. Zu den letzteren, Beispiele von wirklichem Geschehen, die aber weniger überzeugen, rechnet er die Parabel, derer sich Sokrates bediente, und die Fabeln, wie die Aesopischen. Als Zweck der Beispiele gibt Anaximenes[17] an: Die Hörer sollten sehen, daß eine andere ähnliche Tat so geschehen sei, wie der Redner sie eben dargestellt habe. Ähnlich ist der Rat des Aristoteles,[18] Beispiele als Beweismittel zu verwenden, wenn man keine Enthymeme habe; seien aber welche vorhanden, solle man Beispiele als Zeugnisse noch nach ihnen anbringen, gewissermaßen als Epilog. Vorangestellt erhielten sie nämlich eine der Induktion ähnliche Bedeutung; die ἐπαγωγή sei aber nur in wenigen Fällen für die rednerische Darstellung geeignet. Bei der Nachstellung genüge in diesem Falle ein einziges Beispiel, bei der Voranstellung brauche man aber mehrere. Die Beispiele erfüllen nach Quintilian[19] denselben Zweck; auch als Unterstützung für und gegen Zeugen und Folteraussagen lassen sich Beispiele verwenden, wie überhaupt zur Unterstützung der *probationes inartificiales*.

---

[9] Arist. rhet. I 2,1356b 3.5; 1357b 26.
[10] Cic. inv. I 31,51; Fortun. rhet. II 28 p. 118, 10f. H.
[11] Siehe S. 97; 106.
[12] Arist. rhet. I 2,1356b 14f.
[13] Anaxim. rhet. 8,1,1429a 22ff.
[14] Anon. Seguer. rhet. p. 447,3 – 13 Sp. = 154 – 156 p. 379,25 – 380,10 Sp. – H. = p. 29,15 – 30,5 G.
[15] Quint. inst. V 11,6.
[16] Arist. rhet. II 20,1393a 28ff.
[17] Anaxim. rhet. 8,1,1429a 25ff.
[18] Arist. rhet. II 20,1394a 9ff.
[19] Quint. inst. V 11,43.

Anaximenes[20] unterscheidet zwei Arten von Beispielen, eine κατὰ λόγον, die mit der Meinung der Hörer einig geht und deshalb auch geeignet ist, die Sache glaubwürdig zu machen, und eine παρὰ λόγον, die der Meinung der Hörer nicht entspricht und deshalb der Sache die Glaubwürdigkeit nimmt. Im ersten Fall hat der Redner zusätzlich noch darzulegen, daß solche Handlungen in der Regel zum Ziel führen; das gilt für die beratende Beredsamkeit; im zweiten muß er zeigen, daß die Sache trotzdem noch ein gutes Ende nahm; bringt aber der Gegner das Beispiel vor, hat dieser nachzuweisen, daß solche Fälle nur selten und nur einem glücklichen Zufall zu danken sind.

Beispiele nimmt man nach Minukian[21] aus der Geschichte; nach Apsines[22] haben alle Beispiele ihren Stoff aus der Geschichte, gleichgültig, ob sie aus der einheimischen oder fremden Geschichte genommen sind, ob sie von Ereignissen oder Personen berichten. Cicero verwendet in der Regel Beispiele aus der einheimischen Geschichte, mit Ausnahme von solchen, die unerfreuliche Vorgänge beleuchten sollen. Geschichtliche Beispiele können je nach dem Grade ihrer Bekanntschaft oder des Nutzens für die Sache oder, wenn der Zweck, als Redeschmuck zu dienen, es erfordert oder gestattet, ganz erzählt oder auch nur kurz angedeutet werden. Minukian[23] und Apsines[24] fordern, daß die Beispiele den Hörern bekannt und leicht durchschaubar sind, daß sie deshalb auch aus nicht allzu ferner Zeit hergenommen sein sollen, vor allem, daß sie zur Sache gehören und zu den zu erzählenden Vorgängen stimmen und kurz gehalten werden.

Die Beispiele können nach Quintilian[25] ähnlich, unähnlich oder entgegengesetzt sein. Die Ähnlichkeit kann vollkommen sein, wenn sie in allen Stücken vorhanden ist, oder auch *impar*, wobei vom Kleineren auf das Größere geschlossen wird, z.B. wenn Flötenspieler, die die Stadt verlassen hatten, wieder zurückgerufen werden, um wieviel mehr muß man die besten und um den Staat verdienten Bürger wieder zurückrufen, die dem Neide gewichen waren; beim *impar* kann auch vom Größeren auf das Kleinere geschlossen werden. Die *exempla imparia*[26] sind besonders in Ermahnungen wirksam. Tapferkeit ist z.B. bei Frauen bewundernswerter als bei Männern, und deshalb ist das Beispiel der Frau, die den Pyrrhos getötet hat, wirksamer, wenn zur Tapferkeit aufgefordert wird, als jenes des Horatius Cocles und des Manlius Torquatus. Das *dissimile*[27] kann nach *genus, modus, tempus, locus* und den anderen Hypostasen verschieden sein. Entgegengesetzt[28] ist das Beispiel, wenn der Inhalt der verglichenen Dinge völlig verschieden ist, z.B.: *Marcellus ornamenta Syracusanis hostibus restituit, Verres eadem sociis abstulit*.

---

[20] Anaxim. rhet. 8,2,1429a 29ff.; 8,9f., 1429b 26ff.

[21] Minuc. epich. 2 p. 418,2f. Sp. = p. 341, 11f. Sp.-H.

[22] Aps. rhet. 8 p. 373,6ff. Sp. = p. 280,6ff. Sp.-H.

[23] Minuc. epich. 2 p. 418,11ff. Sp. = p. 341, 20ff. Sp.-H.

[24] Aps. rhet. 8 p. 373,23ff. Sp. = p. 281,1ff. Sp.-H.

[25] Quint. inst. V 11,5.

[26] Quint. inst. V 11,9f.

[27] Quint. inst. V 11,7.13.

[28] Cic. Verr. II 4,55,123; Quint. inst. V 11,7.

Die παραβολή – von Cicero *collatio* genannt – vergleicht zwei verschiedene Träger auf Grund ihres Wesens miteinander und unterscheidet sich vom Beispiel dadurch, daß sie auch von Tieren oder leblosen Dingen genommen werden kann.[29] Die Fabel[30] ist das zweite Aristotelische εἶδος des παράδειγμα, das der Redner selbst erfindet, eine *oratio ficta verisimili dispositione imaginem exhibens veritatis*.[31] Sie passe, meint Aristoteles,[32] zu Reden an das Volk, das gerne solche erdichteten Geschichten hört und ihnen, weil es Freude an ihnen hat, gerne zustimmt.[33] Sie haben auch den Vorteil, daß ihre Erfindung leichter ist als die Auffindung gleicher oder ähnlicher Tatsachen des vorliegenden Falles. Der Auctor ad Herennium[34] zählt sie zu den Mitteln, in der *insinuatio* den Hörer zu gewinnen und den ermüdeten wieder zu erfrischen. Cicero[35] glaubt, daß sie den Hörer manchmal packt, trotz ihrer mangelhaften Glaubwürdigkeit, so wie der Redner durch das Beispiel höchste Glaubwürdigkeit erzielt.

Mit den Beispielen verwandt sind auch die *auctoritates*, von den Griechen κρίσεις genannt, *iudicia* oder *iudicationes*,[36] d.h. was Völkerschaften und Nationen, weise Männer, berühmte Mitbürger, bedeutende Dichter gedacht oder gesagt haben können, Sprichwörter, bezeichnende Volksanschauungen und Sitten. Quintilian bemerkt, daß sie gewissermaßen noch mächtigere Zeugen sein können, weil sie nicht für einen speziellen Fall zurechtgemacht seien, sondern höchst wahr und ehrenhaft und von Haß und Gunst freie Äußerungen und Taten. Zu den *auctoritates* gehören auch die nach Quintilian[37] von einigen sogar an die erste Stelle gesetzten *divina testimonia* oder *deorum auctoritas*: Orakel, Auspizien, Vorzeichen, die der Anonymus Seguerianus[38] sogar zu den unkünstlichen Beweisen rechnet.

Sentenzen, γνῶμαι, geben nach Anaximenes[39] die besondere Meinung über das, was im allgemeinen geschehen ist, wieder. Sie sind nach dem Auctor ad Herennium,[40] der sie aber zu den Figuren und nicht zu den Beweismitteln rechnet, die *oratio sumpta de vita quae aut quid sit aut quid esse oporteat in vita breviter ostendit*. Quintilian[41] protestiert gegen diese Zuordnung und definiert die *sententia* als *vox universalis, quae etiam citra complexum causae possit esse laudabilis*.

Bei Hermogenes[42] lautet die Definition: γνώμη ἐστὶ λόγος κεφαλαιώδης ἐν ἀποφάνσει καθολικῇ ἀποτρέπων τι ἢ προτρέπων ἐπί τι ἢ ὁποῖον ἕκαστόν ἐστι δηλῶν. Die γνώμη spaltet sich nach Anaximenes[43] in zwei τρόποι: eine mit der gewöhnlichen Ansicht übereinstimmende Art, die γνώμη ἔνδοξος, die nicht weiter begründet zu werden braucht, und die γνώμη παράδοξος, die aber nicht weit hergeholt sein darf,

---

[29] Quint. inst. V 11,23; vgl. Arist. rhet. II 20,1393 a 30; 1393 b 4: παραβολὴ δὲ τὰ Σωκρατικά; Aps. rhet. 8 p. 372,29 ff. Sp. = p. 279,19 ff. Sp. – H.
[30] Arist. rhet. II 20,1393 a 30 f.: λόγοι, οἷον οἱ Αἰσώπειοι καὶ Λιβυκοί.
[31] Prisc. rhet. I p. 551,2 f. H.
[32] Arist. rhet. II 20,1394 a 1.
[33] Quint. inst. V 11,19.
[34] Auct. ad Herenn. I 6,10.
[35] Cic. part. 11,40.
[36] Quint. inst. V 11,36f.
[37] Quint. inst. V 11,42.
[38] Anon. Seguer. rhet. p. 445,25 ff. Sp. = 145 p. 378,6 ff. Sp. – H. = p. 27,23 f. G.
[39] Anaxim. rhet. 11,1,1430b 1f.: γνώμη δέ ἐστι μὲν ὡς ἐν κεφαλαίῳ καθ' ὅλων τῶν πραγμάτων δόγματος ἰδίου δήλωσις.
[40] Auct. ad Herenn. IV 17,24.
[41] Quint. inst. IX 3,98; VIII 5,3.
[42] Hermog. prog. 4 p. 8,16 ff. R.
[43] Anaxim. rhet. 11,2,1430b 3 ff.

mit der Sache in Verbindung stehen muß und ein kurzes, erklärendes Nachwort benötigt. Aristoteles[44] betrachtet die γνώμη als einen Teil des Enthymems und definiert sie als ἀπόφανσις οὐ μέντοι περὶ τῶν καθ' ἕκαστον, ... ἀλλὰ καθόλου· καὶ οὐ περὶ πάντων, ... ἀλλὰ περὶ ὅσων αἱ πράξεις εἰσί, καὶ αἱρετὰ ἢ φευκτά ἐστι πρὸς τὸ πράττειν. Er führt die von Anaximenes vorgenommene Gliederung noch weiter, indem er die γνῶμαι in solche einteilt, die mit der gewöhnlichen Ansicht übereinstimmen und deshalb keine Begründung benötigen, und in jene, die etwas Paradoxes oder Umstrittenes (παράδοξον oder ἀμφισβητούμενον) zum Inhalt haben und deshalb eine Begründung (ἐπίλογος) brauchen;[45] Beispiel: Gesundsein, dünkt mir, ist das Beste für den Mann. Gnomen, die sofort klar sind, wenn man sie hört, brauchen keine Begründung; Beispiel: Kein Liebhaber ist, wer nicht immer liebt. Von denen, die eine Begründung brauchen, gibt es zwei εἴδη:[46] einmal Teilenthymeme, wie z.B.: Für den Vernünftigen gibt es kein Maß; zum anderen scheinbare Enthymeme, die aber nicht Teil eines Enthymems sind, wie z. B. der Satz: ἀθάνατον ὀργὴν μὴ φύλασσε θνητὸς ὤν, in dem der Gedanke μὴ δεῖν φυλάττειν die Gnome, θνητὸς ὤν aber die Begründung bildet. Das sind die beliebtesten Gnomen. Bei zweifelhaften und paradoxen Gedanken[47] braucht die γνώμη immer einen erklärenden Beleg, den man vorausstellen und dem man die Gnomen nachfolgen lassen kann oder umgekehrt. Ist etwas zwar nicht paradox, aber doch unklar, so muß man ganz kurz eine Begründung hinzufügen. Quintilian[48] berichtet noch von Rhetoren, die die Gnome als Teil eines Enthymems betrachteten und von anderen, die sie für den Anfang oder den Schluß eines Epichirems hielten, was Quintilian für manche, aber nicht alle Fälle für richtig erachtet. Er kennt auch einfache Gnomen und andere, mit einer *ratio*, entsprechend dem Aristotelischen ἐπίλογος verbunden, ebenso doppelte, wie *obsequium amicos, veritas odium parit*; er fügt dem noch hinzu, daß manche bis zu zehn Arten unterschieden hätten.

Aristoteles[49] meint, in Gnomen zu reden sei Sache eines älteren Mannes, der von der Sache etwas verstehe; für einen jüngeren aber sei es unziemlich; über Dinge zu reden, die man nicht verstehe, verrate Torheit und Mangel an Bildung; das zeige sich schon darin, daß bäurische Menschen sich am häufigsten in Gnomen ausdrücken, die sie bei jeder Gelegenheit gern anbringen. Cicero[50] urteilt aus seiner Abneigung gegen den Asianischen Stil, für den der Reichtum an besonders anmutigen und klingenden mehr als an ernsten und wuchtigen Sentenzen charakteristisch war, umgekehrt: Das Reden in Sentenzen stehe mehr der Jugend an, bei Greisen vermisse man dabei die Würde. Die Alten mißbilligten das Reden in Sentenzen, die Jugend aber staune eine solche an, die Menge zeige sich beeindruckt. Der Auctor ad Herennium[51] läßt Sentenzen nur selten zu, damit die Redner immer noch als *rei actores* und nicht als Lehrmeister der Lebenskunst erschienen; sparsam verwendet brächten sie reichlichen

---

[44] Arist. rhet. II 21,1394a 21ff.
[45] Arist. rhet. II 21,1394b 7ff.
[46] Arist. rhet. II 21,1394b 17ff.
[47] Arist. rhet. II 21,1394b 28ff.

[48] Quint. inst. VIII 5,4f.
[49] Arist. rhet. II 21,1395a 2ff.
[50] Cic. Brut. 95,326.
[51] Auct. ad Herenn. IV 17,25.

Schmuck in die Rede. Quintilian[52] nimmt zu zwei Richtungen seiner Zeit, die auch Cicero zu seinem scharfen Urteil veranlaßt hatten, von denen die eine Gnomen nachjagte, die andere sie völlig verwarf, Stellung. Wer nur Sentenzen nachjagt, bringt viele und trifft keine Auswahl mehr, so daß er notwendigerweise auch nichtssagende, geschmacklose und törichte benützt. Quintilian will diese *lumina orationis* nicht missen, es aber nicht mit der modernen *licentia* halten, lieber noch mit dem *vetus ille horror dicendi*. Er tritt für einen Mittelweg ein und meint,[53] man müsse auf der Hut sein, daß nicht überall und offenkundig falsche Gnomen verwendet würden und auch nicht von jedem Beliebigen: Gnomen ziemten sich nur für diejenigen, die über *auctoritas* verfügten, damit auch die Persönlichkeit das Gewicht der Sache stärke.

d) *Die refutatio.* Alles, was der Gegner vorbringt, die ἀντιθέσεις,[1] fordert die Widerlegung oder Entkräftung durch den Beschuldigten, die λύσις,[2] διάλυσις,[3] ἀνασκευή,[4] *reprehensio*,[5] *confutatio*,[6] *refutatio*.[7] Sie ist die eigentliche und Hauptaufgabe des Verteidigers, *pars defensoris tota est posita in refutatione*, sagt Quintilian,[8] aber auch die schwierigere des Redners, weil anklagen immer leichter ist als verteidigen. Der Ankläger begnügt sich damit, die Richtigkeit seiner Vorwürfe zu behaupten, der Verteidiger muß leugnen, verteidigen, versuchen, die Sache in einen anderen *status* zu bringen, entschuldigen, um Verzeihung bitten, mindern und mildern; er kann die Beschuldigung aber einfach auch liegen lassen, verächtlich über sie hinweggehen, und er muß dazu hunderterlei Künste und Wendungen beherrschen. Seine Rede kann deshalb auch einen größeren Platz einnehmen als der Beweis. Wenn der Kläger mit einer wohlvorbereiteten Rede auftritt, muß der Verteidiger sich schon zu Hause darauf einstellen, was der Gegner wohl vorbringen könnte; er steht aber dennoch oft unerwarteten Dingen gegenüber. Das verlangt größte Redegewandtheit.

Die *refutatio* wird von manchen Rhetoren als ein Teil der *argumentatio* betrachtet, von anderen aber als ein besonderer Teil der Rede, der für sich steht. Erst Quintilian[9] hat ihn besonders gewertet und dargestellt. Bei Anaximenes[10] ist die διάλυσις ein nach der βεβαίωσις für sich stehender Teil. Aristoteles[11] aber betrachtet sie als zu den πίστεις gehörig. Der Auctor ad Herennium[12] und Cicero[13] erklären die *argumentatio* und die *refutatio* für zwei verschiedene Teile. Quintilian[14] behandelt sie bei den *argumenta inartificialia*, zusammen mit den Beweisen. Bei den *argumenta artificialia* handelt er jedesmal in einem besonderen Kapitel *de argumentis, de exemplis, de usu argumentorum*

---

[52] Quint. inst. VIII 5,25–34.
[53] Quint. inst. VIII 5,7f.

[1] Aps. rhet. 6 p. 360,4 Sp. = p. 260,18 Sp.–H.
[2] Hermog. inv. III 1 p. 126,7 R; Anon. Seguer. rhet. p. 451,3 Sp. = 186 p. 385,9 Sp.–H. = p. 36,14 G; Aps. rhet. 7 p. 365,15 Sp. = p. 268,21 Sp.–H.
[3] Anaxim. rhet. 4,1,1426b 28.
[4] Quint. inst. II 4,18; Sulp. Vict. 3 p. 315,2 H.
[5] Cic. inv. I 14,19; Sulp. Vict. 22 p. 324,16 H.
[6] Auct. ad Herenn. I 10,18.
[7] Quint. inst. V 13,1.
[8] Quint. inst. V 13,1–3.
[9] Quint. inst. V 13.
[10] Anaxim. rhet. 36,19,1443a 5f.
[11] Arist. rhet. III 17,1418b 5f.
[12] Auct. ad Herenn. I 10,18.
[13] Cic. inv. I 42,78.
[14] Quint. inst. V 10–13.

und *de refutatione*. Nach ihm bleibt die Trennung bestehen, bis Hermogenes[15] beide wieder zusammenlegte. Alle sind übereinstimmend der Meinung, daß die Widerlegung aus den gleichen *loci* geholt werden müsse wie die *argumentatio*.[16]

Die *refutatio* hat ihren Platz gewöhnlich nach der *argumentatio*. Ist sie aber sehr umfangreich, muß man sie zuerst vornehmen; auch wenn der Verteidiger an zweiter Stelle spricht und die Angriffe des Gegners bereits kennengelernt hat, muß er, um den Hörer in seinem Sinne zu beeinflussen, die vom Kläger ausgesprochenen Verdächtigungen als ein schweres Hindernis schon vor der *argumentatio* entkräften und zeigen, daß die Sache nicht so ist, wie der Gegner sie dargestellt hat, nicht so schädlich und nicht so groß und nicht von solcher Bedeutung.[17] Weiß aber der Verteidiger, daß ein nachteiliges Vorurteil vorliegt, wenn es auch noch nicht ausgesprochen ist, tut er gut daran, es schon gleich im Proömium zu entkräften, damit der Hörer sofort aufnahmebereiter wird und ohne schädliche Voreingenommenheit die Rede anhört. Die Entgegnung kann sich gegen alles richten, was der Gegner vorgebracht hat, gegen das Sachliche wie, was aber gewöhnlich wirkungslos bleiben wird, nur gegen das Formale, auch nur gegen das Bedeutende oder gegen das, was am meisten Eindruck macht oder was gut zu widerlegen ist.[18]

Die λύσις hat zu zeigen, daß entweder die Vordersätze der Schlüsse falsch sind, oder daß die Ähnlichkeit des Vorgebrachten mit den Dingen, die zu widerlegen sind, nur scheinbar ist und etwas anderes aus ihnen gefolgert werden muß, oder daß man, falls man auch die Ähnlichkeit zugibt, trotzdem die Anschuldigung ablehnt. Bei Gesetzen muß man behaupten, daß sie zweideutig seien und etwas anderes bezweckten als sie zu sagen scheinen, und selbst, wenn man die Richtigkeit zugeben sollte, muß man die Anklage ablehnen oder ein anderes, neues Gesetz einbringen. Wie Gesetze sind auch Verträge zu behandeln. Von den Zeugen sagt man entweder, sie seien mit dem Gegner befreundet oder mit dem Angeschuldigten verfeindet, sie seien bestochen oder hätten eine Einladung erhalten und betrieben falsche Zeugenaussagen als ihr Geschäft; man kann ihnen auch Leute entgegenstellen, die εἰκότα aussagen, die noch nie gelogen hätten, während schon viele Menschen wegen falschen Zeugnisses verurteilt worden seien. Aussagen von Gefolterten wertet man in der gleichen Weise ab. Man prüft dabei ihre Herkunft, ihr Schicksal und ihr Alter und verweist darauf, daß schon viele auf der Folter Lügen ausgesagt und unter den Qualen der Folter falsche Anschuldigungen gemacht hätten. Eiden wird gleichfalls ihre Glaubwürdigkeit abgesprochen; man sagt, daß es schon früher Leute gegeben habe, die falsche Eide geleistet hätten und daß alle, die Unrechtes wagten, sich genauso verhielten wie jene, die unüberlegt falsch schwörten.[19]

Alles, was auf diese Weise vorgebracht wird, besteht nur aus Einwänden und Versuchen, die unkünstlichen Beweismittel unglaubwürdig zu machen; Beweise sind das

---

[15] Hermog. inv. III 4 p. 132,2 ff. R; Anon. Seguer. rhet. p. 427,7 f. Sp. = I p. 352,9 f. Sp.-H. = p. 1,4 f. G.

[16] Anon. Seguer. rhet. p. 451,3 ff. Sp. = 186 p. 385,9 ff. Sp.-H. = p. 36,14 ff. G.

[17] Arist. rhet. III 17,1417b 21 ff.

[18] Arist. rhet. III 17,1418b 5 ff.

[19] Anon. Seguer. rhet. p. 451,3 – 452,7 Sp. = 186 – 191 p. 385,9 – 386,21 Sp.-H. = p. 36,14 – 38,3 G; vgl. auch S. 97 – 101.

nicht, es sind, wie Aristoteles sie bezeichnet, ἐνστάσεις.[20] Daneben nennt er noch den selteneren Gegenschluß, ἀντισυλλογισμός. Für die Erhebung von Einwänden, ἐνστάσεις, nennt er vier Möglichkeiten:[21]

1. Aus der Sache selbst, ἐξ ἑαυτοῦ, wofür er als Beispiel die Widerlegung der Behauptung anführt, die Liebe sei etwas Gutes; denn jedes Bedürfnis sei ein Mangel, ein Bedürfnis sei aber auch die Liebe, und deshalb sei sie ein Übel; außerdem gebe es ja auch verwerfliche Liebe, wie die Liebe des Kaunus zu seiner Zwillingsschwester beweise.

2. ἐκ τοῦ ἐναντίου, wenn z. B. gegen die Behauptung, ein guter Mensch allein tue seinen Freunden Gutes, eingewendet wird, auch ein schlechter Mensch begehe nichts Böses gegen sie.

3. ἐκ τοῦ ὁμοίου wendet man z. B. gegen die Behauptung, schlecht behandelte Menschen haßten immer, ein, jene, die gut behandelt werden, liebten auch nicht immer.

4. ἐκ τῶν κεκριμένων, auf Grund einer schon gefällten Entscheidung, wenn z. B. der Behauptung, Trunkenen müsse man ihre Vergehen verzeihen, entgegengehalten wird, Pittakos habe Vergehen in der Trunkenheit mit härteren Strafen belegt als in nüchternem Zustand begangene.

Der Auctor ad Herennium[22] und das zweite Buch von Ciceros Schrift ‚De inventione'[23] lassen nichts von der Darlegung des Aristoteles erkennen. Beide behandeln die *refutatio, reprehensio*, nach den einzelnen *status*, beginnend mit dem Konjekturalstatus, und zwar die *argumentatio* und die *reprehensio* zusammen, wobei die praktische Ausführung bestimmend ist. Jener stellt für die Behandlung eines jeden der sechs Teile einer *coniectura* die Aufgabe des Klägers und des Verteidigers einander gegenüber. Cicero tut das mit Hilfe der drei *loci* einer *coniectura*: *causa, persona* und *factum*.

Im ersten Buche von ‚De inventione'[24] hat Cicero keine für jeden Fall verwendbaren praktischen Anweisungen gegeben, sondern ein System der *reprehensio* zu entwerfen versucht. Er unterscheidet vier Hauptarten:

1. *si ex iis, quae sumpta sunt, non conceditur aliquid unum plurave.*
2. *si his concessis complexio confici negatur.*
3. *si genus ipsum argumentationis vitiosum ostenditur.*
4. *si contra firmam argumentationem alia aeque firma aut firmior ponitur.*

Sumpta sunt, quaecumque nobis ad fidem sumimus; argumentum: ergo argumenta ‚sumpta' sunt stellt Victorinus[25] fest. Die *sumpta* aber teilt er in vier *probabilia* ein: *credibile, signum, conparabile* und *iudic tum*; dazu in drei *necessaria*: *conplexio, enumeratio* und *simplex conclusio*. Die *reprehensio* der *sumpta* vollzieht sich auf folgende Weise:[26]

1. Was vom Gegner als *credibile* angenommen wird, wird als solches nicht anerkannt und läßt sich entkräften, wenn es als eindeutig falsch aufgezeigt wird, wenn es auch umgekehrt noch glaublich ist, wenn es nicht dem Allgemeinempfinden ent-

---

[20] Arist. rhet. II 25,1402a 31.
[21] Arist. rhet. II 25,1402a 35 ff.
[22] Auct. ad Herenn. II 2,3 – 8,12.
[23] Cic. inv. II 5,16 – 16,51.
[24] Cic. inv. I 42,79.
[25] Victorin. rhet. I 42 p. 248,16 f.; 19 ff. H.
[26] Cic. inv. I 43,80 – 44,83.

spricht, weil etwas als allgemein üblich hingestellt wird, was nur in gewissen Fällen und bei gewissen Menschen geschieht und wenn von etwas, das nur selten vorkommt, gesagt wird, es geschehe überhaupt nicht.

2. Wenn etwas, das als *comparabile* ausgegeben wird, sich nach *genus*, *natura*, *vis*, *magnitudo*, *tempus*, *locus*, *persona* oder *opinio* als unähnlich erweist.

3. Wenn das als *signum* Ausgegebene kein wirkliches Zeichen für die Tat ist, weil es nicht bedeutsam genug ist, weil es eher für den Angeklagten als für den Kläger spricht, weil es überhaupt falsch ist, da es nicht eingetreten ist oder weil es zu einem anderen Verdacht führen kann.

4. Wenn gegen das *iudicatum* eingewendet werden kann, daß der Richter kein Lob, sondern Tadel verdient, daß sein Gegenstand vom augenblicklich zur Verhandlung stehenden verschieden ist, daß er schon angefochten wurde und daß das vom Angeklagten Vorgebrachte bedeutender ist und schwerer wiegt.

Die *necessaria* können an sich nicht widerlegt, sondern nur in ihrer Form beanstandet werden. Cicero[27] aber meint gar nicht die *necessaria*, sondern nur jene *sumpta*, die *forte imitabuntur modo necessariam argumentationem neque erunt eiusmodi*. Es sind dies:

1. Die *comprehensio*,[28] die, wenn sie falsch ist, widerlegt wird

a) durch die *conversio*, die darin besteht, daß zwei zu einem für den Gegner ungünstigen Schlusse führende, einander entgegengesetzte Behauptungen aufgestellt oder auch zwei Fragen vorgelegt werden, die er beide nur zu seinem Nachteil beantworten kann, oder wenn ihm zwischen zwei falschen Dingen, die beide für ihn ungünstig sind, die Wahl gelassen wird.

b) durch die *infirmatio*, die Schwächung der gegnerischen Behauptung.

2. Der Nachweis, daß die *enumeratio* fehlerhaft ist, weil sie für den Beschuldigten nichts Günstiges enthält oder nur einen schwachen Punkt anführt, dem widersprochen werden kann, oder dem mit Ehren zuzustimmen, kein Anlaß besteht.

3. Die *simplex conclusio*, gegen die Einspruch erhoben wird, weil die Folgerungen nicht notwendig mit dem Obersatz zusammenhängen, oder wenn etwas, das im Vordersatz wahrscheinlich genannt wird, als zwingend gefolgert wird.[29]

Die zweite Möglichkeit einer *reprehensio*[30] ist gegeben, wenn trotz der Annahme der *sumpta* eine Schlußfolgerung nicht möglich ist, weil die *propositio* und die *conclusio* nicht zusammengehen. Neben diesem *vitium perspicuum* stehen noch *vitia obscura*, wenn eine Zweideutigkeit oder ein Gedächtnisfehler den Zusammenklang verhindert.

Die *reprehensio* ist auch möglich, wenn das *genus argumentationis* fehlerhaft ist.[31] Das ist der Fall:

1. Wenn der Fehler in ihm selber liegt.

2. Wenn die Ausführung nicht mit der Ankündigung in Einklang steht.

---

[27] Cic. inv. I 45,83.
[28] complexio: Cic. inv. I 29,45; διλήμμα: Hermog. inv. IV 6 p. 192,6 R; Aps. rhet. 10 p. 376,24f. Sp. = p. 285,12 Sp.-H.
[29] Cic. inv. I 45,83 – 46,86; Iul. Vict. 12 p. 414,9 – 38 H.
[30] Cic. inv. I 47,87 – 48,89.
[31] Cic. inv. I 48,89 – 50,94.

1. Jenes liegt vor:

a) Wenn es eine offenbare Unwahrheit enthält.

b) Wenn es *commune* ist, d.h. sich ebenso für unsere Seite wie für die des Gegners verwenden läßt.

c) Wenn es *vulgare* ist, weil es sich auch auf eine *res non probabilis* anwenden läßt.

d) Wenn es *leve* ist, weil es entweder ein Urteil *a posteriori* enthält oder eine schändliche Sache mit einer leichtfertigen Verteidigung decken will.

e) Wenn es *remotum* ist, weil es zu weit hergeholt ist.

f) Wenn es eine *mala definitio* enthält, die für alles paßt oder etwas Falsches und Unbedeutendes enthält.

g) Wenn es *controversum* ist, weil es zum Beweis einer zweifelhaften Sache zweifelhafte Argumente heranzieht.

h) Wenn es *perspicuum* ist, weil es darüber keine Kontroverse gibt.

i) Wenn es *non concessum* ist, weil es zur Steigerung benützt, was Gegenstand des Streites ist.

k) Wenn es *turpe* ist, weil es des Ortes, an dem es gesagt wird, der Person, die es sagt, der Zeit, zu der es gesagt wird, der Hörer oder der Sache, über die verhandelt wird, unwürdig ist.

l) Wenn es *offensum* ist, weil es den Neigungen der Hörer zuwider ist.

m) Wenn es *contrarium* ist, weil es etwas bekämpft, was auch die Hörer getan haben.

n) Wenn es *inconstans* ist, weil über eine und dieselbe Sache eine entgegengesetzte Meinung vertreten wird.

o) Wenn es *adversarium* ist, weil es gegen die Sache selbst spricht.

2. Die Ankündigung steht nicht mit der Ausführung in Einklang aus folgenden Gründen:[32]

a) Wenn der Redner mehr verspricht als er hält.

b) Wenn er umgekehrt nur über einen Teil des Angekündigten spricht.

c) Wenn er sich nicht gegen das verteidigt, wessen er beschuldigt ist, sondern gegen etwas anderes.

d) Wenn er eine Sache nur wegen eines von Menschen begangenen Fehlers tadelt.

e) Wenn er zum Lobe eines Mannes über sein Glück und nicht über seine Tüchtigkeit spricht.

f) Wenn er beim Vergleich zweier Dinge glaubt, er lobe das eine nicht recht, wenn er das andere nicht herabsetzt, oder wenn er das eine lobt und das andere nicht einmal erwähnt.

g) Wenn die Rede ganz allgemein gehalten wird, wo es sich um eine bestimmte Sache handelt.

h) Wenn eine falsche Begründung für eine Sache gegeben wird oder eine nur schwache oder zu wenig passende.

i) Wenn der Vorwurf selbst als Begründung wiederholt wird.

Die vierte Möglichkeit[33] einer *reprehensio* ist gegeben, wenn gegen eine starke

---

[32] Cic. inv. I 50,94f.   [33] Cic. inv. I 51,96.

Die gerichtliche Beredsamkeit

Beweisführung eine andere, gleich starke oder noch stärkere gestellt wird. Das kommt vor allem bei der *deliberatio* vor, wenn man z. B. gegen den gegnerischen Einwand vorbringt, er sei billig, das selbst Vertretene aber als notwendig aufzeigt oder den Vorschlag des Gegners zwar für nützlich zugibt, den eigenen aber für ehrenvoll nachweisen kann.

Quintilian hat das ganze 13. Kapitel des fünften Buches der *refutatio* gewidmet und ist im 14. Kapitel[34] noch einmal kurz darauf zurückgekommen. Die Darstellung ist teilweise stark mit praktischen, für den Sachwalter wichtigen Vorschriften verknüpft. Daher kommt auch seine Unterscheidung von Behauptungen des Gegners, die wirklich zu der betreffenden Rechtssache gehören und solchen, die von außen herangetragen werden. Im ersten Falle kann der Redner einfach leugnen oder verteidigen oder auch versuchen, die Klage vor ein anderes Gericht zu verweisen.[35] Geleugnet oder einfach übergangen wird auch, was offenbar falsch ist, weil es überhaupt nicht geschehen ist, was also unter den *status coniecturae* fällt oder unter die *definitio*, weil seine Bezeichnung falsch ist oder auch, weil es in seiner Qualität nicht richtig dargestellt ist, wobei die τελικὰ κεφάλαια zur Verwendung kommen. Aussagen, die sich selbst widersprechen, die *contraria*, können übergangen werden, ebenso, was überflüssig ist, was insgeheim und ohne Zeugen und Beweise geschehen ist, was von Natur aus schon schwach ist und was nicht zur Sache gehört.[36] Der Redner kann aber auch, wogegen er nicht direkt ankämpfen kann, wie vor Ekel gleichsam mit einem Fußtritt zurückweisen.[37] Sorgsam muß darauf geachtet werden, daß an Stelle des Ähnlichen, aus dem der größte Teil der Beweise besteht, nicht Unähnliches gesetzt wird. Gegen Ähnlichkeit mit Tieren oder leblosen Dingen kann leicht etwas eingewendet werden; Beispiele aus alter Zeit werden, weil sie dem Redner entgegen sind, als fabelhaft abgetan. Das gilt auch für das *iudicatum*. Auch die Wortwahl kann zur Entkräftung einer Beschuldigung dienen, wenn z. B. schmutziger Geiz als Sparsamkeit und eine freche Zunge als Freimut bezeichnet werden. Schließlich greift Quintilian noch auf Cicero zurück, indem er sagt, daß auch die Richtigkeit der *argumentatio* angegriffen werden kann.[38]

Der Anonymus Seguerianus[39] behandelt von den λύσεις nur die Widerlegung der πίστεις παραδειγματικαί, wobei entweder die λήμματα, Vordersätze, als falsch dargestellt werden oder die *adsumptio* als unähnlich aufgezeigt wird. Im einzelnen behandelt er dann die Widerlegung der πίστεις ἄτεχνοι,[40] beim Einspruch gegen ein Gesetz, z. B. ἀμφιβολία und διάνοια. In gleicher Weise sollen auch ψηφίσματα, χρησμοί, συμβόλαια behandelt werden. Daran schließt sich die Widerlegung von Zeugen, Eiden und Folteraussagen an.

Hermogenes[41] unterscheidet drei Arten von λύσεις: ἔνστασις, ἀντιπαράστασις und

---

[34] Quint. inst. V 14,20f.
[35] Quint. inst. V 13,4ff.
[36] Quint. inst. V 13,15f.
[37] Quint. inst. V 13,22.
[38] Quint. inst. V 13,23–28.

[39] Anon. Seguer. rhet. p. 451,5ff.; 15ff. Sp. = 187f. p. 385,12ff.; 21ff. Sp. – H. = p. 36, 16ff.; 37,3ff. G.
[40] Siehe S. 125; Anm. 19.
[41] Hermog. inv. III 6 p. 136,21 R.

das βίαιον.⁴² Ἔνστασις ist die einfache Verneinung der gegnerischen Behauptung; dem ἐξῆν μοι κτεῖναι τὸν υἱόν tritt gegenüber die ἔνστασις: οὐκ ἐξῆν. Die ἀντιπαράστασις lautet dann: εἰ δὲ καὶ ἐξῆν, ἀλλ' οὐκ ἐνώπιον τῆς μητρός.⁴³ Da wird also der Widerspruch auf Grund der τελικὰ κεφάλαια, hier des πρέπον, eingeführt. Das βίαιον,⁴⁴ das παραδοξότατον καὶ ἰσχυρότατον καὶ νικητικώτατον εἶδος der λύσις, besteht darin, die gegnerischen Behauptungen umzukehren und damit den Gegner aus seiner Stellung zu werfen, auf die vertrauend er stolz einherschreitet. Das entspricht etwa dem sechsten τόπος des Aristoteles.⁴⁵ Ἔνστασις und ἀντιπαράστασις brauchen den Beweis durch das Epichirem.⁴⁶ Der Unterschied zwischen beiden besteht darin, daß die ἔνστασις einfach negiert und deshalb auch ein βίαιον ist, die ἀντιπαράστασις aber durch die τελικὰ κεφάλαια beweist, also auf der *qualitas* beruht.⁴⁷ Nun nennt aber Hermogenes schon vor der Behandlung der drei Arten, im Kapitel über die κεφάλαια, noch eine Art des βίαιον, die ἀνθυποφορά.⁴⁸ Zu ihrer Erläuterung wird das Beispiel gegeben, daß Demosthenes, wenn Philipp gegen die Chersones heranrücken sollte, den Antrag stellte, den Isthmos zu durchstechen, worauf die ὑποφορά der Gegner kommt: das sei schwierig. Die λύσις, also die ἀνθυποφορά, die noch Epichireme braucht, lautet dann: τὸ γὰρ διορύσσειν πρᾶγμα ῥᾴδιον,⁴⁹ eine einfache Negation der gegnerischen Behauptung, eine ἔνστασις also, näher der ἔνστασις ἐξ ἑαυτοῦ des Aristoteles.⁵⁰ Daß diese Art der λύσις dem Dreiersystem des Hermogenes widerspreche, kann nicht behauptet werden.⁵¹

Das System des Hermogenes wurde durch Apsines⁵² ausgebaut. Die Behauptung des Gegners, ἀντίθεσις, die sowohl ἔντεχνος, für die dieselbe Topik gilt wie für die πίστις ἔντεχνος, als auch ἄτεχνος, und diese wieder ἀπὸ γεγονότων oder ἀπὸ ἐγγράφων, als auch παραδειγματική sein kann, wird in zwei Grundarten widerlegt:⁵³

1. λύσις κατὰ ἀνατροπήν, die direkte Widerlegung, entsprechend der λύσις κατ' ἔνστασιν des Aristoteles und des Hermogenes.

2. λύσις κατὰ μέθοδον, die indirekte Widerlegung.

Die direkte Widerlegung geschieht durch den στοχασμός und den ὅρος;⁵⁴ sie kommt zustande:⁵⁵

1. ἐκ τῶν ὑποκειμένων πραγμάτων, wenn die Geschehnisse mit den Worten des Klägers nicht übereinstimmen; sie entspricht dem Aristotelischen τόπος ἐξ ἑαυτοῦ für die ἔνστασις.

2. ἐξ εἰκότων, z. B. eine Zeugenaussage. Kommt zu dem Beweis, daß die gegnerische Behauptung falsch ist, noch hinzu, daß vielmehr gerade ihr Gegenteil richtig

---

⁴² Hermog. inv. III 3 p. 138,16 R.

⁴³ Hermog. inv. III 6 p. 136,23 ff. R.

⁴⁴ Hermog. inv. III 3 p. 138,15 ff. R.

⁴⁵ Siehe S. 107 f.

⁴⁶ Hermog. inv. III 6 p. 137,17 – 138,5 R.

⁴⁷ Hermog. stat. 3 p. 48,14 ff. R.

⁴⁸ Hermog. inv. III 4 p. 134,1 R.

⁴⁹ Hermog. inv. III 4 p. 134,6 ff. R.

⁵⁰ Siehe S. 126.

⁵¹ L. Radermacher, RE VIII, 1 (1912) Sp. 875 s. v. Hermogenes Nr. 22.

⁵² Aps. rhet. 6 p. 360,4 ff. Sp. = p. 260,18 ff. Sp.–H.

⁵³ Aps. rhet. 7 p. 365,15 f. Sp. = p. 268,21 f. Sp.–H.

⁵⁴ Aps. rhet. 7 p. 365,25 f. Sp. = p. 269,10 f. Sp.–H.

⁵⁵ Aps. rhet. 7 p. 365,20 ff. Sp. = p. 269,4 ff. Sp.–H.

ist, hat man die ἀνατροπὴ μεθ' ὑπερβολῆς,[56] das βίαιον εἶδος λύσεων des Hermogenes. Die ἀνατροπή kann einfach oder vielfach sein.[57]

Die indirekte Widerlegung hat folgende Arten:

1. Die μέθοδος κατὰ περιτροπήν,[58] die nach Aristoteles[59] τόπος ἐκ τῶν εἰρημένων καθ' αὑτοῦ πρὸς τὸν εἰπόντα genannt wird, ist die wirksamste Art der indirekten Widerlegung. Dabei wird die ἀντίθεσις des Gegners gegen ihn selbst gekehrt, und er wird so zu Fall gebracht. Ihre Verwendung ergibt sich aus dem ἰσάζον, *commune*, das sich für den an zweiter Stelle Sprechenden als vorteilhaft, für den, der es zuerst gebraucht, als nachteilig auswirkt.[60]

2. Die μέθοδος κατὰ σύγκρουσιν[61] tritt auf, wenn man die Widerlegung nicht ausführt, sondern nur die Antithesen des Gegners nebeneinander stellt und zeigt, daß sie sich insgesamt widersprechen.

3. Bei der λύσις κατὰ μείωσιν[62] versucht man, die Behauptung des Gegners zu verkleinern. Sie kann noch durch die λύσις ἐξ ἀναιρέσεως,[63] die den Angriff des Gegners, der nicht widerlegt werden kann, einfach mit Verachtung beiseite schiebt,[64] weitergeführt werden.

4. Umgekehrt wird in der λύσις κατὰ αὔξησιν[65] die vom Gegner als unbedeutend hingestellte Sache vergrößert.

Gelingt es mit den bisher genannten Mitteln nicht, die Behauptung des Gegners abzuschwächen oder zurückzuweisen, muß man

1. In der λύσις κατὰ ἀντιπαράστασιν[66] einen schwerwiegenden Angriff entgegensetzen, indem mit Hilfe eines der τελικὰ κεφάλαια seine Behauptung als nicht gerecht, nicht nützlich usw. erwiesen wird, wobei auf das ἐκβησόμενον, die wahrscheinliche Folge der gegnerischen Anklage oder eines Antrags, besonders Wert gelegt wird. Quintilian verlangt einen besonders kräftigen derartigen Hinweis gegen Behauptungen, die für alle oder für die Richter gefährlich werden können.[67]

2. In der λύσις κατ' ἀντιπαράστασιν τρόπου[68] wird, vor allem in der beratenden Beredsamkeit, dem Antrag des Gegners ein eigener, besserer und leichter durchführbarer, entgegengestellt und die Autoritäten des Gegners durch andere ersetzt, wodurch das Notwendige besser zu erreichen ist.

3. In der ἀντιπαράστασις κατ' ἐνδόξου κρίσιν[69] wird dem Antrag des Gegners das allgemeine Urteil des Volkes, einer anderen Stadt, eines anderen Gesetzgebers, einer anderen, angesehenen Person oder auch sonst ein Beispiel entgegengesetzt, wobei es

---

[56] Aps. rhet. 7 p. 366,2 Sp. = p. 269,16 Sp.-H.
[57] Aps. rhet. 7 p. 365,28f. Sp. = 269,13f. Sp.-H.
[58] Aps. rhet. 7 p. 366,3ff. Sp. = p. 269,17ff. Sp.-H.
[59] Arist. rhet. II 23,1398 a 3; siehe S. 107 f.
[60] Cic. inv. I 48,90; Quint. inst. V 13,29.
[61] Aps. rhet. 7 p. 366,10ff. Sp. = p. 270,3ff. Sp.-H.
[62] Aps. rhet. 7 p. 366,18ff. Sp. = p. 270,12ff. Sp.-H.
[63] Aps. rhet. 6 p. 361,5 Sp. = p. 262,6f. Sp.-H.
[64] Quint. inst. V 13,22.
[65] Aps. rhet. 7 p. 366,23ff. Sp. = p. 270,18ff. Sp.-H.
[66] Aps. rhet. 7 p. 366,26ff. Sp. = p. 270,21ff. Sp.-H.
[67] Quint. inst. V 13,21.
[68] Aps. rhet. 7 p. 367,8.17ff. Sp. = p. 271, 12.22ff. Sp.-H.
[69] Aps. rhet. 7 p. 367,8f.; 26ff. Sp. = p. 271, 12f.; 272,6ff. Sp.-H.

natürlich besonders darauf ankommt, daß der eigene Vorschlag wahrscheinlicher erscheint als der des Gegners.

4. In der λύσις ἐξ ὁμοίου[70] kann man dazu umgekehrt eine gegnerische Behauptung durch einen ähnlichen Fall widerlegen.

5. In der μεταστατικῶς[71] geführten λύσις werden die angeführten Entschuldigungen des Angeklagten, die zur *remotio criminis* führen sollen, ausgeschaltet.

6. Die λύσεις ἐκ τοῦ ἐλλιποῦς ἢ παραγραφικῶς ἢ κατὰ χρόνον ἢ τόπον[72] lassen sich gegen die Absicht des Beklagten vorbringen, das Verfahren als ungesetzlich darzutun, weil zu falscher Zeit und an falschem Ort eingeleitet, und wollen die Verweisung an ein anderes Gericht durch den Nachweis erledigen, daß sie nach Ort und Zeit unmöglich ist.

7. Die wirksamste Art einer λύσις ist wohl die ἀπαγωγὴ εἰς ἄτοπον,[73] in der die Darstellung des Gegners *ad absurdum* geführt wird.

8. Weniger stark ist die λύσις ἀπὸ τοῦ ἐναντίου καθ' ὑπόθεσιν,[74] wobei gezeigt wird, daß das Gegenteil dessen, was in der Anklage behauptet wird, die Handlung nämlich, die nach Ansicht des Gegners recht und notwendig gewesen wäre, vom Angeklagten sicher nicht hätte vorgenommen werden können, weil es nichts nützen und überhaupt nicht hätte ausgeführt werden können.

Die Widerlegung von ἀντιθέσεις aus dem Bereich der πίστεις ἄτεχνοι geschieht durch die ἐξέτασις διανοίας.[75] Es wird dabei nach der Absicht des Gesetzgebers beim Akte der Gesetzgebung und nach seiner Auslegung des betreffenden Gesetzes gefragt und dargelegt, daß das vom Gegner herangezogene Gesetz sich nicht auf den vorliegenden Fall anwenden läßt, weil der Gesetzgeber mit ihm etwas anderes beabsichtigt hat. In der gleichen Weise kann auch der Einspruch gegen einen Volksbeschluß und gegen die übrigen unter den *status* κατὰ ῥητὸν καὶ διάνοιαν gehörenden Fälle behandelt werden.[76]

Auch das παράδειγμα gehört nach Apsines zu den πίστεις ἄτεχνοι. Zu der κατὰ μέθοδον erfolgenden Widerlegung von Beispielen führt die λύσις ἐκ διαφορᾶς.[77] Die Untersuchung des für die Behandlung des eigenen Falles wie des vom Gegner angeführten Beispieles führt zur Erkenntnis der Verschiedenheit beider und zur Zurückweisung des gegnerischen Beispiels; es kann eine Verschiedenheit bezüglich der Absicht, des Ortes, der Zeit, der Art der Person u.a. vorliegen. Die Widerlegung kann aber auch κατ' ἀνατροπήν,[78] durch einfache Leugnung des vom Gegner angeführten Beispiels erfolgen oder ἐκ τοῦ παρεπομένου,[79] wenn durch ein anderes Bei-

---

[70] Aps. rhet. 7 p. 369,21ff. Sp. = p. 275,4ff. Sp.-H.
[71] Aps. rhet. 7 p. 370,13ff. Sp. = p. 276,3ff. Sp.-H.
[72] Aps. rhet. 7 p. 370,11f. Sp. = p. 276,1f. Sp.-H.
[73] Aps. rhet. 7 p. 369,27ff. Sp. = p. 275,10ff. Sp.-H.
[74] Aps. rhet. 7 p. 368,24ff. Sp. = p. 273,18ff. Sp.-H.

[75] Aps. rhet. 7 p. 368,5ff. Sp. = 272,18ff. Sp.-H.
[76] Aps. rhet. 7 p. 368,21f. Sp. = p. 273,14f. Sp.-H.
[77] Aps. rhet. 7 p. 369,14ff. Sp. = p. 274,21ff. Sp.-H; Quint. inst. V 13,24.
[78] Aps. rhet. 9 p. 375,15f. Sp. = p. 283,13f. Sp.-H.
[79] Aps. rhet. 9 p. 376,6f. Sp. = p. 284,15f. Sp.-H.

spiel mit erfolglosem Ausgang bei gleicher Handlungsweise die Wertlosigkeit des gegnerischen dargelegt wird; ferner κατὰ ἀντιπαράστασιν ἐνδόξου προσώπου,[80] wenn man ein bedeutendes Gegenbeispiel einer Person oder eines Gesetzes anführt. Die Widerlegung kann auch durch die λύσις ἀπὸ τοῦ ἔθους erfolgen, die ein Beispiel einer gleichen oder ähnlichen oder straflos erfolgten Handlung zum Inhalt hat oder durch die λύσις ἐκ περιτροπῆς,[81] die das vom Gegner vorgetragene Beispiel gegen ihn selber wendet.

Alle diese Arten der Widerlegung soll man, wie Apsines[82] rät, verwenden, wenn sie gerade für einen Fall zutreffen. Er selbst erläutert das an dem Beispiel der Jünglinge, die eine Ehe wegen der mit ihr verbundenen Unannehmlichkeiten ablehnen und deshalb vor Gericht gestellt werden. Da sich die Unannehmlichkeiten nicht einfach wegleugnen lassen und damit die Widerlegung κατ' ἀνατροπήν nicht möglich ist, beginnt man damit, κατὰ μείωσιν diese Schwierigkeit als nicht in allen Ehen vorhanden hinzustellen, dann κατὰ ἀντιπαράστασιν ἀγαθοῦ das Gute an der Ehe zu zeigen und es κατὰ αὔξησιν sogar als überwiegend hinzustellen. Daß es dabei möglich ist, die Unannehmlichkeiten durch Erziehung der Frau und der Kinder zu mildern, wird in der ἀντιπαράστασις τρόπου aufzuzeigen versucht. Dann wird in der λύσις κατ' ἐνδόξου κρίσιν die allgemeine Meinung über die Ehe herangezogen und durch die ἐξέτασις διανοίας den jungen Leuten vorgehalten, daß sie sich bei ihrem Eide nicht durch die Schwierigkeiten der Ehe leiten ließen, sondern durch ihre Lust zu einem ausschweifenden Lebenswandel. Dann wird ihnen ἀπὸ τοῦ ἐναντίου entgegengehalten, daß das Nichtverheiratetsein viel größere Unannehmlichkeiten nach sich ziehe und sie schließlich den anderen Menschen zur Last würden. Die ἀπαγωγὴ εἰς ἄτοπον macht ihnen klar, daß es auch viele Einrichtungen des menschlichen Lebens nicht mehr geben dürfe, wenn man die Ehe wegen einiger Unannehmlichkeiten aufheben wollte; μεταστατικῶς wird festgestellt, daß eine schlechte Ehe einem schlechten Geschick zugeschrieben werden müsse, Ehelosigkeit aber Folge einer üblen Gesinnung sei, und schließlich wird ἐξ ἀποβάσεως[83] gefragt, was denn werden solle, wenn alle anderen auch so handelten.

Anlässe zur *reprehensio* werden auch in formalen Fehlern gesucht. Quintilian[84] hat sie aufgezählt. Es kommt ihnen jedoch keine größere Bedeutung zu; denn sie sind leicht aufzudecken und erfordern keine rednerische Kunst und sind eher Sache eines zänkischen Rechtsanwalts als eines gebildeten Redners.

e) *Die Frage.* Nach den Ausführungen über den Beweis und vor denen über den Epilog hat Aristoteles im 18. Kapitel des dritten Buches noch kurz über die Frage und über das Lächerliche gehandelt. Die sogenannte rhetorische Frage, die der Redner an die Hörer oder auch an sich selber richtet und selbst beantwortet oder, weil er die

---

[80] Aps. rhet. 9 p. 376,9ff. Sp. = p. 284,18ff. Sp.-H.
[81] Aps. rhet. 9 p. 376,15 Sp. = p. 285,2 Sp.-H.
[82] Aps. rhet. 7 p. 370,21ff. Sp. = p. 276,11ff. Sp.-H.
[83] Aps. rhet. 7 p. 371,17f. Sp. = p. 277,19ff. Sp.-H.
[84] Quint. inst. V 13,36ff.

Antwort für evident hält, unbeantwortet stehen läßt, ist mit der ἐρώτησις nicht gemeint. Es wird damit vielmehr die im attischen, aber nicht im römischen Recht vorgesehene Befragung des Gegners bezeichnet und zwar an der Stelle, an der auch die römische *altercatio* steht, nach Abschluß des eigentlichen Beweisverfahrens. Wenn Anaximenes[1] ebenfalls vor dem Schluß von der ἐρώτησις spricht und davor warnt, Frage und Antwort zu leicht zu nehmen, zwischen Bejahung und Verneinung zu unterscheiden fordert und als Beispiel anführt: „Du hast meinen Sohn getötet – ja, aber er hat zuerst gegen mich das Schwert erhoben; du hast ihn geschlagen – ja, aber er hat im Unrecht zuerst gegen mich die Hand erhoben; du hast mich am Kopf verwundet – ja, aber du bist zuerst des Nachts mit Gewalt in mein Haus eingedrungen usw.", so sind das Fragen, gestellt, um dem Redner die Bestimmung des *status* zu ermöglichen als Grundlage für Angriff und Verteidigung. Anders ist die Behandlung bei Aristoteles[2] und der anonym überlieferten und völlig von ihm abhängigen kleinen Schrift περὶ ἐρωτήσεως καὶ ἀποκρίσεως.[3] Aristoteles sucht nach der besten Möglichkeit, eine Frage anzubringen und in seinem Sinne beantworten zu lassen.

1. Die erste Möglichkeit besteht darin, eine Frage so zu stellen, daß die nächste zum ἄτοπον führt. Beide verweisen auf das gleiche Beispiel: Perikles fragt Lampon nach dem Geschehen bei den Mysterien und erhält die Antwort, das dürfe ein Nichteingeweihter nicht erfahren; als er aber dann die zweite Frage stellt, ob er das denn selbst wisse und Lampon sie mit ‚ja' beantwortet, fragt Perikles, wie das denn möglich sei, da er doch selbst nicht eingeweiht sei.[4]

2. Wenn die erste Frage klar und der Fragende sicher ist, daß der Gefragte mit ‚ja' antworten wird, darf der Fragende nicht mehr auf die Zustimmung eingehen, sondern sofort zur Schlußfolgerung kommen. Zur Erklärung dient das Beispiel aus der ‚Apologie' Platons: Sokrates fragt den Meletos, der ihn angeklagt und von ihm behauptet hatte, er leugne das Dasein der Götter und führe neue Dämonen ein, ob die Dämonen nicht Kinder der Götter seien, und als das bejaht wurde, fragte er weiter, wer könne denn an Kinder der Götter glauben, aber nicht an die Götter selber.[5]

3. Die dritte gute Gelegenheit zur Frage ist vorhanden, wenn die Absicht des Fragenden im Beweis dafür besteht, daß der Gefragte Entgegengesetztes oder Widersinniges sagen wird. Für diesen Fall gibt Aristoteles kein Beispiel, wohl aber der Anonymus: Lysias fragt den Eratosthenes, der seinen Bruder Polemarchos auf Befehl der Dreißig verhaftet zu haben schon zugegeben hatte, ob er auch bei der Beschlußfassung des Rates über den Tod seines Bruders zugegen gewesen sei und zugestimmt habe. Da Eratosthenes nun zugab, er sei dabei gewesen, habe aber den anderen widersprochen, fragte ihn Lysias, ob er der Meinung sei, Polemarchos habe Unrecht er-

---

[1] Anaxim. rhet. 36,43,1444b 8ff.
[2] Arist. rhet. III 18,1418b 40ff.
[3] περὶ ἐρωτήσεως p. 165 – 168 Sp. = p. 1 – 7 Sp.-H.
[4] Arist. rhet. III 18,1419a 1ff.; περὶ ἐρωτήσεως p. 165,8ff. Sp. = p. 1,8ff. Sp.-H.
[5] Arist. rhet. III 18,1419a 5ff.; περὶ ἐρωτήσεως p. 165,15ff. Sp. = p. 2,1ff. Sp.-H; vgl. Plat. apol. 27 bc.

litten, und als auch das bejaht wurde, sagte er: „Dann hast du also widersprochen, um ihn zu retten, ihn aber verhaftet, um ihn zu töten."[6]

4. Wenn es nur die Möglichkeit gibt, die Frage sophistisch zu beantworten, mit „teils ja, teils nein, teils wahr, teils falsch". Hier fehlt bei beiden ein Beispiel. Aristoteles wie der Anonymus warnen nur, noch weitere Fragen zu stellen, wegen der Ermüdung der Hörer und weil die Gefahr bestehe, daß der Gefragte hartnäckig Einwände vorbringt und so mit der Zeit den Eindruck hervorruft, daß er der Sieger sei.[7]

Das sind nun alles Fragen und Antworten, die denen im attischen Gerichtsverfahren entsprechen mögen. Sie stehen aber an der gleichen Stelle des Verfahrens wie die römische *altercatio* und können wie diese auch nicht vorher schriftlich fixiert gewesen sein. Wenn sie trotzdem in den Ausgaben erscheinen, können sie nur einer nachträglichen Redaktion entstammen. Bei dieser Gelegenheit wurde Ciceros *altercatio in Vatinium* in *interrogatio in Vatinium* umbenannt.[8]

f) *Die Behandlung der Beweise.* Um Erfolg zu haben, genügt es nicht, die einzelnen Arten der Beweismittel nach den Schulvorschriften richtig zu verwenden, es kommt auch viel darauf an, ihre Beweiskraft noch zu steigern. Dazu verlangt Quintilian,[1] daß der Redner bei den stärksten Beweisen verweile, die schwachen aber anhäufe, damit sie sich gegenseitig stärken und durch ihre Zahl wirkten. Das geschieht in der *expolitio*.[2] Man verweilt bei demselben Punkt, so daß man immer wieder etwas anderes zu sagen scheint, nur in anderer Form, in Wirklichkeit aber immer dasselbe sagt, das Gleiche über die gleiche Sache mit anderen Worten wiederholt, bald in gewöhnlichem Tone, bald mit größerer Schärfe, mit wechselnder Stimme und Geste, bald im Gesprächston, bald in aufpeitschender Weise.[3] Auch der Inhalt muß auf Wirkung hin bearbeitet werden. Man kann sich nicht mit Enthymemen und Epichiremen im Schulschema begnügen, man entfaltet sie vielmehr, indem man die Sätze im Syllogismus durch Begründungen erweitert.[4] Den Stoff läßt Hermogenes[5] aus den Peristasen nehmen; jeder Satz wird in seiner Notwendigkeit noch einmal in Hinsicht auf die Sache selbst, auf die Personen, den Ort, die Zeit, die Art und Weise und die Ursache begründet und das Ergebnis wiederum durch Beispiele und Gleichnisse oder aus einem der übrigen Beweistopen verstärkt. Zu demselben Zwecke verlangt Hermogenes auch in der διαίρεσις die Teilung der Begriffe und Wörter.

---

[6] Arist. rhet. III 18,1419a 12f.; περὶ ἐρωτήσεως p. 165,25 ff. Sp. = p. 2,12 ff. Sp. – H; vgl. Lys. or. XII 24 – 26.

[7] Arist. rhet. III 18,1419a 13 ff.; περὶ ἐρωτήσεως p. 166,10 ff. Sp. = p. 2,23 ff. Sp. – H.

[8] Quint. inst. V 7,6.

[1] Quint. inst. V 12,4.

[2] Auct. ad Herenn. IV 42,54: expolitio ... dupliciter fit: si aut eandem plane dicemus rem, aut de eadem re; Fortun. rhet. II 29 p. 119,7 H.

[3] Auct. ad Herenn. IV 42,54; Cic. orat. 40, 137; das ist die Figur der commoratio: Auct. ad Herenn. IV 44,58; Cic. de orat. III 53,202; Quint. inst. IX 2,4; ἐπιμονή: Schem. dian. 7 p. 72,21 H; Iul. Vict. 20 p. 433,33 H nennt sie auch κατὰ τοῦ αὐτοῦ.

[4] Auct. ad Herenn. II 18,28; Cic. inv. I 34,58f.

[5] Hermog. inv. III 8 p. 150,23; 152,3 ff.; 10 p. 154,16; 156,3 R.

Soll die Behauptung des Gegners widerlegt werden, muß das nach Hermogenes[6] geschehen durch die πρότασις, die den Beweis des Gegners ansagt, die ὑποφορά mit der Behauptung des Gegners selbst, durch die ἀντιπρότασις, die Ankündigung des eigenen Einwandes gegen die πρότασις, und durch die ἀνθυποφορά, die eigene Widerlegung. Ist der gegnerische Angriff nicht schwierig, kann er gleich in den einzelnen Punkten widerlegt werden, wobei er auch wörtlich, aber ohne seine Begründung, angeführt werden kann.[7] Dadurch wird das Vertrauen der Hörer und des Richters gewonnen und der Eindruck der Sicherheit und Glaubwürdigkeit verstärkt. Einwände, die nur durch ihre Menge wirken, kann man auch gleich alle zusammen abtun, wenn man das für aussichtsvoll hält. Das gleiche Verfahren wendet man an, wenn die Einwände des Gegners so peinlich sind, daß man lieber nicht einzeln auf sie eingehen will.[8] Wiegt aber, was der Gegner vorbringt, wirklich schwer, muß man es in seinen einzelnen Teilen eingehend widerlegen.[9] Man soll dabei aber den Richter nicht mit Beweisen überladen, um ihm ja nicht Überdruß zu bereiten.[10] Ebenso soll man dabei nicht noch einmal beweisen wollen, was klar und schon bewiesen ist, damit nicht der Eindruck entsteht, der Redner sei selbst nicht von seiner Sache überzeugt, weil er das schon einmal Vorgebrachte nicht für so wichtig zu halten scheine, daß es dem Richter genügte.[11] Hat der Gegner seine Einwände mit Heftigkeit vorgetragen, soll man ihm mit milderen Worten antworten.[12]

Cicero[13] rät, da die Abwechslung überhaupt ein Mittel ist, die *satietas* nicht aufkommen zu lassen, auch in der *argumentatio* Abwechslung zu schaffen, indem man bald die *inductio*, bald die *ratiocinatio* verwendet und auch bei der Ausführung der Beweise sich nicht streng an die von der Schule vorgeschriebene Reihenfolge der einzelnen Teile hält, den Syllogismus auch nicht immer aus fünf Teilen bestehen läßt und etwa auch einmal mit der *adsumptio* beginnt. Auch Quintilian[14] warnt davor, die ganze Rede nur aus einer Häufung von Enthymemen und Epichiremen bestehen zu lassen, die zwar für gelehrte Männer geeignet sind, aber nicht für den Redner, der oft auch vor Ungebildeten sprechen muß, die er nur durch Unterhaltendes und durch Abwechslung und oft auch nur durch Erregung der Affekte fesseln kann. Der nackte Beweis reicht also nicht aus; er muß gesteigert werden durch einen höheren Schwung des Redners, der *ornate, copiose varieque* sprechen muß.[15] Quintilian[16] stimmt deshalb auch nicht mit jenen überein, die immer die Argumente nur in reinem Latein, in klarer und durchsichtiger Sprache vorgetragen und nichts von Schmuck und Pathos wissen wollen. Diese *virtutes* müssen freilich vorhanden sein, weniger bedeutende Dinge aber müssen auch in der Umgangssprache und mit Worten in der eigentlichen Bedeutung vorgetragen werden. Wenn der Stoff sich aber nicht erhebt, darf ihm keine Art von Schmuck, wenn er die Rede nur nicht ver-

---

[6] Hermog. inv. III 4 p. 133,25 ff. R.
[7] Quint. inst. V 13,25.
[8] Quint. inst. V 13,27.
[9] Aps. rhet. 6 p. 364,3 ff. Sp. = p. 266,17 ff. Sp.-H.
[10] Quint. inst. V 12,8.
[11] Quint. inst. V 12,8; 13,37.51.
[12] Quint. inst. V 13,25.
[13] Cic. inv. I 41,76.
[14] Quint. inst. V 14,27 ff.
[15] Cic. de orat. II 27,120.
[16] Quint. inst. V 14,33 f.; 13,56 f.

dunkelt, vorenthalten werden; denn oftmals ist gerade eine Metapher geeignet, eine Sache richtig zu beleuchten.

6. Die *altercatio*

Das römische Rechtsverfahren sieht nach den Beweisen und der Widerlegung und der in einem *locus communis* durchgeführten Darlegung allgemeiner Art über den Wert oder Unwert der Zeugenaussagen außerhalb der *actio* auch eine *interrogatio* der gegnerischen Zeugen vor. Es kam aber auch vor, daß sich diese zu einer *actio* ausweitete, und Quintilian nennt sie auch geradezu so. Sie kann dann, weil nicht vorher zu Hause festgelegt, nachträglich schriftlich ausgearbeitet, mit der *actio* vermischt oder auch als Separatausgabe erscheinen wie Ciceros Rede ‚*In Vatinium testem interrogatio*'.[1]

Quintilian[2] hat über die *altercatio* ausführlich gehandelt, obwohl sie weder in der *inventio* noch in der *dispositio* einen Platz hat, noch auf die *ornamenta elocutionis* achtet und auch nichts mit der *memoria* und der *pronuntiatio* zu tun hat. Sie besteht, wie auch die *actio perpetua* aus *intentio* oder *depulsio*, und es wird dabei nichts anderes gesagt als in der *actio*, nur auf andere Art und Weise, nämlich durch Frage und Antwort, wie auch bei der Zeugenvernehmung. Weil aber in ihr der heftigste Kampf entbrennen kann, bedeutet sie manchmal auch sehr viel für den Sieg. Viele mittelmäßige Redner haben sich durch sie den Namen eines berühmten *patronus* erworben. Sie haben dann unter dem Beifall ihrer Anhänger den Gerichtssaal verlassen und den Entscheidungskampf unerfahrenen Leuten, oft aus dem niederen Volke, überlassen. So hat sich die Gewohnheit herausgebildet, daß man sich in Privatfällen zur *actio* einen Anwalt bestellte und einen anderen zur *probatio*.[3]

Die *altercatio* verlangt ein schnelles bewegliches Temperament, einen scharfen, schlagfertigen Geist, eine gründliche Kenntnis der Sachen, Personen, Hilfsmittel, Zeiten und Orte; andererseits muß man aber oft den Zuflüsterungen anderer nachgeben, und diese Mahner tun dies oft nicht leise, sondern zanken ganz offen, sehr viele schreien im Zorne, damit der Richter auf das, was man verschweigen möchte, aufmerksam wird. Ein guter Unterredner darf aber nicht zornig werden; denn kein anderer Affekt ist der Sache abträglicher; er führt meist aus der Sache hinaus und dazu, häßliche Schimpfwörter zu gebrauchen und einzustecken und reizt manchmal auch die Richter. Besser ist Mäßigung und Geduld; denn es gilt nicht nur zurückzuschlagen, sondern manchmal auch mit Verachtung darüber hinwegzugehen und zu lachen; manchmal ist auch ein Witz am Platz. Gegen Leute, die Verwirrung anrichten, muß man heftig Widerstand leisten, ihre Frechheit zurückweisen und die Richter immer wieder mahnen, daß sie das Wechselgespräch wahren sollen. Am meisten bedeuten aber bei der *altercatio* Pfiffe und Kniffe, die aus einer natürlichen Veranlagung kommen, aber von der Kunst noch gefördert werden.[4]

---

[1] Quint. inst. V 7,6.
[2] Quint. inst. VI 4,1.
[3] Quint. inst. VI 4,2 – 7.
[4] Quint. inst. VI 4,8 – 13.

Vor der *altercatio* muß man immer überlegen, was der Gegner sagen und man selbst darauf antworten kann. Manchmal kann es aber auch eine Art Kunst sein, daß man in der *actio* absichtlich über etwas nicht spricht, um es nachher bei der *altercatio* unerwartet vorzubringen, wie in einem Überfall aus dem Hinterhalt. So kann man handeln, wenn man während der *actio* auf etwas nicht antworten konnte, sondern erst, wenn man sich alles zurechtgelegt hatte; schreien darf der Unterredner bei der *altercatio* nicht und sich nicht wie ein Ungebildeter benehmen; denn mag dem Gegner auch eine freche Rede lästig sein, dem Richter ist sie verhaßt. Um etwas zu streiten, das man nicht durchsetzen kann, ist nicht gut; besser ist es nachzugeben, weil es noch mehr Punkte gibt, über die gestritten wird und man deshalb glaubwürdiger erscheint; man wird auch mit Anstand leichter eine geringe Strafe erreichen.[5] So lange der Kampf dauert, braucht es Klugheit und Kunst, um den Gegner zu zwingen, möglichst weit zu gehen, so daß er in eitler Hoffnung frohlockt; deshalb darf man seine Beweismittel nicht zu erkennen geben; denn oftmals ist das von entscheidender Bedeutung, weil der Gegner glaubt, daß wir sie gar nicht hätten. Es ist auch vorteilhaft, dem Gegner etwas zuzugeben, was er für sich günstig hält, was ihn aber zwingen wird, etwas Größeres aufzugeben: man schlägt ihm zwei Dinge vor, von denen jedes, das er auch wählen wird, zu seinen Ungunsten ist. In der *altercatio* ist das viel wirksamer als in der *actio*; denn dort muß man sich selbst die Antwort geben, in der *altercatio* der Gegner. Einen klugen Redner zeichnet es aus, vorauszusehen, was auf den Richter Eindruck machen und was er zurückweisen wird; seine Miene, zuweilen auch ein Wort oder eine Handlung, werden es verraten. Dann muß man mit dem fortfahren, was günstig scheint, vom Gegenteiligen sich aber leise zurückziehen. Gut ist es auch, den Richter auf eine andere Frage abzulenken, wenn es schwierig ist, eine Sache so zu entwickeln, wie man es vorhat. Um all das zu beherrschen, braucht es viel Übung.[6]

7. Das Lächerliche

Das Lächerliche und seine Wirkung, das Lachen, können sich unbeabsichtigt einstellen, sie können aber auch vom Redner wissentlich herbeigeführt werden. Quintilian nennt das den *risus captatus*,[1] in dem sich die *urbanitas* des Redners offenbart. Nur mit diesem hat es die Rhetorik zu tun. Das Lächerliche heißt γελοῖον,[2] *ridiculum*,[3] *res ridicula*,[4] *aliqua res, quae risum movere possit*,[5] *iocus*[6] – also einfach der Gegensatz zu *serium* –, *sal*,[7] *salsum*[8] – sozusagen eine einfache Würze der Rede –, dann *facetum*,[9]

---

[5] Quint. inst. VI 4,14 – 16.
[6] Quint. inst. VI 4,17 – 21.

[1] Quint. inst. VIII 6,74.
[2] Arist. rhet. III 18,1419b 3.
[3] Cic. de orat. II 54,217; Quint. inst. VI 3,18.22; Iul. Vict. 17 p. 428,17 H.
[4] Cic. inv. I 17,25.

[5] Auct. ad Herenn. I 6,10.
[6] Cic. de orat. II 54,216; 61,248; Quint. inst. VI 3,21.
[7] Cic. de orat. II 54,216; Iul. Vict. 17 p. 428, 14 H.
[8] Quint. inst. VI 3,18f.; Cic. de orat. II 56, 228.
[9] Cic. de orat. II 56,228; Quint. inst. VI 3,20.

facete dictum,[10] *facetiae,*[11] von dem Cicero zwei Arten unterscheidet: *alterum aequabiliter in omni sermone fusum, alterum peracutum et breve, illa a veteribus superior cavillatio, haec altera dicacitas nominata* und *utetur altero in narrando, altero in iaciendo mittendoque ridiculo.* Quintilian[12] nennt die *dicacitas* einen *sermo cum risu aliquos incessens,* das *facetum* aber eine *decoris magis et excultae cuiusdam elegantiae appellatio.*[13] Nach der schlechten Seite hin kann es ein σκῶμμα,[14] ein διασυρμός[15] oder ein μυκτήρ, μυκτηρισμός[16] sein. Außer γελοῖον und *ridiculum* bezeichnen diese Namen alle nur eine Art des γελοῖον. Andere Bezeichnungen beziehen sich auf seine Wirkung oder seinen Charakter: Aristoteles nennt es ἡδύ,[17] Cicero *bellum,*[18] *festivum, festivitas, oratio festiva,*[19] *hilaritas,*[20] *lepos,*[21] *perelegans,*[22] *scurrile,*[23] *suave,*[24] *urbanum, urbanitas,*[25] *venustum.*[26] Quintilian[27] meint, man müsse den *risus captatus* als *urbanitas* bezeichnen.

Als erster in der griechisch-römischen Welt scheint Gorgias sich über die Bedeutung des γελοῖον für den Redner ausgesprochen zu haben; wenigstens gibt Aristoteles[28] als Grund für sein Vorhaben, über das γελοῖον zu schreiben, das Wort des Gorgias an, den Ernst des Gegners müsse man durch Lachen und sein Lachen durch Ernst um ihre Wirkung bringen; er hält diese Ansicht auch für richtig und bemerkt dazu noch, daß das γελοῖον in der öffentlichen Rede auch schon eine gewisse Verwendung gefunden habe. Er selbst unterscheidet dann noch zwei Arten des γελοῖον: eine, die dem Gebildeten anstehe und eine, die es nicht tue; ferner erklärt er die Ironie, in der das Lachen sich gegen den Sprecher selbst richte, für eines freien Mannes würdiger als die den anderen treffende Possenreißerei. Für weitere Aufklärung über die Arten des γελοῖον verweist er auf seine ‚Poetik‘. Schon im ersten Buche der ‚Rhetorik‘[29] findet sich ein Hinweis auf die ‚Poetik‘, dort, wo er gesagt hatte, weil das Spiel zu den angenehmen Dingen gehöre und Erholung bringe, müsse auch das Lächerliche angenehm sein. In der ‚Poetik‘[30] aber nennt er da, wo er von der Komödie als Nachahmung des Schlechten spricht, das Lächerliche einen Teil des Schimpflichen und bemerkt dazu, es sei ein gewisser Mangel und etwas Schimpfliches, das aber weder Schmerz noch Verderben bringe, so wie auch die lächerliche Maske etwas Schimpfliches und Verzerrtes sei. R. Volkmann[31] erklärt, man könne mit dieser Definition ebensowenig etwas anfangen wie mit einer anderen in der Schrift ‚Über das Erhabene‘: ὁ γέλως πάθος ἐν

---

[10] Cic. de orat. II 54,219.
[11] Cic. de orat. II 54,216.218; orat. 26,87; Quint. inst. VI 3,42.
[12] Quint. inst. VI 3,21.
[13] Quint. inst. VI 3,20.
[14] Iul. Ruf. rhet. 3 p. 39,11 H; Anon. de sublim. 34,2 p. 284,16 Sp. = p. 159,14 Sp. - H.
[15] Iul. Ruf. rhet. 5 p. 39,24 H.
[16] Quint. inst. VIII 6,59; Anon. de sublim. 34,2 p. 284,15 Sp. = p. 159,13 Sp. - H; Tryph. trop. II 19 p. 205,14; 21 p. 205,23 Sp III.
[17] Arist. rhet. I 11,1371 b 36.
[18] Cic. de orat. II 60,245; 70,281.
[19] Cic. de orat. II 54,219; 56,227; III 25,100.
[20] Cic. de orat. II 54,221; 58,236.
[21] Cic. de orat. II 23,98; 54,219; 56,227.
[22] Cic. de orat. II 67,270.
[23] Cic. de orat. II 60,245.
[24] Cic. de orat. II 54,216.
[25] Cic. de orat. II 67,269; Quint. inst. VI 3, 14.17.
[26] Cic. de orat. II 63,255; 65,262.
[27] Quint. inst. VIII 6,74.
[28] Arist. rhet. III 18,1419b 4ff.
[29] Arist. rhet. I 11,1372a 1f.
[30] Arist. poet. 5,1449a 31ff.
[31] R. Volkmann, a.a.O. S. 287; Anon. de sublim. 38,5 p. 288,32 Sp. = p. 165,18 Sp. - H.

ἡδονῇ. Die Freude aber gehört ja auch zu den πάθη,[32] und das Lächerliche in der Komödie knüpft sich nicht an ein normales Verhalten des Getroffenen, sondern an ein ἁμάρτημα, das sich in seinem Körperbau, in seinem Reden und Handeln finden kann. Von den verschiedenen Arten des Lächerlichen ist aber in der ‚Poetik' nichts zu finden. Man hat deshalb angenommen, daß das sie enthaltende Stück über die Komödie verlorengegangen ist und in zwei, zuerst von J. A. Cramer[33] veröffentlichten kleinen Traktaten des Johannes Tzetzes Auszüge aus ihm zu erkennen geglaubt. Der eine von ihnen enthält die Arten des γένος ἀπὸ τῆς λέξεως κατὰ τρόπους ἑπτά und dazu noch zwei des γένος ἐκ τῶν πραγμάτων κατὰ τρόπους δύο, der zweite die Arten des γένος ἀπὸ τῆς λέξεως, nur ohne Beispiele und mit je einer kleinen Beifügung zur Paronymie und zur ἐξαλλαγή, und dazu noch die acht γένη des γελοῖον ἐκ τῶν πραγμάτων, die beiden ersten in umgekehrter Reihenfolge des ersten Traktats:

1. γένος ἀπὸ τῆς λέξεως:

a) Das γένος καθ' ὁμωνυμίαν ὡς τὸ διαφορούμενος, οἷον τὸ μέτρον.[34]

b) κατὰ συνωνυμίαν, ὡς τὸ ἥκω καὶ κατέρχομαι.[35]

c) κατὰ ἀδολεσχίαν, ὅταν τις τῷ αὐτῷ ὀνόματι χρήσηται, wenn ein Wort zweimal gebraucht wird.[36]

d) κατὰ παρωνυμίαν, ὅταν τῷ κυρίῳ ἔξωθέν τις ἄπτηται: Μώμαξ καλοῦμαι Μίδας. Im zweiten Traktat ist noch beigefügt: παρὰ πρόσθεσιν καὶ ἀφαίρεσιν.[37]

e) κατὰ ὑποκορισμόν, ὡς τὸ Σωκρατίδιον, Εὐριπίδιον.[38]

f) κατὰ ἐξαλλαγήν: ὦ Βδεῦ δέσποτα ἀντὶ τοῦ ὦ Ζεῦ. Der zweite Traktat fügt noch an: φωνῇ ἢ τοῖς ὁμογενέσι.[39]

g) κατὰ σχῆμα λέξεως: τοῦτο δὲ ἢ φωνῇ γίγνεται ἢ τοῖς ὁμογενέσιν. Die Schwierigkeit, die R. Volkmann[40] feststellt, löst sich durch die Anmerkung, die Aristoteles[41] macht, um als Verstoß gegen das σχῆμα λέξεως, den falschen Genusgebrauch zu rügen: οἱ (τρόποι) δὲ παρὰ τὸ σχῆμα τῆς λέξεως συμβαίνουσιν ὅταν τὸ μὴ ταὐτὸ ὡσαύτως ἑρμηνεύηται, οἷον τὸ ἄρρεν θῆλυ ἢ τὸ θῆλυ ἄρρεν ἢ τὸ μεταξὺ θάτερον τούτων.

---

[32] Cic. de orat. II 51,206; 52,209; orat. 38, 131.

[33] J. A. Cramer, Anecdota Graeca e codd. Mss. Bibl. Reg. Parisiensis, vol. I, Oxford 1839, S. 403 ff.; Th. Bergk, Aristophanis comoediae I, Leipzig 1907, Prol. de comoed. VIII; G. Studemund, Duo commentarii de comoedia, Philol. 46 (1888) S. 1 – 26; G. Kaibel, Comicorum Graecorum Fragmenta I, Berlin 1899; 1958, S. 17 ff.; die Überlieferung geschieht durch den Codex Coislinianus 120 aus dem 12. Jahrhundert.

[34] Vgl. Arist. rhet. II 24,1401a 13 f.; SE 4, 165b 30 f.; Quint. inst. VII 9,2: singula adferunt errorem, cum pluribus rebus aut hominibus eadem appellatio est (ὁμωνυμία dicitur), ut gallus ... nomen an fortunam corporis significet incertum est.

[35] Aristoph. ran. 1156; Arist. rhet. III 2, 1404b 39 ff.

[36] Arist. SE 3,165b 15 ff.

[37] Cic. de orat. II 63,256: alterum genus (ambigui) est, quod habet parvam verbi immutationem, quod in littera positum Graeci vocant παρονομασίαν, ut *Nobiliorem mobiliorem* Cato; Quint. inst. VI 3,53.

[38] Aristoph. nub. 222; Ach. 475; Arist. rhet. III 2,1405b 29 ff.; Cic. de orat. II 71,286.

[39] Arist. rhet. III 2,1404b 8; poet. 21,1458a 5 f.; 22,1458b 2; Quint. inst. IX 3,12.

[40] R. Volkmann, a.a.O. S. 287.

[41] Arist. SE 4,166b 10 ff.

2. Vom γένος ἐκ τῶν πραγμάτων nennt der erste Traktat

a) κατὰ ἀπάτην, ὡς Στρεψιάδης πεισθεὶς ἀληθεῖς εἶναι τοὺς περὶ ψύλλης λόγους.[42]

b) κατὰ ὁμοίωσιν εἰς τὸ βέλτιον, ὡς ὁ Ξανθίας εἰς Ἡρακλῆν und εἰς τὸ χεῖρον, ὡς ὁ Διόνυσος εἰς Ξανθίαν.[43] Nach diesen beiden, nur in umgekehrter Reihenfolge, nennt der zweite Traktat noch

c) ἐκ τοῦ ἀδυνάτου.

d) ἐκ τοῦ δυνατοῦ καὶ ἀνακολούθου.

e) ἐκ τοῦ παρὰ προσδοκίαν.

f) ἐκ τοῦ χρῆσθαι φορτικῇ ὀρχήσει.

g) ὅταν τις τῶν ἐξουσίαν ἐχόντων παρεὶς τὰ μέγιστα φαυλότητα λαμβάνῃ.

h) ὅταν ἀσυνάρτητος ὁ λόγος ᾖ καὶ μηδεμίαν ἀκολουθίαν ἔχῃ.

Das Exzerpt stammt aber letzten Endes nicht aus der ‚Poetik' des Aristoteles, sondern von einem Peripatetischen Autor. Es spricht überhaupt gegen die Annahme eines Verlustes in der ‚Poetik', daß eine Lücke keine sichtbare Naht hinterlassen haben sollte. Der zweite Teil hat übrigens für den Redner keine oder doch nur sehr untergeordnete Bedeutung.

Cicero[44] spricht in der Einleitung seiner Ausführungen über das *ridiculum* davon, daß er *quosdam Graecos inscriptos libros* περὶ τοῦ γελοίου gesehen habe, die zwar viele *ridicula et sales* der Griechen böten, beim Versuche aber, die *ratio* und die *ars* der Sache selbst darzustellen, sich nur als witzlos erwiesen hätten. Von solchen Schriften ist nichts auf uns gekommen; wir wissen aber durch Diogenes Laertios[45] und Athenaios,[46] daß Theophrast sich mit dem γελοῖον befaßt hat; aus dem peripatetischen Kreis ist ja auch der Traktat des Codex Coislinianus hervorgegangen. Erst von Cicero haben wir dann im zweiten Buche von ‚De oratore' eine breite Darstellung des Witzes. Sie ist aber mehr eine Sammlung von Witzen nach den verschiedenen τόποι des γελοῖον, also wohl nicht weiter verschieden von den von ihm getadelten Werken der Griechen, weil sie nur das gab, was der Redner wissen sollte und wissen konnte. Nach ihm hat sein Freigelassener Tiro oder ein anderer drei Bücher ‚de hac re' herausgegeben, von denen Quintilian[47] meint, man hätte lieber mehr Sorgfalt bei der Auswahl als beim Sammeln verwenden sollen. Vergessen werden soll nicht C. Iulius Caesar Strabo, der Mitunterredner in ‚De oratore', von dem zwar keine Veröffentlichung erwähnt wird, der aber *multo in eo studio magis ipse elaborat*.[48] Aufgefordert beginnt er auch, *de facetiis* zu sprechen und sich zuerst über grundsätzliche Fragen zu äußern, um sich dann den verschiedenen *genera* des *ridiculum* zuzuwenden. Quintilian, der als nächster selbst *de risu* geschrieben hat, nennt den auf diesem Gebiete erfahrenen Domitius Afer,[49] der *dictorum urbane libros* herausgegeben hat, und den Domitius Marsus, *qui de urbanitate diligentissime scripsit*;[50] der Zusatz *quaedam non ridicula, sed cuilibet severissimae orationi convenientia eleganter dicta et proprio quodam lepore iucunda; quae sunt*

---

[42] Aristoph. nub. 145.
[43] Aristoph. ran. 495.499.
[44] Cic. de orat. II 54,217.
[45] Diog. Laert. V 46.
[46] Ath. VIII 348a.
[47] Quint. inst. VI 3,5.
[48] Cic. de orat. II 57,231.
[49] Quint. inst. VI 3,42.
[50] Quint. inst. VI 3,102.

quidem urbana, sed risum tamen non habent. Quintilian belehrt uns aber, daß sie von derselben Art waren wie die des Domitius Afer und die von Cicero beanstandeten Bücher der Griechen und nur Witze und dazu denkwürdige Aussprüche, aber keine Theorie des Witzes enthielten.

Mit der Feststellung *suavis autem est et vehementer saepe utilis iocus et facetiae* eröffnet Cicero[51] seine umfangreiche Unterhaltung über das Lächerliche. Er setzt dann das Lob der Vorzüge des *ridiculum* weiter fort: *multum in causis persaepe lepore et facetiis profici vidi;*[52] *ipsa hilaritas benevolentiam conciliat ei, per quem excitata est; acumen ... vel frangit adversarium, quod impedit, quod elevat, quod deterret, quod refutat; vel quod ipsum oratorem politum esse hominem significat, quod eruditum, quod urbanum, maxime quod tristitiam ac severitatem mitigat et relaxat odiosasque res saepe, quas argumentis dilui non facile est, ioco risuque dissolvit.*[53] Für Quintilian[54] ist der Witz die *virtus, quae risum iudicis movendo et illos tristes solvit adfectus ... et aliquando etiam reficit et a satietate vel a fatigatione renovat* und *habet vim nescio an imperiosissiman et cui repugnari minime potest.*[55]

Die Erfahrung, die Cicero mit den griechischen Schriftstellern über das γελοῖον gemacht hat, führte zu der, sicher schon von seinen Quellen vertretenen Ansicht, daß der Witz nicht lehrbar sei, daß es deshalb auch keine Kunstlehre über ihn gebe und er eine Naturbegabung sei.[56] Quintilian[57] urteilt etwas vorsichtiger: Daß es überhaupt keine Kunstlehre gebe, wagt er nicht zu wiederholen, weil es doch schon eine oder die andere Regel darüber gebe und von Griechen und Römern solche aufgestellt worden seien. Er gibt aber doch zu, daß es dabei vor allem auf die natürliche Veranlagung und auf die Gelegenheit ankomme. Das scheint ihm durch die Beobachtung bestätigt zu werden,[58] daß nämlich die beiden größten Redner, Demosthenes und Cicero, ein ganz verschiedenes Verhältnis zum Witze zeigten; jenem, glaubte man, hätte die Veranlagung dazu gefehlt, nicht etwa der Wille, Cicero aber habe kein Maß halten können; jedenfalls aber habe er eine gewisse *urbanitas* besessen. Cicero[59] selbst urteilt über Demosthenes nicht so ablehnend: *quo (Demosthene) quidem mihi nihil videtur urbanius, sed non tam dicax fuit quam facetus; est autem illud acrioris ingeni, hoc maioris artis.*

Cicero[60] läßt den Caesar fünf Fragen formulieren, auf die er selber antworten will:
1. *quid sit risus*
2. *unde sit*
3. *sitne oratoris risum velle movere*
4. *quatenus*
5. *quae sint genera ridiculi*

Die erste Frage zu beantworten, lehnt Caesar ab, weil sie das Gesprächsthema nicht berühre und auch, weil er selber, wie er offen zugibt, nichts dazu zu sagen wisse. Auf die zweite, den *locus* und die *regio* betreffend, gibt er die Aristotelische Auskunft:

---

[51] Cic. de orat. II 54,216.
[52] Cic. de orat. II 54,219.
[53] Cic. de orat. II 58,236.
[54] Quint. inst. VI 3,1.
[55] Quint. inst. VI 3,8.
[56] Cic. de orat. II 56,229f.; 57,231.
[57] Quint. inst. VI 3,11.
[58] Quint. inst. VI 3,1–3.
[59] Cic. orat. 26,90.
[60] Cic. de orat. II 58,235.

turpitudine et deformitate quadam continetur;[61] denn belacht werde allein oder doch am meisten, *quae notant et designant turpitudinem aliquam non turpiter.* Die dritte Frage wird bejaht, weil die *hilaritas* dem Redner Vorteil bringe und den Gegner entwaffne. Zur Beantwortung der vierten Frage sagt Caesar, weder hervorstechende, mit einem Verbrechen gepaarte Frechheit noch außerordentliches Unglück könne Gegenstand des Spottes und des Lachens sein; besonders aber gegen Menschen, die unsere Liebe verdienen, darf sich der Spott nicht richten.[62] Maßhalten ist das erste Gesetz beim Witzemachen. Er stellt dann fest, am meisten könne man über solche Dinge lachen, die weder großen Haß noch das größte Mitleid verdienen. Der Stoff zum Lachen liege deshalb in den Fehlern der Menschen, soweit sie uns nicht teuer oder vom Unglück heimgesucht sind oder wegen einer Untat ergriffen werden müssen. Einen recht schönen Stoff zum Scherzen bieten auch Mißgestalt und körperliche Mängel; immer aber bleibe dabei die Frage: wie weit? Denn der Redner muß vermeiden, daß sein Witz wie der eines Possenreißers oder eines Mimen wird.[63] Auch Quintilian[64] empfiehlt die Beachtung des Menschlichen beim Witz. Niemals darf der Witz verletzen, nie soll dem Redner der Gedanke kommen, besser sei es, einen Freund zu verlieren, als einen Witz nicht anbringen zu können. Das Geschick eines anderen zu verspotten, sei unmenschlich; deshalb müsse man zuerst überlegen, wer etwas sagt, in welcher Sache, vor wem und gegen wen und was er sagt. Spaßmacherei, Possenreißerei und Mimenhaftigkeit müssen dem Redner fremd sein. Obszönes soll er sowohl in offenen wie auch in nur andeutenden Worten meiden. Seine Sprache soll urbane Züge aufweisen, er soll nicht affektiert und deshalb auch nicht immer witzig reden wollen und lieber auf ein Witzwort verzichten als an Ansehen verlieren. Niemand wird es ertragen, daß ein Ankläger bei einem schweren Fall oder ein Verteidiger bei einem mitleiderregenden Witze macht.

Die fünfte Frage[65] nach den *genera* des *ridiculum* wird dahingehend beantwortet, daß es zwei gebe, *quorum alterum re tractatur, alterum dicto.* Das erste *genus* teilt sich in zwei Arten:

1. Das eine *genus* besteht in der Erzählung kleiner, wirklich wahrer oder mit kleinen Erdichtungen geschmückter oder ganz erdichteter Geschichten, in denen der Charakter dessen, über den sie erzählt wird, sein Reden, sein Mienenspiel, so zum Ausdruck kommen, daß der Hörer glauben muß, es geschehe alles wirklich so vor seinen Augen.

2. Die zweite Art, *in re*,[66] geschieht durch eine entstellte Nachahmung des Mienenspiels, der Stimme und der Gesten, aber ohne zu übertreiben, wie es die Mimen und Ethologen tun.

Das *dicto ridiculum*[67] wird durch die Pointe eines Wortes oder Gedankens erregt. Ist bei der ersten Art, *in re*, die Ähnlichkeit mit Mimen und Ethologen zu meiden, so hier die mit der Witzelei eines Possenreißers. Die Festlegung beider Arten und ihre

---

[61] Cic. de orat. II 58,236; vgl. Arist. poet. 5,1449a 33f.
[62] Cic. de orat. II 58,236f.
[63] Cic. de orat. II 59,238f.
[64] Quint. inst. VI 3,28–31.
[65] Cic. de orat. II 59,240f.
[66] Cic. de orat. II 59,242.
[67] Cic. de orat. II 60,244.

Unterscheidung von den Späßen der Mimen, Ethologen und Possenreißer zeigt, daß die *res* nichts mit den πράγματα des Codex Coislinianus zu tun hat, da dieser ja die Komödie im Auge hat und seine πράγματα Handlungen sind, die sich unmittelbar vor den Augen der Zuschauer abspielen und nicht erzählt werden.

Cicero[68] will nun von den *genera* des *ridiculum* sprechen, *quae risum maxime movent*. Er tut das dadurch, daß er von den Fundstätten des Lächerlichen spricht und nach ihnen geordnet die einzelnen *genera* aufzählt. Schon vor ihm hat der Auctor ad Herennium[69] dort, wo er von der *insinuatio* spricht, dem Redner geraten, wenn die Hörer schon ermüdet seien, *ab aliqua re* zu beginnen, *quae risum movere possit*. Für diesen Zweck hält er einen *apologus*, eine *fabula veri similis*, eine *imitatio depravata*, *inversio*, *ambiguum*, *suspicio*, *inrisio*, *stultitia*, *exsuperatio*, *collectio*, *litterarum mutatio*, *praeter exspectationem*, *similitudo*, *novitas*, *historia*, *versus*, *alicuius interpellatio aut adrisio* für geeignet. Auch Cicero[70] rät, der Ermüdung der Hörer mit einer *res nova aut ridicula* zu begegnen, die extemporiert wie vorbereitet sein kann, oder einem *apologus*, eine *fabula* oder etwas anzuführen, was Lachen bewirkt.

Über die Art des γελοῖον und seine Fundstellen hat sich Aristoteles wenig geäußert. Nur im 18. Kapitel des dritten Buches spricht er nach den πίστεις und dem Teile πρὸς τὸν ἀντίδικον, vor dem ἐπίλογος, kurz vom γελοῖον, verweist aber für weitere Auskunft über seine Arten auf seine ‚Poetik‘ und nennt als Arten εἰρωνεία und βωμολοχία.[71] Dazu kommen noch die Kapitel zehn und elf des dritten Buches, wo er über die Quellen der ἀστεῖα und εὐδοκιμοῦντα[72] handeln will, die aus Veranlagung und Übung entstehen. Zunächst sagt Aristoteles, daß die Metapher sie am besten erzielen könne[73] und die meisten ἀστεῖα διὰ μεταφορᾶς καὶ ἐκ τοῦ προσεξαπατᾶν bestünden; die ἀστεῖα τῶν ἀποφθεγμάτων kämen ἐκ τοῦ μὴ ὅ φημι λέγειν, d.h. aus der Ironie und aus dem καινὰ λέγειν.[74] Das geschehe in solchen Fällen, wo das, was der Redner sagt, παράδοξον sei und nicht, wie Theodoros meint, πρὸς τὴν ἔμπροσθεν δόξαν, sondern wie in den γελοῖα τὰ παραπεποιημένα bedeute. Derselbe Effekt wird aus den παρὰ γράμμα σκώμματα erreicht, deren Absicht ebenfalls die Täuschung ist, weil sie nicht aussprechen, was sie meinen, sondern die Worte umändern, so wie Theodoros den thrakischen Zitherspieler Nikon mit θράξει σε statt Θρᾷξ εἶ σύ ansprach.[75] Ein anderes Beispiel ist βούλει αὐτὸν πέρσαι (Homonymie mit Πέρσαι). Eine Homonymie beinhaltet auch das Wortspiel Ἀθηναίοις τὴν τῆς θαλάττης ἀρχὴν μὴ ἀρχὴν εἶναι τῶν κακῶν, das einer Aussage des Isokrates widerspricht.[76] Auch Vergleiche können Lachen erzeugen, wenn sie mit einer Hyperbel verbunden sind, wenn man z. B. jemanden mit blutiggeschlagenem Gesicht mit einem Korb voll Erdbeeren vergleicht.[77]

---

[68] Cic. de orat. II 61,248.
[69] Auct. ad Herenn. I 6,10.
[70] Cic. inv. I 17,25.
[71] Arist. rhet. III 18,1419b 8.
[72] Arist. rhet. III 10,1410b 6f.; vgl. dazu bei Cicero (de orat. II 57,232) die Ansicht des Crassus: ea, quae natura, quae studio, quae exercitatione consequimur.
[73] Arist. rhet. III 10,1410b 13.
[74] Arist. rhet. III 11,1412a 19f.; 22ff.
[75] Arist. rhet. III 11,1412a 34ff.
[76] Arist. rhet. III 11,1412b 5f.; Isokr. or. V 61.
[77] Arist. rhet. III 11,1413a 21ff.

Cicero[78] macht darauf aufmerksam, daß die Fundstätten des *ridiculum* die gleichen sind, wie die ernster Gedanken, mit dem Unterschied nur, daß Ernst in ehrbaren Dingen liege, der *iocus* aber *in turpiculis et quasi deformibus*. Um die Fundstätten des Lächerlichen zu finden, schaltet er zunächst als für den Redner unpassend aus:[79]

1. Die am meisten Lachen hervorrufende Art des *sannio*.

2. Die nur *furtim, si quando, et cursim* zugestandene, in der Nachahmung bestehende Art.

3. Die *oris depravatio*.

4. Die nicht nur für das Forum unmögliche, sondern kaum beim Gelage von Freiern zulässige *obscenitas*.

Die für den Redner in Frage kommenden Arten des Lächerlichen liegen *in re* oder *in verbo* oder in beiden zusammen. Zweideutigkeiten (*ambigua*) haben eine vorzügliche Schärfe und liegen *in verbo*. Die bekannteste Art des Lächerlichen ist, daß etwas anders gesagt wird als erwartet. Sachwitze sind die häufigeren. Von denen, die *in re ipsa et sententia* liegen, gibt es nur wenige Arten, aber zahlreiche Unterarten.[80] Zusammenfassend stellt Cicero[81] fest, daß Lachen erregt wird:

1. *exspectationibus decipiendis*.

2. *naturis aliorum inridendis*.

3. *ipsorum ridicule indicandis*.

4. *similitudine turpioris*.

5. *dissimulatione, cum alia dicuntur ac sentias*.[82]

6. *subabsurda dicendo*.

7. *stulta reprehendendo*.[83]

Mit der gleichen Scheidung der *ridicula in rebus ac verbis* beginnt Quintilian,[84] wie Cicero, seine Darlegungen über den *usus der ridicula*, um den Redner zu beraten, wie er sich gegenüber den einzelnen Arten verhalten soll. Er teilt dazu das Gebiet, aus dem er sich den Stoff zum Lächerlichen holen soll, ein in:

1. *ridicula ex aliis*.

2. *ex nobis*.

3. *ex rebus mediis*, d.h. *ridicula*, die *neutram personam contingunt*, die *in decipiendis exspectationibus, dictis aliter accipiendis ceterisque* bestehen.

Die *aliena*, d.h. *ridicula*, die andere gegen uns richten, weist man zurück, widerlegt, beseitigt sie vollends oder verhöhnt sie; *nostra*, die man selbst hervorruft, bringt man selber lachend vor oder sagt *aliqua subabsurda*, wie sie uns gelegentlich entschlüpfen; bei einem ungebildeten Menschen gilt dies als einfältig; täuscht man aber diese Unachtsamkeit nur vor, gilt es als witzig. Witze, die man durch Miene und Gebärde erregt, dürfen, um die rechte Wirkung zu haben, nicht den Eindruck erwecken, man

---

[78] Cic. de orat. II 61,248; vgl. Arist. poet. 5,1449a 34.
[79] Cic. de orat. II 61,251f.
[80] Cic. de orat. II 61,248; 62,253; 63,255; 64,260; 66,264.

[81] Cic. de orat. II 71,289.
[82] Cic. de orat. II 67,269.
[83] Cic. de orat. II 69,280.
[84] Quint. inst. VI 3,22–24.26.

sei auf das Lachen aus; auch eine Veränderung des Blickes, des Mundes und der Gesten wirkt nicht ungebildet, wenn es mit Maßen geschieht.

Die Fundstellen für das Lächerliche darzulegen, erscheint Quintilian[85] schwierig, weil es zu viele *species* gibt und sich kein richtiges Maß für ihre Begrenzung finden läßt. Er läßt das Lachen aber entstehen:

1. Aus dem Körper dessen, gegen den man den Witz richten will.
2. Aus seiner Gesinnung, die man aus seinen Worten erschließt.
3. Aus dem, was außerhalb liegt.

Die *ridicula* lassen sich entweder – was aber selten gelingt – lebhaft vor Augen stellen oder genau und mit rednerischer Kunst erzählen, wobei das vom Redner dem Tatsächlichen Hinzugefügte besonders köstlich ist. Quintilian[86] wiederholt dabei den Satz Ciceros, daß die *facetiae* in die Erzählung gehören, die *dicacitas* aber darin besteht, mit Witzen nur so um sich zu werfen. Das *ridiculum* kann drittens aber auch durch ein Bonmot angemerkt werden, durch jene *acutior et velocior in urbanitate brevitas*,[87] die sich in schlagfertiger Rede und Widerrede zeigt, besonders in der *altercatio* und beim Befragen der Zeugen. Aber nicht alle *loci* der *ridicula* sind für den Redner geeignet, weil sie sich nicht alle gut ausnehmen. Vor allem sollen die aus einer Doppeldeutigkeit genommenen *ridicula* gemieden werden, und zwar die nach Atellanenart gebildeten und auch die, mit denen jeder Beliebige um sich wirft und die sich leicht in ein Schimpfwort verwandeln lassen; das soll nicht heißen, daß doppeldeutige Worte überhaupt ausgeschlossen sein sollten, sondern daß solche Witze selten effektvoll sind.[88] Ein schwacher Scherz ist auch die Verdrehung eines Namens durch Weglassung oder Hinzufügung oder Änderung eines Buchstabens, wenn es auch manchmal zulässig ist; passender allerdings ist es bei Dingen als bei Namen.[89] Witziger aber und eleganter sind die aus der Ähnlichkeit mit anderen Menschen, Tieren oder auch Dingen gewonnenen *ridicula*.[90] Am witzigsten ist das *genus decipiendi opinionem aut dicta aliter intellegendi*, am meisten aber wird gelacht bei der *simulatio*, der Vorspiegelung eines bestimmten Denkens, und der *dissimulatio*, wenn man vorgibt, die Äußerung des anderen nicht richtig verstanden zu haben.[91] Auch Verse, leicht abgeändert, fördern den feinen Witz, wie auch das *absurdum*, sich dumm stellen, eine Quelle des Witzes ist.[92]

R. Volkmann[93] war der Ansicht, daß das γελοῖον seinen Platz im Epilog habe, in dem der Redner es verstehen sollte, das Mitleid nicht nur zu wecken, sondern auch wieder zu dämpfen; das sollte u.a. auch durch witzige Bemerkungen geschehen. Dazu hat die Auffassung der Wirkung des Lächerlichen durch Gorgias beigetragen und wohl auch der Platz, den Aristoteles ihm in seiner ‚Rhetorik‘ zugewiesen hat. Dann müßte man auch die Frage als einen Teil des Schlusses betrachten, die dem kurzen Abschnitt über das Lächerliche unmittelbar vorausgeht und sicher den Aus-

---

[85] Quint. inst. VI 3,35–39.
[86] Quint. inst. VI 3,42.
[87] Quint. inst. VI 3,45.
[88] Quint. inst. VI 3,45–48.
[89] Quint. inst. VI 3,53f.
[90] Quint. inst. VI 3,57ff.
[91] Quint. inst. VI 3,84f.
[92] Quint. inst. VI 3,96.99.
[93] R. Volkmann, a.a.O. S. 284.

führungen zum Beweis zuzurechnen ist. Aristoteles hat aber das Lächerliche gleich an den Anfang der Rede gestellt, weil da die Aufmerksamkeit des Hörers noch am größten und der Hörer noch am leichtesten zu gewinnen sei. Deshalb haben auch der Auctor ad Herennium[94] und Cicero[95] als Mittel der *insinuatio* empfohlen, es mit einer Sache, die Lachen erregen kann, zu versuchen. Daß Aristoteles das Lächerliche zwischen Beweis und Epilog gestellt hat, erklärt sich also wohl aus der Art der ganzen ‚Rhetorik', die die nachträglich mit Ergänzungen ausgestattete Niederschrift einer Vorlesung ist.[96]

8. Der Schluß der Rede

Von den vier, oder wenn man die διαίρεσις, den Teil πρὸς τὸν ἀντίδικον und die ἐρωτήσεις mitrechnet, mehr Teilen der Gerichtsrede, heißt der letzte ἐπίλογος,[1] *peroratio*,[2] *conclusio*,[3] *cumulus*.[4]

Der Anonymus Seguerianus[5] merkt aber an, daß nach der Meinung einzelner Autoren der ἐπίλογος gar kein Redeteil sei, weil er auch nach der διήγησις und nach den πίστεις stehen könne. Sie beriefen sich dafür auf das Beispiel der Alten; denn Demosthenes habe auch mitten in der Rede ἀνακεφαλαιώσεις angebracht, und die δείνωσις, die ihren Platz im Epilog haben soll, sei über die ganze Rede hin verstreut. Anaximenes[6] hat jedoch nach jedem Redeteil die παλιλλογία oder ἀνάμνησις angebracht, eine kurze Zusammenfassung des Gesagten, wie auch die ἀνακεφαλαίωσις eine ist, περὶ τῶν μερῶν καὶ περὶ τῶν ὅλων λόγων. Die ἀνακεφαλαίωσις,[7] *recapitulatio*,[8] *enumeratio*,[9] *renovatio*[10] oder ἀνάμνησις[11] ist aber noch kein Epilog, sondern nur ein Teil von ihm, der aber auch zur Festigung des Gedächtnisses immer wieder, wenigstens nach einem Hauptpunkt der Rede und nach den einzelnen Teilbeweisen angebracht werden kann. Ἐπίλογος heißt auch die Begründung von Beispielen und Gnomen, wenn sie unglaubhaft sind oder etwas Paradoxes enthalten.[12] Die Behauptung der Gewährsmänner des Anonymus steht also auf schwachen Füßen. Er selber führt zwar den ἐπίλογος nach der – spätestens nach Aristoteles – festen Weise in seiner

---

[94] Auct. ad Herenn. I 6,10.
[95] Cic. inv. I 17,25.
[96] W. Kroll, RE Suppl. VII (1940) Sp. 1062 ff. s. v. Rhetorik.

[1] Anaxim. rhet. 36,51,1445a 27; Arist. rhet. III 13,1414b 5; 19,1419b 10; Sulp. Vict. 23 p. 324,21 H; Iul. Sev. 24 p. 370,2 H; epilogus: Quint. inst. VI 1,7; Iul. Vict. 18 p. 429,16 H; epilogi: Fortun. rhet. II 31 p. 119,31 H; Victorin. rhet. II 14 p. 270,15 H.
[2] Quint. inst. VI 1,1; Fortun. rhet. II 12 p. 108,23f.; 31 p. 120,12 H; Sulp. Vict. 23 p. 324,21 H.
[3] Auct. ad Herenn. I 3,4; II 30,47; Cic. inv. I 14,19; 52,98; Quint. inst. VI 1,1.
[4] Quint. inst. VI 1,1.

[5] Anon. Seguer. rhet. p. 457,28 ff. Sp. = 236 p. 394,8 ff. Sp. - H. = p. 46,14 ff. G.
[6] Anaxim. rhet. 20,1,1433b 29 ff.
[7] Aps. rhet. 12 p. 384,17 f. Sp. = p. 296,18 f. Sp. - H; Anon. Seguer. rhet. p. 453,19 Sp. = 203 p. 388,17 Sp. - H. = p. 40,16 G; Quint. inst. VI 1,1; Fortun. rhet. II 31 p. 119,31 H; Sulp. Vict. 23 p. 324,23 H.
[8] Fortun. rhet. II 31 p. 119,31 f. H.
[9] Auct. ad Herenn. II 30,47; Cic. inv. I 52,98; Fortun. rhet. II 31 p. 119,32 H; Iul. Vict. 18 p. 429,16 H; Mart. Cap. rhet. 53 (565) p. 491,18 H.
[10] Sulp. Vict. 23 p. 324,22 H.
[11] Aps. rhet. 12 p. 384,13 f. Sp. = p. 296,15 Sp. - H.
[12] Siehe S. 123.

Besprechung der einzelnen Redeteile nach den πίστεις als letzten Teil der Rede auf. Wenn er aber die Meinung des Neokles, der ἐπίλογος sei λόγος ἐπὶ προειρημέναις ἀποδείξεσι ἐπιλεγόμενος, anführt und dann dazu im Gegensatz die übliche Auffassung, er sei μέρος λόγου ὕστατον ἑπόμενον ἀποδείξεσιν, als die nur einiger hinzufügt, scheint er sich doch der Auffassung des Neokles anzuschließen. Alexandros, der Sohn des Numenios, scheint der gleichen Ansicht gewesen zu sein, wenn er den ἐπίλογος als λόγος ἐπιρρωννὺς τὰ εἰρημένα bezeichnet.[13]

Wie für das προοίμιον und die διήγησις wurde auch für den ἐπίλογος die Frage erörtert, ob und wo er in der Rede einen Platz erhalten solle. Der Anonymus weist dafür auf das hin, was er bei der Behandlung des προοίμιον darüber gesagt hat. Dort hatte er nämlich bemerkt, daß der Epilog wegfallen könne, wenn auch das Proömium unterlassen werde; ferner habe Alexandros gelehrt, nur der καιρός sei dafür entscheidend und das προοίμιον nur angebracht, wenn der Nutzen es erfordere, und der Areopag habe überhaupt ein προοίμιον wie einen ἐπίλογος verboten.[14]

Aristoteles[15] hat dem Epilog in seiner ‚Rhetorik' eine vierfache Aufgabe zugewiesen, er soll

1. Den Hörer in eine dem Redner günstige und dem Gegner feindliche Stimmung versetzen.

2. Die αὔξησις und die μείωσις anwenden.

3. Im Hörer die πάθη erwecken.

4. Mit einer ἀνάμνησις schließen.

In den Θεοδεκτικαὶ τέχναι aber, sagt der Anonymus Seguerianus,[16] habe er dem ἐπίλογος nur eine Hauptaufgabe gestellt: den Hörer für den Redner zu gewinnen. Das sollte aber dadurch geschehen, daß er

1. Die dafür geeigneten πάθη errege.

2. Lob und Tadel spende. (Für diese beiden Punkte sei der Epilog der richtige Platz.)

3. Den Inhalt der Rede dem Gedächtnis der Hörer einpräge, und zwar solle dabei weder, was leicht zu merken sei, berührt werden, noch die πάθη.

Diese Dreiteilung blieb die Regel, nur daß die ἀνακεφαλαίωσις oder ἀνάμνησις an die erste Stelle rückte, wohl um die beiden anderen zu nachhaltigerer Wirkung kommen zu lassen. Der Auctor ad Herennium[17] ordnete folgendermaßen: *enumeratio* (ἀνάμνησις), *amplificatio, commiseratio*; Cicero,[18] Victorinus[19] und C. Iulius Victor:[20] *enumeratio, indignatio, conquestio*. Fortunatian[21] bemerkt: ἀνακεφαλαίωσις, *id est recapitulatio vel enumeratio*, δείνωσις, *id est indignatio*, οἶκτος *sive* ἔλεος, *id est miseratio*. Sulpitius Victor[22] teilt so ein: *renovatio, quam Graeci* ἀνακεφαλαίωσιν *vocant ... com-*

---

[13] Anon. Seguer. rhet. p. 453,1ff. Sp. = 198 – 200 p. 387,22ff. Sp. – H. = p. 39,16ff. G.

[14] Anon. Seguer. rhet. p. 431,14f.; 29ff.; 432,14f. Sp. = 27 p. 358,10f.; 31 – 33 p. 359, 1ff.; 19ff. Sp. – H. = p. 7,6f.; 8,3ff.; 19f. G.

[15] Arist. rhet. III 19,1419b 10ff.

[16] Anon. Seguer. rhet. p. 454,5ff. Sp. = 208f. p. 389,10ff. Sp. – H. = p. 41,14ff. G.

[17] Auct. ad Herenn. II 30,47.

[18] Cic. inv. I 52,98.

[19] Victorin. rhet. I 52 p. 256,3 H.

[20] Iul. Vict. 18 p. 429,16f. H.

[21] Fortun. rhet. II 31 p. 119,31 ff. H.

[22] Sulp. Vict. 23 p. 324,22f.; 24f.; 29f. H.

miseratio, qua misericordiam provocamus ... exaggeratio, qua in accusationibus utimur, cum amplificamus invidiam eius, quod querimur admissum. Nach Neokles[23] hat der Epilog den πραγμάτων ἀθροισμὸς καὶ ἠθῶν καὶ παθῶν zum Inhalt: für Apsines[24] ist er ebenfalls dreigliedrig mit der ἀνάμνησις τῶν εἰρημένων, dem ἔλεος und der δείνωσις. Anaximenes[25] aber hatte als Aufgabe des Epilogs in der Anklagerede gefordert, die ganze Anschuldigung in den Hauptpunkten zu wiederholen und so weit es möglich sei, in Kürze den Richtern Haß, Zorn und Mißgunst gegen den Angeschuldigten, für den Geschädigten aber Liebe, Gunst und Mitleid einzuflößen; in der Verteidigungsrede[26] aber soll das Gesagte in ähnlicher Weise noch einmal in Erinnerung gebracht und der Richter dem Beschuldigten geneigt und dem Gegner abgeneigt gemacht werden. Da aber die Einstimmung des Richters nach Analogie mit dem ersten Punkt des Vierpunkteprogramms des Aristoteles eine Einheit bildet, hat Anaximenes dem Epilog nur eine zweifache Aufgabe zugewiesen. So teilt auch Cicero in den ‚*Partitiones oratoriae*'[27] die *peroratio* nur in zwei Teile, in die *amplificatio*, den *locus proprius* für den Epilog, der durch die *motus animorum* Glauben erwecken soll, und in die an die letzte Stelle gerückte *enumeratio*. In den ‚*Topica*'[28] aber ist ihm nur noch die *amplificatio* wichtig, die *alia quaedam* finden bei ihm keine Berücksichtigung. Für Quintilian[29] hat die *peroratio* wieder zwei Teile, die Erinnerung an die *res* in der *rerum repetitio et congregatio, quae Graece dicitur* ἀνακεφαλαίωσις, und die Erregung der Affekte. Apsines[30] unterscheidet für den Epilog der gerichtlichen Rede ebenfalls ein εἶδος πραγματικόν mit der διήγησις und der ἀπόδειξις, und ein εἶδος παθητικόν mit προοίμιον und ἐπίλογος. So unterscheidet auch der Anonymus Seguerianus[31] im Epilog ein εἶδος πρακτικόν mit der ἀνακεφαλαίωσις und ein εἶδος παθητικόν mit dem Ziel, κατασκευάζειν καὶ ῥωννύειν τὸν λόγον. Nun berichtet Quintilian,[32] daß die meisten Attiker und Philosophen, die über Rhetorik geschrieben haben, die *recapitulatio* für die einzige Art des Epilogs gehalten haben, entsprechend des athenischen Brauches, die Redner durch den Herold daran zu hindern, *adfectus movere*. Dazu stimmt dann auch der Hinweis des Anonymus Seguerianus[33] auf Platons ‚Phaidros',[34] wo er die Meinung des Sokrates, über den Schluß der Rede seien sich die meisten Rhetoren einig, durch Phaidros erläutern läßt: τὸ ἐν κεφαλαίῳ ἕκαστα λέγεις ὑπομνῆσαι ἐπὶ τελευτῆς τοὺς ἀκούοντας περὶ τῶν εἰρημένων· der Anonymus fügt noch hinzu, daß auch Chrysippos der gleichen Ansicht gewesen sei und den Epilog als μονομερής bezeichnet habe. Dann darf man wohl die Erklärung des Alexandros ebenso deuten, daß der Epilog ein λόγος ἐπιρρωννὺς τὰ εἰρημένα sei, und es liegt

---

[23] Anon. Seguer. rhet. p. 453,3f. Sp. = 198 p. 388,1 Sp.–H. = p. 39,17f. G.
[24] Aps. rhet. 12 p. 384,13f. Sp. = p. 296,15 Sp.–H.
[25] Anaxim. rhet. 36,29,1443 b 15ff.
[26] Anaxim. rhet. 36,45,1444 b 26ff.
[27] Cic. part. 15,52f.
[28] Cic. top. 26,98.
[29] Quint. inst. VI 1,1.
[30] Aps. rhet. 12 p. 384,21ff. Sp. = p. 297,4ff. Sp.–H.
[31] Anon. Seguer. rhet. p. 453,18ff. Sp. = 203 p. 388,16ff. Sp.–H. = p. 40,15ff. G.
[32] Quint. inst. VI 1,7.
[33] Anon. Seguer. rhet. p. 454,1ff. Sp. = 207 p. 389,6ff. Sp.–H. = p. 41,10ff. G.
[34] Plat. Phaidr. 267d.

nahe, auch Ciceros schon angeführte Äußerung in den ‚Topica', daß nur die *amplificatio* wichtig sei, in den gleichen Zusammenhang zu rücken.

Von den Teilen des Epilogs hat die ἀνακεφαλαίωσις, παλιλλογία, die Aufgabe, dem Hörer den Beweis noch einmal kurz ins Gedächtnis zu rufen; wenn Anaximenes[35] noch hinzufügt, daß nicht nur die ἀνάμνησις des vorher Gesagten, sondern die Richter freundlich für sich und böse für die Gegner zu stimmen, ihre Aufgabe sei, so faßt er die παλιλλογία hier als ἐπίλογος auf. Nach Aristoteles[36] hat die ἀνάμνησις als letzte Aufgabe des Epilogs κεφαλαιωδῶς zu zeigen, was bewiesen wurde, wie es im Proömium notwendig war, anzugeben, worüber geurteilt werden sollte. Der Auctor ad Herennium:[37] *colligimus (in enumeratione) et commonemus, quibus de rebus verba fecerimus, breviter, ut renovetur, non redintegretur oratio; et ordine ut quicquid erit dictum referemus, ut auditor, si memoriae mandaverit ... reducatur.* Cicero[38] nennt die *enumeratio* den Teil, durch den *res disperse et diffuse dictae unum in locum coguntur et reminiscendi causa unum sub aspectum subiciuntur.* Nach Quintilian[39] wird die ἀνακεφαλαίωσις auch als *enumeratio* bezeichnet: *et memoriam iudicis reficit et totam simul causam ponit ante oculos et, etiamsi per singula minus moverat, turba valet.* Der Anonymus Seguerianus[40] definiert die ἀνακεφαλαίωσις als eine gedrängte Zusammenfassung der gehaltenen Reden, Behauptungen und Epichireme, wodurch das Gedächtnis des Hörers gestärkt werden soll; doch soll nicht alles wiederholt werden, sondern nur das, was den Gegner schlagend widerlegt. Apsines[41] sagt, daß sie im Epilog ἔκθεσιν ἔχει κεφαλαιώδη τῶν ζητημάτων ἁπάντων καὶ ἀνάμνησιν τῶν προηγουμένων ἀποδείξεων κεφαλαιωδῶς καὶ τῶν ἀναγκαίων, die ἀνάμνησις in der Mitte der Rede περιέχει τῶν ἀναγκαίων πίστεων und die nur zu einem einzigen Beweispunkt angeführte Wiederholung der einzelnen Vordersätze des Beweises sei. Allgemein aber wird als ἀρετή der ἀνακεφαλαίωσις die συντομία, *brevitas*, das κεφαλαιωδῶς ἀναμιμνήσκειν, *capitulatim referre*, betont. Es soll zwar nicht alles, was gesprochen wurde, wiederholt werden, sondern erst mit der *divisio* begonnen, *exordium* und *narratio* aber außer acht gelassen werden.[42] Dazu scheint aber der Satz Ciceros[43] *res disperse et diffuse dictae* nicht gut zu passen; er wird gleich durch die Forderung zurechtgerückt: *dicere, quas partes exposueris in partitione, de quibus te pollicitus sis dicturum.* Cicero spricht ja nur von der *recapitulatio* im Epilog. Auch Quintilian[44] sagt, daß es allgemein für nützlich gehalten wird, öfter in der Rede ἀνακεφαλαιώσεις anzubringen, wenn die Sache verwickelt ist, mehrere Argumente vorgebracht werden und die einzelnen Punkte schwer zu überschauen sind.

Durch einfache, schlichte, sich immer wiederholende Aufzählungen könnte aber die Gefahr entstehen, daß aus der *recapitulatio* eine trockene Angelegenheit wird, der niemand mit Interesse folgt und dadurch das Ziel verfehlt würde. Dem arbeitet schon die Feststellung des Anaximenes[45] entgegen, daß die παλιλλογία durch eine

---

[35] Anaxim. rhet. 36,45,1444 b 21 ff.
[36] Arist. rhet. III 19,1419 b 30 ff.
[37] Auct. ad Herenn. II 30,47.
[38] Cic. inv. I 52,98.
[39] Quint. inst. VI 1,1.
[40] Anon. Seguer. rhet. p. 454,14 ff. Sp. = 210 p. 389,19 ff. Sp. – H. = p. 41,22 ff. G.
[41] Aps. rhet. 12 p. 385,24 ff. Sp. = p. 298,15 ff. Sp. – H.
[42] Auct. ad Herenn. II 30,47.
[43] Cic. inv. I 52,98.
[44] Quint. inst. VI 1,8.
[45] Anaxim. rhet. 20,1,1433 b 31 ff.

einfache Aufzählung, eine Berechnung oder Frage oder mit Ironie durchgeführt werden kann. Aristoteles[46] verweist auf die Möglichkeit, eine Gegenüberstellung der eigenen Aussagen mit denen des Gegners zu geben oder auch nur die eigenen Ausführungen Punkt für Punkt aufzuzählen, beim Gegner aber nur ganz allgemein anzugeben, was er gesagt hat, oder Ironie zu verwenden oder mit einer Frage an sich selbst die Feststellung dessen einzuleiten, was der Gegner gesagt hat. Der Auctor ad Herennium[47] beginnt mit der *divisio*, um dann die einzelnen, zur Behandlung stehenden Punkte aufzuzählen. Cicero[48] gibt den ausführlichen Rat, entweder wie die meisten zu verfahren, weil es so am leichtesten ist, nämlich jeden Punkt Stück für Stück kurz zu streifen, dann die schwierigere Aufgabe anzupacken und die in der *partitio* als Gegenstand des Beweises angekündigten Punkte und die Art ihrer Behandlung zu nennen oder auch einmal den Hörer fragen zu lassen, was etwa der Gegner noch gesagt haben könnte oder dem Hörer selbst einen Teil der *recapitulatio* in den Mund zu legen. Der Redner kann in der *recapitulatio* selbst eine Sache einführen, wenn er einem Gesetz, einem Ort, einer Stadt oder einem Denkmal Sprache verleiht. Auf eines ist aber dabei überall zu achten, daß nur das am schwersten Wiegende ausgewählt und jedes so kurz wie möglich ausgeführt wird, damit das Gedächtnis und nicht die Rede erneuert wird. Quintilian[49] weiß von unzähligen Arten, die nüchterne Aufzählung der ἀνάμνησις zu beleben: die προσωποποιΐα in den ‚Verrinen'[50] Ciceros hebt er besonders hervor, durch die der Redner den Vater des Verres als Richter erscheinen läßt, damit dieser dann in Beantwortung der Frage Ciceros, was er als Richter sagen würde, mit einer langen Aufzählung der Verbrechen seines Sohnes antwortet. Sehr wirksam ist auch die Aufzählung der beraubten Tempel in einer an Jupiter, Hera und Minerva und alle anderen Götter gerichteten Bitte, die Verbrechen des Verres zu verurteilen und zu einer gerechten Bestrafung zu führen. Die Möglichkeit, den Gegner selbst zu fragen, was er nach der gehörten Anklage noch erwarte, benützt Cicero in der von ihm selbst beantworteten Frage an Hortensius: *ego hoc uno crimine illum condemnem necesse est; tu, Caecili, quid facies? utrum hoc tantum crimen praetermittes an obicies?*[51]

Was vorher schon an τόποι gefunden war, hat Apsines[52] in einem Katalog von neun Punkten zusammengestellt. Er zählt auf:

1. ἀνάμνησις διὰ προσωποποιΐας, durch die Einführung einer vor Gericht nicht erschienenen Person, die entweder in der Fremde weilt oder auch schon gestorben ist, durch die Einführung des Vaterlandes, eines Feldherrn oder Gesetzgebers, denen die ἀνακεφαλαίωσις in den Mund gelegt wird.

2. ἐξ ὑποτυπώσεώς τινος μέλλοντος γενέσθαι πράγματος, durch die Beschreibung einer Sache, die noch geschehen soll; wenn z.B. in einer langen Rede gegen den Antrag gesprochen wurde, einem verdienten Manne ein Denkmal zu errichten, ist die ἀνάμνησις in der Art zu führen, daß der Redner ein Bild des geplanten Denkmals

---

[46] Arist. rhet. III 19,1419b 33 ff.
[47] Auct. ad Herenn. II 30,47.
[48] Cic. inv. I 52,98.100.
[49] Quint. inst. VI 1,3.
[50] Cic. Verr. II 5,52,136; 72,184 ff.
[51] Cic. div. in Caec. 10,30.
[52] Aps. rhet. 12 p. 386,5 – 390,24 Sp. = p. 299,6 – 306,5 Sp.–H.

entwirft, wie es seiner Ansicht nach aussehen müßte, mit Zügen, die zwar den wahren des zu Ehrenden dem Augenschein nach widersprechen, aber dennoch wahr sind; dadurch beweist er, daß der zu Ehrende dieser Ehre nicht würdig ist.

3. ἠθοποιΐα, d.h. durch eine einer gedachten Person in den Mund gelegte Rede, die alle in der Hauptrede vorgebrachten Vorzüge oder Fehler des Mannes kurz wiederholt.

4. σύγκρισις τῶν ἀμφοτέροις δικαίων, durch einen Vergleich dessen, was beide, der Beklagte und der Redner, für Recht halten, so daß die einzelnen Punkte der Rede noch einmal wiederholt, die beiden Auffassungen einander gegenübergestellt werden.

5. ψηφίσματος εἰσφορά, durch die Beantragung eines Volksbeschlusses, dessen Inhalt die ἀνακεφαλαίωσις der vorausgegangenen Rede vorführt.

6. γνωσιγραφία, d.h. in der Form einer richterlichen Meinungsäußerung.

7. διὰ νόμων εἰσφορά, ähnlich wie bei der ψηφίσματος εἰσφορά wird hier die ἀνακεφαλαίωσις in der Form des Antrages auf zwei einander entgegengesetzte Gesetze mit ihren Folgen gegeben.

8. ὑπογραφή, die Beschreibung eines Bildnisses, einer Statue oder eines Grabmals, zusammen mit der Äußerung eines Betrachters, mit der Aufzählung der verdienstvollen Werke des als tot Dargestellten, wodurch der Inhalt der Rede noch einmal in Erinnerung gerufen wird.

9. πεῦσις, durch Fragen, deren Beantwortung den Inhalt der Rede kurz wiedergibt.

Auf anderem Wege hat Neokles[53] neue Möglichkeiten zur Behandlung der ἀνακεφαλαίωσις aufgezeigt. Er nennt drei Methoden aus dem Gebiet der Statuslehre:

1. ἀνακεφαλαίωσις καθ' ὑπόθεσιν, wenn nämlich lediglich der Gegenstand der Verhandlung, die ὑπόθεσις, angegeben wird, z.B. ἀσεβείας κρινομένη ἡ Φρύνη.

2. κατὰ στάσιν, wenn der Inhalt der Rede nach seiner Zugehörigkeit oder Nichtzugehörigkeit zu einem *status* festgestellt wird, z.B. Phidias hat weder Gold entwendet (στοχασμός) noch war er ein Räuber (ὅρος); und selbst wenn er ein Tempelräuber gewesen wäre, müßte er zuerst verurteilt und dann erst gefoltert werden, und das auch nur vor dem athenischen Gericht (μετάληψις).

3. κατ' ἐπιχείρησιν, wegen der Behandlungsart und der besseren Beweise im *status legalis*; als Beispiel wird der Philosoph genannt, der den Tyrannen veranlaßt hatte, die Tyrannis aufzugeben und dafür die Belohnung für Tyrannenmord beantragte; ihm wird nun aber dargelegt, daß nach dem Gesetz nur der Tyrannenmord belohnt wird.

Es wird noch die Art κατὰ τόπον angefügt, wenn das in einem τόπος Enthaltene – vor allem in der beratenden Beredsamkeit – noch einmal, nach den verschiedenen

---

[53] Anon. Seguer. rhet. p. 455,2 ff.; 11 ff.; 20 ff.; 27 ff. Sp. = 215 – 218 p. 390,15 – 391,18 Sp. – H. = p. 42,17 – 43,18 G.

τόποι geordnet, kurz vorgetragen und vor allem nach den τελικὰ κεφάλαια behandelt wird, daß es δίκαιον, συμφέρον, πρέπον u. a. gewesen sei.

Was die Sprache der ἀνακεφαλαίωσις betrifft, so soll sie nach dem Anonymus Seguerianus[54] in der Hauptsache aus Wörtern in ihrer eigentlichen Bedeutung bestehen, aber auch, wenn nötig, mit der tropischen gemischt sein. Die Figuren sollen vielfältig sein, man kann auch die Ironie verwenden, sich vom Richter ab- und dem Gegner zuwenden und alle Figuren verwenden. Quintilian[55] verlangt, daß das Wenige, das in der *recapitulatio* gesagt werden soll, mit einem gewissen Gewicht vorgetragen, durch geeignete Gedanken erregend gestaltet und mit mannigfachen Figuren geschmückt wird. Auch Fortunatian[56] verlangt, daß sie bunt belebt werde. Und wenn Aristoteles[57] vom Epilog überhaupt verlangt, daß er asyndetisch sei, damit er wirklich nur ein ἐπίλογος und nicht ein λόγος sei, zielt das nicht nur auf die *virtus* der Kürze.

Auf die ἀνακεφαλαίωσις folgt die αὔξησις,[58] *amplificatio*,[59] oder ihr Gegenteil, die μείωσις,[60] ταπείνωσις,[61] *minutio*.[62] Die αὔξησις hat ihren eigenen Platz im Epilog, sie kann aber auch in allen anderen Redeteilen stehen, besonders im Proömium.[63] Sie ist von Anfang an ein Bestandteil der enkomiastischen Beredsamkeit.[64] Der Redner kann dabei der von ihm gelobten Person oder Sache sogar nicht vorhandene Vorzüge beilegen,[65] sie aber auch, da er seinen eigenen Rat und Antrag als den besten darstellen und von sich selbst das beste Bild entwerfen und den Gegner herabsetzen muß, in der symbuleutischen und gerichtlichen Beredsamkeit der Beweise und des Sieges wegen verwenden.[66]

Ziel der αὔξησις ist es, die eigene Aussage und die eigene Qualität zu steigern und die fremde zu mindern, diese klein und die eigene groß zu machen.[67] Aristoteles[68] nennt das αὔξειν und μειοῦν ἐνθυμήματα, die zeigen sollen, daß etwas groß oder klein, gut oder schlecht, gerecht oder ungerecht ist oder eine der anderen Eigenschaften besitzt. Nach dem Auctor ad Herennium[69] ist sie eine *res, quae per locum communem instigationis auditorum causa sumitur*; Cicero[70] nennt sie *gravior quaedam affirmatio, quae motu animorum conciliet in dicendo fidem*.

Anaximenes[71] gibt für die Behandlung der αὔξησις im εἶδος ἐγκωμιαστικόν die Anweisung, der Redner solle

1. Sagen, daß der zu Lobende bzw. zu Tadelnde viel Gutes oder Schlechtes getan habe.

---

[54] Anon. Seguer. rhet. p. 456,8 ff. Sp. = 221 p. 392,4 ff. Sp.-H. = p. 44,4 ff. G.

[55] Quint. inst. VI 1,2.

[56] Fortun. rhet. II 31 p. 120,1 H.

[57] Arist. rhet. III 19,1420a 6f.

[58] Anaxim. rhet. 3,6,1426a 20; Arist. rhet. II 26,1403a 16; Anon. Seguer. rhet. p. 457,5 Sp. = 230 p. 393,9 Sp.-H. = p. 45,13 G.

[59] Auct. ad Herenn. II 30,47; Cic. part. 15,52; Quint. inst. VIII 4,3.

[60] Anon. Seguer. rhet. p. 457,6 Sp. = 230 p. 393,11 Sp.-H. = p. 45,14 G; μειοῦν: Arist. rhet. II 26,1403a 16.

[61] Anaxim. rhet. 3,6,1426a 20; 3,13,1426b 13; ταπεινοῦν: Arist. rhet. III 19,1419b 12.

[62] Quint. inst. VIII 4,28.

[63] Cic. part. 15,52.

[64] Anaxim. rhet. 6,2,1428a 3f.

[65] Anaxim. rhet. 3,1,1425b 36ff.

[66] Anaxim. rhet. 3,14,1426b 18ff.; 6,2,1428a 2ff.; Sulp. Vict. 23 p. 324,29 ff. H.

[67] Anaxim. rhet. 2,28,1425a 27f.; 33,1,1439b 5f.

[68] Arist. rhet. II 26,1403a 18ff.

[69] Auct. ad Herenn. II 30,47.

[70] Cic. part. 15,53.

[71] Anaxim. rhet. 3,6–12, 1426a 20–1426b 12.

2. Ein bereits vorliegendes gutes Urteil zum Lobe oder ein schlechtes zum Tadel hervorheben und dann sein eigenes mit diesem vergleichen. Indem er seine stärksten Punkte neben die schwächsten des Gegners stellt, läßt er seinen eigenen Fall bedeutend erscheinen.

3. Neben das eigene Urteil das geringste aus dem gleichen Gebiet stellen und so das eigene größer erscheinen lassen, so wie das Kleine neben Kleinerem größer erscheint.

4. Etwas Gutes schlecht und etwas Schlechtes gut erscheinen lassen, indem er es jedesmal zusammen mit dem Gegenteil erwähnt.

5. Sagen, daß es freiwillig, mit Vorbedacht und nach langer Vorbereitung geschehen ist und kein anderer so etwas getan oder gesagt hat und daß alle glücklich oder unglücklich wären, wenn sie so handelten.

6. Durch Vergleiche steigern, wenn er z. B. sagt, wer sich um seine Freunde sorge, ehre auch seine Eltern, und wer seine Eltern ehre, sei auch bereit, seinem Vaterlande Gutes zu erweisen.

7. In Erwägung ziehen, daß dadurch, daß jemand als Veranlasser von vielem Glück oder Unglück erscheint, dieses vergrößert wird.

8. Darauf achten, wie eine Sache größer erscheint; wenn man sie in ihre Teile zerlegt oder als Ganzes darstellt.

Wenn eine Tat in irgendeinem Affekt und nicht aus bewußter Überlegung geschehen ist, muß der Ankläger, wie Cicero[72] sagt, diesen Affekt durch Worte und Gedanken vergrößern und zeigen, wie groß z.B. die Macht der Liebe, die Verwirrung des Geistes infolge von Zorn oder eines anderen Affektes ist. Die *amplificatio* geschieht nach Cicero[73] *verborum genere et rerum*. Man muß dazu Worte auswählen, die, ohne vom gewöhnlichen Sprachgebrauch abzuweichen, geeignet sind, eine Sache deutlich vor Augen zu stellen, außerdem wuchtige und volltönende Worte und vor allem Metaphern. Die Wortverbindungen sollen lose und ohne Konjunktionen sein, so daß sie umfangreicher erscheinen. Der *amplificatio* dienen auch verdoppelte und wiederholte Worte und solche, die stufenweise vom Niedrigen zum Höheren aufsteigen; die Rede soll natürlich sein, mit kräftigen Worten vollgestopft und zum Vergrößern geeignet. Dieser Form des Ausdrucks soll die *actio* und der *gestus*, der zur Erregung der Gemüter geeignet ist, angepaßt werden. Quintilian[74] bezeichnet die Wahl der Worte als die erste Art zu vergrößern und zu verkleinern. So nenne man z.B. einen unredlichen Menschen einen Räuber, man spreche bei einem Toten von Mord, umgekehrt sage man von einem, der einen anderen geschlagen hat, er habe ihn nur angerührt oder nur leicht verletzt, obwohl er ihn schwer verwundet hat. So hat Cicero[75] den Verres *non enim furem sed ereptorem, non adulterum sed expugnatorem pudicitiae, non sacrilegum sed hostem sacrorum religionumque, non sicarium sed crudelissimum carnificem civium sociorumque* genannt. Der Auctor ad Herennium[76] läßt die

---

[72] Cic. inv. II 5,19.
[73] Cic. part. 15,53.
[74] Quint. inst. VIII 4,1.

[75] Cic. Verr. II 1,3,9; Quint. inst. VIII 4,2.
[76] Auct. ad Herenn. II 30,47.

amplificatio durch einen *locus communis* geschehen, d.h. im Gegensatz zum *locus proprius*, den nur der Ankläger oder der Verteidiger verwenden kann, während der *locus communis* für beide gilt.[77]

Die *loci communes* können wieder *loci certae rei* und allein für die *amplificatio* geeignet sein oder *dubiae rei, quae ex contrario quoque habeat probabiles rationes argumentandi*:[78] Verdächtigungen müsse man Glauben schenken und Verdächtigungen müsse man nicht glauben. Der eine Teil der *loci communes* wird *per indignationem* oder *conquestionem* eingeführt, ein anderer *per aliquam probabilem utraque ex parte rationem*.[79]

Für die *amplificatio* haben der Auctor ad Herennium[80] und Cicero[81] folgende zehn *loci* zusammengestellt:

1. *locus ab auctoritate*, in dem, gestützt auf Lose, Orakel, Seher, Vorzeichen, Wunder, Weisungen und ähnliche Dinge, erwähnt wird, wie sehr die Sache den Göttern oder unseren Vorfahren, Königen, Staaten, Völkerschaften, weisen Männern, dem Senate, dem Volke, Gesetzgebern am Herzen lag und was darüber durch Gesetze bestimmt wurde.

2. Der *locus*, durch den mit *amplificatio* und *indignatio* gezeigt wird, wen die Sache angeht, ob alle oder nur einen Teil, ob Höhergestellte, deren Stellung gerade die Entrüstung nährt oder geistig, stellungsmäßig und körperlich Gleichgestellte oder Tieferstehende.

3. Die Frage, was geschehen würde, wenn alle das Gleiche täten und der Nachweis, welche Gefahren und Unannehmlichkeiten einem solchen Zustand folgen würden.

4. Wenn man einen Übeltäter nicht verurteilte, werde der Drang zu bösen Taten bei denen viel stärker, die bis dahin durch die Erwartung eines Urteils davon abgehalten worden waren.

5. Werde jetzt nach dem Willen des einen Angeschuldigten entschieden, gäbe es keine Möglichkeit mehr, den Schaden zu heilen oder den Irrtum zu korrigieren.

6. Der Nachweis, daß die Tat bewußt und mit Absicht geschehen sei und daß es für mit Vorbedacht begangene Untaten keine Verzeihung geben könne und nur eine aus Unklugheit begangene Tat Nachsicht finden könne.

7. Wenn Entrüstung darüber ausgedrückt wird, daß eine Tat häßlich, grausam, verbrecherisch, aus Gewalttätigkeit und Üppigkeit geschehen sei, etwas, das zum Kriege führen könne und zum Kampf auf Leben und Tod.

8. Der achte *locus* zeigt, daß es sich nicht um ein gewöhnliches Verbrechen handelt, sondern um ein beispielloses und häßliches, wie es nicht einmal von den frechsten Menschen verübt werde, wie es selbst wilde und barbarische Völker und schreckliche Tiere nicht begingen. Fälle dieser Art sind: Grausamkeiten gegen Eltern, Kinder, Ehegatten, Blutsverwandte und Schutzflehende, ferner gegen ältere Leute, Gastfreunde, Nachbarn, Freunde, gegen jene, mit denen man zusammen lebt, gegen Erzieher, Lehrer, Tote, gegen Menschen, die unser Mitleid verdienen, gegen berühmte,

---

[77] Auct. ad Herenn. II 6,9; Cic. inv. II 15, 48f.
[78] Cic. inv. II 15,48; 22,68.
[79] Cic. inv. II 15,48.
[80] Auct. ad Herenn. II 30,48f.
[81] Cic. inv. I 53,101 – 54,104.

vornehme, in Ehren stehende Menschen, gegen solche, die niemanden verletzen und sich selbst nicht verteidigen können, z. B. Kinder, Greise und Frauen. Die durch diese *loci* erregte *indignatio* führt zum größten Haß gegen den Übeltäter.

9. Der Vergleich der vorliegenden Tat mit anderen Untaten, um sie als schlimmer und unwürdiger erscheinen zu lassen.

10. Der letzte *locus* stellt alles, was bei und nach der Tat geschah, mit Entrüstung und Beschimpfung zusammen und sucht die Tat dem Hörer lebhaft vor Augen zu stellen, so daß er die Tat persönlich zu erleben glaubt.

Diesen zehn *loci* hat Cicero[82] noch fünf weitere hinzugefügt:

1. Im ersten wird gezeigt, daß die Tat von jemandem begangen wurde, von dem sie am wenigsten geschehen durfte und der sie, hätte sie ein anderer vorgehabt, hätte verhindern müssen.

2. Wenn Entrüstung darüber gezeigt wird, daß das gerade zuerst uns zustieß und nicht irgendeinem anderen.

3. Durch diesen *locus* wird gegen Übermut und Anmaßung Haß erregt, wenn die Tat zugleich mit Schimpf verbunden ist.

4. Die Bitte an die Hörer, das dem Redner zugefügte Unrecht auf sich selbst zu beziehen; wenn die Untat Kinder betrifft, sollen sie an ihre eigenen Kinder denken, an ihre Frauen, Greise oder Eltern, wenn das Unrecht solche betrifft.

5. Die Feststellung, daß man selbst Gegnern und Feinden das uns Zugestoßene nicht wünschen dürfe.

Die Progymnasmatiker haben für die Rhetorenschüler aus mehreren *loci* den sogenannten κοινὸς τόπος zur Steigerung der schon in der ἀπόδειξις bewiesenen Tat zusammengestellt. Hermogenes[83] zählt folgende Teile des κοινὸς τόπος auf, wobei er den Fall eines Tempelräubers zugrunde legt:

1. Die ἐξέτασις τοῦ ἐναντίου, indem man vom Gegenteil ausgeht; im Falle des Tempelräubers sagt man also, daß die Gesetze für die Verehrung der Götter durch Errichtung von Altären, durch Weihgeschenke, Opfer, Festversammlungen und Prozessionen Sorge getragen haben, weil das Wohlwollen der Götter den Staat erhalte, ihr Zorn aber alles verderbe.

2. αὐτὸ τὸ πρᾶγμα, die Angabe der Sache selbst, doch nicht zur Aufzählung, sondern um sie zu steigern: die ganze Stadt werde befleckt, man müsse eine Mißernte befürchten und den Sieg der Feinde.

3. Die σύγκρισις, in der die Tat als schlimmer geschildert wird als Menschenmord, der nur Menschen treffe, während die Tat die Götter verletze. Das komme schon den schlimmsten Taten der verhaßtesten Tyrannen gleich, die nach den Weihgeschenken der Götter greifen. Man kann auch die σύγκρισις πρὸς τὸ ἔλαττον anwenden. „Ist es nicht schlimm, daß man den Dieb bestraft, den Tempelräuber aber nicht?"

4. Man kann auch, aus der Gegenwart schließend, Stoff zur Verleumdung des ganzen Lebens ziehen: „Mit Kleinem hat er angefangen, und jetzt ist er zu diesem

---

[82] Cic. inv. I 54,104 f.

[83] Hermog. prog. 6 p. 11,22 – 14,15 R; Prisc. rhet. 6 p. 555,1 – 556,9 H.

Ende gekommen, daß ihr in ihm einen Dieb, einen Mauerzerstörer und Ehebrecher zusammen habt."

5. Die γνώμη: Man untersucht seine Gesinnung, durch die er zu dieser Tat gekommen ist: „Arbeit hat er verschmäht, will aber auf diesem Wege zu Reichtum kommen."

6. Zum Schluß versucht die ἐκβολὴ τοῦ ἐλέου mit Hilfe der τελικὰ κεφάλαια, dem νόμιμον, δίκαιον, συμφέρον, δυνατόν, πρέπον und der ὑπογραφή oder διατύπωσις τοῦ πράγματος, die Möglichkeit zu beseitigen, daß man Mitleid mit dem Täter empfinde: „Blickt jetzt nicht auf ihn, wie er weint, seht ihn, den Gottverächter, wie er in den Tempel eindringt, die Türen aufbricht und nach den Weihgaben greift." Und zum Schluß: „Was zögert ihr noch? Das Urteil ist schon längst gesprochen."

Es ist selbstverständlich, daß diese τόποι der *amplificatio* und des *locus communis* nicht in jedem Falle alle zur Verwendung kommen müssen, sondern nur jene, die sich dem Redner gerade anbieten.

Quintilian[84] läßt die *amplificatio* außer durch Worte noch durch vier andere Arten entstehen: *incrementum, comparatio, ratiocinatio* und *congeries*.

1. Das *incrementum*, die wirksamste Art, ist einfach oder in mehreren Stufen aufgebaut, bis es weiter nicht mehr möglich ist. In dem von Quintilian[85] angeführten Beispiel aus Ciceros Rede gegen Verres *facinus est vincire civem Romanum, scelus verberare, prope parricidium necare: quid dicam in crucem tollere?* ist *verberare* die erste, aber schon stark empfundene einstufige, das Weitere die mehrstufige Steigerung. Neben der Steigerung in der Benennung der Tat steht auch noch die des Urteils über sie als *facinus, scelus, parricidium*. Daß eine weitere Steigerung nicht mehr möglich ist, wird durch den ausweglosen Zusatz *quid dicam in crucem tollere?* zum Ausdruck gebracht. Diese im Laufe der Steigerung erscheinende Veränderung des Ausdrucks haben einige Rhetoren als κατάχρησις bezeichnet, wogegen Quintilian[86] protestiert, weil bei der κατάχρησις nur ein Wort für ein anderes, beim *incrementum* aber eine Sache für eine andere eintritt. Besonders wirksam wird das *incrementum*, wenn überhaupt keine Steigerung versucht wird, weil die erste Aussage schon als der Gipfel erscheint und keine weitere Steigerung mehr zuläßt und ihre einfache Wiederholung das geradezu hilflos zum Ausdruck bringt: *matrem tuam cecidisti: quid dicam amplius? matrem tuam cecidisti*.[87]

2. Die *amplificatio* kann auch durch die *comparatio* geschehen, die vom Kleineren ausgeht, weil durch die Steigerung des Niederen auch das Höhere gesteigert wird. So sagt Cicero:[88] *servi mehercule mei si me isto pacto metuerent, ut te metuunt omnes cives tui, domum meam relinquendam putarem*. Auch ein Beispiel kann zur Steigerung dienen.[89]

3. Die dritte Möglichkeit der *amplificatio* liegt in der *ratiocinatio*, die durch *amplificatio* der Begleitumstände den Hörer befähigt, selbst auf die Größe der Sache zu schließen und mit der ἔμφασις verwandt ist.[90] Der Schluß kann hier *ex insequentibus*

---

[84] Quint. inst. VIII 4,3.
[85] Cic. Verr. II 5,66,170; Quint. inst. VIII 4,3–5.
[86] Quint. inst. VIII 6,36.
[87] Quint. inst. VIII 4,7.
[88] Cic. Catil. I 7,17; Quint. inst. VIII 4,9f.
[89] Quint. inst. VIII 4,11.
[90] Quint. inst. VIII 4,15.26.

und *ex iis quae antecesserunt* geschehen.⁹¹ Beim γένος ἐπιδεικτικόν ist die Verwendung der *ratiocinatio* sehr beliebt⁹²

a) Beim Vergleich der Eigenschaften eines Helden mit denen seines Gegners.

b) Bei der Aufzählung der Mühen und Opfer, die zur Erreichung seines Zieles notwendig waren.

c) Beim Lob der Größe und Schwere seiner Waffen.

d) Beim Lob der Leistungen, deren der Verwundete noch fähig ist.

e) Beim Lob des Prunkes seines Hauses u.a.m.

4. Die vierte Möglichkeit der *amplificatio* ist die *congeries quoque verborum ac sententiarum idem significantium*, nicht durch ihre gradweise Steigerung, sondern lediglich durch ihre Mengen, ähnlich wie in dem συναθροισμός, nur daß in diesem mehrere Dinge zusammengetragen, in der *congeries* aber nur eines durch die Häufung verschiedener Bezeichnungen gesteigert wird.⁹³

Πάθος und ἦθος. Nach Quintilian⁹⁴ wird die Aufgabe der *peroratio rebus et adfectibus* erfüllt. Mit den *res* hat die *recapitulatio* (ἀνακεφαλαίωσις) zu tun, die *amplificatio* dient schon der Erregung der Affekte, die sich dann im Epilog in der δείνωσις,⁹⁵ *indignatio*,⁹⁶ *exaggeratio*,⁹⁷ in der *conquestio*,⁹⁸ *commiseratio*,⁹⁹ *miseratio*,¹⁰⁰ ἔλεος,¹⁰¹ οἶκτος¹⁰² vollzieht, aber auch in allen Teilen der Rede möglich ist, besonders im Proömium.¹⁰³

Über das Wesen der πάθη hat Anaximenes sich nicht geäußert. Er spricht nur von der Art und Weise der Erregung der einzelnen πάθη. Aristoteles¹⁰⁴ macht den Erfolg der Rede abhängig:

1. ἐν τῷ ἤθει τοῦ λέγοντος, von der in der Rede zum Ausdruck kommenden Persönlichkeit des Redners, weil man gewöhnlich einem rechtschaffen denkenden Mann eher und leichter glaube; er widerspricht damit der Lehre einiger Rhetoren, daß die anständige Gesinnung eines Redners nichts zu seiner Glaubwürdigkeit beitrage.

2. ἐν τῷ τὸν ἀκροατὴν διαθεῖναί πως, von der Stimmung der Hörer, die eine Sache anders betrachten, wenn sie in Freude oder Schmerz, Liebe oder Haß ihr Urteil abgeben müssen.

3. ἐν αὐτῷ τῷ λόγῳ, von der Rede selbst.

Πάθος und ἦθος werden lateinisch *adfectus* genannt; will man sie aber unterscheiden, wird das πάθος, das die Seele in Aufruhr versetzt und anstachelt, *adfectus concitatus* und im Gegensatz dazu das ἦθος, für das es keinen speziellen lateinischen Aus-

---

[91] Quint. inst. VIII 4,17f.
[92] Quint. inst. VIII 4,20–22; 24f.
[93] Quint. inst. VIII 4,26f.
[94] Quint. inst. VI 1,1.
[95] Aps. rhet. 12 p. 384,14 Sp. = p. 296,15 Sp. – H; Fortun. rhet. II 31 p. 119,32; 120,8 H.
[96] Cic. inv. I 52,98; Fortun. rhet. II 31 p. 119, 32 H; Iul. Vict. 18 p. 430,12 H; Mart. Cap. rhet. 53 (565) p. 491,18f. H.
[97] Sulp. Vict. 23 p. 324,22.29 H.
[98] Cic. inv. I 52,98; Fortun. rhet. II 31 p. 120, 10 H; Iul. Vict. 18 p. 430,13 H.

[99] Auct. ad Herenn. II 30,47; Sulp. Vict. 23 p. 324,22.24 H.
[100] Fortun. rhet. II 31 p. 119,33; 120,10 H.
[101] Anaxim. rhet. 34,1,1439b 18; Arist. rhet. I 1,1354a 17; II 8,1385b 13; III 19,1419b 25; Aps. rhet. 12 p. 384,14; 391,4 Sp. = p. 296,15; 306,17 Sp. – H; Anon. Seguer. rhet. p. 456,24 Sp. = 225 p. 392,22 Sp. – H. = p. 44,20 G; Fortun. rhet. II 31 p. 119,32 H; Mart. Cap. rhet. 53 (565) p. 491,20 H.
[102] Fortun. rhet. II 31 p. 119,32 H.
[103] Quint. inst. VI 1,51.
[104] Arist. rhet. I 2,1356a 1–20.

druck gibt, wegen seiner ruhigen, gleichbleibenden Art als *adfectus mitis atque compositus* bezeichnet.[105]

Πάθος nennt Aristoteles[106] alle mit angenehmen und unangenehmen Empfindungen wie Zorn, Mitleid, Furcht und ihrem Gegenteil verbundenen Regungen, wodurch die Menschen sich in ihren Ansichten ändern und mit ihnen auch ihr Urteil. Alexandros, der Sohn des Numenios,[107] nennt das πάθος eine ὁρμὴ ἀπεστραμμένη τὸν αἱροῦντα λόγον, Neokles und mit ihm der Anonymus Seguerianus[108] eine πρόσκαιρος κατάστασις ψυχῆς σφοδροτέραν ὁρμὴν ἢ ἀφορμὴν κινοῦσα.

Das ἦθος ist nach Aristoteles[109] eine gewisse, nicht durch eine vorgefaßte Meinung gebildete, sondern durch die Rede selbst zur Geltung kommende Haltung des Redners, die ihn glaubwürdig macht; denn einem Manne, der gut ist, glaubt man lieber und mehr, besonders da, wo nicht absolute Gewißheit besteht.

Das ἦθος τοῦ λέγοντος wird von Aristoteles[110] als erstes der drei durch die Rede gewonnenen Beweismittel genannt, gehört also zu den πίστεις ἔντεχνοι; es wird wirksam, wenn die Rede so gehalten wird, daß sie den Redner glaubwürdig macht. Ἦθος besitzt die Rede, wenn die Grundsätze des Redners, was er als wählenswert ansieht, sich in ihr erkennen lassen. Bei Anaximenes[111] entspricht dem die δόξα τοῦ λέγοντος, die Darlegung dessen, was der Redner über die Sache denkt. Er muß zeigen, daß er in allem, worüber er spricht, erfahren ist und umgekehrt die gegenteiligen Behauptungen des Gegners zurückweisen. In symbuleutischen Reden wird er die Hörer daran erinnern, daß er dem Staate wohlgesinnt sei, daß er ihnen oft Vorteile gebracht habe, daß er lieber eigene Interessen opfere als sich aus öffentlichen Mitteln selbst zu bereichern und daß er auch jetzt im Interesse des Staates auftrete; vor Gericht wird er die Hörer wissen lassen, daß er stets gerecht gehandelt habe, daß er seine Freunde liebe, seinem jetzigen Gegner Gutes erwiesen habe, dankbar und mitleidig sei.[112]

Die Verwendung des ἦθος τοῦ λέγοντος ist in allen Redeteilen möglich, im Proömium aber notwendig, weil es darauf ankommt, den Hörer möglichst bald für sich zu gewinnen. Wenn also der Auctor ad Herennium und Cicero[113] in ihren rhetorischen Schriften das ἦθος, für das es im Lateinischen ja keine Bezeichnung gibt, nicht zu erwähnen scheinen, liegt das daran, daß sie es unter dem *principium a nostra persona* fassen. So glaubt der Auctor,[114] wir gewännen Wohlwollen in einer Gerichtssache, wenn *nostrum officium sine arrogantia laudabimus, atque in rem publicam quales fuerimus, aut in parentes, aut in amicos, aut in eos qui audiunt ... aliquid referemus* oder beim *genus laudativum*:[115] *aut officio facere, quod causa necessitudinis intercedat; aut studio, quod eiusmodi virtute sit ut omnes commemorare debeant velle; quod rectum sit aut ex aliorum laude*

---

[105] Quint. inst. VI 2,8f.
[106] Arist. rhet. II 1,1378a 19ff.
[107] Anon. Seguer. rhet. p. 456,17f. Sp. = 222 p. 392,14f. Sp.–H. = p. 44,13f. G.
[108] Anon. Seguer. rhet. p. 456,18ff.; 427,24f. Sp. = 223 p. 392,15ff.; 6 p. 353,7ff. Sp.–H. = p. 44,14ff.; 2,2f. G.
[109] Arist. rhet. I 2,1356a 5ff.
[110] Arist. rhet. II 21,1395b 13ff.
[111] Anaxim. rhet. 14,8,1431b 10.
[112] Anaxim. rhet. 29,7,1436b 22ff.; 36,5, 1442a 9ff.
[113] Auct. ad Herenn. I 4,8; Cic. inv. I 16,22.
[114] Auct. ad Herenn. I 5,8.
[115] Auct. ad Herenn. III 6,11.

ostendere qualis ipsius animus sit. Cicero[116] sagt nur: *si de nostris factis et officiis sine arrogantia dicemus;* in den ‚*Partitiones oratoriae*'[117] bemerkt er, daß Wohlwollen gewonnen wird *aut meritis nostris aut dignitate aut aliquo genere virtutis et maxime liberalitatis offici iustitiae fidei.* In ‚*De oratore*'[118] behandelt er die *mores et instituta et facta et vita* und ihre Bedeutung für den Sieg in Übereinstimmung mit Aristoteles etwas ausführlicher. Es ist aber nicht mehr allein das ἦθος des Redners, sondern auch dessen, für den er spricht, ebenso, wie das des Gegners. Durch die *dignitas hominis* werden die *res gestae* und die *existimatio vitae* festgelegt; es ist von großem Nutzen, *facilitas, liberalitas, mansuetudo, pietas, gratus animus, non appetens, non avidus* an den Tag zu legen; erstaunlich wirksam ist es, in der Rede die *mores iusti, integri, religiosi, timidi, perferentis iniuriarum* erkennen zu lassen. Das ἦθος ist die ganze Persönlichkeit.

Der Unterschied zwischen πάθος und ἦθος ist nur graduell: Πάθος ist die stärkere Bewegung, es befiehlt, ist mächtig im Erzeugen von Unruhe der Seele; das ἦθος ist die sanfte und gesetzte Bewegung, es befiehlt nicht, sondern überredet nur, ist stark im Wohlwollen und besänftigt wieder, was das πάθος erregt hat. Es empfiehlt sich vor allem durch Güte, ist mild und ruhig, schmeichelnd und menschlich, liebenswürdig und angenehm, es beinhaltet alles, was man über Erhabenes, Nützliches, Erlaubtes und Verbotenes sagen kann.[119] Daß einige Rhetoren das ἦθος für eine dauernde Haltung, das πάθος für einen nur vorübergehenden Zustand der Seele erklärten,[120] hält Quintilian[121] nur für teilweise berechtigt, weil es auch Stoffe gibt, die ein dauerndes πάθος verlangten. Beide, sagt er, sind aber von gleicher Natur, nur sei das πάθος stärker, das ἦθος schwächer, so sei *amor* πάθος, *caritas* ἦθος.[122]

Anaximenes hat als Affekte, die der Redner erregen oder auch beruhigen soll, φιλία, χάρις, ἔλεος,[123] ὀργή, φθόνος, ἔχθρα,[124] μῖσος[125] mit Angabe der Mittel, die zu ihrer Erregung führen, angeführt. Aristoteles[126] nennt: ὀργή und πραότης, φιλία, ἔχθρα und μῖσος, φόβος und θάρσος, αἰσχύνη und ἀναισχυντία, χάρις und ἀχαριστία, ἔλεος und das νεμεσᾶν, φθόνος, ζῆλος. Im Anschluß daran[127] behandelt er noch die ἤθη κατὰ τὰ πάθη, die Zustände der Seele, wie Tugend und Laster, die Lebensalter und die äußere Lage, wie Adel der Geburt, Reichtum, Macht und das Gegenteil davon, kurz Glück und Unglück.[128] Der Auctor ad Herennium und Cicero[129] nennen nur *odium, invidia, contemptio;* jener hat aber gesondert noch die *misericordia* genannt.[130] Cicero will in ‚*De oratore*',[131] daß die Rede die Richter dazu bringe, *ut aut oderint aut diligant... aut cupiant aut abhorreant aut laetentur aut maereant aut misereantur aut poenire velint aut ad eos motus deducantur, si qui finitimi sunt talibus animi permotionibus;* im ‚*Orator*'[132] sagt er, daß der Richter *irascatur mitigetur, invideat faveat, contemnat admire-*

---

[116] Cic. inv. I 16,22.
[117] Cic. part. 8,28.
[118] Cic. de orat. II 43,182–184.
[119] Quint. inst. VI 2,9.13.
[120] Neokles und der Anonymus Seguerianus: vgl. Anm. 108; Iul. Vict. 22 p. 439,32f.; 36f. H.
[121] Quint. inst. VI 2,10.
[122] Quint. inst. VI 2,12.
[123] Anaxim. rhet. 34,1,1439b 17f.
[124] Anaxim. rhet. 34,12,1440a 28f.
[125] Anaxim. rhet. 36,49,1445a 17.
[126] Arist. rhet. II 2 – 11,1378a 30 – 1388b 28.
[127] Arist. rhet. II 12 – 17, 1388b 31 – 1391b 3.
[128] Arist. rhet. II 12,1388b 32ff.
[129] Auct. ad Herenn. I 5,8; Cic. inv. I 16,22.
[130] Auct. ad Herenn. II 31,50.
[131] Cic. de orat. II 44,185.
[132] Cic. orat. 38,131.

tur, oderit diligat, cupiat fastidiat, speret metuat, laetetur doleat, im ‚Brutus'[133] heißt es vom Hörer: gaudet dolet, ridet plorat, favet odit, contemnit invidet, ad misericordiam inducitur, ad pudendum, ad pigendum; irascitur mitigatur, sperat timet. Quintilian[134] nennt Zorn, Gunst, Haß, Mitleid und Zorn, Haß, Furcht, Neid, Mitleid.[135] Bei Iulius Severianus[136] sind es *ira, odium, misericordia, livor, metus, spes,* bei C. Iulius Victor[137] *ira, dolor, gaudium, maeror, metus et cetera.* Der Anonymus Seguerianus[138] nimmt nur vier πάθη an: λύπη, φόβος, ἐπιθυμία, ἡδονή, unterteilt aber jedes in zwei εἴδη: λύπη in ἔλεος, das Leid über unverdientes Unglück des Nächsten, und φθόνος, das Leid, das empfunden wird, weil es dem Nächsten gut geht; φόβος in αἰσχύνη, d. h. Furcht vor einer Niederlage, und ἀγωνία, die Furcht, einen Fehler zu begehen. Quintilian[139] unterscheidet ebenfalls zwei Arten der Furcht: eine, die man empfindet, von der man aber befreit werden kann und die deshalb angenehmer ist und eine zweite, seltenere, aber unerfreulichere, die man in anderen hervorruft. Ebenso gibt es zwei Arten der *invidia*, denen die zwei Adjektive *invidus* (Personen) und *invidiosus* (Sachen) entsprechen. Der Anonymus teilt dann weiter die ἐπιθυμία in ὀργή, das Verlangen nach Rache, und θυμός, das gewalttätige, zornige Verlangen, Schaden zuzufügen. Die ἡδονή endlich kann ἐπιχαιρεκακία, Schadenfreude, sein oder ἀπόλαυσις, die Freude am Genuß guten Essens.

Sollen die πάθη in den Hörern erregt werden, müssen diese *verbis et sententiis et actione* behandelt werden.[140] Dazu aber ist notwendig, daß alle Erregungen, die der Hörer durch die Rede empfinden soll, zuerst dem Redner selbst eingedrückt und wie eingebrannt erscheinen, damit die Hörer sie mitempfinden können.[141] Aristoteles[142] hat es so ausgesprochen: συνομοπαθεῖ ὁ ἀκούων ἀεὶ τῷ παθητικῶς λέγοντι, κἂν μηδὲν λέγῃ.

Quintilian[143] sagt, die Hauptsache bei der Erregung der Affekte liege darin, daß der Redner davon selbst ergriffen sei. Cicero[144] hat von sich behauptet, daß er niemals versucht habe, im Hörer einen Affekt zu erregen, von dem er nicht selber ergriffen war.

Apsines[145] hat folgende Mittel zur Erzeugung der πάθη angegeben:

1. Der prüfende Vergleich der gegenwärtigen üblen Lage mit der früheren glücklichen.

2. Die vergleichende Nebeneinanderstellung zweier Unglücksfälle, z. B. keine Pest und auch nicht die sizilische Expedition waren so schlimm wie die Herrschaft der Dreißig.

3. Die maßlose Übertreibung.

---

[133] Cic. Brut. 50,188.
[134] Quint. inst. VI 2,6.
[135] Quint. inst. VI 2,20.
[136] Iul. Sev. 18 p. 365,22 H.
[137] Iul. Vict. 22 p. 439,37f. H.
[138] Anon. Seguer. rhet. p. 456,20ff. Sp. = 224 – 228 p. 392,17 – 393,5 Sp. – H. = p. 44, 16 – 45,10 G.
[139] Quint. inst. VI 2,21.
[140] Cic. Brut. 50,188.
[141] Cic. de orat. II 45,189.
[142] Arist. rhet. III 7,1408a 23f.
[143] Quint. inst. VI 2,26.
[144] Cic. de orat. II 45,189f.
[145] Aps. rhet. 12 p. 405,10 – 406,32 Sp. = p. 327,8 – 329,23 Sp. – H.

4. Die Betonung der Eigenschaft der Personen: wer ist der Geschädigte, ein Ehrenmann oder ein Wohltäter? von wem hat er Unrecht erdulden müssen?

5. Die διαπορήσεις gleich zu Beginn: was soll ich zuerst, was zuletzt sagen? soll ich aufhören, ohne es zu erwähnen? muß ich es erzählen? aber es ist nicht leicht, das ohne Tränen zu tun.

6. Die δείνωσις: „ein schrecklicher Anblick!" φεῦ καὶ οἴμοι: „weh mir!", ἀνακλητικά: „ein schrecklicher Anblick, o Erde und ihr Götter!", διαπλασιασμοί: „Theben, o Theben".

7. Die schmucklose, kommatische, asyndetische Rede.

8. Nicht nur die Erinnerung an das Erlittene, sondern auch die Furcht, noch mehr erleiden zu müssen.

9. Die sogenannten πλάσεις: die Vorstellung z. B., daß der Feind schon vor den Mauern ist, Schreie, die der Leidende ausstößt, so daß die Hörer fürchten, das Unheil stehe bevor.

Die Hauptrolle bei der Verwendung des πάθος spielt der ἔλεος, οἶκτος, die *commiseratio*, mit der die Redner ihre Triumphe feierten: *plurimum valet miseratio*.[146] Die *conquestio* ist nach Cicero[147] die *oratio auditorum misericordiam captans*. Ihr kommt die größte Bedeutung zu, und sie vermag den Richter nicht nur umzustimmen, sondern auch zu zwingen, seine Rührung durch Tränen kundzutun.[148] Schon im Proömium hat der Redner Gelegenheit, im Richter kurz Regungen des Mitleids aufkommen zu lassen, dadurch, daß er von seinen eigenen bösen Erfahrungen in der Vergangenheit und von den voraussichtlich auch in der Zukunft zu erwartenden spricht. Das kann aber nur kurz geschehen; im Epilog dagegen ist es möglich, allen Affekten freien Lauf zu lassen.[149] Cicero[150] war Meister in der Verwendung der *miseratio*; er spricht selbst davon, daß er darin eine gewisse Fertigkeit erreicht habe. Wenn sich nämlich mehrere Redner mit ihm in die Vertretung einer Rechtssache teilten, überließen sie ihm einstimmig die *peroratio*.

Nach Anaximenes[151] soll der Redner zur Erregung des Mitleids folgendes anführen: er selber sei den Hörern freundlich gesinnt und unverdientermaßen ins Unglück geraten; er habe auch schon früher Übles erfahren und werde noch mehr ertragen müssen; die, denen Mitleid erwiesen werden soll, hätten von den Gegnern oder deren Freunden unverdient Schlimmes erduldet und noch zu erdulden, wenn die Hörer ihnen nicht zu Hilfe kämen; sie seien des Guten, das alle anderen oder doch die meisten besäßen, beraubt und würden nie etwas Gutes empfangen, wenn sich die Hörer ihrer nicht erbarmten.

Cicero[152] verlangt, daß der Hörer erst durch *loci communes* milde und barmherzig gestimmt werden solle, in denen die Macht des Schicksals und die Ohnmacht des Menschen dargestellt wird, und zwar in eindrucksvoller und gedankenreicher Rede,

---

[146] Quint. inst. VI 1,23.
[147] Cic. inv. I 55,106.
[148] Quint. inst. VI 1,23.
[149] Quint. inst. VI 1,51.
[150] Cic. orat. 37,130.
[151] Anaxim. rhet. 34,4,1439b 25ff.
[152] Cic. inv. I 55,106.

die ihn im Leid des anderen seine eigene Schwäche erkennen lasse. Dieser allgemeinen Grundlage reiht er 16 *loci misericordiae* an:[153]

1. Wenn man die jetzige unglückliche Lage mit der früheren glücklichen vergleicht.

2. Wenn man die schlechte Lage in der Vergangenheit, Gegenwart und Zukunft schildert.

3. Wenn man jede einzelne Erscheinungsform des Unglücks beklagt, z.B. beim Tode eines Sohnes die Lust seiner Jugend, Liebe, Hoffnung, Trost, Erziehung.

4. Wenn man schimpfliche und niedrige Dinge vorbringt und nachweist, daß das, was über uns gekommen ist oder noch kommen wird, des Alters, des Geschlechtes, des früheren Glückes, der Ehre und der erwiesenen Wohltaten unwürdig sei.

5. Wenn man die einzelnen unglücklichen Verhältnisse lebendig ausmalt, damit der Hörer, als ob er persönlich dabei sei, durch Augenschein und nicht nur durch Worte zum Mitleid geführt werde.

6. Wenn der unerwartete und wider alle Hoffnung eingetretene Sturz ins Unglück statt der Erreichung des erhofften Zieles gezeigt wird.

7. Wenn man unmittelbar an die Hörer die Bitte richtet, an ihre eigenen Kinder, ihre Eltern und die ihnen Teuren zu denken.

8. Wenn man zu verstehen gibt, eine Sache, die nicht hätte eintreten sollen, sei geschehen oder umgekehrt, etwas sei nicht eingetreten, was notwendigerweise hätte geschehen sollen.

9. Wenn man die Rede an stumme und leblose Dinge richtet, z.B. an ein Pferd, ein Haus oder ein Kleid, wodurch der Hörer in seiner Liebe zu dem Toten heftig ergriffen wird.

10. Wenn Not, Schwäche und Vereinsamung anschaulich geschildert werden.

11. Wenn man empfiehlt, das eigene Grab oder das der Eltern und Kinder zu pflegen.

12. Wenn die Trennung von einer teuren Person beklagt wird.

13. Wenn man sich entrüstet über schlechte Behandlung durch jemanden, dem das am wenigsten anstand, z.B. durch Verwandte, Freunde und Menschen, denen der Klagende Wohltaten erwiesen hat, von denen man Hilfe erwartet hat, z.B. von Sklaven, Freigelassenen oder Klienten.

14. Wenn man die Hörer in eindringlicher, um Erbarmen bittender Rede beschwört.

15. Wenn man darlegt, daß man nicht sein eigenes Unglück beklagt, sondern das derer, die einem teuer sind.

16. Wenn man zeigt, daß man gegen andere barmherzig war und das Unglück jetzt und später mutig ertragen werde; denn oft richtet Tüchtigkeit und Hochherzigkeit mehr aus als demütiges und flehendes Bitten.

Abschließend steht die Mahnung, nach der Erregung der Gemüter nicht länger bei der *conquestio* zu verweilen, mit dem Hinweis auf die Worte des Redners Apollonios: *lacrima nihil citius arescit*.

---

[153] Cic. inv. I 55,107 – 56,109.

Der Auctor ad Herennium[154] weicht in einigen Punkten von Cicero ab: er hat die Vorbemerkung Ciceros als *locus communis* zum ersten Punkt angeführt und bringt an Stelle des vierten, siebenten, achten und neunten Punktes: Neues Leiden, falls der Prozeß zu Ungunsten des Redners entschieden wird; gegen andere bewiesene Milde, Menschlichkeit und Mitleid, den Hinweis darauf, immer im Unglück gewesen zu sein und die Klage über das eigene Geschick. Quintilian[155] will als Inhalt der *miseratio* die erlittenen, augenblicklichen und noch zu erduldenden Leiden verstanden wissen. Die Klage kann noch durch die Vergleichung des vergangenen Glücks mit dem kommenden Unglück verstärkt werden.

Apsines[156] beginnt wie Cicero seinen Katalog der τόποι mit der Forderung, vor der eigentlichen *miseratio* den Richter vorzubereiten und den Redner geneigt zu machen. Das soll geschehen:

1. Durch den κοινὸς τόπος über ἔλεος und φιλανθρωπία und über die Notwendigkeit, menschlich zu denken und sich mehr über Milde als über Grausamkeit zu freuen.

2. Durch den Gedanken daran, daß der, der selbst Mitleid empfindet, leichter als andere das Mitleid der Menschen finden kann.

3. Durch den Hinweis auf den Altar des Ἔλεος in Athen.

4. Durch Anführung von Beispielen solcher, die erfolgreich ihre Zuflucht zum Altar genommen haben.

5. Durch Vorführung der Taten des Angeklagten zum Wohle des Staates.

Daran reiht dann Apsines[157] die τόποι, die aber schon zu einem guten Teil bei früheren Rhetoren bekannt sind:

1. τόπος ἀπὸ τοῦ παρὰ τὴν ἀξίαν.
2. τόπος ἀπὸ τοῦ καλουμένου παρὰ τὴν ἐλπίδα.
3. τόπος ἀπὸ τῆς εὐδαιμονίας τῆς πρὸ τοῦ.
4. τὰ ἀπρεπῆ καὶ τὰ αἰσχρά.
5. τὰ δεινὰ τὰ συμβεβηκότα τισὶν ἢ συμβησόμενα.[158]
6. ἡ ἐνάργεια ἡ τῶν ἀτυχούντων καὶ ἠθοποιΐα καὶ χαρακτηρισμὸς ὁ περὶ αὐτῶν γινόμενος.
7. τὸ τῆς ὁμοπαθείας στοιχεῖον, οἷον ὑπὲρ παιδός τις ἀγωνίζεται ἢ μητρὸς ἢ πατρός.
8. αὐτοὶ κατηγοροῦντες ἑαυτῶν.
9. λόγος πρὸς τόπον τινὰ γινόμενος.
10. τὸ δέον γενέσθαι οὐ γεγενημένον.
11. λόγος τις γινόμενος πρὸς κτήματα τοῦ τεθνεῶτος.
12. ὁ πρὸς πατρίδα λόγος γινόμενος.
13. ἀνάμνησις ὧν εἶπεν ἢ ἐποίησεν.
14. ἡ τῶν ἐχθρῶν ἐπ' αὐτοῖς ἐσομένη χαρὰ δηλουμένη καὶ νὴ Δία τις ἡδονή.

---

[154] Auct. ad Herenn. II 31,50.
[155] Quint. inst. VI 1,23.
[156] Aps. rhet. 12 p. 391,5ff. Sp. = p. 306,17ff. Sp.-H.
[157] Aps. rhet. 12 p. 392,20 – 404,30 Sp. = p. 308,20 – 326,23 Sp.-H.
[158] Dazu bemerkt Apsines, daß man nicht durch eine lange Reihe mehr Schrecken als Mitleid erregen soll.

15. πάθος τὸ συμβεβηκὸς περί τινος τῶν οἰκείων τοῦ κρινομένου ἢ τοῦ τεθνεῶτος.
16. τὰ ὑπὸ τῶν ἀτυχούντων ἢ λεγόμενα ἢ πραττόμενα δηλούμενα.
17. τὴν ἐρημίαν ὀδυρόμενοι τὴν ἑαυτῶν.
18. ὁ τῆς ἐντολῆς καλούμενος τόπος, wenn z. B. der Verstorbene seine Kinder noch einem Vormund anvertraut hat.

Dazu kommt noch: die φαντασία,[159] *per quas imagines rerum absentium ita repraesentantur animo, ut eas cernere oculis ac praesentes habere videamur;* προσωποποιΐα;[160] διαπορήσεις: „was soll ich tun? schweigen oder reden?" ἀποσιώπησις: das Abbrechen mitten in der Darstellung: „ich kann nicht mehr weitersprechen"; ἐπαναλήψεις: Θῆβαι δὲ Θῆβαι· ὑπογραφαί: οἰκίας κατεσκαμμένας, τείχη περιῃρημένα·[161] der τόπος τοῖς μηκέτ' οὖσι διαλέγεσθαι·[162] ὅταν περὶ τοῦ σχήματος διαλέγηται, über die Art, sich zu zeigen, z. B.: ὅπως μὲν ἐπὶ γῆς ἔκειντο, ὅπως δὲ οὗτος παρειστήκει μετὰ τοῦ ξίφους.[163]

Alle diese τόποι zur Erregung des Mitleids (ἐλέου ἐσβολή) stehen nicht nur dem Verteidiger, sondern auch dem Ankläger zur Verfügung, wenn er z. B. den Tod eines Mannes, für den er Sühne fordert, rächen will oder die Vereinsamung von dessen Eltern und Kindern beklagt. Gewöhnlich aber wird es seine Aufgabe sein, den Richter vom Mitleid abzulenken, das der Angeklagte erregen wird. Dazu muß er voraussehen können, was der Verteidiger tun und sagen wird und das schon für sich verwenden, so daß der Verteidiger nur noch das vom Ankläger Vorgetragene wiederholen kann. Dadurch verliert aber der Richter, der nun nichts Neues mehr hören wird, das Interesse und entzieht, gleichzeitig zur Wahrung seines Richtereides gemahnt, dem Verteidiger seine Gunst.[164]

Es gibt aber Geschehnisse, wie Mord, die an sich schon so fürchterlich sind, daß sie keiner Steigerung und keiner δείνωσις mehr bedürfen; andere aber müssen erst vergrößert und möglichst eindrucksvoll gemacht werden, um eine Wirkung auf den Hörer zu erzielen.[165] Das kann durch Mittel der rednerischen Kunst und durch Handlungen geschehen. Von jenen war schon die Rede. Um Tränen fließen zu lassen, kann der Verteidiger wie der Ankläger noch andere Mittel ergreifen: er kann die Angeklagten selber, ihre Eltern, Gattin und Kinder in schmutzigem Aufzug und in Trauerkleidern auftreten lassen, die nun den Richter beschwören, die Götter anrufen, als ob sie es aus reinem Gewissen täten, sich zu Boden werfen und die Knie des Richters umfassen; da zeigt der Ankläger das blutige Werkzeug der Tat vor, vom Scheiterhaufen aufgelesene Knochen, von Blut übergossene Kleider und entblößt den mit Schlägen bedeckten Körper. Da wird eine Tafel mit dem Bilde des Getöteten aufgestellt, das den Richter durch das entsetzliche Aussehen des Dargestellten rühren soll, und das geschieht nicht nur in Kriminalprozessen; es tut seine Wirkung, wenn nicht die Über-

---

[159] Quint. inst. VI 2,29.
[160] Quint. inst. VI 1,25.
[161] Aps. rhet. 5 p. 358,20; 26 – 30 Sp. = p. 258,10f.; 16 – 21 Sp. – H.
[162] Anon. Seguer. rhet. p. 457,21 Sp. = 234 p. 393,26 Sp. – H. = p. 46,7 G.
[163] Anon. Seguer. rhet. p. 457,14ff. Sp. = 233 p. 393,19ff. Sp. – H. = p. 46,1ff. G.
[164] Quint. inst. VI 1,9 – 12.
[165] Quint. inst. VI 2,21.24.

treibung und das Theatralische Lachen statt Mitleid hervorrufen. Quintilian[166] berichtet von entsprechenden Beispielen. Cicero[167] sagt von sich selber, daß er einmal einen kleinen Knaben auf die Arme genommen und so die *peroratio* gesprochen habe; ein anderes Mal habe er einen vornehmen Mann in Erregung versetzt und zusammen mit ihm, dessen kleinen Sohn emporhaltend, das Forum mit Jammern und Klagen erfüllt. Vom Redner Antonius läßt er den Crassus erzählen, daß er in der *peroratio* eines Falles gegen einen konsularischen Angeklagten ohne Bedenken dessen Tunica zerriß, um den Richtern auf der Brust des greisen Feldherrn die Wunden zu zeigen.[168]

[166] Quint. inst. VI 1,30–45.
[167] Cic. orat. 38,131.
[168] Cic. de orat. II 28,124.

ZWEITES KAPITEL

DIE BERATENDE BEREDSAMKEIT

Die beratende Beredsamkeit, das γένος συμβουλευτικόν[1] oder γένος δημηγορικόν,[2] *genus deliberativum*,[3] findet Verwendung:

1. In den vor der Volksversammlung, der ἐκκλησία oder dem βουλευτήριον gehaltenen Reden.[4]
2. In den Gerichtsreden, den δικαιολογίαι.[5]
3. In den ἰδίαι ὁμιλίαι,[6] den Reden der ἰδίᾳ συμβουλεύοντες.[7]
4. In der nur schriftlich überlieferten, nie gesprochenen Flugschrift.
5. Überhaupt in der prosaischen wie poetischen Literatur.

Die Rhetoren sprechen aber nur von den Reden im βουλευτήριον oder in der ἐκκλησία, im Senat oder in der *contio*. Die öffentliche beratende Rede nennen die Griechen δημηγορία,[8] die Lateiner *contio*,[9] *oratio contionalis*,[10] *deliberatio*,[11] *consultatio*,[12] *suasoria*.[13]

Die beratende Rede kann nun nicht nur im positiven Sinne etwas anraten oder empfehlen, sondern auch umgekehrt, von etwas abraten, etwas ablehnen oder vor etwas warnen. So hat Anaximenes[14] das γένος δημηγορικόν in zwei εἴδη zerlegt, das εἶδος προτρεπτικόν und das εἶδος ἀποτρεπτικόν, Aristoteles[15] in eine προτροπή und ἀποτροπή; der Auctor ad Herennium[16] spricht von der *suasio* und *dissuasio*, ebenso Fortunatian;[17] Quintilian[18] sagt *suadere* und *dissuadere*, was auch in dem Satze Ciceros[19] liegt, daß der Redner sich in einer *suasio* zum Ziel setzt, *aut spem aut reformidationem deliberantis*.

Das εἶδος προτρεπτικόν wird nun von Anaximenes[20] bestimmt als ἐπὶ προαιρέσεις ἢ λόγους ἢ πράξεις παράκλησις, das ἀποτρεπτικόν als ihre διακώλυσις. Es ist selbstverständlich, daß ein Rat nur für eine zukünftige Handlung gegeben werden kann. Anaximenes erwähnt das nicht, Aristoteles[21] aber sagt das ausdrücklich; der Auctor ad Herennium spricht auch nicht davon; es ist jedoch in dem schon genannten Satz

---

[1] Arist. rhet. I 3,1358 b 7.
[2] Anaxim. rhet. 1,1,1421 b 8.
[3] Auct. ad Herenn. I 2,2; Cic. inv. I 5,7; Quint. inst. II 4,25.
[4] Anaxim. rhet. 2,1,1423 a 14.
[5] Anaxim. rhet. 1,2,1421 b 14.
[6] Anaxim. rhet. 1,2,1421 b 14 f.
[7] Arist. rhet. I 3,1358 b 9.
[8] Anaxim. rhet. 1,2,1421 b 13.
[9] Quint. inst. III 8,65.67; IX 4,18.
[10] Quint. inst. III 4,1.
[11] Cic. inv. I 9,12; Quint. inst. III 8,10.
[12] Auct. ad Herenn. I 2,2.
[13] Quint. inst. III 8,6.10.20.34.
[14] Anaxim. rhet. 1,1,1421 b 9.
[15] Arist. rhet. I 3,1358 b 8 f.
[16] Auct. ad Herenn. I 2,2.
[17] Fortun. rhet. I 1 p. 81,17 f. H.
[18] Quint. inst. III 4,15; 8,6.
[19] Cic. part. 4,11.
[20] Anaxim. rhet. 1,3,1421 b 21 ff.
[21] Arist. rhet. I 3,1358 b 14 f.

Ciceros enthalten. Bei Quintilian[22] findet man wieder: *de futuris deliberamus*. Er sagt, beim Raten und Abraten seien drei Dinge zu beachten.[23]

1. Der Stoff der Beratung.
2. Die Person des Überlegenden und Ratsuchenden.
3. Die Person des Ratgebenden.

Der Stoff zur Beratung kann nach Aristoteles[24] nur etwas Gutes bzw. etwas Schlechtes sein. Cicero[25] gibt allgemein als Gegenstand der beratenden Rede die *res expetendae, expetenda fugiendaque*,[26] *res maximae*[27] an. Aber nicht über alles Gute oder Schlechte, meint Aristoteles,[28] kann der Beratende Rat geben; er schließt davon das ἀδύνατον aus, das, was noch nie geschehen ist und deshalb auch nie geschehen wird, was ἐξ ἀνάγκης, was φύσει und was ἀπὸ τύχης geschieht; ebenso das ἀναγκαῖον,[29] das, was nicht in unserer Macht steht, sondern durch die von den Göttern oder Menschen bestimmte Notwendigkeit geschieht. Gegenstand der Beratung kann vielmehr nur sein, was schon in den ersten Anfängen seines Werdens auf uns zurückgeht und von uns abhängt.[30] In den ‚*Partitiones oratoriae*'[31] hat Cicero diese Sätze des Aristoteles vor Augen. Er sagt da, daß der Redner, der anraten oder abraten wolle, zuerst sehen müsse:

a) Was geschehen kann und was nicht, weil das Unmögliche nicht Gegenstand einer Überlegung sein kann.

b) Was *necesse est*, d.h. das, ohne das man nicht heil und nicht frei sein kann.

Das ist allen anderen Überlegungen voranzustellen; da ist das Homonym ἀναγκαῖον falsch aufgelöst. Er stimmt aber wieder mit Aristoteles überein, wenn er sowohl für das, was geschehen kann, verlangt, es müsse auch gefragt werden, wie leicht es geschehen könne, weil oft das Schwierige so behandelt würde, als sei es undurchführbar, ebenso wie auch bei der Frage nach der *necessitas*, wenn etwas nicht als solche erscheint, jedoch die Frage nach ihrer Größe gestellt wird; denn oft erscheint das, woran man sehr interessiert ist, als notwendig. Für das, was notwendigerweise geschieht, findet auch Quintilian[32] keinen Platz mehr, weil es vielleicht einmal notwendig sein könne, etwas zu erleiden, aber nicht, etwas zu tun, und die Überlegung gerade über das Tun gehe. Wenn aber jemand aus Furcht, Schlimmeres erleiden zu müssen, zu etwas gezwungen wird, so ist das eine Frage der *utilitas* oder besser des *possibile*. Ein solcher Fall gehört aber mehr in die persönliche Sphäre, nicht in das Gebiet der politischen Rede im βουλευτήριον und in der ἐκκλησία. Den Inhalt der politischen Rede bilden nun nach Anaximenes[33] sieben Stoffe:

1. Religiöse Angelegenheiten; die Frage, ob sie bewahrt, prächtiger gestaltet oder vermindert werden sollten.

---

[22] Quint. inst. III 3,7.
[23] Quint. inst. III 8,15.
[24] Arist. rhet. I 4,1359a 30f.
[25] Cic. inv. II 52, 157.
[26] Cic. top. 23,89.
[27] Cic. de orat. II 81,333.
[28] Arist. rhet. I 4,1359a 32ff.
[29] Anaxim. rhet. 1,12,1422a 20f.
[30] Arist. rhet. I 4,1359a 38f.
[31] Cic. part. 24,83f.
[32] Quint. inst. III 8,22f.; 25.
[33] Anaxim. rhet. 2,2,1423a 22ff.; 2,3 – 35, 1423a 30 – 1425b 35.

2. Gesetzgebung.
3. Staatliche Einrichtungen.
4. Bundesgenossenschaften und Verträge.
5. Krieg.
6. Frieden.
7. Einkünfte.

Aristoteles[34] kommt zu fünf Gegenständen der Beratung:
1. Einkünfte.
2. Krieg und Frieden.
3. Verteidigung des Landes.
4. Ein- und Ausfuhr.
5. Gesetzgebung.

Diese Stelle hat Cicero[35] im Auge, wenn er als Inhalt einer beratenden Rede, die die *utilitas* als ihr Ziel betrachtet, angibt: *commoda pacis, opum, potentiae, vectigalium, praesidi militum, ceterarum rerum, quarum fructum utilitate metimur, itemque incommoda contrariorum*. Quintilian[36] schließt daraus, daß Cicero, wie die meisten Griechen, das *officium* der *deliberatio* als *contionale* betrachtet und es nur auf die Staatsverwaltung erstreckt: *Cicero in hac maxime parte versatur. ideoque suasuris de pace, bello, copiis, operibus, vectigalibus haec duo esse praecipue nota voluit, vires civitatis et mores*.

Anaximenes[37] hat den Redner, der anraten und abraten will, angewiesen, zu zeigen, daß das, was er anrät

1. δίκαιον, gerecht sei, d.h. so, daß es der ungeschriebenen Gewohnheit aller oder doch der meisten entspricht, das Gute vom Bösen zu scheiden.

2. νόμιμον, gesetzlich sei, d.h. im Sinne der allgemeinen schriftlich festgelegten Übereinkunft der Gemeinschaft, die darüber entscheidet, was jeder zu tun hat.

3. συμφέρον, nützlich sei, d.h. darauf gerichtet, das vorhandene Gute zu wahren, neues dem vorhandenen hinzuzufügen, vorhandenes Übel zu beseitigen und neues, etwa noch zu erwartendes, zu verhindern.

4. καλόν, edel sei, d.h. daß dadurch den Taten Ehre und Ruhm zuteil wird.

5. ἡδύ, angenehm sei und Freude bereite.

6. ῥᾴδιον, leicht sei, so daß es in der kürzesten Zeit mit der geringsten Mühe und dem kleinsten Aufwand durchzuführen sei.

Falls aber diese Ziele nicht zu erreichen seien, solle das Angeratene als möglich und notwendig dargestellt werden; notwendig aber sei, was unter göttlichem oder menschlichem Zwange geschehe.[38]

Aristoteles[39] nennt diese Hauptgesichtspunkte τέλη, Hermogenes[40] τελικὰ κεφάλαια, Priscian[41] *capitula finalia*; bei Emporius[42] heißen sie στοιχεῖα, *elementa*. Wer sie erfunden und angewandt hat, läßt sich nicht sagen. Sicher ist nur, daß sie schon vor

---

[34] Arist. rhet. I 4,1359b 21 ff.
[35] Cic. de orat. II 82,335.
[36] Quint. inst. III 8,14.
[37] Anaxim. rhet. 1,4,1421b 23 ff.
[38] Anaxim. rhet. 1,12,1422a 19 ff.
[39] Arist. rhet. I 3,1358b 20.
[40] Hermog. prog. 6 p. 14,6f. R.
[41] Prisc. rhet. 6 p. 555,10f. H.
[42] Empor. p. 571,9 H.

Aristoteles bekannt waren, daß man aber keinen Namen dafür hatte. Bei Anaximenes[43] sind es nur ταῦτα ἐφ' ἃ παρακαλεῖ ὁ προτρέπων. Isokrates verwendet sie auch schon und macht sie in der Gliederung seiner Reden deutlich. Im Αἰγινητικός,[44] einer für ein äginetisches Gericht bestimmten Rede, zeigt er, daß das angefochtene Testament den Gesetzen entspricht und gerecht ist[45] und daß es gut und richtig abgefaßt ist. Nachdem er im ‚Panegyrikos' gezeigt hatte, daß der Krieg gegen die Perser möglich und vorteilhaft sei,[46] will er im ‚Philippos' dem König raten, die Einigung der Griechen in Angriff zu nehmen und gegen die Barbaren ins Feld zu ziehen; jenes sei für die Griechen angenehm, dieses nützlich.[47] Zur Einigung der Griechen wird dargelegt, daß dafür das δίκαιον, συμφέρον, δυνατόν, ῥᾴδιον und das ἔνδοξον gegeben sei.[48] Was den Krieg gegen die Perser angehe, so betont Isokrates das ῥᾴδιον, συμφέρον und das ἔνδοξον.[49] Im ‚Plataikos' wird dargelegt, daß die Hilfe für Plataä gerecht, nützlich, gefahrlos und ruhmvoll sei.[50] Im ‚Archidamos' führt Isokrates aus, daß Messene rechtmäßig im Besitze Spartas sei, daß es nützlich und möglich sei, für seine Erhaltung zu kämpfen und daß es für Sparta um das πρέπον und die εὐδοξία gehe.[51] Den Schluß[52] bildet eine Prosopopoeie, eine nach Quintilian[53] für die symbuleutische Rede schöne aber schwierige Sache: Eltern und Kinder fordern, den Namen Spartas, seine Gesetze, seine ruhmreichen Schlachten und seine Hegemonie nicht zu schänden. Im ‚Frieden' lautet die πρόθεσις des ersten Teils,[54] daß Athen keinen gerechteren und nützlicheren Frieden haben könne als den von Isokrates vorgeschlagenen; im zweiten Teil der Rede will Isokrates nach der πρόθεσις zeigen, daß die von ihnen angestrebte Herrschaft weder gerecht noch nutzbringend noch möglich sei.[55] Das sind ταῦτα ἐφ' ἃ παρακαλεῖ (ὁ προτρέπων) des Anaximenes; es fehlen nur das ἀναγκαῖον, καλόν und das ἡδύ; dafür sind neu eingeführt: ἀκίνδυνον, ἔνδοξον, εὔδοξον und das πρέπον.

Anaximenes hat auch für die übrigen εἴδη die τέλη genannt: für das εἶδος κατηγορικόν,[56] das ἄδικον, παράνομον und ἀσύμφορον, für das εἶδος ἀπολογητικόν nur einen Teil der für das εἶδος προτρεπτικόν aufgestellten,[57] für das εἶδος ἐγκωμιαστικόν[58] alle außer dem δυνατόν und dem ἀναγκαῖον und für das ψεκτικόν das Gegenteil davon; zuletzt für das εἶδος ἐξεταστικόν[59] das δίκαιον, νόμιμον, συμφέρον, καλόν und ἡδύ. Aristoteles[60] hat sich aber damit begnügt, für jedes rhetorische γένος nur je ein τέλος zu nennen, für die beratende Rede das συμφέρον bzw. das βλαβερόν, für die Gerichtsrede das δίκαιον bzw. das ἄδικον und für die epideiktische Rede das καλόν bzw. das αἰσχρόν. Der Redner kann zwar, aber muß nicht, auch für die anderen εἴδη charak-

---

[43] Anaxim. rhet. 1,4,1421b 24.
[44] Isokr. or. XIX 10–15.
[45] Isokr. or. XIX 16.
[46] Isokr. or. IV 133–186; 187–189.
[47] Isokr. or. V 16.
[48] Isokr. or. V 32–34; 35–38; 39–56; 57–67; 68–80.
[49] Isokr. or. V 89–104; 116–132; 133–136.
[50] Isokr. or. XIV 8–10; 11–32; 33–41; 42–55.
[51] Isokr. or. VI 17–33; 34–57; 58–69; 90–98.
[52] Isokr. or. VI 110.
[53] Quint. inst. III 8,49.
[54] Isokr. or. VIII 16.
[55] Isokr. or. VIII 66.69f.
[56] Anaxim. rhet. 4,2,1426b 31f.
[57] Anaxim. rhet. 4,7,1427a 26f.: ἔννομον καὶ δίκαιον καὶ καλὸν καὶ συμφέρον.
[58] Anaxim. rhet. 3,1,1425b 38ff.
[59] Anaxim. rhet. 6,1,1427b 40f.

teristische τέλη verwenden; er kann in der epideiktischen Rede z. B. auch herausstellen, daß der Gelobte etwas Lobenswertes unter Vernachlässigung seines eigenen Vorteils getan hat, wie z. B. Achill gelobt wird, weil er sein eigenes Wohl beiseite stellte und dem Patroklos zu Hilfe kam, wo es doch von ihm abhing, ob er weiterlebte. Für ihn war der Tod ehrenvoller, während das Leben nur ein Vorteil für ihn war.[61]

Der beratende Redner wird niemals zugeben, daß er zu etwas Schändlichem rät oder von etwas Nützlichem abrät. Das ἀδύνατον und das ἀναγκαῖον aber schließt er, wie schon oben[62] gesagt, aus. Es genügt nun aber nicht, daß er nur etwas an- oder abrät, er muß es vielmehr im Vergleich mit anderem werten und es als ein größeres oder kleineres Gutes, ein größeres oder kleineres Schlechtes erkennen lassen.[63]

Quintilian[64] läßt nicht nur die *inutilia* mit den *utilia* vergleichen, sondern auch die einzelnen *utilia* oder *honesta* unter sich und nicht nur fragen, was besser, sondern was am besten ist. So hatte schon der Auctor ad Herennium[65] zwei Arten der *deliberatio* unterschieden: eine, in der gefragt wird, *utrum potius faciendum sit*, und eine zweite, in der überlegt wird, *quid potissimum faciendum sit*.

Die Einteilung des Aristoteles hat sich nicht durchgesetzt. Die Rhetoren waren bald bemüht, die Zahl der τέλη zu steigern. Zunächst wurde das *honestum* dem *utile* beigefügt. Wenn Quintilian[66] sich darüber verwundert zeigt, daß *quidam* (er nennt Aristoteles nicht) die *utilitas* allein als *finis* des *genus deliberativum* angenommen haben, und hinzufügt, müßte man ihnen folgen, würde er sich für Cicero[67] entscheiden, der *hoc materiae genus dignitate maxime contineri putat*. Er hegt aber keinen Zweifel daran, daß jene Rhetoren das *utile* allein nur deshalb gelten ließen, weil sie es gleichzeitig auch für *honestum* hielten. Wenn Emporius[68] sagt, daß die Stoiker die Vertreter der Einheit waren, die *ne duo quidem illa, id est honestum et utile, existimant separanda, qui nihil esse utile nisi quod honestum, nihil inutile nisi quod turpe definiunt*, so heißt das, daß nach Aristoteles zunächst das *honestum* dem *utile* beigefügt wurde und daß die Stoiker dagegen Stellung nahmen, sich aber damit rechtfertigten, daß sie beide für identisch erklärten. Diesen Stand der Dinge lassen noch der Auctor ad Herennium und Cicero erkennen. Bei jenem[69] folgt nach der Unterscheidung der zwei Arten der *deliberatio* erneut eine Aufgliederung in drei Arten:

1. Eine, in der man die Dinge ihrer selbst wegen überlegt, z. B. wenn der Senat darüber berät, ob man die Gefangenen von den Feinden loskaufen soll.

2. Eine, bei der die Dinge wegen einer *extranea causa* zur Überlegung kommen, z. B. wenn der Senat überlegt, ob er den Scipio, damit er vor der gesetzlichen Zeit Konsul werden könne, von den gesetzlichen Beschränkungen befreien solle.

3. Die Beratung, in der die beiden ersten Fälle zusammentreffen, z. B. wenn der Senat berät, ob er den Bundesgenossen im Italischen Krieg (das ist die *extranea causa*) das Bürgerrecht geben solle.

---

[60] Arist. rhet. I 3,1358b 20ff.
[61] Arist. rhet. I 3,1358b 38ff.
[62] Siehe S. 168.
[63] Arist. rhet. I 3,1359a 19ff.
[64] Quint. inst. III 8,33.
[65] Auct. ad Herenn. III 2,2.
[66] Quint. inst. III 8,1.
[67] Cic. de orat. II 82,334.
[68] Empor. p. 571,16ff. H.
[69] Auct. ad Herenn. III 2,2.

Cicero[70] bzw. seine Quelle stellt sich gegen Aristoteles und verlangt als *fines* der *deliberatio*: *honestas* und *utilitas*. Er unterscheidet dann drei Arten der *res expetendae*:[71]

1. Eine, die sich deutlich gegen die alte Auffassung des einzigen τέλος abhebt, indem sie nicht durch irgendeinen Nutzen lockt, sondern uns durch ihren Eigenwert und ihre Würde anzieht. In diesem Falle geht es um das *honestum*.

2. Wenn der Beratungsgegenstand nicht seiner selbst wegen, sondern durch einen Vorteil erstrebenswert erscheint. Da handelt es sich um das *utile*.

3. Wenn beides zusammentrifft, wenn also sowohl die *honestas* wie auch ein gewisser Vorteil die Sache erstrebenswert machen; auch diese Art trägt den Namen *honestas*, wenn sie zum größeren Teil vorhanden ist.

Die *honestas* aber besteht aus *prudentia, iustitia, fortitudo, temperantia*. Zu der *honestas*, die mit der *utilitas* verbunden ist, gehören *gloria, dignitas, amplitudo, amicitia*.[72] Die *u ilitas* liegt im Körper und in Dingen außerhalb, hauptsächlich in den leiblichen Dingen, im Staatswesen, sozusagen im Körper des Staates, in Äckern, Häfen, Geld, Flotte, Seeleuten, Soldaten, Bundesgenossen, Dingen, durch die die Unversehrtheit und Freiheit der Bürgerschaft gewährleistet wird; es gibt andere Dinge, die ideeller sind, wie hervorragende Ausschmückung der Stadt, Ansehnlichkeit, viele Freunde und Bundesgenossen, Dinge, die weniger notwendig und dafür ansehnlicher sind. Diese *utilitas* besteht also aus *incolumitas* und *potentia*. In allen diesen Fällen muß aber auch beachtet werden, was überhaupt und was leicht geschehen kann.[73] Eine frühere Stufe scheint der Auctor ad Herennium[74] zu zeigen. Bei ihm ist der einzige *finis* die *utilitas*, die sich aber in eine *utilitas tuta* und *honesta* spaltet. Jene, *quae conficit instantis aut consequentis periculi vitationem qualibet ratione* und die sich wieder in

1. *vis* mit Heer, Flotte, Waffen, Wurfmaschinen, Einberufungen und Derartigem,
2. *dolus* mit Geld, Versprechungen, Heuchelei, Eile, Täuschung u. a. aufteilt.

Die *honesta utilitas* aber teilt sich in das *rectum*, zu ihm gehören *prudentia, iustitia, fortitudo, modestia*, und in das *laudabile, quod conficit honestam et praesentem et consequentem commemorationem*. In ‚De oratore'[75] erscheint Cicero nichts wünschenswerter für die Beratung als die *dignitas*, weil, wer die *utilitas* sucht, nicht sieht, was der Berater am meisten will, sondern das, dem er zuweilen mehr nachjagt; er sieht aber, daß die *utilitas* doch meistens den Sieg davonträgt, wegen der geheimen Furcht, es könne sich die *dignitas* nicht länger halten lassen, wenn man nicht auf die *utilitas* achte. Wer sich dann für die *utilitas* einsetze, berufe sich auf die Vorteile des Friedens, der Mittel, der Macht, der Einkünfte, des militärischen Schutzes und anderer Dinge, deren Erfolge man nach dem Nutzen messe; wer sich gegenüber dieser Ansicht für die *dignitas* entscheide, erinnere an das Beispiel der Vorfahren und vergrößere noch die unsterbliche Erinnerung der Nachkommen und betone, der Nutzen komme aus dem Lobe und sei immer mit der *dignitas* verbunden. In beiden Fällen aber müsse man fragen, was ge-

---

[70] Cic. inv. II 52,158.
[71] Cic. inv. II 53,159 – 54,165.
[72] Cic. inv. II 55,166.
[73] Cic. inv. II 56,168 f.
[74] Auct. ad Herenn. III 2,3; 4,7.
[75] Cic. de orat. II 82,334 – 336.

Die beratende Beredsamkeit

schehen könne und was nicht, was notwendig sei oder nicht. In den ‚*Partitiones oratoriae*'[76] bezeichnet Cicero als *finis* der *deliberatio* die *utilitas*, dann sagt er aber wieder,[77] jede Beratung drehe sich um das *utile* und um das *possibile*; das *utile* handle von der Scheidung zwischen gut und schlecht. Von den Gütern aber sind die einen *necessaria*, wie Leben, Sittsamkeit, Freiheit, Ehegatten, Kinder und Geschwister, die anderen jedoch nicht notwendig. Von diesen *non necessaria* sind die einen wieder der *honestas* wegen, die anderen eines gewissen Vorteils wegen erstrebenswert; jene gehen aus Tugenden hervor und sind an sich lobenswert, diese haften am Körper und an Glücksgütern; einige von diesen aber kommen auch in Verbindung mit der *honestas* vor, wie Ehre und Ruhm, andere wieder, wie Schönheit, Gesundheit, edle Geburt, Reichtum, Klienten, stehen für sich; eine *species* der *honestas* ist die Freundschaft. Cicero[78] berichtet, Panaitios habe eine dreifache *deliberatio consilii capiendi* angenommen: ob etwas *honestum factum sit an turpe* und *cum pugnare videtur cum honesto id, quod videtur esse utile*. Er vermißt dabei aber zwei Punkte, daß nämlich auch überlegt werden könne, was von zwei *honesta honestius* und was von zwei *utilia utilius* sei. Die so entstehende Fünfzahl wird wieder verringert, indem man sich zuerst in doppelter Weise über das *honestum* ausspricht, dann in gleicher Weise über das *utile* und dann darüber, ob man sich für das *honestum* oder *utile* entscheiden müsse.

Hermogenes, auf den die Bezeichnung τελικὰ κεφάλαια zurückgeht, zählt davon an mehreren Stellen verschiedene und in verschiedener Zahl auf: νόμιμον, δίκαιον, συμφέρον, δυνατόν, ἔνδοξον·[79] σαφές, δίκαιον, νόμιμον, συμφέρον, δυνατόν, πρέπον·[80] νόμιμον, δίκαιον, συμφέρον, δυνατόν, πρέπον·[81] δίκαιον, συμφέρον, δυνατόν, πρέπον,[82] ebenso Longinos in den Fragmenten.[83] Im Schlußteil seiner τέχνη[84] aber erläutert er ausführlich das νόμιμον, συμφέρον, ἀναγκαῖον, πρέπον, δυνατόν, ῥάδιον, εὔπορον. Apsines[85] führt das νόμιμον, δίκαιον, συμφέρον, ἔνδοξον, δυνατόν und dazu noch εἰ βούλει σαφές. Quintilian[86] spricht davon, daß einige das *honestum*, *utile*, *necessarium* als *partes suadendi* einführten; er sehe es aber lieber, wenn das δυνατόν als dritter Teil aufgestellt würde. Viele vermehrten ihre Zahl dadurch, daß sie, was bisher als *species* gegolten hätte, als *partes* auffaßten: das *fas, iustum, pium, aequum, mansuetum* und was man sonst noch wolle, könne man aber der *honestas* unterordnen, das *facile, magnum, iucundum, sine periculo* der *utilitas*. Manche glaubten sogar, zuweilen genüge auch das *iucundum* allein, z.B. bei einem Theaterbau, einer Aufführung von Spielen; er hält aber niemanden für so vergnügungssüchtig, daß er bei allem nur das Vergnügen im Auge habe; es gelte da doch auch, an die Verehrung der Götter und an die nutzvolle

---

[76] Cic. part. 24,83 – 25,88.
[77] Cic. part. 24,86.
[78] Cic. off. I 3,9f.
[79] Hermog. stat. 3 p. 52,20f. R.
[80] Hermog. prog. 12 p. 27,1 f. R; Prisc. rhet. 12 p. 560,2f. H.
[81] Hermog. prog. 6 p. 14,7f. R; Prisc. rhet. 6 p. 555,11 H.
[82] Hermog. prog. 11 p. 26,1f. R; Prisc. rhet. 11 p. 559,31 H.

[83] Longin. fr. 15 p. 327,7f. Sp. = 16 p. 215, 20f. Sp. – H: τὸ δίκαιον τὸ συμφέρον τὸ δυνατὸν τὸ ἔνδοξον.
[84] Longin. rhet. p. 319,28ff. Sp. = p. 206, 19ff. Sp. – H.
[85] Aps. rhet. 11 p. 380,23f. Sp. = p. 291,9f. Sp. – H.
[86] Quint. inst. III 8,22.25 – 29.

Erholung von der Arbeit zu denken. Das Anwachsen der *elementa*, στοιχεῖα, bestätigt auch Emporius;[87] er sagt, daß einige ihre Zahl unvernünftig hoch, bis zu zwölf gesteigert hätten und das *legitimum, iustum, aequum, conveniens, honestum, utile, religiosum, pium, civile, possibile* und *necessarium* einführen wollten; seiner Ansicht nach aber genügten das *honestum* und das *utile*, das *aequum* und *facile*; das *religiosum* und *pium* gehörten zur *honestas*, das *conveniens* und *civile* zur *utilitas*, das *legitimum* und *iustum* zur *aequitas*, das *possibile* und *necessarium* zum *facile*. Er erwähnt auch die fünf Teile, die Cicero in Korrektur der drei des Panaitios, von dem er aber nicht spricht, aufgestellt hat; er bemerkt dazu noch, daß von den ersten vier selten einer allein vorkomme, sondern sehr oft zum *utile* auch das *honestum* trete und umgekehrt. Syrian[88] führt das δίκαιον, συμφέρον, δυνατόν, ῥᾴδιον, ἀναγκαῖον, ἀκίνδυνον, καλόν, εὐσεβές, ὅσιον, ἡδύ auf, zusammen mit vielen anderen, die zu den genannten gehören. Sopater[89] nimmt wieder wie Aristoteles nur je ein τέλος für die drei Arten der Beredsamkeit an: das δίκαιον, συμφέρον und καλόν; er teilt aber wieder auf: das δίκαιον in νόμιμον, δίκαιον und τὸ ἔθος; das συμφέρον in χρήσιμον, ἀναγκαῖον, δυνατόν, ῥᾴδιον und ἐκβησόμενον und das καλόν schließlich in das πρέπον und in ἔνδοξον.

Für die symbuleutische Rede wollten die Rhetoren auch die Hermagoreischen *status* verbindlich machen, weil ja auf das Dafür das Dagegen folge. Am nächsten läge es da, an die *qualitas* zu denken, weil dabei nach dem *honestum* und dem *utile* gefragt werde. Bei ihr käme dann der *status legalis* bei privater Beratung in Betracht mit der Frage, ob etwas erlaubt sei oder nicht. In diesem Fall kommen nach Fortunatian[90] als *partes deliberationis* das *honestum, utile, iustum, necessarium, facile, possibile* und die ἔκβασις in Frage, nach Sulpitius Victor[91] das *legitimum, iustum, utile, possibile* und *honestum*, nach C. Iulius Victor[92] das *honestum, utile, iustum et cetera talia*. Auch Quintilian[93] hält den *status legalis* gelegentlich für möglich, wenn man über die Legalität einer Sache im Zweifel ist; selbst der Konjekturalstatus scheint ihm möglich. Er glaubt, daß auch Fragen über Dinge, die nicht möglich sind, den Konjekturalstatus ausmachen, z.B. ob man die Pontinischen Sümpfe austrocknen, den Isthmos durchstechen könne; ebenso Fragen über Dinge, die möglich wären, wie z.B., ob Rom Karthago besiegen werde, ob Alexander jenseits des Ozeans Land finden werde, ob Hannibal zurückkehren werde, wenn Scipio sein Heer nach Afrika übersetze. Wer da unbedingt einen *status coniecturalis* sehen will, müßte das Raten, ob ja oder nein, als κατάφασις und ἀπόφασις ansehen, dürfte aber keine Entscheidung finden. Es sind ja alles nur θέσεις, keine ὑποθέσεις; man kann überhaupt keine Antwort geben, nur raten oder nur darüber reden. Um aber zu zeigen, daß wirklich eine *consultatio* über ein Ereignis der Vergangenheit möglich sei, nimmt er den von Cicero in der neunten

---

[87] Empor. p. 571,6ff. H.
[88] Schol. in Hermog. stat. (Rhet. Gr. IV p. 701,2ff. W) = Aristeid. rhet. I 151,503, (Rhet. Gr. V p. 58,12ff. Schmid).
[89] Schol. in Hermog. stat. (Rhet. Gr. IV p. 713,3ff. W); Sopat. in Hermog. (Rhet. Gr. V p. 182,16f. W).

[90] Fortun. rhet. II 7 p. 106,9ff.; 16 H.
[91] Sulp. Vict. 46 p. 342,7 H.
[92] Iul. Vict. 3,5 p. 379,28f.; 4,4 p. 389,26 H.
[93] Quint. inst. III 8,4f.; 16f.; Cic. Phil. IX 1,3.

Philippischen Rede behandelten Fall des auf einer Gesandtschaftsreise zu Antonius eines natürlichen Todes gestorbenen Servius Sulpicius Rufus, der einer *causa iudicialis* ähnlich sein soll. Als der Antrag gestellt wurde, ihm eine Statue zu errichten, mußte erst geklärt werden, ob sich eine positive Entscheidung mit dem Gesetz vereinbaren ließe, daß eine Statue erhalten könne, wer auf einer Gesandtschaftsreise gewaltsam ums Leben gekommen sei. Da lag wirklich ein *status legalis* vor, der erst geklärt werden mußte, bevor es zur *deliberatio* kam, aber nur ein *status incidens*. Der Fall liegt ähnlich wie bei der *deliberatio propter aliquam extraneam causam* des Auctors ad Herennium,[94] bei dem beraten werden soll, ob man Scipio von den gesetzlichen Bestimmungen befreien solle, damit er vor der Zeit Konsul werden könne.

Die zweite und dritte Empfehlung Quintilians[95] betrifft die Menschen, die beim Überlegen oder bei der Beratung beteiligt sind; denn es ist von Bedeutung, wer Rat gibt und wem er gegeben wird. Wichtig ist es auch, ob die Ratsuchenden einzeln oder in Gruppen auftreten; bei diesen ist es wieder ein Unterschied, ob der Senat oder das römische Volk sich berät, ob die Einwohner von Rom oder irgendeines Municipium, ob Griechen oder Barbaren, und es ist auch nicht gleichgültig, ob Cato oder Marius ein Rat gegeben wird, ob Scipio oder Fabius sich über die Kriegsführung Gedanken machen; ebenso ist auch ein Unterschied durch die Verschiedenheit des Geschlechts, des Alters, der Stellung, des Charakters gegeben; schändliche Menschen muß man anders anreden als anständige, denen man leicht zu etwas Gutem raten kann, während für jene nicht das Ehrenhafte, sondern Lob, Volksmeinung, Nutzen, Erweckung von Furcht von Belang sind, falls sie dem Rate nicht folgen.

Sehr bedeutsam ist auch die Person des Ratgebenden. Cicero[96] ist der Meinung, *suadere* und *dissuadere* erfordere einen ganz tüchtigen Mann; denn einmal müsse er weise sein, um seinen Rat über die höchsten Dinge entwickeln zu können, dann angesehen und beredt, um durch sein Ansehen seinen Rat als richtig darzustellen und durch die Rede überreden zu können. Wer über den Staat reden will, muß ihn zuerst kennen. Crassus hat in ‚De oratore'[97] seine Ansicht dargelegt, der Redner müsse *quacumque de re* sprechen können. Wenn er auf einem Gebiet keine Erfahrung habe, solle er sich bei einem Sachkundigen Rat holen, dann werde er aber besser reden als sein Lehrer. Um über den Staat reden zu können, verlangt Cicero[98] noch, daß der Redner auch die sich oft ändernden Sitten des Volkes kenne, auch die Art seiner Rede ändere, ein *genus grandius dicendi et illustrius* anwende und durch Ermahnung und immer wiederholte Erwähnung die Hörer in Hoffnung oder Furcht versetze, in Leidenschaft oder Begierde nach Ruhm oder auch von Unbesonnenheit, Zorn, Hoffnung, Mißgunst und Grausamkeit zurückrufe. Viel macht es nach Quintilian[99] auch aus, wenn sein Vorleben berühmt gewesen ist, wenn sein Alter, Glück oder vornehmes Geschlecht Erwartungen erweckt; da muß er sich aber vorsehen, daß

---

[94] Auct. ad Herenn. III 2,2.
[95] Quint. inst. III 8,36 – 39.
[96] Cic. de orat. II 81,333.
[97] Cic. de orat. I 15,65.
[98] Cic. de orat. II 82,337.
[99] Quint. inst. III 8,48.

seine Worte auch dazu passen. Will der Redner andere Personen redend einführen (*prosopopoeia*,[100] d.h. eine nicht wirklich gehaltene, sondern speziell für eine bestimmte Person zurechtgelegte Rede), um durch die Worte des Redenden seinen Plan noch wertvoller zu gestalten, macht er sich zu der schweren *deliberatio* neue Mühe.

[100] Quint. inst. III 8,49.

DRITTES KAPITEL

DIE EPIDEIKTISCHE BEREDSAMKEIT

Das γένος ἐπιδεικτικόν,[1] ἐγκωμιαστικόν,[2] *genus demonstrativum*,[3] *genus laudativum*,[4] hat als letztes der drei Aristotelischen *genera* der Beredsamkeit seine Ausbildung und Anerkennung als Teil eines rhetorischen Systems gefunden. Lobreden aber hat es schon früher gegeben, man kann bis auf die Homerischen Gedichte zurückgehen. In den Epinikien des Pindar und Bakchylides macht der Lobpreis der Familie, der Stadt des Siegers und seiner Leistung den Hauptteil aus. Es bedurfte ja auch einer längeren Zeit der Übung, bevor Regeln aufgestellt werden konnten. Quintilian[5] hat ihr Vorhandensein bestätigt und den letzten Schritt Aristoteles und Theophrast zugeschrieben: *incipiam ab ea (parte), quae constat laude ac vituperatione. quod genus videtur Aristoteles atque eum secutus Theophrastus a parte negotiali, hoc est* πραγματικῇ, *removisse totamque ad solos auditores relegasse*. Thrasymachos von Chalkedon und Gorgias von Leontinoi hatten sich besonders mit ihm beschäftigt, sagt Cicero,[6] der selbst nicht viel Gebrauch von den *laudationes* gemacht hat;[7] er will damit aber die beiden nicht als Erfinder des *genus* bezeichnen, sondern nur seiner stilistischen Gestaltung; es werde ἐπιδεικτικόν genannt, *quia quasi ad inspiciendum delectationis causa comparatum est*.[8] Seine Entstehung wird daraus erklärt, daß die Griechen *laudationes* mehr zum Lesen und zur Ergötzung oder um jemanden zu schmücken geschrieben hätten als um des Nutzens willen.[9] Sie besäßen Bücher, die das Lob des Themistokles, Aristeides, Alexander und anderer enthielten, während die römischen *laudationes*, die im staatlichen Interesse gehalten würden, nackt und schmucklos und durchaus nicht geeignet seien, einer Schrift Lob zu verschaffen.

Als Erfinder der prosaischen epideiktischen Rede hat Iamblichos[10] den von ihm verehrten Pythagoras bezeichnet, andere haben den Isokrates genannt. Nach Johannes Siculus[11] haben die panegyrischen Lob- und Tadelreden mit Gorgias begonnen. Dionys von Halikarnaß[12] hat denn auch, wie Syrian[13] und Maximos Planudes[14] bezeugen, keine Gerichtsreden, nur wenige δημηγορίαι, aber sehr viele epideiktische

---

[1] Arist. rhet. I 3,1358 b 8; Quint. inst. III 4,12; Fortun. rhet. I 1 p. 81,16 H.
[2] Quint. inst. III 4,12; Fortun. rhet. I 1 p. 81,17 H.
[3] Auct. ad Herenn. I 2,2; Cic. inv. I 5,7.
[4] Quint. inst. III 4,12.
[5] Quint. inst. III 7,1.
[6] Cic. orat. 12,39.
[7] Cic. de orat. II 84,341.
[8] Cic. orat. 11,37.
[9] Cic. de orat. II 84,341.
[10] Iambl. vita Pyth. 166.
[11] Joh. Sicul. schol. in Hermog. id. (Rhet. Gr. VI p. 470,20 W).
[12] Dion. Hal. Dem. 1 p. 127,4–6 Us.–Rad.
[13] Syrian. in Hermog. comm. I p. 90,12 ff. R.
[14] Max. Plan. schol. in Hermog. id. (Rhet. Gr. V p. 548,8 ff. W).

Reden von Gorgias vorgefunden. Deshalb wurde er auch als der πανηγυρίζων μόνον ῥήτωρ[15] bezeichnet. Von seinen epideiktischen Reden kennen wir:

1. Den λόγος Ὀλυμπικός,[16] den er von den Stufen des Zeustempels in Olympia aus gesprochen haben soll.[17] Aristoteles[18] hat uns daraus als Beispiel dafür, daß die epideiktischen Proömien aus Lob und Tadel gebildet werden, die einleitenden, an die Stifter der Panegyrien gerichteten Worte überliefert: ὑπὸ πολλῶν ἄξιοι θαυμάζεσθαι, ὦ ἄνδρες Ἕλληνες, und Clemens von Alexandrien[19] fährt fort: τὸ ἀγώνισμα ἡμῶν ... διττῶν ἀρετῶν δεῖται, τόλμης καὶ σοφίας· τόλμης μὲν τὸ κίνδυνον ὑπομεῖναι, σοφίας δὲ τὸ πλίγμα γνῶναι. ὁ γάρ τοι λόγος καθάπερ τὸ κήρυγμα τὸ Ὀλυμπίασι καλεῖ μὲν τὸν βουλόμενον, στεφανοῖ δὲ τὸν δυνάμενον.

2. Den λόγος Πυθικός,[20] der vom Altar des Apollon aus gesprochen sein soll. Von dieser Rede ist uns nichts erhalten. Beide Reden haben symbuleutischen Charakter; was sie als epideiktisch erscheinen läßt, ist einmal der Umstand, daß sie bei einer Panegyris gesprochen wurden oder sich als gesprochen ausgeben und daß sie die für das epideiktische *genus* charakteristischen Stileigentümlichkeiten besitzen; denn in den beratenden und gerichtlichen Fällen ist oft ein großer Teil von Lob und Tadel vorhanden.[21] Außerdem besteht eine gewisse Ähnlichkeit zwischen dem *genus laudativum* und den *suasoriae*, da in diesen meist angeraten wird, was dort gelobt wird.[22]

3. Das Lob der Eleer.[23] Aristoteles[24] hatte begonnen, über das Proömium des γένος δημηγορικόν zu sprechen und festgestellt, daß dieses kein Proömium benötige, weil es nur von Dingen handle, die allen schon bekannt seien, und daß es nur gebraucht werde wegen des Redners oder des Gegners, damit sie von sich selber sprechen, sich empfehlen, verteidigen oder den anderen angreifen können. Wenn die Leute die Sache für mehr oder weniger bedeutend halten als der Redner selber, so daß es notwendig werde zu vergrößern oder zu verkleinern, verhaßt zu machen oder zu rechtfertigen, ist ein Proömium nötig; ebenso des Schmuckes wegen, damit es nicht wie aus dem Stegreif gemacht aussehe, wenn es ohne Proömium ist: τούτων δὲ ἕνεκα προοιμίου δεῖται, ἢ κόσμου χάριν, ὡς αὐτοκάβδαλα φαίνεται, ἐὰν μὴ ἔχῃ. τοιοῦτον γὰρ τὸ Γοργίου ἐγκώμιον εἰς Ἠλείους, οὐδὲν γὰρ προεξαγκωνίσας οὐδὲ προανακινήσας εὐθὺς ἄρχεται· Ἦλις, πόλις εὐδαίμων.[25] V. Buchheit[26] will τοιοῦτον mit προοίμιον verbinden: „ein Prooimion solcher Art ist τὸ Γοργίου ἐγκώμιον" statt solcher Art ist das Enkomion des Gorgias, d.h. ohne Proömium. Auch dieses Enkomion scheint symbuleutischen Charakter gehabt zu haben.

---

[15] Doxopat. prol. (Rhet. Gr. VI p. 21,4f. W) = P.S. 4 p. 34,12 R.
[16] Arist. rhet. III 14,1414b 31; VS II p. 287 Nr. 82 B 7.
[17] Philostr. epist. 73 p. 257,6f.; VS I 9 p. 12,13 Kayser.
[18] Arist. rhet. III 14,1414b 31f.
[19] Clem. Alex. strom. I 51 (II 33,18 St.) = VS II p. 287 Nr. 82 B 8.
[20] Philostr. VS I 9 p. 12,10f. Kayser; VS II p. 287 Nr. 82 B 9.
[21] Auct. ad Herenn. III 8,15; Quint. inst. III 4,11 nach Isokrates.
[22] Quint. inst. III 7,28.
[23] Arist. rhet. III 14,1416a 1f.
[24] Arist. rhet. III 14,1415b 34ff.
[25] Arist. rhet. III 14,1415b 38ff.
[26] V. Buchheit, a.a.O. S. 181; dazu G. Wille, Gnomon 34 (1962) S. 759.

4. Das Lob des Achilleus. Isokrates[27] hatte im ‚Panegyrikos' eine Beschuldigung der Lakedämonier ausgesprochen, um den begrenzten Stoff der Demegorie zu verlängern. Aristoteles[28] fügt hinzu, so müßten alle Redner handeln, wenn sie mit dem Stoff in Verlegenheit kämen. In der epideiktischen Rede müsse man also Lobsprüche einschieben, wie es auch Isokrates immer tue, der in solchen Fällen immer irgendeinen Helden heranziehe. Auch Gorgias bekannte, ihm gehe bei einer Rede der Stoff nie aus; wenn er nämlich von Achill spreche, so verbinde er damit das Lob des Peleus, dann des Aiakos, dann des Gottes. In ähnlicher Weise lobe er auch die Tapferkeit, oder er sage dies und das. Aus diesen Worten hat H. Sauppe[29] geschlossen, Gorgias habe eine Lobrede auf Achill geschrieben. Dem gegenüber hält V. Buchheit[30] die Vermutung J. Vahlens[31] für erwägenswert, es handle sich um fingierte Beispiele. Es ist aber ein Unterschied, ob Aristoteles sagt,[32] Gorgias habe Achill gelobt oder ob er selber Möglichkeiten zum Lobe an die Hand gibt, worauf J. Vahlen hingewiesen hatte. V. Buchheit bemerkt dazu noch, „daß der Vergleich der Handlungsweise des Isokrates mit der des Gorgias nicht zutreffend von Aristoteles gewählt ist". Aber selbst wenn das so ist, bedeutet es noch nichts für oder gegen das Vorhandensein einer Lobrede des Gorgias auf Achill. Aristoteles geht es darum, wie man die epideiktische Rede verlängern könne; das hat er an den beiden verschiedenen Methoden des Gorgias und des Isokrates gezeigt, indem jener die Genealogie dazu benützt, während Isokrates mit dem Vergleich arbeitet. Daß aber das Lob des Achill echt und nicht nur eine Erfindung des Aristoteles ist, wird man nicht bezweifeln dürfen, aber daß das Lob in einer eigenen Schrift oder nur als Einlage in einer Schrift, und dann eben auch nur, um ein Beispiel zum Vergleich zu geben, geschehen ist, können wir nicht sagen.

5. Den ἐπιτάφιος[33] für die im Kriege gefallenen Athener kann Gorgias trotz der Behauptung des Philostrat[34] nicht gehalten haben, da dazu jedesmal ein athenischer Bürger amtlich bestimmt wurde. Daraus sind uns beim Verfasser der Schrift περὶ ὕψους[35] zwei Stellen erhalten: Ξέρξης ὁ τῶν Περσῶν Ζεὺς und γῦπες ἔμψυχοι τάφοι. So abstoßend und frostig beide Stücke sind, lassen sie sich doch für einen bestimmten Platz im Epitaphios festlegen; denn es handelt sich da offenbar um die Perserkriege, also nicht um ein im Augenblick unmittelbar den eigentlichen Anlaß des Epitaphios berührendes Ereignis und die dabei Gefallenen auf dem Schlachtfeld. Das paßt in eine auch in späteren Epitaphien übliche Darstellung der kriegerischen Verdienste Athens um die Freiheit Griechenlands. Daneben war dann wohl auch noch der kulturellen Leistungen Athens als Erzieherin Griechenlands gedacht. Nach diesen beiden Fragmenten scheint mir ein drittes, durch Philostrat[36] überliefertes, eingereiht werden zu müssen: τὰ μὲν κατὰ τῶν βαρβάρων τρόπαια ὕμνους ἀπαιτεῖ, τὰ

---

[27] Isokr. or. IV 125.129.
[28] Arist. rhet. III 17,1418a 29ff.
[29] I. G. Baiter – H. Sauppe, Oratores Attici II, Zürich 1839–1843, S. 130.
[30] V. Buchheit, a.a.O. S. 29f.
[31] J. Vahlen, Zu Aristoteles, Hermes 10 (1876) S. 455ff.
[32] Arist. rhet. II 22,1396a 25ff.
[33] Athanas. Alex. prol. (P.S. 12 p. 180,17 R.) = VS II p. 284 Nr. 82 B 5a.
[34] Philostr. VS I 9 p. 12,18ff. Kayser.
[35] Anon. de sublim. 3,2 p. 247,30ff. Sp. = p. 109,8ff. Sp.–H.
[36] Philostr. VS I 9 p. 12,28f. Kayser = VS II p. 285 Nr. 82 B 5 b.

δὲ κατὰ τῶν Ἑλλήνων θρήνους. Nach den Perserkriegen waren auch die Kämpfe mit Griechen in den Epitaphien des Thukydides,[37] Lysias[38] und Platon[39] erwähnt. Ein viertes größeres Stück hat uns Maximos Planudes[40] erhalten. Darin wird

a) Die Tüchtigkeit der Helden gepriesen:

α) Die allgemein menschlichen Tugenden des Staatsbürgers: Sie besaßen alles, was Männer besitzen müssen, und es fehlte ihnen alles, was sie nicht haben sollen; als Menschen hatten sie die von den Göttern stammende Tugend, daß sie es für allgemein gültiges und von den Göttern kommendes Recht hielten, im rechten Augenblick zu reden, ohne Furcht über das Rechte zu entscheiden; was nötig ist, zu sagen, zu verschweigen, zu tun oder darüber mit Einsicht zu beraten und das Beschlossene auszuführen; für jene zu sorgen, die ungerecht im Unglück sind und die zu bestrafen, die ungerecht im Glück sind; dem geneigt zu sein, was sich ziemt, überheblich gegen Überhebliche, anständig gegen Anständige und vernünftig zu handeln gegen Unvernunft.

β) Die Tugenden des Krieges: furchtlos gegen Furchtlose, furchtbar gegen Furchtbare, gefürchtet in Gefahren; als Zeugnis dessen aber haben sie Zeichen des Sieges über ihre Feinde aufgestellt und Standbilder für Zeus, sie, die erfahren waren im Kriege wie im das Schöne liebenden Frieden.

γ) Religiöse Tugenden: Ehrfurcht vor den Göttern im Üben der Gerechtigkeit, Pietät gegen die Eltern in Hochachtung, Gerechtigkeit gegen die Mitbürger durch Achtung der Rechtsgleichheit, Treue gegen die Freunde.

b) Der Schluß durch das Versprechen gebildet, daß die Sehnsucht nach den Toten nicht enden wird.

Hier wird ein System der Lobrede auf die Gefallenen sichtbar, das in den späteren Epitaphien wiederkehrt. Daß es aber Gorgias aufgestellt habe, läßt sich nicht behaupten; es ist auch wenig wahrscheinlich, da λόγοι ἐπιτάφιοι in Athen schon lange üblich waren und sich durch lange Übung ein festes Schema herausgebildet haben mußte. Nach Gorgias haben wir einen ἐπιτάφιος, den Thukydides[41] Perikles in den Mund legt, der aber nicht dem wirklich gehaltenen entspricht, wenn er vielleicht auch einige Gedanken davon wiedergibt. Die Gefallenenrede beginnt mit dem Lob der Vorfahren, die seit je das Land bewohnten und es durch ihre Tapferkeit von Geschlecht zu Geschlecht in Freiheit den Nachkommen übergeben haben, zusammen mit der im Kampf erworbenen und gegen Barbaren und Griechen verteidigten Freiheit und Herrschaft. Dann wird das Thema angegeben, nämlich, zu zeigen, auf welche Verfassung, Lebenshaltung und Sitten gestützt, sie Athen so groß gemacht haben. Es wird dann von der Demokratie, der besten Verfassung und von den Sitten der Athener gesprochen, die es möglich machten, den Lakedämoniern immer den Einfall ins Land zu verwehren und Freunde zu gewinnen. Es folgt, etwa dem Schlußteil des Gorgianischen ‚Epitaphios' entsprechend, das Lob der ἀρετή der Gefallenen, die sie zu

---

[37] Thuk. II 36,4.
[38] Lys. or. II 48 ff.
[39] Plat. Menex. 239b.
[40] Max. Plan. schol. in Hermog. id. (Rhet. Gr. V p. 549,1 ff. W) = VS II p. 285 f. Nr. 82 B 6.
[41] Thuk. II 35–46.

dem Kampfe befähigte.⁴² Unsterblichen Ruhm haben sie durch ihren Tod erworben, ein ausgezeichnetes Grabmal; nicht auf den Inschriften der Grabstelen lebt ihr Ruhm immer fort, sondern durch die Erinnerung an ihre Gesinnung, die in jedem der Lebenden fortdauert. Ihre Eltern aber muß man nicht beklagen, sondern trösten, sie müssen stark sein in der Hoffnung auf neue Kinder, die ihnen Vergessenheit bringen und der Stadt die Sicherheit erhalten. Brüder und Kinder der Toten aber sollen mit diesen in einen Wettkampf treten, in dem sie nicht schlechter als die Toten befunden werden. Den Witwen aber wird entsprechend ihrer Natur großer Ruhm sein. Die Rede schließt: „Jetzt geht, nachdem ihr genug getrauert."⁴³ Auch Lysias hat einen Epitaphios auf die Gefallenen des Korinthischen Krieges verfaßt; er konnte die Rede als Nicht-Vollbürger (Metöke) allerdings nicht halten, aber sie ist auch nicht für den praktischen Zweck geschrieben, um von anderen gehalten zu werden; sie ist vielmehr eine literarische Meisterleistung. Nach einer knappen Einleitung, daß die Reden aller Menschen nicht ausreichen, ihr Lob zu verkünden, beginnt er, die Heldentaten der Vorfahren seit der mythischen Vorzeit gegenüber äußeren Feinden und auch gegen Griechen zu preisen, ebenso ihre Tüchtigkeit, die sie im Unglück bewiesen. Aber nicht nur die gefallenen Athener sind zu preisen, auch die Fremden, die mit ihnen bestattet sind.⁴⁴ Jetzt erst kommt das Lob derer, die Korinth zu Hilfe gekommen sind. Sie alle hinterließen Witwen, Waisen, Brüder, Väter und Mütter, denen Dank, Hilfe und Trost gebührt.⁴⁵ Dionys von Halikarnaß⁴⁶ nennt als Verfasser eines Epitaphios noch den Isokratesschüler Naukrates. Auch Platon hat in seinem ‚Menexenos'⁴⁷ den Sokrates einen Epitaphios vortragen lassen, den dieser von Aspasia gehört haben will, die ja auch die Leichenrede des Perikles verfaßt haben soll. Er will die Männer loben, die durch ihren Tod die Lebenden gerettet haben, die Nachkommen zur Nachahmung mahnen und die Eltern trösten. Dazu wird nun zuerst die gemeinsame Mutter Athen gepriesen, Attika als das von den Göttern geliebte Land, das keine wilden Tiere, sondern durch Verstand ausgezeichnete Menschen hervorgebracht hat, das Herrscher und Lehrer hatte für die zum Leben nötigen Künste, die es wieder als Verbreiter der Kultur an die anderen Griechen weitergaben; diese lehrten die Erzeugung und den Gebrauch von Waffen zum eigenen Schutze und zur Hilfe für Bedrängte, Männer vor allem, die dem Lande eine staatliche Ordnung gaben, die Vorbild wurde für die anderen. Das Lob der Toten ist in allen Epitaphien schon festgelegt; daß auch das Lob Athens bereits seine Aufnahme und Form gefunden hatte, zeigt ein Vergleich mit dem ‚Panegyrikos' des Isokrates,⁴⁸ in dem er seine Forderung nach der Hegemonie für Athen damit begründet, daß die Athener Autochthonen und Wohltäter ganz Griechenlands seien durch Verbreitung des Getreidebaus, Gründung von Kolonien, als Lehrer kultureller Güter und durch ihre glänzenden Waffentaten zum Schutze Bedrängter und durch Kriege gegen Skythen, Thraker und Perser. Als seine Vorgänger im Lobe Athens nennt Photios⁴⁹ Archinos, Thukydides und Lysias.

---

⁴² Thuk. II 42.
⁴³ Thuk. II 46.
⁴⁴ Lys. or. II 3–66.
⁴⁵ Lys. or. II 67ff.
⁴⁶ Dion. Hal. rhet. VI 1 p. 278,6 Us. – Rad.
⁴⁷ Plat. Menex. 236b.
⁴⁸ Isokr. or. IV 28–99.
⁴⁹ Phot. bibl. cod. 260 p. 487b.

Cicero⁵⁰ behauptet, daß die Rede des Sokrates im ‚Menexenos' noch zu seiner Zeit bei den jährlichen öffentlichen Leichenfeiern vorgetragen worden sei. Wäre das tatsächlich der Fall gewesen, müßte Platon wirklich falsch verstanden worden sein; denn Sokrates bringt in der dem Epitaphios vorausgehenden Unterhaltung mit Menexenos deutlich zum Ausdruck, daß er von solchen Leichenreden nichts halte, weil sie entgegen der Wahrheit die Schlechten genauso lobten wie die Guten.⁵¹ Er deutet mit Hinweis auf die Rede des Perikles, die zum Teil in der seinigen enthalten sei, darauf hin, daß es sich bei solchen Reden nicht um Wahres, sondern um die Wiederholung alter Vorlagen handle.⁵² Er muß sich dann ja auch sagen lassen, er mache sich immer über die Redner lustig⁵³ und gesteht dann selber ein, er fürchte, verlacht zu werden, wenn er als alter Mann noch solche Späße mache.⁵⁴ Die Behauptung Ciceros beruht sicher nicht auf einer ernst zu nehmenden Überlieferung; sie erklärt sich vielmehr aus einer falschen Deutung der Worte des Sokrates: αὐτοὺς δὲ τοὺς τελευτήσαντας τιμῶσα οὐδέποτε ἐκλείπει, καθ' ἕκαστον ἐνιαυτὸν αὐτὴ τὰ νομιζόμενα ποιοῦσα κοινῇ πᾶσιν.⁵⁵

6. Die Ἑλένη des Gorgias beginnt, nach einer Festlegung des Wortes κόσμος in den verschiedenen Bereichen, mit der πρόθεσις: Die Gegner der Helena sollen als Lügner erwiesen und die Wahrheit festgestellt werden. Sie zeichnete sich durch ihre Schönheit, ihre edle Herkunft und ihren guten Ruf unter Männern und Frauen aus.⁵⁶ Mütterlicherseits stammte sie von Leda, väterlicherseits von Tyndareus und Zeus, dem stärksten unter den Menschen und dem Herrn über alle, ab. Ihre göttergleiche Schönheit weckte begehrende Liebe in vielen Männern, die durch edle Geburt, Reichtum, Stärke und Weisheit berühmt waren. Das sind die ἔξω τῆς ἀρετῆς ἀγαθά des Anaximenes.⁵⁷ Gorgias nennt sie nicht alle, weil es zwar Glaubwürdigkeit verschafft, dem Wissenden zu sagen, was er bereits weiß, aber keine Freude. Nur von Theseus und Paris berichtet er; aber die Art, wie er die beiden Auserwählten darstellt, ist doch geeignet, Helena reichlich mit Ruhmesglanz zu umgeben. Was Helena verleitet, Venus zu folgen, ob τύχη, βία, λόγοι oder ἔρως, wird unentschieden gelassen. Zum Schluß stellt Gorgias fest, daß er den üblen Ruf von Helena genommen habe; um das zu erreichen, wollte er ja die Rede schreiben: Ἑλένης μὲν ἐγκώμιον, ἐμὸν δὲ παίγνιον. V. Buchheit⁵⁸ bestreitet, daß die Rede ein Enkomion sei; Gorgias habe nämlich nicht erklärt, er wolle ein Enkomion schreiben, sondern nur „eine Rede der Helena zum Preis." Isokrates⁵⁹ aber hat in seiner eigenen ‚Helena', in der er Kritik an der Gorgianischen übt, die Absicht des Gorgias festgestellt, ein Enkomion zu schreiben, aber es sei daraus unversehens eine Apologie der Helena geworden. Da ist ἀπολογία aber als Gattungsbegriff gebraucht. Und so ist es auch in seinem ‚Busiris'.⁶⁰ Zum Schluß erklärt Gorgias allerdings, er habe seine Ankündigung er-

---

[50] Cic. orat. 44,151.
[51] Plat. Menex. 234c.
[52] Plat. Menex. 234b.
[53] Plat. Menex. 235c.
[54] Plat. Menex. 236c.
[55] Plat. Menex. 249b.
[56] Wörtlich wiederholt von Isokr. or. X 14.
[57] Anaxim. rhet. 35,3,1440b 16.
[58] V. Buchheit, a.a.O. S. 33.
[59] Isokr. or. X 14.
[60] Isokr. or. XI 9.

füllt, Helena von üblem Rufe zu befreien, die Gegner als Lügner zu erweisen und sie zu zwingen, ihre Beschuldigungen aufzugeben. Das sieht allerdings so aus, als handle es sich um eine Apologie. Aber eine Apologie kann auch durch die αὔξησις eine Lobrede werden, und Isokrates hat nach Quintilian[61] selbst gesagt: *in omni genere inesse laudem ac vituperationem*. Auf jeden Fall hat Gorgias seine Rede für ein Enkomion gehalten.

Auch Isokrates hat eine ‚Helena' geschrieben, eine Kritik an der ‚Helena' eines nicht genannten Autors. Es hatte sich nämlich, wie die Palinodie des wegen einer Anklage gegen Helena geblendeten Dichters Stesichoros[62] zeigt, die Auffassung einer leichtfertigen, männernachjagenden Helena gebildet, gegen die natürlich Rechtfertigungsversuche gemacht wurden. Darauf deutet auch die Erklärung des Isokrates[63] hin, er werde nur von dieser einen Helena sprechen, um nicht den Anschein zu erwecken, als wolle er die anderen tadeln (gemeint sind jene, die eine Rettung der Helena versucht hatten), ohne etwas von sich selbst vorzulegen: παραλιπὼν ἅπαντα τὰ τοῖς ἄλλοις εἰρημένα. In der Hypothesis zur ‚Helena' weist Zosimos die von einigen vorgetragene Ansicht zurück, der von Isokrates angegriffene Verfasser einer ‚Helena' sei Polykrates gewesen, der auch die von Anytos und Meletos vorgetragene Anklageschrift gegen Sokrates verfaßt hatte. Polykrates hatte zwar auch eine ‚Helena' verfaßt, sie war aber gegen Isokrates gerichtet. Auch die von dem nicht weiter bekannten Machaon vorgetragene Behauptung, Anaximenes von Lampsakos habe sie verfaßt, wird abgelehnt und die dem Isokrates vorliegende ‚Helena' als ein Werk des Gorgias bezeichnet. Daß aber die unter dem Namen des Gorgias gehende ‚Helena' auch wirklich dieses Werk sei, war schon lange bestritten; V. Buchheit[64] scheint mir nun aber mit seiner Entscheidung für Gorgias das Richtige getroffen zu haben.

Die Einleitung[65] beschäftigt sich mit einigen Gegnern, die aber nichts mit seiner ‚Helena' zu tun haben und trifft die Feststellung, der ungenannte Verfasser habe als Gegenstand seines Lobes eine durch die edle Abkunft, Schönheit und Ruf ausgezeichnete Frau gewählt, sein Werk aber als ein ἐγκώμιον bezeichnet, während es in Wirklichkeit eine ἀπολογία sei.[66] Isokrates beginnt seine eigene ‚Helena', die das Muster eines Enkomion sein sollte, mit der Genealogie der Helena als Tochter des Zeus und der Königstochter Leda. Neben Herakles war sie das Lieblingskind des Gottes, der jenem als Grundlage seiner Macht die Kraft und mit ihr ein mühevolles und gefährliches Leben, der Helena aber göttergleiche Schönheit, die auch die Stärke überwinden konnte, und mit ihr ein vielbewundertes und vielumkämpftes Wesen gab.[67] Zuerst erlag Theseus, der Sohn des Poseidon, ihrer Schönheit, als sie noch nicht einmal voll erblüht war; er, der gewohnt war, über viele zu herrschen, hielt das Leben ohne sie nicht für lebenswert, brach allen Widerstand und entführte sie nach Aphidna in Attika. Das gibt Gelegenheit, seine Gesinnung und seine Taten zu loben, um dadurch den Wert Helenas zu heben. Zuerst bewies er seine Dankbarkeit gegen seinen

---

[61] Quint. inst. III 4,11.
[62] Plat. Phaidr. 243a.
[63] Isokr. or. X 15.
[64] V. Buchheit, a.a.O. S. 33ff.; 56ff.; 60f.
[65] Isokr. or. X 1–13.
[66] Isokr. or. X 14f.
[67] Isokr. or. X 16f.

Helfer Peirithoos, indem er in den Hades stieg, um Kore, die Tochter des Zeus und der Demeter, für ihn zu freien. Lobt man den einen nur wegen seiner Tapferkeit, den anderen nur wegen seiner Weisheit, muß man über Theseus, der die Tugend in ihrem ganzen Umfang besaß, umfangreicher sprechen; denn wer Helena loben will, findet am meisten Glauben, wenn er zeigt, daß derjenige, der sie liebte und bewunderte, selbst mehr Bewunderung verdient als die anderen.[68] Deshalb werden nun zunächst die Taten des Theseus im Vergleich zu denen des Herakles gelobt.[69] Dann werden die Tugenden des Theseus, die er auf sich allein gestellt bewiesen hat, gerühmt, ἀνδρεία, ἐπιστήμη, εὐσέβεια, besonders in der Verwaltung der Stadt.[70] Es folgt der Preis der ἀρετή und σωφροσύνη der Helena.[71] Nach dem Tode des Theseus kehrte sie wieder nach Lakedaimon zurück, jetzt schon in dem Alter, umfreit zu werden. Da verließen Könige und Fürsten ihre Frauen, um sie zu freien. So kam auch Alexandros, dem als Schiedsrichter beim Streit der Göttinnen um den Preis der Schönheit Aphrodite die Ehe mit Helena versprochen hatte. Er verschmähte die Herrschaft über Asien und den Sieg in Kriegen, weil er den Besitz Helenas für eine schönere und größere Ehre hielt, und entführte sie. Das wird im folgenden gerechtfertigt oder wenigstens entschuldigt.[72] Früher hätte man über eine solche Sache geschwiegen, aber jetzt entbrannte deswegen ein Krieg, an dem sich selbst die Götter beteiligten. Aber die Liebe war schuld daran: τοσοῦτος δ' ἔρως ἐνέπεσε τῶν πόνων καὶ τῆς στρατείας ἐκείνης οὐ μόνον τοῖς Ἕλλησι καὶ τοῖς βαρβάροις ἀλλὰ καὶ τοῖς θεοῖς.[73] Auch Zeus ist ihr erlegen, der den Frauen immer mit List, nicht mit Gewalt nachstellte. Deshalb haben auch die Männer ihren so von ihm eroberten Frauen immer verziehen. Und viele Frauen sind mehr wegen ihrer Schönheit als wegen ihrer Tugend unsterblich geworden.[74] So auch Helena: Sie wurde unsterblich und bekam göttergleiche Macht; sie verhalf dadurch ihrem Bruder und auch Menelaos zu göttlichen Ehren und gab in nächtlicher Erscheinung selbst dem Dichter Stesichoros, der sie beschuldigt hatte, das Augenlicht wieder.[75] Schließlich hat sie auch dadurch, daß sie den Trojanischen Krieg verschuldete, den Griechen die Freiheit von den Barbaren gebracht.[76] So hat Isokrates, was er an der ‚Helena' des Gorgias getadelt hat, zum Schluß selbst eine Apologie, wenn auch zum Lobe der Helena, verfaßt.

Eine viel schärfere Kritik als an der ‚Helena' des Gorgias übt Isokrates an dem nicht mehr erhaltenen ‚Busiris' des Sophisten Polykrates, der ihm darauf durch seine Kritik an der ‚Helena' des Isokrates in Form einer eigenen ‚Helena' geantwortet hat. Busiris, der Sohn des Poseidon und der Libye, gefiel der Aufenthalt in seiner Heimat so wenig, daß er nach Ägypten auswanderte und dort die nach ihm benannte Stadt Busiris gründete. Dort wurde er beschuldigt, Fremde zu vertreiben oder sie den Göttern zu opfern. Polykrates unternahm es nun, wie Zosimos sagt, dagegen eine Apologie zu schreiben. Isokrates[77] bezeugt auch selber, daß Polykrates sehr stolz auf

[68] Isokr. or. X 18–22.
[69] Isokr. or. X 23–30.
[70] Isokr. or. X 31–37.
[71] Isokr. or. X 38.
[72] Isokr. or. X 39–48.
[73] Isokr. or. X 49–52f.
[74] Isokr. or. X 54–60.
[75] Isokr. or. X 61–65.
[76] Isokr. or. X 67–69.
[77] Isokr. or. XI 4.5.

seine ἀπολογία Βουσίριδος war; er selbst behandelt sie, als wäre sie ein ἐγκώμιον, wenn er auch zum Schluß[78] sagt, obwohl es genug Stoff gebe, das Lob und die Apologie zu verlängern, glaube er doch, eine Verlängerung nicht vornehmen zu müssen; da spricht er offenbar von seiner eigenen Schrift, die er gegen etwaige Angriffe selber verteidigt. Dem Lob schickt er nun eine Einleitung[79] voraus, in der er, der Jüngere gegenüber dem Älteren, sich als väterlicher Ratgeber vorstellt. Er kennt ihn persönlich noch nicht, hat aber von seinem Mißgeschick und seiner Notlage gehört und seine Anklage des Sokrates und seine Verteidigung des Busiris gelesen. Isokrates ist der Meinung, daß alle, die aus der Beschäftigung mit der Philosophie Nutzen zögen und die in besserer Lage seien, zum Unterhalt des unschuldig ins Unglück Geratenen freiwillig beitragen müßten. Da sie beide sich aber persönlich noch nicht kennengelernt hätten und das auf später verschieben müßten, wolle er ihm sagen, was er in seinen beiden Schriften falsch gemacht habe: er habe nämlich die allen bekannte Regel nicht beachtet: ὅτι δεῖ τοὺς μὲν εὐλογεῖν τινας βουλομένους πλείω τῶν ὑπαρχόντων ἀγαθῶν αὐτοῖς προσόντ' ἀποφαίνειν, τοὺς δὲ κατηγοροῦντας τἀναντία τούτων ποιεῖν. Deshalb habe er nicht, wie er sagte, den Busiris durch Widerlegung der üblen Nachrede verteidigt, sondern sich einer Gesetzwidrigkeit schuldig gemacht, wie man sie nicht schlimmer ausdenken konnte; denn er habe den Busiris nicht nur, wie die anderen, beschuldigt, die ankommenden Fremden geopfert, sondern sogar verzehrt zu haben; außerdem habe er dabei so nachlässig gehandelt, daß er behauptete, Busiris habe den Taten des Aiolos und Orpheus nachgeeifert, er habe sich aber gehütet, die Taten zu nennen. Aiolos habe doch dem Odysseus die Heimkehr bereitet, während Busiris Fremdlinge verzehrt haben soll; Orpheus habe die Toten aus der Unterwelt wieder zurückgeholt, während Busiris die Lebenden getötet habe. Nun will er dem Polykrates zeigen, wie ein Lob und eine Apologie gestaltet werden müßten.[80]

So beginnt das Lob des Isokrates auf Busiris, wie es nun schon üblich geworden war, mit seiner edlen Geburt. Der Redner erkennt also diesen τόπος auch weiter als richtig an. Busiris war der Sohn des Poseidon und der Libye, der Tochter des Zeussohnes Epaphos und der Neilostochter Memphis. Libye soll als erste Frau in dem nach ihr benannten Land zur Königswürde gekommen sein. Busiris aber wollte nicht auf diese Ahnen allein stolz sein, sondern sich durch seine eigene Tüchtigkeit für alle Zeiten ein Denkmal errichten.[81] So besiegte er viele Männer, erwarb die größte Macht in Ägypten und richtete eine Königsherrschaft ein. Das gibt Gelegenheit, die Schönheit und Vorzüge zu schildern, wie das für Attika in den Epitaphien schon üblich geworden war.[82] Nun berichtet Isokrates vom Wirken des Busiris. Er nahm den schönsten Platz in Besitz und besorgte Nahrung für seine Begleiter. Darauf sonderte er alle für bestimmte Berufe aus, für das Priestertum, die Kunst, den Krieg, die Wissenschaft und das Handwerk, so daß keiner den Beruf wechseln durfte. Diese Verfassung fand den Beifall der Philosophen; sogar die Spartaner ahmten sie nach.[83] Auch der

---

[78] Isokr. or. XI 44.
[79] Isokr. or. XI 1–4.
[80] Isokr. or. XI 5.7f.; 9.
[81] Isokr. or. XI 10.
[82] Isokr. or. XI 11–14.
[83] Isokr. or. XI 15–20.

geistigen Tätigkeit nahm er sich an: die Priester sollten ihren Unterhalt aus den Tempeleinkünften beziehen, in den vom Gesetz vorgeschriebenen Riten Besonnenheit zeigen, von Kriegen und anderen Arbeiten befreit sein. Einige erfanden die Heilkunst für den Leib durch unschädliche Heilmittel, daß die Menschen einstimmig als die gesündesten und die langlebigsten galten; für die Seele lehrten sie die Beschäftigung mit der Philosophie. Den Älteren übertrug er die wichtigsten Geschäfte, die Jüngeren, die kein Vergnügen an der Lustbarkeit fanden, bewog er, sich mit Astrologie, Rechnen und Geometrie zu beschäftigen, Dinge, die von den einen zu den nützlichen, von den anderen zu den Tugenden gerechnet werden.[84] Am meisten aber verdient seine Frömmigkeit und Gottesverehrung Lob und Bewunderung. Dabei weist Isokrates selbst auf einen etwaigen Widerspruch der Hörer hin: er könne ja nicht als Augenzeuge all diese religiösen Dinge behaupten. Er berufe sich aber auf viele frühere und gleichzeitige Zeugen, besonders auf Pythagoras, der als Lehrer der Ägypter zuerst eine fremde Philosophie nach Griechenland gebracht habe; er habe alle anderen Lehrer so sehr übertroffen, daß alle jungen Leute seine Schüler sein wollten und ihre Kinder lieber bei ihm als bei den einheimischen Lehrern unterrichtet sahen. Diese verdienten Glauben, denn auch jetzt noch bewunderten sie jene, die vorgeben, seine Schüler zu sein, mehr ihres Schweigens wegen als jene, die durch Reden berühmt geworden seien – ein Hieb gegen Polykrates.[85]

Damit ist das Enkomion beendet; Isokrates wehrt sich jetzt noch gegen mögliche Angriffe. Wenn jemand sage, er habe ja gar keine Beweise dafür erbracht, daß wirklich Busiris der Urheber alles dessen sei, was er von Ägypten gesagt habe, so sage er nur: wenn ein anderer Vorwürfe mache, so nehme er an, er tue das auf Grund seiner Bildung; Polykrates aber stehe das nicht zu, weil er es vorgezogen habe, zu sagen, Busiris habe den Nil um das Land herumgeleitet und die ankommenden Fremden geschlachtet und gefressen. Es sei doch zum Lachen, von anderen zu verlangen, was er selbst niemals, auch nicht im geringsten, getan habe. Er schließt: wenn sie beide schon gelogen hätten, so habe er selber nur solche Reden gebraucht, die zum Lobe verwendet würden, Polykrates aber solche, die man zum Schmähen gebrauche; damit habe er nicht nur gegen die Wahrheit verstoßen, sondern auch das Wesen einer Lobrede völlig verkannt.[86] Wer aber seine eigene Rede untersuche, könne ihm gerechterweise keinen Vorwurf machen; denn wenn irgendein anderer das getan habe, was er von Busiris gesagt habe, halte er es für sehr keck, andere über etwas belehren zu wollen, das sie schon wüßten. Wenn aber, wie in diesem Falle, auch wirklich feststehe, was geschehen sei, wen sollte man dann eher für den Urheber der dortigen Einrichtung halten als den Sohn des Poseidon und Enkel des Zeus?[87] Polykrates aber habe auch noch einen chronologischen Fehler begangen; wenn er nämlich den Busiris zur Zeit des Herakles leben läßt, der ihn am Altar erwürgt haben soll, so irrt er; denn Busiris habe 200 Jahre früher gelebt. Was er einem Göttersohn Schändliches zugeschrieben habe, wie den Fremdenmord könne man nicht einmal seinem Feinde zu-

[84] Isokr. or. XI 21–23.
[85] Isokr. or. XI 24–29.
[86] Isokr. or. XI 30–33.
[87] Isokr. or. XI 34f.

trauen; es seien Erfindungen der Dichter, die dafür auch wie Orpheus und Stesichoros Strafe erlitten hätten. Er selbst sei überzeugt, daß die Götter nie an etwas Schlechtem beteiligt sein könnten.[88] Zum Schluß redet er dem Polykrates ins Gewissen; er halte es nicht für nötig, die Rede noch zu verlängern, da das, was jener für eine Apologie ausgebe, nur ein Zugeständnis der gerechten Beanstandungen sei. Und wenn er sich damit entschuldigen wolle, er habe den Philosophen nur zeigen wollen, wie man für schändliche Dinge eine Apologie schreiben könne, so wisse er vielleicht jetzt, daß man schneller und sicherer davonkäme, wenn man schweige, als wenn man eine solche Verteidigung schreibe. Deshalb solle er in Zukunft keine solchen Themen mehr behandeln.[89]

Dieses Enkomion des Isokrates ist das Beispiel zu einer Lehre,[90] die er im Rahmen dazu vorträgt und von der er schon gleich im Eingang das Wichtigste angemerkt hat, nämlich die Forderung, beim Enkomion mehr Gutes anzubringen und bei der Anklage mehr Schlechtes als vorhanden ist. Das hat nichts mit der Kunst des Gorgias zu tun, das Kleine groß und das Große klein, das Gute schlecht und das Schlechte gut zu machen.[91] Man wird an die Lehre des Anaximenes[92] erinnert, wo es sich aber um das εἶδος ἐγκωμιαστικόν handelt: ἔστιν ἐγκωμιαστικὸν εἶδος προαιρέσεων καὶ πράξεων καὶ λόγων ἐνδόξων αὔξησις καὶ μὴ προσόντων συνοικείωσις. Isokrates hat das geschickt auf das γένος δικανικόν ausgedehnt, weil εὐλογεῖν zwar auch ‚verteidigen‘, zuerst aber ‚loben‘ bedeutet und umgekehrt κατηγορεῖν auch ‚schelten‘ heißen kann. Polykrates, sagt Isokrates, habe die schlimmste Lüge vorgetragen, indem er den Busiris zum Menschenfresser gemacht habe. Aber Isokrates hat ja keine Schmährede auf Busiris geschrieben, sondern eine Verteidigung, und dazu paßt nicht, daß er den Busiris eines unmenschlichen Verbrechens, überhaupt einer Schlechtigkeit, beschuldigt, sondern er kann ihn nur gegen eine solche Behauptung verteidigt haben; dazu muß er auch wohl den Inhalt der üblen Nachrede genannt haben. Der Vorwurf gegen Polykrates ist ungerechtfertigt. Da hat Isokrates eben gelogen, und er gibt das auch zu, nur behauptet er, er lüge besser als Polykrates – und wir müssen ihm das wohl glauben –, weil er zu Gunsten seiner Helden lüge, Polykrates aber zu deren Schaden.[93] Er lügt eben kecker und zieht sich nur sachte zurück, wenn ein Fachmann etwas anderes behauptet, wie in der Darstellung der Tätigkeit des Busiris in Ägypten, die er eben auch ganz erfunden hat. Gorgias hat in seiner ‚Helena‘ offen von der Vielmännerei der Helena gesprochen, sie aber durch den Hinweis auf die Götter entschuldigt, vielleicht sogar gerechtfertigt. Nun soll alles Negative überhaupt unterbleiben. In seiner ‚Helena‘ hatte er den Umstand, daß Helena den Trojanischen Krieg verursacht hatte, damit gerechtfertigt, daß sie dadurch Griechenland befreit habe. Jetzt wird das Enkomion von apologetischem Beiwerk befreit. Das ist wie die Fernhaltung des Negativen ein ganz bedeutender Fortschritt. Die Genealogie und die Aufzählung der Taten ist geblieben, auch die Verbindung der Taten mit den ἀρεταί,

---

[88] Isokr. or. XI 36–43.
[89] Isokr. or. XI 44–50.
[90] Isokr. or. XI 4.6.33.44.
[91] Plat. Phaidr. 267a.
[92] Anaxim. rhet. 3,1,1425b 36ff.
[93] Isokr. or. XI 33.

ebenso der Vergleich, um die Größe des Gelobten besonders hervortreten zu lassen; das Neue ist die Befreiung des Enkomion von Nebenzwecken, wie etwa einer Verteidigung, und damit die Betonung des rein Positiven und das Verbot des Negativen.

Als Redeschreiber hatte Isokrates für den Sohn des Alkibiades[94] eine Verteidigungsrede geschrieben (396/5). Im Verlauf des Prozesses wurde auch der Vater des Alkibiades angegriffen. Deshalb schrieb Isokrates eine Verteidigung in einer Rede, die sich als Schluß der wirklich gehaltenen ersten Rede ausgibt und in Wirklichkeit ein Enkomion des Vaters des Alkibiades ist. Es ist nach den Enkomien auf mythische Persönlichkeiten das erste auf einen allen bekannten Menschen der Gegenwart. Die eigentliche Lobrede, der eine glatte Leugnung des Mysterienfrevels und die Darstellung seiner Verbannung als Schlag der Oligarchenpartei gegen die Demokratie vorausging,[95] beginnt wie üblich mit der Betonung der εὐγένεια. Daran schließt sich in chronologischer Reihenfolge, aber ohne Rücksicht auf die Wahrheit, das Lob der Erziehung des jungen Alkibiades, seiner Heirat und seiner Verdienste an, die allein der Stadt galten.[96]

Das erste selbständige, von allen Nebenzwecken losgelöste Enkomion auf einen zeitgenössischen, wenn auch kurz zuvor verstorbenen Menschen – das Muster für alle späteren –, ist dann die Rede des Isokrates auf Euagoras.[97] Isokrates beginnt das eigentliche Enkomion, wie bereits herkömmlich, mit dem Lob der φύσις und der εὐγένεια, obwohl viele schon darüber Bescheid wüßten. Die edelsten Halbgötter sind die Söhne des Zeus; unter ihnen aber geben alle dem Aiakos und seinen Nachkommen den Vorzug. Zu ihm, dem Sohne des Zeus und Ahnherrn der Teukriden, kamen nach der Pest, die vielen das Leben entrissen hatte, die Vorsteher der Städte um Hilfe bittend, weil sie glaubten, sie würden wegen seiner Verwandtschaft mit Zeus und seiner Frömmigkeit schneller Befreiung von dem Übel finden. Nach seinem Tode soll er mit Pluton und Kore in der Unterwelt das Richteramt ausgeübt haben. Von seinen Söhnen, Telamon und Peleus, zeichnete sich dieser im Kampfe gegen die Kentauren aus und vermählte sich mit der Nereustochter Thetis. Sein Sohn Achill nahm überall den ersten Platz ein. Telamon aber zog mit Herakles ruhmvoll gegen Laomedon zu Felde. Von seinen beiden Söhnen war Aias nach Achill der Tüchtigste, Teukros aber, der Verwandtschaft mit diesen würdig und keinem nachstehend, kam nach der Einnahme von Troja nach Cypern und gründete Salamis. Seine Nachkommen hatten hier die Königswürde inne, bis ein Flüchtling aus Phönizien kam, der das Vertrauen des Herrschers erwarb. Er nützte seine bevorzugte Stellung rücksichtslos aus, vertrieb seinen Wohltäter, bemächtigte sich sogar der Herrschaft und übergab die Stadt dem Großkönig. In dieser Zeit wurde Euagoras geboren. Das ist die εὐγένεια des Gorgias, nur weiter ausgreifend, weil sie die ganze Verwandtschaft miteinbezieht und dadurch erst recht geeignet ist, die Rede zu verlängern.[98]

Es beginnt nun nach Lebensaltern geordnet die Darstellung der ἀρεταί und der sich aus ihnen ergebenden Taten des Euagoras. Als Knabe besaß er κάλλος, bezeugt von

---

[94] Isokr. or. XVI: περὶ τοῦ ζεύγους.
[95] Isokr. or. XVI 5–21.
[96] Isokr. or. XVI 25–42.
[97] Isokr. or. IX.
[98] Isokr. or. IX 12–21.

allen, die ihn sahen, ῥώμη, bewundert von den Zeugen seiner Kämpfe mit den Altersgenossen und σωφροσύνη, bezeugt durch die mit ihm gemeinsam erzogenen Mitbürger. Diese ἀρεταί wuchsen noch mit seinem Alter, und es kamen noch hinzu ἀνδρεία, σοφία und δικαιοσύνη, jede von ihnen über das allgemein übliche Maß hinausgehend. Er zeichnete sich durch seine körperlichen und geistigen Vorzüge so sehr aus, daß die Mächtigen seiner Zeit, wenn sie ihn sahen, um ihre Herrschaft fürchteten, aber auch wieder das Vertrauen gewannen, daß sie bei ihm Hilfe fänden, wenn ein anderer es wagen sollte, sich gegen sie zu verfehlen. Als aber einer von ihnen den Herrscher tötete und auch den Euagoras ergreifen wollte, weil er glaubte, seine Herrschaft sei nicht gesichert, wenn er nicht auch noch ihn aus dem Wege geräumt hätte, entging er der Gefahr und rettete sich, von der Gottheit umsorgt, nach Soloi in Kilikien, ohne, wie andere, durch die Änderung des Schicksals kleinmütig zu werden. Dort sammelte er, um nun selber die Herrschaft zu erlangen, fünfzig Männer um sich und rüstete sich zur Rückkehr. Sofort nach der Landung betrat er mit den Seinen in der Nacht durch ein Pförtchen die Stadt, griff die Königsburg an und ruhte nicht eher im Kampf, bis er, allein gegen viele, die Burg genommen, die Feinde bestraft, den Freunden Hilfe gebracht und sich selbst zum Tyrannen der Stadt gemacht hatte.[99] Aus dem Gesagten, glaubt Isokrates,[100] könne man die ἀρετή des Euagoras und die Größe seiner Taten erkennen. Keiner der anderen Tyrannen habe seine Macht ehrenvoller erworben als Euagoras. Das aber im einzelnen auszuführen, dürfte die Zeit nicht ausreichen.

Die Größe der Leistung des Euagoras wird erst recht deutlich durch den Vergleich mit anderen. Das sind die von V. Buchheit[101] hervorgehobenen, erst von Isokrates benützten (bei Gorgias sind sie nur leicht angedeutet), aus der Synkrisis erwachsenen Einschübe mit dem Ziel, die Rede zu verlängern. Die berühmtesten νόστοι-Darstellungen, sagt Isokrates, finden wir bei den Dichtern. Sie berichteten aber nicht nur die schönsten, sondern fügten noch andere, von ihnen selbst erfundene, hinzu. Keiner aber hat von jemandem erzählt, der unter so großen und fürchterlichen Gefahren heimgekehrt wäre; die meisten ließen sie durch Zufall, List und Betrug zur Herrschaft gelangen. Vergleicht man aber geschichtliche Persönlichkeiten, z.B. Kyros, dann fällt der Vergleich zu deren Nachteil aus. Man muß dabei nicht nur die Größe der Taten betrachten, sondern auch die ἀρεταί, aus denen sie vollbracht wurden. Mit Recht kann man sagen, daß kein Mensch, kein Halbgott und selbst auch kein Unsterblicher seine Herrschaft ehrenvoller, herrlicher und mehr nach göttlichem Recht erworben hätte.[102]

Euagoras hat aber, obwohl ihn die Natur mit dem schärfsten Verstand ausgestattet und ihm die Fähigkeit verliehen hatte, alles glücklich zustande zu bringen, nie etwas aus dem Stegreif getan; mit Suchen und Nachdenken und Sichberaten verbrachte er die meiste Zeit, nichts ließ er ohne genaue Prüfung. Wird so seine φρόνησις ins rechte

---

[99] Isokr. or. IX 22–32.
[100] Isokr. or. IX 33f.
[101] V. Buchheit, a.a.O. S. 30.
[102] Isokr. or. IX 35–40.

Licht gesetzt, wird auch seine Gerechtigkeit gepriesen.[103] Sein Wesen wird am besten dadurch gekennzeichnet, daß viele wackere Griechen ihre Heimat verließen, um in Cypern zu wohnen. Das führt zu dem, was er für die Größe der Stadt getan hat, zu seinem Verhältnis zu Griechenland und zum Krieg gegen die Barbaren.[104] So war die Apotheose nach seinem Tode, von dem nicht gesprochen wird, verdienter Lohn.[105]

Isokrates hat sein Enkomion Nikokles, dem Sohne des Euagoras, gewidmet (etwa zwischen 373 und 370). Am Schluß[106] spricht er ihn noch einmal an, als wolle er sein Alter für die Unvollkommenheit seiner Rede verantwortlich machen. Das darf man nicht ernst nehmen. Er sagt ja auch gleich, viel wertvoller als Denkmäler und Statuen sei die kunstvolle Rede als Darstellung der Taten und Gesinnung großer Männer, die über ganz Griechenland verbreitet werde, während Statuen an ihren Standort gebunden seien. Er habe sich entschlossen, diese Rede zu schreiben, weil er sie für die beste Aufforderung an Nikokles halte, an seiner Seelenbildung zu arbeiten, was charakteristisch ist für die pädagogische Absicht des Isokrates in seinen Reden. Im Proömium[107] spricht er, zu Nikokles gewendet, daß die Toten, falls sie noch Wahrnehmung besäßen, sich über ein ehrenvolles Grab oder Spiele, wie sie Nikokles dem Vater zu Ehren abgehalten hatte, freuten; sie wüßten aber noch größeren Dank, wenn ihre Taten und ihre Gesinnung in einer Lobrede dargestellt würden, durch die ihre Tüchtigkeit für viele Menschen unvergeßlich gemacht würde. Freilich sei das Enkomion vernachlässigt worden und keiner, der sich mit Philosophie beschäftigte, habe vor ihm eines geschrieben – dabei ignoriert er die Versuche des Gorgias –, wodurch der Ehrgeiz der Jugend gelähmt würde. Er sei sich der Schwierigkeit seiner Aufgabe wohl bewußt, da den Dichtern viel mehr und bessere Schmuckmittel zur Verfügung stünden, Rhythmus und Synonymie, sie könnten sogar die Götter mit ihren Helden verkehren, sprechen und ihnen im Kampfe beistehen lassen; die Prosa aber müßte sich der Alltagssprache bedienen und Gedanken bringen, die unmittelbar mit den Taten zusammengehörten. Deshalb fordere er nun auch die Redner auf, Enkomien auf große Zeitgenossen, wie das auf Euagoras, zu schreiben. Isokrates ist sich, das sieht man daraus, bewußt, ein neues Wagnis in der Kunstprosa unternommen und das neue prosaische Enkomion geschaffen zu haben.

Wie bald und wie weit sich die Hoffnung des Isokrates, junge Redner möchten nach dem Vorbild seines ‚Euagoras' Enkomien schreiben, erfüllt hat, läßt sich nicht sagen. In dem durch die Altersangabe des Isokrates von 80 Jahren zur Zeit des auf das Jahr 356 datierten, unechten Briefes an Archidamos,[108] wird erklärt, daß viele derartige Lobreden auf Archidamos, also sogar auf einen Lebenden, seinen Vater Agesilaos und ihr Geschlecht versucht hätten. Es wird aber gleich festgestellt, ein Enkomion zu schreiben, sei eine schwere und nur selten vorkommende Sache, dem angeblichen Briefschreiber Isokrates aber fiele das leicht; es wird dann zum Beweis dafür der Entwurf eines solchen Enkomion auf Archidamos und seinen Vater gegeben: Herkunft von Herakles und Zeus, Ansehen Spartas und seiner Bürger

---

[103] Isokr. or. IX 41–46.
[104] Isokr. or. IX 51–65.
[105] Isokr. or. IX 70.
[106] Isokr. or. IX 73–76.
[107] Isokr. or. IX 1–11.
[108] Isokr. epist. IX.

wegen der Gründung dorischer Städte in der Peloponnes; Preis der Tapferkeit, der ganzen Stadt und der von den Vorfahren begründeten Verfassung wegen ihrer Dauerhaftigkeit; Lob des Vaters wegen seiner φρόνησις und seiner in der Not gezeigten Verwaltung der Stadt und bei dem Kampfe um ihre Befreiung, wobei Archidamos sich als Führer mit nur wenigen Männern gegen eine große Menge der Gefahr ausgesetzt und dadurch die Freiheit der Stadt begründet habe. Städte erobern und viele Feinde töten, sei nicht so groß und edel wie die Rettung des Vaterlandes aus großer Gefahr.[109]

Zu der Zeit aber, als dieser Brief geschrieben wurde, hatte Xenophon wirklich schon seinen ‚Agesilaos' verfaßt, den er selbst als ἔπαινος[110] und als ἐγκώμιον[111] bezeichnete. Den Isokrateischen ‚Euagoras' kannte er. Er will die ἀρεταί des Agesilaos loben, seine δόξα, seine Abstammung von königlichen Ahnen, seine Größe und Schönheit und dazu seine Heimat, die berühmteste Stadt Griechenlands und ihre Staatsform.[112] Es schließen sich die Taten während seiner Königsherrschaft an.[113] Die Darstellung beginnt mit ὅσα ἐν τῇ βασιλείᾳ διεπράξατο· es folgt die Aufzählung der ἐν τῇ ψυχῇ αὐτοῦ ἀρεταί, der εὐσέβεια, δικαιοσύνη, ἀνδρεία und σοφία·[114] er war φιλόπολις, εὔχαρις und besaß noch viele andere rühmenswerte Eigenschaften.[115] Zum Schluß[116] gibt er eine ἀνακεφαλαίωσις mit einer nochmaligen Aufführung seiner ἀρεταί. Die Behandlung der ἀρεταί, zusammen mit den entsprechenden Taten, wie Isokrates sie vorgezeichnet hatte, hat er nicht versucht. Isokrates aber scheint doch den ‚Agesilaos' als eine Anerkennung seiner eigenen Leistung durch seinen Jugendfreund verstanden zu haben. Diogenes Laertios[117] berichtet mit Berufung auf Hermippos, daß Isokrates ein Enkomion auf den bei Mantinea gefallenen Sohn des Xenophon, Gryllos, geschrieben habe.

In den ‚Nomoi'[118] schlägt Platon ein Gesetz vor, nach dem den Göttern, Dämonen und Heroen zusammen mit den Gebeten auch Hymnen und Enkomien gesungen werden sollten. Außerdem sollte ein Gesetz bestimmen, daß billigerweise allen Bürgern, Männern und Frauen, wenn sie das Lebensziel erreicht und schöne und ruhmvolle Taten vollbracht hätten und auch den Gesetzen treu gewesen seien, ebenfalls Enkomien zuteil werden sollten. Bevor sie aber die ganze Lebensbahn bis zu einem schönen Ende durchlaufen hätten, sei es eine zweifelhafte Sache, sie mit Lobreden und Enkomien zu ehren. In der ‚Politeia'[119] werden Hymnen nur den Göttern, Enkomien nur den wackeren Männern zugestanden. Was Platon von den üblichen Lobreden denkt und wie sie nach seiner Meinung aussehen müßten, hat er im ‚Symposion' klar dargestellt. Da läßt er den Sokrates bekennen, welch tiefen Eindruck die Rede Agathons durch die Schönheit des Ausdrucks und der Redewendungen auf ihn gemacht habe und daß er aus Scham über sein eigenes Unvermögen weggelaufen sei.[120]

[109] Isokr. epist. IX 1 – 5.
[110] Xen. Ages. I 1.
[111] Xen. Ages. X 3.
[112] Xen. Ages. I 1 – 5.
[113] Xen. Ages. I 6.
[114] Xen. Ages. III 1 – VI 8.
[115] Xen. Ages. VII 1 – X 4.
[116] Xen. Ages. XI 1 – 16.
[117] Diog. Laert. II 55.
[118] Plat. leg. VII 801c – 802a.
[119] Plat. rep. X 607a: εἰδέναι δὲ ὅτι ὅσον μόνον ὕμνους θεοῖς καὶ ἐγκώμια τοῖς ἀγαθοῖς ποιήσεως παραδεκτέον εἰς πόλιν.
[120] Plat. symp. 198b.

Das ist ein Urteil über die Schönheit der Form. Anders steht es aber mit dem Inhalt. Er hat Sokrates so erschreckt, daß er seine Zusage, selbst auch eine Lobrede auf den Eros zu halten, am liebsten zurücknehmen möchte, weil er nicht wüßte, was man unter einer Lobrede verstünde; er habe geglaubt, man brauche nur die Wahrheit über das zu sagen, das man loben will, daraus das Schönste auszuwählen und möglichst angemessen zu ordnen. Aus den Reden bisher aber habe er gesehen, daß man dem Gegenstande des Lobes das Schönste beilegen müsse; ob es wahr sei oder nicht, darauf komme es nicht an. Platon verurteilt also die üblichen Wohlreden, weil sie nicht wahrhaftig seien.[121] Und noch einmal nimmt er die Gelegenheit wahr, die üblichen Enkomien zu verurteilen. Dieses Mal läßt er den Sokrates in die Maske eines Sophisten schlüpfen und eine Lobrede auf die Gefallenen nach dem Antialkidasfrieden – 13 Jahre nach dem Tode des Sokrates (386) – halten. Diese Rede will er angeblich von Aspasia gehört haben, die ja auch den Epitaphios des Perikles verfaßt haben soll, der im zweiten Buche des Geschichtswerkes des Thukydides frei nachgezeichnet ist. Im ‚Menexenos'[122] begegnet der junge Mann, nach dem der Dialog benannt ist, dem Sokrates. Er schätzt die Philosophie nicht mehr und hat sich von ihr abgewandt. Menexenos will sich etwas Größerem zuwenden, um Macht über das Volk zu bekommen. Er kommt gerade aus der Ratsversammlung, die einen Mann wählen sollte, der die Rede auf die Gefallenen halten werde; er begegnet dabei dem Sokrates, dem er die Verschiebung der Wahl berichtet und die zwei aussichtsreichsten Kandidaten nennt. Das veranlaßt Sokrates, seine Meinung über diese Art von Reden darzulegen. Mit leiser Ironie meint er, im Kriege zu sterben, scheine ihm oft etwas Schönes zu sein, nicht etwa, weil es ehrenvoll sei, für das Vaterland zu sterben, sondern weil man da auch als Armer ein großartiges Begräbnis bekomme und auch, wer nichts tauge, eine lobende Grabrede durch einen weisen Mann erhalte. Diese Männer rüsteten sich schon lange vor der sich ergebenden Gelegenheit, um einen Vorrat an solchen Reden zu haben und lobten dann so schön, daß sie die Hörer ganz berückten, wenn sie von jedem, was ihm zukomme und auch, was ihm nicht zukomme, vortrügen. Sie lobten nicht nur die im Kriege Gefallenen, sondern auch die Stadt und alle ihre Vorfahren, sogar auch die noch Lebenden in jeder Weise. Er selbst, sagt Sokrates, komme sich dann für einige Tage ganz edel und schöner vor. Auch die Fremden werden so ergriffen, daß sie die Stadt für noch bewunderungswürdiger halten als zuvor. Ferner sind diese Lobreden so schön, daß sie die Herzen der Hörer bezauberten; Sokrates sei durch die klangvolle Sprache mehr als drei Tage ganz entzückt und glaube beinahe, sich auf der Insel der Seligen zu befinden. Menexenos erkennt die Ironie und meint abwehrend, für diesen Fall hätte der zu bestimmende Redner keine Zeit zu einer Vorbereitung, weil der Termin so kurz angesetzt sei. Sokrates aber beharrt darauf, jeder der Redner hätte immer fertige Reden auf Vorrat, und als ein guter Redner zu erscheinen sei nicht schwer, wenn man vor Leuten rede, die man lobe. Selbst für ihn sei es nicht schwer, als Lobredner aufzutreten, weil er Aspasia als Lehrerin gehabt hätte. Erst gestern habe er zugehört, wie sie gerade für die Feier eine Rede vortrug,

---

[121] Plat. symp. 198c–e. [122] Plat. Menex. 234a–236d.

teils ohne Vorbereitung, teils zusammengesetzt aus dem, was sie schon früher für die Rede des Perikles geschrieben hatte. Nach einem letzten Bedenken, daß Aspasia es ihm übelnehmen könnte, wenn sie hörte, daß er ihre Rede schon vorgetragen habe und nach der Versicherung des Menexenos, er werde nicht darüber lachen, daß Sokrates als alter Mann noch solchen Spaß zu treiben scheine,[123] gibt er dem Menexenos nach: er müsse ihm zu Gefallen sein, selbst wenn er einmal von ihm verlangen sollte, nackt vor ihm zu tanzen. Menexenos ist von der Rede tief beeindruckt, hat aber noch Zweifel an der Autorschaft der Aspasia: πολλήν γε, ὦ Σώκρατες, ἐγὼ χάριν ἔχω τούτου τοῦ λόγου ἐκείνῃ ἢ ἐκείνῳ ὅστις σοι ὁ εἰπών ἐστιν αὐτόν· καὶ πρός γε ἄλλων πολλῶν χάριν ἔχω τῷ εἰπόντι.[124]

Ziel und Sinn des Dialogs sind umstritten. Zwischen der Ansicht, er sei unecht,[125] der Auffassung, er sei eine ironische Abrechnung mit den zeitgenössischen Rednern,[126] ein Versuch, den Rhetoren zu zeigen, daß er sich mit ihnen messen könne[127] oder ein παίγνιον,[128] schwanken die Deutungen. Platon hat seinen Lesern ein Rätselspiel aufgegeben (das ist sein παίγνιον), aber auch Hilfen zu seiner Lösung. Aspasia ist nur eine vorgeschobene Figur für einen zeitgenössischen Redner, den Sokrates mit einem selbsterdachten Epitaphios treffen wollte. Das liegt in dem Zweifel des Menexenos an der Autorschaft der Aspasia.[129] Es ist ein Redner, einer der ἄνδρες σοφοί,[130] kein Sophist, ein Mann wohl eher οἰόμενος πάνυ εἶναι σοφός, wie Kriton im ‚Euthydemos'[131] einen Beobachter des vorausgegangenen Gespräches nennt, unter dem man Isokrates verstehen soll; es ist ein Redner, der auch λόγοι πολιτικοί verfaßt hat; das liegt im Versprechen des Sokrates an Menexenos, ihm noch viele schöne λόγοι πολιτικοί der Aspasia mitteilen zu wollen.[132] Er ist ein Mann, der nicht εἰκῇ lobt und nicht αὐτοσχεδιάζει, sondern schon seit langem vorbereitete Reden zur Hand hat,[133] ein Mann, der durch die Schönheit seiner Worte die Herzen verzaubert.[134] Daß dieses Lob nicht ernst, sondern ironisch gemeint ist, hat Menexenos richtig empfunden.[135] Was Sokrates über die Schönheit der Rede und über ihre Wirkung auf sich sagt, erinnert an Gorgias. Das Lob für die Schönheit der Rede des Agathon im ‚Symposion'[136] ist ähnlich gehalten. Sokrates wäre am liebsten aus Scham darüber, daß er selbst nicht ähnlich Schönes darbieten könne, davongelaufen und fühlt sich an die gewaltige Rede des Gorgias erinnert und fürchtet, Agathon könne das Haupt des Gorgias gegen die Rede wenden, die er halten sollte, und ihn stumm machen. Wie dort nicht Gorgias gelobt wird, sondern Agathon, der nach seinem Vorbild spricht, und zwar nur, soweit

---

[123] Plat. Menex. 235c: προσπαίζειν; 236c: παίζειν.
[124] Plat. Menex. 249de.
[125] E. Schwartz, Kallisthenes' Hellenika, Hermes 35 (1900) S. 124–126.
[126] P. Wendland, Die Tendenz des platonischen Menexenus. Ein Beitrag zur Geschichte der attischen Beredsamkeit, Hermes 25 (1890) S. 171–195; M. Pohlenz, Aus Platons Werdezeit, Berlin 1913, S. 244 ff.
[127] U. v. Wilamowitz – Moellendorff, Platon I, Berlin 1919, S. 265 ff.
[128] H. Leisegang, RE XX, 2 (1950) Sp. 2417 ff. s. v. Platon.
[129] Plat. Menex. 249de.
[130] Plat. Menex. 234c.
[131] Plat. Euthyd. 304d.
[132] Plat. Menex. 249e.
[133] Plat. Menex. 234c; 235d; ebenso wie Aspasia: 236b.
[134] Plat. Menex. 235a.
[135] Plat. Menex. 235c: ἀεὶ σὺ προσπαίζεις, ὦ Σώκρατες, τοὺς ῥήτορας.
[136] Plat. symp. 198bc.

die Form und nicht der Inhalt in Frage kommt, so kann auch im ‚Menexenos' jeder Gorgiasschüler gemeint sein und nicht Gorgias selber. Auch Aspasia hat ja schon früher verfaßte Reden bereit; sie liest Sokrates einen schon früher verfaßten Teil einer ähnlichen Rede vor und gibt ihm dann noch ἐκ τοῦ παραχρῆμα Richtlinien für die Behandlung eines Epitaphios.[137] Die ‚Helena' des Gorgias und sein ‚Epitaphios' waren auch vorher ausgearbeitete Reden, ebenso der ‚Busiris' des Polykrates: das waren sogenannte τέχναι, Musterstücke, die man den Schülern zum Auswendiglernen an die Hand gab, wie der ἐρωτικός des Lysias, den Phaidros in dem nach ihm benannten Dialog Platons dem Sokrates vorliest; und ebenso sind natürlich, wenn auch aus einem anderen Grunde, die von Lysias und anderen für andere verfaßten Gerichtsreden vorher schriftlich ausgearbeitet. Gorgias aber bevorzugt die Stegreifrede und leitete seine Schüler dazu an. Im ‚Gorgias'[138] Platons sagt Kallikles von seinem Meister: ἐκέλευε γοῦν νυνδὴ ἐρωτᾶν ὅτι τις βούλοιτο τῶν ἔνδον ὄντων, καὶ πρὸς ἅπαντα ἔφη ἀποκρινεῖσθαι. Damit aber scheidet Gorgias als der Redner aus, gegen den sich der Tadel des Sokrates richten könnte.

Daß Platon über den Verfasser des Epitaphios schweigt, weist auf einen Lebenden hin. Wenn er im Plural von ihm spricht, geschieht das eben wegen des παίγνιον und weil von einem Lebenden gesprochen wird, wie er auch im ‚Euthydemos' den Namen des Isokrates nicht nennt. Von diesen Rednern nun sagt er auch zu ihrer Methode bei der Abfassung eines Epitaphios: οἳ οὕτως καλῶς ἐπαινοῦσιν, ὥστε καὶ τὰ προσόντα καὶ τὰ μὴ περὶ ἑκάστου λέγοντες, κάλλιστά πως τοῖς ὀνόμασι ποικίλλοντες, γοητεύουσιν ἡμῶν τὰς ψυχάς.[139] Zu einer Definition der epideiktischen Beredsamkeit, mit wörtlichem Anklang, so daß Platons Angabe im ‚Menexenos' wie ein Zitat wirkt, liest man das Gleiche bei Anaximenes:[140] συλλήβδην μὲν οὖν ἐστιν ἐγκωμιαστικὸν εἶδος προαιρέσεων καὶ πράξεων καὶ λόγων ἐνδόξων αὔξησις καὶ μὴ προσόντων συνοικείωσις, ψεκτικὸν δὲ τὸ ἐναντίον τούτῳ, τῶν μὲν ἐνδόξων ταπείνωσις, τῶν δὲ ἀδόξων αὔξησις. Und in einer auffallend anmaßenden, lehrhaften Art trägt Isokrates im ‚Busiris'[141] dasselbe als allen bekannte Lehre vor: ἁπάντων γὰρ εἰδότων, ὅτι δεῖ τοὺς μὲν εὐλογεῖν τινας βουλομένους πλείω τῶν ὑπαρχόντων ἀγαθῶν αὐτοῖς προσόντ' ἀποφαίνειν, τοὺς δὲ κατηγοροῦντας τἀναντία τούτων ποιεῖν. Unter πλείω τῶν ὑπαρχόντων kann nur das Hinzufügen nicht vorhandener Tatsachen verstanden werden, die μὴ προσόντα des Anaximenes. Diese Lehre mit Gorgias in Zusammenhang zu bringen, ist verfehlt; nach Platons ‚Phaidros'[142] hat er es nämlich abgelehnt, πρὸ τῶν ἀληθῶν τὰ εἰκότα εἶδον ὡς τιμητέα μᾶλλον τά τε αὖ σμικρὰ μεγάλα καὶ τὰ μεγάλα σμικρὰ φαίνεσθαι ποιεῖν διὰ ῥώμην λόγου zu machen, d.h. die αὔξησις zu verwenden. Was sie ist und wie sie zu handhaben ist, kann man bei Anaximenes[143] nachlesen. Anaximenes aber lehrt zu ihr hinzu noch das Lügen; das εἰκός aber ist immer noch das Wahrscheinliche. Zu Anaximenes aber steht auch Isokrates im ‚Busiris'. Er rühmt sich sogar, die Kunst des Lügens in einer Lobrede besser zu be-

---

[137] Plat. Menex. 236b.
[138] Plat. Gorg. 447c.
[139] Plat. Menex. 235a.
[140] Anaxim. rhet. 3,1,1425b 36ff.
[141] Isokr. or. XI 4.
[142] Plat. Phaidr. 267a.
[143] Anaxim. rhet. 3,6 – 14,1426a 20 – 1426b 22.

herrschen als sein Gegner Polykrates: εἰ καὶ τυγχάνομεν ἀμφότεροι ψευδῆ λέγοντες, ἀλλ' οὖν ἐγὼ μὲν κέχρημαι τούτοις τοῖς λόγοις, οἷσπερ χρὴ τοὺς ἐπαινοῦντας, σὺ δ' οἷς προσήκει τοὺς λοιδοροῦντας.[144] Das paßt erst recht nicht zu Gorgias, der seine ‚Helena' mit den Worten eröffnet hatte: „Der Schmuck der Rede ist die Wahrheit (κόσμος ... λόγῳ δὲ ἀλήθεια)." Platon[145] verurteilt diese Methode im ‚Symposion' und im ‚Menexenos'. Wenn weder Gorgias noch Platon noch Anaximenes ihr Erfinder sein kann, bleibt nur Isokrates übrig, der sie im ‚Busiris' mit so viel Stolz verkündet. Die Worte des Gorgias im ‚Epitaphios': τί γὰρ ἀπῆν τοῖς ἀνδράσι τούτοις, ὧν δεῖ ἀνδράσι προσεῖναι; τί δὲ καὶ προσῆν, ὧν οὐ δεῖ προσεῖναι,[146] die Platon im ‚Menexenos' verspotten soll, hätte man nie neben denen im ‚Busiris' nennen sollen.[147]

Dafür, daß Isokrates der von Platon im ‚Menexenos' bekämpfte Gegner ist, kann auch auf die Ansicht des Menexenos verwiesen werden, die er, wie man aus der an ihn gerichteten Frage des Sokrates[148] über die Philosophie sieht, hat. Sie scheint wenigstens nahe verwandt denen eines als μεμφόμενος τὴν φιλοσοφίαν bezeichneten Teilnehmers an den Gesprächen im ‚Euthydemos'[149] zu sein, der auf die Meinung des Kriton χαρίεν γέ τι πρᾶγμά ἐστιν ἡ φιλοσοφία antwortet: ποῖον χαρίεν, ὦ μακάριε; οὐδενὸς μὲν οὖν ἄξιον. Platon will aber unter diesem Mann den Isokrates verstanden wissen. Dieser selbst macht seine Stellungnahme zur Philosophie auch in seiner ‚Helena'[150] deutlich: καὶ περὶ τὴν ἐμπειρίαν τὴν τούτων γυμνάζειν, ἐνθυμουμένους, ὅτι πολὺ κρεῖττόν ἐστι περὶ τῶν χρησίμων ἐπιεικῶς δοξάζειν ἢ περὶ τῶν ἀχρήστων ἀκριβῶς ἐπίστασθαι, καὶ μικρὸν προέχειν ἐν τοῖς μεγάλοις μᾶλλον ἢ πολὺ διαφέρειν ἐν τοῖς μικροῖς καὶ τοῖς μηδὲν πρὸς τὸν βίον ὠφελοῦσιν.

Eine Schwierigkeit, die sich noch auftut, läßt sich leicht beheben. Daß Platon gerade einen Epitaphios wählt, um seine Ansichten über Lobreden und die Schönrederei des Isokrates aufzuzeigen und die Wahrheit als oberstes Prinzip einer solchen Lobrede kundzutun, hängt damit zusammen, daß es noch keine Enkomien auf Menschen der damaligen Gegenwart gegeben hat außer dem Lobe auf den Vater des Alkibiades in der von Isokrates verfaßten Verteidigungsrede des Sohnes, in der auch die Wahrheit weithin entstellt ist. Es verbot sich für Platon, darauf mit einer Kritik zu antworten, nachdem er im ‚Symposion'[151] unter Preisgabe des gegenseitigen Verhältnisses den Alkibiades eine Lobrede auf Sokrates hatte halten lassen. Das Lob der Stadt und ihrer Bewohner, die ihrer reinen griechischen Abstammung wegen als Autochthonen galten und wegen ihrer friedlichen kulturellen und kriegerischen Verdienste um ganz Griechenland hervorragten, diesen τόπος des Epitaphios fand er auch im ‚Panegyrikos' des Isokrates,[152] der auch keineswegs immer wahrheitsgemäß berichtete. Es ist kein Zufall, daß Platon wie Isokrates den Endpunkt dieser Entwicklung mit dem Frieden des Antialkidas setzten, was aber nicht heißen muß, daß der ‚Menexenos' 386 ge-

---

[144] Isokr. or. XI 33.
[145] Plat. symp. 198 cd; Menex. 235 a.
[146] Max. Plan. schol. in Hermog. id. (Rhet. Gr. V p 549,1 ff. W) = VS II p. 285 Nr. 82 B 6.
[147] P. Wendland, a. a. O. S. 175; G. Schiassi, La questione del Menesseno platonico, in: Rendiconti dell' Istituto Lombardo, Classe di Lettere, Scienze morali e storiche 96 (1962) S. 37-58.
[148] Plat. Menex. 234 ab.
[149] Plat. Euthyd. 304 e.
[150] Isokr. or. X 5.
[151] Plat. symp. 215 a ff.   [152] Isokr. or. IV 8.

schrieben sein müßte, sondern er kann gut auch später, nach der Olympiade von 380, zu der Isokrates seinen ‚Panegyrikos' veröffentlicht haben wird, verfaßt worden sein.

Gorgias pflegte vor allem die epideiktische Rede, irgendwelche Lehrvorschriften darüber sind aber nicht erhalten. Seine ‚Helena' und sein ‚Epitaphios' gehören zu dieser Gattung und sind Musterbeispiele seiner Kunst, Propagandastücke und auch Beispiele zum Lernen für die Schüler. Platon[153] hat in seiner ‚Politeia' für die Götter Hymnen, für die wackeren Männer aber Enkomien angeordnet, in den ‚Gesetzen' aber weist er auch den Göttern Enkomien zu und neben ihnen den Dämonen und Heroen. Er kennt auch das Schema, das sich im Laufe der Zeit für den λόγος ἐπιτάφιος herausgebildet hatte und hat im ‚Menexenos' dazu Stellung genommen. Er betonte, daß die Wahrheit ein unverletzliches Prinzip für eine solche Rede sei, wie er es auch im ‚Symposion' für das Enkomion getan hatte. Isokrates hat mit besonderem Eifer an der Entwicklung des Enkomion gearbeitet. In der ‚Helena' und im ‚Busiris', die beide noch wie die ‚Helena' des Gorgias die Form einer Apologie hatten, hat er außerdem mythologische Figuren zum Gegenstand des Lobes gemacht, nach dem schon von Gorgias angewandten Schema. Zur gleichen Zeit aber hat er auch die von Gorgias begonnene Theorie weiter entwickelt und den Grundsatz aufgestellt, daß der Redner nicht nur die vorhandenen Vorzüge preisen, sondern auch die nicht vorhandenen erfinden und benützen solle, womit er sich in scharfen Gegensatz zu Platon stellte. Die ‚Helena' und der ‚Busiris' gehören zu den paradoxen Themen, die den Rednern der Zeit als besonders geeignet erscheinen mochten, ihr rednerisches Können darzutun. Er hat dann in der Verteidigungsschrift für den jungen Alkibiades ein Enkomion auf den Vater eingelegt, das erste auf eine zeitgenössische Persönlichkeit, aber noch in Verbindung mit einer Apologie, wie die ‚Helena' und der ‚Busiris'. Schließlich hat er dieses persönliche Enkomion im ‚Euagoras' aus der Verbindung mit der Apologie gelöst und damit die eigentliche selbständige Form des Enkomion geschaffen, wobei die für das mythologische Enkomion geschaffene Form gewahrt blieb, nur daß die gepriesenen Taten, *virtutes*, mit einer entsprechenden Tugend in Verbindung gebracht wurden.

Unter den vielen unechten Schriften, die dem Isokrates beigelegt wurden, wird auch eine τέχνη genannt. Zu Quintilians[154] Zeiten war noch eine τέχνη von ihm in Umlauf, deren Echtheit aber für Quintilian nicht feststand: *si tamen re vera ars, quae circumfertur, eius est*. Cicero[155] wußte nur, daß eine existierte, die er aber nicht habe auffinden können; es hat sich bis jetzt noch nichts nachweisen lassen, was aus einer solchen Schrift stammen könnte. Sein ‚Busiris' und seine ‚Helena' zeigen uns, wie er seine Lehre über Rhetorik an die Öffentlichkeit brachte: sie stellen Grundsätze auf für rhetorische Lobreden, bringen eigene Forderungen, kritisieren andere und geben schließlich ein Musterbeispiel, unterbrochen von Lob und Tadel anderer Autoren und von eigenen Lehren.

---

[153] Siehe S. 191; Anm. 118.119.
[154] Quint. inst. II 15,4.
[155] Cic. inv. II 2,7.

Die älteste auf uns gekommene τέχνη ῥητορική ist die anonym überlieferte und wegen eines vorgesetzten gefälschten Widmungsbriefes an Alexander sogenannte ‚Rhetorik an Alexander'. Sie beginnt[156] mit der Feststellung: τρία γένη τῶν πολιτικῶν εἰσι λόγων, τὸ μὲν δημηγορικόν, τὸ δὲ ἐπιδεικτικόν, τὸ δὲ δικανικόν. εἴδη δὲ τούτων ἑπτά, προτρεπτικόν, ἀποτρεπτικόν, ἐγκωμιαστικόν, ψεκτικόν, κατηγορικόν, ἀπολογητικόν, καὶ ἐξεταστικόν. Nun sagt Quintilian:[157] *Anaximenes iudicialem et contionalem generalis partes esse voluit, septem autem species: hortandi, dehortandi, laudandi, vituperandi, accusandi, defendendi, exquirendi, quod* ἐξεταστικόν *dicit: quarum duae primae deliberativi, duae sequentes demonstrativi, tres ultimae iudicialis generis sunt partes.* Ebenso berichtet Syrian,[158] nur daß er die εἴδη dem Aristoteles zuschreibt. Wegen der auffallenden sieben εἴδη hier wie dort[159] und weil in der folgenden Ausführung über die Verwendung der sieben εἴδη (χρησόμεθα δὲ αὐτοῖς ἔν τε ταῖς κοιναῖς δημηγορίαις καὶ ταῖς περὶ τὰ συμβόλαια δικαιολογίαις καὶ ταῖς ἰδίαις ὁμιλίαις) das ἐπιδεικτικόν fehlt,[160] hat L. Spengel[161] den überlieferten Anfang der ‚Rhetorik an Alexander' τρία in δύο geändert, die Worte τὸ δὲ ἐπιδεικτικόν gestrichen und die Rhetorik dem Anaximenes zugesprochen. Trotz der Bedenken von V. Buchheit[162] halte ich daran fest.

Aristoteles[163] hat dadurch, daß er bei der Einteilung der Rhetorik von der Tätigkeit des Hörers als Beurteiler über Geschehenes die gerichtliche, über Künftiges die symbuleutische Beredsamkeit und als θεωρός, Beurteiler des rednerischen Könnens, das γένος ἐπιδεικτικόν abgegrenzt hat, die epideiktische Rede als dritte selbständige Klasse in die Rhetorik eingeführt und ihr einen Namen gegeben. Quintilian[164] kennzeichnet das so, daß er Aristoteles und Theophrast das dritte *genus* von der *pars negotialis, hoc est* πραγματική befreit und ganz auf das Urteil des Hörers gestellt haben läßt. In Rom dagegen war die epideiktische Rede immer mit einem *officium* verbunden. Die *laudationes funebres* hingen oft von einem öffentlichen Dienst ab, ein *senatus consultum* beauftragte damit einen Magistrat. Man konnte vor Gericht einen Zeugen loben oder tadeln und dadurch auf die Richter einwirken; man konnte auch sogar dem Angeklagten Lobredner bestellen, und die gegen L. Piso, Clodius und Curio herausgegebenen Reden Ciceros enthielten Tadelreden, die vor dem Senat an Stelle von Stimmabgaben gehalten wurden. Es gab aber auch lediglich zur *ostentatio* verfaßte Lobreden auf Götter und Menschen der Vorzeit. Die Trennung von *laudes* und *vituperationes* ist auch von Aristoteles weiter beibehalten worden. Der Auctor ad Herennium[165] und Cicero[166] haben das *genus demonstrativum* bestimmt als jenes, *quod tribuitur in alicuius certae personae laudem aut vituperationem*. Die Nennung einer *persona certa* als Träger des Lobes oder Tadels soll die θέσις ausschließen. Für (Hermogenes –)

---

[156] Anaxim. rhet. 1,1,1421 b 7ff.
[157] Quint. inst. III 4,9.
[158] Syrian. in Hermog. comm. II p. 11,17 – 21 R.
[159] Vgl. jedoch Diog. Laert. III 95.
[160] Anaxim. rhet. 1,2,1421 b 13 ff.
[161] L. Spengel, Die ῥητορικὴ πρὸς Ἀλέξανδρον, ein Werk des Anaximenes, Zeitschrift für die Altertumswissenschaft 7 (1849) S. 1258 – 1267; Rhet. Gr. (ed. L. Spengel, Leipzig 1853) p. 171 ff.
[162] V. Buchheit, a.a.O. S. 191 ff.
[163] Arist. rhet. I 3,1358 a 36 ff.
[164] Quint. inst. III 7,1 – 3.
[165] Auct. ad Herenn. I 2,2.
[166] Cic. inv. I 5,7.

Priscian¹⁶⁷ in den ‚*Praeexercitamina*' aber ist *laus* die *expositio bonorum, quae alicui accidunt personae vel communiter vel privatim: communiter, ut laus hominis, privatim, ut laus Socratis*. Emporius¹⁶⁸ drückt das so aus: *non potest videri demonstrativa materia, nisi quae talis sit, ut ex ea ex diverso vel vituperari possit aliquis vel praedicari*. Daß man Tullius oder Caesar loben und auch tadeln kann, ist eine *materia demonstrativa*; einen *homo fortis* aber oder einen *homo pius* kann man nur in einem *locus communis* loben, einen *praedo* aber oder eine *venefica* im *locus communis* nur tadeln.

Daß nach Aristoteles in der epideiktischen Rede der Hörer als θεωρός über die δύναμις zu urteilen hat, führt Cicero bzw. seinen Gewährsmann zu der Bestimmung, daß der Hörer der epideiktischen Rede ergötzt wird,¹⁶⁹ daß der Redner sich dabei als Ziel die *delectatio in exornatione*¹⁷⁰ setzt und daß in ihr *omnis ratio fere ad voluptatem auditoris et ad delectationem refertur*.¹⁷¹

Jedes der drei γένη der λόγοι πολιτικοί hat seine eigene Zeit: die beratende Rede hat es mit der Zukunft zu tun, ob sie nun zu- oder abrät, in der kommenden Zeit etwas zu tun; der vor Gericht als Kläger oder Verteidiger auftretende Redner mit der Vergangenheit, weil er über schon Geschehenes handelt; der epideiktische Redner, ob er nun lobt oder tadelt, in der Hauptsache mit der Gegenwart, weil alle loben oder tadeln, was gerade vorhanden ist, dabei aber häufig auch an Vergangenes erinnern und Zukünftiges vorausvermuten.¹⁷²

Lobenswert ist nach Anaximenes¹⁷³ alles, was gerecht, gesetzlich, zuträglich, edel, angenehm und leicht zu tun ist; das sind die gleichen τέλη außer dem δυνατόν und dem ἀναγκαῖον, die er schon für das γένος δημηγορικόν genannt hatte.¹⁷⁴ Die Lehre von der epideiktischen Rede war offenbar noch nicht ausgebildet, und außerdem haben ja, wie Aristoteles¹⁷⁵ sagt, ἔπαινος und συμβουλαί etwas Gemeinsames; was man nämlich anrate, brauche man nur anders zu fassen, um einen Lobspruch daraus zu machen. Wenn man also loben wolle, müsse man sehen, was man als Lehre aufstellen wolle, und wenn man lehren wolle, was man loben möchte. Aristoteles hat nur zwei τέλη¹⁷⁶ für die epideiktische Rede aufgestellt: das καλόν und das Gegenteil davon, das αἰσχρόν.¹⁷⁷ Der Lobredner darf jedoch auch das Nützliche oder Schädliche beiziehen, wenn der Gelobte, ohne an seinen eigenen Nutzen zu denken, etwas Edles getan hat, wie Achill z. B. gelobt wird, weil er seinem Freund Patroklos zu Hilfe kam, obwohl er wußte, daß er in den Tod ging, wo er doch leben konnte. Das Leben aber war ihm nur nützlich, ein solcher Tod aber edler.

Was ist edel, καλόν? Edel ist nach Aristoteles,¹⁷⁸ was an sich wählenswert und deshalb auch lobenswert ist oder was gut, und weil es gut ist, deshalb auch angenehm ist. Folglich ist die Tugend, weil sie gut ist und Lob verdient, auch edel. Sie wird von Aristoteles als eine Fähigkeit bestimmt, Gutes zu schaffen und zu bewahren, als ein

---

[167] Prisc. rhet. 7 p. 556,11 ff. H.
[168] Empor. p. 567,8 ff. H.
[169] Cic. part. 3,10.
[170] Cic. part. 4,11.
[171] Cic. part. 21,72.
[172] Arist. rhet. I 3,1358 b 13 ff.

[173] Anaxim. rhet. 3,1,1425 b 40 ff.
[174] Anaxim. rhet. 1,4,1421 b 24 ff.
[175] Arist. rhet. I 9,1367 b 37 ff.
[176] Arist. rhet. I 9,1366 a 24: σκοποί.
[177] Arist. rhet. I 3,1358 b 27 f.; 38 ff.
[178] Arist. rhet. I 9,1366 a 33 ff.; 36 ff.

Vermögen, viele und große Wohltaten, und zwar allen in jeder Hinsicht zu erweisen. Ihre Teile[179] sind δικαιοσύνη, die im Frieden jedem das Seine gibt, ἀνδρεία, die zu edlen Taten im Kriege befähigt. Wenn nun die Tugend eine Fähigkeit ist, Gutes zu tun und die größte Tugend die ist, die den anderen am meisten nützt, müssen diese beiden die größten Tugenden sein; deshalb hat man auch die gerechten und tapferen Männer am meisten gepriesen. Es folgt die σωφροσύνη, Selbstbeherrschung, durch die sich die Menschen zu den leiblichen Freuden so verhalten, wie es das Gesetz befiehlt; μεγαλοπρέπεια, die in Ausgaben Größe zeigt, μεγαλοψυχία, die große Wohltaten erweist, ἐλευθεριότης, die bewirkt, daß man gibt, ohne mit jemandem um das Geld zu streiten, nach dem die anderen am meisten streben; φρόνησις, durch die man sich über das Gute und Schlimme, soweit es für die Glückseligkeit Bedeutung hat, gut beraten kann; endlich die σοφία,[180] das Wissen um viele bewundernswerte Dinge. Edel ist notwendigerweise alles, was Tugend hervorbringt und zu ihr führt, ebenso alles, was aus ihr entspringt; derart sind die Merkmale der Tugend und ihre Werke; edel ist auch, was durch Ehre belohnt wird, was mehr Ehre als Geld bringt, was jemand nicht aus Rücksicht auf sich selbst tut, soweit es wählenswert ist; edel ist das einfach Gute, das man ohne Rücksicht auf sich selbst für das Vaterland tut, was nicht für den Handelnden selbst gut ist; edel ist alles, was einem eher nach dem Tode als im Leben zukommt, alles, was man mehr um der anderen willen als um seinetwillen tut, alle Taten der anderen und unserer Wohltäter wegen, alles, was das Gegenteil dessen ist, worüber wir Scham empfinden, seien es Worte oder Taten; edel sind auch die Werke derer, die von Natur aus tüchtiger sind, die der Männer sind edler als die der Frauen; ferner was bei jedem Volke edel ist und was bei jedem das Zeichen einer lobenswerten Sache ist, wie bei den Lakedämoniern langes Haar Zeichen der Freiheit war; edel ist auch, keine handwerkliche Beschäftigung auszuüben. Auch die Taten der Vorfahren können edel sein und dem Lobe dienen, ebenso, was man selbst noch an Ehren hinzu erworben hat, und wenn sich jemand gegen die Erwartung zum Besseren und Edlen gewandelt hat. Dem fügt Aristoteles noch hinzu, auch das müsse man betrachten, was den guten Eigenschaften nahe kommt und es, als wäre es gleichbedeutend mit diesen, zu Lob und Tadel verwenden: so kann man einen Bedächtigen z.B. kalt und hinterhältig, einen Einfältigen bieder, einen weniger Empfindlichen sanft nennen und alles, was so neben der Tugend liegt, immer zum Besten wenden, den Zornigen und Tollen schlicht, den Selbstgefälligen hochherzig und verehrungswürdig, das Übermaß als Tugend, den Kecken als tapfer und den Verschwender als freigebig bezeichnen. Wenn nämlich einer, wo es nicht nötig ist, kämpfen will, wird er es wahrscheinlich noch viel eher dann tun, wenn es um die Ehre geht; und wer dem ersten Besten gibt, wird auch seinen Freunden geben; denn es ist ein Übermaß an Tugend, allen wohlzutun.[181] Quintilian[182] beruft sich mit ausdrücklicher Namensangabe auf diesen Rat, den Cornelius Celsus fast über das rechte Maß

---

[179] Arist. rhet. I 9,1366b 1ff.
[180] Arist. rhet. I 11,1371b 27f.
[181] Arist. rhet. I 9,1366b 25 – 1367b 7.
[182] Quint. inst. III 7,25.

hinaus angegriffen hat, bemerkt aber dazu, daß ein *vir bonus*,[183] das ist ja der römische Redner, diesen Weisungen nur folgen werde, wenn es dem allgemeinen Nutzen diene.

Alle diese Teile des Guten und Lobenswerten, ohne sie einzeln zu nennen, hat Anaximenes[184] in seiner Definition des εἶδος ἐγκωμιαστικόν und ψεκτικόν zusammengefaßt als προαιρέσεις, πράξεις und λόγοι und sie dann wieder geschieden in:

1. τὰ ἔξω τῆς ἀρετῆς ἀγαθά, nämlich εὐγένεια, ῥώμη, κάλλος und πλοῦτος, die man nur verstohlen unter das Lobenswerte einschieben kann; es komme ihnen nicht zu, sie zu loben, sondern deren Besitzer kann man nur glückselig preisen.

2. Die ἀρετή selbst, σοφία, δικαιοσύνη, ἀνδρεία und ἐπιτηδεύματα ἔνδοξα.

Aristoteles[185] hat von den drei von Anaximenes angegebenen Quellen des Lobes nur die πράξεις beibehalten, wenn sie aus absichtlichem Handeln entstehen. So muß man also zu zeigen versuchen, daß der zu Lobende absichtlich handelt, wie es einem tüchtigen Manne zukommt. Es ist aber nicht schlecht, dabei auch darauf hinzuweisen, daß er schon oft so gehandelt habe und deshalb auch, was Zufall und Schicksal herbeigeführt haben, so darzustellen, als ob es Folgen absichtlichen Handelns wären. Was nämlich als oft und in gleicher Weise geschehen vorgetragen wird, muß als Zeichen der Absicht und damit der Tugend erscheinen. Da nun der ἔπαινος eine Rede ist, die die Größe der Tugend sichtbar macht, muß man das Handeln auch als von Tugend getragen darstellen. Das ἐγκώμιον aber gehört den Taten; man preist deshalb auch Männer ihrer Taten wegen. Was aber so von außen noch dazu kommt, edle Geburt und Erziehung, die auch Anaximenes[186] vom Lobe ausschließt und dem μακαρίζειν zuweist, dient nur zur Beglaubigung, weil es nahe liegt, daß von guten Menschen wieder gute kommen und, wer so erzogen ist, wieder so sein werde. Die Taten sind Zeichen der inneren Haltung;[187] man kann deshalb auch einen Menschen loben, für den noch keine Taten sprechen, wenn man der Überzeugung ist, daß er die Haltung besitzt, solche Taten zu tun. Den μακαρισμός, die Glückseligpreisung, schließt auch Aristoteles von der Lobrede aus, nicht aber den εὐδαιμονισμός, der wie das εὐδαιμονίζειν die ἀρετή umfaßt. Nach dem Auctor ad Herennium[188] gilt Lob und Tadel folgenden Dingen:

1. *res externae*, die durch Zufall, Glück oder Unglück auf uns zukommen können, Herrschaft nämlich, Erziehung, Reichtum, Macht, Ruhm, Bürgerschaft, Freundschaft und dergleichen; das sind die τὰ ἔξω τῆς ἀρετῆς ἀγαθά des Anaximenes.

2. *res corporis*, das sind Vorteile und Nachteile, die dem Körper durch die Natur zugeteilt sind, Schnelligkeit, Kräfte, Würde, Gesundheit und deren Gegenteil.

3. *res animi*, die durch Überlegung und Denken zustande kommen, Klugheit, Gerechtigkeit, Tapferkeit, Maßhalten und das Gegenteil davon, die eigentlichen Tugenden des Aristoteles.

In der gleichen Weise teilte auch Cicero die Gegenstände des Lobes ein:

---

[183] Sen. contr. I praef. 9 nach Cato; Quint. inst. I prooem. 9.
[184] Anaxim. rhet. 35,3, 1440b 16ff.
[185] Arist. rhet. I 9, 1367b 22ff.
[186] Anaxim. rhet. 35,4, 1440b 22ff.
[187] Arist. rhet. I 9, 1367b 32ff.
[188] Auct. ad Herenn. III 6,10.

1. *virtutes animi*: *prudentia, iustitia, fortitudo, temperantia.*[189]
2. *virtutes corporis*: *valetudo, dignitas, vires, velocitas.*
3. *virtutes extraneae*: *honos, pecunia, affinitas, genus, amici, patria, potentia, cetera, quae simili esse in genere intellegentur.*

Es komme aber, fügt er hinzu, darauf an, wie jemand die Eigenschaften der beiden letzten Gruppen benütze.[190] Später[191] aber haben *genus, forma, vires, opes, divitiae* und was sonst noch das Geschick dem Körper gibt oder was von außerhalb kommt, keinen Anspruch auf wahres Lob, weil Tugend nur in ihrem maßvollen Gebrauch erkannt werden kann; trotzdem aber kann man auch die Güter der Natur oder des Geschicks zum Lobe verwenden. Das höchste Lob ist dann, sich nicht bei Gewaltanwendung fortreißen zu lassen und wegen seines Geldes nicht überheblich zu sein, sich wegen seines überströmenden Reichtums nicht für besser als andere zu halten, so daß man glauben kann, seine Mittel seien nicht für Übermut und Wollust, sondern für Güte und Mäßigung verwendet worden. Die Tugend, an sich lobenswert und Grundbedingung für jedes Lob, hat mehrere Teile: einer davon scheint für Lobsprüche geeigneter zu sein, andere beruhen mehr auf dem Charakter der Menschen und auf einer gewissen Gefälligkeit und Wohltätigkeit, andere wiederum auf einer geistigen Fähigkeit oder Größe und Stärke. Die Erwähnung von Milde, Gerechtigkeit, Güte, Vertrauen, Tapferkeit in den gemeinsamen Gefahren hört man gerne bei Lobreden; denn alle bringen nicht so sehr ihren Besitzern, als dem Menschengeschlecht Nutzen. Weisheit und Geistesgröße, neben der alles andere Menschliche so gut wie nichts bedeutet, sowie eine gewisse Geisteskraft im Erfinden und selbst die Beredsamkeit haben zwar weniger Annehmlichkeiten, erzielen aber höhere Bewunderung. Auch diese Arten muß man bei einem Lobe verwenden. Jede Tugend hat ihre eigene Aufgabe und jede ihr eigenes Lob. Beim Lobe der Gerechtigkeit muß man darstellen, was der zu Lobende mit seiner Gewissenhaftigkeit, seiner Billigkeit, seiner Aufgabe getan hat. Als das angenehmste Lob sieht man das an, das den Taten gezollt wird, die von tapferen Männern ohne Rücksicht auf eigenen Vorteil und Belohnung vollbracht werden; geschehen sie aber unter Mühen und Gefahren, geben sie den reichsten Stoff für Lobreden ab. Einen hervorragenden Mann verrät nur das, was anderen nützlich war, für ihn selbst aber mühsam und gefahrenvoll und mit keiner Belohnung verbunden. Bewunderung und Lob verdient in hohem Maße auch, Unglücksfälle weise ertragen zu haben, sich nicht vom Schicksal haben niederbrechen lassen und in harten Situationen Würde gewahrt zu haben. Aber auch erwiesene Ehrungen, der Beschluß von Belohnungen für die Tüchtigkeit, Taten, die auch das Urteil der Menschen anerkannt hat, gereichen zum Lobe. Neue, einzigartige und nicht gewöhnliche Dinge scheinen der Bewunderung würdig. In den ,*Partitiones oratoriae*'[192] gibt Cicero wieder die übliche Einteilung des Lobens- und Tadelnswerten in:

1. *bona externa*, beginnend mit der edlen Herkunft, weiter mit Glücksgütern und Vermögen.

---

[189] Cic. inv. II 53,159.
[190] Cic. inv. II 59,177f.
[191] Cic. de orat. II 84,342–85,347.
[192] Cic. part. 22,74–23,79.

2. *bona corporis*, unter denen vor allem die Schönheit gepriesen wird.

3. *facta*, die eigentlichen *virtutes*. Von der *virtus* aber unterscheidet man zwei Arten: eine, die auf geistiger Tätigkeit (*scientia*) beruht, Klugheit, Schlauheit, Weisheit und eine, die im Handeln (*actio*) besteht. Die Tugend, die bei der Lenkung und Leitung seelischer Bewegungen hervortritt, ist die *temperantia* in persönlichen Dingen wie in denen der Gemeinschaft, beide im Glück und im Unglück. Im ersten Falle besteht sie im Nichtbegehren dessen, was man nicht hat, im zweiten im maßvollen Gebrauch dessen, was man besitzt. Im Unglück aber ist es die Tapferkeit, die dem ankommenden Unglück sich widersetzt und die Geduld, mit der man vorhandenes Unglück auf sich nimmt. Der umfassende Begriff für diese ist *magnitudo animi*, die in Freigebigkeit in Gelddingen besteht und in Seelengröße beim Ertragen des Unglücks. Die *virtus* aber, die sich im Zusammenleben offenbart, ist die *iustitia*; im Verhältnis zu den Göttern erscheint sie als Religion, beim Anvertrauen als Treue, beim Strafen als Milde, beim Wohltun als Freundschaft. Jetzt aber bringt Cicero etwas Neues, wenn er Gehilfen und Begleiter der Weisheit als Tugenden aufstellt; eine davon ist die Unterscheidung und Beurteilung des Wahren und Falschen (er meint die Philosophie), die andere ist die Redekunst. Wächterin aller Tugenden ist die Achtung.

Quintilian[193] geht wieder von der alten Unterscheidung der Lobrede nach Gaben des Geistes, des Körpers und derer, die außerhalb liegen, aus. Die körperlichen und zufälligen Güter sind je nach dem Fall verschieden einzusetzen: die Helden Homers werden wegen ihrer Schönheit und Stärke gepriesen. Manchmal kann aber auch Schwäche viel zu unserer Bewunderung beitragen: so war z. B. Tydeus klein von Gestalt und wird dennoch ein tapferer Krieger genannt. Glücksgüter verleihen zwar Königen und Fürsten Ansehen, Wohltaten aber erhalten umso größeres Lob, je geringer die Mittel sind. Beim Lob von Dingen, die außerhalb von uns liegen und uns zufällig zuteil werden, kommt es weniger auf den Nachweis des Besitzers als vielmehr auf den ehrenhaften Gebrauch an. So können uns Reichtum, Macht und Gunst besser und schlechter machen. Nur das Lob des Geistes ist immer wahr. Der Hörer nimmt lieber auf, was einer allein, als erster oder nur mit wenigen zusammen vollbracht, was er wider alle Hoffnung und wider alles Erwarten, besonders, was er mehr für andere als für sich getan hat. Emporius[194] läßt einen Menschen gelobt werden nach dem, was vor ihm war, Herkunft, Vaterland, Eltern, Verwandte, was ihm selbst eigen war, Namen, Erziehung, Unterricht, Schönheit und Taten, zum Schluß nach der Art seines Todes und der Achtung, die ihm folgte.

Wer wird gelobt? Platon läßt im ‚Symposion'[195] den Eryximachos die Klage des Phaidros darüber vortragen, daß von den Dichtern schon Hymnen und Paeane auf die Götter gedichtet worden seien und Sophisten (Prodikos) eine Lobrede auf Herakles und andere in Prosa verfaßt haben, es auf Eros aber noch kein Enkomion gebe. Die Vorschläge Platons in den ‚Gesetzen' und im ‚Staat' wurden schon erwähnt,[196] nach denen zusammen mit Gebeten auf die Götter auch Hymnen und Enkomien vorge-

---

[193] Quint. inst. III 7,12f.; 15f.
[194] Empor. p. 567,25 ff. H.
[195] Plat. symp. 177ab.
[196] Siehe S. 191; Anm. 118,119; S. 196.

tragen werden sollten, und ebenso auch auf Dämonen und Heroen. Götter in Hymnen und Paeanen zu loben, kennt auch Emporius;[197] er rechnet sie aber nicht zu den *demonstrationes*. Einen Tadel schließt er ausdrücklich aus, weil es eine Art Sakrileg sei, am Tadel der Götter seine Beredsamkeit zu üben. Nachdem gezeigt worden ist, wie man *res* loben soll nach ihren Erfindern, z. B., weil nämlich Apollo und Diana die Jagd erfunden hätten, oder nach denen, die sich mit ihnen befassen, nach ihren geistigen und körperlichen Eigenschaften, heißt es bei Priscian:[198] *quo modo etiam deos debeas laudare*, d. h. nicht die Götter werden gelobt, sie sind nur Mittel, um den Menschen und seine Tätigkeit zu loben. Menschen der Vorzeit haben Gorgias und Isokrates in der ‚Helena' gelobt, Polykrates und Isokrates im ‚Busiris', Polykrates in der ‚Klytaimnestra', wobei allerdings der Reiz des Absonderlichen eine Rolle gespielt haben wird. Isokrates hat in seiner Verteidigungsrede für den jungen Alkibiades dessen Vater in einem eingelegten Enkomion gepriesen und in einem selbständigen Enkomion den Fürsten Euagoras kurz nach seinem Tode. Das entspricht einem Gesetzesvorschlag Platons in den ‚Gesetzen'.

Προαιρέσεις, πράξεις und λόγοι in der τέχνη des Anaximenes und die πράξεις bei Aristoteles als Stoff eines Enkomion können nur bei Lobreden auf Menschen verstanden werden. Phaidros sagt auch im ‚Symposion'[199] Platons an der angegebenen Stelle, er sei auf ein Buch gestoßen, in dem Lobreden auf den Nutzen des Salzes und auf viele andere derartige Dinge geschrieben waren. Aristoteles[200] bemerkt, daß schon oft im Ernst oder im Scherz nicht nur auf Menschen oder einen Gott, sondern auch auf leblose Dinge und andere beliebige Geschöpfe Lobreden verfaßt worden seien. Das sind ἄδοξοι ἀποθέσεις, *materiae inopinabiles*,[201] παράδοξα, an denen die Redner seiner Zeit des überraschenden Inhaltes wegen gerne ihre Kunst übten und ihr Können zeigen wollten. Dazu gehören auch die schon genannten Reden des Gorgias, Isokrates und Polykrates. Es gab Lobreden auf Hummeln und das Salz,[202] auf Mäuse,[203] Töpfe und Stimmsteine,[204] eine auf Fliegen von Lukian, ein ἐγκώμιον πόνου des Sophisten Herakleides, *laudes fumi et pulveris* von Fronto, eine Lobrede auf *febris quarto die recurrens* von Favorinus, sogar ein Loblied auf den Schlaf und den Tod und gewisse, von den Ärzten verordnete Speisen.[205]

Quintilian[206] handelt nur vom Lob auf Menschen, aber – wie in einem Anhang – auch schon davon, daß Städte gelobt werden nach ihrem Gründer und ihrem Alter, indem z. B. die Bewohner als Autochthonen gepriesen werden. Ihre Vorzüge und Fehler haben die gleichen Quellen wie die von Einzelpersonen; eigen ist dabei nur, was ihre Lage und Befestigung angeht. Ihre Einwohner können ihnen, gleich wie Kinder den Eltern, zur Auszeichnung dienen. Gegenstand des Lobes für sie können Werke sein, bei denen man die Pracht ihrer Tempel, den Nutzen der Mauern, ihre

---

[197] Empor. p. 569,28 ff. H.
[198] Prisc. rhet. 7 p. 557,4 ff.; 9 H.
[199] Plat. symp. 177b.
[200] Arist. rhet. I 9,1366a 28 ff.
[201] Gell. XVII 12,1.
[202] Plat. symp. 177b; Isokr. or. X 12.
[203] Polykrates bei Arist. rhet. II 24,1401b 15.
[204] Alex. rhet. (Rhet. Gr. IX p. 334,17 f. W) = p. 3,10 f. Sp III.
[205] Quint. inst. III 7,28.
[206] Quint. inst. III 7,26 f.

Schönheit und ihren Urheber bewundern kann.[207] Auch Gegenden werden gepriesen: so hat Cicero[208] z. B. Sizilien gelobt. Beim Lob eines Landes hebt man ebenfalls die Schönheit und den Nutzen hervor, entweder seine natürliche Beschaffenheit oder seine Lage: z. B. die Schönheit der Meeresküste oder Ebenen, Lieblichkeit wegen seiner gesunden Lage und Fruchtbarkeit u. a.[209] Ehrenvolle Aussprüche und Taten sind ebenfalls Gegenstand des Lobes. (Hermogenes-)Priscian[210] gibt als Fundstätten für das Lob von Menschen an: *gens* (Latium), *civitas* (Romanus, Atheniensis), *genus* (Aemilianum); dabei werden auch Vorzeichen bei der Geburt und Weissagungen berichtet: *victus*, z. B. daß Achill mit Löwenmark genährt wurde; Erziehung, geistige und körperliche Eigenschaften des jungen Menschen, ob er schön, groß, schnell, tapfer, gerecht, maßvoll, weise, unternehmend war. Am besten ist das Lob seiner Taten, verglichen mit denen anderer. Von äußerlichen Dingen sind zu Lobreden geeignet: Verwandte, Freunde, Reichtum, Familie, Glück u. a. Auch vom Tode kann Lobenswertes gesagt werden, etwaige wunderbare Ereignisse dabei, der Tod im Kampf für das Vaterland, Totenfeiern, damit verbundene Weissagungen. Neben dem Lob auf Menschen werden aber auch Tiere nach demselben Schema gelobt, ebenso Dinge, nach ihrem Erfinder, nach den Göttern, unter deren Schutz sie stehen, nach denen, die von ihnen Gebrauch machten, nach der körperlichen und seelischen Beschaffenheit dieser Leute. Bäume lobt man nach dem Ort ihres Wachstums, nach dem Gott, in dessen Schutz sie stehen, nach ihrer Nahrung, der Art ihrer Pflege, Größe oder Kleinheit. Ähnlich vollzieht sich auch das Lob von Städten.

Emporius[211] erscheinen sie aber nicht als *demonstrationes*, sondern als *topographiae*; ebensowenig gehören für ihn Lobreden auf die Philosophie, die Ehe und Freundschaft, sogenannte *ethica*, zu den *demonstrationes*, und ebensowenig das Lob der Götter, weil sie nicht getadelt werden können, was seiner Auffassung nach zu den *laudationes* unbedingt gehöre. Die Elemente zu loben, ist möglich, absurd aber wäre es, sie zu tadeln, weil man dadurch die Dinge, durch die wir leben, mißbilligten. Quellen aber, Pflanzen, Flüsse und Herden sind zwar angenehme Gegenstände zum Loben, sie bieten aber zu wenig Stoff und sind dem Forum fremd.

In der Kaiserzeit hat sich eine neue Gruppe von epideiktischen Reden entwickelt, die an gewisse Zwecke gebunden ist. An erster Stelle steht der Panegyrikos. Im eigentlichen Sinne ist das eine Rede, die bei einer Panegyris, einer zu Ehren eines Gottes abgehaltenen Festversammlung, wie etwa den Pythischen oder Olympischen Spielen, gesprochen wird. Das Wort verlor aber bald seine eigentliche Bedeutung und ging in die allgemeine einer *laudatio* über. Der eigentliche Panegyrikos, zu Ehren eines Gottes gesprochen, verlangte, daß diese alte Beziehung auch darin zum Ausdruck kam, daß einleitend ein wenn auch nur kurzes Lob des Gottes gesprochen wurde. Es folgte dann das Lob der festgebenden Stadt, ihrer Gründung vielleicht

---

[207] Vgl. auch Men. rhet. II 2f. (Rhet. Gr. IX p. 164,1 ff.; 177,14 ff. W) = p. 346,27 ff.; 353,5 ff. Sp III.
[208] Cic. Verr. II 2,1,1 ff.; 4,22,48.
[209] Vgl. auch Men. rhet. II 1f. (Rhet. Gr. IX p. 158,7 ff.; 174,4 ff. W) = p. 344,16 ff.; 351,21 ff. Sp III.
[210] Prisc. rhet. 7 p. 556,20 ff. H.
[211] Empor. p. 569,25 ff.; 31 ff. H.

durch einen Gott, der Schönheit ihrer Lage, ihrer prächtigen Gebäude und Kunstwerke, des Lebens und Wirkens in ihr und ihrer Erfolge in friedlichen und kriegerischen Zeiten. Dann werden die Festspiele selbst hervorgehoben, ihre Veranlassung und Einsetzung und durch den Vergleich mit anderen in ihrer Bedeutung gesteigert. Den Abschluß bildet das Lob des Kaisers, der den zur Abhaltung der Spiele notwendigen Frieden erhält. Ist der Kaiser selbst nicht anwesend, gilt das Lob seinem Stellvertreter. Der Einladung eines hohen Beamten zu den Spielen dient der λόγος κλητικός,[212] in dem seiner Anwesenheit so hohe Bedeutung zugemessen wird, daß ohne ihn dem Feste aller Glanz fehlte; dem Gotte und der Stadt sei sein Kommen eine Freude, sein Nichterscheinen bereitete der Stadt und den fremden Gästen Trauer. Es brauchte aber nicht gerade eine Festversammlung zu sein, um einen Beamten einzuladen; man konnte ja annehmen, daß der Gast den Wunsch hatte, die Stadt zu sehen. Das mußte in der Einleitung des λόγος κλητικός zum Ausdruck kommen. Den ersten Platz nahm dann das Lob der Stadt ein, wie im λόγος πανηγυρικός.

Auch außerhalb einer Panegyris bot sich Gelegenheit zu einer Lobrede auf den Kaiser, z. B. bei einer *gratiarum actio* im λόγος βασιλικός. Charakteristische Beispiele solch einer Rede haben wir in der von Julian auf den Kaiser Constantius (sie könnte nach dem Schema aufgebaut erscheinen, das Menander in seiner Schrift περὶ ἐπιδεικτικῶν niedergelegt hat), sowie in den verschiedenen Beispielen von λόγοι βασιλικοί in den ‚*Panegyrici Latini*‘.[213] Die Sammlung beginnt mit der *gratiarum actio* des Jüngeren Plinius an den Kaiser Trajan. Außer ihr sind darin noch enthalten ein Panegyrikos des Redners Latinus Pacatus Drepanius auf Theodosius, eine *gratiarum actio de consulatu* des Claudius Mamertinus auf Julian und eine des Nazarius auf Constantin zur Fünfjahresfeier der Ernennung des Crispus und des Jüngeren Constantin zu Caesaren. Ohne Autorennamen folgen noch eine Dankrede für den hilfreichen Besuch von Augustodunum durch Constantin, eine Lobrede an Constantin zur Geburtstagsfeier von Trier, eine Beglückwünschung des Constantin zum Siege über Maxentius, eine Glückwunschrede an Maximian und Constantin zu dessen Hochzeit mit Fausta, zwei auf Maximian, davon die letzte ein *genethliacus*, eine Rede an Constantius zur vierten Jahresfeier seiner Ernennung zum Caesar und eine Rede des Eumenius zum Wiederaufbau der Schulen von Augustodunum. Eingeleitet wird ein λόγος βασιλικός nach Menander[214] durch die Betonung der Schwierigkeit, eine solche Rede zu halten. Wenn sie glückt, so kann sie dem Redner Ruhm bringen. Es wird erklärt, den Kaiser zu loben, ist neben dem Lob der Götter berechtigt, niemand aber kann ihn so loben, wie es sich gehört, nicht einmal die Musen sind dazu imstande. Sein Lob beginnt nun Menander mit einem kurzen Preis der Vaterstadt des Kaisers oder dem des Volkes, aus dem der Kaiser kommt und der εὐγένεια des Kaisers. Das Lob seiner Persönlichkeit selbst beginnt mit der Erwähnung seiner Geburt und der dabei erfolgten Vorzeichen, Weissagungen und Erscheinungen; es folgt dann die

---

[212] Men. rhet. 14 (Rhet. Gr. IX p. 298,13 ff. W) = p. 424,3 ff. Sp III.
[213] XII Panegyrici Latini, ed. A. Baehrens, Leipzig 1874; rec. W. Baehrens, Leipzig 1911.
[214] Men. rhet. 1 (Rhet. Gr. IX p. 213,3 ff. W) = p. 368,3 ff. Sp III.

Darstellung seiner Erziehung, seines Studiums und seines Charakters. Den Hauptteil der Rede bildet aber der Preis seiner Taten in Krieg und Frieden mit besonderer Hervorhebung derer, die er persönlich vollbracht hat. Nach alter Übung werden diese als Äußerungen der Tugenden gerühmt, aus denen sie entstanden sind: Tapferkeit, Maßhalten auch im Kriege, Besonnenheit, Klugheit und Gerechtigkeit im Frieden, Menschenfreundlichkeit, Bemühung um eine gerechte Verwaltung der Provinzen, Sorge um ein sittsames Familienleben u.a. Es schließt sich der Gedanke an das Glück bei allen seinen Unternehmungen an, an seine Kinder und Freunde, alles erhöht durch den Vergleich mit den Herrschern früherer Zeit und ihrer Regierung. Zum Abschluß hebt der Redner das Glück hervor, das das Reich jetzt genießt, den Reichtum blühender Städte, die Sicherheit des Handels, die herrschende und wachsende Religiosität und den Dank des Volkes und schließlich die Wünsche des Volkes für das Wohl des Kaisers.

Anders als dieses Schema des Menander und griechischer Redner beginnt Plinius[215] seine Rede an Trajan mit einem feierlichen Gebet an Jupiter, ihn zu einer guten Rede zu befähigen, die er trotz der Abneigung des Kaisers gegen eine solche Lobrede halten wolle. Diese negative Haltung liege nicht darin begründet, daß er, wie andere früher, in jeder Lobrede einen versteckten Hinweis auf Fehler sehe, sondern in seiner Bescheidenheit. Er lasse diese Rede auch nur zu aus Rücksicht auf den Senat, in dessen Auftrag Plinius spreche. Darin liegt aber schon ein Lob des Kaisers. Im Hauptteil werden dann gepriesen:

1. Seine Taten, von der Adoption durch Nerva bis zu seinem Einzug in Rom nach Beendigung des Krieges gegen die Daker.[216]

2. Der Beginn seiner Regierung mit Hilfsmaßnahmen für arme Kinder, Spenden an das Volk, seine Gerechtigkeit durch Einschreiten gegen die Delatoren, Abschaffung der Anzeigen wegen Majestätsbeleidigung, Schutz der Testamente.[217]

3. Die Erhaltung der Sittenreinheit durch Verbot der Pantomimen, Beispiele des Kaisers in guter Sitte und Tugend.[218]

4. Die Verwaltung seines Konsulats, Stellung zum Senat, Verleihung von Ehrenämtern, Rechtspflege.[219]

5. Das Privatleben des Kaisers, seine Familie und Freunde.[220]

Die Rede schließt[221] mit einem persönlichen Dank für die Verleihung des Konsulats und einem Gebet für das Wohl des Kaisers. Trajan wird als der durch den Willen der Götter bestimmte Friedensfürst gezeichnet.

Zu den Ansprachen an den Kaiser gehört auch der λόγος πρεσβευτικός,[222] mit dem eine Gesandtschaft dem Kaiser eine Bitte vorträgt, etwa, ihrer Stadt zu Hilfe zu kommen, wobei natürlich auch mit den entsprechenden Mitteln der αὔξησις das Lob des Kaisers, seiner Menschenfreundlichkeit und seiner Sorge für den Frieden den Haupt-

---

[215] Plin. paneg. 1–4.
[216] Plin. paneg. 4–24.
[217] Plin. paneg. 25–43.
[218] Plin. paneg. 44–56.
[219] Plin. paneg. 56–80.
[220] Plin. paneg. 81–89.
[221] Plin. paneg. 90–93.
[222] Men. rhet. 13 (Rhet. Gr. IX p. 297,4 ff. W)
= p. 423,6 ff. Sp III.

teil bildet. Nicht offiziellen Charakter trägt der λόγος κλητικός,[223] mit dem ein kaiserlicher Beamter ohne einen besonderen Anlaß zum Besuche der Stadt eingeladen wird, etwa weil man von seinem Wunsche, sie zu sehen, gehört habe. Das Lob der Stadt, ihrer Schönheit und ihrer Taten, zusammen mit der Beschreibung der Anreise mit ihren Reizen, und natürlich auch das Lob des Eingeladenen, selbstverständlich in üblicher Weise gesteigert, bildet den Inhalt. Kommt dann der Beamte in der Stadt an, wird er in einer προσφώνησις[224] begrüßt, die ebenfalls das Lob des Kaisers, verbunden mit dem des Angekommenen und der Stadt, beinhaltet. Hinzu kommt am Schluß noch die Bitte um Wohlwollen.

Ähnlich einer προσφώνησις ist der bei der Ankunft eines neuen Archon in der Stadt gehaltene λόγος ἐπιβατήριος.[225] Eine solche Ansprache kann auch der privaten Sphäre angehören, wenn nämlich ein Privatmann nach längerer Abwesenheit in seine Vaterstadt zurückkehrt; sie kann auch als Begrüßung bei der Ankunft in einer anderen Stadt gesprochen werden. Dabei bildet natürlich das Lob der Stadt, ihres Gründers, ihrer Lage und Schönheit, ihrer Sitten und Beschäftigungen, abgehoben durch den Vergleich mit anderen, die Hauptsache. An einen Scheidenden wendet man sich mit dem λόγος προπεμπτικός,[226] der einer untergeordneten Persönlichkeit, etwa einem Schüler, gelten kann, wenn sein Lehrer ihm bei der Abreise gute Ermahnungen mit auf den Weg gibt, oder auch einem scheidenden Freunde. Dabei werden ihm die Beschwerden und Gefahren der Reise entgegengehalten, um ihn zum Bleiben zu bewegen. Läßt er sich aber nicht zurückhalten, preist der Bleibende den Scheidenden in einem Enkomion, das er mit der Bitte schließt, auch in der Fremde die Heimat nicht zu vergessen. Zum Schluß werden die Götter um den Segen für den Scheidenden gebeten. Verabschiedet sich jemand selber, dankt er im λόγος συντακτικός[227] der Stadt, von der er scheidet und lobt sie in der herkömmlichen Weise, um dann von der Stadt zu sprechen, die er aufsuchen will und mit der Hoffnung zu schließen, wieder in seine Stadt zurückkommen zu können. Ist es seine Heimatstadt, die er verläßt, muß er zum Ausdruck bringen, daß er Schmerz über die Notwendigkeit empfindet, sie zu verlassen und die Trennung als notwendig hinstellen. Nach einem Lobe des neuen Aufenthaltsortes schließt er mit guten Wünschen für die Heimatstadt und der Hoffnung auf Heimkehr.

Gelegenheit zu privaten Reden bieten auch häusliche Ereignisse. Da wird vor der Hochzeit der λόγος γαμικός gesprochen und nach ihr der ἐπιθαλάμιος,[228] beide mit einem Preis der Ehe und ihrer Bedeutung für das Menschengeschlecht, reichlich durchsetzt mit Beispielen aus der Mythologie. Zum Geburtstag gehört der λόγος γενεθλιακός,[229] der mit dem Lobe der Familie und der Heimat beginnt und dann die

---

[223] Siehe S. 205.
[224] Men. rhet. 10 (Rhet. Gr. IX p. 284,4ff. W) = p. 414,32ff. Sp III.
[225] Men. rhet. 3 (Rhet. Gr. IX p. 231,4ff. W) = p. 377,32ff. Sp III.
[226] Men. rhet. 5 (Rhet. Gr. IX p. 257,4ff. W) = p. 395,2ff. Sp III.
[227] Men. rhet. 15 (Rhet. Gr. IX p.309,3ff.W) = p. 430,9ff. Sp III.
[228] Dion. Hal. rhet. II 4 p. 263,6ff. Us.-Rad; Men. rhet. 6 (Rhet. Gr. IX p. 263,16ff. W) = p. 399,12ff. Sp III.
[229] Men. rhet. 8 (Rhet. Gr. IX p. 279,23 ff. W) = p. 412,4 ff. Sp III.

körperlichen und geistigen Eigenschaften des Geburtstagskindes lobt und daran die Hoffnung auf ein erfolgreiches, glückliches Leben knüpft. Über den λόγος ἐπιτάφιος,[230] mit dem Lobe der Verstorbenen und dem Trost für die Hinterbliebenen im öffentlichen Leben, wo die Rede den für das Vaterland gestorbenen Mitbürgern gilt, ist schon gesprochen worden. Ihm entspricht, in die private Sphäre übertragen, die Grabrede auf einen eines natürlichen Todes gestorbenen Mitbürger und Angehörigen.

Werden die πράξεις, die den Inhalt der epideiktischen Rede ausmachen, allgemein übereinstimmend als wahr angenommen, bleibt für die Rede nur noch übrig, ihnen Größe und Schönheit zu verleihen. Das ist die Aufgabe der αὔξησις,[231] die zwar auch in anderen εἴδη Verwendung findet, die größte Bedeutung aber in den Lob- und Tadelreden hat.[232] Der Kunst, eine kleine Sache groß und eine große Sache klein, auf die epideiktische Rede angewandt, eine gute schlecht und eine schlechte gut erscheinen zu lassen, hat sich als erster Gorgias gerühmt.[233] Isokrates[234] hat das übersteigert und verlangt, auch das nicht Vorhandene noch hinzuzufügen. Platon hat im ‚Symposion'[235] und im ‚Menexenos'[236] dagegen gekämpft, Aristoteles[237] die Forderung des Isokrates auf ein annehmbares Maß zurückgeführt, wenn er ausführt, das Lob sei zwar an Taten gebunden, diese aber kämen aus einer inneren Haltung, der Tugend; man könne deshalb auch jemanden loben, der noch keine Taten vollbracht habe, aber die innere dazu nötige Haltung besitze. Von der αὔξησις sagt auch er im Einklang mit Anaximenes: πίπτει δ' εὐλόγως ἡ αὔξησις εἰς τοὺς ἐπαίνους ... ἡ μὲν αὔξησις ἐπιτηδειοτάτη τοῖς ἐπιδεικτικοῖς.[238]

Die αὔξησις hat Aristoteles[239] definiert: τὸ δ' αὔξειν καὶ μειοῦν ἐστιν ἐνθυμήματα πρὸς τὸ δεῖξαι ὅτι μέγα ἢ μικρόν, ὥσπερ καὶ ὅτι ἀγαθὸν ἢ κακόν, ἢ δίκαιον ἢ ἄδικον, καὶ τῶν ἄλλων ὁτιοῦν. Die αὔξησις ist kein ἐνθύμημα. Davon geht später der Autor von περὶ ὕψους[240] aus, wenn er, unzufrieden mit der von den Technikern gegebenen Definition der αὔξησις als λόγος μέγεθος περιτιθεὶς τοῖς ὑποκειμένοις, sie selbst als συμπλήρωσις ἀπὸ πάντων τῶν ἐμφερομένων τοῖς πράγμασι μορίων καὶ τόπων, ἰσχυροποιοῦσα τῇ ἐπιμονῇ τὸ κατεσκευασμένον definiert und die αὔξησις weiter von den πίστεις unterscheidet, weil diese τὸ ζητούμενον ἀποδείκνυσιν, so stammt das alles letzten Endes von Aristoteles.

Über das Wie der αὔξησις führt Anaximenes[241] aus, daß man das Lob nach den Lebensaltern behandeln solle; wenn man vom Knabenalter spreche, solle man:

1. Loben, was von dem Gelobten in diesem Alter oder durch ihn oder durch seine Bestrebung oder seinetwegen Berühmtes getan wurde.

2. Durch Vergleiche sein Lob erhöhen, indem man von berühmten Taten anderer junger Leute die unbedeutendsten neben die größten des Gelobten hält.

---

[230] Men. rhet. 11 (Rhet. Gr. IX p. 287,10ff. W) = p. 418,6ff. Sp III.
[231] Arist. rhet. I 9,1368a 10.26ff.
[232] Anaxim. rhet. 3,14,1426b 16ff.
[233] Plat. Phaidr. 267a.
[234] Isokr. or. XI 4.
[235] Plat. symp. 198de.
[236] Plat. Menex. 235a.
[237] Arist. rhet. I 9,1367b 32ff.
[238] Arist. rhet. I 9,1368a 22f.; 27.
[239] Arist. rhet. II 26,1403a 18ff.
[240] Anon. de sublim. 12,1f. p. 260,26f.; 261,2ff. Sp. = p. 127,5f.; 14ff. Sp. – H.
[241] Anaxim. rhet. 35,11 – 14,1441a 16ff.

3. Auch dadurch die Taten des Jugendlichen vergrößern, daß man vermutungsweise vorstellt, was er wahrscheinlich in seinem Alter für große Fortschritte gemacht habe, wenn er in seiner Jugend schon für Philosophie so eingenommen war, oder wer als junger Mann schon im Gymnasium Mühen auf sich genommen hätte, müßte doch auch beim Studium der Philosophie die Arbeit lieben.

Von Aristoteles[242] wird zur αὔξησις angeführt: Wenn z. B. jemand etwas allein oder als erster oder mit nur wenigen ausgeführt oder auch in großartiger Manier getan hat; oder wenn einer etwas Besonderes, nicht Erwartetes, getan hat; wenn etwas, das Nutzen und Ehre bringt, seinetwegen ersonnen und ausgeführt wurde, wenn auf jemanden als ersten eine Lobrede gehalten wurde. Und wenn an dem zu Lobenden selbst nicht genug Stoff zum Lobe zu finden ist, muß man ihn mit anderen vergleichen, wie Isokrates es getan hat; dabei muß man aber darauf achten, daß man nur angesehene Personen zum Vergleich heranzieht.

Isokrates hat in seiner ‚Helena' an Gorgias getadelt, daß er statt eines Enkomion auf Helena eine Apologie für sie geschrieben hatte;[243] er selbst aber verteidigt sie auch gegen ihre Tadler,[244] und im ‚Busiris' weist er die Tadler des Busiris zurecht.[245] So ganz schien ihm also doch auch eine Apologie beim Enkomion nicht auszuschließen zu sein, wenn sie sich nicht allzu sehr vordrängte. So urteilt auch Aristoteles:[246] ὀλιγάκις γὰρ καὶ τούτων ἀποδείξεις φέρουσιν, ἐὰν ἄπιστα ᾖ ἢ ἐὰν ἄλλος αἰτίαν ἔχῃ. Den zweiten Fall fügt Isokrates[247] auch an: εἰ μὲν γὰρ ἄλλος τις ἦν φανερὸς ὁ ταῦτα πράξας, ἀγὼ φημὶ γεγενῆσθαι δι' ἐκεῖνον. Wenn also die Möglichkeit besteht, eine falsche Behauptung im Enkomion aufzustellen – das betrachtet Isokrates[248] als statthaft, wenn sie nur nicht negativer Natur ist; er sagt, er selbst spreche nur zum Vorteil des Gelobten die Unwahrheit, Polykrates aber, wie andere, zum Schmähen –, wenn also einmal eine solche Gegenrede vorliegt, muß es auch eine Verteidigungsmöglichkeit geben, sie zurückzuweisen, (neben der κατάφασις auch eine ἀπόφασις) und damit die Möglichkeit, auch die Lobrede nach den Gesichtspunkten der Statuslehre zu betrachten. Quintilian[249] kann deshalb, wenn er als einzige Aufgabe der *laudatio* ansieht, *res amplificare et ornare*,[250] doch auch sagen, daß die *laudatio* bei einem Rechtsgeschäft einen Beweis erfordere, selbst wenn sie als Prunkrede gedacht ist und gelegentlich nach einem Beweisverfahren aussieht; wenn z. B. jemand, um den von einer Wölfin aufgezogenen Sohn des Mars darzustellen, zum Beweise anführt, daß ein im Flusse Ausgesetzter nicht untergehen konnte, daß alle seine Taten derart waren, daß sie es als glaublich erscheinen ließen, er sei der Sohn des Kriegsgottes und daß seine Zeitgenossen an seiner Aufnahme in den Himmel keinen Zweifel hegten; umgekehrt aber könne die Lobrede auch den Schein einer Verteidigungsrede gewinnen, wenn

---

[242] Arist. rhet. I 9,1368a 10ff.; Quintilian (inst. VIII 4) handelt etwas ausführlicher über die amplificatio im allgemeinen, nicht über ihre Bedeutung für die epideiktische Rede; siehe S. 157f.
[243] Isokr. or. X 14.
[244] Isokr. or. X 45.
[245] Isokr. or. XI 36.
[246] Arist. rhet. III 17,1417b 32ff.
[247] Isokr. or. XI 34.
[248] Isokr. or. XI 33.
[249] Quint. inst. III 7,6.
[250] Quint. inst. III 7,5f.

der Redner z. B. die Erzählung vom Kleidertausch des Herkules und der Lydia und dem ihm aufgetragenen Arbeitspensum rechtfertigen will. Deshalb kann dann auch Quintilian[251] der Meinung sein, daß vor allem der *status qualitatis* für die Lobrede bestimmend, aber auch alle drei möglich seien, wie sie denn auch – nach Cicero – Caesar in seinem ‚*Anticato*‘ verwendet habe. Er folgt damit nur der Ansicht Ciceros, der in den ‚*Topica*‘[252] sagt, daß der *status aut iuris aut nominis* in den *laudationes* eintreten könne: *nam aut negari potest id factum esse quod laudetur, aut non eo nomine adficiendum quo laudator adfecerit, aut omnino non esse laudabile quod non recte, non iure factum sit.* Aber das kommt nur für die Tadelreden in Frage. Das Vorgehen Caesars charakterisiert Cicero dabei übrigens durch die Worte: *usus est nimis impudenter.*

[251] Quint. inst. III 7,28.   [252] Cic. top. 25,94.

ZWEITER ABSCHNITT

DIE DISPOSITIO

Weder Anaximenes noch Aristoteles kennen die Bezeichnung εὕρεσις, beide behelfen sich mit Umschreibungen: πόθεν τῶν εἰς αὐτὴν (πίστιν) λόγων εὐπορήσομεν[1] oder ὅθεν αὐτῶν εἰς τοὺς λόγους εὐπορήσομεν[2] oder ἐκ τίνων αἱ πίστεις ἔσονται.[3] Beide kennen aber die Bezeichnung τάξις;[4] Anaximenes aber weiß noch nichts von einer Zugehörigkeit der εὕρεσις und τάξις zu den Teilen der Rhetorik, wohl aber Aristoteles:[5] τρία ἐστὶν ἃ δεῖ πραγματευθῆναι περὶ τὸν λόγον, ἓν μὲν ἐκ τίνων αἱ πίστεις ἔσονται, δεύτερον δὲ περὶ τὴν λέξιν, τρίτον δὲ πῶς χρὴ τάξαι τὰ μέρη τοῦ λόγου. Als eine *pars* oder als ein *opus rhetorices*,[6] στοιχεῖον, *elementum rhetorices*,[7] als eine *pars rationis orandi*,[8] als *pars artificii*,[9] als *quaedam disciplina dicendi*,[10] auch als eine der *res, quas oratorem habere oporteat*,[11] als ein Teil der *oratoris vis ac facultas*,[12] der *opera oratoris*,[13] als ein ἔργον τοῦ ῥήτορος, eine *pars oratoris officii*[14] nimmt die τάξις, *ordo*,[15] διάθεσις,[16] οἰκονομία,[17] *dispositio*,[18] *collocatio*[19] gewöhnlich den zweiten Platz unmittelbar nach der εὕρεσις, *inventio*, ein. Aristoteles[20] aber hatte ihr nach der εὕρεσις und der λέξις den dritten Platz angewiesen. An der gleichen Stelle steht sie auch, wenn vor der *inventio* noch die *intellectio*, νόησις, eingeschoben wird.[21]

Zum ersten Male begegnet man der Scheidung der πολιτικοὶ λόγοι bei Anaximenes.[22] Er führt nur zwei γένη von ihnen an: das γένος δημηγορικόν, das später συμβουλευτικόν genannt wird, und das γένος δικανικόν und dazu sieben εἴδη, die sich auf die beiden γένη verteilen sollen. Wann und wie die beiden γένη entstanden sind, jedes für sich oder beide zusammen, ist aufs engste mit der Frage nach dem Inhalt der τέχνη des Korax oder Teisias und der Art der Beredsamkeit verbunden, mit der Korax sich nach dem Sturz der Tyrannen befaßt hat. Zu ihren Lebzeiten schon soll er – allerdings nach dem Bericht später griechischer Rhetoren[23] – durch seine Kunst bei den Tyrannen in Ansehen gestanden haben und παραδυναστεύων geworden sein. In diesem

---

[1] Anaxim. rhet. 7,3,1428a 25.
[2] Anaxim. rhet. 28,2,1436a 18f.
[3] Arist. rhet. III 1,1403b 7.
[4] Anaxim. rhet. 34,8,1440a 5; 37,1,1445a 33; Arist. rhet. III 12,1414a 30; Diog. Laert. VII 43.
[5] Arist. rhet. III 1,1403b 6ff.
[6] Cic. inv. I 7,9; Quint. inst. III 3,13.
[7] Quint. inst. III 3,13 nach Athenaios.
[8] Quint. inst. III 3,1.
[9] Auct. ad Herenn. III 1,1.
[10] Iul. Vict. prooem. p. 373,16 H.
[11] Auct. ad Herenn. I 2,2.
[12] Cic. de orat. I 31,142.
[13] Quint. inst. III 3,11.
[14] Fortun. rhet. I 1 p. 81,21.22f. H.
[15] Fortun. rhet. III 1 p. 120,24 H; Sulp. Vict. 14 p. 320,13 H.
[16] Rhet. Gr. VI p. 34,29f.; 35,8f. W: διαθέσεως δὲ τὸ διαθέσθαι τὴν τάξιν καὶ τὴν οἰκονομίαν.

[17] Dion. Hal. Dem. 51 p. 240,15 Us.–Rad.
[18] Auct. ad Herenn. III 9,16; Cic. inv. I 7,9; Quint. inst. III 3,1; Fortun. rhet. I 1 p. 81,21 H; Sulp. Vict. 14 p. 320,9 H.
[19] Quint. inst. VIII prooem. 6.
[20] Arist. rhet. III 1,1403b 8: πῶς χρὴ τάξαι τὰ μέρη τοῦ λόγου.
[21] Aug. rhet. 1 p. 137,5 H; Sulp. Vict. 4 p. 315,7ff. H; νόησις: Max. Plan. prol. (Rhet. Gr. V p. 217,17 W) = P. S. 7 p. 69,1 R.
[22] Anaxim. rhet. 1,1,1421b 7ff.: προτρεπτικόν, ἀποτρεπτικόν, ἐγκωμιαστικόν, ψεκτικόν, κατηγορικόν, ἀπολογητικόν, καὶ ἐξεταστικόν.
[23] Prol. in Hermog. (Rhet. Gr. IV p. 11,14ff. W) = P.S. 17 p. 269,21ff. R.; Max. Plan. prol. (Rhet. Gr. V p. 215,19ff. W) = P.S. 7 p. 67,3ff. R; Doxopat. prol. (Rhet. Gr. VI p. 12,14f. W) = P.S. 4 p. 25,11ff. R; Troil. prol. (Rhet. Gr. VI p. 48,26ff. W) = P.S. 5 p. 52,3ff. R.

Falle ist nur der Schluß auf seine beratende Tätigkeit berechtigt, wozu es allerdings keiner rednerischen Fähigkeit bedurfte. Nun berichtet aber Cicero[24] mit Berufung auf die verlorene συναγωγὴ τεχνῶν des Aristoteles, die τέχνη des Korax sei aus dem Bedürfnis der Sizilier entstanden, nach der Vertreibung der Tyrannen durch gerichtlichen Entscheid ihr privates Eigentum wieder zu erlangen. W. Stegemann[25] sagt denn auch kurz, Korax bzw. Teisias habe nur das γένος δικανικόν in seiner τέχνη behandelt; denn Cicero berichtet ja, es sei geschehen, *cum ... res privatae iudiciis repeterentur*. Nun haben auch Troilos und die beiden anderen genannten Rhetoren bei der Behandlung der Redeteile trotz der von ihnen behaupteten beruhigenden und mäßigenden Einwirkung des Korax auf die Sizilier nach dem Umsturz merkwürdigerweise solche aufgeführt, die nur für die gerichtliche Beredsamkeit passend sind. Die Berichte weichen aber in der Zahlenangabe der Redeteile so sehr voneinander ab (sie schwanken zwischen acht und drei), daß sie sich schon dadurch als späte Konstruktion verraten. Die Gerichtsrede spielte im Leben der Bürger eine bedeutsame Rolle und war dadurch auch bekannter als die symbuleutische Rede und schob sich im Urteil der Bürger infolgedessen an die erste Stelle. Für Cicero könnte noch hinzukommen, daß er den Gerichtsreden einen guten Teil seines Ruhmes als Redner verdankte. Das entscheidet allerdings noch nicht für die Annahme, daß Korax in Wirklichkeit symbuleutische Reden in seiner τέχνη behandelt habe. Da ist aber auch die Nachricht jener Rhetoren, Korax habe nach dem Umsturz die rebellischen Bürger wieder beruhigt und zur Ordnung gerufen, und diese Tätigkeit scheint mir nach dem Umsturz wahrscheinlicher als Prozesse zu führen und dadurch neue Unruhe in sie hineinzutragen. W. Stegemann beruft sich nun aber noch auf Aristoteles.[26] Dieser sagt, der Hörer sehe immer auf das, was ihm selbst angenehm oder unangenehm ist und könne deshalb nie die Wahrheit sehen, weshalb man dem Richter die Entscheidung überlassen müsse über Geschehenes oder Nichtgeschehenes, über das, was ist und was nicht ist und was künftig sein werde und was nicht sein werde. Wenn der Redelehrer sich aber damit beschäftige, wie Proömium und Erzählung und die anderen Teile sein müßten, lehrte er Dinge, die außerhalb liegen, wie man die Richter in seinem Sinne bearbeiten könne, aber nichts über die πίστεις ἔντεχνοι sagten. Deshalb würden auch, obwohl die Demegorie die gleiche Methode habe wie die gerichtliche Rede und die Beschäftigung mit jener edler sei und mehr mit dem öffentlichen Leben zu tun habe als diese, jene Theoretiker kein Wort über jene sagen; vielmehr versuchen alle, Unterricht im Prozessieren zu geben. Das stimmt schon nicht für Anaximenes, von Korax ist gar nicht die Rede. Aristoteles[27] spricht nur von den Redelehrern seiner Zeit, erwähnt aber einmal ausdrücklich eine τέχνη des Korax: ἔστι δ' ἐκ τούτου τοῦ τόπου (d.h. des εἰκός) ἡ Κόρακος τέχνη συγκειμένη und führt dazu das Beispiel an: ἄν τε γὰρ μὴ ἔνοχος ᾖ τῇ αἰτίᾳ, οἷον ἀσθενὴς ὢν αἰκίας φεύγει (οὐ γὰρ εἰκός), κἂν ἔνοχος ᾖ, οἷον ἰσχυρὸς ὢν (οὐ γὰρ εἰκός, ὅτι εἰκὸς ἔμελλε δόξειν). Das ist aber kein echtes εἰκός,

---

[24] Cic. Brut. 12,46.
[25] W. Stegemann, RE V A 1 (1934) Sp. 143 s.v. Teisias Nr. 6.
[26] Arist. rhet. I 1,1354b 10ff.
[27] Arist. rhet. II 24,1402a 17ff.; 26ff.

Die dispositio

sondern ein φαινόμενον εἰκός und kommt nur in der Rhetorik und in der Eristik vor. W. Stegemann[28] denkt daran, daß die drei Arten des εἰκός bei Anaximenes auf Korax zurückgehen. Dieser führt nämlich an: τὸ τὰ πάθη τὰ κατὰ φύσιν ἀκολουθοῦντα τοῖς ἀνθρώποις ἐν τοῖς λόγοις συμπαραλαμβάνειν,[29] wenn jemand einen verachtet oder fürchtet, eine Sache schon öfter getan hat oder irgendein körperliches oder geistiges Gefühl hat, das auch wir empfinden. Die zweite Art ist die Gewohnheit, die dritte die Gewinnsucht.[30] Die erste Form hat eine gewisse Ähnlichkeit mit der des Aristoteles, „alle anderen aber sind verschieden". Anaximenes[31] kennt auch ein εἰκός in der beratenden Rede, Aristoteles[32] im ἔπαινος ein εἰκός. Jedenfalls kann man das εἰκός nicht zum Beweis dafür anführen, daß Korax lediglich die gerichtliche Beredsamkeit gekannt hat. Dionys von Halikarnaß[33] berichtet, er habe unter den Schriften des Gorgias sehr viele epideiktische, wenige symbuleutische, aber keine gerichtlichen Reden gefunden. Daraus kann man aber nichts für oder gegen eine Anerkennung der Gerichtsrede durch Gorgias ableiten, ebensowenig für Isokrates, der alle drei Gattungen gepflegt hat, sich aber nie irgendwie über ein rhetorisches System geäußert hat. Aristoteles nennt, wie bereits gesagt, neben der εὕρεσις und λέξις die τάξις als dritten Teil der Rhetorik. Kurz darauf[34] aber führt er nach der εὕρεσις die λέξις und die ὑπόκρισις an, die zwar noch nicht bearbeitet sei, aber die größte Bedeutung habe; ein System von ihr gab es noch nicht, weil auch die Lehre über die λέξις erst später entstanden sei. Er erklärt aber, daß die Lehre vom Vortrag es zunächst mit der Stimme zu tun habe, bei der drei Dinge zu beachten sind: μέγεθος, ἁρμονία, ῥυθμός.[35] Wann die μνήμη hinzugekommen ist, wissen wir nicht. Der Auctor ad Herennium[36] und Cicero[37] nennen sie zum ersten Male ohne nähere Angaben, ebenso Quintilian.[38] Es gab nach diesem[39] auch Rhetoren, die wie Thrasymachos der Ansicht waren, die *pronuntiatio* gehöre als Naturgabe nicht zur Kunstberedsamkeit. Aus dem gleichen Grund verwarf auch Albutius *actio* und *memoria*. Andere dagegen, von Quintilian nicht genannte Rhetoren, haben die Zahl der *partes rhetorices* vermehrt, indem sie an die *inventio* das *iudicium* anhängten. Quintilian[40] jedoch ist der Auffassung, es müßte eigentlich der *inventio* vorausgehen und es habe noch niemand versucht, den Stoff aufzufinden, wenn er nicht vorher das *iudicium* angewandt hätte. Dann aber meint er doch, es sei mit den drei ersten Teilen verbunden, weil weder die *dispositio* noch die *elocutio* ohne es möglich seien und auch die *pronuntiatio* sehr viel von ihm entlehne. Wenn er aber angibt, Cicero[41] habe in den *libri rhetorici* das *iudicium* der *inventio* angefügt, irrt er. In ‚De oratore' aber stellt Cicero das *dispensare atque componere*, die *dispositio* also, an die zweite Stelle und er läßt sie nicht nur *ordine*, sondern auch *momento quodam atque iudicio* erfolgen. Da erscheint das *iudicium* als zur *dispositio* ge-

---

[28] W. Stegemann, RE V A 1 (1934) Sp. 144 s. v. Teisias Nr. 6.
[29] Anaxim. rhet. 7,5,1428a 36ff.
[30] Anaxim. rhet. 7,6,1428b 9f.
[31] Anaxim. rhet. 7,7,1428b 12ff.
[32] Arist. rhet. I 9,1367b 31.
[33] Dion. Hal. Dem. 1 p. 127,4ff. Us. – Rad.
[34] Arist. rhet. III 1,1403b 18ff.
[35] Arist. rhet. III 1,1403b 27.31.
[36] Auct. ad Herenn. I 2,3.
[37] Cic. inv. I 7,9.
[38] Quint. inst. III 3,1.
[39] Quint. inst. III 3,4.
[40] Quint. inst. III 3,5f.
[41] Cic. de orat. I 31,142.

hörig. In dieser Zwischenstellung kann es einmal zur *inventio*, ein anderes Mal zur *dispositio* gerechnet werden. Bei Augustinus[42] aber ist das *iudicium*, das *iudicare de inventis*, ein eigenes *officium oratoris* nach dem *intellegere* und *invenire* und vor der *dispositio* oder *ordinatio*; es folgen dann noch die *explicatio rerum* (*elocutio*), *memoria* und *pronuntiatio*.

Theodoros von Gadara hat die Rhetorik definiert als *ars inventrix et iudicatrix et nuntiatrix decente ornatu secundum mensionem eius, quod in quoque potest sumi persuasibile, in materia civili*[43] oder griechisch:[44] τέχνη εὑρετική, κριτική καὶ ἑρμηνευτική, wobei die κρίσις als eine charakteristische Eigenschaft der διάθεσις, *dispositio*, für diese selbst gesetzt ist. Albutius, ein Anhänger des Theodorosschülers Hermagoras,[45] hat gleichfalls nur die drei ersten Teile der Rhetorik anerkannt, nicht aber die *memoria* und die *actio*.[46] Dion, ein nicht weiter bekannter Rhetor, den W. Stegemann[47] mit Dion von Alexandrien, dem Rhetor, identifizieren möchte, von dem aber keine Tätigkeit als Rhetor bekannt ist, obwohl die von Quintilian gemachte Aussage jenen eindeutig als Rhetor qualifiziert, wollte nur die *inventio* und *dispositio* als Teile der Rhetorik anerkennen, die er aber beide nach *res et verba* so unterteilte, daß die *elocutio* zur *inventio*, die *pronuntiatio* zur *dispositio* gehören sollte, wobei er noch die *memoria* als fünften Teil hinzufügte.[48] Die Schüler des Theodoros waren aber nicht gehalten, sich unbedingt an die Lehren des Meisters gebunden zu fühlen. Quintilian berichtet von ihnen, sie hätten eine doppelte *inventio* angenommen, *rerum et elocutionis*, und dann die drei übrigen Teile folgen lassen. Cicero, der als seine Quelle dafür die Lehren der Akademie[49] angibt, äußert die gleiche Ansicht. Er geht von *res et verba* als Bestandteilen der Rhetorik aus. Dabei sind die *res* Gegenstand der *inventio*, die *verba* der *elocutio*; das *collocare* aber wird, wenn es auch allen Teilen zugehört, doch zur *inventio* gerechnet: *vox motus vultus atque omnis actio* gehören zur *elocutio*, die *memoria* sei die Wächterin aller Teile.[50]

In den Kreis der Anhänger des Theodoros in späterer Zeit gehört auch Zenon, dessen Lehren Sulpitius Victor[51] aufzeigt. Dieser gibt als die drei *officia oratoris* an: *intellectio, inventio, dispositio*. Nach ausführlicher Behandlung der *intellectio* fertigt er die *inventio*, deren Teile *consilium et iudicium* seien, kurz ab: *in hac quidem parte non multa praecipi possunt*.[52] Über die *dispositio* wird wieder ausführlicher gehandelt.[53] Ihre Aufgabe ist: *ea, quae inventa sunt, ad utilitatem et victoriae effectum digerere in ordinem atque disponere*. Zu ihr gehören der *ordo* mit der οἰκονομία, die *elocutio* und die *pronuntiatio*. Ordo heißt die natürliche Anordnung zunächst der Redeteile (*elocutio*): *exordium, narratio, argumentatio* und *peroratio*. Οἰκονομία aber ist der *ordo artificiosus*, der eine Umkehrung der natürlichen Ordnung bedeutet, wenn die *causa* es verlangt, wenn also das Proömium

---

[42] Aug. rhet. I p. 137,8.12f.; 14.19 H.
[43] Quint. inst. II 15,21.
[44] Vgl. L. Spengel, Die Definition und Einteilung der Rhetorik bei den Alten, RhM 18 (1863) S. 522, Anm. 19; F. Susemihl, Geschichte der Griechischen Literatur in der Alexandrinerzeit II, Leipzig 1892, S. 511.
[45] Sen. contr. VII praef. 5.
[46] Quint. inst. III 3,4.
[47] W. Stegemann, RE V A 2 (1934) Sp. 1851 s.v. Theodoros Nr. 39.
[48] Quint. inst. III 3,8f.
[49] Cic. part. 40,139.
[50] Cic. part. 1,3; vgl. Quint. inst. III 3,7.
[51] Sulp. Vict. 4 p. 315,6f. H.
[52] Sulp. Vict. 13 p. 320,8 H.
[53] Sulp. Vict. 14 p. 320,9–30 H.

z. B. unterbleibt oder die *narratio* in Teile zerlegt oder unterbrochen oder die *argumentatio* nur teilweise ausgeführt wird und unvollendet bleibt. Es folgt dann die *elocutio*,[54] nach *verba* und *compositio* geteilt, und die *pronuntiatio*. Quintilian[55] scheint den Unterschied zwischen *dispositio* und *ordo* nicht erkannt zu haben, wenn er es als Neuerungssucht empfindet, neben der *dispositio* noch vom *ordo* zu sprechen. Die Scheidung in einen *ordo naturalis* und *artificialis* wird auch schon bei Cicero[56] angedeutet, wenn er sagt, daß man die *inventa* nicht nur *ordine, sed etiam momento quodam atque iudicio dispensare atque componere* müsse. Der Auctor ad Herennium[57] aber unterscheidet schon zwei *genera* der *dispositio: unum ab institutione artis profectum, alterum ad casum temporis accommodatum*. Die erste Art ist aber nicht das *genus artificiosum*, sondern das nach der Kunstlehre sich richtende, daß man *principium, narratio, divisio, confirmatio, confutatio* und *conclusio* nach der Regel der Kunstlehre (*ars*) anführt, also der *ordo naturalis*. Er zeigt sich aber nicht nur in der Ordnung der einzelnen Redeteile, sondern auch in der *dispositio* der *argumenta* nach *expositio, ratio, confirmatio rationis, exornatio* und *complexio*. Es ergibt sich also die *dispositio ab institutione artis profecta per orationes* und *per argumentationes*. Die zweite Art der *dispositio* ist jene, die *oratoris iudicio ad tempus accommodatur*, wenn man z. B. mit der *narratio* die Rede beginnt oder mit einem sehr starken Argument oder wenn man gleich nach dem *principium* die *confirmatio* bringt und dann erst die *narratio*. In den Bezeichnungen war der Auctor ad Herennium auch noch nicht ganz sicher. Dionys von Halikarnaß[58] äußert seine Ansicht über die οἰκονομία bzw. das sogenannte οἰκονομικόν bei der Kritik des Thukydides, wenn er, wie schon frühere Kritiker, ihn tadelt, daß er das τεχνικώτερον μέρος τοῦ πραγματικοῦ, die διαίρεσις, τάξις, ἐξεργασία vernachlässigt habe, weil er die Darstellung weder nach Zeit noch nach dem Ort geordnet, keinen rechten Anfang und kein Ende der Geschichte gefunden, nicht auf das πρέπον und nicht auf das οὐκ ἐλάχιστον μέρος, die οἰκονομία, geachtet habe. In der Schrift über die λέξις des Demosthenes[59] geht er von der Teilung der Rede nach νοήματα und πράγματα aus und spricht dann von der οἰκονομία ἐν νοήμασιν und der οἰκονομία ἐν ὀνόμασιν und von der Teilung des εὖ λέγειν in den πραγματικός und in den λεκτικὸς τόπος. Jenen teilt er wieder in die παρασκευή, früher εὕρεσις genannt, und in die χρῆσις τῶν παρεσκευασμένων, die man οἰκονομία nenne; den λεκτικὸς τόπος aber in die ἐκλογὴ ὀνομάτων und in die σύνθεσις τῶν ἐκλεγέντων, wobei jedes Mal der zweite Teil der wichtigere ist, die οἰκονομία nämlich im τόπος πραγματικός, weshalb er auch von der πραγματικὴ οἰκονομία spricht.[60] Der Unterschied zwischen τάξις und οἰκονομία besteht also darin, daß die normale Abfolge der einzelnen Redeteile durch die τάξις geregelt wird, die οἰκονομία aber die je nach den Umständen richtig erscheinende Verwendung regelt, so daß es richtig sein kann, einmal auch einen Hauptteil zu übergehen. Die οἰκονομία ist demnach kein übergeordneter Begriff, dem, wie Quintilian[61] es als Lehre des

---

[54] Sulp. Vict. 15f. p. 320,32 – 321,27 H.
[55] Quint. inst. III 3,8.
[56] Cic. de orat. I 31,142.
[57] Auct. ad Herenn. III 9,16f. vgl. S. 105.
[58] Dion. Hal. Thuk. 9f. p. 335,15 – 338,9 Us. – Rad.
[59] Dion. Hal. Dem. 51 p. 240,15 ff. Us. – Rad.
[60] Dion. Hal. Isokr. 4 p. 60,17 Us. – Rad.
[61] Quint. inst. III 3,9.

Hermagoras darstellt, das *iudicium*, die *partitio*, der *ordo* und die *elocutio* untergeordnet wären, sie ist vielmehr eine Art des Verfahrens der *dispositio*, die bei den angegebenen Redeteilen anwendbar ist. Ihre Erwähnung aber geschieht in der Umgebung von Autoren, die irgendwie in Beziehung zu Theodoros stehen. Der zuletzt genannte ist Hermagoras, nicht der Temnier, sondern der Jüngere, von Gadara, der ein Schüler des Theodoros war.

Eine *dispositio naturalis* und *artificialis* unterscheidet auch Fortunatian;[62] die *artificialis* nennt er auch *dispositio utilitatis*, weil sie eintreten soll, wenn nichts im Wege steht und die *utilitas* zur Änderung der *dispositio naturalis* drängt. Von dieser kennt er acht Arten: *ordo per tempora, per incrementa, per status, per scriptorum partes atque verba, per confirmationis atque reprehensionis discrimen, per generales ac speciales quaestiones, per principales et incidentes.*

Die Umkehrung des *ordo naturalis* zum *ordo artificiosus* geschieht, wenn es notwendig oder nützlich ist, auf mancherlei Art, am sinnfälligsten in der geänderten τάξις der Redeteile. Das Proömium z. B. kann unterbleiben, wenn eine seiner drei Aufgaben nicht erfüllt zu werden braucht. So hält Aristoteles[63] das Proömium für entbehrlich, wenn der Hörer sich nicht belehren lassen will, weil er sich nur für Dinge interessiert, die außerhalb der Sache liegen, die für die Aufklärung nicht in Frage kommen; auch wenn die Sache bekannt oder unbedeutend ist, fällt das Proömium weg.[64] Aufmerksam zu machen, kann sogar manchmal gar nicht gut sein und deshalb das Proömium unterbleiben.[65] In der Demegorie macht der Umstand, daß man vorher schon von dem Gegenstand der Beratung Kenntnis hat, das Proömium überflüssig.[66] Quintilian[67] übernimmt die Stellungnahme des Aristoteles und ergänzt sie durch die kurze Redezeit als Ursache für den Wegfall des Proömium, durch die schon vorher erfolgte Unterrichtung des Richters und durch dessen zu große Inanspruchnahme und durch das Verlangen höherer Gewalt, mit der Sache selbst zu beginnen. Der Anonymus Seguerianus[68] vertritt auch die Ansicht, daß nicht immer ein Proömium nötig ist. Es kann fehlen, wenn nur über Kleinigkeiten verhandelt wird, wenn kein πάθος vorhanden ist und wenn es zwar vorhanden ist, der Hörer aber, was nicht zur Sache gehört, nicht zulassen will, wenn die Hörer Freunde sind und wenn die Redezeit knapp bemessen ist. Gegen Apollodoros, der immer ein Proömium verlangt, beruft sich Alexandros, der Sohn des Numenios,[69] auf den Charakter einer Kunst, die dem Nutzen zugewendet ist; deshalb ist ein Proömium nur am Platze, wenn seine Verwendung nützlich ist, andernfalls übergeht man es. Auch hatte der Areopag die Verwendung eines Proömium ebenso wie die eines Schlusses verboten.

Die Erzählung in der epideiktischen Rede ist nicht zusammenhängend der Reihe nach zu geben, sondern κατὰ μέρος. Sind die Tatsachen, um die es sich handelt, be-

---

[62] Fortun. rhet. III 1 p. 120,22 ff. H.
[63] Arist. rhet. III 14,1415 b 5 ff.
[64] Arist. rhet. III 14,1415 a 24 f.
[65] Arist. rhet. III 14,1415 a 36 f.
[66] Arist. rhet. III 14,1415 b 33 ff.
[67] Quint. inst. IV 1,72.
[68] Anon. Seguer. rhet. p. 430,21 ff. Sp. = 21–25 p. 357,9 ff. Sp. – H. = p. 6,2 ff. G.
[69] Anon. Seguer. rhet. p. 432,1 ff.; 14 f. Sp. = 32 f. p. 359,6 ff.; 19 ff. Sp. – H. = p. 8,7 ff.; 19 f. G.

kannt, bleiben viele Reden ohne Erzählung.⁷⁰ In der Gerichtsrede hat die Verteidigung weniger mit der Erzählung zu tun als die Anklage.⁷¹ Die beratende Rede hat am wenigsten Erzählung, weil von etwas, das erst in der Zukunft kommen soll, niemand erzählen kann.⁷² Auch in der Meinung über die Anwendung der Erzählung gehen die Apollodoreer und Theodoreer auseinander. Apollodoros will immer Erzählung, Alexandros aber und Neokles halten sie nicht für notwendig, wenn sie keinen Nutzen hat, auch nicht in Reden zu Gesetzesanträgen und nicht, wenn die Dinge klar liegen, sie fällt ebenso weg, wenn die Sache unbedeutend ist. Überhaupt, sagt Alexandros, ist die Erzählung dazu da, die Sache klar zu machen, sonst ist sie überflüssig, und wenn nur der eine Teil der Erzählung überflüssig ist, behandle man nur den zweiten. Die Apollodoreer waren auch des Glaubens, die Erzählung müsse immer auf das Proömium folgen. Alexandros aber und Neokles wollen eine von Fall zu Fall verschiedene Anordnung, manchmal die Erzählung sogar vor das Proömium setzen, wenn der Richter verärgert ist und drängt, die Sache kennenzulernen; sie kann sogar mitten unter den Beweisen vorkommen, wenn man eine ganz kurze Wiederholung der Sache zur Überleitung als Erzählung gelten lassen will.⁷³

In der epideiktischen Rede tritt an die Stelle des Beweises das καλόν und ὠφέλιμον in der αὔξησις. Beweise gibt es nur dann, wenn etwas unglaubwürdig ist und wenn ein anderer als Urheber der Taten gelobt wird, die ein anderer vollbracht hat.⁷⁴ In der Demegorie tritt an die Stelle des Enthymems das Beispiel. Quintilian⁷⁵ findet gelegentlich auch in der epideiktischen Rede Beweise, wenn z. B. jemand, um den Romulus als von göttlicher Herkunft zu bezeichnen, zum Beweise anführt, daß er, in den Fluß geworfen, nicht unterging, daß er alles so ausgeführt hat, daß es nicht unglaubwürdig war, daß er der Sohn des Schlachtenlenkers war und daß seine Zeitgenossen kein Bedenken trugen, an seine Aufnahme in den Himmel zu glauben.

Die gleichen Rhetoren, die davon berichten, daß Korax durch die beratende Beredsamkeit und das von ihm erfundene Proömium beruhigend auf die nach dem Tyrannensturz unruhigen Bürger eingewirkt habe, haben ihm auch schon eine Disposition der Rede zugeschrieben.

Troilos⁷⁶ zählt acht Teile auf:

1. προοίμιον mit dem Zweck, die Richter zu gewinnen.
2. προκατασκευή zur Beseitigung einer αἰτία λυποῦσα.
3. προκατάστασις, die Überleitung zum vierten Teil.
4. κατάστασις, die schlichte Darstellung der Geschehnisse.
5. ἀγῶνες, die Beweisführung.
6. παρέκθεσις, eine ἀπόδειξις τοῦ κρινομένου βίου.
7. παρέκβασις, auch διέξοδος genannt, *egressio*, ein *excursus*, d.h. eine außer der

---

⁷⁰ Arist. rhet. III 16,1416b 16f.; 26f.
⁷¹ Arist. rhet. III 16,1417a 8.
⁷² Arist. rhet. III 16,1417b 12f.
⁷³ Anon. Seguer. rhet. p. 441,1 – 443,6 Sp. = 113 – 131 p. 372,1 – 374,23 Sp. – H. = p. 22, 1 – 25,4 G.
⁷⁴ Arist. rhet. III 17,1417b 30ff.
⁷⁵ Quint. inst. III 7,5.
⁷⁶ Troil. prol. (Rhet. Gr. VI p. 49,1ff. W) = P.S. 5 p. 52,8ff. R; vgl. dazu S. 54 Anm. 17.

Reihe angesetzte Behandlung einer Sache, die für den Rechtsfall von größter Bedeutung ist, aber auch einfach nur eine Abschweifung, die im Verlauf der ganzen Rede möglich ist und das Lob von Menschen, Orten und Gegenden, aber auch die Darstellung gewisser fabelhafter Dinge zum Inhalt haben kann und nur der Abwechslung zur Erholung der Hörer dient.

8. ἐπίλογος.

Für dieses System als Eigentum des Korax hat sich vor allem P. Hamberger[77] eingesetzt, aber auch viel Widerspruch gefunden. Nur noch fünf Teile haben die Prolegomena zur Rhetorik des Hermogenes:[78] προοίμιον, διήγησις, ἀγῶνες, παρέκβασις und ἐπίλογος. Die gleichen Teile ohne die παρέκβασις überliefern die anonymen Prolegomena zu den *status*[79] und Maximos Planudes.[80] Nur noch drei, προοίμιον, ἀγῶνες und ἐπίλογος nennen Doxopater[81] und die anonyme Epitome zur Rhetorik.[82]

Einen ähnlichen Katalog, jedoch ohne Quellenangabe (*quidam*), bringt auch Fortunatian,[83] nachdem er zuvor selbst vier Teile, nämlich *principia*, *narratio*, *argumentatio* und *peroratio* genannt hatte:

1. προέκθεσις,[84] in der noch vor der *narratio* der Belehrung wegen etwas Wichtiges vorgebracht wird.

2. προπαρασκευή, *praeparatio sive praestructio*,[85] wodurch der Richter vorbereitet wird, wenn der Sache des Redners etwas feindlich im Wege steht, dem er vorher begegnen muß, oder wenn der Richter über etwas aufgeklärt werden muß, das der Sache des Redners nützt und ihn günstig stimmen kann.

3. διέξοδος, *egressio*, *excessus*, παρέκβασις,[86] immer nach der *narratio*, wenn sie eine Sache enthält, *quae maximam in se continet atrocitatem*, aber auch überall, wo es die *atrocitas* verlangt und der Richter erregt oder milde gestimmt werden soll, weshalb das Leben des Angeklagten verdächtigt werden muß.

4. ἀνανέωσις,[87] die den Richter wie das *prooemium* vorbereitet, aber nur nach der *narratio* stehen kann, während ein *prooemium* vor jedem Redeteil verwendet werden kann. Von der προπαρασκευή unterscheidet sich die ἀνανέωσις dadurch, daß die προπαρασκευή den Richter über die Sache selbst unterrichtet, die ἀνανέωσις aber allgemein den Richter zum Hören vorbereitet.

5. *partitio*,[88] die gewöhnlich vor den Beweisen, aber auch vor der *narratio* angewandt werden kann, entweder, wenn die *narratio* lang ist, so daß der Richter schon vorher über den Inhalt belehrt werden muß oder wenn es eine *causa coniuncta vel longa vel obscura* ist.

---

[77] P. Hamberger, a.a.O. S. 26ff.
[78] Prol. in Hermog. (Rhet. Gr. IV p. 12,17f. W) = P.S. 17 p. 270,22f. R.
[79] Rhet. Gr. VII p. 6,9f. W. = P.S. 13 p. 189,17 R.
[80] Max. Plan. prol. (Rhet. Gr. V p. 215,22f. W) = P.S. 7 p. 67,6f. R.
[81] Doxopat. prol. (Rhet. Gr. VI p. 13,10f. W) = P.S. 4 p. 26,4ff. R.

[82] Rhet. Gr. III p. 610,6f. W.
[83] Fortun. rhet. II 12 p. 108,23ff. H.
[84] Fortun. rhet. II 15 p. 110,20f. H.
[85] Fortun. rhet. II 15 p. 110,22ff. H.
[86] Fortun. rhet. II 20 p. 113,14ff. H.
[87] Fortun. rhet. II 20 p. 113,25ff. H.
[88] Fortun. rhet. II 19 p. 112,30ff.; 21 p. 113, 31ff. H.

6. πρόθεσις, *propositio*,[89] das *confirmationis initium*, ist unnötig, wenn offenkundig ist, was bewiesen werden soll, nützlich, wenn die Sache nicht verteidigt werden kann und es sich um eine *causa legalis* handelt, notwendig, in dunklen oder verwickelten Fällen.

7. ὑπεξαίρεσις,[90] wenn man vom Gegner unbemerkt einen Punkt unterdrückt, den man für gefährlich hält. Was aber verschwiegen wird, kann kein Gegenstand der Rede sein, weil er in der Rede gar nicht sichtbar wird und nur vom Erklärer der Rede nachträglich festgestellt werden kann.

8. πίστεις, *argumentatio*.[91]

9. ἀνακεφαλαίωσις, *recapitulatio*,[92] die nach jeder längeren Darlegung angebracht wird, besonders aber ein Teil des letzten Redeteils, des ἐπίλογος, ist.

Dazu nennt Fortunatian[93] noch die προηγούμενα, die *confirmatio nostrorum argumentorum*, und die ἀναγκαῖα, die *reprehensio eorum, quae ab adversario proponuntur*. Wenn die εἰκότα die Hauptsache der τέχνη des Korax ausmachten, also nur der auf ihnen beruhende Beweis, können diese *partes* nicht von Korax stammen.

W. Süß[94] hat auf Grund der nicht zu übersehenden Disposition in der ‚Helena' und im ‚Palamedes' Gorgias als Urheber der dem Korax zugeschriebenen Disposition zu erweisen versucht. Gorgias soll ja Korax-Teisias gehört haben, aber er hat nach Dionys von Halikarnaß[95] keine Gerichtsrede geschrieben, oder wenigstens hat Dionys keine von ihm vorgefunden. Der ‚Palamedes'[96] ist eine reine Apologie, in der bereits Dispositionspunkte zum Vorschein kommen, wie sie später zur Regel wurden; das προοίμιον mit der Bitte um Wohlwollen und Gerechtigkeit, der Herabsetzung des Gegners, der Schilderung der eigenen Situation, ἀπὸ τοῦ λέγοντος, und der πρόθεσις: διὰ δισσῶν ὑμῖν ἐπιδείξω τρόπων· οὔτε γὰρ βουληθεὶς ἐδυνάμην ἂν οὔτε δυνάμενος ἐβουλήθην ἔργοις ἐπιχειρεῖν τοιούτοις. Nach dieser Gliederung wird dann der Beweis durchgeführt. Es folgt der Teil πρὸς τὸν ἀντίδικον und ein Appell an die Richter mit der Erinnerung an die Verdienste des Palamedes, dem Verzicht auf die Erregung von Mitleid und der Warnung vor den schlimmen Folgen einer etwaigen Verurteilung für sie selber. Der Schluß enthält ein Lob der Richter und eine παλιλλογία in der Form einer *praeteritio*.

Die ‚Helena' war ja als Enkomion gedacht, wirkt aber wie eine Verteidigungsrede, ihre Gliederung hat aber mit der dem Korax zugeschriebenen nichts zu tun, sie ist ganz nach den einzelnen Möglichkeiten des εἰκός aufgebaut, reiner Wahrscheinlichkeitsbeweis ohne Zusammenhang mit jener für ein gerichtliches Verfahren ausgearbeiteten Gliederung der späten griechischen Autoren. Anaximenes[97] handelt nach den einzelnen εἴδη geordnet:

1. Über das προοίμιον, die ἀκροατῶν παρασκευὴ καὶ τοῦ πράγματος ἐν κεφαλαίῳ μὴ εἰδόσι δήλωσις.[98]

---

[89] Fortun. rhet. II 22 p. 115,4 H; Iul. Vict. 13 p. 416, 30 ff. H.
[90] Fortun. rhet. II 30 p. 119,19 ff. H.
[91] Fortun. rhet. II 23 p. 115,9 H.
[92] Fortun. rhet. II 31 p. 119,30 ff. H.
[93] Fortun. rhet. II 12 p. 108,27 ff. H.
[94] W. Süß, a.a.O. S. 74.
[95] Vgl. Anm. 33.
[96] Siehe S. 56; Anm. 27.
[97] Siehe S. 57; Anm. 30.
[98] Anaxim. rhet. 29,1,1436a 33 ff.

2. Über die ἀπαγγελία⁹⁹ mit der Darstellung der geschehenen Taten in der Absicht, die gegenwärtigen kundzutun und die zukünftigen vorauszusagen.

3. Über die βεβαίωσις.¹⁰⁰

4. Über die προκατάληψις,¹⁰¹ das Vorwegnehmen einer möglichen gegnerischen Darstellung.

5. Über den Teil πρὸς τοὺς ἀντιδίκους.¹⁰²

6. Über die παλιλλογία,¹⁰³ die aber eigentlich ein Teil des ἐπίλογος ist.¹⁰⁴ Vor dem ἐπίλογος fügt er noch die ἐρωτήσεις und ἀποκρίσεις ein.¹⁰⁵

Aristoteles¹⁰⁶ hält nur zwei Teile für notwendig, das πρᾶγμα εἰπεῖν περὶ οὗ und das ἀποδεῖξαι: πρόθεσις und πίστις. Er findet es lächerlich,¹⁰⁷ Einteilungen zu machen, wie sie zu seiner Zeit offenbar geschahen und für alle *genera* allgemein geltende Redeteile aufzustellen; denn die διήγησις und πρὸς τὸν ἀντίδικον z. B. hätten nur in der Gerichtsrede Platz, aber nicht in der symbuleutischen und epideiktischen Rede. Das sei seine persönliche Ansicht, gewöhnlich aber nehme man vier Teile an: προοίμιον, πρόθεσις, πίστεις und ἐπίλογος. Er rechnet den Teil πρὸς τὸν ἀντίδικον zum Beweis; die ἀντιπαραβολή gehört seiner Meinung nach zur Steigerung der eigenen Meinung, sei also auch ein Teil des Beweises. Die übertriebene Zerlegung eines Teiles, wie die Schüler des Theodoros von Byzanz sie liebten, die eine διήγησις, eine ἐπιδιήγησις und eine προδιήγησις, einen ἔλεγχος und einen ἐπεξέλεγχος unterscheiden, wird abgelehnt; denn man dürfe einen neuen Namen nur bilden, wenn ein neues εἶδος auftrete, wenn es nicht in Geschwätz ausarten soll.¹⁰⁸

Der Auctor ad Herennium¹⁰⁹ und Cicero¹¹⁰ haben sechs Teile: *exordium, narratio, divisio (partitio), confirmatio, confutatio (reprehensio)* und *conclusio.* Bei Quintilian¹¹¹ sind es *prooemium, narratio, probatio,* in *confirmatio* und *dissolutio* geteilt, und die *peroratio.* Dann werden aber behandelt:¹¹² *exordium, narratio,* im fünften Buche die *argumenta* und *refutatio* und im sechsten die *peroratio.* Dazu kommen aber noch *egressus (egressio), partitio* und *propositio.*¹¹³ Fortunatian hat die *principia, narratio, argumentatio, peroratio*;¹¹⁴ daneben nennt er noch von anderen die oben¹¹⁵ genannte, mit der dem Korax zugewiesenen verwandte Reihe. C. Iulius Victor¹¹⁶ führt *principium, narratio, egressus, partitio, confirmatio, reprehensio* und *epilogus* an. Bei Sulpitius Victor¹¹⁷ findet man als die Einteilung von einigen, die anscheinend bei der Aristotelischen Einteilung geblieben sind, *exordium, narratio, argumentatio, peroratio sive conclusio;* dazu noch die sechs von Rhetoren, die *videntur plenius tradere,* angenommenen Teile: *exordium,*

---

⁹⁹ Anaxim. rhet. 30,1,1438a 3 ff.
¹⁰⁰ Anaxim. rhet. 32,1,1438b 30.
¹⁰¹ Anaxim. rhet. 32,9,1439b 2.
¹⁰² Anaxim. rhet. 36,19,1443a 7.
¹⁰³ Anaxim. rhet. 36,29,1443b 15.
¹⁰⁴ Anaxim. rhet. 38,10,1446a 26.
¹⁰⁵ Anaxim. rhet. 36,43,1444b 8.
¹⁰⁶ Arist. rhet. III 13,1414a 31 f.; 35 f.
¹⁰⁷ Arist. rhet. III 13,1414a 37 ff.
¹⁰⁸ Arist. rhet. III 13,1414b 8 ff.
¹⁰⁹ Auct. ad Herenn. I 3,4.
¹¹⁰ Cic. inv. I 14,19.
¹¹¹ Quint. inst. IV prooem. 6; vgl. III 9,1: prooemium, narratio, probatio, refutatio, peroratio; dazu noch partitio, propositio, excessus.
¹¹² Quint. inst. IV 1.2; V 10.13; VI 1.
¹¹³ Quint. inst. IV 3,12; 5.4.
¹¹⁴ Fortun. rhet. II 12 p. 108,23 f. H.
¹¹⁵ Siehe S. 59 f.; 220 f.
¹¹⁶ Iul. Vict. I p. 373,27 ff. H.
¹¹⁷ Sulp. Vict. 17 p. 322,4 ff. H.

narratio, partitio, confirmatio, reprehensio und *peroratio*. Der Anonymus Seguerianus[118] hat das προοίμιον, die διήγησις, πίστεις und den ἐπίλογος. Longinos[119] nennt προοίμιον, διήγησις, πίστεις und ἐπίλογος. Apsines[120] schiebt vor der διήγησις noch die προκατάστασις ein.

Das προοίμιον ist nach Anaximenes[121] die Vorbereitung der Hörer auf die Rede durch die Bekanntmachung der Hauptpunkte der Sache, durch die Aufforderung zur Aufmerksamkeit und, soweit das durch die Rede möglich ist, durch den Versuch, die Hörer dem Redner wohlgesinnt zu machen. Aristoteles[122] sieht die eigentliche und notwendige Aufgabe des Proömium darin, über die Sache, über die gesprochen werden soll, aufzuklären; was man sonst noch dazu aufwende, sei Beiwerk und Hilfsmittel, die vom Redner, vom Hörer, von der Sache und vom Gegenteil hergenommen werden, was darauf hinausläuft, üble Nachreden vorzubringen und abzuwehren. Der Verteidiger versucht, weil er vor seiner Rede erst die Angriffe zurückweisen muß, um eine günstige Stimmung zu schaffen, sie gleich zu Beginn abzuweisen. Der Ankläger hingegen läßt sich erst am Schluß darauf ein, um eine länger dauernde Wirkung zu erreichen. Die zweite Aufgabe des Redners heißt dann, Aufmerksamkeit zu erregen durch das Versprechen, von großen, eigentümlichen und wunderbaren Dingen zu sprechen. Dazu hilft auch noch, daß der Redner sich dem Hörer als anständigen Menschen darstellt.

Die dreifache Aufgabe des Proömium[123] ist immer geblieben, nur die Wertung der einzelnen Teile scheint sich geändert zu haben. Während der Auctor ad Herennium sich noch an die Anordnung des Anaximenes hält, stellen Cicero, Quintilian und Sulpitius Victor das *benevolum facere* an die Spitze. Fortunatian ordnet: *attentum, benivolum, docilem facere*. Ihre Verwendung ist bestimmt durch zwei zum ersten Male beim Auctor ad Herennium[124] und Cicero[125] auftretende Arten des *exordium*:

1. Das *principium*, das klar und unmittelbar auf die drei Ziele hinarbeitet und die *insinuatio*, die *quadam dissimulatione et circumitione* auf die Hörer einwirkt.

2. Die *genera causarum*:[126] das *genus honestum, turpe* oder *admirabile, dubium* oder *anceps, humile*, wozu Cicero, Quintilian, Fortunatian und Sulpitius Victor noch das *obscurum* fügen. Beim *genus humile* ist der Hörer aufmerksam zu machen; beim *anceps* ist entweder die Beurteilung zweifelhaft oder in der Streitsache selbst liegt zugleich etwas Ehrenhaftes und Schimpfliches, so daß man das Wohlwollen zu gewinnen suchen muß; beim *genus obscurum* ist der Hörer zu belehren; beim *admirabile* strebt man im *principium* an, das Wohlwollen des Hörers zu erwerben; ist der Hörer aber an sich schon feindlich eingestellt, bleibt nur übrig, die *insinuatio* anzuwenden; beim *genus honestum* kann man, wie Hermagoras, wahrscheinlich der Jüngere, es getan hat, das Proömium ganz weglassen.

[118] Anon. Seguer. rhet. p. 427,4 ff. Sp. = I p. 352,7 ff. Sp.-H. = p. 1,2 ff. G.
[119] Longin. rhet. p. 302,28 f. Sp. = p. 184,9 f. Sp.-H.
[120] Aps. rhet. 1 – 12 p. 331,4 – 391,2 Sp. = p. 217,3 – 306,15 Sp.-H.
[121] Anaxim. rhet. 29,1,1436a 33 ff.
[122] Arist. rhet. III 14,1415a 22 ff.
[123] Siehe S. 63 f.
[124] Auct. ad Herenn. I 4,6.
[125] Cic. inv. I 15,20.
[126] Siehe S. 24 – 26; 70 f.

Das Ziel der *insinuatio*[127] ist das gleiche wie das des *principium*, nur der Weg ist verschieden. Die *insinuatio* ist zu gebrauchen, sobald man merkt, daß der Hörer feindlich eingestellt ist. Das geschieht meistens in drei Fällen: wenn die Sache selbst etwas Schändliches enthält oder wenn die Hörer durch die Vorredner schon eine gewisse Überzeugung gewonnen zu haben scheinen und wenn die Redezeit zu kurz bemessen wurde oder wenn die Hörer schon vom Hören ermüdet sind. Wenn nun die Schimpflichkeit einer Sache Anstoß erregt, muß man an Stelle dessen, der sie verschuldet hat, einen anderen einsetzen, der geschätzt wird oder für die anstößige Sache eine andere, die Billigung findet oder an Stelle der Sache einen Menschen oder für diesen eine Sache, um den Hörer vom Gegenstand seines Hasses weg zu einem anderen zu führen, den er wertschätzt, und dabei muß man so tun, als ob man seine eigene Meinung verteidigte. Ist so der Hörer in eine mildere Stimmung gekommen, geht man Schritt für Schritt zur Verteidigung über und sagt, worüber die Gegner ungehalten seien, das halte man selbst für unwürdig. Hat man so den Hörer beruhigt, muß man klarmachen, daß man nie etwas über den Gegner sagen werde, so daß man keinen, den man schätzt, offen kränkt, aber doch, soweit man es kann, ihn dem Gegner entfremdet.[128]

Anaximenes stellt für die τάξις des προοίμιον im γένος δημηγορικόν ein Muster auf,[129] das gleichzeitig auch für die beiden anderen γένη gelten soll.[130] Der ersten Forderung an das προοίμιον, der δήλωσις, genügt die kurze, summarische Angabe des Inhaltes der Rede. Die Aufforderung zur Aufmerksamkeit wird durch die Ankündigung gegeben, über wichtige, furchterregende und den Bürger angehende Fragen sprechen zu wollen. Die Aufgabe, den Hörer wohlgesinnt zu machen, wird von der Gesinnung des Hörers dem Redner gegenüber abhängig gemacht.[131]

1. Ist sie gut, muß nur der Inhalt der Rede angegeben werden, von Wohlwollen zu sprechen ist dann überflüssig. Will der Redner es dennoch tun, soll er mit einer gewissen Ironie davon sprechen, er hätte es nicht nötig, die Hörer um ihr Wohlwollen zu bitten, da sie ja sein gutes Verhalten zum Staate kennten und wüßten, daß er immer gegen das allgemeine Beste gerecht gewesen sei und lieber aus eigenem Vermögen ein Opfer bringe als sich aus Staatseigentum Vorteil zu verschaffen; sie hätten schon des öfteren durch Befolgung seines Rates Vorteile gehabt, und auch jetzt würden sie wieder gut von ihm beraten.[132]

2. Hat jemand noch nicht Gelegenheit gehabt, sich ein gutes oder schlechtes Ansehen zu erwerben, sagt er, sei es nur gerecht und nützlich, auch Männer, die zum ersten Male aufträten, wohlwollend anzuhören. Er schließt ein Lob der Hörer dafür an, daß sie die Reden gerecht und mit Verständnis prüften; von sich selbst aber muß er bescheiden sprechen und sagen, nur der Gedanke, dem Staate nützen zu können, habe ihn zum Auftreten veranlaßt.[133]

---

[127] Siehe S. 71 f.
[128] Auct. ad Herenn. I 6,9 – 7,11; Cic. inv. I 17,23 – 25; Quint. inst. IV 1,42 ff.; Fortun. rhet. II 14 p. 109,13 ff. H; Sulp. Vict. 17 p. 322,15 ff. H.
[129] Anaxim. rhet. 29,1 – 5,1436a 33 ff.
[130] Anaxim. rhet. 35,2,1440b 8; 36,16,1442b 28 ff.
[131] Anaxim. rhet. 29,6,1436b 17 ff.
[132] Anaxim. rhet. 29,7,1436b 20 ff.
[133] Anaxim. rhet. 29,8 f., 1436b 28 ff.

3. Wer aber schlecht angeschrieben ist,[134] muß, wenn das

a) schon lange der Fall ist, erst um das Wohlwollen der Hörer nachsuchen, dann erst den Zweck seiner Rede angeben und um Aufmerksamkeit bitten. Darauf muß er sich zuerst gegen die falschen Anschuldigungen verteidigen und das ergangene Urteil als widerrechtlich tadeln und es Unrecht nennen, ihn auch nach dem Urteil noch zu beschuldigen. Ist das Urteil aber noch nicht ergangen, soll er erklären, er wolle sich vor der Versammlung richten lassen und selbst gegen sich das Todesurteil beantragen, falls er für schuldig befunden werde. Zum Schluß soll er anbieten zu beweisen, daß sein Ratschlag gerecht, schön und nützlich sei.[135]

b) Wer aber erst zu diesem Zeitpunkt angefochten wird, weist, wenn ihm das als jungem Mann geschieht, auf das Fehlen von Ratgebern hin und auf sein Recht, über Fragen, die gerade die Jugend angehen, mitzureden; außerdem soll er betonen, daß er zwar nicht die Erfahrung des Alters besitze, aber durch seine natürliche Veranlagung und eigenes Bemühen Einsichten gewonnen habe. Wirft man aber dem Greis sein hohes Alter vor, kann er auf seine Kenntnisse und Erfahrungen hinweisen und auf die Größe und Neuheit der Gefahren. Wem man aber vorwirft, daß er immer das Wort haben wolle, der beruft sich auf seine Erfahrung und nennt es eine Schande, daß man ihn, der immer seine Meinung gesagt habe, jetzt daran hindern wolle. Wer nicht gewohnt ist aufzutreten, weist auf die Größe der Gefahr hin, die von jedem, dem am Staate liege, erkannt werden muß und verlangt, über die vorliegende Frage seine Meinung zu sagen.[136]

Richtet sich das Mißtrauen aber nicht gegen die Person, sondern gegen die Sache[137] selbst, muß der Redner zunächst in der προκατάληψις, noch bevor die Vorwürfe zur Sprache kommen, diese zurückweisen und dann die Schuld auf die Notwendigkeit oder das Geschick oder die günstige Gelegenheit oder auf den Nutzen schieben. Trifft die Beanstandung die Rede[138] selber, daß sie nämlich zu lang oder unglaubwürdig und veraltet sei, wird man die Menge der Tatsachen dafür verantwortlich machen und versprechen, den Nachweis für die Wahrheit der Behauptungen zu führen und gerade den augenblicklichen Zeitpunkt für geeignet zu bezeichnen, darüber zu sprechen.

Aristoteles[139] aber sieht einen Unterschied der Proömien in den drei γένη der Beredsamkeit. Das der epideiktischen Reden vergleicht er mit dem προαύλιον, das die Flötenspieler aus dem, was sie gerade gut spielen können, machen und an den Beginn des Stückes anschließen. So müsse es, sagt er, auch derjenige machen, welcher epideiktische Reden schreibe: zuerst nämlich müsse er das schreiben, was ihm gerade in den Sinn komme und es dann mit der Rede selbst verbinden. Isokrates habe es mit dem Proömium seiner ‚Helena‘ so gemacht; denn Streitreden hätten mit der Helena nichts zu tun. Dadurch werde auch die Eintönigkeit der Rede vermieden. Er gibt aber dann doch den Stoff an, aus dem die epideiktischen Proömien gebildet werden:

---

[134] Anaxim. rhet. 29,10,1436b 38ff.
[135] Anaxim. rhet. 29,11ff., 1437a 1ff.
[136] Anaxim. rhet. 29,17ff., 1437a 31ff.
[137] Anaxim. rhet. 29,23f., 1437b 18ff.
[138] Anaxim. rhet. 29,25f., 1437b 28ff.
[139] Arist. rhet. III 14,1414b 19ff.

1. Aus Lob oder Tadel, so wie Gorgias seinen ‚Olympikos' mit Bewunderung für die Griechen beginnt, weil sie die Festversammlungen eingerichtet hätten, während umgekehrt Isokrates sie dafür tadelt, daß sie die Vorzüge des Körpers mit Geschenken ehren, für Männer aber, die gut gesinnt sind, keinen Preis ausgesetzt haben.

2. Aus einem Rat,[140] man solle z. B. tüchtige Männer loben, so wie Isokrates den Aristeides gepriesen hat, aber auch solche, von denen man zwar nicht als von tüchtigen oder schlechten spricht, die aber trotzdem tüchtig sind, wie z. B. Alexandros, der Sohn des Priamos.

3. Aus den Proömien der gerichtlichen Rede,[141] aus dem nämlich, was darin an die Hörer gerichtet ist; wenn das Thema der Rede etwas Paradoxes, Schwieriges oder etwas ist, was schon oft behandelt wurde, so daß man deswegen den Hörer um Nachsicht bitten muß. Der Eingang der Rede kann dann etwas Fremdes oder mit der Rede Verwandtes sein.

Die Proömien der gerichtlichen Rede entsprechen nach Aristoteles[142] den Prologen der Dramen und den epischen Proömien. Sie sind Hinweise auf die kommende Rede, damit der Hörer weiß, worüber die Rede geht und der Gedanke nicht im Ungewissen bleibt. Wenn man aber dem Hörer den Anfang sozusagen an die Hand gibt, wird erreicht, daß er der Rede anhaltend folgen kann. Das Notwendige und Eigentümliche der Proömien ist nun, das Ziel der Rede anzugeben. Was sonst noch dabei verwendet wird, sind nur allgemeine Hilfsmittel, die für alle Arten von Reden und Proömien anwendbar sind. Sie werden entnommen:[143]

1. Von der Persönlichkeit des Redners. Darauf bezieht sich alles, was zum Ziel hat, falsche Anschuldigungen zu erheben oder zurückzuweisen. Der Verteidiger tut das zu Beginn der Rede, weil er, was ihm im Wege steht, erst entfernen muß, um den Hörer zu gewinnen, der Ankläger aber erst am Schluß, damit sie länger in Erinnerung bleiben.

2. Vom Hörer, daß man ihn wohlgesinnt, manchmal auch aufmerksam und εὐμαθής macht oder das Gegenteil davon. Dazu dient auch, daß der Redner den Eindruck erweckt, ein anständiger Mensch zu sein. Gerade auf solche Dinge achten die Hörer. Aufmerksamkeit erweckt man durch die Ankündigung, über große, eigentümliche, wunderbare und angenehme Dinge reden zu wollen. An den Anfang stellt man deshalb auch gerne das Lächerliche, weil da der Hörer noch am aufmerksamsten ist.

Worüber in der beratenden Rede gehandelt werden soll, ist vorher schon allgemein bekannt; ein Proömium ist deshalb nur wegen des Redners oder seiner Gegner notwendig oder, wenn die Hörer eine Sache für mehr oder weniger bedeutend halten als der Redner. Deswegen kommt es zu Beschuldigungen oder zu ihrer Widerlegung und auch zur αὔξησις oder μείωσις. Nur aus diesem Grunde oder des Schmuckes wegen braucht die beratende Rede ein Proömium, damit sie nicht wie aus dem Steg-

---

[140] Arist. rhet. III 14,1414b 35 ff.
[141] Arist. rhet. III 14,1415a 1 ff.
[142] Arist. rhet. III 14,1415a 8 ff.; 22 ff.
[143] Arist. rhet. III 14,1415a 25 ff.; 34 ff.

Die dispositio

reif gesprochen aussieht. Ein solches Proömium ist das Lob auf die Eleer, das in der Rede des Gorgias mit den Worten beginnt: Ἦλις, πόλις εὐδαίμων.[144]

Die διήγησις der beratenden Rede hat die geschehen Taten darzustellen oder in Erinnerung zu bringen, die der Gegenwart aufzuzeigen oder die zukünftigen vorauszusagen.[145] Die τάξις dabei ist dreifach:[146]

1. Sind es nur wenige Taten, über die berichtet werden soll und sind sie auch den Hörern bekannt, werden sie mit dem Proömium zusammengebunden, damit dieser Teil nicht in seiner Kleinheit allein steht.

2. Sind es aber viele Taten und dazu unbekannte, werden die einzelnen zusammengefaßt und als gerecht, nützlich und schön dargetan, damit die Rede nicht nur einfach und schmucklos die Sache darstellt, sondern auch die Hörer gewinnen kann.

3. Haben die Tatsachen aber nur mäßigen Umfang und sind sie unbekannt, muß man sie mit dem Proömium zusammensetzen, indem man von Anfang bis zu Ende die Tatsachen ganz sachlich darstellt.

Nach Aristoteles[147] aber hat das γένος δημηγορικόν am wenigsten an Erzählung, weil niemand von dem erzählen kann, was erst in Zukunft eintreten wird. Kommt aber doch eine Erzählung in der Demegorie vor, kann sie nur den Zweck haben, daß der Hörer in Erinnerung an das Gesagte sich besser beraten kann. Die Erzählung vertritt dann die Stelle des Ratgebers. Loben oder Herabsetzen haben in der symbuleutischen Rede keinen Platz. Der Auctor ad Herennium[148] sagt nur, daß die *narratio* in der gleichen Weise geschehe wie in der *causa iudicialis*. Mit Aristoteles stimmt Quintilian[149] darin überein, daß die *privata deliberatio* nie eine *narratio* benötigt, weil jeder den Gegenstand der Beratung kennt. Dinge aber, die von außerhalb hergenommen sind und sich auf die Beratung beziehen, können in großer Zahl erzählt werden. In den *contiones* ist es sogar oft notwendig, über den *ordo rerum* aufzuklären.

In der Anordnung der Beweise für das γένος δημηγορικόν gibt Anaximenes[150] als Reihenfolge an, daß an der Spitze die δόξα τοῦ λέγοντος steht. Falls sich darüber nichts sagen läßt, folgt die zur Gewohnheit gewordene Behandlung der Dinge, um zu zeigen, daß Dinge, die der Redner behauptet, oder ihnen ähnliche Dinge so zu geschehen pflegen. Außerdem muß er mit der Beratungssache verwandte und dem Hörer zeitlich und räumlich nahe Beispiele anführen. Wenn solche nicht vorhanden sind, muß er von den anderen die bedeutsamsten und bekanntesten nehmen. Darauf führt man Gnomen an, ebenso nach den Teilen des εἰκός. Finden aber die Tatsachen gleich, wenn man sie ausspricht, Glauben, läßt man die Beweise beiseite und bekräftigt das Gesagte durch das Gerechte, Gesetzliche, Nützliche u.s.w. Man beginnt mit dem Gerechten und dem, was ihm ähnlich ist, und dem, worüber schon andere ihr Urteil abgegeben haben. Dabei kann darüber gesprochen werden, was jeder einzelne, was die Stadt, in der die Beratung stattfindet, und andere Städte für Recht halten. Den Schluß bilden wieder Sentenzen und Enthymeme und eine kurze zusammenfassende

---

[144] Arist. rhet. III 14,1415b 33ff.
[145] Anaxim. rhet. 30,1,1438a 3ff.
[146] Anaxim. rhet. 31,1 – 3,1438b 14ff.
[147] Arist. rhet. III 16,1417b 12ff.
[148] Auct. ad Herenn. III 4,7.
[149] Quint. inst. III 8,10f.
[150] Anaxim. rhet. 32,2 – 6,1438b 37ff.

Wiederholung, worauf man zum Gesetzlichen u.s.w. übergeht. Aristoteles[151] nennt die Beispiele als die für die beratende Beredsamkeit geeignetsten Beweismittel. Weil diese Art der Rede nämlich auf das Zukünftige sieht, muß man die Beweise aus dem Geschehenen holen; das geschieht eben durch Beispiele. Aristoteles[152] sagt nun, daß man in der beratenden wie gerichtlichen Rede zuerst seine eigenen Beweise anbringen und sich dann erst denen des Gegners zuwenden, sie entkräften und herabsetzen muß. Wenn aber die Entgegnung zu weitläufig wird, erledigt man zuerst die gegnerischen Argumente. Der Verteidiger muß zuerst den Anschuldigungen des Gegners ihre Wirkung nehmen und sie durch Gegensyllogismen widerlegen, ganz besonders, wenn der Gegner damit Beifall gefunden hat. Dadurch wird der Zuhörer erst für den kommenden Vortrag frei gemacht. Die Widerlegung des Gegners, die zum Beweis gehört, geschieht durch Einwendungen und durch Gegensyllogismen. Quintilian[153] lehrt, mit den stärksten Beweisen dem Gegner einzeln zuzusetzen, dann die schwächeren zusammenzunehmen. Denn es ist nicht wünschenswert, jene, die für sich allein kräftig sind, durch andere um sie herum zu verdunkeln, sondern sie sollen in ihrem wahren Wesen erscheinen, während die anderen von Natur aus schwächeren Hilfe brauchen. Es genügt auch nicht, Beweise für sich allein beizubringen, sie brauchen Unterstützung durch die Ausführung, die *expolitio*, ἐξεργασία, um gleichzeitig die Affekte zu erregen. Die Frage, ob man die stärksten Argumente an den ersten Platz stellen oder ans Ende oder ob man sie teilen solle, um die schwachen in die Mitte zu nehmen und sie nach beiden Seiten wachsen zu lassen, beantwortet er so:[154] man solle verfahren, wie jeder Fall es erfordere, allerdings mit dem Vorbehalt, daß die Rede nicht von der stärksten Seite zur schwächsten abfalle. Iulius Severianus[155] rät, zunächst die starken Argumente von den schwachen zu scheiden und zu bedenken, daß man mit starken Argumenten eine lange Rede nicht durchhalten könne.

Gemäß der beiden *species* der Gerichtsrede, der Rede des Anklägers und des Verteidigers hat Anaximenes den Beweis gegliedert:

1. Der Beweis des Anklägers:

a) βεβαίωσις,[156] die Stärkung der Anklage durch Beweise, wenn die Tatsachen vom Angeklagten bestritten werden, andernfalls die Darlegung des Gerechten, Nützlichen u.s.w. Die Zeugenaussagen – einschließlich der auf der Folter gemachten – stehen an der Spitze der Beweise, soweit sie mit der Meinung des Anklägers übereinstimmen. Falls sie Glauben finden, werden sie durch Gnomen und Enthymeme, wenn sie nicht ganz glaubwürdig sind, durch das εἰκός, durch Beispiele, Merkmale, Zeichen und Widerlegungen, zuletzt durch Enthymeme gestützt und durch Gnomen. Gibt der Angeklagte aber die Tatsachen zu, muß man sich noch mit den Entschuldigungsversuchen des Angeklagten befassen.

b) πρὸς τοὺς ἀντιδίκους,[157] die Vorwegnahme erwarteter Einwendungen des Gegners. Wenn er die Tatsachen leugnet, muß man die eigenen Beweise durch die

---

[151] Arist. rhet. III 17,1418 a 1 ff.
[152] Arist. rhet. III 17,1418 b 7 ff.
[153] Quint. inst. V 12,4–6.
[154] Quint. inst. V 12,14.
[155] Iul. Sev. 8 p. 359,8 f. H.
[156] Anaxim. rhet. 36,17 f., 1442 b 33 ff.
[157] Anaxim. rhet. 36,19–23, 1443 a 6 ff.

αὔξησις stärken und seine mit Ironie gering und bedeutungslos machen; gibt er aber die Tatsachen zu, zeigt man, daß sie mit Recht nach den bestehenden Gesetzen verurteilt werden, die vom Gegner vorgebrachten Gesetze aber allgemein als ungerecht und dem Staate schädlich betrachtet werden. Den Schluß der Rede des Anklägers[158] bildet die kurze Wiederholung der ganzen Rede in den Hauptsachen und die Erregung der Affekte gegen den Angeklagten.

2. Der Beweis des Verteidigers.

Der Verteidiger[159] wird das, womit der Ankläger die Hörer überzeugt hat, übergehen. Was er ihnen aber nur als Meinung suggeriert hat, das muß man unwirksam machen, indem man die Zeugenaussagen, Foltergeständnisse und Eide als unzuverlässig darstellt. Von den Beispielen[160] muß man sagen, sie hätten mit der vorgeworfenen Schuld nichts gemein. Muß der Verteidiger die Tatsachen aber zugestehen, versucht er durch eine andere Auslegung der Gesetze die Klage zunichtezumachen oder die Schuld auf einen anderen zu schieben oder schließlich um Verzeihung zu bitten.[161]

A. Die τάξις der *status rationales*

Mit der Entwicklung der Statuslehre des Hermagoras hat die Lehre von der τάξις eine Erweiterung erfahren. Aus der praktischen Erfahrung heraus entwickelte sich ein System nach den verschiedenen ζητήματα allein der Gerichtslehre, ein Zeichen übrigens dafür, daß die Statuslehre nur für die juristische Lehre Geltung haben sollte. Durch Hermogenes hat dann dieses weiterentwickelte System kanonische Geltung erhalten. Wir lernen es zuerst durch den Auctor ad Herennium[162] und Cicero[163] kennen.

In der *causa coniecturalis*, heißt es beim Auctor ad Herennium,[164] soll der Ankläger die *narratio* mit möglichst vielen Anschuldigungen durchsetzen, so daß keine Tat und kein Wort ohne Gründe geschehen erscheine. Die *narratio* des Verteidigers dagegen soll eine einfache und klare Darlegung mit einer Milderung der Anschuldigungen geben. Der Auctor ad Herennium teilt deshalb die Darstellung des *status coniecturalis* in sechs Teile ein:

1. *probabile*, das wieder

a) *in causam*, d.h. die Hoffnung auf Vorteil, das Streben nach Geld, Ehren, Herrschaft oder die der Wunsch, Nachteile zu vermeiden, zum Bösen verleitet hat, was Cicero[165] *ratiocinatio* nennt, und

b) *in vitam*[166] eingeteilt wird, wenn also der Ankläger überlegt, ob der Angeklagte schon einmal in einen ähnlichen Verdacht gekommen war. Der Ankläger muß dabei darauf achten, eine zu dem vorgeworfenen Vergehen passende Eigenschaft des An-

---

[158] Anaxim. rhet. 36,29,1443 b 15 ff.
[159] Anaxim. rhet. 36,30 f., 1443 b 23 ff.
[160] Anaxim. rhet. 36,33,1443 b 38 f.
[161] Anaxim. rhet. 36,35 f., 1444 a 5 ff.
[162] Auct. ad Herenn. II 2,3 – 17,26.
[163] Cic. inv. II 4,14 – 51,154.
[164] Auct. ad Herenn. II 2,3.
[165] Cic. inv. II 5,17.
[166] Auct. ad Herenn. II 3,5.

geklagten zu finden; wenn er z. B. als Grund Geldgier angibt, soll er behaupten, der Angeklagte sei immer schon geizig gewesen und wenn ihm das nicht gelingt, auch eine davon verschiedene Eigenschaft zu finden, etwa Treulosigkeit. Der Verteidiger dagegen muß alles verneinen oder als bedeutungslos hinstellen und behaupten, der Angeklagte habe immer unbescholten gelebt oder aus Unklugheit, Jugendtorheit oder auf Überredung hin so gehandelt, und davor warnen, etwas auf Gerüchte zu geben.

2. *collatio*,[167] in der vom Ankläger behauptet wird, die dem Angeklagten vorgeworfene Tat habe keinem anderen nützlich sein können, kein anderer habe sie auch ausführen können oder er habe in seiner Gier keine anderen Mittel mehr gesehen. Der Verteidiger behauptet umgekehrt, die Tat sei auch für andere möglich gewesen.

3. *signum*, wodurch bewiesen werden soll, daß für die Ausführung der Tat eine passende Möglichkeit gesucht wurde. Es teilt sich in sechs Teile: Ort, Zeit, Zeitdauer, Gelegenheit, Hoffnung auf Vollendung und Hoffnung, unerkannt zu bleiben.

4. *argumentum*,[168] die unwiderlegbare Überführung durch stärkere Beweise aus Vergangenheit, Gegenwart und Folgezeit.

5. *consecutio*, wenn gefragt wird, welche Zeichen für die Schuld oder Unschuld in der Folgezeit bemerkt wurden. Der Ankläger behauptet, der Angeklagte sei bei einer Begegnung mit ihm errötet, erblaßt, habe geschwankt, unzusammenhängend gesprochen, was alles Zeichen eines schlechten Gewissens sei. War nichts davon der Fall, wird der Ankläger sagen, der Angeklagte habe bis dahin immer noch mit größter Selbstsicherheit darüber nachgedacht, wie es ihm gelingen könnte, Widerstand zu leisten; das seien aber nur Zeichen von Selbstsicherheit, nicht von Unschuld. Der Verteidiger dagegen sagt, er sei nur durch die Größe der Gefahr erschüttert gewesen, nicht durch das Schuldbewußtsein.

6. *approbatio*,[169] wenn der Verdacht sich verstärkt hat. Sie besteht aus *loci proprii* und *loci communes*. Der *locus proprius* des Anklägers heißt, mit bösen Menschen dürfe man kein Mitleid haben, indem er sich steigernd über die Schrecklichkeit des Verbrechens ausläßt; der des Verteidigers besteht im Werben um Mitleid und in der Beschuldigung des Anklägers, daß er verleumde.

Cicero[170] gewinnt jede Konjektur *ex causa, ex persona, ex facto ipso*.

1. Die *coniectura ex causa* wird zerlegt in:

a) *impulsio, quae sine cogitatione per quandam adfectionem animi facere aliquid hortatur*.

b) *ratiocinatio: diligens et considerata faciendi aliquid aut non faciendi excogitatio*; beide zusammen machen das *probabile* des Auctor ad Herennium aus.

2. Die *coniectura ex persona*,[171] die der zum *probabile* des Auctor ad Herennium gehörigen *vita* entspricht, wird gewonnen aus den *res, quae personis attributae sunt ... nomen, natura, victus, fortuna, habitus*. Ferner wird sie wie die *vita* des Auctor ad Herennium aus der *adfectio* wie *amor, iracundia, molestia* und aus dem *studium*, der *adsidua et vehe-*

---

[167] Auct. ad Herenn. II 4,6.
[168] Auct. ad Herenn. II 5,8.
[169] Auct. ad Herenn. II 6,9.

[170] Cic. inv. II 5,16f.
[171] Cic. inv. II 9,28 – 31.

menter aliquam ad rem applicata magna cum voluptate occupatio und auch *ex consilio*, der *aliquid faciendi non faciendive excogitata ratio*, hergenommen. Auch die *facta et casus et orationes*, geordnet nach den drei Zeiten, müssen als Quelle von Anklagen und Verteidigung betrachtet werden.

3. Die *coniectura ex facto*[172] und zwar *ex negotiis* allein oder *ex personis et ex negotiis*, die sich nicht von der Sache trennen lassen. Dabei soll recht genau betrachtet werden, was vor der Tat geschehen ist, woraus die Hoffnung auf das Gelingen der Tat gegeben war, was bei der Ausführung der Tat und nach ihr sich ereignete. Es werden dabei Ort, Zeit, Gelegenheit, Möglichkeit und Art und Weise betrachtet;[173] zum Ort gehört die günstige Lage, zur Zeit die Dauer, zur Gelegenheit die Möglichkeit bequemer Ausführung, zur Fähigkeit die Mittel und die Macht über die Dinge, die eine Sache leichter machen oder ohne die sie überhaupt nicht getan werden kann; außerdem muß man beachten, was auf jede Tat folgt, z.B. Furcht, Freude, Verwirrung, Keckheit und zuletzt die *consecutio*, die unmittelbaren, aber auch die späteren Folgen der Tat. Vor allem wird man fragen, ob überhaupt etwas geschehen konnte, etwas auch von einem anderen, ob und welche Möglichkeiten zur Tat bestanden, ob auf sie Reue folgte, weil keine Hoffnung blieb, unentdeckt zu bleiben, ob eine Notwendigkeit bestand, daß die Tat so oder überhaupt geschah.

Quintilian[174] berührt sich eng mit dem, was der Auctor ad Herennium und Cicero schon ausgeführt hatten; er hat es jedoch in ein System gebracht. Die *coniectura* richtet sich zunächst einmal nach der Zeit vor der Tat. Dazu gehören die Fragen nach der Person,[175] ihren Gründen und Plänen. Der Ankläger muß dabei darauf achten, daß er die Tat des Angeklagten nicht nur schimpflich nennt, sondern mit einem zum Vergehen passenden Worte ihn als keck, frech, grausam, verwegen bezeichnet. Wenn er z.B. einen des Mordes Angeklagten einen schamlosen Ehebrecher nennt, so schadet das nur seinem guten Rufe, aber es hat keine Beweiskraft. Der Verteidiger aber muß alle Beschuldigungen leugnen oder verteidigen oder verkleinern. Als nächstes gilt es, sich mit den *causae*[176] des Angeklagten zu beschäftigen. Dabei sind Zorn, Haß, Furcht, Begierde, Hoffnung zu beachten. Falls es dem Ankläger nicht möglich sein wird, für die Anklage genügend ausschlaggebende Gründe zu finden, mag er an verborgene Gründe denken oder sagen, es komme nicht darauf an zu wissen, warum er es getan hat, sondern daß er es getan hat. Der Verteidiger dagegen muß darauf bestehen, daß ohne Grund keine Tat glaubwürdig ist. Es ist aber auch noch nach Gründen zu suchen, die nicht unmittelbar vom Willen abhängen, wie etwa Trunkenheit und Unwissenheit. Der nächste Punkt sind die *consilia*[177] des Angeklagten; sie werfen eine Reihe von Fragen auf: Kann man glauben, er habe gehofft, das Verbrechen begehen zu können oder die Tat würde nicht entdeckt werden? Und daß er, sogar wenn sie nicht unbemerkt geblieben wäre, mit einer leichteren Strafe wegkommen könne oder mit einer, die ihm weniger schaden würde als die Tat an Freuden versprochen hätte? Hätte er es zu anderer Zeit leichter oder sicherer tun können? Jetzt ist noch die Frage zu beant-

---

[172] Cic. inv. II 12,38–42.
[173] Cic. inv. I 26,38.
[174] Quint. inst. VII 2,27–50.
[175] Quint. inst. VII 2,28f.
[176] Quint. inst. VII 2,35f.; 40.
[177] Quint. inst. VII 2,42–44.

worten,[178] ob er die Tat wirklich hätte ausführen können. Sie muß nach Ort und Zeit geprüft werden, ob in einem abgeschlossenen Raum begangen oder an einem besuchten Ort, bei Tag oder bei Nacht. All diese Fragen bezogen sich auf die Zeit vor der Tat. Die letzte Frage, *an fecerit*,[179] bezieht sich auf den Augenblick der Tat. Zeichen dafür sind ein Laut, Geschrei, Wehklagen; man geht auch von der unmittelbar auf die Tat folgenden Zeit aus: das Sich-Verstecken-Wollen, Furcht u. a. Dazu kommen noch die *signa* (Indizien), bestehend aus Worten und Taten, von uns und von anderen, aus der Zeit vor und nach der Tat.

Hermogenes[180] teilt den στοχασμός, wenn er πρόσωπα und πράγματα enthält,[181] ein in: παραγραφικόν (doch nicht immer), ἐλέγχων ἀπαίτησις, βούλησις, δύναμις, ἀπ' ἀρχῆς ἄχρι τέλους, ἀντίληψις, μετάληψις, μετάθεσις αἰτίας, πιθανὴ ἀπολογία und ποιότης κοινή.

Fortunatian[182] hat ebenfalls zehn Teile, die *paragraphe, antiparagraphe, non verisimilis quaestio*, ἐλέγχων ἀπαίτησις, *voluntas, facultas, ab initio ad finem, derivatio causae, verisimilis defensio* und *epilogica quaestio*.

Sulpitius Victor[183] hat nur sieben Teile: *probationum expetitio, facultas, voluntas, a summo ad imum, aliquando ius absolutum, derivatio, veri similis probatio*. C. Iulius Victor[184] hat ebensoviele: *a persona, a causa, a consiliis, a potestate, ab initio ad finem, a translatione causarum, a veri simili defensione*. Das παραγραφικόν ist eine kleine *translatio*, die nach Hermogenes auf vierfache Weise zustande kommt:[185]

1. ἀπὸ τοῦ λείποντος, z. B. weil sein Vater verschwunden ist, wird sein verdorbener Sohn des Mordes angeklagt; er verlangt aber den Nachweis, daß der Vater wirklich ermordet wurde.

2. ἀπὸ τοῦ ὑπερβάλλοντος, z. B. zehn Jünglinge haben sich verschworen, nicht zu heiraten und werden deshalb eines schlechten Lebenswandels angeklagt; jeder verlangt nun, daß über ihn gesondert entschieden werde.

3. ἀφ' ὧν ἕτεροι πεποιήκασιν, οὐ δεῖ κρίνεσθαι, wenn z. B. ein dreimaliger Sieger, dem die Feinde ein Denkmal setzen, des Verrats angeklagt wird.

4. κατὰ χρόνον, wenn z. B. ein Feiger, dessen Sohn Sieger wurde, seine Frau wegen Ehebruchs verklagt; nach so langer Zeit darf aber niemand mehr verurteilt werden.

In der ἐλέγχων ἀπαίτησις[186] verlangt der Angeklagte vom Ankläger kräftigere und stichhaltigere Beweise. Die ἀπ' ἀρχῆς ἄχρι τέλους[187] bedeuten die Darlegung der Tatsachen. Gegen sie wendet sich die ἀντίληψις,[188] indem sie die dort vorgebrachten Indizien des Anklägers als bedeutungslos darzustellen sucht, für die man keine Verantwortung zu übernehmen brauche. Gegen die ἀπ' ἀρχῆς ἄχρι τέλους wendet sich die μετάθεσις αἰτίας,[189] indem sie die gegnerischen Vorwürfe auf eine geradezu

---

[178] Quint. inst. VII 2,44f.
[179] Quint. inst. VII 2,46f.
[180] Hermog. stat. 3 p. 43,17ff. R.
[181] Vgl. Auct. ad Herenn. I 11,18: de facto; Cic. inv. II 5,16: ex causa, ex persona, ex facto ipso; Quint. inst. VII 2,7: de facto et de auctore; Fortun. rhet. I 11 p. 90,3ff. H.
[182] Fortun. rhet. II 5 p. 105,9ff. H.
[183] Sulp. Vict. 25 p. 325,26ff. H.
[184] Iul. Vict. 4,2 p. 386,32ff. H.
[185] Hermog. stat. 3 p. 44,1–11 R.
[186] Hermog. stat. 3 p. 45,1 R.
[187] Hermog. stat. 3 p. 47,8 R.
[188] Hermog. stat. 3 p. 48,3ff. R.
[189] Hermog. stat. 3 p. 49,7ff. R.

Die dispositio

lobenswerte Ursache zurückführen und dadurch entkräften will. Die ἀντίληψις selber aber wird wieder durch die μετάληψις[190] angegriffen, indem sie durch die ἔνστασις direkt zu widerlegen versucht wird, oder indem der gegnerischen Behauptung, die nicht widerlegt werden kann, in der ἀντιπαράστασις etwas ganz anderes entgegengestellt wird, daß sie ungerecht, unehrenhaft, grausam sei. Die πιθανὴ ἀπολογία[191] versucht, die ἀπ' ἀρχῆς ἄχρι τέλους noch einmal zu widerlegen, indem sie die dort aufgestellten Behauptungen zugunsten des Angeklagten umdeuten will.

Bei der Darstellung des Definitionsstatus stellt der Auctor ad Herennium[192] eine kurze und die Sache treffende Definition des Streitgegenstandes voran und daneben die Darstellung der eigenen Sache. Darauf folgt die Widerlegung der gegnerischen Definition als falsch, schädlich oder schimpflich. Cicero[193] nennt als ersten *locus* des Anklägers eine kurze und klare, der öffentlichen Meinung entsprechende Definition der Bezeichnung der strittigen Sache mit einer umfassenden Begründung und dem Nachweis, daß die Sache wirklich der gegebenen Definition entspricht. Darauf muß die gegnerische Definition durch den Beweis entkräftet werden, sie sei falsch, schädlich und schimpflich, so wie es der öffentlichen Meinung entspricht. Die eigene Definition soll durch einen Vergleich mit der gegnerischen als wahr, ehrenhaft und nützlich gezeigt werden. Ein *locus communis*[194] richtet sich gegen die Schlechtigkeit derer, die sich anmaßen, nicht nur über die Deutung der Dinge, sondern auch der Worte zu bestimmen, um nicht bloß zu tun, was sie wollten, sondern auch das, was sie getan haben, mit einem ihnen genehmen Namen zu benennen. Der *locus* des Verteidigers soll kurz und deutlich sein. Die Bekräftigung der eigenen Definition muß durch Beweise erfolgen. Darauf setzt er sie von der des Gegners ab. Daran schließt sich ein *locus communis*, in dem die Ehrbarkeit und der Nutzen der Tat gesteigert wird. Ein *locus communis* des Verteidigers bringt seine Entrüstung darüber zum Ausdruck, daß der Gegner nur, um ihm Schwierigkeiten zu machen, nicht nur die Tatsachen auf den Kopf stelle, sondern auch die Worte zu verändern versuche. Quintilian[195] ordnet die Behandlung der *definitio* nach den beiden Fragen: *quid sit* und *an hoc sit*. Zum ersten Punkt gehört die Begründung der eigenen Definition und die Widerlegung der des Gegners. Der Angriff kann sich gegen die Richtigkeit oder gegen die Vollständigkeit der gegnerischen Definition richten, wie auch dagegen, daß sie nicht zur Sache gehöre. Die zweite Frage *an hoc sit* ist damit auch schon erledigt. Hermogenes teilt den ὅρος auf:[196]

1. παραβολή, etwa das Gleiche wie τὰ ἀπ' ἀρχῆς ἄχρι τέλους, die Angabe der Tatsachen.
2. ὅρος, der die mangelhafte Bestimmung in den ἀπ' ἀρχῆς ἄχρι τέλους beseitigt.
3. ἀνθορισμός, die gegen den ὅρος gerichtete Definition aus den Tatsachen.
4. συλλογισμός, der den ὅρος und den ἀνθορισμός vereinigt.

---

[190] Hermog. stat. 3 p. 48,10ff. R.
[191] Hermog. stat. 3 p. 50,20ff. R.
[192] Auct. ad Herenn. II 12,17.
[193] Cic. inv. II 17,53f.
[194] Cic. inv. II 18,55f.
[195] Quint. inst. VII 3,19ff.
[196] Hermog. stat. 4 p. 59,11ff. R.

5. γνώμη νομοθέτου, die bezeugt, daß die bisherige Darstellung auf dem richtigen Weg ist.

6. πηλικότης, die Darstellung der Größe der Tat.

7. πρός τι, die Amplifikation der Sache durch den Angeklagten.

8. μία τῶν ἀντιθετικῶν, die nicht immer vorhanden sein muß, wenn sie aber da ist, gewöhnlich von der μετάληψις und der ἀντίληψις begleitet ist.

9. ποιότης, die sich mit der Person des Angeklagten nach Vergangenheit, Gegenwart und Zukunft beschäftigt.

10. γνώμη, die von der Absicht des Angeklagten bei der Tat handelt.

Fortunatian[197] nimmt sechs Teile an: (*definitio*), *collectio, quantitas, conparatio, coniectura, qualitas, quae spectatur iusto utili honesto, epilogica quaestio.* Bei Sulpitius Victor[198] sind es die fünf *loci: finis, contraria definitio, legislatoris voluntas, voluntatis coniectura, qualitas conclusiva.* Sechs *loci* zählt C. Iulius Victor[199] auf: *definitio, collectio, quantitas, comparatio, qualitas, coniectura.*

Die ποιότης, *status qualitatis*, gliedert sich in die στάσις δικαιολογική, *qualitas iuridicialis*, und die στάσις πραγματική, *qualitas negotialis*, und die erste wieder in eine *pars absoluta*, ἀντίληψις, und in eine *pars adsumptiva*, ἀντίθεσις.[200]

1. *Die qualitas iuridicialis absoluta*

Die *qualitas iuridicialis absoluta* entsteht nach dem Auctor ad Herennium,[201] wenn die Tat vom Beschuldigten eingestanden, gleichzeitig aber auch nur auf Grund des Tatbestandes, ohne fremde Verteidigungsmittel heranzuziehen, behauptet wird, die Tat sei rechtens erfolgt. Recht aber kann von Natur oder durch Satzung sein, d.h. nach Gesetz, Sitte, Gewohnheit, nach einem schon gefällten Urteil, nach Recht und Billigkeit und Vertrag. Die ἀντίληψις, *qualitas absoluta*, wird von Hermogenes[202] eingeteilt in die προβολή, die μόρια δικαίου, das πρόσωπον, den ὅρος, in das, was auf ihn folgt bis zum πρός τι, in die ἀντίληψις selbst, die μετάληψις, ἀντίθεσις, eine zweite μετάληψις, die θέσις, ποιότης und die γνώμη. Das μόριον τοῦ δικαίου deutet auf die ἀντίληψις voraus mit der Erklärung, man halte die Tat nicht für gesetzlos, sondern für natürlich und den Sitten entsprechend und deshalb nicht für schuldhaft. Das πρόσωπον erklärt die Persönlichkeit des Angeklagten als an sich schon nicht zu der Anklage passend. Der ὅρος schließt die Tat von strafbaren Handlungen aus. Die ἑπόμενα τῷ ὅρῳ bis zum πρός τι sind συλλογισμός, γνώμη νομοθέτου, πηλικότης, wozu noch die ἀπ' ἀρχῆς ἄχρι τέλους gehören. Die ἀντίληψις führt die in den μόρια τοῦ δικαίου gemachten Andeutungen aus. Der Kläger dagegen bringt die ἀντίληψις und die μετάληψις an. Sie geschieht, wenn der Raum es erlaubt, durch ἔνστασις und ἀντιπαράστασις.

Die ἀντιλήψεις können ἁπλαῖ und διπλαῖ sein.[203] Von den ἁπλαῖ[204] werden die

---

[197] Fortun. rhet. II 6 p. 105,20ff. H.
[198] Sulp. Vict. 39 p. 336,32f. H.
[199] Iul. Vict. 4,3 p. 388,32f. H.
[200] Hermog. stat. 2 p. 38,3.9.13.17f. R.
[201] Auct. ad Herenn. II 13,19; Cic. inv. II 23,69; Quint. inst. VII 4,5.
[202] Hermog. stat. 5 p. 65,10ff. R.
[203] Hermog. stat. 5 p. 67,22f. R.
[204] Hermog. stat. 5 p. 68,5f.; 10ff. R.

einen unmittelbar nach den Taten beurteilt, die anderen ebenso, dazu aber noch von einer anderen Sache, die noch hinzukommt. Nach der Schlacht bei Chaironeia z. B. bot Philipp den Griechen durch Boten an, zweitausend Kriegsgefangene oder tausend Gefallene zu nehmen. Auf den Rat des Demosthenes entschieden sich die Griechen für tausend Tote, und Philipp ließ tausend töten. Demosthenes wurde dafür wegen Beleidigung des Volkes angeklagt. Hauptsache bei solchen ἀντιλήψεις ist noch das παραγραφικόν, das vor den anderen κεφάλαια und zwischen ihnen von Nutzen sein kann. Von den doppelten[205] ἀντιλήψεις sind die einen κατὰ διαίρεσιν, die anderen κατὰ συμπλοκήν. Jene sind vorhanden, wenn zwei von mehreren Anschuldigungen nicht getrennt werden können, wie bei dem Manne, der oft seine Frauen wechselte und viele Kinder hatte und wegen schlechten Lebenswandels angeklagt wurde. Der Ankläger wird für die συμπλοκή, der Verteidiger für die διαίρεσις sein. Die διπλῆ ἀντίληψις κατὰ συμπλοκήν entsteht, wenn zwei Vorwürfe nicht getrennt werden können, wie bei dem Manne, der allen anderen Meinungen widersprach, aber selbst nie eine eigene vorbringen konnte und deshalb wegen eines Verstoßes gegen das Gemeinwesen angeklagt wurde.

Quintilian[206] wiederholt in Kürze das, was der Auctor ad Herennium vorgetragen hat. Die späteren lateinischen Autoren stehen in der Behandlung der *qualitas absoluta* unter dem Einfluß des Hermogenes. Fortunatian[207] läßt die *qualitas absoluta* aus zwei Hauptpunkten bestehen: aus der *qualitas facti* mit dem Nachweis, daß die Tat nicht schändlich und deshalb nach dem Naturrecht erlaubt ist und aus der *ratiocinatio iuris*, aus Gesetz, Sitte, Lehrmeinung und Kunst. Er unterscheidet dann in der τάξις fünf Punkte: *definitio, a summo ad imum, a partibus, iusta voluntas* und *epilogica quaestio* und fügt als gelegentlichen *locus* noch *scriptum et voluntas* hinzu. Sulpitius Victor[208] teilt die *qualitas absoluta* auf in das *finitivum praecedens, quod vicem praescriptionis obtinet*, ferner in die *qualitas absoluta*, die aus der *pars accusatoris* besteht mit der Leugnung der Erlaubtheit und dem Gegenteil, daß sie zwar erlaubt sei, aber nicht zum Verderben gebraucht werden dürfe. Es folgt der *locus a summo ad imum*, daß die Tat weder ungerecht noch verbrecherisch sei; auch der Angeklagte kann diesen *locus* benützen, um zu zeigen, warum und wie er alles getan habe. Der nächste *locus* ist die *voluntatis coniectura*. Die *qualitas conclusiva* bildet den Schluß. C. Iulius Victor[209] teilt die *qualitas absoluta* nur in drei Teile ein: *ab initio ad finem, a partibus iusti* mit den drei Punkten *natura, more, pacto iustum*; weiter *a consilio*, die Darlegung, in welcher Absicht die Tat vollbracht wurde.

2. Die qualitas iuridicialis adsumptiva

In der *qualitas adsumptiva*, ἀντίθεσις, die nicht wie die ἀντίληψις, *qualitas iuridicialis absoluta*, die Rechtmäßigkeit der Tat aus sich selbst entwickelt, sondern nur mit Hilfe

---

[205] Hermog. stat. 5 p. 70,1 ff.; 14 ff. R.
[206] Quint. inst. VII 4,4–6.
[207] Fortun. rhet. I 14 p. 92,14 f.; II 6 p. 105, 23 ff. H.
[208] Sulp. Vict. 50 p. 344,9 ff. H.
[209] Iul. Vict. 4,5 p. 390,16 ff. H.

fremder Tatsachen, wird die Tat als rechtmäßiges Geschehen betrachtet und als solches verteidigt oder als widerrechtlich geschehen zugegeben. Nur ihre Schwere oder Größe wird verkleinert oder die Verantwortung für sie auf andere übertragen. So ergibt sich:

a) Das ἀντέγκλημα, *relatio criminis*,[210] wenn der Angeklagte die Tat frei zugibt, sie aber für gerechtfertigt und den Geschädigten wegen einer von ihm begangenen Untat für schuldig erklärt. Der Auctor ad Herennium nennt das ἀντέγκλημα *translatio criminis*,[211] worin die Tat als auf Veranlassung durch einen anderen geschehen erklärt wird. Er ordnet so, daß zuerst die Frage gestellt wird, ob die Übertragung des Vergehens auf einen anderen mit Recht geschehen ist. Es folgt die zweite Frage, ob das übertragene Vergehen ebensogroß ist wie das dem Angeklagten angelastete; dann wird gefragt, ob es notwendig war, daß ein zweiter noch einmal die gleiche Untat begehen mußte, die schon ein anderer begangen hat; dann, ob vorher nicht ein Urteil hätte ergehen müssen; ob, wenn noch kein Urteil über das Vergehen, das übertragen werden soll, ergangen ist, erst eines gefällt werden müßte. Es folgt dann der *locus communis* des Anklägers gegen den, der glaubt, Eigenmächtigkeit müsse mehr gelten als ein Urteil. An den Ankläger muß die Frage gerichtet werden, was geschehen würde, wenn alle so handelten, daß sie ohne ein Urteil eine Strafe vollziehen wollten, weil die dadurch Betroffenen das Gleiche getan hätten. Wenn nun der Ankläger ebenso hätte handeln wollen? Der Verteidiger wird die Erbarmungslosigkeit dessen vorbringen, auf den er das Vergehen abschieben will, wobei er Sache, Ort und Zeit dem Hörer so lebhaft vor Augen stellt, daß er glaubt, es wäre besser gewesen, die Sache nicht vor Gericht zu bringen. Ciceros[212] Darstellung weicht von der des Auctor ad Herennium weitgehend ab. Das Erste für ihn ist die Verteidigung dessen, der die Schuld übernehmen soll; dann kommt die Feststellung, daß das auf den anderen übertragene Vergehen leichter war als das, für das der Angeklagte die Strafe übernehmen soll; dann schließt sich die Überlegung an, wie und wann über die Sache verhandelt werden solle. Dann wird auf die Gesetze und schon vorhandene Urteile über die Vergehen hingewiesen, nach denen der Angeklagte freiwillig Strafen auf sich genommen hatte. Schließlich kann der Angeklagte die Vorlage der Gesetze verlangen, nach denen er verurteilt wurde. Am Schluß steht ein Vergleich der Schuld dessen, der das Vergehen auf sich nehmen soll mit der Freveltat dessen, der behauptet, er habe recht gehandelt. Fortunatian[213] führt elf *loci* auf: *a summo ad imum, ab ipsa adsumptione, quae fuerit, a refutatione adsumptionis per coniecturam vel quantitatem, relatione, remotione, a fine, a collectione, a maiestate, a conparatione facti et adsumptionis, coniectura* und *communi qualitate, id est epilogica quaestione*. Sie sollen aber nicht nur für die *relatio* verbindlich sein, sondern auch für alle *species* der *adsumptio*, wie auch Hermogenes es gehalten hat. Sulpitius Victor[214] dagegen nennt nur *loci relationis: propositio criminis, ipsa relatio, translatio, voluntas, qualitas conclusiva*. Die Abweichung geht

---

[210] Siehe S. 39; Anm. 139–141.
[211] Auct. ad Herenn. II 15,22.
[212] Cic. inv. II 27,79 ff.
[213] Fortun. rhet. II 6 p. 105,26 ff. H.
[214] Sulp. Vict. 53 p. 346,23 ff. H.

auf Kosten seines Lehrers Zenon.²¹⁵ C. Iulius Victor²¹⁶ aber hält sich wieder an Hermogenes, wenn er die *relatio, remotio, compensatio* und *venialis* alle auf die gleiche Weise geordnet sein läßt.

Von Hermogenes²¹⁷ aber werden alle ἀντιθετικαί auf die gleiche Weise geordnet, durch: die προβολή mit τὰ ἀπ' ἀρχῆς ἄχρι τέλους, die Bekanntgabe des Gegenstandes der Verhandlung; den ὅρος; den ὅρος βίαιος, für den Ankläger und den Beklagten mit der Behauptung und ihrer Widerlegung, daß die Anklage wie die Entschuldigung auf die Tat keine Anwendung finden könne; die θέσις des Angeklagten, gegen die sich die ἑτέρα μετάληψις richtet, der Tadel gegen den Angeklagten, der seiner Stellung nach hätte anders handeln müssen; die ἀντίληψις, das Festhalten des Angeklagten an seiner Auffassung, daß die Tat rechtmäßig sei; die ποιότης und γνώμη. Dazu können manchmal nach dem ὅρος treten: die διάνοια des Beklagten gegen die Angabe des Inhaltes der Verhandlung durch den Kläger; die ἑτέρα διάνοια des Angeklagten, der die Tat zwar zugibt, aber ihre Rechtmäßigkeit behauptet; die μετάληψις des Angeklagten wie des Anklägers, von denen jener die Absicht bei der Tat lobt, dieser sie tadelt; die μετάληψις, *translatio*, des Anklägers und das πρός τι, in dem der Angeklagte zeigt, daß das Schlimme der Tat durch ihr Gutes übertroffen werde, der Kläger aber dieses bestreitet.

b) Die ἀντίστασις, *comparatio*,²¹⁸ weil *quod in crimen vocatur, et id, quod se reus profuisse dicit, conparatur.*²¹⁹ Bei der Bearbeitung steht die Frage voran, ob die Tat ehrenvoller, leichter und ersprießlicher war. Daran schließt sich die Frage, ob die Entscheidung darüber, ob der zu erwartende Nutzen viel größer war, durch den Täter selbst oder durch andere getroffen werden sollte. Der Angeklagte spricht dann die Vermutung aus, daß das Bessere dem Schlechteren nicht mit Überlegung vorgezogen worden sei, sondern durch Betrug, was der Verteidiger sofort zurückweist. Darauf erhebt sich die Frage, ob man überhaupt auf diesen Punkt hätte zu sprechen kommen müssen. Der Ankläger spricht zuletzt einen *locus communis* gegen jenen, der das Schädliche dem Nützlichen vorzieht.²²⁰ Cicero²²¹ deckt sich in seinen Ausführungen mit denen des Auctor ad Herennium und fügt noch einen *locus* des Anklägers an. Er ist anzubringen gegen den, der sich in einer unnützen und schimpflichen Sache schuldig bekennt, sich aber doch noch zu verteidigen versucht. Außerdem behandelt er noch drei *loci* des Verteidigers: Man dürfe keine Tat für unnütz und schimpflich und ebensowenig für nützlich und ehrenvoll halten, wenn man nicht vorher den Charakter des Täters, die Zeitumstände und die Ursache erkannt hätte. Wenn dieser *locus* gut dargeboten wird, wird ihm eine große Wirkung für die Überzeugung zugeschrieben. Ein zweiter *locus* ist vorhanden, wenn mit großer *amplificatio* aus dem Nutzen, der Ehrbarkeit oder Notwendigkeit der Tat die Größe der Hilfe klargemacht wird; schließlich, wenn die dargelegte Sache den Zuhörern durch Worte

---

[215] Sulp. Vict. 45 p. 341,29f. H.
[216] Iul. Vict. 4,6 p. 391,1 ff. H.
[217] Hermog. stat. 6 p. 72,3 ff. R.
[218] Siehe S. 39; Anm. 142–146.
[219] Victorin. rhet. I 11 p. 191,3 f. H.
[220] Auct. ad Herenn. II 14,21 f.
[221] Cic. inv. II 26,77f.

lebhaft vor Augen gestellt wird, so daß sie den Eindruck haben, daß sie selbst in der gleichen Weise handeln würden, wenn sie in die gleiche Lage kämen.

Sulpitius Victor[222] nennt das, was der Auctor ad Herennium und Cicero als *comparatio* bezeichnet haben, *compensatio*, und ebenso Fortunatian,[223] Ausgleich des durch die Tat entstandenen Schadens durch den sich ebenfalls aus der Tat ergebenden Nutzen. Sulpitius Victor gibt dafür folgende Anordnung:[224]

α) *praescriptivum praecedens*, das aber nicht immer vorhanden ist.
β) *propositio criminis*.
γ) *locus communis ex causis*.
δ) die eigentliche *compensatio*.
ε) *locus a summo ad imum*.
ζ) *comparatio, quo loco scilicet in contentionem veniunt, et illud quod iniuriae dicitur factum, et illud quod commodi dicitur esse quaesitum, et aestimatur quid utilius rei publicae fuerit.*
η) *translatio*
    αα) *ex re*, der Feststellung des Anklägers, daß etwas anderes hätte geschehen müssen.
    ββ) *ex persona*, daß die Sache nicht durch den Beschuldigten, sondern durch Senat und Volk hätte entschieden werden müssen.
ϑ) *voluntas*, die aber über die ganze Rede verstreut werden muß.
ι) *qualitas conclusiva*.

Was Quintilian[225] über die *qualitas adsumptiva* vorträgt, gibt für die Anordnung nichts aus.

C. Iulius Victor[226] gibt wie Hermogenes für alle Teile der *qualitas adsumptiva* zusammen nur den einen *ordo: ab initio ad finem, ab adsumptione, ab adsumptionis destructione. destruimus autem locis sex: coniectura, qualitate, definitione, translatione, quantitate, comparatione.* Von ihnen sollen bald diese, bald jene Anwendung finden. Er führt dann für jeden einzelnen Teil der *adsumptiva* dieses Schema an einem Beispiel durch.

c) In der μετάστασις, *remotio criminis*,[227] wird die Ursache eines Vergehens entweder auf eine Sache oder eine Person geschoben. Im letzteren Fall erhebt sich zuerst die Frage, ob derjenige, auf welchen die Ursache geschoben wird, wirklich so viel vermocht habe wie der Angeklagte angibt und ob man irgendwie auf anständige oder gefahrlose Weise hätte widerstehen können; und wenn es sich so verhält, ob man dem Angeklagten deshalb verzeihen müsse, weil er auf fremden Antrieb hin gehandelt habe; dann wird es zur *coniecturalis controversia* gemacht und untersucht, ob es absichtlich geschehen sei. Wird die Ursache der Tat auf eine Sache geschoben, so treten dieselben Vorschriften ein wie bei der *purgatio* mit *necessitas*.[228]

d) Wird die Tat in der συγγνώμη, *concessio*,[229] als zu Unrecht geschehen einge-

---

[222] Sulp. Vict. 52 p. 345,17 H.
[223] Fortun. rhet. I 15 p. 93,20 H: conpensativus status.
[224] Sulp. Vict. 52 p. 345,18 ff. H.
[225] Quint. inst. VII 4,7 ff.
[226] Iul. Vict. 4,6 p. 391,4 ff. H.
[227] Siehe S. 40; Anm. 153–156.
[228] Auct. ad Herenn. II 17,26.
[229] Siehe S. 40 f.; Anm. 157–159; 164–173.

standen, kann es zur *purgatio* oder zur *deprecatio* kommen. Die *purgatio, excusatio*, schiebt, nach dem Auctor ad Herennium, die Schuld auf *necessitudo, fortuna, imprudentia*, nach Cicero auf *imprudentia, casus, necessitudo*, nach Fortunatian auf *error, casus, necessitudo, oblivio*. Wer sich auf die *necessitas* beruft, muß auch die Frage beantworten, wie man diesem Zwange hätte entgehen oder ihn erleichtern können, ob man auch selbst versucht hat, sich etwas zum Widerstand auszudenken. Es sollen auch Vermutungen angestellt werden, die den Verdacht begründen, die Tat sei absichtlich geschehen. Schließlich muß auch die Frage beantwortet werden, ob die *necessitudo* für einen ausreichenden Grund gehalten werden kann. Wer *imprudentia* vorschützt, muß erst darauf antworten, ob er die Möglichkeit hatte, klar zu sehen oder nicht, ob er sich die Mühe gemacht hat, sich unterrichten zu lassen, ob er nur durch Zufall oder durch eigene Schuld in Unwissenheit überhaupt einen ausreichenden Grund für Straffreiheit darstellt. Die gleichen Punkte gelten auch für den, der die *fortuna* verantwortlich machen will.[230]

Cicero[231] erläutert in gleicher Weise diese Entschuldigungsgründe. Am meisten ist ihm daran gelegen, den guten Willen des Angeklagten herauszustellen, der alles getan habe, was er tun konnte, und nachdrücklich all das herauszuheben, was den Willen behinderte. Wolle man den Angeklagten verurteilen, müsse man alle Menschen wegen ihrer Schwäche verurteilen, ohne Nachweis einer Schuld könne aber niemand bestraft werden.

Ein *locus communis*[232] des Anklägers richtet sich gegen den, der seinen Fehler bekennt, mit seiner Rede aber nur die Richter aufhält; lege man sich darauf fest, daß nur nach der Veranlassung gefragt werde, sei der Verfehlung Tür und Tor geöffnet. Der Verteidiger beklagt das Unglück eines Mannes, der nicht durch eigene Schuld, sondern durch höhere Gewalt zu Fall gekommen ist, die Macht des Schicksals und die Schwäche des Menschen, so daß über allem die Klage über die eigenen Sorgen und die Entrüstung über die Grausamkeit des Gegners liegt.

Die *deprecatio*[233] kommt kaum vor Gericht vor. Sie kommt in Frage, wenn für den Angeklagten spricht, daß seine guten Taten mehr und größer waren als seine bösen, wenn er Tüchtigkeit und Ansehen besitzt, wenn Aussicht besteht, daß Straffreiheit ihm zukünftig helfen könnte, wenn er in seiner Amtsführung milde, mitleidig und nicht hochfahrend war, wenn seine Verfehlungen nicht aus Haß und Grausamkeit, sondern aus rechter Pflichterfüllung zustande gekommen sind, wenn aus seiner Freisprechung von den Mitbürgern oder von denen einer anderen Stadt kein Tadel erwächst. *Loci communes* sowohl für den Angeklagten wie für den Ankläger sprechen von der Menschlichkeit, dem Schicksal, dem Mitleid und der Unbeständigkeit der Dinge. Für den Ankläger allein ist wichtig zu bedenken, welch großer Anlaß zur Verfehlung entsteht, wenn einmal festgelegt ist, nicht nach der Tat, sondern nach ihrer Ursache zu fragen. Sulpitius Victor[234] gibt auch einen Plan der Anordnung an:

---

[230] Auct. ad Herenn. II 16,23 f.
[231] Cic. inv. II 33,101 f.
[232] Auct. ad Herenn. II 16,24.
[233] Auct. ad Herenn. II 17,25 f.; Cic. inv. II 34,104 ff.
[234] Sulp. Vict. 55 p. 348,34 ff. H.

propositio criminis, locus communis ex causis, ipsa deprecatio, a summo ad imum, während der Ankläger ihr begegnet *pari aut occupatione aut coniecturali voluntate* und *qualitate conclusiva*.

Die μετάληψις, *translatio*,[235] ist teils ἔγγραφος, dann gewöhnlich παραγραφή genannt, teils ἄγραφος, die eigentliche μετάληψις. Diese ist τελεία, wenn die ganze Anklage angefochten wird, oder ἀτελής, wenn nur ein Stück der Peristasen zurückgewiesen wird. Die ἄγραφος gehört zum γένος νομικόν, dem ῥητὸν καὶ διάνοια an, z. T. der πραγματικὴ στάσις mit den Teilen νόμιμον, δίκαιον, συμφέρον, δυνατόν, ἔνδοξον, ἐκβησόμενον.[236] Die ἄγραφος oder μετάληψις wird eingeteilt durch die προβολή, παραγραφικὸν ἀπὸ τοῦ ῥητοῦ, μετάληψις, συλλογισμός, ὅρος, ἀντίθεσις, die zweite μετάληψις, ἀντίληψις, θέσις, ποιότης und γνώμη.[237]

B. Die τάξις der status legales

1. Von den zu den στάσεις νομικαί[238] gehörigen εἴδη bespricht der Auctor ad Herennium[239] als erstes, *cum voluntas scriptoris cum scripto dissidere videbitur*, nämlich das *scriptum et voluntas*.[240] Es ergibt sich dabei eine Zweiteilung in das *scriptum* und in die *voluntas* oder *sententia* von selbst.[241] Im ersten Teil folgt nach Verlesung des *scriptum* die Untersuchung, ob dem Gegner die auf die Sache bezügliche Gesetzesbestimmung bekannt gewesen ist, darauf der Vergleich dessen, was geschriebenes Gesetz ist, mit dem, was der Gegner scharfsinnig ausgedacht und dem, was das Gesetz sorgsam geschrieben hat. Anschließend wird die Auffassung des Gegners verurteilt. Dann wird erklärt, warum der Gesetzgeber gewollt hat, daß das Gesetz so, wie er es geschrieben hat, auch aufgefaßt werde und gezeigt, daß das geschriebene Gesetz kurz, klar, treffend und vollkommen geschrieben ist. Ferner werden Beispiele dafür beigebracht, daß in strittigen Fällen nach dem geschriebenen Gesetz entschieden wurde. Zum Schluß wird ein *locus communis* angeführt gegen den, der gesteht, gegen das geschriebene Gesetz gehandelt zu haben und trotzdem eine Verteidigung seiner Tat fordert. Im zweiten Teil, *ab sententia*, wird der Gesetzgeber gelobt, der nur kurz niedergeschrieben habe, was notwendig war, und die gegenteilige Auffassung als töricht, ungerecht und unmöglich zurückgewiesen, weil sie mit dem allgemeinen Recht, anderen gemeinsamen Gesetzen oder mit vorangegangenen Entscheidungen nicht übereinstimme. Nach einer Aufzählung von Entscheidungen gegen das geschriebene Gesetz für die *voluntas* beschließt ein *locus communis* die Erörterung gegen den, der das Gesetz zitiert, den Willen des Gesetzgebers aber nicht erläutert. Cicero[242] entwickelt das Ganze ebenso, nur ausführlicher. Quintilian[243] will gegen das geschriebene Gesetz dadurch Stellung nehmen,

---

[235] Siehe S. 42; Anm. 174–179.
[236] Hermog. stat. 8 p. 79,18 ff. R.
[237] Hermog. stat. 8 p. 81,1 ff. R.
[238] Hermog. stat. 2 p. 39,21 R.
[239] Auct. ad Herenn. II 9,13.

[240] Siehe S. 44; Anm. 2–3; S. 46 ff.
[241] Auct. ad Herenn. II 9,13; 10,14.
[242] Cic. inv. II 42,121–48,143.
[243] Quint. inst. VII 6,5–8.

a) daß festgestellt wird, daß das, was durch Beispiele von anderen Gesetzen belegt wird, nicht immer so beibehalten werden könne;

b) daß man es erhalten müsse, um den Staat zu erhalten;

c) daß sich in den Worten des Gesetzes vielleicht doch etwas finden läßt, das beweist, daß der Gesetzgeber etwas anderes beabsichtigt hat als der Wortlaut besagt.

Fortunatian[244] führt neun *loci* an: *propositio scripti, deductio generis ad speciem, voluntas legis, interpretatio, antithetica quaestio, translatio, transmotio, coniectura, qualitas*. Hermogenes[245] ordnet: ἡ κατὰ ῥητὸν καὶ διάνοιαν ζήτησις διαιρεῖται προβολῇ ῥητοῦ, τῇ διανοίᾳ, τῷ μὴ προσδιωρίσθαι, πάλιν διανοίᾳ τοῦ νομοθέτου, συλλογισμῷ, ὅρῳ, ἀντιθέσει, μεταλήψει, πρός τι, ὅρῳ βιαίῳ, θέσει, ἑτέρᾳ μεταλήψει, ἀντιλήψει, ποιότητι καὶ γνώμῃ. Sulpitius Victor[246] gibt die Vorschriften seines Lehrers Zenon wieder, die auf die Lehre des Theodoros von Gadara zurückgehen und folgende *loci* für *scriptum et voluntas* aufstellen: *propositio scripti, interpretatio scripti per eum locum, qui vocatur a summo ad imum; huic contrarius locus par, interim et maius; deinde legislatoris voluntas ex utraque parte, deinde finis, deinde translatio, voluntas et qualitas*. Die Auffassung des C. Iulius Victor[247] deckt sich wieder mit Quintilian; er sagt nämlich: *scripti autem sententiam intemptamus tribus modis: aut scripto ipso, si ipso patet non semper id posse servari... aut cum ex aliis legibus exempla ducuntur, quibus probetur non semper scripto stari posse: aut cum ex ipsis legis verbis argumentamur non id, quod dixerit, voluisse latorem*.

2. Für die Gliederung der ἀμφιβολία, *ambiguitas*,[248] stellt der Auctor ad Herennium[249] die Frage an die Spitze, ob überhaupt ein *ambiguum* vorliegt, dann den Wortlaut des geschriebenen Gesetzes. Anschließend muß gezeigt werden, ob der Gesetzgeber es im Sinne des Gegners verstanden wissen wollte; darauf folgt die eigene Auslegung und die Darlegung, daß diese möglich, ehrbar, richtig, gesetzmäßig sei und der Natur, der Sitte und dem *bonum et aequum* entspricht und im Gegensatz dazu die Auslegung des Gegners. Cicero[250] verlangt den Nachweis, daß nach dem Sprachgebrauch des Gesetzgebers kein *ambiguum* vorliege. Dann muß man auch die übrigen Schriften, die Gesinnung und den Lebenswandel des Verfassers heranziehen, aus denen sich sein Wille erkennen läßt. Vor allem muß die Schrift, in der ein *ambiguum* steht, genau geprüft werden, ob noch etwas als Erklärung zum vorliegenden Text hinzugefügt werden müsse. So wird sich zeigen, daß die gegnerische Erklärung viel weniger als die eigene dem Willen des Gesetzgebers entspricht. Man soll auch zeigen, daß die Auslegung des Gegners durch ein anderes Gesetz ausgeschlossen werde. Auch die Zeitumstände, unter denen das Gesetz gegeben wurde, müssen berücksichtigt werden. Schließlich muß überlegt werden, was für den Gesetzgeber nützlicher und ehrenvoller zu schreiben war und für uns zu billigen ist. Quintilian[251] bringt nur Beispiele für die Beseitigung sprachlicher Mehrdeutigkeit. Hermogenes[252] ordnet die ἀμφιβολία durch die προβολὴ ῥητοῦ und eine zweite τοῦ αὐτοῦ ῥητοῦ προβολὴ κατὰ τὸ ἀμφί-

---

[244] Fortun. rhet. II 10 p. 107,19 ff. H.
[245] Hermog. stat. 9 p. 82,5 ff. R.
[246] Sulp. Vict. 61 p. 351,20 ff. H.
[247] Iul. Vict. 3,14 p. 384,16 ff. H.
[248] Siehe S. 44; Anm. 6–7; S. 50 f.

[249] Auct. ad Herenn. II 11,26.
[250] Cic. inv. II 40,117 f.; 41,119.121.
[251] Quint. inst. VII 9,2 ff.
[252] Hermog. stat. 12 p. 90,6 ff. R.

βολον, die διάνοια τοῦ νομοθέτου, durch das περιέχον und περιεχόμενον, die ἀντίθεσις, μετάληψις, θέσις, ποιότης und γνώμη. Fortunatian[253] kennt neun *loci*: *propositio eius quod ex scripto dictove excipimus ad utilitatem nostrae partis, voluntate, fine, conparatione, interpretatione, conparatione personarum vel rerum, loci, aequitatis.* C. Iulius Victor[254] teilt die *ambiguitas* ein in die *propositio partis, quae ex lege nobiscum facit,* die *oppositio eius, quae adversus nos facit;* in die *collatio partium per universales propositiones, utra pars humanior sit, utra congruat moribus civitatis; in quibus de animo latoris coniectura dominatur.*

3. In der Behandlung der ἀντινομία,[255] *cum duae leges inter se discrepant,* ist nach dem Auctor ad Herennium[256] zuerst festzustellen, ob es sich um die Beantragung der Annahme oder Ablehnung eines Gesetzes handelt; sodann, ob das Gesetz befiehlt oder verbietet, zwingt oder erlaubt. Darauf folgt die Darlegung des eigenen Gesetzes, das vorgetragen und gelobt wird. Darauf wird die Absicht des entgegengesetzten Gesetzes klargelegt, zum Vorteil des eigenen Gesetzes. Ciceros Ausführungen stimmen damit im Wesentlichen überein. Quintilian[257] untersucht, welches Gesetz stärker ist, ob es Götter oder Menschen, öffentliche oder private Dinge angeht, große oder unbedeutende, ob es erlaubt, verbietet oder empfiehlt, welches das ältere ist, welches besser oder billiger ausgeführt wird. Fortunatian[258] führt sechs *loci* an: *interpretatio, scriptum, definitio, conparatio legum, conparatio personarum, conparatio per qualitatem.* Hermogenes[259] gibt folgende Anordnung: προβολὴ ῥητοῦ, διάνοια, ἑτέρα προβολὴ ῥητοῦ καὶ πάλιν ἑτέρα διάνοια. Sulpitius Victor[260] kennt folgende *loci*: *propositio scripti et interpretatio scripti, propositio alterius scripti et interpretatio scripti; deinde utriusque legis voluntas ad plurimum permixta cum interpretatione ipsius scripti ... deinde finis in utraque parte ... comparatio vel legum ipsarum vel rerum, de quibus disceptatur; aliquando translatio, voluntas* und *qualitas.* C. Iulius Victor[261] zerlegt den *status* in die *propositio scripti, interpretatio eius, comparatio scriptorum per universales propositiones honesti, utilis ceterorumque statuum;* sie ergibt, welches Gesetz das ältere ist, welches das notwendigere, welches nur für einige wenige und welches für alle gemeinsam gilt, welches sich mit religiösen Dingen befaßt, welches mit profanen.

4. Beim συλλογισμός, *collectio* oder *ratiocinatio*[262] wird zur τάξις zuerst gefragt, ob in bedeutenden, kleineren oder ähnlichen Dingen etwas schriftlich festgelegt oder entschieden worden ist; weiter, ob diese Sache derjenigen, über die verhandelt wird, ähnlich ist, ob mit Absicht nichts schriftlich festgelegt wurde, weil man keine Ausnahmebestimmung treffen wollte oder weil man glaubte, wegen der Ähnlichkeit anderer Schriften sei in dieser Beziehung schon genügend geschehen.[263] Cicero[264] verlangt, dem Lob und der Bekräftigung des geschriebenen Gesetzes solle ein Vergleich der zur Verhandlung kommenden Sache mit der, die feststeht, folgen und zwar

---

[253] Fortun. rhet. II 11 p. 108,7 ff. H.
[254] Iul. Vict. 4,10 p. 394,23 ff. H.
[255] Siehe S. 44; Anm. 4 – 5; S. 48 ff.
[256] Auct. ad Herenn. II 10,15.
[257] Quint. inst. VII 7,7.
[258] Fortun. rhet. II 10 p. 107,31 ff. H.
[259] Hermog. stat. 10 p. 84,4 f. R.
[260] Sulp. Vict. 62 p. 352,11 ff. H.
[261] Iul. Vict. 4,9 p. 393,34 ff. H.
[262] Siehe S. 44; Anm. 8 – 10; S. 51 f.
[263] Auct. ad Herenn. II 12,18.
[264] Cic. inv. II 50,150.

so, daß die strittige Sache der gesicherten ähnlich erscheint. Man drückt seine Verwunderung darüber aus, wie es möglich sei, daß jemand zugibt, etwas sei billig, etwas anderes aber, das auch zur gleichen Art gehört, nicht. Es folgt dann die Festlegung, es sei deshalb nicht schriftlich festgelegt, weil der Gesetzgeber der Meinung war, niemand könne zu einem Zweifel kommen. Quintilian[265] stellt ähnliche Fragen, nämlich, ob ein ähnliches Gesetz beigezogen werden kann, wenn ein eigenes fehlt; ob die Streitsache der ähnlich ist, über die etwas geschrieben ist; ob die Ähnlichkeit gleich oder größer oder geringer ist, ob eine hinreichende gesetzliche Sicherheit gegeben ist und wenn nicht, ob man auch unter diesen Umständen das Gesetz anwenden dürfe. Hermogenes[266] gliedert den Syllogismus durch die προβολὴ τοῦ πράγματος, das ῥητόν, den συλλογισμός, ὅρος, die γνώμη νομοθέτου, πηλικότης, den ὅρος βίαιος, das πρός τι, manchmal auch durch die ἀντίθεσις und durch die μετάληψις, der auf alle Fälle die ἀντίληψις folgt und schließlich durch die ποιότης und γνώμη. Fortunatian[267] nennt für den *status collectivus* acht *loci: collectio, quantitas, conparatio, iustum, coniectura (in qua quo animo fecerit, aut certe,* ἔκβασις, *quid sit futurum, si ita fuerit pronuntiatum), utile, honestum* und *epilogica quaestio*. C. Iulius Victor[268] teilt den *status collectivus* in folgende *loci* ein: *collectio, quantitas, comparatio, qualitas*.

[265] Quint. inst. VII 8,7.
[266] Hermog. stat. 11 p. 88,4 ff. R.
[267] Fortun. rhet. II 11 p. 108,11 ff. H.
[268] Iul. Vict. 4,11 p. 394,34 f. H.

DRITTER ABSCHNITT

DIE LEHRE VOM AUSDRUCK

ERSTES KAPITEL

ALLGEMEINE REGELN

Der λέξις,[1] φράσις,[2] *elocutio*,[3] *explicatio rerum*,[4] hat Aristoteles[5] zwischen εὕρεσις und τάξις als einem Teil der Rhetorik den zweiten Platz angewiesen. Anaximenes kannte sie als solche noch nicht, der Auctor ad Herennium und Cicero als *idoneorum verborum et sententiarum ad inventionem accommodatio*.[6] Quintilian[7] sagt, *eloqui* bedeute *omnia, quae mente conceperis, promere atque ad audientes perferre; sine quo supervacua sunt priora et similia gladio condito atque intra vaginam suam haerenti*.

Der Wunsch, die Rede schön zu gestalten und nicht nur beweiskräftig zu machen, ist offenbar schon in der Frühzeit der griechischen Beredsamkeit lebendig gewesen. Diogenes Laertios[8] wenigstens berichtet von Empedokles, er habe ὁμηρικῶς und μεταφορητικῶς geschrieben. Damit ist die Redekunst in Konkurrenz zur Dichtkunst getreten. Der Empedokles-Schüler Gorgias führte diese Anfänge weiter, indem er die Sprache bis zum Überfluß mit Klangfiguren anreicherte. Schon vor ihm aber hatte Thrasymachos von Chalkedon, von dem Aristophanes im gleichen Jahre 427, in dem Gorgias erst nach Athen kam, in seinem Δαιταλῆς[9] als von einem bekannten Sophisten spricht, die rhythmische Periode mit dem Paean als Hauptrhythmus eingeführt. Daß dieses Verdienst dem Thrasymachos gebührt, war die Meinung des Theophrast.[10] Dionys von Halikarnaß[11] aber möchte diese Leistung lieber dem Lysias zusprechen. Beides vereinigte nun Isokrates, indem er einen gemäßigten Gorgianismus mit der Erfindung des Thrasymachos verband. Dadurch wurde er zum Begründer der griechischen Kunstprosa.

In Zusammenhang mit Isokrates steht das erste griechische Lehrbuch der Rhetorik des Anaximenes. Nach der Behandlung der Beweismittel beginnt[12] er von dem zu sprechen, was für alle sieben εἴδη καὶ περὶ πάντας τοὺς λόγους nützlich ist. Davon gehören zur λέξις die εἰρωνεία, das λέγειν τι μὴ λέγειν προσποιούμενον ἢ τοῖς ἐναντίοις ὀνόμασι τὰ πράγματα προσαγορεύειν,[13] das ἀστεῖα λέγειν, das darin besteht, τὰ ἐνθυμήματα λέγοντας ἥμισυ, ὥστε τὸ ἥμισυ αὐτοὺς ὑπολαμβάνειν τοὺς

---

[1] Anaxim. rhet. 22,5,1434b 15; 25,4,1435b 15; 35,16,1441b 14; Arist. rhet. III 1,1403b 8.15.20.36.
[2] Quint. inst. VIII 1,1.
[3] Auct. ad Herenn. IV 7,10; Cic. inv. I 7,9; Fortun. rhet. III 3 p. 121,25; 8 p. 125,8 H; Sulp. Vict. 15 p. 320,32 H; Iul. Vict. 20 p. 431,13 H.
[4] Aug. rhet. 1 p. 137,12f. H.
[5] Arist. rhet. III 1,1403b 7f.

[6] Auct. ad Herenn. I 2,3; Cic. inv. I 7,9; vgl. Iul. Vict. 20 p. 431,13 H: elocutio est idoneorum verborum ad inventionem accommodatio.
[7] Quint. inst. VIII prooem. 15.
[8] Diog. Laert. VIII 57.
[9] Aristoph. fr. 198.
[10] Dion. Hal. Dem. 3 p. 132,4ff. Us. – Rad.
[11] Dion. Hal. Lys. 6 p. 14,1f. Us. – Rad.
[12] Anaxim. rhet. 17,3,1432b 9f.
[13] Anaxim. rhet. 21,1,1434a 17f.

ἀκούοντας,¹⁴ was der παρασιώπησις entspricht. Das ἀστεῖον γράφειν¹⁵ aber, bei dem besonders darauf zu achten ist, ὅπως τὰ ἤθη τῶν λόγων ὁμοιοῦν τοῖς ἀνθρώποις δυνήσῃ bezeichnet die ἠθοποιΐα, die μίμησις ἤθους ὑποκειμένου προσώπου.¹⁶ Es folgen das μηκύνειν¹⁷ (Pleonasmus), das βραχυλογεῖν,¹⁸ die Verwendung von wenigen Partikeln und des Asyndeton, und das μέσως λέγειν.¹⁹ Er spricht dann²⁰ von ἀντίθετα, παρισώσεις und ὁμοιότητες. Die ganze Reihe wird unterbrochen durch Ausführungen über die drei Wortarten, τρόποι, die ἁπλοῖ, σύνθετοι und μεταφέροντες, und über die drei θέσεις der Wörter;²¹ wenn nämlich ein Wort mit einem Vokal oder mit einem Konsonanten beginnt und endet und wenn Vokale mit Konsonanten verbunden werden. Ferner handelt er über die vier τάξεις der Wörter: ähnliche Wörter können nebeneinander oder durcheinander gestellt werden, wenn dieselben Wörter gebraucht oder mit anderen vertauscht werden, wenn etwas mit einem oder mit mehreren Wörtern bezeichnet wird, wenn die Wörter in der richtigen Reihenfolge oder in einem Hyperbaton verwendet werden. Bei der Behandlung der διήγησις stellt er dann im γένος δημηγορικόν heraus, daß ihr Inhalt δεῖ ποιεῖν σαφῶς καὶ βραχέως καὶ μὴ ἀπίστως.²² Das sind die ἀρεταὶ τῆς διηγήσεως des Isokrates, von denen Quintilian²³ sagt, *qui sunt ab Isocrate* und die von der Erzählung verlangt hätten, daß sie *lucida, brevis* und *verisimilis* sei. Daß sie ταχέως (= συντόμως) sein solle, findet Aristoteles²⁴ lächerlich; sie solle ebenso wie die anderen Teile der Rede die Mitte halten und nur so viel geben, wie zur Klarlegung der Sache notwendig sei; dazu komme noch, daß man immer etwas einfließen lasse, was der eigenen ἀρετή dienlich sei. Er übt also an Isokrates Kritik: Isokrates' Forderung hat sich auch sein Schüler Theodektes zu eigen gemacht, dessen τέχνη Aristoteles in die συναγωγὴ τεχνῶν aufgenommen hat und in seiner ‚Rhetorik'²⁵ als Θεοδέκτεια für die ἀρχαὶ τῶν περιόδων zitiert. Dazu hat er aber auch die von anderen schon aufgestellte Forderung der μεγαλοπρέπεια, *magnificentia*, aufgenommen und selbst noch das *iucundum* hinzugefügt.²⁶ Cicero²⁷ folgt einem stoischen Rhetor, wie die Aufnahme der *brevitas* zeigt, so daß die *narrationes planae, breves, evidentes, credibiles, moratae, cum dignitate* sind.

Theophrast, der Schüler und Nachfolger des Aristoteles in der Schulleitung, hat im Anschluß an das dritte Buch der Aristotelischen ‚Rhetorik' als erster eine Monographie über die λέξις geschrieben,²⁸ die für die Folgezeit maßgebend wurde. Das Werk ist bis auf einige wenige Nachrichten über seinen Inhalt verloren. Die Schrift begann mit einer Behandlung der Redeteile, περὶ τῶν τοῦ λόγου στοιχείων.²⁹ Aristoteles³⁰

---

[14] Anaxim. rhet. 22,1,1434a 34ff.
[15] Anaxim. rhet. 22,8,1434b 29f.
[16] Hermog. prog. 9 p. 20,7f. R.
[17] Anaxim. rhet. 22,3,1434b 1.
[18] Anaxim. rhet. 22,5,1434b 11.
[19] Anaxim. rhet. 22,6,1434b 18.
[20] Anaxim. rhet. 26,1–28,1,1435b 25–1436a 12.
[21] Anaxim. rhet. 23,1434b 33ff.
[22] Anaxim. rhet. 30,4,1438a 21f.
[23] Quint. inst. IV 2,31.
[24] Arist. rhet. III 16,1416b 30.34ff.
[25] Arist. rhet. III 9,1410b 2f.
[26] Arist. rhet. III 12,1414a 20; Quint. inst. IV 2,63.
[27] Cic. top. 26,97.
[28] Diog. Laert. V 47.
[29] Simpl. in cat. p. 10,24 Kalbfleisch.
[30] Arist. rhet. III 2,1404b 26.

kennt als solche nur ὀνόματα und ῥήματα. Er wußte natürlich auch von σύνδεσμοι.³¹ In der ‚Poetik'³² werden sie, wie auch die ἄρθρα, die von unserem Artikel ganz verschieden sind, unter den μέρη τῆς λέξεως, genannt. Welche στοιχεῖα τοῦ λόγου Theophrast angenommen hat, läßt sich nicht sagen. Dionys von Halikarnaß³³ nimmt zum Ausgangspunkt für die Beurteilung des Isokratischen Stils den Satz des Theophrast, daß drei Dinge die Sprache μέγα, σεμνόν und περιττόν machten: ἐκλογὴ ὀνομάτων, ἁρμονία, d.h. die Anordnung oder τάξις, und die σχήματα. Bei der Betrachtung des Stils des Thukydides³⁴ geht er von einer ähnlichen, fast gleichen, nur differenzierten Feststellung aus, daß die ganze λέξις nur aus zwei Dingen bestehe:

1. ἐκλογή der ὀνόματα (ῥήματα und σύνδεσμοι) und der στοιχειώδη μόρια, aus denen die κυρία und τροπικὴ φράσις entsteht.

2. σύνθεσις, die sich nach κόμματα, κῶλα und περίοδοι gliedert; aus beiden (den ἁπλᾶ und ἄτομα ὀνόματα und den ἐκ τούτων σύνθετα) entstehen die σχήματα.

Es wird noch erwähnt, daß die sogenannten ἀρεταὶ λέξεως teils ἀναγκαῖαι, teils ἐπίθετοι sind. Über die σχήματα handelt Dionys auch in seinem Werke ‚De compositione verborum'³⁵ und Demetrios.³⁶ Nach Cicero³⁷ hat Theophrast auch vier *virtutes* aufgestellt: *sermo purus erit et Latinus, dilucide planeque dicetur, quid deceat circumspicietur; unum aberit, quod quartum numerat Theophrastus in orationis laudibus: ornatum illud, suave et adfluens*. Es sind aber nicht mehr ἀρεταὶ διηγήσεως, sondern λέξεως, *orationis laudes*, die Theophrast eingeführt hat, die also nicht mit dem Inhalt, sondern mit der λέξις zu tun haben. Neu ist unter den Schmuckmitteln der *ornatus verborum simplicium* und *verborum collocatorum*.³⁸ Die *verba simplicia* finden bei den eigentümlichen und gebräuchlichen Wörtern durch den Wohlklang oder die vorzügliche Deutlichkeit Beifall; bei fremden Wörtern sind es entweder die mit übertragener und gleichsam leihweise übernommener Bedeutung oder auch die Worte, die vom Redner selbst gebildet werden und deshalb neu sind. Indessen gibt es auch dergleichen ungebräuchliche und alte Wörter, die ihre eigentliche Bedeutung haben, obwohl diese nur selten vorkommen. Die *verba collocata* aber haben Schmuck, wenn sie eine gewisse Eleganz bewirken (die sogenannten σχήματα). Die Lehre des Theophrast von den ἀρεταὶ λέξεως liegt auch den Ausführungen des Auctor ad Herennium³⁹ zugrunde. Dieser teilt nämlich die *res quas debeat habere elocutio commoda et perfecta* in drei Teile ein:

1. *elegantia*, die

a) aus der *Latinitas*, die dem Ἑλληνισμός entspricht, *quae sermonem purum conservat*

b) aus der *explanatio, quae reddit apertam et dilucidam orationem*, besteht, dadurch, daß sie *verba usitata et propria* gebraucht.

2. *compositio*, die alle Redeteile gleichmäßig feilt, indem sie den Hiatus wie den häufigen Gebrauch eines und desselben oder gleichlautenden Wortendes, langer Wörter und der *transiectio verborum* meidet.

---

³¹ Arist. rhet. III 5,1407a 21.
³² Arist. poet. 20,1456b 20f.
³³ Dion. Hal. Isokr. 3 p. 58,4ff. Us. – Rad.
³⁴ Dion. Hal. Thuk. 22 p. 358,8ff. Us. – Rad.
³⁵ Dion. Hal. comp. 16 p. 66,8ff. Us. – Rad.
³⁶ Demetr. eloc. 263 – 271 p. 318,24 – 320,14 Sp III.
³⁷ Cic. orat. 23,79.
³⁸ Cic. orat. 24,80f.
³⁹ Auct. ad Herenn. IV 12,17f.

3. *dignitas*, die sich wieder in die *verborum* und in die *sententiarum exornatio* teilt. Quintilian[40] sagt: *quam Graeci* φράσιν *vocant, Latine dicimus elocutionem. ea spectatur verbis aut singulis aut coniunctis. in singulis intuendum est, ut sint Latina, perspicua, ornata, ad id quod efficere volumus accommodata: in coniunctis, ut emendata, ut apte collocata, ut figurata.* R. Volkmann[41] bemerkt dazu: „So haben wir es hier mit einer sowohl von der Theophrastischen als auch mutmaßlich Stoischen ganz verschiedenen Einteilung zu tun."

Isokrates[42] beklagt sich über die Redner, die so sehr sachlich sprechen, daß die Hörer die λέξις nicht als ἀκριβῶς καὶ καθαρῶς ἔχουσα loben können, daß also vor lauter Sachlichkeit nicht einmal die grammatische ἀρετή zu loben ist. Aristoteles[43] hatte sie als erste Grundbedingung des sprachlichen Ausdruckes genannt. Die Lateiner nennen sie *Latinitas*,[44] *elocutio Latina*,[45] *ratio Latine atque emendate loquendi*.[46] Auch Cicero[47] stellt sie an die Spitze seiner Aufzählung: *praecipitur primum, ut pure et Latine loquamur, deinde ut plane et dilucide, tum ut ornate, post ad rerum dignitatem apte et quasi decore.* Als Prüfnorm, *regulae loquendi*,[48] für den wirklichen Ἑλληνισμός, *Latinitas*, gelten vier Richtlinien:

1. *ratio*,[49] die sich auf die Analogie und Etymologie gründet.
2. *vetustas*,[50] archaische Worte.
3. *auctoritas*,[51] der Sprachgebrauch angesehener Schriftsteller.
4. *consuetudo*, der *consensus eruditorum*.[52]

Verstöße gegen die *Latinitas* sind der *barbarismus*, unlateinische Bildung und Bedeutung von einzelnen Worten, und der *soloecismus*, Fehler gegen die Syntax.[53]

Die zweite ἀρετὴ λέξεως ist das σαφές, das von Aristoteles[54] als einziges anerkannt wird. Die *perspicuitas*[55] wird vom Auctor ad Herennium[56] neben der *Latinitas* als Teil der *elegantia* bezeichnet und *explanatio* genannt, so daß zur *Latinitas* noch das *perspicue atque aperte loqui*[57] hinzutritt und die *perspicuitas* neben der grammatischen *virtus* der *Latinitas* als erste rhetorische *virtus* erscheint. Kennzeichnend für sie sind die κύρια ὀνόματα,[58] *propria verba*,[59] die *suae cuiusque rei appellationes*,[60] die es aber für viele Dinge nicht gibt. Da muß sich der Redner – das braucht nicht immer ein Fehler zu sein – mit einem ἄκυρον behelfen. Manche Wörter haben ja eine doppelte oder für mehrere Dinge geltende Bedeutung; *iaculari* z. B. wird nicht nur vom Schleudern des *iaculum*,

---

[40] Quint. inst. VIII 1,1.
[41] R. Volkmann, a.a.O. S. 397.
[42] Isokr. or. V 4.
[43] Arist. rhet. III 5,1407a 19f.: ἔστι δ'ἀρχὴ τῆς λέξεως τὸ ἑλληνίζειν.
[44] Auct. ad Herenn. IV 12,17: Latinitas, quae sermonem purum conservat, ab omni vitio remotum; Sulp. Vict. 15 p. 320,34 H.
[45] Iul. Vict. 20 p. 431,14 H.
[46] Quint. inst. VIII 1,2.
[47] Cic. de orat. I 32,144.
[48] Quint. inst. I 7,1.
[49] Quint. inst. I 6,1.3.28.
[50] Quint. inst. I 6,1.39.

[51] Quint. inst. I 6,2.42.
[52] Quint. inst. I 6,43.45.
[53] Quint. inst. I 5,5.34; vgl. Auct. ad Herenn. IV 12,17.
[54] Arist. rhet. III 2,1404b 1f.: ὡρίσθω λέξεως ἀρετὴ σαφῆ εἶναι.
[55] Quint. inst. VIII 2; Sulp. Vict. 15 p. 320,36 H.
[56] Auct. ad Herenn. IV 12,17.
[57] Sulp. Vict. 15 p. 321,1f. H.
[58] Arist. poet. 21,1457b 1.
[59] Quint. inst. VIII 2,22; Fortun. rhet. III 6 p. 124,14 H; Iul. Vict. 20 p. 431,26 H.
[60] Quint. inst. VIII 2,1.

sondern auch von Steinen oder Scherben gebraucht; *vertex* bezeichnet den Wasserwirbel, aber auch den Haarwirbel am Scheitel und von da aus den Gipfel eines Berges. Die Scheu, solche eingebürgerte Wörter zu gebrauchen und sie durch Umschreibungen zu ersetzen, ist ebenso fehlerhaft wie die Meidung eines *verbum proprium*. Dunkelheit des Ausdrucks entsteht durch Wörter, die veraltet sind, und Rechtsausdrücke, *termini technici*, die von manchen nur zu gerne verwendet werden, um damit ihre Bildung zu beweisen. Schlimmer ist die Dunkelheit im Satzbau, wenn der Umfang, der noch die Aufmerksamkeit ermöglicht, überschritten wird, wenn mitten im Satz ein fremder Gedanke eingeschaltet wird, was höchstens bei ganz kurzen Bemerkungen statthaft sein kann. Der Deutlichkeit unzuträglich ist vor allem die *ambiguitas*, die Mehrdeutigkeit, ferner die Ansammlung einer Menge von leeren Wörtern, mit denen Geschwätzige den Schein des Glanzes hervorrufen wollen. Die Dunkelheit wird auch durch die bunte Vermengung einer Reihe von ähnlichen Wörtern gefördert; ganz verwerflich aber sind die ἀδιανόητα, unverständliche Rätselworte, die ihre Erfinder für geistreiche Schöpfungen halten, weil nur, was einer Erklärung bedürfe, auch geistreich ausgedrückt sei.[61] Demgegenüber gilt, daß die *perspicuitas* bedeutet: *propria verba, rectus ordo, non in longum dilata conclusio, nihil neque desit neque superfluat: ita sermo et doctis probabilis et planus imperitis erit*.[62]

Cicero[63] hat nach dem *Latinum*, das nur für Einzelwörter in Frage kommt, und dem *dilucidum* als *quasi lumina* noch das *breve* eingeführt, das durch die Stoiker[64] aus den ἀρεταὶ διηγήσεως zu den ἀρεταὶ λέξεως gekommen ist, das *probabile*, entsprechend dem πρέπον, das *illustre*, das für *evidentia* steht, und das *suave*, das für den *ornatus*[65] steht. Wir haben also schon nicht mehr die reine Lehre des Theophrast über die ἀρεταὶ λέξεως, sondern eine Weiterbildung.

Das πρέπον, eine wesentliche Voraussetzung für die *ornata oratio*,[66] hat Aristoteles[67] zur σαφήνεια gehörig aufgefaßt, wenn er von diesem sagt, daß die Rede weder ταπεινή noch ὑπὲρ τὸ ἀξίωμα, ἀλλὰ πρέπουσα sein soll. Es ist nun nicht für alle Fälle einheitlich, sondern für jede Sache, Person, Zeit, für jedes *genus* der Rede verschieden. Cicero[68] und Quintilian[69] (mit Berufung auf ihn) verlangen, daß die Rede *probabilis* sei. Das ist der Fall, wenn das *genus orationis non nimis est comptum atque expolitum, si est auctoritas ac pondus in verbis, si sententiae vel graves vel aptae opinionibus hominum ac moribus*,[68] wenn die Worte zu den Sachen passen, wenn nicht bedeutende Sachen mit niedrigen Worten und umgekehrt unbedeutende Gegenstände mit großen, aufgeblasenen und schwulstigen Worten zum Ausdruck kommen, damit man sich nicht den Vorwurf der Lächerlichkeit zuzieht.[70] Sulpitius Victor[71] will, daß die Rede auch *robur* besitze, daß die Worte nicht nur rein und deutlich, sondern auch kraftvoll, tapfer und stark seien; ebenso soll die Rede auch *nitor* haben, d. h. daß die Worte nicht schmutzig

---

[61] Quint. inst. VIII 2,4f.; 7.12.14 – 17.20f.
[62] Quint. inst. VIII 2,22.
[63] Cic. part. 6,19.
[64] Diog. Laert. VII 59.
[65] Cic. orat. 24,79: ornatum illud suave et adfluens.
[66] Quint. inst. VIII 3,42.
[67] Arist. rhet. III 2,1404 b 3f.
[68] Cic. part. 6,19.
[69] Quint. inst. VIII 3,42.
[70] Sulp. Vict. 15 p. 321,9ff. H.
[71] Sulp. Vict. 15 p. 321,2ff.; 6ff. H.

und gewöhnlich, sozusagen nicht vom Dreiweg aufgelesen sind, sondern aus der Literatur ausgewählt und aus der einen Quelle der Lehre geschöpft und daß die *compositio* nicht *otiosa* sei, sondern eine ordentliche Verbindung der Worte habe. Fehler gegen das σαφές sind das κακέμφατον,[72] wenn zwei Wörter falsch getrennt und die Teile miteinander verbunden ein obszönes Wort ergeben oder auch harmlosen Wörtern absichtlich ein obszöner Sinn untergeschoben wird. Fehlerhaft ist auch die ταπείνωσις,[73] wenn der Wert einer Sache verkleinert wird, z. B. wenn ein Mörder lediglich ein *nequam* genannt wird; die ἔλλειψις,[74] wenn der Rede etwas fehlt, um vollständig zu sein; die ταυτολογία, wenn ein Wort durch ein anderes gleicher Bedeutung wiederholt wird. Schlimmer ist die ὁμοείδεια,[75] die keine Abwechslung im Wortgebrauch bringt, sondern ganz gleichartige Wörter nebeneinander setzt. Zu meiden ist auch die μακρολογία, die über die notwendige Länge hinausgehende Rede, eine *supervacua operositas*.[76] Auch der Pleonasmus[77] ist ein Fehler, der die Rede mit überflüssigen Wörtern belastet, ebenso wie das κακόζηλον, *mala adfectatio*,[78] wenn sich das *ingenium* durch den Schein des Guten täuschen läßt und kritiklos *tumida et pusilla et praedulcia et abundantia et arcessita et exultantia* wahllos, im Glauben, es sei so richtig, verwendet. Was fehlerhaft ist, läßt sich natürlich leichter aussagen als das, was richtig ist, in positive Regeln zu fassen. Was Quintilian[79] am Anfang des elften Buches gibt, sind Hilfsmittel zum Erfolg, die in der Persönlichkeit des Redners liegen und ihn in der Verwendung der ἀρεταὶ λέξεως unterstützen, selbst aber keine sind.

Mit der einen ἀρετή, der σαφήνεια, hat sich Aristoteles nicht durchgesetzt: Theophrast hat schon vier, die Stoiker[80] haben fünf ἀρεταὶ λέξεως angenommen: Ἑλληνισμός, σαφήνεια, συντομία, πρέπον, κατασκευή (so viel wie κόσμος). Dionys von Halikarnaß[81] aber will z. B. bei Isokrates bereits doppelt so viele ἀρεταί finden: καθαρὰ ἑρμηνεία, ἀκρίβεια διαλέκτου, κύρια καὶ συνήθη καὶ κοινὰ ὀνόματα, τροπικὴ κατασκευή, σαφήνεια, ἐνάργεια, συντομία, αὔξησις, συστρέφειν τὰ νοήματα καὶ στρογγύλως ἐκφέρειν, ἠθοποιΐα, χάρις, ἡδονή, τὸ μεγαλοπρεπές, τὸ πιθανόν, τὸ πρέπον.

Die ἀρεταὶ λέξεως, vor allem das *perspicuum ac probabile*,[82] schaffen nicht allein den Schmuck der Rede; es muß noch der *cultus* hinzukommen, der die Dinge *nitidiora* macht. Der Redner soll sich auch darauf verstehen, die Schilderung der vorgetragenen Tatsachen lebendig zu gestalten, so daß der Hörer glaubt, es spiele sich alles unmittelbar in seiner eigenen Gegenwart ab. Das geschieht mehr durch die ἐνάργεια, *evidentia*, *repraesentatio*, als durch die *perspicuitas*. Der Auctor ad Herennium[83] nennt sie *demonstratio* und sieht sie darin, daß *ita verbis res exprimitur ut geri negotium et res ante oculos esse videatur*. Bei Cicero[84] heißt *illustratio* der Redeteil, *quae rem constituat paene ante*

---

[72] Quint. inst. VIII 3,44.
[73] Quint. inst. VIII 3,48.
[74] Quint. inst. VIII 3,50.
[75] Quint. inst. VIII 3,52.
[76] Quint. inst. VIII 3,53.55.
[77] Quint. inst. VIII 3,53.
[78] Quint. inst. VIII 3,56.
[79] Quint. inst. XI 1,6ff.
[80] Diog. Laert. VII 59.
[81] Dion. Hal. Isokr. 11 p. 70,15ff. Us. – Rad.
[82] Quint. inst. VI 2,32; VIII 3,61f.
[83] Auct. ad Herenn. IV 55,68.
[84] Cic. part. 6,20.

oculos. Nach Quintilian wird sie unter die *ornamenta* gerechnet. Wenn Cicero in den ‚Verrinen'[85] sagt: *stetit soleatus praetor populi Romani cum pallio purpureo tunicaque talari muliercula nixus in litore,* so sieht man das lebendig vor sich und kann sich auch noch vorstellen, was nicht gesagt wird, nämlich die stillschweigende Ablehnung der Anwesenden und ihre Scheu und Furcht. So ist auch seine bewegungsvolle, lebendige Schilderung eines Gastmahles gehalten[86]: *videbar videre alios intrantis, alios autem exeuntis, quosdam ex vino vacillantis, quosdam hesterna ex potatione oscitantis. humus erat immunda, lutulenta vino, coronis languidulis et spinis cooperta piscium.* Die Gegenwart und was vorausging, stellen sich klar vor Augen. Quintilian[87] gibt dann selbst noch das Bild einer zerstörten Stadt, die die knappe Feststellung *expugnatam esse civitatem* zu einem lebendigen, reichen Bilde ausgestaltet: *effusae per domus ac templa flammae et ruentium tectorum fragor et ex diversis clamoribus unus quidam sonus, aliorum fuga incerta, alii extremo complexu suorum cohaerentes et infantium feminarumque ploratus et male usque in illum diem servati fato senes: tum illa profanorum sacrorumque direptio, efferentium praedas repetentiumque discursus et acti ante suum quisque praedonem catenati et conata retinere infantem suum mater et, sicubi maius lucrum est, pugna inter victores.* Den Weg dazu hat schon Homer gezeichnet, aus dessen ‚Ilias' Aristoteles anführt:

ὅσσα κάκ' ἀνθρώποισι πέλει τῶν ἄστυ ἁλώῃ·
λαοὶ μὲν φθινύθουσι, πόλιν δέ τε πῦρ ἀμαθύνει,
τέκνα δέ τ' ἄλλοι ἄγουσιν.[88]

Es soll hier gezeigt werden, daß etwas größer erscheint, wenn man es in seine Teile zerlegt. Hermogenes[89] verweist auf Homers Schilderung als Beispiel für die tragische Gestaltung und auf die Rede des Demosthenes περὶ τῆς παραπρεσβείας[90] mit der Schilderung der Eroberung von Phokis: ἦν ἰδεῖν οἰκίας κατεσκαμμένας, τείχη περιηρημένα, χώραν ἔρημον τῶν ἐν ἡλικίᾳ, γυναῖκα δὲ καὶ παιδάρια ὀλίγα καὶ πρεσβύτας ἀνθρώπους οἰκτρούς. Er bemerkt dazu noch, daß Demosthenes in seiner Rede κατὰ Κόνωνος αἰκίας[91] eine genaue Darstellung der ὕβρις gegeben hat, indem er jede Einzelheit erzählte, die schlechte Lage der Verhältnisse durch die über das Notwendige hinausgehende Darstellung zur Größe erhob und so die ὕβρις wie in einem Trauerspiel gestaltete.

Als vorzügliches Mittel, eine Sache zu beleuchten, haben sich die *similitudines*, εἰκόνες, παραβολαί,[92] erwiesen, die teils in der Beweisführung Verwendung finden, teils aber auch zur Entwicklung eines anschaulichen Bildes dienen. Das Gleichnis hat poetischen Charakter und kommt deshalb in der Prosa weniger vor.[93] Εἰκόνες, die vielfach durch ὥσπερ eingeleitet werden und geringeren Umfang haben, sollen nach Minukian[94] die Rede ἐναργέστερον machen als die weiter ausgeführte παραβολή. Soll das Gleichnis die Rede wirklich schmücken, sie *sublimis, florida, iucunda* und *mirabilis*[95]

---

[85] Cic. Verr. II 5,33,86; Quint. inst. VIII 3,64.
[86] Cic. Gall. fr. VI 1 Schoell; Quint. inst. VIII 3,66.
[87] Quint. inst. VIII 3,67–69.
[88] Hom. Il. IX 592–594; Arist. rhet. I 7, 1365a 13ff.
[89] Hermog. meth. 33 p. 450,1f.; 10f.; 20ff. R.
[90] Demosth. or. XIX 65
[91] Demosth. or. LIV 3 ff.
[92] Quint. inst. VIII 3,72; siehe S. 119ff.
[93] Arist. rhet. III 4,1406b 24f.
[94] Minuc. epich. 2 p. 419,2 Sp. = p. 342,18 Sp.–H.
[95] Quint. inst. VIII 3,74.

gestalten, muß es klar und den Hörern auch bekannt sein;[96] je weiter es aber hergeholt ist, umso neuer und unerwarteter wirkt es.[97] Die volkstümlichen Gleichnisse aber sind nützlicher, um Glauben zu erwecken, z. B. *ut medici abalienata morbis membra praecidant, ita turpes ac perniciosos, etiamsi nobis sanguine cohaereant, amputandos,* erhabener aber wirkt jenes aus der Rede ‚Pro Archia poeta':[98] *saxa atque solitudines voci respondent, bestiae saepe immanes cantu flectuntur atque consistunt.* Entweder geht beim Gleichnis das Ähnliche voraus und das Verglichene folgt oder umgekehrt. Am besten aber ist es, wenn das Gleichnis mit der Sache, für die es als Gleichnis dient, in wechselseitigem Vergleich verbunden wird, wodurch die ἀνταπόδοσις, *redditio contraria,*[99] entsteht; dafür führt Quintilian ein Beispiel aus Ciceros Rede ‚Pro Murena'[100] an: *ut aiunt in Graecis artificibus eos auloedos esse, qui citharoedi fieri non potuerint, sic nos videmus, qui oratores evadere non potuerint, eos ad iuris studium devenire* und *nam ut tempestates saepe certo aliquo caeli signo commoventur, saepe improviso nulla ex certa ratione obscura aliqua ex causa concitantur, sic in hac comitiorum tempestate populari saepe intellegas, quo signo commota sit, saepe ita obscura est, ut sine causa excitata videatur.*

Eine dritte *virtus*, die mit dem Gleichnis verbunden ist, besteht darin, daß eine Sache nicht nur unmittelbar vor Augen gestellt wird, sondern daß das *circumcise atque velociter*[101] geschieht. Dabei ist so zu verfahren, daß man nicht nur das Notwendige sagt – die Figur der βραχυλογία –, sondern mit wenigen Worten, ohne dunkel zu werden, viel aussagt, wie bei Sallust:[102] *Mithridates corpore ingenti, perinde armatus.*

Wenn der Redner etwas Bestimmtes zum Ausdruck bringen will, es aber nicht tut, weil er es aus bestimmten Gründen nicht kann oder Bedenken hat, es zu tun, kann dies drei Motive haben:

1. Wenn es seine Sicherheit gefährdet, offen zu sprechen.
2. Wenn es sich nicht schickt.
3. Wenn so nur durch die Neuheit und Abwechslung größeres Vergnügen gewährt wird als durch das unmittelbare Aussprechen. Diese Figur nennt man ἔμφασις.[103]

Der erste Fall liegt bei Cicero in der ‚Ligariana'[104] vor: *si in hac tanta tua fortuna lenitas tanta non esset, quam tu per te, per te inquam, obtines: intellego, quid loquar.* Der zweite Fall ist gegeben, wenn man vermeiden will, etwas Obszönes zu sagen. Die dritte Möglichkeit findet sich z. B. bei Homer,[105] der den Einstieg Achills ins hölzerne Pferd durch εἰς ἵππον κατεβαίνομεν zum Ausdruck bringt, um dadurch die Größe des Pferdes erkennen zu lassen, wie umgekehrt Vergil[106] beim Ausstieg durch *demissum lapsi per funem* oder durch *cervicem inflexam posuit iacuitque per antrum* die Größe des Polyphem. Man könnte so geneigt sein, die ἔμφασις als ein Hilfsmittel zur *perspi-*

---

[96] Minuc. epich. 2 p. 418,11f. Sp. = p. 341, 20f. Sp. – H.
[97] Quint. inst. VIII 3,74f.
[98] Cic. Arch. 8,19; Quint. inst. VIII 3,75.
[99] Quint. inst. VIII 3,77.
[100] Cic. Mur. 13,29; 17,36; Quint. inst. VIII 3,79f.
[101] Quint. inst. VIII 3,82.
[102] Sall. hist. II fr. 77 Maurenbrecher; Quint. inst. VIII 3,82.
[103] Quint. inst. VIII 3,83.
[104] Cic. Lig. 5,15; Quint. inst. VIII 3,85.
[105] Hom. Od. XI 523; Tryph. trop. II 2 p. 199,17 Sp III.
[106] Verg. Aen. II 262; III 631; Quint. inst. VIII 3,84f.

cuitas aufzufassen, Quintilian[107] aber möchte sie zum *ornatus* rechnen, *quia non ut intellegatur efficit, sed ut plus intellegatur*, und er führt sie auch tatsächlich unter den Figuren auf,[108] während Tryphon[109] sie zu den Tropen zählt. Quintilian[110] unterscheidet zwei Arten der ἔμφασις: eine, die mehr andeutet als sie sagt, wozu die angeführten Beispiele aus Homer und Vergil gehören, und eine zweite, die unterdrückt, was gesagt werden sollte, wie das Beispiel aus der ‚Ligariana' oder die Rede überhaupt durch die ἀποσιώπησις abbricht.

Quintilian[111] nennt noch einige Mittel, die Rede zu schmücken: die ἀφέλεια ist einfach und ohne Affekt, hat aber doch einen gewissen feinen Schmuck, wie wir ihn an den Frauen bewundern: die δείνωσις, die Steigerung der Ungehaltenheit; die φαντασία, *visio*,[112] *rerum imagines*,[113] ist das vom Redner in seinem eigenen Vorstellungsvermögen erzeugte Bild der Vorgänge, damit man sie mit seinen eigenen Augen gegenwärtig zu sehen glaubt; die ἐνέργεια,[114] die nicht so sehr etwas zu sagen als vielmehr zu zeigen scheint und deren *propria virtus est: non esse, quae dicuntur, otiosa*; dazu kommt noch *amarum quiddam* und *acre* wie in dem Wort des Crassus: *ego te consulem putem, cum tu me non putes senatorem?*

Alle Gewalt des Redners aber liegt, sagt Quintilian,[115] in *augendo minuendoque*. Die erste Art der *amplificatio* liegt nun nach Quintilian[116] in der Weise der Benennung: wenn man z. B. einen *improbus* einen *latro* nennt oder von dem, der einen geschlagen hat, sagt, er habe den Getroffenen nur angerührt oder von dem, der jemanden verwundet hat, er habe ihn nur leicht verletzt. Quintilian[117] nennt dann noch vier Arten der *amplificatio*:

1. Die erste ist das *incrementum*, das eigentlich schon in der geänderten Benennung mit höherer oder bei der μείωσις mit niederer Bedeutung gegeben ist; es bekommt aber erst seine volle Wirksamkeit, wenn man wie in einer Kette immer eine, die vorhergehende überbietende, Benennung an die andere reiht, bis zum Höhepunkt, der manchmal noch zu überschreiten versucht wird. Dabei ist es wichtig und trägt zur größeren Steigerung bei, wenn der Ausgangspunkt schon höher liegt. So klagt Cicero gegen Verres:[118] *non enim furem, sed ereptorem, non adulterum sed expugnatorem pudicitiae, non sacrilegum sed hostem sacrorum religionumque, non sicarium sed crudelissimum carnificem civium sociorumque in vestrum iudicium adduximus*. Cicero scheint in dem folgenden Beispiel den Höhepunkt schon überschreiten zu wollen, wozu ihm aber die Worte fehlen:[119] *facinus est vincire civem Romanum, scelus verberare, prope parricidium necare: quid dicam in crucem tollere?* oder *matrem tuam cecidisti: quid dicam amplius? matrem tuam cecidisti.*[120] Nicht so offenkundig ist die Steigerung, dafür aber vielleicht umso wirksamer, wenn immer – ohne die Rede zu gliedern und abzusetzen – etwas

---

[107] Quint. inst. VIII 2,11.
[108] Quint. inst. IX 2,64.
[109] Tryph. trop. II 2 p. 199,15ff. Sp III.
[110] Quint. inst. VIII 3,83.
[111] Quint. inst. VIII 3,87f.
[112] Quint. inst. VI 2,29.
[113] Quint. inst. X 7,15.
[114] Quint. inst. VIII 3,89.
[115] Quint. inst. VIII 3,89.
[116] Quint. inst. VIII 4,1.
[117] Quint. inst. VIII 4,3; siehe S. 157f.
[118] Cic. Verr. II 1,3,9; Quint. inst. VIII 4,2.
[119] Cic. Verr. II 5,66,170; Quint. inst. VIII 4,4f.
[120] Quint. inst. VIII 4,7.

Größeres als das Vorausgehende folgt, wie z. B. in dem Vorwurf Ciceros gegen das Erbrechen des Antonius:[121] *in coetu vero populi Romani, negotium publicum gerens, magister equitum*, wo das an sich schimpfliche Geschehen durch den Ort *in coetu* noch schimpflicher wird und immer schimpflicher dadurch, daß es in *coetu populi*, ja des römischen Volkes geschieht, nicht durch einen Privatmann, sondern durch einen Mann in amtlicher Stellung, ja einen *magister equitum*. Es handelt sich dabei jeweils um die Gegenüberstellung zweier Taten, nicht um die Auswechslung zweier Wörter, worauf Quintilian[122] hinweist und betont, es handle sich hierbei nicht um eine Katachrese.

2. Die zweite Art geschieht durch den Vergleich. Betrachtet man den Ausgangspunkt schon als bedeutsam, wird dadurch das nächsthöhere Glied noch gesteigert wie in dem Vergleich:[123] *si hoc tibi inter cenam et in illis immanibus poculis tuis accidisset, quis non turpe duceret? in coetu vero populi Romani*. Es können auch die einzelnen Teile des Beispiels miteinander verglichen werden, um die Steigerung zu erreichen, wie in der Rede gegen Catilina:[124] *an vero vir amplissimus, P. Scipio, pontifex maximus, Ti. Gracchum mediocriter labefactantem statum rei publicae privatus interfecit: Catilinam orbem terrae caede atque incendio vastare cupientem nos consules perferemus?*, wo Catilina und Gracchus, *status rei publicae* und *orbis terrarum*, *mediocriter labefactantem* und *caede atque incendio vastare cupientem*, *consules* und *privatus* gegeneinander abgewogen werden müssen.

3. Die dritte Art geschieht *per ratiocinationem*, unter der man die Vergrößerung einer Sache durch Schluß aus einem mit der Sache selbst nicht oder nur äußerlich zusammenhängenden Umstand versteht. Wenn z. B. die trojanischen Greise beim Anblick der Helena verstehen können, daß Griechen und Trojaner so lange Zeit solch schwere Leiden des Krieges ertragen haben und wenn Priamos, der selbst so vieles im Kriege erdulden mußte, sie seine Tochter nennt und von Schuld freispricht, so muß der Schluß auf ihre Schönheit gezogen werden;[125] oder wenn das Lob der Kriegstaten Hannibals, das Lob der Tüchtigkeit Scipios, der Preis der Tapferkeit der Gallier und Germanen den Schluß auf die Größe von Caesars Ruhm ziehen läßt;[126] oder wenn Cicero dem Antonius Trunkenheit und Erbrechen vorhält und sagt:[127] *tu istis faucibus, istis lateribus, ista gladiatoria totius corporis firmitate*, soll man aus dieser *gladiatoria corporis firmitas* schließen, welche Menge Wein er zu sich genommen haben muß, um sich in einen solchen Zustand der Trunkenheit zu versetzen; oder wenn Cicero sagt, um eine Vorstellung von der Verschwendungssucht des Antonius zu geben:[128] *conchyliatis Cn. Pompei peristromatis servorum in cellis stratos lectos videres?*, soll man daraus, daß die Sklaven schon so leben, einen Schluß auf die ins Unendliche gesteigerte Verschwendungssucht des Herrn ziehen.

4. Die vierte Art der *amplificatio* ist die *congeries verborum et sententiarum idem significantium*.[129] Es genügt dazu eine Anhäufung gleichartiger Worte, ohne eine Steigerung

---

[121] Cic. Phil. II 25,63; Quint. inst. VIII 4,8.
[122] Quint. inst. VIII 6,36.
[123] Cic. Phil. II 25,63; Quint. inst. VIII 4,10.
[124] Cic. Catil. I 1,3; Quint. inst. VIII 4,13 f.
[125] Hom. Il. III 156 ff.; Quint. inst. VIII 4,21 f.
[126] Quint. inst. VIII 4,20.
[127] Cic. Phil. II 25,63; Quint. inst. VIII 4,16.
[128] Cic. Phil. II 27,67; Quint. inst. VIII 4,25.
[129] Quint. inst. VIII 4,26.

von ihnen zum Ausdruck zu bringen, wie:[130] *quid enim tuus ille, Tubero, destrictus in acie Pharsalica gladius agebat? cuius latus ille mucro petebat? qui sensus erat armorum tuorum? quae tua mens, oculi, manus, ardor animi? quid cupiebas? quid optabas?*; es kann aber auch eine Reihe von *verba altius atque altius insurgentia* sein, wie:[131] *aderat ianitor carceris, carnifex praetoris, mors terrorque sociorum et civium Romanorum, lictor Sextius.*

Schließlich gehört zum *ornatus* auch noch die Verwendung der γνώμη, *sententia*.[132] Anaximenes[133] nennt zwei Arten von γνῶμαι, den τρόπος ἔνδοξος und τρόπος παράδοξος. Man nimmt die γνώμη entweder

1. ἐκ τῆς ἰδίας φύσεως, das entspricht dem ἔνδοξος, was keine Begründung nötig hat, z.B. wer keine Erfahrung besitzt, kann kein tüchtiger Feldherr werden.

2. ἐξ ὑπερβολῆς, wozu eine Begründung notwendig ist, z.B. Schrecklicheres als die Räuber scheinen mir die Diebe zu tun; denn diese nehmen heimlich das Geld, jene öffentlich.

3. ἐκ παρομοιώσεως, wozu man ebenfalls eine Begründung braucht, z.B. wer Geld stiehlt, scheint mir ganz ähnlich zu handeln wie der, der die Stadt verrät; beiden vertraut man und beide tun dem Unrecht, der ihnen vertraut.

Der Auctor ad Herennium[134] unterscheidet (wie Aristoteles) zwischen *sententiae simplices*, die keiner Begründung bedürfen und durch ihre kurze Darstellung ohne Begründung sehr gefallen, und einer zweiten Gruppe, die eine Bestätigung durch eine Begründung nötig hat. In der Ausführung kennt er neben den einfachen *sententiae* auch solche, die mit und ohne Begründung antithetisch einen Gedanken zum Ausdruck bringen. In der gleichen Weise teilt auch Quintilian[135] die *sententiae* ein in einfache mit und ohne Begründung und ebenso doppelte, antithetische, mit und ohne Begründung. Der γνώμη kann der ἐπίλογος nachfolgen oder vorausgehen; im letzten Falle wird die γνώμη zum συμπέρασμα,[136] der Folgerung. Wird die Sentenz durch eine längere affektvolle Ausführung geschlossen, ist sie ein ἐπιφώνημα.[137]

Was nicht allgemein ist, als allgemein auszusprechen, paßt am besten zum σχετλιασμός und zur δείνωσις[138] am Anfang oder Schluß der Rede. Man soll dabei aber auch Sentenzen gebrauchen, die schon allgemein bekannt und abgedroschen sind, wenn sie sich als nützlich erweisen; denn gerade dadurch, daß sie allgemein gebraucht werden, scheinen sie richtig zu sein. Auch einige Sprichwörter sind γνῶμαι. Man darf sich aber auch der γνῶμαι gegen andere allgemein anerkannte bedienen,[139] z.B. gegen μηδὲν ἄγαν oder γνῶθι σαυτόν, wenn dadurch das ἦθος des Sprechers zum Ausdruck kommt oder wenn die Rede leidenschaftlich ist; z.B. kann man sagen, man müsse nicht, wie es so heißt, so lieben, wie man später hassen wird, sondern so hassen, wie man später lieben wird. Dabei muß man klar sagen, was man meint, oder man muß den Grund für seine Meinung angeben.

---

[130] Cic. Lig. 3,9; Quint. inst. VIII 4,27.
[131] Cic. Verr. II 5,45,118; Quint. inst. VIII 4,27.
[132] Siehe S. 122–124.
[133] Anaxim. rhet. 11,1 – 5,1430b 2–23.
[134] Auct. ad Herenn. IV 17,24f.
[135] Quint. inst. VIII 5,4.
[136] Arist. rhet. II 21,1394a 27; 1394b 30.
[137] Quint. inst. VIII 5,11.
[138] Arist. rhet. II 21,1395a 8ff.
[139] Arist. rhet. II 21,1395a 19ff.

Gnomen sind eine große Hilfe für den Redner, weil der Hörer sich freut, daß seine eigene Meinung durch eine als allgemein anerkannt ausgesprochene bestätigt und dadurch gewonnen wird. Ein zweiter Nutzen der γνώμη – das ist der bessere – besteht darin, daß die Rede dadurch die Gesinnung des Redners erkennen läßt; denn wer eine γνώμη ausspricht, verbreitet sich allgemein über das, wonach man streben muß, und zeigt sich dadurch als ein Mann von sittlich guter Gesinnung.[140] Ziel der γνώμη ist ja, *quid sit aut quid esse oporteat in vita*[141] zu zeigen, ἃ αἱρετὰ ἢ φευκτά ἐστι πρὸς τὸ πράττειν.[142]

Aus den Worten des Aristoteles mag Hermogenes[143] herausgelesen haben, daß es zwei Arten der Gnome gibt, einen λόγος ἀποτρέπων und einen λόγος προτρέπων. Dazu zählt er dann als weitere Arten[144] der γνῶμαι noch die ἀληθεῖς, πιθαναί, ἁπλαῖ, συνεζευγμέναι und ὑπερβολικαί auf. Die ἐκ τῆς ἰδίας φύσεως, ἐξ ὑπερβολῆς und die ἐκ παρομοιώσεως hatte schon Anaximenes[145] genannt. Quintilian[146] weiß von *simplices* und *duplices sententiae*, von solchen mit und ohne *ratio subiecta* und von Rhetoren, die zehn *genera* aufgestellt hatten, von denen er fünf aufzählt: *per interrogationem, per comparationem, infitiationem, similitudinem, admirationem* und weiter noch *ex diversis, mutatione figurae, translatione a communi ad proprium*, das Verfahren Ciceros in der ‚Ligariana',[147] der *quae erant rerum, propria fecit hominis*. Modernere Arten[148] nennt er: *ex inopinato*, z. B. sagte Vibius Crispus zu einem, der sich gepanzert auf dem Forum erging: *quis tibi sic timere permisit?* weiter *alio relata, aliunde petita*, allein durch die *geminatio* gebildet: *salvum me esse adhuc nec credo nec gaudeo*, andere glänzen durch einen Vergleich.

Fehlerhaft sind *sententiae*, wenn sie zu weit hergeholt sind, wenn die *verborum ambiguitas cum rerum falsa quadam similitudine iungitur*.[149] Wenn aber Cicero[150] den Thukydides tadelt, daß seine *contiones ita multas habent obscuras abditasque sententias vix ut intellegantur* und *huius nemo neque verborum neque sententiarum gravitatem imitatur*[151] und in ‚De optimo genere oratorum'[152] allgemein sagt *est enim vitiosum in sententia, si quid absurdum aut alienum aut non acutum aut subinsulsum est; in verbis si inquinatum, si abiectum, si non aptum, si durum, si longe petitum*, so spricht er nicht von Gnomen,[153] sondern ganz allgemein vom Inhalt.

---

[140] Arist. rhet. II 21,1395 b 1 ff.; 14 ff.
[141] Auct. ad Herenn. IV 17,24.
[142] Arist. rhet. II 21,1394 a 25.
[143] Hermog. prog. 4 p. 8,17 R.
[144] Hermog. prog. 4 p. 9,4 ff. R.
[145] Anaxim. rhet. 11,3,1430 b 9 f.
[146] Quint. inst. VIII 5,4 – 7.
[147] Cic. Lig. 12,38; Quint. inst. VIII 5,7.
[148] Quint. inst. VIII 5,15 – 19.
[149] Quint. inst. VIII 5,20 f.
[150] Cic. orat. 9,30.
[151] Cic. orat. 9,32.
[152] Cic. opt. gen. 3,7.
[153] R. Volkmann, a.a.O. S. 455.

ZWEITES KAPITEL

DER REDESCHMUCK

Der Wunsch, die Rede zu schmücken, ist so alt wie die griechische Beredsamkeit selbst. Es lag ja nahe, daß die Redner sich dabei die Dichter zum Vorbild nahmen und die dichterischen Mittel auf die Prosarede übertrugen. So hat Empedokles ὁμηρικῶς und μεταφορητικῶς[1] geschrieben, der λέξις also besondere Aufmerksamkeit geschenkt. Sein Schüler Gorgias ist noch weiter gegangen und hat die ganze Rede mit klingenden Wortfiguren überladen, die er aber nicht selber erfunden hat. Sein Schüler Isokrates[2] gesteht, daß er in seiner Jugend seine Reden mit εὐρυθμίαι und ποικιλίαι geschmückt und andere auch in der Kunst, die Reden ἡδίους und gleichzeitig πιστοτέρους zu machen, unterwiesen habe, das Alter aber habe ihn gelehrt, die Tatsachen einfach darzustellen. Er hat die Zahl der klingenden Figuren wieder auf ein erträgliches Maß zurückgeführt und dazu die von Thrasymachos von Chalkedon erfundene rhythmische Periode mit dem Paean als Hauptrhythmus übernommen. Im ‚Panathenaikos'[3] sagt er ebenfalls, er habe die vielen ἀντιθέσεις, παρισώσεις und die anderen Mittel, in der Rede zu glänzen, aufgegeben. Von den anderen Rednern berichtet er im ‚Euagoras',[4] daß sie alles durch dichterische Mittel, durch Rhythmen und Metren zu erreichen suchten, die so viel χάρις enthielten, daß sie damit, sollte es einmal mit den Enthymemen schlecht bestellt sein, allein die Hörer bezauberten. Vielleicht darf man dieses Abweichen vom gorgianischen Überschwang nach einer langen literarischen Produktion mit der Kritik in Zusammenhang bringen, die Platon (Sokrates) im ‚Symposion'[5] und im ‚Menexenos'[6] an der Rede des Agathon und versteckt an Isokrates übt, daß nämlich die modernen Redner unter Verleugnung der Wahrheit mit den künstlerischen Mitteln die Hörer bezauberten.

Aristoteles handelt über die λέξις in den ersten zwölf Kapiteln des dritten Buches seiner ‚Rhetorik' nach den Gesichtspunkten der Deutlichkeit, des σαφές, das aber auch den nicht zu hohen und nicht zu niedrigen Ausdruck, das πρέπον, einschließt.[7] Zuvor hatte er schon in der ‚Poetik'[8] über das gleiche Thema und über die Wortarten gehandelt. Das σαφές bilden die ὀνόματα κύρια, οἰκεῖα und μεταφορικά; die letzten haben am meisten das σαφές, ἡδύ und ξενικόν; auch die εἰκών ist eine Metapher.[9] Grundlage der λέξις ist das ἑλληνίζειν; es erscheint in den σύνδεσμοι, ἴδια ὀνόματα,

---

[1] Diog. Laert. VIII 57.
[2] Isokr. or. V 27.
[3] Isokr. or. XII 2.
[4] Isokr. or. IX 10.
[5] Plat. symp. 198a–199c.
[6] Plat. Menex. 235a: κάλλιστά πως τοῖς ὀνόμασι ποικίλλοντες, γοητεύουσιν ἡμῶν τὰς ψυχάς.
[7] Arist. rhet. III 2,1404b 1ff.
[8] Arist. poet. 20–22, 1456b 20–1459a 16.
[9] Arist. rhet. III 2,1404b 5f.; 31f.; 1405a 8f.; 4,1406b 20.

im μὴ ἀμφίβολον und in der Scheidung des Geschlechtes, der Einzahl und Mehrzahl.[10] Dann wird vom ὄγκος, vom πρέπον, von der rhythmischen Periode, den κῶλα und κόμματα, vom Feinen und Gefälligen in der Sprache, von der Metapher[11] und zum Schluß noch von der λέξις ἀγωνιστική und γραφική gesprochen. Fehlerhaft ist vor allem das ψυχρόν im sprachlichen Ausdruck, im Gebrauch von διπλᾶ ὀνόματα, von γλῶτται, von zu langen, unpassenden und zu oft verwendeten ἐπίθετα.[12]

Mit Theophrast und dem älteren Peripatos überhaupt hängt die Schrift περὶ ἑρμηνείας des Demetrios[13] zusammen. Nach einer Darstellung der κῶλα, κόμματα und der Periode geht der Verfasser zu seinem eigensten Anliegen, der stilkritischen Beurteilung der Werke der großen Dichter und Prosaschriftsteller über. Dabei hat er über die χαρακτῆρες τῆς ἑρμηνείας, den χαρακτὴρ ἰσχνός, μεγαλοπρεπής, γλαφυρός und δεινός gehandelt.[14]

Cicero[15] widmet dem *ornatus* den Schluß des dritten Buches seiner Schrift ‚De oratore'. Der *ornatus* geschieht teils in einzelnen Wörtern, den *verba simplicia*, teils in den satzmäßig aneinandergereihten *verba continuata*. Die *verba simplicia* sind entweder *propria*, die gewissermaßen zusammen mit der durch sie bezeichneten Sache entstanden sind oder *translata*, übertragene, die sozusagen an einen anderen Platz versetzt sind oder *novata*, die vom Redner selbst erfunden wurden. Das größte Lob bei der Verwendung der *verba propria* besteht im Meiden von Fehlern. Dem Schmuck der Rede dienen *verba inusitata*,[16] das sind altertümliche, aus dem Gebrauch gekommene, aber auch poetische Wörter; *verba novata*, meist zusammengesetzte Wörter wie *versutiloquas*, aber auch einfache wie *ille senius desertus, di genitales, bacarum ubertate incurvescere*; *verba translata*, wegen des Mangels eines geeigneten *verbum proprium*, aber auch *iucunditatis delectationisque gratia* verwendete ähnliche Wörter in der gewünschten Bedeutung, z.B. *laetae segetes*, durch die die Dinge deutlicher gemacht werden. Quintilian,[17] der in den Kapiteln drei bis sechs des achten und im ganzen neunten Buche über den *ornatus* handelt, sagt kurz, daß die *perspicuitas* durch die *verba propria*, der *ornatus* durch die *verba translata* gebildet wird. Den *verba propria*[18] schreibt er *dignitas* durch die *antiquitas* zu; *verba novata*[19] sind bei den Griechen häufiger als bei den Lateinern, viele aber, z.B. Ciceros *sullaturit*, haben sich auch nicht eingebürgert. *Translata*[20] finden Billigung nur in *contextu sermonis*. Dann beginnt er die einzelnen Figuren zu beschreiben.

[10] Arist. rhet. III 5,1407a 20f.; 31f.; 1407b 7f.; 9f.
[11] Arist. rhet. III 6,1407b 26; 7,1408a 10ff.; 8,1408b 21ff.; 9,1409b 13ff.; 10,1410b 7; 1411a 1ff.; 12,1413b 4.
[12] Arist. rhet. III 3,1405b 35f.; 1406a 7.10.
[13] Demetrii Phalerei, Qui dicitur de elocutione libellus, ed. L. Radermacher, Leipzig 1901.
[14] Demetr. eloc. 36 p. 270,2f. Sp III.
[15] Cic. de orat. III 37,149f.
[16] Cic. de orat. III 38,153 – 155.
[17] Quint. inst. VIII 3,15.
[18] Quint. inst. VIII 3,24.
[19] Quint. inst. VIII 3,30.32.
[20] Quint. inst. VIII 3,38.

I. Die Tropen

Altertümliche, fremdartige, vom gewöhnlichen Sprachgebrauch abweichende, auch neugebildete Ausdrücke sind geeignet, der Rede *dignitas* zu verleihen und dadurch dem Redner den Beifall der Menge zu sichern und gleichzeitig die Glaubwürdigkeit der Sache zu erhöhen. Zu den Mitteln, dieses Ziel zu erreichen, gehören auch die Tropen und Figuren. Nach Quintilian[1] hat der *tropus* seinen Namen davon, daß er auf irgendeine Weise gebildet wird oder weil er die Rede umkehrt, weshalb er auch *motus* genannt wird. Die Benennung *mores*,[2] *modi vel mores*[3] ist lediglich die lateinische Übersetzung der Bedeutung ‚Charakter' des griechischen Wortes τρόποι. Quintilian[4] definiert den τρόπος als einen *sermo a naturali et principali significatione translatus ad aliam ornandae orationis gratia* oder, wie die meisten Grammatiker wollen, *dictio ab eo loco, in quo propria est, translata in eum, in quo propria non est*. Die Wirkung der τρόποι ist die gleiche wie die der σχήματα, Figuren: *vim rebus adiciunt et gratiam praestant*.[5] Deshalb haben auch einige die Tropen als Figuren bezeichnet. Nur eine schmale Grenze trennt beide; die Ähnlichkeit ist manchmal so groß, daß sie auf Anhieb nicht unterschieden werden können. Die Ironie z.B. wird sowohl unter die Tropen wie unter die Figuren gerechnet; die περίφρασις, das ὑπερβατόν und die ὀνοματοποιία haben auch gelehrte Männer schon als Tropen oder als Figuren bezeichnet. Der Streit der Gelehrten über die Bedeutung des Namens *tropus*, über die Zahl, die Arten und Abarten, ist nie zu Ende gegangen.[6]

Der Auctor ad Herennium[7] hat für den *tropus* noch keinen Namen. Er kennt ihn aber und sondert unter den Figuren zehn *exornationes verborum* aus, die alle zu einer einzigen Art gehören und die gleiche Eigentümlichkeit haben, daß sie von der üblichen Bedeutung der Wörter abgehen und einen Gedanken der Schönheit wegen durch ein anderes verwandtes oder ähnliches Wort zum Ausdruck bringen, was durch das *nomen proprium* nicht gelingen könnte; wenn man also z.B. *ira incensus* oder *cupiditate inflammatus* sagt. Die zehn aufgezählten Tropen sind:[8]

1. *nominatio.*
2. *pronominatio.*
3. *denominatio.*
4. *circumitio.*
5. *transgressio.*
6. *superlatio.*
7. *intellectio.*
8. *abusio.*
9. *translatio.*
10. *permutatio.*

Quintilian[9] behandelt vierzehn Arten von Tropen:
1. *metaphora.*
2. *synecdoche.*

---

[1] Quint. inst. IX 1,1f.; vgl. VIII 6,1; Cic. Brut. 17,69; verborum immutatio.
[2] Aquila rhet. p. 22,8f. H.
[3] Beda trop. p. 611,21 H.
[4] Quint. inst. IX 1,4.
[5] Quint. inst. IX 1,2.
[6] Quint. inst. IX 1,3.
[7] Auct. ad Herenn. IV 31,42.
[8] Auct. ad Herenn. IV 31,42–34,46.
[9] Quint. inst. VIII 6,4.19.23.29.31.34.37.40.44.52.54.59.62.67.

3. metonymia.
4. antonomasia.
5. onomatopoeia.
6. abusio (κατάχρησις).
7. metalepsis.
8. epitheton.
9. allegoria.
10. aenigma.
11. ironia.
12. periphrasis.
13. hyperbaton.
14. hyperbole.

Die gleichen Tropen außer Antonomasie, Epitheton, Ironie und Hyperbel, dafür aber mit den neu hinzugefügten Anastrophe, Pleonasmus, Ellipse und Parapleroma bringt Tryphon.[10] Ein späterer Nachtrag fügt noch an:[11] ὑπερβολή, ἔμφασις, ἐνέργεια, παρασιώπησις, ὁμοίωσις, εἰκών, παράδειγμα, παραβολή, χαρακτηρισμός, εἰκασμός, συντομία, βραχύτης, σύλληψις, ἐπανάληψις, προαναφώνησις, παρέκβασις, ἀμφιβολία, ἀντίφρασις, μετατύπωσις, ἀντονομασία, εἰρωνεία, σαρκασμός, ἀστεϊσμός, μυκτηρισμός, χαριεντισμός, ἐπικερτόμησις, παροιμία.

Es sind nicht alles Tropen, die da aufgeführt werden. Quintilian[12] hat recht, wenn er von sophistischen Wortmäkeleien absieht und ungeachtet des zwischen Philosophen und Grammatikern schwebenden Streites über *genera*, *species* und *numerus* bemerkt, daß er sich mit jenen Formen begnügen will, die notwendig und am meisten in Gebrauch gekommen sind. Er führt weiter aus, daß manche Tropen der Bedeutung, andere des Schmuckes wegen angewandt werden, daß die einen *verba propria*, die anderen *translata* sind und daß dabei nicht nur Veränderungen der Wortformen, sondern auch des Sinnes und der Komposition erfolgen. Es soll deshalb versucht werden, was wirklich als *tropus* gelten kann, auszusondern und der leichteren Auffindung wegen in alphabetischer Reihenfolge aufzuzählen.

1. *abusio*: siehe κατάχρησις.

2. Das αἴνιγμα[13] ist eine geschickte, aber törichte Spielerei, die das, was der Redner denkt, in Dunkelheit hüllt, etwas Unmögliches und Unausführbares vorbringt und nicht nur die *perspicuitas* der Sache, sondern auch des Ausdrucks verhindert. Es ist also ein *vitium*, das aber bei den Dichtern beliebt ist und gelegentlich auch von den Rednern gebraucht wird.

3. *Allegoria, quam inversionem interpretantur, aut aliud verbis, aliud sensu ostendit, aut etiam interim contrarium.*[14] Tryphon[15] sagt dasselbe, wenn er die Allegorie definiert als λόγος ἕτερον μέν τι κυρίως δηλῶν, ἑτέρου δὲ ἔννοιαν παριστάντων καθ᾽ ὁμοίωσιν ἐπὶ τὸ πλεῖστον. Ebenso kennzeichnet sie der Auctor ad Herennium:[16] *permutatio est oratio aliud verbis aliud sententia demonstrans.* Er unterscheidet bei einer Allegorie drei Teile:

a) *per similitudinem*, wenn mehrere Metaphern aus einem ähnlichen Gebiet genommen werden.

b) *per argumentum*, wenn von einer Person, einer Sache oder einem Orte der

---

[10] Tryph. trop. I p. 191,15 ff. Sp III.
[11] Tryph. trop. II p. 198,23 ff. Sp III.
[12] Quint. inst. VIII 6,1 f.
[13] Cic. de orat. III 42,167; Quint. inst. VIII 6,52; Tryph. trop. I 4 p. 193,14 Sp III.
[14] Quint. inst. VIII 6,44.
[15] Tryph. trop. I 3 p. 193,9 ff. Sp III.
[16] Auct. ad Herenn. IV 34,46.

αὔξησις oder μείωσις wegen eine Ähnlichkeit gewonnen wird (Antonomasie), z. B. wenn jemand Drusus *Gracchus Numitor obsoletus* nennt.

c) *ex contrario*, wenn man einen Verschwender im Spott einen sparsamen und sorgsamen Menschen nennt (Ironie).

Quintilian[17] hält die Rede für die schönste, in der das Schöne des Gleichnisses, der Allegorie und der Metapher angewandt wird. Dabei ist aber darauf zu achten, daß man mit der gleichen Art der Metapher aufhört, mit der man begonnen hat. Man darf nicht mit Sturm beginnen, um mit Feuersbrunst und Einsturz zu endigen. Übrigens ist die Allegorie schon Gegenstand der alltäglichen Sprache geworden, wenn man *pedem conferre, iugulum petere* und *sanguinem mittere* sagt, ohne daß es Anstoß erregt; denn eine Neuerung und Änderung in der Sprache ist angenehm, und was nicht erwartet wird, erfreut mehr.

4. Die ἀντονομασία ist nach dem Auctor ad Herennium,[18] der sie *pronominatio* nennt, der *tropus*, der *sicuti cognomine quodam extraneo demonstrat id quod suo nomine non potest appellari*, wozu aber sein Beispiel der *Africani nepotes* für die *Gracchi* nicht stimmen will. Quintilian[19] sagt: *aliquid pro nomine ponit*. Ähnlich definiert sie Tryphon[20] als eine λέξις ἢ φράσις διὰ συνωνύμων ὀνομάτων τὸ κύριον παριστῶσα: λέξις ist z. B. Φοῖβος für Apollo, γλαυκῶπις für Athene, φράσις, Λητοῦς καὶ Διὸς υἱός für Apollo. Wenn Quintilian als Beispiel Tydeus und Pelides bringt, denkt er nicht an irgendein kennzeichnendes Epitheton, sondern an das Patronymikon. Aber es muß nicht ein Epitheton für eine Person sein, sonst hätte z. B. Horaz[21] nicht von den *pocula Lesbi* reden können. Die Redner haben seltener Gebrauch von der *antonomasia* gemacht; offenbar denkt auch der Auctor ad Herennium bei dem, *quod suo nomine non potest appellari*, an rhythmische Schwierigkeiten. Quintilian[22] hätte keine Bedenken, wenn Cicero, offenbar auch nur in einer Prosaschrift, *Romanae eloquentiae princeps* genannt würde.

5. ἀστεϊσμός: siehe εἰρωνεία.

6. χαριεντισμός und χλευασμός: siehe εἰρωνεία.

7. εἰρωνεία. Die Ironie, *illusio*,[23] *simulatio*,[24] *elocutiuncula Sallustiana*,[25] gehört nach dem Auctor ad Herennium[26] zu der dritten Art der Allegorie, wo eine Sache durch ein ihr Gegenteil bezeichnendes Wort ausgedrückt wird. Nach Anaximenes[27] bedeutet die εἰρωνεία: λέγειν τι μὴ λέγειν προσποιούμενον ἢ τοῖς ἐναντίοις ὀνόμασι τὰ πράγματα προσαγορεύειν. Aquila[28] nennt sie eine *figura, ubi aliud verbis significamus, aliud re sentimus*. Quintilian[29] setzt sie zu dem *genus, quo contraria ostenduntur*. Er bemerkt, daß man die Ironie an der *pronuntiatio*, an der Person oder an der Natur der Sache erkenne; wenn nämlich irgendetwas mit den Worten dabei nicht stimme, sei

---

[17] Quint. inst. VIII 6,49 – 51.
[18] Auct. ad Herenn. IV 31,42.
[19] Quint. inst. VIII 6,29.
[20] Tryph. trop. II 18 p. 204,24 ff. Sp III.
[21] Hor. carm. I 17,21.
[22] Quint. inst. VIII 6,30.
[23] Quint. inst. VIII 6,54.
[24] Aquila rhet. 7 p. 24,21 H.
[25] Iul. Ruf. rhet. I p. 38,3 H.
[26] Auct. ad Herenn. IV 34,46.
[27] Anaxim. rhet. 21,1,1434a 17f.
[28] Aquila rhet. 7 p. 24,21 f. H.
[29] Quint. inst. VIII 6,54.

die Absicht von der Aussage verschieden. Der Redner kann ironisch loben und tadeln, lachend das Gegenteil von dem sagen, was er verstanden wissen will.[30]

Quintilian[31] hat vier *species* der Ironie angeführt, die von einigen als echte *tropi* aufgefaßt wurden, weil in ihnen offen die Absicht des Sprechenden zutage tritt, während es in der Ironie versteckt geschehe. Es sind das: der σαρκασμός,[32] ein von Haß und Feindschaft eingegebener bitterer Spott, der ἀστεϊσμός, *urbana dictio*,[33] die witzige Selbstironie, die ἀντίφρασις,[34] die in einem einzigen Wort liegende Ironie und die παροιμία,[35] die Anwendung eines Sprichwortes in ironischem Sinn auf eine Person oder Sache und schließlich der μυκτηρισμός als *dissimulatus quidam, sed non latens derisus*. Iulius Rufinianus hat außer den schon von Quintilian genannten *tropi* noch vier weitere, nach dem Wirkungsgrad verschiedene, aufgestellt:

a) χλευασμός *sive* ἐπικερτόμησις,[36] der Lachen erregt, ernste Themen verschlagen abschüttelt und mit Vergleichen von Personen und Dingen Spott treibt.

b) χαριεντισμός *sive* σκῶμμα, *festiva dictio*,[37] der Bissigkeit mit Heiterkeit vereinigt.

c) διασυρμός,[38] die Verspottung einer Sache oder einer Person.

d) ἐξουθενισμός,[39] der eine Sache klein und verächtlich macht.

Tryphon[40] unterscheidet die Selbstironie und die auf andere gerichtete Ironie.

8. Das ἐπίθετον, auch *appositum* oder *sequens*[41] – nur von den Lateinern erwähnt –, ist eigentlich kein τρόπος. Es wird nur deshalb zu den Tropen gerechnet, weil es auch in übertragener Bedeutung (metaphorisch) verwendet werden kann, z.B. *cupiditas effrenata*, weil es die Rede schmückt und, selbständig gebraucht, die Antonomasie bilden kann. Dem Dichter genügt es, wenn das ἐπίθετον zum Substantivum paßt,[42] für den Redner ist es überflüssig, wenn es keine Wirkung hat; er soll es nur dann anwenden, wenn ohne es der Rede etwas fehlte und sie dann schmucklos wäre. Viele ἐπίθετα aber machen sie überladen, schwulstig und sind die Ursache des ψυχρόν.[43]

9. Die ὑπερβολή wird von Quintilian[44] zum *ornatus audacior* gerechnet. Das tut er einmal ihres Zieles wegen, der *delectatio* des Hörers, der von der Schönheit der Rede ergriffen und fortgerissen werden soll, was sich auch auf die Glaubwürdigkeit der Rede auswirkt. Sie ist aber auch deshalb glaubwürdig, weil sie, was alle Rhetoren betonen, *augendi minuendique causa* sich weit über die Wahrheit erhebt.[45] Ihre

---

[30] Quint. inst. VIII 6,54 – 56.
[31] Quint. inst. VIII 6,57 – 59.
[32] Tryph. trop. II 20 p. 205,17 Sp III; Iul. Ruf. rhet. 7 p. 40,10 H; Beda trop. p. 616,23 H: plena odio atque hostilis inrisio.
[33] Tryph. trop. II 24 p. 206,12 Sp III; Iul. Ruf. rhet. 4 p. 39,16ff. H.
[34] Tryph. trop. II 15 p. 204,4 Sp III.
[35] Tryph. trop. II 25 p. 206,19 Sp III.
[36] Tryph. trop. II 23 p. 206,5 Sp III; Iul. Ruf. rhet. 2 p. 39,3 ff. H.
[37] Tryph. trop. II 22 p. 205,28 Sp III; Iul. Ruf. rhet. 3 p. 39,11 f. H.
[38] Iul. Ruf. rhet. 5 p. 39,24 f. H.
[39] Iul. Ruf. rhet. 6 p. 39,31 f. H.

[40] Tryph. trop. II 19 p. 205,12 ff. Sp III: τῆς δὲ εἰρωνείας τὸ μὲν ἐπὶ τῶν πέλας λέγεται, τὸ δὲ ἐφ' ἡμῶν αὐτῶν · τὸ μὲν οὖν ἐπὶ τῶν πέλας καλεῖται μυκτηρισμὸς καὶ χλευασμός, τὸ δὲ ἐφ' ἡμῶν ἀστεϊσμός.
[41] Quint. inst. VIII 6,40 f.
[42] Arist. rhet. III 3,1406a 11 f.; Quint. inst. VIII 6,40.
[43] Arist. rhet. III 3, 1405b 35 ff.; 1406a 10 ff.
[44] Quint. inst. VIII 6,67.
[45] Auct. ad Herenn. IV 33,44: superlatio est oratio superans veritatem alicuius augendi minuendive causa; Quint. inst. VIII 6,67; Tryph. trop. II 1 p. 198,31 Sp III; Anon. trop. II p. 211,16 Sp III.

virtus ist eben das *augere* oder *minuere*, und sie wird dadurch wirksam, daß man entweder mehr sagt als wirklich geschehen kann,[46] oder man hebt die Dinge durch ein Gleichnis,[47] einen Vergleich,[48] durch gewisse Zeichen[49] oder durch eine Metapher hervor. Es gilt aber, in der Verwendung der Hyperbel Maß zu halten, da sie an sich schon gegen alle Glaubwürdigkeit geht. Sie weicht von der Wahrheit ab, allerdings nicht, um zu täuschen, was ja nur zum Lächerlichen führen würde. Sie lebt auch in der gewöhnlichen Sprache Ungebildeter, weil die Lust zu übertreiben angeboren ist und sich niemand mit der Wahrheit zufrieden geben will.[50] Aristoteles[51] sagt, die Hyperbel habe eine jugendliche Art, sie deute eine Heftigkeit an, und deshalb würden Zornige am meisten in Hyperbeln reden. Attische Redner bedienten sich ihrer am meisten.

10. Das ὑπερβατόν, *transgressio*,[52] das weniger der griechischen als der lateinischen Rede eigen ist, ist, wie Quintilian[53] in Übereinstimmung mit vielen Rhetoren sagt, eher eine Wortfigur als ein *tropus*; denn es ändere sich bei ihm nichts an der Bedeutung, sondern allein am Bau der Rede. Die Veränderung geschieht in einer freieren Wortstellung des Schmuckes wegen,[54] vor allem dadurch, daß wichtige Worte an die bedeutsamsten Stellen des Satzes, Anfang und Ende, treten. Diese gesuchte Änderung der Wortstellung verleiht der Rede den Charakter größerer Erregung und Leidenschaft, aber auch etwas Gekünsteltes. Der Auctor ad Herennium[55] gliedert die *transgressio* in die *perversio* mit dem Beispiel *hoc vobis deos immortales arbitror dedisse virtute pro vestra* und die *transiectio*: *instabilis in istum plurimum fortuna valuit. omnes invidiose eripuit bene vivendi casus facultates.* Tryphon[56] unterscheidet ähnlich ebenfalls zwei Arten des Hyperbaton:

a) ein ὑπερβατὸν ἐν λέξει, die διακοπή oder *tmesis*,[57] d.h. die Trennung eines Kompositums durch ein anderes Wort.[58]

b) ein ὑπερβατὸν ἐν λόγῳ: ἀμφὶ δὲ δῶμα σμερδαλέον κονάβιζε.[59]

Die Lateiner unterscheiden gewöhnlich

a) die aus nur zwei Wörtern bestehende, von Tryphon[60] als eigener *tropus* betrachtete ἀναστροφή, wie *mecum, secum, quibus de rebus*, also die nachgestellte Präposition.[61]

b) die schon erwähnte διακοπή oder *tmesis*.

---

[46] Cic. Phil. II 25,63: vomens frustis esculentis gremium suum et totum tribunal implevit; Quint. inst. VIII 6,68.

[47] Verg. Aen. VIII 691f.: credas innare revulsas Cycladas; Quint. inst. VIII 6,68.

[48] Verg. Aen. V 319: fulminis ocior alis; Quint. inst. VIII 6,69.

[49] Verg. Aen. VII 808f.: illa vel intactae segetis per summa volaret/gramina nec teneras cursu laesisset aristas; Quint. inst. VIII 6, 69.

[50] Quint. inst. VIII 6,73-75.

[51] Arist. rhet. III 11,1413a 30ff.

[52] Auct. ad Herenn. IV 32,44; Quint. inst. VIII 6,62.

[53] Quint. inst. VIII 6,66f.

[54] Quint. inst. VIII 6,62.65.

[55] Auct. ad Herenn. IV 32,44.

[56] Tryp. trop. I 11 p. 197,20ff. Sp III.

[57] Char. gramm. (Gramm. Lat. I 1 p. 275,7f. Keil): species enim sunt quattuor, anastrophe, diacope, dialysis, synchysis; Beda trop. p. 614,23 H.

[58] Lucr. IV 388: praeter creditur ire; IV 832: inter quaecumque pretantur.

[59] Hom. Od. X 398f.

[60] Tryph. trop. I 10 p. 197,10 Sp III.

[61] Quint. inst. VIII 6,65.

c) die διάλυσις oder παρένθεσις, *interpositio vel interclusio*,[62] die Unterbrechung eines Satzes durch einen neuen Gedanken.

d) die σύγχυσις, *mixtura*; dazu Vergil:[63] *saxa vocant Itali mediis quae in fluctibus Aras*.

11. Die κατάχρησις, *abusio*,[64] besteht darin, daß für ein fehlendes *proprium* ein naheliegendes, in seiner Bedeutung dem gesuchten *proprium* ähnliches Wort eintritt, wie z. B. Vergil[65] für den Bau des Pferdes *aedificare* vom Hausbau verwendet hat. In der κατάχρησις[66] wird *verbum pro verbo* gesetzt, deshalb ist es nicht möglich, statt *temeritas virtus* oder *liberalitas* statt *luxuria* zu sagen und dort, wo Sache für Sache steht, eine κατάχρησις zu sehen.

12. Ein seltener *tropus* ist die μετάληψις, *transumptio*.[67] Sie besteht darin, daß von zwei Adjektiven gleicher Bedeutung, von denen das zweite aber noch eine andere Bedeutung haben kann, auch das erste eindeutig in der anderen Bedeutung des zweiten auftreten kann. Als Beispiel dient der Vers: ἔνθεν δ' αὖ νήσοισιν ἐπιπροέηκε θοῇσιν.[68] Die Bedeutung ‚schnell‘, die dem Adjektiv θοός zukommt, ist auch die des Adjektivs ὀξύς; dieses kann aber noch ‚steil, spitz‘ bedeuten, und gerade diese Bedeutung wird nun an dieser Stelle auch von dem Adjektiv θοός angenommen, das Adjektiv ὀξύς ist nur ein Zwischenglied in der Bedeutungsübertragung.

13. Die μεταφορά,[69] *translatio*,[70] wurde schon von Homer oft gebraucht, wie Aristoteles[71] sagt. Isokrates[72] hat sie neben den τεταγμένα ὀνόματα mit den ξένα und καινά den Dichtern zugestanden, den Rednern aber verwehrt. Anaximenes[73] nennt sie zusammen mit dem ἁπλοῦς und σύνθετος als dritten τρόπος ὀνομάτων, und sie ist wahrscheinlich unter der zweiten τάξις ὀνομάτων zu verstehen: τὰ ὀνόματα μεταβάλλειν εἰς ἕτερα. Quintilian[74] betrachtet die Metapher als den am meisten gebrauchten und schönsten *tropus*, der von der Natur eingegeben, auch von Ungebildeten im täglichen Verkehr verwendet wird: Der Landmann spricht von *gemmare vitis, sitire agros, laetae segetes, luxuriosa frumenta*.[75] *Errore lapsum, incensum ira* und *inflammatum cupiditate* dienen in der gewöhnlichen Sprache der Verdeutlichung.[76] Der Auctor ad Herennium[77] sieht die Metapher dann vorhanden, *cum verbum in quandam rem transfertur ex alia re, quod propter similitudinem recte videtur posse transferri*. Quintilian[78] sagt: *transfertur ergo nomen aut verbum ex eo loco, in quo proprium est, in eum, in quo aut proprium deest aut translatum proprio melius est*.

---

[62] Quint. inst. IX 3,23; vgl. Cic. Mil. 34,94: ego cum te – mecum enim saepissime loquitur – patriae reddidissem.
[63] Verg. Aen. I 109; Quint. inst. VIII 2,14; Beda trop. p. 614,29 H.
[64] Tryph. trop. I 2 p. 192,21 Sp III; Quint. inst. VIII 6,34; Beda trop. p. 612,12 H.
[65] Verg. Aen. II 15.
[66] Quint. inst. VIII 6,36.
[67] Tryph. trop. I 5 p. 195,10 Sp III; Quint. inst. VIII 6,37.
[68] Hom. Od. XV 299; Tryph. trop. I 5 p. 195,12f. Sp III.

[69] Tryph. trop. I 1 p. 191,24 Sp III; Quint. inst. VIII 6,4.
[70] Auct. ad Herenn. IV 34,45; Cic. de orat. III 38,155; Quint. inst. VIII 6,4.
[71] Arist. rhet. III 11,1411b 31f.
[72] Isokr. or. IX 9.
[73] Anaxim. rhet. 23,1f., 1434b 33f.; 40.
[74] Quint. inst. VIII 6,4.
[75] Cic. orat. 24,81; de orat. III 38,155; Quint. inst. VIII 6,6.
[76] Quint. inst. VIII 6,7.
[77] Auct. ad Herenn. IV 34,45.
[78] Quint. inst. VIII 6,5.

Eigentlich ist die Metapher ein verkürzter Vergleich.[79] Sagt man von einem Manne, er sei wie ein Löwe hervorgebrochen, ist das ein Vergleich, wird er aber selbst ein Löwe genannt, ist es eine Metapher.[80] Deshalb bemerkt Aristoteles,[81] daß das Beispiel sich durch das Wörtchen ὡς allein von der Metapher unterscheide. Demetrios[82] nennt deshalb auch das Beispiel eine μεταφορὰ πλεονάζουσα.

In der ‚Poetik'[83] läßt Aristoteles die Metapher, die ‚Übertragung eines fremden Wortes', auf vierfache Art geschehen:

a) ἀπὸ τοῦ γένους ἐπὶ εἶδος, von der Gattung auf die Art: νηῦς δέ μοι ἥδ' ἕστηκεν,[84] weil das ὁρμεῖν eine Art ἑστάναι ist.

b) ἀπὸ τοῦ εἴδους ἐπὶ τὸ γένος, von der Art auf die Gattung: ἦ δὴ μυρί' Ὀδυσσεὺς ἐσθλὰ ἔοργεν,[85] weil μυρίον für πολύ steht.

c) ἀπὸ τοῦ εἴδους ἐπὶ εἶδος, von der Art auf die Art: χαλκῷ ἀπὸ ψυχὴν ἀρύσας und ταμὼν ἀτειρέϊ χαλκῷ,[86] weil ἀρύειν und τέμνειν zwei Artbegriffe für den Gattungsbegriff ‚töten' sind. Es besteht kein Anlaß, mit R. Volkmann[87] die Stelle für verderbt zu halten.

d) Die vierte Art[88] schließlich beruht auf der Analogie (κατὰ τὸ ἀνάλογον). Das Beispiel, daß man, da der Schild des Ares eines seiner Attribute ist, wie die Schale eines des Dionysos, den Schild auch die Schale des Ares und die Schale den Schild des Dionysos nennen könnte, ist weniger einsichtig. Aristoteles illustriert diese Art durch ein weiteres Beispiel: Alter des Tages statt Abend und Abend des Lebens statt Alter. Diese Art ist die gebräuchlichste.

Bei Quintilian[89] findet sich die folgende Einteilung der Metaphern:

a) *cum in rebus animalibus aliud pro alio ponitur: gubernator magna contorsit equum vi*,[90] wo *gubernator* für *auriga* gesetzt ist.

b) Wenn *inanima pro aliis generis eiusdem sumuntur: classique immittit habenas*,[91] wo *habenae* für die Segel gebraucht wird.

c) Wenn *pro rebus animalibus inanima* gesetzt werden. Ich bringe hier statt des Beispiels von Quintilian die ganze Stelle des Aristoteles,[92] der nur diese Art anführt: Oft macht Homer durch die Metapher Unbelebtes zu Belebtem; denn alle Welt ist von seiner ἐνέργεια entzückt: z. B. αὖτις ἐπὶ δαπεδόνδε κυλίνδετο λᾶας ἀναιδής,[93] ἔπτατ' ὀϊστός,[94] ἐπιπτέσθαι μενεαίνων,[95] ἐν γαίῃ ἵσταντο λιλαιόμενα χροὸς ἆσαι[96] und αἰχμὴ δὲ στέρνοιο διέσσυτο μαιμώωσα.[97] Eine *mira sublimitas*, sagt Quintilian,[98] entsteht, wenn unbeseelten Dingen eine gewisse Tätigkeit und Geist zugeschrieben

---

[79] Quint. inst. VIII 6,8f.
[80] Arist. rhet. III 4,1406b 20ff.
[81] Arist. rhet. III 10,1410b 17ff.
[82] Demetr. eloc. 80 p. 280,29 Sp III.
[83] Arist. poet. 21,1457b 6ff.; Tryph. trop. I 1 p. 102,11ff. Sp III.
[84] Hom. Od. I 185.
[85] Hom. Il. II 272.
[86] Vgl. dazu VS I p. 368 Nr. 31 B 138.143.
[87] R. Volkmann, a.a.O. S. 419.
[88] Arist. poet. 21,1457b 20ff.

[89] Quint. inst. VIII 6,9f.
[90] Enn. ann. fr. 160 Vahlen.
[91] Verg. Aen. VI 1.
[92] Arist. rhet. III 11,1411b 31ff.
[93] Hom. Od. XI 598.
[94] Hom. Il. XIII 587.
[95] Hom. Il. IV 126.
[96] Hom. Il. XI 574.
[97] Hom. Il. XV 542.
[98] Quint. inst. VIII 6,11f.

werden, z. B. wenn gesagt wird: *pontem indignatus Araxes*.[99] Das wird noch verstärkt durch eine doppelte Metapher wie bei Vergil: *ferrumque armare veneno*,[100] wo *veneno armare* und *ferrum armare* je eine Metapher bilden.

Den Schönheiten steht aber die Möglichkeit von Fehlern gegenüber. Der häufige Gebrauch von Metaphern kann Verdunkelung und Überdruß erwecken, zu Allegorie und Rätsel werden.[101] Es gibt auch häßliche und schmutzige Metaphern; gegen Ciceros *sentina rei publicae* hat Quintilian[102] zwar nichts einzuwenden, weil damit die Häßlichkeit der Menschen getroffen wird. Er mißbilligt aber, wie auch Cicero,[103] zu sagen: *castratam morte Africani rem publicam* und *stercus curiae Glauciam*. Die Metaphern sollen nicht zu groß, oder was öfter vorkommt, zu klein und zu unähnlich sein.[104] Es gibt auch harte Metaphern, wie *nives capitis*,[105] wo der Vergleich zu weit hergeholt ist, ebenso in dem Verse *Iuppiter hibernas cana nive conspuit Alpes*.[106] Er ist auch nicht zufrieden, mit Homer vom *pastor populi* zu sprechen und auch nicht – trotz Vergil – von den Vögeln zu sagen *per aera nare* und *pennis remigare*.[107]

14. Die von den Grammatikern μετωνυμία,[108] von den Rhetoren ὑπαλλαγή[109] genannte *denominatio*,[110] besteht darin, daß das *verbum proprium* durch ein anderes ersetzt wird. Tryphon[111] bezeichnet sie als λέξις ἀπὸ τοῦ ὁμωνύμου τὸ συνώνυμον δηλοῦσα. Nach Quintilian[112] ist sie *nominis pro nomine positio*, was eigentlich nur eine Worterklärung ist. Es werden genannt:

a) Götter für ihr Werk oder ihren Bereich: Mars für Krieg, Ceres für Feldfrüchte, Liber für Wein, Neptun für das Meer, Vulkan für das Feuer,[113] umgekehrt das Erfundene für den Erfinder: *vinum* für Liber.[114]

b) das Gefäß für den Inhalt, der sowohl Sachen wie Personen umfassen kann: *poculum epotum*,[115] *curia* für den Senat,[116] *theatra tota* für die Besucher,[117] umgekehrt der Bewohner für den Wohnsitz, *iam proximus ardet Ucalegon*.[118]

c) das Werkzeug für den Besitzer: *sarisae* für das makedonische Heer.

d) Körperteile für geistige Eigenschaften: *cerebrum* für Verstand, *cor* für Gefühl.

e) der Erzeuger für das Erzeugte: *frigus pigrum* die Kälte, weil sie träge macht,[119] *pallida mors, pallentesque habitant Morbi tristisque Senectus*.[120]

f) äußere Zeichen für das Gemeinte: *toga* für *pax*, *arma* und *tela* für Krieg.[121]

---

[99] Verg. Aen. VIII 728.
[100] Verg. Aen. IX 773.
[101] Quint. inst. VIII 6,14f.
[102] Cic. Catil. I 5,12; Quint. inst. VIII 6,15.
[103] Cic. de orat. III 41,164; Quint. inst. VIII 6,15.
[104] Quint. inst. VIII 6,17f.
[105] Hor. carm. IV 13,12.
[106] Der Vers des Furius Bibaculus bei Hor. sat. II 5,41.
[107] Verg. georg. IV 59; Aen. VI 16.19.
[108] Tryph. trop. I 6 p. 195,20 Sp III.
[109] Cic. orat. 27,93.
[110] Auct. ad Herenn. IV 32,43: denominatio est quae ab rebus propinquis et finitimis trahit orationem, qua possit intellegi res quae non suo vocabulo sit appellata.
[111] Tryph. trop. I 6 p. 195,20f. Sp III.
[112] Quint. inst. VIII 6,23.
[113] Cic. de orat. III 42,167; Quint. inst. VIII 6,24.
[114] Auct. ad Herenn. IV 32,43.
[115] Quint. inst. VIII 6,24.
[116] Cic. de orat. III 42,167.
[117] Cic. de orat. III 50,196.
[118] Verg. Aen. II 311f.; Quint. inst. VIII 6,25.
[119] Auct. ad Herenn. IV 32,43.
[120] Hor. carm. I 4,13; Verg. Aen. VI 275; Quint. inst. VIII 6,27.
[121] Cic. de orat. III 42,167.

g) Tugenden und Fehler für ihre Besitzer: *fides valuit, iustitia confecit, luxuries in domum inrupit.*[122]

15. Die von den Griechen gern gebrauchte, von den Lateinern kaum geübte ὀνοματοποιΐα, *fictio nominis*.[123] Diese Neubildung eines Wortes wird von Tryphon[124] eine λέξις κατὰ παραγωγὴν τοῦ καθωμιλημένου ἐξενηνεγμένη genannt. Bei den Neubildungen, *quae ab eo, qui dicit, ipso gignuntur*, muß man unterscheiden:[125] die Schöpfung von Wörtern durch die Menschen der Vorzeit, die *voces simplices*,[126] und die durch Zusammensetzung (*verba ex coniunctione facta*), wie *versutiloquas* und *expectorat* oder durch Ableitung aus den *voces simplices* gebildeten, die πεποιημένα, wie *senius, di genitales, incurvescere*. Tryphon unterscheidet sieben Arten der ὀνοματοποιΐα.[127]

a) κατὰ ἐτυμολογίαν, wie das dem Worte εὔληπτος nachgebildete εὐλαβής.

b) κατὰ ἀναλογίαν, wie γεροντάγωγῶ[128] nach dem Worte παιδαγωγῶ gebildet.

c) κατὰ παρονομασίαν, durch eine kleine lautliche Änderung, z. B. μελλώ.[129]

d) κατὰ σύνθεσιν, wie ποδάρκης δῖος Ἀχιλλεύς, νεφεληγερέτα Ζεύς.[130]

e) κατὰ ἐναλλαγήν, wie γύνανδροι[131] für ἀνδρόγυνοι.

f) κατὰ διαίρεσιν, wie πόλις ἄκρη für ἀκρόπολις.

g) κατὰ πεποιημένον wie τετριγῶτας[132] von τρίζω, κελαρύζει,[133] λάψοντες γλώσσῃσι.[134]

16. Die περίφρασις ist eine φράσις πλείοσι λέξεσι παριστάνουσα μετ' αὐξήσεως τὸ ὑποκείμενον πρᾶγμα, eine Umschreibung eines Begriffs durch mehrere Wörter, wie Ποσειδάωνος σθένος für Poseidon.[135] Sie wird eine *oratio rem simplicem adsumpta circumscribens elocutione*,[136] ein *circuitus quidam eloquendi ... pluribus verbis cum id, quod uno aut paucioribus certe dici potest*[137] genannt und dient dem Schmucke. Manchmal aber kann die περίφρασις auch notwendig erscheinen, wenn man Obszönes zum Ausdruck bringen will, wie Sallust mit *ad requisita naturae*.[138] Die einfachste Form ist es, das Verbum durch ein Substantiv mit dem gleichen Stamm zu umschreiben: ἔννοιά ποθ' ἡμῖν ἐγένετο für ἐνενοήσαμεν oder τὴν μάθησιν ἐποιεῖσθε für ἐμανθάνετε.[139] Übertriebene Sorgfalt in der Vermeidung niedriger Worte verführt dazu, die περίφρασις übermäßig und unnötig zu verwenden, was περισσολογία[140] genannt wird: *duratos muria pisces* zu sagen statt *salsamenta*.[141] Weil die περίφρασις eine Vermehrung der Wörter und nicht nur eine Veränderung darstellt, kann ihre Zugehörigkeit zu den Tropen bezweifelt werden.

---

[122] Cic. de orat. III 42,168.
[123] Quint. inst. VIII 6,31.
[124] Tryph. trop. I 8 p. 196,13f. Sp III.
[125] Cic. de orat. III 38,154; Quint. inst. VIII 6,31f.
[126] Quint. inst. I 5,65.
[127] Tryph. trop. I 8 p. 196,15ff. Sp III.
[128] Soph. OC 348.
[129] Aischyl. Ag. 1356.
[130] Hom. Il. I 121; 511.
[131] Soph. fr. 963 Pearson.
[132] Hom. Il. II 314.
[133] Hom. Il. XXI 261; Od. V 323.
[134] Hom. Il. XVI 161.
[135] Tryph. trop. I 9 p. 197,4ff. Sp III.
[136] Auct. ad Herenn. IV 32,43: circumitio.
[137] Quint. inst. VIII 6,59.61: circumlocutio.
[138] Quint. inst. VIII 6,59f.
[139] Alex. fig. II 10 p. 32,14ff. Sp III; Xen. Kyr. I 1,1; Thuk. I 68,2.
[140] Quint. inst. VIII 6,61.
[141] Quint. inst. VIII 2,3.

17. συνεκδοχή,[142] *intellectio est, cum res tota parva de parte cognoscitur aut de toto pars.*[143] Tryphon[144] nennt sie eine φράσις οὐ κατὰ τὸ πλῆρες ἐξενηνεγμένη, προσδεομένη δέ τινος ἔξωθεν ἀκολουθίας. Durch die *synecdoche*, bemerkt Quintilian,[145] kommt Abwechslung in die Rede: *ut ex uno plures intellegamus, parte totum, specie genus, praecedentibus sequentia.* Sie wird von den Dichtern freier verwendet als von den Rednern. Der Teil für das Ganze steht z. B. bei *tectum* oder *parietes* für *domus*, bei *mucro* für *gladius*,[146] bei Vergil *puppis* für *navis*, was Quintilian[147] für die Prosa nicht gestatten möchte. Das Ganze für den Teil steht z. B. bei Vergil in der ‚Aeneis'[148] *frigidus annus*, wo nur der winterliche Teil des Jahres gemeint ist, oder wenn *equitatus populi Romani* nur eine einzige *turma* meint.[149] Der Singular für den Plural wird vom Auctor ad Herennium[150] durch das Beispiel belegt: *Poeno fuit Hispanus auxilio*, der umgekehrte Fall durch den Satz: *atrox calamitas pectora maerore pulsabat*, wozu bemerkt wird, daß der Singular *festivitas*, der Plural *gravitas* bewirkt. So berichtet Cicero voll Stolz an Brutus:[151] *populo imposuimus et oratores visi sumus*; umgekehrt Vergil:[152] *uterumque armato milite complent*. Quintilian[153] führt für beide Fälle an: *sed nos immensum spatiis confecimus aequor*[154] und *haud secus ac patriis acer Romanus in armis*.[155]

II. Die Figuren

Die Griechen nannten die Figuren σχήματα. Anaximenes[1] kennt als Figuren ἀντίθετα, παρισώσεις, ὁμοιότητες, ohne sie als solche zu bezeichnen. Aristoteles[2] verwendet außer diesen noch das ὁμοιοτέλευτον,[3] ohne sie jedoch unter eine bestimmte generelle Bezeichnung zu fassen. Anaximenes gebraucht öfter die Bezeichnung σχῆμα; er spricht vom σχῆμα εἰρωνείας,[4] von dem der παρίσωσις,[5] παράλειψις[6] und ἐπερώτησις,[7] meint aber immer nur die Art der Ausführung, nicht eine Figur. Aristoteles[8] kennt sogar σχήματα λέξεως; er versteht darunter aber die für das Enthymem eigene Form συνεστραμμένως καὶ ἀντικειμένως εἰπεῖν und meint, daß die rhythmische Periode weder ἄρρυθμος noch ἔμμετρος sein solle,[9] also eine Form der Rede. In der ‚Poetik'[10] nennt er als σχήματα λέξεως die ἐντολή, εὐχή, διήγησις, ἀπειλή, ἐρώτησις,

---

[142] Tryph. trop. I 7 p. 195,28 Sp III; Quint. inst. VIII 6,19.28.
[143] Auct. ad Herenn. IV 33,44.
[144] Tryph. trop. I 7 p. 195,28 f. Sp III.
[145] Quint. inst. VIII 6,19.
[146] Cic. de orat. III 42,168; Quint. inst. VIII 6,20.
[147] Verg. Aen. II 256; Quint. inst. VIII 6,20.
[148] Verg. Aen. VI 311.
[149] Cic. de orat. III 42,168.
[150] Auct. ad Herenn. IV 33,45.
[151] Cic. epist. fr. VIII 10; Quint. inst. VIII 6,20.
[152] Verg. Aen. II 20.
[153] Quint. inst. IX 3,20.
[154] Verg. georg. II 541.
[155] Verg. georg. III 346.

[1] Anaxim. rhet. 26,1,1435 b 25 f.
[2] Arist. rhet. III 9,1410a 24 f.
[3] Arist. rhet. III 9,1410b 2.
[4] Anaxim. rhet. 21,1,1434a 19.
[5] Anaxim. rhet. 27,1436a 3.
[6] Anaxim. rhet. 30,10,1438b 7.
[7] Anaxim. rhet. 36,46,1444b 34.
[8] Arist. rhet. II 24,1401a 5 f.; 8.
[9] Arist. rhet. III 8,1408b 21 f.
[10] Arist. poet. 19,1456b 9.11 f.

ἀπόκρισις, Satzformen der Rede also. Der Auctor ad Herennium[11] bezeichnet die Figuren als *exornationes*, Cicero als *lumina*,[12] *figurae*,[13] *formae*,[14] *formae et lumina*.[15]

Schon Heraklit hat ἀντιθέσεις, ἴσα, παρονομασίαι verwendet und ist damit neben Empedokles zum Vorbild für die stilistische Gestaltung des Gorgias geworden.[16] Aber eingehend über Figuren gehandelt hat nach unserem Wissen erst der Jüngere Gorgias, ein Zeitgenosse Ciceros, dessen Sohn er unterrichtet hat. Sein Werk ist verlorengegangen, nachdem Rutilius Lupus, ein Zeitgenosse, seine vier Bücher ins Lateinische übertragen hatte, so allerdings, wenn Quintilian[17] recht hätte, daß er sie in ein einziges zusammenfaßte. H. L. Ahrens[18] hat deshalb Quintilians *in unum suum transtulit* in *usum suum* geändert, L. Radermacher[19] aber hat in seiner Ausgabe die Lesart Quintilians beibehalten. Daß das Werk unvollständig überliefert ist, ist sicher; warum, darüber können nur Vermutungen geäußert werden. Es sind uns nämlich, entgegen Quintilians Aussage, zwei Bücher überliefert. Da Quintilian[20] eine Reihe Sinnfiguren des Rutilius *sive* Gorgias aufzählt, die in den erhaltenen Büchern des Rutilius nicht enthalten sind, kann auch der uns erhaltene Rutilius nicht das ganze Werk sein.

Als ein Zeitgenosse Ciceros hat auch der Auctor ad Herennium[21] im vierten Buche seines Werkes über die *exornationes verborum*, über die Tropen,[22] und über die *exornationes sententiarum*, die Figuren,[23] gehandelt und zum ersten Male die Unterscheidung durchgeführt.

Nach Quintilian[24] und ebenso nach J. Tzetzes[25] soll schon vor Hermogenes Dionys von Halikarnaß und mit ihm Basilikos eine Schrift über die Figuren verfaßt haben. Davon ist aber nichts erhalten. In der dem Dionys beigelegten unechten τέχνη aber handelt das zweite Kapitel des zweiten Buches περὶ ἐσχηματισμένων.

Quintilian[26] schreibt auch dem Kaikilios von Kaleakte, einem Zeitgenossen des Dionys, eine Schrift περὶ σχημάτων zu, von der auch nichts erhalten ist. Alexandros aber, der Sohn des Numenios, hat aus ihm geschöpft und aus diesem wieder alle folgenden Rhetoren, wie Apsines, Tiberios, Phoibammon, Herodian und Aquila.

Cicero handelt im dritten Buche von „De oratore"[27] vom Schmuck der Rede, beginnend mit der Wortwahl, die bestimmt wird durch das *verbum inusitatum aut novatum aut translatum*. Das letzte führt zur Metapher, Metonymie und Synekdoche, d.h.

---

[11] Auct. ad Herenn. IV 13,18.
[12] Cic. Brut. 79,275; orat. 25,83.
[13] Cic. opt. gen. 5,14.
[14] Cic. Brut. 17,69.
[15] Cic. orat. 54,181.
[16] VS I p. 156 Nr. 22 B 25; p. 161 Nr. 22 B 48; E. Norden, Die antike Kunstprosa, Leipzig 1898, S. 18ff.
[17] Quint. inst. IX 2,102: Rutilius Gorgian secutus, non illum Leontinum, sed alium sui temporis, cuius quattuor libros in unum suum transtulit.
[18] H.L. Ahrens. Zeitschrift für die Altertumswissenschaft 1 (1843) S. 157f.
[19] M. Fabi Quintiliani Institutiones oratoriae, ed. L. Radermacher, Leipzig 1959.
[20] Quint. inst. IX 2,106.
[21] Auct. ad Herenn. IV 13,19 – 30,41.
[22] Auct. ad Herenn. IV 31,42 – 34,46.
[23] Auct. ad Herenn. IV 35,47 – 55,69.
[24] Quint. inst. IX 3,89.
[25] J.A. Cramer, Anecdota Graeca e codd. Mss. Bibl. Oxon., vol. IV, Oxford 1837, S. 126,5ff.
[26] Quint. inst. IX 3,89.
[27] Cic. de orat. III 37,149 – 43,170.

zu den Tropen. Daran schließt er Ausführungen über die rhythmische Periode und fährt dann[28] wieder mit den Ausführungen über die *lumina sententiarum* und *verborum* fort. Was er vorbringt, gehört aber durchaus nicht alles zu den beiden Kategorien. Er nennt die *commoratio una in re, illustris explanatio rerum, percursio plus ad intellegendum quam dixeris, significatio, distincte concisa brevitas et extenuatio, illusio, ab re digressio, reditus ad rem aptus et concinnus, propositio, augendi minuendive causa veritatis supralatio atque traiectio, rogatio et quasi percontatio expositioque sententiae suae, alia dicentis ac significantis dissimulatio, dubitatio, distributio, correctio, praemunitio ad id, quod adgrediare, traiectio in alium, communicatio, morum ac vitae imitatio vel in personis vel sine illis, personarum ficta inductio, descriptio, erroris inductio, ad hilaritatem impulsio, anteoccupatio, similitudo et exemplum, digestio, interpellatio, contentio, reticentia, commendatio, iracundia, obiurgatio, promissio, deprecatio, obsecratio, declinatio brevis a proposito, purgatio, conciliatio, laesio, optatio atque exsecratio.*

Als *figurae verborum* führt Cicero[29] auf: *geminatio verborum, paulum immutatum verbum atque deflexum, eiusdem verbi crebra tum a primo repetitio, tum in extremum conversio et in eadem verba impetus et concursio et adiunctio et progressio et eiusdem verbi crebrius positi quaedam distinctio et revocatio verbi et illa, quae similiter desinunt aut quae cadunt similiter aut quae paribus paria referuntur aut quae sunt inter se similia. gradatio et conversio et verborum concinna transgressio et contrarium et dissolutum et declinatio et reprehensio et exclamatio et imminutio et quod in multis casibus ponitur et quod de singulis rebus propositis ductum refertur ad singula et ad propositum subiecta ratio et item in distributis supposita ratio et permissio et rursum alia dubitatio et improvisum quiddam et dinumeratio et alia correctio et dissipatio et continuatum et interruptum et imago et sibi ipsi responsio et immutatio et diiunctio et ordo et relatio et digressio et circumscriptio.*

Quintilian handelt über die *figurae sententiarum*[30] und die *figurae verborum*[31] in der Reihenfolge, in der auch die meisten Rhetoren sie angeordnet haben. Historisch gesehen müßte die Anordnung umgekehrt sein, da die Wortfiguren die älteren sind; sie bildeten das Charakteristikum des Gorgianischen Stils. Die *figurae sententiarum* aber müssen vorausgehen, weil παντὸς λόγου προάγει ἡ τοῦ διανοήματος εὕρεσις, ἕπεται δὲ λέξις τῷ διανοήματι, δι' αὐτῆς ποιοῦσα φανερὸν αὐτό[32] oder δεῖ τὸν νοῦν πάντως τοῦ λόγου προηγεῖσθαι.[33] Phoibammon[34] aber, Herodian[35] und der Anonymus[36] ordnen umgekehrt. Quintilian[37] begründet die übliche Anordnung damit, daß ihre *utilitas cum magna, tum multiplex, in nullo non orationis opere vel clarissime lucet.* Wenn sie auch nichts mit dem Beweis zu tun hätten, machten sie doch die Aussage glaubhaft und schlichen sich unbemerkt in das Herz des Hörers ein.

Nicht alles, was die Autoren als σχήματα, *figurae*, ausgeben, sind es auch wirklich; und es ist auch nicht immer leicht, die Tropen von den Figuren abzutrennen. Quin-

---

[28] Cic. de orat. III 53,202 – 205.
[29] Cic. de orat. III 54,206f.
[30] Quint. inst. IX 2.
[31] Quint. inst. IX 3.
[32] Alex. fig. II 1 p. 27,10ff. Sp III.
[33] Tib. fig. 2 p. 59,23 Sp III.
[34] Phoib. fig. I 1 p. 45,18f. Sp III.
[35] Hdn. fig. p. 85,4 – 90,14 Sp III.
[36] Anon. fig. p. 110,3 – 142,28 Sp III.
[37] Quint. inst. IX 1,19.

tilian[38] berichtet denn auch, daß C. Artorius Proculus die Tropen Figuren genannt habe. Tatsächlich ist die Ähnlichkeit der beiden so groß, daß man nicht immer auf Anhieb die richtige Entscheidung treffen mag. Der Auctor ad Herennium[39] betrachtet sie noch als eine Gruppe der *exornationes verborum*, die nur *omnes in uno genere sunt positae. nam earum omnium hoc proprium est, ut ab usitata verborum potestate recedatur atque in aliam rationem cum quadam venustate oratio conferatur.* Tryphon[40] definiert den τρόπος als λόγος κατὰ παρατροπὴν τοῦ κυρίου λεγόμενος κατά τινα δήλωσιν κοσμιωτέραν ἢ κατὰ τὸ ἀναγκαῖον. Kokondrios[41] nennt ihn eine ἀπὸ τοῦ τετράφθαι παρὰ τὴν κυρίαν καὶ νενομισμένην τοῦ λόγου φράσιν κατὰ μεταφορὰν τῶν ὁδῶν τῶν μὴ ἐχουσῶν ἐκτροπὰς μηδὲ ἀποκλίσεις. Für Gregorios[42] ist er eine λέξεως φράσις ἐκ τῆς καθ' ἑαυτὴν ὁπωσοῦν ἰδιότητος μετατροπὴν εἰληφυῖα, διὸ καὶ τρόπος καλεῖται, παρείληπται δὲ ἤτοι χρείας ἕνεκα ἢ κόσμου περὶ τὴν φράσιν. Beim *tropus* werden Worte für andere Worte gesetzt, die Figur aber ist *conformatio quaedam orationis remota a communi et primum se offerente ratione*,[43] eine *in sensu vel sermone aliqua a vulgari et simplici specie cum ratione mutatio*[44] oder *arte aliqua novata forma dicendi*;[45] sie kann *propriis verbis et ordine collocatis fieri*.[46] Die Definition, die Alexandros, der Sohn des Numenios,[47] gibt, lautet: σχῆμα δέ ἐστιν ἐξάλλαξις λόγου ἐπὶ τὸ κρεῖττον κατὰ λέξιν ἢ κατὰ διάνοιαν ἄνευ τρόπου. Phoibammon[48] gibt als τέλειος ὅρος an: σχῆμά ἐστιν ἐξάλλαξις κατὰ διάνοιαν ἢ λέξιν ἐπὶ τὸ κρεῖττον ἄνευ τρόπου γινομένη. Als Definition des Zoilos[49] führt Phoibammon an: σχῆμά ἐστιν ἕτερον μὲν προσποιεῖσθαι, ἕτερον δὲ λέγειν, was aber nur für die εἰρωνεία gelten kann. Für Kaikilios von Kaleakte[50] überliefert er: σχῆμά ἐστι τροπὴ εἰς τὸ μὴ κατὰ φύσιν τὸ τῆς διανοίας καὶ λέξεως, wobei jedoch τροπή verdächtig ist; Athenaios von Naukratis und Apollonios Molon bestimmten:[51] σχῆμά ἐστι μεταβολὴ εἰς ἡδονὴν ἐξάγουσα τὴν ἀκοήν. Tiberios definiert das σχῆμα διανοίας so:[52] ἔστι τοίνυν σχῆμα τὸ μὴ κατὰ φύσιν τὸν νοῦν ἐκφέρειν μηδὲ ἐπ' εὐθείας, ἀλλ' ἐκτρέπειν καὶ ἐξαλλάσσειν τὴν διάνοιαν κόσμου τινὸς τῇ πλάσει ἢ χρείας ἕνεκα. Das σχῆμα λέξεως[53] betrachtet er als ἐξαλλαγὴ τοῦ ἐν ἔθει, κατά τινα πλάσιν κόσμον ἢ χρείαν τινὰ τοῖς λόγοις παρέχουσα. Herodian nennt das σχῆμα διανοίας:[54] τὸ μὴ κατὰ φύσιν ἐκφέρον νοῦν μηδὲ ἐπ' εὐθείας, ἀλλ' ἐκτρέπον καὶ ἐξαλλάσσον τὴν τῆς διανοίας φράσιν, das σχῆμα λέξεως[55] aber ἐξάλλαξις φράσεως ἀπὸ τοῦ καταλλήλου ἐπὶ τὸ κρεῖττον μετά τινος ἀναλογίας. Der Auctor ad Herennium[56] unterscheidet beide so, daß die *verborum exornatio ipsius sermonis insignita continetur perpolitione*, die *sententiarum exornatio* aber *non in verbis, sed in ipsis rebus quandam habet dignitatem.*

---

[38] Quint. inst. IX 1,2.
[39] Auct. ad Herenn. IV 31,42.
[40] Tryph. trop. I p. 191,12 ff. Sp III.
[41] Kokondr. trop. p. 230,6 ff. Sp III.
[42] Greg. Kor. trop. p. 215,10 ff. Sp III.
[43] Quint. inst. IX 1,4.
[44] Quint. inst. IX 1,11.
[45] Quint. inst. IX 1,14.
[46] Quint. inst. IX 1,7.
[47] Alex. fig. I 2 p. 11,2 f. Sp III.
[48] Phoib. fig. I 1 p. 44,15 ff. Sp III.
[49] Phoib. fig. I 1 p. 44,2 f. Sp III.
[50] Phoib. fig. I 1 p. 44,8 f. Sp III.
[51] Phoib. fig. I 1 p. 44,12 f. Sp III.
[52] Tib. fig. I p. 59,6 ff. Sp III.
[53] Tib. fig. I p. 59,11 ff. Sp III.
[54] Hdn. fig. p. 90,23 ff. Sp III.
[55] Hdn. fig. p. 85,4 f. Sp III.
[56] Auct. ad Herenn. IV 13,18.

Celsus fügt zu den Wort- und Sinnfiguren noch die *figurae colorum*, wozu Quintilian[57] bemerkt: *nimia profecto novitatis cupiditate ductus*. Außerdem fügt er noch begründend hinzu, daß niemand annehmen könne, der gebildete Mann habe nicht gewußt, daß *colores* und *sententiae* beide *sensus* seien. Wegen dieser Gleichheit aber müßten wie die Rede, auch die Figuren, sich *in sensu et in verbis* bewegen. R. Volkmann[58] glaubt, die Mitteilung über Celsus so verstehen zu müssen, daß Celsus auch die σχήματα διανοίας wie die σχήματα λέξεως in zwei εἴδη habe scheiden wollen. Dann hätte Quintilian sich wenig verständlich ausgedrückt und uns Rätsel aufgegeben. Er sagt aber ganz deutlich, daß Celsus drei verschiedene Arten der σχήματα angenommen habe, neben den beiden üblichen, den σχήματα λέξεως und den σχήματα διανοίας, noch die *colores*, ähnlich, wie er auch sagt,[59] Cicero[60] habe *post orationis et sententiarum figuras tertium quendam subiecit locum ad alias, ut ipse ait, quasi virtutes dicendi pertinentem*, wobei Cicero sicher auch einen Griechen zu Rate gezogen hat. Er nennt auch nicht alle diese *virtutes*, weil sie *quasi silvam*[61] bildeten; es sind Tropen, Figuren und *virtutes*, die zu keinem von beiden gehören: *brevitas, evidentia, hyperbole, emphasis, hilaritas, prosopopoeia* und *ethopoeia*. Dafür, daß Celsus die Meinung eines Griechen wiedergibt, was nicht anders zu erwarten ist, verweist R. Volkmann[62] auf Longinos,[63] mit dem auch der Anonymus der τέχνη ῥητορική[64] übereinstimmt: ὅσα δὲ σχήματα τῶν ἐννοιῶν ὠνόμασται, οἷον προδιόρθωσις, ἐπιδιόρθωσις, ἀποσιώπησις, παράλειψις, εἰρωνεία, ἠθοποιΐα, ἅπαντα ταῦτα οὔ μοι δοκεῖ δικαίως σχήματα καλεῖσθαι, ἀλλ' ἔννοιαι καὶ ἐνθυμήματα καὶ λογισμοὶ τοῦ πιθανοῦ χάριν καὶ πίστεως εἴδη. Longinos und der Anonymus scheinen zu den Rhetoren zu gehören, für die Alexandros, der Sohn des Numenios,[65] seinen Ausführungen über die σχήματα eine Belehrung vorausschickt: λέγωμεν δὲ πρότερον περὶ τῶν τῆς διανοίας σχημάτων μικρὰ προειπόντες πρὸς τοὺς ἀναιροῦντας αὐτὰ καθάπαξ. φασὶ γάρ τινες οὐδὲν ἴδιον ἔχειν τὸ σχῆμα τῆς διανοίας und ταὐτὰ λέγειν ἐστὶ καὶ πρὸς τοὺς τὰ τῆς λέξεως σχήματα ἀναιροῦντας. Die Bezeichnung ἔννοια, die R. Volkmann[66] „sonst bei den Rhetoren nicht nachweisen kann", findet sich auch beim Anonymus περὶ τῶν σχημάτων τοῦ λόγου:[67] τὰ μὲν δὴ κατ' ἔννοιαν σχήματα ταῦτά ἐστι. Für die Erklärung der Äußerung Quintilians über Celsus aber gibt die Stelle des Longinos nichts aus. Er ist der Meinung, daß alle sogenannten σχήματα τῶν ἐννοιῶν zu Unrecht σχήματα genannt werden und nur Erwägungen und Schlüsse zur Beweisführung sind; Celsus fügt zu den beiden bekannten Gattungen der σχήματα aber noch die Figur des *color* hinzu. *Color*,[68] χρῶμα,[69] *modus*,[70] ist die nur für einen Teil der Rede

---

[57] Quint. inst. IX 1,18.
[58] R. Volkmann, a.a.O. S. 463.
[59] Quint. inst. IX 1,36.
[60] Cic. orat. 39,134 – 41,139; vgl. Quint. inst. IX 1,37 – 45.
[61] Cic. orat. 41,139; Quint. inst. IX 1,45.
[62] R. Volkmann, a.a.O. S. 463.
[63] Longin. rhet. p. 310,10ff. Sp. = p. 194,9ff. Sp.-H.
[64] Anon. rhet. p. 323,9ff. Sp. = p. 210,22ff. Sp.-H.
[65] Alex. fig. I 2 p. 11,18ff.; 12,29f.; 13,11f. Sp III.
[66] R. Volkmann, a.a.O. S. 463.
[67] Anon. fig. p. 174,4f. Sp III.
[68] Iul. Vict. 2 p. 375,4 H.
[69] Aps. rhet. 2 p. 343,14 Sp. = p. 235,6 Sp.-H.
[70] Fortun. rhet. I 5 p. 84,25 H.

durchgeführte Färbung der Rede, der λόγος ἐσχηματισμένος,[71] während der *ductus agendi per totam causam tenor sub aliqua figura servatus*[72] ist. Πρόβλημα ἐσχηματισμένον,[73] *controversia figurata*,[74] wird er auch genannt. Fortunatian[75] und Martianus Capella[76] haben für den *ductus* fünf εἴδη angegeben: *ductus simplex*, *ductus subtilis, cum aliud est in themate, aliud in agentis voluntate; ductus figuratus, cum palam dicere pudor inpedit; ductus oblicus, cum periculum prohibet aperte agere; ductus mixtus, quando non unus est ductus*. Nur der *ductus simplex, cum simpliciter id agimus, ita ut in themate positum est*, bringt die wahre Absicht des Redners zum Ausdruck, die übrigen vier nur versteckt, sie sind Teile des *color*. Der Anonymus περὶ σχημάτων[77] stimmt damit überein: ἐσχηματισμένος λόγος, ὅταν τὸ ἐναντίον οὗ λέγομεν κατασκευάζωμεν, ἢ ὅταν μετὰ τοῦ ἐναντίου καὶ ἄλλο τι περάνῃ ὁ λόγος, ἢ ὅταν τι λέγειν μὴ δυνάμενοι διὰ τὸ κεκωλῦσθαι καὶ παρρησίαν μὴ ἔχειν ἐπὶ σχήματι ἄλλης ἀξιώσεως ἐμφαίνωμεν κατὰ τὴν σύνθεσιν τοῦ λόγου, καὶ τὸ οὐκ ἐξὸν εἰρῆσθαι, ὡς εἶναί τε νοῆσαι τοῖς ἀκούουσι καὶ μὴ ἐπιλήψιμον εἶναι τῷ λέγοντι. Quintilian und Ps. Iulius Rufinianus[78] wissen nur von drei Teilen der *controversia figurata: si dicere palam parum tutum est*, d.h. *ductus oblicus; si non decet*, d.h. *ductus figuratus; qui venustatis modo gratia adhibetur et ipsa novitate ac varietate magis, quam si relatio sit recta, delectat*. Dem letzten Satz entspricht eine Forderung des Demetrios,[79] der unter Tadel der gleichzeitigen Redner, die das καλούμενον ἐσχηματισμένον ἐν λόγῳ γελοίως behandeln, fordert, daß das σχῆμα mit εὐπρέπεια und ἀσφάλεια gebraucht werde. R. Volkmann[80] hat ohne Begründung mit Bestimmtheit erklärt, daß Celsus an die σχήματα ὑποθέσεων und den *sermo figuratus* nicht gedacht habe. Jene sind vorhanden, ὅταν τὸ μὴ ὂν πλάττηται.[81] Dazu gehörte aber auch noch der dritte ὅρος διατυπώσεως, ὅταν τὰ μὴ γεγονότα διατυπούμενοι εἰσάγωμεν καθ' ὑπόθεσιν, οἷον τί ἂν ἐγένετο, καὶ τί ἂν ἐπράχθη, ὡς δεινὰ καὶ φοβερά.[82]

1. Die Sinnfiguren

Es fällt auf, daß die meisten alten Rhetoren die einzelnen Sinnfiguren einfach aneinanderreihen, ohne daß sich ein System für ihre Anordnung erkennen ließe. Die Gründe dafür gibt Alexandros, der Sohn des Numenios,[1] an: Ihre Zahl, d.h. das, was als σχήματα ausgegeben wurde, schien den einen unendlich groß zu sein, den anderen, die sich mit der Zahl abfanden, nicht scharf genug umgrenzt, und deshalb waren nicht nur die Tropen von den Figuren, sondern auch manche σχήματα διανοίας nur

---

[71] Aps. rhet. 3 p. 344,17; 4 p. 352,3f. Sp. = p. 236,19; 248,9 Sp. – H; Anon. fig. 16 p. 118, 17 Sp III; Demetr. eloc. 287 p. 323,7 Sp III.
[72] Mart. Cap. rhet. 20 (470) p. 463,35f. H; vgl. Fortun. rhet. I 5 p. 84,24 H: quid est ductus? quo modo tota causa agenda sit.
[73] Aps. rhet. p. 407,4 Sp. = p. 330,3 Sp. – H: περὶ τῶν ἐσχηματισμένων προβλημάτων.
[74] Quint. inst. IX 2,65; Ps. Iul. Ruf. schem. dian. I p. 59,5 H.
[75] Fortun. rhet. I 5 p. 84,27ff. H.

[76] Mart. Cap. rhet. 20 (470) p. 464,1ff. H.
[77] Anon. fig. 16 p. 118,17ff. Sp III.
[78] Quint. inst. IX 2,66; Ps. Iul. Ruf. schem. dian. I p. 59,6.17ff.; 60,9f. H.
[79] Demetr. eloc. 287 p. 323,7ff. Sp III.
[80] R. Volkmann, a.a.O. S. 463.
[81] Anon. fig. 30 p. 127,1 Sp III.
[82] Tib. fig. 43 p. 79,24ff. Sp III.

[1] Alex. fig. I 1 p. 9,6ff. Sp III.

schwer von den σχήματα λέξεως zu unterscheiden. Versuche, ein System aufzustellen, wurden verschiedentlich unternommen, aber keines hat allgemein Geltung gefunden. Alexandros[2] hat verschiedene Wirkungsmöglichkeiten der Sinnfiguren herausgestellt, die sich vielleicht zur Gliederung hätten verwenden lassen:

1. ἐπίτασιν γὰρ δύναται τῶν πραγμάτων ἐμφαίνειν.

2. καταβολὴν δὲ καὶ ἔκλυσιν ἐκ τῶν ἐναντίων (Beide dienen der αὔξησις und μείωσις).

3. παρέχει δὲ καὶ ἔμφασιν ἤθους χρηστοῦ.

4. ἔστι δὲ διὰ τῶν σχημάτων δοκεῖν καὶ αὐτοσχεδίως λέγειν μηδὲ ἀπὸ παρασκευῆς.

5. καὶ μὴν ποικιλίαν τινὰ τῷ λόγῳ παρέχει τὰ σχήματα.

Die gleichen fünf *opera figurarum* stellt Fortunatian[3] auf: *ut augeas, ut abicias, ut probus existimeris, ut inparatus, ut ornes elocutionem*. Das gleiche Schema führt Quintilian[4] an: *quarum (amplificandi minuendique rationum) prior desiderat illam plus quam dixeris significationem, id est* ἔμφασιν, *et supralationem veritatis et traiectionem; haec altera extenuationem deprecationemque. qui adfectus erunt vel concitati ... vel mitiores ... delectatio*. Herodian[5] hat für die σχήματα διανοίας nur die beiden ersten Punkte beibehalten, ἐπίτασις und ἔκλυσις. Phoibammon[6] findet, daß unter den 18 σχήματα διανοίας drei προσώπου, nämlich ἀποστροφή, ἐρώτησις und πεῦσις und die übrigen λόγου sind; er fügt aber hinzu, daß alle σχήματα auf vierfache Art entstehen:[7] κατὰ ἔνδειαν, κατὰ πλεονασμόν, κατὰ μετάθεσιν und κατὰ ἐναλλαγήν. Neben drei Teilen der ersten Art, κατὰ ἔνδειαν, für die σχήματα λέξεως gibt es für die σχήματα διανοίας nur zwei: ἀποσιώπησις und ἐπιτροχασμός.[8] Während der πλεονασμός der Wortfiguren elf Figuren enthält, haben die σχήματα διανοίας nur sechs: προδιόρθωσις, ἐπιδιόρθωσις, προκατάληψις, merkwürdig die παράλειψις ἤτοι ὑποσιώπησις, διατύπωσις und die ἐπιμονή.[9] Den vier Teilen der μετάθεσις der σχήματα λέξεως stehen sechs der σχήματα διανοίας gegenüber: προσωποποιΐα, ἠθοποιΐα, μικτόν, ἐρώτησις, πεῦσις und ἀποποίησις.[10] Zur ἐναλλαγή endlich gehören acht σχήματα λέξεως und vier σχήματα διανοίας: εἰρωνεία, διαπόρησις, διασυρμός, ἀποστροφή.[11]

Als unterscheidendes Merkmal zwischen den σχήματα λέξεως und den σχήματα διανοίας führt Cicero[12] an: *inter conformationem verborum et sententiarum hoc interest, quod verborum tollitur, si verba mutaris, sententiarum permanet, quibuscumque verbis uti velis*. Das Gleiche sagt auch Alexandros:[13] τὸ δὲ τῆς λέξεως σχῆμα τοῦ τῆς διανοίας διαφέρει, ὅτι τὸ μὲν τῆς λέξεως κινηθείσης τῆς λέξεως τῆς συσχούσης τὸ σχῆμα ἀπόλλυται ... τοῦ δὲ τῆς διανοίας σχήματος, κἂν τὰ ὀνόματα κινῇ τις, κἂν ἑτέροις ὀνόμασιν ἐξενέγκῃ, τὸ αὐτὸ πρᾶγμα μένει, ὁμοίως δὲ κἂν ἡ σύνταξις κινηθῇ ἢ

---

[2] Alex. fig. I 2 p. 13,24f.; 29f.; 14,1f.; 6ff.; 11f. Sp III.
[3] Fortun. rhet. III 10 p. 127,5f. H.
[4] Quint. inst. IX 2,3f.
[5] Hdn. fig. p. 91,16f. Sp III.
[6] Phoib. fig. I 1 p. 45,2ff. Sp III.
[7] Phoib. fig. I 1 p. 45,15ff. Sp III.
[8] Phoib. fig. I 1 p. 45,19f.; II 1 p. 50,8f. Sp III.
[9] Phoib. fig. I 1 p. 45,20ff.; II 2 p. 50,21ff. Sp III.
[10] Phoib. fig. I 1 p. 45,23f.; II 3 p. 52,8ff. Sp III.
[11] Phoib. fig. I 1 p. 45,25ff.; II 4 p. 53,22f. Sp III.
[12] Cic. de orat. III 52,200.
[13] Alex. fig. I 1 p. 10,14ff. Sp III.

προστεθῇ καὶ ἀφαιρεθῇ τι, λύεται τὸ σχῆμα τῆς λέξεως. Tiberios[14] bemerkt: τὰ μὲν τῆς διανοίας σχήματα, κἂν ὑπαλλάξῃ τις αὐτὰ τοῖς ῥήμασιν, ὁμοίως μένειν, τὰ δὲ τῆς λέξεως σχήματα οὐκ οἷόν τε εἶναι φυλάττεσθαι ὑπαλλαττομένης τῆς λέξεως. Ebenso heißt es bei Aquila:[15] *differt autem figura elocutionis a figura sententiae hoc, quod sententiae figura immutato verborum ordine vel translato manet nihilo minus, elocutionis autem, si distraxeris vel immutaveris verba vel ordinem eorum non servaveris, manere non poterit.*

An den Anfang der Rede gehört die προπαρασκευή,[16] προκατασκευή,[17] πρόληψις,[18] προκατάληψις,[19] *praemunitio*,[20] *praeparatio*.[21]

Anaximenes[22] definiert die von ihm noch nicht als Figur, sondern nur als eines der für jede Rede brauchbaren Dinge erkannte προκατάληψις so: προκατάληψις μὲν οὖν ἐστι, δι' ἧς τά τε τῶν ἀκουόντων ἐπιτιμήματα καὶ τοὺς τῶν ἀντιλέγειν μελλόντων λόγους προκαταλαμβάνοντες ὑπεξαιρήσομεν τὰς ἐπιφερομένας δυσχερείας. καὶ τὰς μὲν τῶν ἀκουόντων ἐπιτιμήσεις ὧδε χρὴ προκαταλαμβάνειν. Für Alexandros[23] tritt sie auf: ὅταν προκαταλαμβανώμεθα καὶ τοὺς ἀντιδίκους, περὶ ὧν μέλλουσιν λέγειν, καὶ τοὺς ἀκροατάς, περὶ ὧν ὑπονοοῦσι καθ' ἡμῶν, καὶ τὸν λόγον, ὃν ἰσχυρότατον ὁ ἀντίδικος οἴεται λέξειν καὶ ὃν οἱ δικασταὶ καθ' ἡμῶν ὑπονοοῦσί τι ἔχειν ἰσχυρόν, τοῦτον ἐμφάσει τινὶ προεκλύοντες. Phoibammon[24] sieht sie, wenn περί τινος ἐγκαλούμενος ἐν δίκῃ εἴπω προκαταλαβὼν πρὸς ἑκάτερον, πρός τε τὸν ἀντίδικον καὶ τὸν κριτήν, ὡς ἀδύνατον ἦν ἢ ἀπρεπὲς ἄλλο πραχθῆναι πλὴν τοῦ πεπραγμένου.

Der Anonymus[25] sieht das προληπτικὸν σχῆμα dann gegeben, ὅταν ἐν μέσῳ τοῦ διηγήματος μνησθῇ τις τοῦ τέλους, wie z. B. Homer nach der düsteren Prophezeiung des Eurypylos am Ende des elften Buches der ‚Ilias'[26] zu Beginn des zwölften Buches[27] die in der ‚Ilias' später an und für sich nicht mehr behandelte Zerstörung Ilions bringt. Für die προκατάληψις steht im Lateinischen die *praeceptio* oder *anticipatio*: *cum id quod adversarius arrepturus est atque obiecturus, praesumimus ac praecipimus.*[28]

Die *praesumptio sive* πρόληψις, die hauptsächlich im Proömium ihren Platz hat, aber auch in anderen Redeteilen Verwendung findet und *mire in causis valet*, zerfällt nach Quintilian[29] in mehrere *species*:

1. *praemunitio*, die lateinische Bezeichnung für die προϋπεργασία, προπαρασκευή,[30] durch die man vorwegnimmt, was man persönlich sagen will, oder wovon man an-

---

[14] Tib. fig. 23 p. 69,23 ff. Sp III.
[15] Aquila rhet. 20 p. 28,31 ff. H.
[16] Fortun. rhet. II 15 p. 110,22 H; vgl. Iul. Ruf. rhet. 32 p. 46,9 H.
[17] Hermog. inv. III 2 p. 126,17 R; Ps. Iul. Ruf. schem. dian. 3 p. 60,22 H; Fortun. rhet. II 15 p. 110,22f. H.
[18] Rut. Lup. II 4 p. 14,14 H; Carm. de fig. V. 124 p. 68 H: anticipatio; Anon. fig. p. 158,1 Sp III: προληπτικὸν σχῆμα.
[19] Anaxim. rhet. 18,1,1432b 11; Alex. fig. I 6 p. 16,10 Sp III; Phoib. fig. II 2 p. 51,10 Sp III; Anon. fig. 4 p. 175,11 Sp III; Ps. Iul. Ruf. schem. dian. 2 p. 60,15 H.

[20] Iul. Ruf. rhet. 32 p. 46,9 H.
[21] Ps. Iul. Ruf. schem. dian. 3 p. 60,30 H; Fortun. rhet. II 15 p. 110,22: praeparatio sive praestructio; 20 p. 113,29 H.
[22] Anaxim. rhet. 18,1,1432b 11ff.
[23] Alex. fig. I 6 p. 16,10ff. Sp III.
[24] Phoib. fig. II 2 p. 51,10ff. Sp III.
[25] Anon. fig. p. 158,2 Sp III.
[26] Hom. Il. XI 822ff.
[27] Hom. Il. XII 3 – 33.
[28] Ps. Iul. Ruf. schem. dian. 2 p. 60,15f.; 21 H.
[29] Quint. inst. IX 2,16f.
[30] Iul. Ruf. rhet. 32 p. 46,9 H.

nimmt, daß es der Gegner sagen wird. Cicero z. B. macht in der Rede gegen Q. Caecilius[31] die Einwände seiner Gegner, er habe immer nur Verteidigungen vertreten und nie Anklagen geführt und könne deshalb auch jetzt keine Anklage führen, dadurch von vornherein zunichte, daß er den Gegnern auseinandersetzt, er klage gar nicht an, sondern vertrete nur das Interesse vieler Menschen, vieler Gemeinden und der ganzen Provinz Sizilien. Nach Iulius Rufinianus[32] besteht die *praemunitio* darin, daß in ihr *ante confirmatur id, quod subiecturi sumus*. Das kann dadurch geschehen, daß man z. B. wenn man einen Zeugen vorführen will, die Hörer vorher über seine Glaubwürdigkeit unterrichtet oder wie Cicero in der Rede für Milo[33] es tut, die gesetzliche Grundlage für seine eigene Auffassung der Frage erörtert, hier, daß die Tötung eines Menschen unter Umständen erlaubt sein könne und dann erst feststellt, daß Clodius rechtens getötet worden sei.

2. Für die *quaedam confessio* verweist Quintilian[34] auf Ciceros Verteidigungsrede für Rabirius Postumus. Gabinius, der Prokonsul von Syrien, hatte nämlich den vertriebenen König Ptolemaios wieder zurückgeführt, dafür von ihm zehntausend Talente erpreßt und dann Rabirius als Schatzmeister des Königs eingesetzt. Gabinius wurde dann wegen Erpressung angeklagt und verurteilt, konnte aber die auferlegte Strafsumme nicht zahlen. Deshalb wurde dann Rabirius nach einer *lex Iulia* zur Zahlung der Strafsumme verklagt, weil das erpreßte Geld zu ihm gekommen sei. Daß er selbst auch erpreßt habe, war nicht Gegenstand der Klage. Es erhob sich nun die Frage, wohin das erpreßte Geld gekommen war. Einige behaupteten, Rabirius habe es versteckt, andere, meint Cicero, könnten vielleicht behaupten, er habe dem König sein ganzes Vermögen zur Verfügung gestellt. Cicero[35] stimmt dieser Ansicht zu: *si quis est, iudices, qui C. Rabirium, quod fortunas suas ... potestati regiae libidinique commiserit, reprehendendum putet, ascribat ad iudicium suum non modo meam sed huius etiam ipsius, qui commisit, sententiam*. Auf diese Stelle gründet Quintilian seine Ansicht, es handle sich hier um eine *confessio*. Es ist aber eine *consensio*;[36] sie liegt vor, *cum alicui rei adsentimur, quae est futura pro nobis*, in diesem Fall, weil sie als eine Grundlage der Verteidigung dafür dienen kann, daß Rabirius nicht die notwendigen Mittel zur Zahlung der Strafsumme habe. Es wird also ein Einwand vorweggenommen, widerlegt und dadurch zu einem Beweisstück für Rabirius verwandelt, in einer echten πρόληψις.

3. An dritter Stelle nennt Quintilian die *praedictio* und verweist dafür auf Cicero:[37] *magnum videor dicere: attendite etiam quem ad modum dicam. non enim verbi neque criminis augendi causa complector omnia: cum dico nihil istum eius modi rerum in tota provincia reliquisse, Latine me scitote, non accusatorie loqui*. Cicero unterbricht da seine summarische Aufzählung von Räubereien des Verres, die er nicht mit einem für alle zutreffenden Namen bezeichnen kann. Der Redner verwahrt sich nun offenbar gegen eine Be-

---

[31] Cic. div. in Caec. 1,1; 2,5.
[32] Iul. Ruf. rhet. 32 p. 46,10ff. H.
[33] Cic. Mil. 3,7.
[34] Quint. inst. IX 2,17.
[35] Cic. Rab. Post. 1,1.
[36] Quint. inst. IX 2,51f.
[37] Cic. Verr. II 4,1,2; Quint. inst. IX 2,17.

merkung aus den Kreisen des Verres, er handle wie ein berufsmäßiger Ankläger. Das ist dann eine πρόληψις.

4. Die *emendatio* wollen wir übergehen.

5. Als fünfter Teil der προκατάληψις erscheint nun die am häufigsten vorkommende *praeparatio, cum pluribus verbis, vel quare facturi quid simus vel quare fecerimus, dici solet*, προκατασκευή oder *praeparatio*.[38] Sie kommt der προκατάληψις am nächsten. In der προκατασκευή wollen wir der Sache, die wir vertreten, *color* verleihen und den Richter in unserem Sinne vorbereiten. Das ist der Fall, wenn uns etwas schaden könnte und deswegen gleich weggeräumt werden muß, oder aber auch, wenn uns etwas nützen kann und wir es deshalb immer wieder einstreuen müssen, damit es uns während der ganzen Rede nützen kann, wie es Cicero in der Rede für Deiotarus[39] getan hat. Er erinnert da an das frühere gegenseitige Verhältnis der Gastfreundschaft, verurteilt die gegen Deiotarus durch seinen Enkel erfolgte Anklage als widernatürlich und vertraut auf die *praestans singularisque natura* Caesars.

R. Volkmann[40] unterscheidet, von Quintilian kommend, ebenfalls mehrere Arten der προκατάληψις: die *praemunitio*, προϋπεργασία, auch προδιόρθωσις, προθεραπεία genannt, die bei größerem Umfang *praeparatio, praestructio*, προκατασκευή und προπαρασκευή bezeichnet würden. Es ist wahr, daß die Bezeichnungen dieser Figuren schwanken; Länge oder Kürze spielt aber nur beim Unterschied von Wort- und Sinnfiguren eine Rolle, sonst ist es riskant, die Bezeichnung einer Figur von ihrer Ausdehnung abhängig zu machen. Die προδιόρθωσις und προθεραπεία gehören dazu noch in einen anderen Zusammenhang.

In der παρρησία,[41] *licentia*,[42] sagt man nach dem Auctor ad Herennium[43] bei Personen, die man verehren oder auch fürchten sollte, etwas für sein eigenes Recht, was jene oder ihre Freunde wegen irgendeines Fehlers mit Recht zu tadeln scheint. Wenn dabei nach Rutilius Lupus[44] *vehementer cum iudice agendum est, et vitium aut erratum eius audacter coram eo reprehendendum*, ist es nicht ausgeschlossen, daß der Redner einmal etwas Falsches vorbringt. In diesem Falle muß er seinen Fehler, mit einer Besänftigung verbunden, in einer διόρθωσις, *correctio*,[45] wieder gutmachen. Ist der Tadel nicht so schlimm, nicht so anmaßend oder ungerecht, kann man ihn auch so vorbringen, daß man sagt, man sei besorgt darüber, wie der Tadel aufgenommen würde, müsse ihn aber doch der Wahrheit wegen aussprechen. In diesem Falle erfolgt die *correctio* vor der zu entschuldigenden Aussage, προδιόρθωσις, *praecedens correctio*:[46] *ubi aliquid necessarium dictu, sed insuave audientibus aut odiosum nobis dicturi sumus*. So sagt Cicero:[47] *Quaeso, Eruci, ut hoc in bonam partem accipias; non enim exprobrandi causa, sed commo-*

---

[38] Quint. inst. IX 2, 17; Ps. Iul. Ruf. schem. dian. 3 p. 60,22f. H.
[39] Cic. Deiot. 2,4.
[40] R. Volkmann, a.a.O. S. 494f.
[41] Quint. inst. IX 2,27; Rut. Lup. II 18 p. 20, 20 H; Iul. Ruf. rhet. 33 p. 46,17 H: oratio libera; Carm. de fig. V. 130 p. 68 H: inreticentia.
[42] Auct. ad Herenn. IV 36,48; Quint. inst. IX 2,27; Iul. Ruf. rhet. 33 p. 46,17 H.
[43] Auct. ad Herenn. IV 36,48.
[44] Rut. Lup. II 18 p. 20,21f. H.
[45] Hdn. fig. p. 95,17 Sp III; Schem. dian. 2 p. 71,8 H.
[46] Aquila rhet. 1 p. 23,8ff. H; vgl. Alex. fig. I 3 p. 14,26 Sp III; Phoib. fig. II 2 p. 51,2 Sp III; Tib. fig. 8 p. 62,7 Sp III; Hdn. fig. p. 95,22 Sp III; Anon. fig. 1 p. 174,12 Sp III.
[47] Cic. S. Rosc. 16,45.

nendi gratia dicam. Erfolgt die *correctio* erst nach der beanstandeten Aussage, heißt sie ἐπιδιόρθωσις[48] oder μετάνοια.[49]

Als dritte Art der διόρθωσις nennen die Rhetoren die ἀμφιδιόρθωσις,[50] eine Vereinigung von προδιόρθωσις und ἐπιδιόρθωσις, so daß dem kränkenden Satz voraus eine beruhigende Vorbereitung und nach ihm in etwas gemilderter Form die unangenehme Aussage noch einmal erscheint: ὅταν καὶ πρὶν εἰπεῖν καὶ εἰπόντες ἀσφαλιζώμεθα τὸν λόγον·[51] ἡ καὶ πρότερον καὶ ὕστερον θεραπεύουσα τὸ λεγόμενον·[52] ὅταν καὶ πρὸ τοῦ εἰπεῖν τὸ δυσχερὲς καὶ μετὰ τὸ εἰπεῖν θεραπεύωμεν·[53] *cum in medio dictum iam aliquid aspere et iterum simili modo dicendum excusatione temperamus.*[54] Nach diesen Aussagen kann nicht von einer doppelten Form[55] die Rede sein oder davon, daß die ἀμφιδιόρθωσις einen doppelten Anstoß zu beseitigen suche, wie R. Volkmann[56] sagt, dessen Beispiel aus Demosthenes überhaupt keine ἀμφιδιόρθωσις ist. Neben der *correctio* als Sinnfigur gibt es auch eine Wortfigur, wenn der Redner sich nur in der Wortwahl vergriffen hat. Sie heißt ὑπαλλαγή.[57] Kommt die Figur lediglich durch ein steigerndes Synonym zustande, ist es eine Wortfigur: οὐκ ἔστι τοῦτο φιλία, ἀλλ᾽ ἔρως.[58] Sind dagegen Sachen Gegenstand der *correctio*, ist es eine Sinnfigur: *senatus haec intellegit, consul videt; hic tamen vivit. vivit? immo vero etiam in senatum venit.*[59] Als Wortfigur muß dagegen das Wort des Demosthenes[60] bezeichnet werden: ὀψὲ γάρ ποτε, ὀψὲ λέγω · χθὲς μὲν οὖν καὶ πρώην.

Eine gewisse Verwandtschaft mit der *correctio* besteht bei drei Figuren, die Quintilian[61] wegen der in ihnen waltenden *simulatio* zusammengestellt hat. Als erste hat er die *confessio nihil nocitura* gewählt und auf eine Stelle in der Rede Ciceros für Ligarius verwiesen, deren überlegene Ironie leicht erkennbar ist. Ligarius, ein Anhänger des Pompeius, war nach dessen Tode in die Gewalt Caesars gefallen, der ihm nicht erlaubte, nach Rom zurückzukehren. Seine Familie hatte gerade begonnen, sich für die Rückkehr zu verwenden, wobei auch Cicero mithelfen sollte, als Q. Aelius Tubero gegen Ligarius Klage wegen *perduellio* erhob. In dieser Sache nun hatte zuerst Pansa, wie aus der Einleitung hervorgeht, mit Erfolg gesprochen. Ligarius hatte seine Schuld bekannt und Verzeihung erhalten. Deshalb konnte mit beißender Ironie Cicero sagen[62]: *habes igitur, Tubero, quod est accusatori maxime optandum, confitentem reum.*

Die nächste Figur ist die *concessio,* παρομολογία,[63] συγχώρησις,[64] *cum aliquid etiam*

---

[48] Alex. fig. I 4 p. 15,6 Sp III; Phoib. fig. II 2 p. 51,6 Sp III; Tib. fig. 9 p. 62,18 Sp III; Hdn. fig. p. 95,30 Sp III; Anon. fig. 48 p. 148,22; 2 p. 174,18 Sp III; Schem. dian. 3 p. 72,3 H: superioris rei correctio.
[49] Rut. Lup. I 16 p. 10,4 H.
[50] Alex. fig. I 5 p. 15,20 Sp III; Anon. fig. 3 p. 175,5 Sp III; Schem. dian. 4 p. 72,6 H.
[51] Alex. fig. I 5 p. 15,22f. Sp III.
[52] Anon. fig. 3 p. 175,7f. Sp III.
[53] Zonai. fig. I 3 p. 161,19ff. Sp III.
[54] Schem. dian. 4 p. 72,6f. H.
[55] H. Lausberg, Handbuch der literarischen Rhetorik, München 1973², § 786 S. 389.
[56] R. Volkmann, a.a.O. S. 496.
[57] Alex. fig. II 28 p. 40,21f. Sp III; Anon. fig. 22 p. 187,23 Sp III; Zonai. fig. II 24 p. 170,7 Sp III.
[58] Alex. fig. II 28 p. 40,28 Sp III.
[59] Cic. Catil. I 1,2.
[60] Demosth. or. XVIII 130; Alex. fig. II 28 p. 40,25f. Sp III; Rut. Lup. I 16 p. 10,9f. H.
[61] Quint. inst. IX 2,51.
[62] Cic. Lig. 1,2.
[63] Rut. Lup. I 19 p. 11,13 H; Carm. de fig. V. 121 p. 68 H: suffessio.
[64] Schem. dian. 26 p. 74,15 H.

iniquum videmur causae fiducia pati,[65] *cum aliquot res adversario concedimus, deinde aliquid inferimus, quod aut maius sit quam superiora, aut etiam omnia, quae posuimus, infirmet.*[66] Nach der Aufzählung einiger Stellen von Erpressungen fährt Cicero in der Rede gegen Verres[67] fort: *levia sunt haec in hoc reo. metum virgarum nauarchus, homo nobilissimus suae civitatis, pretio redemit: humanum est. alius ne condemnaretur, pecuniam dedit: usitatum est. non vult populus Romanus obsoletis criminibus accusari Verrem, nova postulat, inaudita desiderat.*

Mit der *concessio* verwandt ist die *permissio*,[68] ἐπιτροπή,[69] eine hauptsächlich in der beratenden, aber auch in der gerichtlichen Rede erscheinende Figur: *cum aliqua ipsis iudicibus relinquimus aestimanda, aliqua nonnumquam adversariis quoque.*[70] Rutilius Lupus[71] überträgt aus einer Gerichtsrede des Hypereides: *sed ego iam, iudices, summum ac legitimum, quod exposui, meae causae ius omitto: vobis, quod aequissimum videatur, ut constituatis permitto.* Die *permissio* überläßt es im Vertrauen auf die eigene Stärke dem Richter, manchmal sogar dem Gegner, die Sache wie die Worte nach eigenem Gutdünken zu beurteilen. So sagt Cicero:[72] *quae cum ita sint, Catilina, perge quo coepisti: egredere aliquando ex urbe; patent portae; proficiscere. nimium diu te imperatorem tua illa Manliana castra desiderant. educ tecum etiam omnis tuos, si minus, quam plurimos; purga urbem.* Es spricht ein hoher Grad von Selbstsicherheit aus dieser Figur, die der Rede einen leicht ironischen Charakter verleiht.

An die dritte Stelle der durch die *simulatio* miteinander verwandten Figuren hat Quintilian[73] die *consensio* gestellt, die vorliegt, *cum alicui rei adsentimur, quae est futura pro nobis.* Er verweist dafür auf Ciceros Rede ‚Pro Cluentio'. Dieser hatte seinen Stiefvater Oppianicus beschuldigt, daß er ihn durch Gift habe beseitigen wollen. Oppianicus wurde auch verurteilt, allein das Urteil wurde als durch Bestechung der Richter zustande gekommen vielfach angefochten. Nach dem Tode des Oppianicus im Exil veranlaßte seine Witwe Sassia, die Mutter des Cluentius, eine Klage gegen diesen wegen Giftmordes an seinem Stiefvater. Quintilian beruft sich nun, um ein Beispiel für die *consensio* zu bekommen, auf den Teil der Rede Ciceros, in dem sich Cicero mit dem Vorwurf der Bestechung der Richter durch Cluentius im ersten Verfahren beschäftigt:[74] *illud ostendam* hatte er angekündigt, *quod maxime requiri intellego iudicium illud pecunia esse temptatum non a Cluentio, sed contra Cluentium.* Er tut das in der Art eines Dialogs, in dem er die Fragen stellt und sie auch selbst beantwortet:[75] ‚*quid ergo? negasne illud iudicium esse corruptum?*' *non nego, sed ab hoc corruptum non esse confirmo.* ‚*a quo igitur est corruptum?*' *opinor, primum, ... eum potius corrupisse, qui metuisset ne ipse condemnaretur.* Besser wäre es, auf das oben[76] für die *confessio* von Quintilian angegebene, aber nicht zutreffende Beispiel zu verweisen. Cicero[77] geht mit der *consensio*

---

[65] Quint. inst. IX 2,51.
[66] Rut. Lup. I 19 p. 11,13 ff. H.
[67] Cic. Verr. II 5,44,117.
[68] Quint. inst. IX 2,25.
[69] Hdn. fig. p. 98,21 Sp III; Rut. Lup. II 17 p. 20,12 H; Iul. Ruf. rhet. 27 p. 45,15 H.
[70] Quint. inst. IX 2,25.
[71] Rut. Lup. II 17 p. 20,14 ff. H.
[72] Cic. Catil. I 5,10.
[73] Quint. inst. IX 2,51 f.
[74] Cic. Cluent. 4,9.
[75] Cic. Cluent. 23,63.
[76] Siehe S. 278.
[77] Cic. Verr. II 4,17,37; Quint. inst. IX 2,52.

so weit, daß er sogar die Freude des Verres an einem Verbrechen zeigt: *non tibi obicio, quod ... Apollonium ... omni argento optime facto spoliasti ac depeculatus es; taceo ... gaudeo etiam, si quid ab eo abstulisti, et abs te nihil rectius factum esse dico.*

Die *obsecratio vel obtestatio*, δέησις,[78] die Anrufung der Götter oder Menschen als Zeugen oder Beistand, ist ein Mittel, das Pathos zu steigern: *per superos atque hoc caelum ...*,[79] *per dexteram istam te oro, quam regi Deiotaro hospes hospiti porrexisti, istam, inquam, dexteram non tam in bellis neque in proeliis quam in promissis et fide firmiorem.*[80] Auch von leblosen Dingen, Landschaften und Heiligtümern der Götter, gibt es Anrufungen, wie in Ciceros Rede ‚Pro Milone':[81] *vos enim iam, Albani tumuli atque luci, vos, inquam, imploro atque testor, vosque Albanorum obrutae arae, sacrorum populi Romani sociae et aequales ... tuque ex tuo edito monte, Latiaris sancte Iuppiter, cuius ille lacus nemora finesque saepe omni nefario stupro et scelere maculabat, aliquando ad eum poeniendum oculos aperuisti;* in der Rede gegen Verres:[82] *o nomen dulce libertatis! o ius eximium nostrae civitatis! o lex Porcia legesque Semproniae! o graviter desiderata et aliquando reddita plebi Romanae tribunicia potestas!* In der Rede ‚Pro Balbo'[83] werden als Zeugen für die *virtus* des Pompeius angerufen: *o nomen nostri imperi! o populi Romani excellens dignitas! o Cn. Pompei sic late longeque diffusa laus, ut eius gloriae domicilium communis imperi finibus terminetur! o nationes, urbes, populi, reges, tetrarchae, tyranni – testes Cn. Pompei non solum virtutis in bello, sed etiam religionis in pace! vos denique, mutae regiones, imploro, et sola terrarum ultimarum; vos, maria, portus, insulae, litora!* Auch vor Gericht pflegte der Beklagte seine Richter zu beschwören:[84] *per carissima pignora, utique si et reo sint liberi, coniux, parentes, utilis erit; et deorum etiam invocatio.* Dieses Mittel wurde oft auch ironisch verwendet:[85] *rogat oratque te, Chrysogone, si nihil de patris fortunis amplissimis in suam rem convertit, si nulla in re te fraudavit, si tibi optima fide sua omnia concessit ... ut sibi per te liceat innocenti amicorum opibus vitam in egestate degere.*

Ähnlich ist auch die *exclamatio*,[86] ἐκφώνησις,[87] die eine Entladung der höchst gesteigerten Affekte, Freude, Trauer, Zorn und Bewunderung darstellt. Quintilian[88] sagt, daß sie von einigen, wozu auch der Auctor ad Herennium gehört, als *figura verborum* betrachtet wird. Er selbst hält sie aber des *adfectus* wegen lieber für eine *figura sententiarum*: *o tempora, o mores!*[89] *o rem incredibilem! o cupiditatem inconsideratam! o nuntium volucrem! administri et satellites Sex. Naevi Roma trans Alpes in Sebagninos biduo veniunt. o hominem fortunatum, qui eius modi nuntios seu potius Pegasos habeat!*[90] ἀλλ' Ἀνδροτίων, ὑμῖν πομπείων ἐπισκευαστής, Ἀνδροτίων, ὦ γῆ καὶ θεοί·[91] καὶ Χαρίδημον εἰ χρὴ φρουρεῖν βουλεύεται; Χαρίδημον; οἴμοι.[92]

Die ἀποστροφή, von der Quintilian[93] sagt, daß sie *mire movet*, tritt in verschiedenen

---

[78] Iul. Ruf. rhet. 16 p. 43,6 H.
[79] Verg. Aen. III 600.
[80] Cic. Deiot. 3,8.
[81] Cic. Mil. 31,85.
[82] Cic. Verr. II 5,63,163.
[83] Cic. Balb. 5,13.
[84] Quint. inst. VI 1,33.
[85] Cic. S. Rosc. 48,144.

[86] Auct. ad Herenn. IV 15,22; Cic. de orat. III 54,207; Quint. inst. IX 2,27.
[87] Fortun. rhet. II 19 p. 112,24 H.
[88] Quint. inst. IX 3,97f.
[89] Cic. Catil. I 1,2; Quint. inst. IX 2,26.
[90] Cic. Quinct. 25,80.
[91] Demosth. or. XXII 78.
[92] Demosth. or. XXIII 210.
[93] Quint. inst. IX 2,38.

Gestalten auf. Ps. Iulius Rufinianus[94] bemerkt, daß in der *conversio* (d.h. *aversio*), *sermo a recto et instituto ordine in diversum ac contrarium vertitur*, und führt dafür als Zeugnis an: Vergil[95] unterbricht beim Preise Italiens plötzlich die Beschreibung in der dritten Person und spricht nun die einzelnen Landschaften und dann die großen Männer seiner Geschichte selbst an; den Clitumnus, Laris und Benacus; dann zählt er wieder Völker und große Männer auf und schließt diese Reihe ab mit der Hinwendung an den Caesar selbst:

extulit, haec Decios Marios magnosque Camillos,
Scipiadas duros bello et te, maxime Caesar,
qui nunc extremis Asiae iam victor in oris
imbellem avertis Romanis arcibus Indum.

Bei der Schilderung der Liebesqualen der Dido[96] verfährt er ebenso:

quis tibi tum, Dido, cernenti talia sensus,
quosve dabas gemitus, cum litora fervere late
prospiceres arce ex summa, totumque videres
misceri ante oculos tantis clamoribus aequor!

Herodian,[97] nach dem die ἀποστροφή durch die μετάβασις προσώπων entsteht, erklärt das so, daß man die Erzählung in der dritten Person aufgibt und sich in der zweiten dem Gegenstande der Darstellung selbst zuwendet, was durch Beispiele aus der ‚Ilias' belegt wird: ἔνθα κέ τοι Μενέλαε φάνη βιότοιο τελευτή·[98]
die vom Anonymus[99] angeführten Beispiele:

Ἀτρεΐδη κύδιστε, φιλοκτεανώτατε πάντων,
πῶς γάρ τοι δώσουσι γέρας μεγάθυμοι Ἀχαιοί;
οὐδέ τί, που ἴδμεν ξυνήϊα κείμενα πολλά.

und

ὤ μοι, ἀναιδείην ἐπιειμένε, κερδαλεόφρον,
πῶς τίς τοι πρόφρων ἔπεσιν πείθηται Ἀχαιῶν
ἢ ὁδὸν ἐλθέμεναι ἢ ἀνδράσιν ἶφι μάχεσθαι;[100]

treffen nicht zu, weil in ihnen nicht der Dichter, sondern Achill spricht.

Alexandros[101] sieht die ἀποστροφή vorhanden, wenn πρόσωπον ἕτερον ἀνθ' ἑτέρου αἰτιώμεθα, ἤτοι πραΰνειν, ἢ ἐποτρύνειν ἐθέλοντες. Dafür wird als Beispiel angeführt:

Ἀτρεΐδη, νῦν δή σε, ἄναξ, ἐθέλουσιν Ἀχαιοί
πᾶσιν ἐλέγχιστον θέμεναι μερόπεσσι βροτοῖσιν,
οὐδέ τοι ἐκτελέουσιν ὑπόσχεσιν, ἥν περ ὑπέσταν
ἐνθάδ' ἔτι στείχοντες ἀπ' Ἄργεος ἱπποβότοιο,
Ἴλιον ἐκπέρσαντ' εὐτείχεον ἀπονέεσθαι.[102]

Alexandros[103] erklärt dazu, da es nicht recht wäre, wenn die Griechen dem König Vorhaltungen machten, habe Agamemnon die Rede umstilisiert. Eine ἀποστροφή

---

[94] Ps. Iul. Ruf. schem. lex. 26 p. 54,20ff. H.
[95] Verg. georg. II 146.159f.; 169ff.
[96] Verg. Aen. IV 408ff.
[97] Hdn. fig. p. 88,28ff. Sp III.
[98] Hom. Il. VII 104.
[99] Anon. fig. 26 p. 123,26ff. Sp III.
[100] Hom. Il. 1 122ff.; 149ff.
[101] Alex. fig. I 20 p. 23,29ff. Sp III.
[102] Hom. Il. II 284ff.
[103] Alex. fig. I 20 p. 24,4ff. Sp III.

kommt auch zustande,[104] wenn man an andere erinnert, die das Gleiche hätten tun können, worüber jetzt gesprochen wird, es aber nicht taten; somit gewinnt man die Gegner. Als Beispiel dient die Rede des Demosthenes gegen Meidias,[105] in der Demosthenes dem Verhalten des Meidias das des Iphikrates gegenüberstellt.

Aquila[106] bestimmt die ἀποστροφή, *aversio*, als eine Figur, in der *quae ad alios dicta volumus, ad alios dicere videmur*. Er denkt dabei an die Gerichtsrede, in der sich der Redner nicht selten vom Richter weg zum Angeklagten wendet, seine Worte aber zum Richter gesprochen wissen will. So hat Demosthenes auch in der zweiten Rede gegen Philipp[107] zu den Argivern, Arkadern und Messenern hin gesprochen. Vom Richter weg zum Ankläger hin spricht Cicero in der Rede ‚*Pro S. Roscio Amerino*'[108] zu Erucius und mit bitterer Ironie zu Chrysogonus:[109] *rogat oratque te, Chrysogone, si nihil de patris fortunis amplissimis in suam rem convertit, si nulla in re te fraudavit, si tibi optima fide sua omnia concessit, adnumeravit, appendit, si vestitum quo ipse tectus erat anulumque de digito suum tibi tradidit, si ex omnibus rebus se ipsum nudum neque praeterea quicquam excepit, ut sibi per te liceat innocenti amicorum opibus vitam in egestate degere*.

Quintilian[110] nimmt die Bezeichnung *aversio* auch für den Versuch in Anspruch, die Aufmerksamkeit der Hörer von den zur Behandlung stehenden Fragen abzuwenden, indem man vorgibt, etwas anderes erwartet oder befürchtet zu haben. In der ἀποστροφή kann sich der Redner auch an nicht anwesende, sogar an verstorbene Personen wenden. So kann als ἀποστροφή gelten, wenn Plinius[111] im ‚*Panegyricus*' sich vom Kaiser Trajan, dem der ‚*Panegyricus*' gilt, wegwendet zum Lobe von dessen Adoptivvater Nerva.

Phoibammon[112] und Herodian[113] behandeln die ἀποστροφή nicht nur als σχῆμα διανοίας, sondern auch als σχῆμα λέξεως.

An die erste Stelle der Behandlung der *figurae sententiarum* hat Quintilian[114] die Figur der Frage gestellt. Wenn Anaximenes[115] etwas über die Fragen und Antworten sagen will, geht es ihm nur um ein Mittel der Beweisführung, nicht um Figuren, und deshalb interessieren ihn nur die Antworten, mit denen der Beschuldigte sich aus der Schlinge zu ziehen versucht, falls er die Tat zugeben muß. Auch bei Aristoteles[116] ist die Frage nur ein Beweismittel. Die kleine, namenlos überlieferte Schrift περὶ ἐρωτήσεως καὶ ἀποκρίσεως stellt die Fragen ähnlich wie Aristoteles.

Nach Quintilian[117] wird gefragt: *quod negari non possit, ubi respondendi difficilis est ratio, aut invidiae gratia aut miserationis, aut instandi et auferendae dissimulationis, et indignationi convenit et admirationi; est interim acrius imperandi genus et ipsi nosmet rogamus*. Er beginnt mit der Frage *instandi causa*,[118] der sogenannten rhetorischen Frage, durch die *acrior ac vehementior fit probatio*, mit der z. B. Cicero die erste Rede gegen

---

[104] Alex. fig. I 20 p. 24,7 ff. Sp III.
[105] Demosth. or. XXI 62.
[106] Aquila rhet. 9 p. 25,3 ff. H.
[107] Demosth. or. VI 19.
[108] Cic. S. Rosc. 15,43 f.; 29,79 ff.; 32,89.
[109] Cic. S. Rosc. 49,144.
[110] Quint. inst. IX 2,39.
[111] Plin. paneg. 89.

[112] Phoib. fig. I 5 p. 49,29 ff. Sp III.
[113] Hdn. fig. p. 96,2 ff. Sp III.
[114] Quint. inst. IX 2,6.
[115] Anaxim. rhet. 36,43,1444 b 8 ff.
[116] Arist. rhet. III 18,1418 b 40 ff.; siehe S. 133-135.
[117] Quint. inst. IX 2,8 – 11.
[118] Quint. inst. IX 2,6 f.

Catilina[119] beginnt: *quo usque tandem abutere, Catilina, patientia nostra?* Die Bezeichnung für eine solche Frage, die nur mit ‚ja' oder überhaupt nicht beantwortet werden kann, ist ἐρώτημα,[120] *interrogatum*,[121] ἐρώτησις.[122] Meister dieser unnachgiebig drängenden Frage war Demosthenes, von dem Hermogenes[123] über das in der Kranzrede verwendete σχῆμα κατ' ἐρώτησιν ἐξ ἀποστροφῆς sagt, daß er ἐπιμένει καὶ δεινῶς ἐπίκειται τῷ ἐχθρῷ, ταῖς συνεχέσιν ἐρωτήσεσιν οὐδὲ ἀναπνεῖν ἐῶν. Gerade einer schlagartig aufeinanderfolgenden Reihe solcher Fragen, der ἐπερώτησις, *ut interrogando urgeat*,[124] kommt eine besonders steigernde Wirkung zu, wie etwa, wenn Isokrates[125] die Athener an das Glück und Ende des Alkibiades erinnert: ἐκείνου τοίνυν εὖ μὲν πραττούσης τῆς πόλεως, τίς εὐδαιμονέστερος ἢ θαυμαστότερος ἢ ζηλωτότερος ἦν τῶν πολιτῶν, δυστυχησάσης δὲ τίς ἐλπίδων μειζόνων ἢ χρημάτων πλειόνων ἢ δόξης καλλίονος ἐστερήθη; οὐ τὸ τελευταῖον ἐπειδὴ κατέστησαν οἱ τριάκονθ' οἱ μὲν ἄλλοι τὴν πόλιν ἔφυγον, ἐκεῖνος δ' ἐξ ἁπάσης τῆς Ἑλλάδος ἐξέπεσεν; οὐ Λακεδαιμόνιοι καὶ Λύσανδρος ὁμοίως ἔργον ἐποιήσαντ' ἐκεῖνον ἀποκτεῖναι καὶ τὴν ὑμετέραν καταλῦσαι δύναμιν, οὐδεμίαν ἡγούμενοι πίστιν ἕξειν παρὰ τῆς πόλεως, εἰ τὰ τείχη καταβάλοιεν, εἰ μὴ καὶ τὸν ἀναστῆσαι δυνάμενον ἀπολέσαιεν;

Zum Unterschied von den Fragen, die nur mit ‚ja' oder ‚nein' beantwortet werden können, heißen diejenigen, die eine längere Antwort verlangen, πύσματα,[126] *quaesitum*[127] oder πεύσεις.[128]

Stellt der Redner eine Frage und beantwortet sie auch gleich selber (ὅταν πρὸς πεῦσιν καὶ ἀπόκρισιν συλλογίζηται ἃ βούλεται), als ob ein Dialog stattfände, ist das die von Tiberios[129] διαλεκτικόν genannte Figur. Ein Beispiel aus der Rede κατὰ Ἀνδροτίωνος[130] des Demosthenes, der das σχῆμα διαλεκτικὸν μάλιστα ποιεῖ, veranschaulicht am besten diese Figur: πότεροι ⟨δοκοῦσιν ἀδικεῖν μᾶλλον τὴν πόλιν⟩, οἱ τὰ τῆς πόλεως κλέπτοντες ἢ οἱ τὰ ἑαυτῶν εἰσενεγκεῖν μὴ δυνάμενοι; φαίης ἂν ἐκείνους. τί ποτ' οὖν ὄντων ἐτῶν πλειόνων ἢ λ' ἐν οἷς πολλοὶ παρὰ τούτοις ἐπικέκρινται, οὐδενὸς τῶν πώποτε ἐξητάσθης κατήγορος; ὅτι ἐκείνοις μὲν συνηδίκεις, ἀπὸ δὲ τῶν εἰσπραττομένων ὑφῃροῦ.

Nicht sehr verschieden vom γένος διαλεκτικόν, in dem der Redner sich selbst Fragen stellt und dabei immer überlegt, was er tun soll, ist die von Tiberios[131] unter die σχήματα λέξεως eingereihte ὑποφορά, die darin besteht, daß der Redner die Rede nicht geradlinig fortsetzt, sondern sich selbst Fragen stellt und sie beantwortet, als ob zwei Personen im Dialog miteinander sprächen, wie Demosthenes in der zweiten Rede gegen Philipp:[132] ἐγὼ τοίνυν λογίζομαι, τίνων ὁ Φίλιππος πρῶτον γέγονε

---

[119] Cic. Catil. I 1,1; Quint. inst. IX 2,7.
[120] Alex. fig. I 22 p. 24,31 Sp III; Anon. fig. 17 p. 179,20 Sp III; Schem. dian. 39 p. 75,27 H: interrogatio.
[121] Aquila rhet. 11 p. 25,19 H.
[122] Theon prog. 5 p. 97,26 Sp II; Schem. dian. 22 p. 74,3 H.
[123] Hermog. id. I 11 p. 286,5ff. R; vgl. Demosth. or. XVIII 63.
[124] Iul. Vict. 20 p. 433,33f. H.
[125] Isokr. or. XVI 40.

[126] Alex. fig. I 23 p. 25,6 Sp III; Anon. fig. 18 p. 179,27 Sp III; Schem. dian. 40 p. 76,1 H: percontatio; vgl. 23 p. 74,5 H.
[127] Aquila rhet. 12 p. 25,26 H.
[128] Anon. de sublim. 18,1 p. 270,5 Sp. = p. 139,17 Sp. – H; Hermog. meth. 10 p. 425,11 R; Phoib. fig. II 3 p. 53,4 Sp III.
[129] Tib. fig. 19 p. 67,13ff. Sp III.
[130] Demosth. or. XXII 65f.
[131] Tib. fig. 39 p. 77,5ff. Sp III.
[132] Demosth. or. VI 7.

κύριος μετὰ τὴν εἰρήνην; Πυλῶν καὶ τῶν ἐν Φωκεῦσι πραγμάτων. τί οὖν; πῶς τούτοις ἐχρήσατο; ἃ Θηβαίοις συμφέρει, καὶ οὐχ ἃ τῇ πόλει, προείλετο πράττειν. τί δήποτε; ὅτι πρὸς πλεονεξίαν, οἶμαι, καὶ τὸ πάντα ὑφ' ἑαυτῷ ποιήσασθαι. Das entspricht im Lateinischen der von einigen *schema per suggestionem*[133] genannten *subiectio*,[134] die aber zu den σχήματα διανοίας gehört. In ihr gibt der Redner vor, daß der Gegner Fragen an ihn stelle, die er dann gewöhnlich mit ἀλλά, *at*, beginnend, widerlegt und dabei die Fragen immer erst wiederholt: *domus tibi deerat? at habebas. pecunia superabat? at egebas.*[135] Es entsteht also eine Art innerer Dialog, *subiectio* genannt, weil der Redner ὑποθείς τι ἢ ὡς παρὰ τοῦ ἀντιδίκου ἢ ὡς ἐκ τοῦ πράγματος ἀποκρίνηται πρὸς αὐτόν, ὥσπερ δύο ἀντιλεγόμενα πρόσωπα μιμούμενος.[136] d.h., daß die Frage sozusagen untergeschoben wird. Als Inhalt der Frage nennt der Auctor ad Herennium:[137] *quid ab illis aut quid contra nos dici possit*. Als Beispiel dafür gibt er an:[138] *nam quid me facere convenit cum a tanta Gallorum multitudine circumsederer? dimicarem? at cum parva manu tum prodiremus; locum quoque inimicissimum habebamus. sederem in castris? at neque subsidium quod exspectarem habebamus, neque erat, qui vitam produceremus. castra relinquerem? at obsidebamur . . .*

H. Lausberg[139] irrt, wenn er das *venustum schema* der αἰτιολογία[140] mit der *subiectio* gleichsetzt. Eine Aetiologie ist es nach Alexandros,[141] ὅταν προθέντες τι πρὸς τὸ γενέσθαι σαφέστερον αὐτὸ τὴν αἰτίαν προσαποδιδῶμεν. Nach dem Anonymus[142] ist sie ἡ αἰτία ἀποδιδοῦσα καὶ λόγον τοῦ εἰρημένου, nach Rufinianus[143] *ubi quasi alio interrogante nobis ipsis respondemus et rationem reddimus.* Rufinianus verweist dazu auf das Beispiel in Ciceros Rede für Tullius: *si qui furem occiderit, iniuria occiderit. quam ob rem? quia ius constitutum nullum est. quid si se telo defenderit? non iniuria. quid ita? quia constitutum est.*

Der Unterschied zwischen der Aetiologie und der *subiectio* besteht demnach darin, daß in dieser die Tatsächlichkeit einer Sache festgestellt wird, in der Aetiologie aber Grund und Ursache einer Sache festgestellt werden, um Klarheit zu schaffen. Daß dabei Fragen nicht unbedingt notwendig sind, zeigt das von Rutilius Lupus aus der Rede περὶ εἰρήνης des Isokrates[144] übertragene Beispiel: καίτοι προσῆκεν ὑμᾶς, εἴπερ ἠβούλεσθε ζητεῖν τὸ τῇ πόλει συμφέρον, μᾶλλον τοῖς ἐναντιουμένοις . . . εἰδότας, ὅτι τῶν ἐνθάδε παριόντων οἱ μὲν ἃ βούλεσθε λέγοντες ῥᾳδίως ἐξαπατᾶν δύνανται – τὸ γὰρ πρὸς χάριν ῥηθὲν ἐπισκοτεῖ τῷ καθορᾶν ὑμᾶς τὸ βέλτιστον – ὑπὸ δὲ τῶν μὴ πρὸς ἡδονὴν συμβουλευόντων οὐδὲν ἂν πάθοιτε τοιοῦτον. Der Auctor ad Herennium[145] nennt die Figur der Aetiologie *ratiocinatio per quam ipsi a nobis rationem poscimus quare quidque dicamus, et crebro nosmet a nobis petimus unius cuiusque propositionis explanationem.*

---

[133] Quint. inst. IX 2,15.
[134] Auct. ad Herenn. IV 23,33.
[135] Cic. orat. 67,223.
[136] Tib. fig. 39 p. 77,6ff. Sp III.
[137] Auct. ad Herenn. IV 23,33.
[138] Auct. ad Herenn. IV 24,34.
[139] H. Lausberg, a.a.O. § 772 S. 381.
[140] Alex. fig. I 8 p. 17,4 Sp III; Anon. fig. 6 p. 175,24 Sp III; Iul. Ruf. rhet. 8 p. 40,19 H: ἀπόφασις sive αἰτιολογία, venustum schema.
[141] Alex. fig. I 8 p. 17,4f. Sp III.
[142] Anon. fig. 6 p. 175,24f. Sp III.
[143] Iul. Ruf. rhet. 8 p. 40,19ff. H; vgl. Cic. Tull. 22,52.
[144] Isokr. or. VIII 10; vgl. Rut. Lup. II 19 p. 21,10ff. H.
[145] Auct. ad Herenn. IV 16,23f.

Er bemerkt zum Schluß, daß sie den Hörer fesselt *cum venustate sermonis tum rationum exspectatione*. Das erinnert an das Urteil des Iulius Rufinianus, sie sei ein *venustum schema*, steht aber mit seiner in weit ausholenden Beispielen zum Ausdruck kommenden Forderung nach einer *unius cuiusque propositionis explanatio* im Gegensatz zu der Feststellung des Rutilius Lupus:[146] *efficitur ratione brevi et sententiosa*. Quintilian[147] scheint übrigens gegen die αἰτιολογία des Rutilius, die er den *figurae verborum* zurechnen würde, Bedenken zu haben.

Der Redner kann auch vorgeben, eine Frage an sich selbst zu richten oder richten zu lassen und dann darauf antworten.[148] Der Zweck ist nach dem Anonymus,[149] ἵνα τὸν λόγον εὐκρινῆ ποιήσῃ. Das Beispiel wird aus der Rede περὶ παραπρεσβείας[150] des Demosthenes genommen: τίνος οὖν ἕνεκα ταῦτα λέγω; ἑνὸς μέν, ὦ Ἀθηναῖοι, μάλιστα καὶ πρώτου, ἵνα μηδεὶς ἡμῶν, ἐπειδάν τι λέγοντος ἀκούῃ μου, θαυμάζῃ. Ähnlich sagt Cicero in der Rede für Ligarius:[151] *apud quem igitur hoc dico? nempe apud eum, qui cum hoc sciret, tamen me, antequam vidit, rei publicae reddidit*. In der Rede ‚Pro Caelio'[152] läßt er sich von einem fingierten Gegner fragen: '*haec igitur est tua disciplina? sic tu instituis adulescentis? ob hanc causam tibi hunc puerum parens commendavit et tradidit, ut in amore atque in voluptatibus adulescentiam suam collocaret, et ut hanc tu vitam atque haec studia defenderes?*' Er gibt dann die Antwort: *ego, si qui, iudices, hoc robore animi atque hac indole virtutis atque continentiae fuit ut respueret omnis voluptates omnemque vitae suae cursum in labore corporis atque in animi contentione conficeret, quem non quies, non remissio ... delectarent ... hunc mea sentential divinis quibusdam bonis instructum atque ornatum puto*. Aber auch die Antwort kann zu einer Figur werden, wenn es dienlich ist oder die Steigerung fördert. Der Gefragte muß aber nicht unmittelbar auf die Frage antworten, sondern kann seine Antwort auch auf eine andere, noch nicht berührte Seite der *causa* hinlenken: wenn er z. B. auf die Frage, ob er von dem Angeklagten geprügelt wurde, antwortet, „und ohne daß ich Anlaß gegeben habe", ob er einen Menschen getötet habe, „ja, aber einen Räuber" und ob er sich ein Grundstück angeeignet habe, „ja, mein eigenes".[153]

In noch höherem Maße als bei der *subiectio* wirkt die *simulatio* bei der διαπόρησις,[154] ἀπορία,[155] *dubitatio*.[156] Sie besteht darin, daß man über eine Sache zwei oder mehrere Meinungen kennt und so tut, als ob man sich für keine entscheiden könne. Quintilian[157] und Iulius Rufinianus[158] lassen den Redner fragen, wo er anfangen und wo enden, was er am Anfang und was am Ende sagen oder ob er überhaupt reden solle;

---

[146] Rut. Lup. II 19 p. 21,8 H.
[147] Quint. inst. IX 3,93.
[148] Quint. inst. IX 2,14.
[149] Anon. fig. 20 p. 121,14 Sp III.
[150] Demosth. or. XIX 25.
[151] Cic. Lig. 3,7; Quint. inst. IX 2,14.
[152] Cic. Cael. 17,39.
[153] Quint. inst. IX 2,12f.
[154] Alex. fig. I 21 p. 24,22 Sp III; Phoib. fig. II 4 p. 54,1 Sp III; Tib. fig. 6 p. 61,14 Sp III; Anon. fig. 16 p. 179,12 Sp III; Aps. rhet. 5 p. 358,20; 12 p. 406,3 Sp. = p. 258,10; 328,14 Sp. – H; addubitatio: Aquila rhet. 10 p. 25,11 H; Iul. Ruf. rhet. 9 p. 40,32 H; Schem. dian. 32 p. 75,3 H; Mart. Cap. rhet. 38 (523) p. 478, 6f. H.
[155] Rut. Lup. II 10 p. 18,3 H; Iul. Ruf. rhet. 9 p. 40,32 H.
[156] Auct. ad Herenn. IV 29,40; Quint. inst. IX 2,19.
[157] Quint. inst. IX 2,19.
[158] Iul. Ruf. rhet. 9 p. 40,32ff. H.

ebenso Apsines.¹⁵⁹ Bei Aquila¹⁶⁰ holt sich der Redner bei den Richtern Rat, welches *genus* der Rede er verwenden solle. Als Beispiel nimmt Aquila eine Stelle aus Ciceros Rede ‚Pro Cluentio': *quod ad me attinet, quo me vertam, nescio. negem fuisse illam infamiam iudici corrupti? negem esse illam rem agitatam in contionibus, iactatam in iudiciis, commemoratam in senatu? evellam ex animis hominum tantam opinionem, tam penitus insitam, tam vetustam? non est nostri ingeni, vestri auxili est, iudices.* Neben der *dubitatio*, die sich auf die Sache (*res*) bezieht, gibt es noch eine zweite zu den σχήματα λέξεως gehörige, durch die der Redner seine Unsicherheit in der Wahl der Worte (*verba*) zu erkennen gibt. Auf sie allein beziehen sich die Beispiele des Auctor ad Herennium:¹⁶¹ *offuit eo tempore plurimum rei publicae consulum – sive stultitiam sive malitiam dicere oportet, sive utrumque* und *tu istuc ausus es dicere, homo omnium mortalium – quonam te digno moribus tuis appellem nomine?* Apsines¹⁶² sagt, daß in den παθητικαὶ διηγήσεις die διαπορήσεις gleich zu Anfang geeignet seien.

Verwandt mit der διαπόρησις ist die ἀνακοίνωσις,¹⁶³ κοινωνία,¹⁶⁴ *communicatio*,¹⁶⁵ die Beratung mit dem Gegner oder häufiger mit dem Richter. Sie unterscheidet sich dadurch von der *dubitatio*, daß sie vorgibt, zu überlegen, was man in der Gegenwart, Vergangenheit hätte tun sollen, während die *dubitatio* zum Schein die Frage stellt, wie und in welcher Art die Rede weitergeführt werden könne. In beiden Fällen aber ist nicht anzunehmen, daß der Redner abwartet, was der Gefragte antworten könnte oder gar, daß der Redner dem Rat des Gefragten folgte. Die *communicatio* ist nur eine *quasi deliberatio*.¹⁶⁶ Quintilian¹⁶⁷ fügt noch hinzu, daß auf die eigentliche *communicatio* noch etwas Unerwartetes folge, ein παράδοξον, *inopinatum*, eine ὑπομονή, *sustentatio*,¹⁶⁸ und er verweist dazu auf Cicero:¹⁶⁹ *quid deinde? quid censetis? furtum fortasse aut praedam aliquam?* Das *inopinatum* kann aber auch etwas sein, das nicht schwer wiegt und nur der Verteidigung dient oder etwas Verbrecherisches. Einige, denen Quintilian¹⁷⁰ aber nicht beipflichten will, belegen mit der Bezeichnung ‚*schema*' auch das, von dem wir sagen, es sei uns unerwartet zugestoßen.

Die ἐνάργεια,¹⁷¹ *quae a Cicerone illustratio et evidentia nominatur*,¹⁷² ist der Entwurf eines sprachlichen Bildes, das den Hörer oder den Leser auf eine unmittelbar vor seinen Augen geschehende Sache führt, so daß er sich selbst eher als Zuschauer als als Hörer fühlt.¹⁷³ Der Auctor ad Herennium¹⁷⁴ nennt sie *demonstratio*, durch die *ita verbis res exprimitur ut geri negotium et res ante oculos esse videatur. id fieri poterit si, quae ante et*

---

[159] Aps. rhet. 5 p. 358,20; 12 p. 406,4f. Sp. = p. 258,10f.; 328,15f. Sp.–H.

[160] Aquila rhet. 10 p. 25,13ff. H; vgl. Cic. Cluent. 1,4.

[161] Auct. ad Herenn. IV 29,40.

[162] Aps. rhet. 5 p. 358,18ff. Sp. = p. 258,8ff. Sp.–H.

[163] Iul. Ruf. rhet. 10 p. 41,8 H.

[164] Schem. dian. 24 p. 74,8 H: communicatio consilii.

[165] Cic. de orat. III 53,204; Quint. inst. IX 1,30; 2,20; Iul. Ruf. rhet. 10 p. 41,8 H.

[166] Cic. de orat. III 53,204.

[167] Quint. inst. IX 2,22f.

[168] Iul. Ruf. rhet. 34 p. 46,24 H; vgl. Quint. inst. IX 2,23 nach Celsus.

[169] Cic. Verr. II 5,5,10; Quint. inst. IX 2,22.

[170] Quint. inst. IX 2,24.

[171] Anon. de sublim. 15,2 p. 264,10f. Sp. = p. 131,18 Sp.–H; Quint. inst. VI 2,32; Ps. Iul. Ruf. schem. dian. 15 p. 62,29 H; Schem. dian. 1 p. 71,1 H: imaginatio.

[172] Quint. inst. VI 2,32.

[173] Cic. de orat. III 53,202; part. 6,20.

[174] Auct. ad Herenn. IV 55,68.

post et in ipsa re facta erunt, comprehendemus aut a rebus consequentibus aut circum instantibus non recedimus. Er gibt dann folgendes Beispiel: *quod simul atque Gracchus prospexit fluctuare populum, verentem ne ipse auctoritate senatus commotus sententia desisteret, iubet advocari contionem. iste interea scelere et malis cogitationibus redundans evolat e templo Iovis; sudans, oculis ardentibus, erecto capillo, contorta toga, cum pluribus aliis ire celerius coepit.* Alexandros[175] nennt sie διατύπωσις, die darin besteht, daß wir ἅμα προσώπων καὶ πραγμάτων παρασυναγωγὴν ποιησάμενοι μὴ τοὺς λόγους μόνον, ἀλλὰ καὶ τὰ ἐναργήματα καὶ τὰ πάθη καὶ εἴδη διατυπώμεθα· ebenso Phoibammon:[176] διατύπωσις δέ ἐστιν ἔκθεσις ἑνὸς πράγματος διὰ πλειόνων und auch der Anonymus.[177] Tiberios[178] sagt von ihr: ἡ δὲ διατύπωσις ὁτὲ μὲν ὑπομιμνήσκει τῶν γεγενημένων ἐνεργειῶν καὶ ἑκάστων ἐξαριθμουμένων τῶν μερῶν. Gegenstand der διατύπωσις können sein: Vorgänge aus dem täglichen Leben, landwirtschaftliche Arbeiten, Festlichkeiten, Trinkgelage, Schlachten, Belagerungen und Einnahmen von Städten, Seestürme, Seuchen, alles aber nicht historisch und naturgetreu, sondern nur wahrscheinlich. Dabei finden direkte Reden und Anreden an die anwesend gedachten Personen und die Schilderung im Präsens Verwendung.

Die παράλειψις, *praeteritio*,[179] geschieht nach dem Anonymus[180] ὅταν προσποιούμενοί τι παραλείπειν καὶ ἐὰν ἐν τῷ συγγράμματι ἡμεῖς οὐδὲν ἧττον λέγωμεν. Wie er betonen auch die übrigen Rhetoren mit Ausnahme des Anonymus der ‚Schemata dianoeas' das προσποιεῖσθαι, daß man vorgebe, etwas nicht sagen zu wollen oder nicht sagen zu können. Wenn aber der unterdrückte Gedanke dann doch kenntlich gemacht oder sogar ausdrücklich kundgetan wird, trägt das dazu bei, die Sache wichtiger erscheinen und das Ganze ironischen Charakter annehmen zu lassen. Deshalb haben auch nach Quintilian[181] einige Rhetoren die παράλειψις als ἀντίφρασις bezeichnet, so auch Ps. Iulius Rufinianus:[182] *ἀντίφρασις est figura sententiae, cum quaedam negamus nos dicere et tamen dicimus.* Anaximenes[183] hat als Ironie bezeichnet: λέγειν τι μὴ λέγειν προσποιούμενον ... τὸ μὲν οὖν ἐν προσποιήσει παραλείψεως λέγοντα συντόμως ἀναμιμνήσκειν. Man verwendet die παράλειψις, wenn die Dinge, die übergangen werden sollen, für die Sache des Redners ungünstig oder irgendwie ungebührlich sind, wenn sie etwa gegen das Schamgefühl verstoßen, aber auch, wenn die Weglassung nicht wesentlicher Dinge für den Fortgang und die Kürze der Rede förderlich ist; umgekehrt wird aber auch wieder durch die anstatt des λέγοντα συντόμως ἀναμιμνήσκειν der beanstandeten Sache verwendete Aufzählung nach κῶλα und κόμματα die Ironie noch schärfer zum Ausdruck gebracht. Beispiele: τὴν μὲν ἀσέλγειαν καὶ τὴν ὕβριν Μειδίου καὶ τὰ λοιπὰ ἄπειρα ὄντα κακὰ ἐάσω. καὶ οὔτε

---

[175] Alex. fig. I 24 p. 25,13ff. Sp III.
[176] Phoib. fig. II 2 p. 51,18f. Sp III.
[177] Anon. fig. 19 p. 180,5f. Sp III: διατύπωσις δέ ἐστι λόγος διηγηματικὸς ὑπ' ὄψιν ἄγων καὶ οἱονεὶ ζωγραφῶν τὰ πάλαι ποτὲ γενόμενα.
[178] Tib. fig. 43 p. 79,16ff. Sp III.
[179] Alex. fig. I 19 p. 23,10 Sp III; Phoib. fig. II 2 p. 51,14 Sp III; Tib. fig. 5 p. 60,27 Sp III; praeteritio: Aquila rhet. 8 p. 24,25 H; Schem. dian. 29 p. 74,27 H; Mart. Cap. rhet. 38 (523) p. 478,3 H.
[180] Anon. fig. 14 p. 178,16ff. Sp III.
[181] Quint. inst. IX 2,47.
[182] Ps. Iul. Ruf. schem. dian. 12 p. 62,16f. H.
[183] Anaxim. rhet. 21,1f., 1434a 17.25f.

τόδε λέγω οὔτε τόδε, οὐδ' ὡς ἠδίκησεν τὴν πόλιν οὗτος.[184] Λέγω δὲ ταῦτ' οὐ κατὰ πάντων, ἀλλὰ κατὰ τῶν ἐνόχων τοῖς λεγομένοις ὄντων. ἐπιλίποι δ' ἄν με τὸ λοιπὸν μέρος τῆς ἡμέρας, εἰ πάσας τὰς πλημμελείας τὰς ἐν τοῖς πράγμασιν ἐγγεγενημένας ἐξετάζειν ἐπιχειροίην. Οὐ μὴν ἀποστήσομαι παντάπασιν ὧν διενοήθην, ἀλλὰ τὰ μὲν πικρότατα καὶ μάλιστ' ἂν ὑμᾶς λυπήσαντα παραλείψω, μνησθήσομαι δὲ τούτων μόνον, ἐξ ὧν γνώσεσθε τὴν ἄνοιαν τῶν τότε πολιτευομένων.[185]

Die ἀποσιώπησις,[186] reticentia,[187] obticentia,[188] interruptio,[189] ist der παράλειψις ähnlich. Sie unterscheidet sich von ihr aber dadurch, daß die παράλειψις nur zum Schein ankündigt, etwas nicht sagen zu wollen, es aber doch sagt; die ἀποσιώπησις aber ist eine ἔκλειψις παντελής,[190] eine nur unvollständige, kurz nach Beginn abgebrochene Aussage ohne weitere Erläuterung des Gedankens. Der Abbruch erfolgt entweder nach einer extremen Steigerung des Affektes, als ob der Redner sich der Unziemlichkeit seiner gewollten Aussage bewußt geworden wäre, oder aus einem Konflikt des Gewissens heraus. Quintilian[191] sagt, daß die ἀποσιώπησις *ostendit aliquid adfectus vel irae*. Der Auctor ad Herennium[192] gibt als Beispiel für die *praecisio*, die er unter die Wortfiguren einreiht: *tu istuc audes dicere, qui nuper alienae domi – non ausim dicere*. Er verwendet aber das gleiche Beispiel etwas variiert noch einmal für die jetzt *abscisio*[193] genannte Sinnfigur: *qui ista forma et aetate nuper alienae domi – nolo plura dicere*. Zum ersten Falle wird bemerkt, daß die unausgesprochene Verdächtigung schlimmer ist als eine ausführliche Beschreibung, im zweiten, daß genügend Verdächtigung enthalten ist: *ista forma et aetate*. Hier ist die Unterdrückung der Aussage berechnet.

Die ἀποσιώπησις wird verwendet:

1. aus religiösen Hemmungen, wie z. B. εἰ ἐμπορεύσομαι, δέον εἰπεῖν κινδυνεύσω πλέων θάλασσαν, τοῦτο μὴ εἴπῃ διὰ τὸ βλάσφημον, εἴπῃ δὲ οὕτως, εἰ ἐμπορεύσομαι, σιωπῶ τὸ λοιπόν.[194]

2. aus Rücksicht auf die eigene Person: *mihi tecum par certatio non est, ideo quod populus Romanus me – nolo dicere, ne cui forte arrogans videar; te autem saepe ignominia dignum putavit; tu istuc audes dicere, qui nuper alienae domi – non ausim dicere, ne, cum te digna dicerem, me indignum quippiam dixisse videar.*[195]

3. aus Rücksicht auf die Hörer,

a) um für andere Kränkung oder sonstwie beunruhigende Aussagen zu vermeiden;[196] denn die ἀποσιώπησις ist ein λόγος σιωπῶν τὸ αἰσχρόν:[197] ἀλλ' ἐμοὶ μέν –

---

[184] Demosth. or. XXI 1; Alex. fig. I 19 p. 23,21 ff. Sp III.
[185] Isokr. or. VIII 56.81.
[186] Alex. fig. I 16 p. 22,7 Sp III; Phoib. fig. II 1 p. 50,10 Sp III; Tib. fig. 10 p. 62,26 Sp III; Anon. fig. 47 p. 142,9 Sp III; Quint. inst. IX 2,54; Aquila rhet. 5 p. 24,8 H; Schem. dian. 30 p. 74,30 H.
[187] Aquila rhet. 5 p. 24,8 H; vgl. Cic. de orat. III 53,205.
[188] Quint. inst. IX 2,54 nach Celsus.
[189] Quint. inst. IX 2,54; nonnulli interruptionem appellant.
[190] Phoib. fig. II 1 p. 50,10 Sp III.
[191] Quint. inst. IX 2,54.
[192] Auct. ad Herenn. IV 30,41.
[193] Auct. ad Herenn. IV 54,67.
[194] Phoib. fig. II 1 p. 50,11 ff. Sp III.
[195] Auct. ad Herenn. IV 30,41.
[196] Quint. inst. IX 2,54.
[197] Alex. fig. I 16 p. 22,8 f. Sp III; Anon. fig. 13 p. 178,5 Sp III.

οὐ βούλομαι δὲ δυσχερὲς οὐδὲν εἰπεῖν ἀρχόμενος τοῦ λόγου·[198] τοσαῦτα, ὦ Ἀθηναῖοι, ὅσα ὀκνήσαιμ᾽ ἂν εἰπεῖν.[199] Aquila[200] will *individiosa* vermieden wissen.

b) um Schmutziges und Unanständiges nicht sagen zu müssen. Dazu gehören natürlich auch αἰσχρά und *turpia*; der Anonymus[201] sagt, man müsse darauf sehen, ὥστε μὴ μολῦναι τὴν γλῶτταν ἢ τὰ γράμματα ἢ τοὺς ἀκούοντας αἰσχροῖς λόγοις.

c) um zu einem neuen Punkt überzuleiten.

Zur ἀποσιώπησις kann man auch rechnen, wenn man nicht nur einen Gedanken unterdrückt, sondern, wenn man genügend Material geboten zu haben glaubt, an einem günstigen Punkt die Ausführungen überhaupt abbricht. So schließt Cicero,[202] nachdem er Ligarius mit einer Reihe drängender Fragen überschüttet hatte, *nimis urgeo; commoveri videtur adulescens. ad me revertar.*

Unter der ἠθοποιΐα,[203] *moralis confictio*,[204] *figuratio vel expressio*,[205] *data locutio certae personae*,[206] *sermocinatio*,[207] μίμησις,[208] versteht man die Nachahmung einer lebenden Person. Man legt ihr Reden in den Mund, die ihrem Charakter und den Zeitumständen entsprechen, um dadurch seine Behauptung glaubwürdiger zu machen als es die eigenen Worte vermögen. Das ist die Erklärung des Alexandros.[209] Zonaios[210] und der Anonymus[211] aber halten sie nur bei unbelebten Dingen für möglich. Noch weiter von der Erklärung des Alexandros entfernt sich jene des Phoibammon[212] und des Tiberios,[213] wonach die Ethopoeie nur vorliegt, wenn man aus Furcht oder Scheu, einen verletzenden Tadel auszusprechen, dies lieber einer anderen Person zuschiebt, etwa dem Gegner. Als Erläuterung und Beleg dazu benützen sie die gleiche Stelle aus der ‚Ilias',[214] wie sie Alexandros herangezogen hat, um die ἀποστροφή zu erläutern. Hermogenes[215] unterscheidet Ethopoeien auf unbestimmte Personen, wie etwa Achill zu Deiodameia spricht, wenn er im Begriffe steht, in den Krieg zu ziehen. Man kann die Ethopoeien auch gliedern in einfache, wenn der Redner die Rede ordnet und zu sich selber spricht, und in doppelte, wenn er zu einem anderen spricht; zu sich selber, wie etwa der Feldherr nach der siegreichen Rückkehr aus der Schlacht mit sich selber sprechen könnte, zu einem anderen, wenn er nach dem Siege zum Meere spricht. Schließlich unterscheidet er noch:[216]

---

[198] Demosth. or. XVIII 3; Hdn. fig. p. 95,12f. Sp III.

[199] Demosth. or. XVIII 103; Alex. fig. I 16 p. 22,13f. Sp III.

[200] Aquila rhet. 5 p. 24,13 H; Quint. inst. IX 2,55.

[201] Anon. fig. 13 p. 178,6ff. Sp III.

[202] Cic. Lig. 3,9; Quint. inst. IX 2,57.

[203] Alex. fig. I 15 p. 21,24 Sp III; Phoib. fig. II 3 p. 52,20.26 Sp III; Tib. fig. 11 p. 63,6 Sp III; Anon. fig. 10 p. 177,2 Sp III; Quint. inst. IX 2,58; Aquila rhet. 4 p. 23,30 H; Rut. Lup. I 21 p. 12,5 H; Ps. Iul. Ruf. schem. dian. 13 p. 62,23 H; Schem. dian. 5 p. 72,12 H; Sulp. Vict. 19 p. 323,7 H; Hermog. prog. 9 p. 20,7 R.

[204] Aquila rhet. 4 p. 23,30 H.

[205] Ps. Iul. Ruf. schem. dian. 13 p. 62,24f. H.

[206] Schem. dian. 5 p. 72,12 H.

[207] Auct. ad Herenn. IV 52,65; Quint. inst. IX 2,31.

[208] Hermog. prog. 9 p. 20,7 R; Quint. inst. IX 2,58: *imitatio morum alienorum*.

[209] Alex. fig. I 15 p. 21,24ff. Sp III.

[210] Zonai. fig. I 10 p. 162,22f. Sp III.

[211] Anon. fig. 10 p. 177,2f. Sp III.

[212] Phoib. fig. II 3 p. 52,11ff. Sp III.

[213] Tib. fig. 11 p. 63,6ff. Sp III.

[214] Hom. Il. II 284ff.

[215] Hermog. prog. 9 p. 20,19ff.; 24ff. R.

[216] Hermog. prog. 9 p. 21,10ff. R.

1. ἠθοποιΐαι ἠθικαί, wenn in ihnen durchaus das ἦθος herrscht, so wie ungefähr ein Bauer sprechen würde, wenn er zum ersten Male ein Schiff sieht.

2. παθητικαί, wenn das πάθος vorherrscht, wie etwa Andromache zu Hektor gesprochen haben dürfte.

3. μικταί, wenn πάθος und ἦθος zusammenkommen, wie etwa Hektor vor der Leiche des Patroklos hätte sprechen können, πάθος nämlich wegen der Tötung des Patroklos, ἦθος, wenn er über den Krieg nachdenkt.

Auf historische Wahrheit können diese Reden keinen Anspruch erheben, man muß nur sehen, daß nach Person und Zeit das πρέπον gewahrt wird; denn ein junger Mann spricht anders als ein Greis, anders einer, der sich freut, anders einer, der eine Kränkung erlitten hat.[217] Cicero[218] läßt den Milo sprechen: *valeant, valeant cives mei; sint incolumes, sint florentes, sint beati; stet haec urbs praeclara mihique patria carissima, quoquo modo erit merita de me; tranquilla re publica mei cives, quoniam mihi cum illis non licet, sine me ipsi sed propter me tamen perfruantur. ego cedam atque abibo ...* In der Rede für Quinctius[219] hat er die Rede des Naevius in einen Dialog umgewandelt: *quid ad haec Naevius? ridet scilicet nostram amentiam, qui in vita sua rationem summi officii desideremus et instituta virorum bonorum requiramus. 'quid mihi', inquit, 'cum ista sanctimonia ac diligentia? viderint' ,inquit, 'ista officia viri boni, de me autem ita considerent: non quid habeam, sed quibus rebus invenerim, quaerant, et quem ad modum natus et quo pacto educatus sim'. haec ille, si verbis non audet, re quidem vera palam loquitur.*[220]

Wird dagegen eine Person, die überhaupt nicht gelebt hat, oder wenn, dann doch bereits gestorben ist, und werden Tote aus der Unterwelt herbeigerufen, um Reden zu halten und sich auch sonst wie lebende Menschen zu verhalten, ist das die Figur der προσωποποιΐα,[221] *deformatio vel effiguratio*,[222] *personae confictio*.[223] Qunitilian[224] will die Trennung in ἠθοποιΐα und προσωποποιΐα nicht aufrecht erhalten; manche haben es vorgezogen, die *sermones hominum adsimulatos*, die ἠθοποιΐα, διάλογος zu nennen. Die ‚Schemata dianoeas'[225] sahen nur die Personifikation seelenloser Dinge oder die Rückkehr eines Toten mit der ihnen angepaßten Sprache als προσωποποιΐα an, ebenso Rutilius Lupus.[226] Alexandros, Aquila, die Anonymi[227] wollten nur ἄψυχα gelten lassen. Cicero[228] hat der Clodia ihren Ahnherrn Claudius Caecus gegenübergestellt: *mulier, quid tibi cum Caelio, quid cum homine adulescentulo, quid cum alieno? cur aut tam familiaris huic fuisti ut aurum commodares, aut tam inimica ut venenum timeres? non patrem tuum videras, non patruum, non avum, proavum, atavum audieras consules fuisse?* Das Vaterland, ganz Italien, die ganze *res publica* könnte Cicero zu sich spre-

---

[217] Hermog. prog. 9 p. 21,6ff. R.
[218] Cic. Mil. 34,93.
[219] Cic. Quinct. 17,55f.
[220] Vgl. Cic. Cluent. 26,70ff.
[221] Alex. fig. I 12 p. 19,15 Sp III; Phoib. fig. II 3 p. 52,14 Sp III; Anon. fig. 11 p. 177,9 Sp III; Anon. trop. 16 p. 212,14 Sp III; Quint. inst. IX 2,29.31; Rut. Lup. II 6 p. 15,5 H; Aquila rhet. 3 p. 23,22 H; Ps. Iul. Ruf. schem. dian. 14 p. 62, 26 H; Schem. dian. 6 p. 72,15 H.
[222] Ps. Iul. Ruf. schem. dian. 14 p. 62,27f. H.
[223] Aquila rhet. 3 p. 23,22 H; vgl. Quint. inst. IX 2,29: fictio personae.
[224] Quint. inst. IX 2,31f.
[225] Schem. dian. 6 p. 72,15f. H.
[226] Rut. Lup. II 6 p. 15,5ff. H.
[227] Alex. fig. I 12 p. 19,15ff. Sp III; Aquila rhet. 3 p. 23,24f. H; Anon. fig. 11 p. 177,9f.; trop. 16 p. 212,14f. Sp III.
[228] Cic. Cael. 14,33.

chen lassen:²²⁹ *M. Tulli, quid agis? tune eum quem esse hostem comperisti, quem ducem belli futurum vides, quem exspectari imperatorem in castris hostium sentis, auctorem sceleris, principem coniurationis, evocatorem servorum et civium perditorum, exire patiere, ut abs te non emissus ex urbe, sed immissus in urbem esse videatur?* Hermogenes²³⁰ beruft sich darauf, daß Aristeides das Meer zu den Athenern sprechen ließ. Aber auch abstrakte Begriffe wurden personifiziert: *Fama* aus Vergils ‚Aeneis', *Voluptas* und *Virtus* aus Xenophons ‚Memorabilia Socratis'; aus Ennius führt Quintilian *Mors* und *Vita* an.²³¹ Die Personifikation von leblosen Begriffen führt nun auch dazu, verwandtschaftliche Beziehungen zwischen den einzelnen herzustellen, so daß Rutilius Lupus²³² sich auf *nam crudelitatis mater avaritiast, pater furor: haec facinori iuncta odium parit; inde exitium nascitur* berufen kann.

H. Lausberg führt neben der *correctio* und dem *antitheton* noch zwei „Figuren der Sachzugewandtheit"²³³ auf:

1. Die *finitio*, ὁρισμός, ist „ein verallgemeinertes Argument des *status finitionis*; sie ist die der Partei-*Utilitas* dienende Begriffsbestimmung",²³⁴ eine im eigenen Interesse des Anklägers oder Verteidigers erfundene, von der gewöhnlichen abweichende Deutung der strittigen Sache. Herodian²³⁵ erklärt den ὁρισμός: ὁρισμὸς δέ ἐστιν, ὅταν προθέντες ὄνομά τι ἢ ῥῆμα, οἷόν ἐστιν, ὁριζώμεθα und gibt als Beispiel: παραπέμπει γὰρ ἡμᾶς ἡ ἐλπίς, αὕτη δὲ ἀτυχούντων ἐστὶν ἐφόδιον.²³⁶ Rutilius Lupus²³⁷ erklärt, die *definitio* komme zustande, *cum definimus aliquam rem nostrae causae ad utilitatem neque tamen contra communem opinionem: nam virtutis labor vera voluptatis exercitatio est*.

2. Die *conciliatio*, συνοικείωσις:²³⁸ *docet diversas res coniungere et communi opinioni cum ratione adversari, et habet magnam vim vel ex laude vitium vel ex vitio laudem exprimendi*.²³⁹ Sie ist die Ausnützung eines gegnerischen Argumentes „zum Nutzen der eigenen Partei".²⁴⁰ Damit läßt sich aber nicht dieses Beispiel verbinden:²⁴¹ *Demosthenes cum ei quidam obiecisset, matre Scytha natum, respondit: non miraris igitur, quod Scytha matre et barbara natus tam bonus et clemens evaserim?* und ebensowenig die Erläuterung Quintilians:²⁴² *non utique detractionis gratia factam coniunctionem* συνοικείωσιν *vocant, quae duas res diversas colligat: tam deest avaro, quod habet, quam quod non habet*. Das Beschimpfende der getadelten Tatsache wird aufgehoben durch die guten Folgen, die sich aus ihr ergeben haben. Meiner Meinung nach liegt überhaupt keine Figur vor.

Das ἀντίθετον wird von Anaximenes²⁴³ beschrieben als das τοῖς μὲν ὀνόμασιν μόνον ἀντίθετον wie διδότω ὁ πλούσιος καὶ εὐδαίμων τῷ πένητι καὶ ἐνδεεῖ, als τῇ δυνάμει

---

²²⁹ Cic. Catil. I 11,27.
²³⁰ Hermog. prog. 9 p. 20,11 f. R.
²³¹ Verg. Aen. IV 173 f.; Xen. mem. II 1,21 ff.; Quint. inst. IX 2,36.
²³² Rut. Lup. II 6 p. 15,8 ff. H.
²³³ H. Lausberg, a.a.O. § 780 S. 384.
²³⁴ H. Lausberg, a.a.O. § 782 S. 385.
²³⁵ Hdn. fig. p. 98,9 ff. Sp III; vgl. Carm. de fig. V. 97 p. 67 H: definitio.

²³⁶ Vgl. Anaxim. rhet. 32,7,1439a 27 ff.
²³⁷ Rut. Lup. II 5 p. 14,30 ff. H.
²³⁸ Carm. de fig. V. 142 p. 68 H.
²³⁹ Rut. Lup. II 9 p. 17,12 ff. H.
²⁴⁰ H. Lausberg, a.a.O. § 783 S. 385.
²⁴¹ Rut. Lup. II 9 p. 17,22 ff. H.
²⁴² Quint. inst. IX 3,64.
²⁴³ Anaxim. rhet. 26,1435b 25 ff.

ἀντίθετον wie ἐγὼ μὲν τοῦτον νοσοῦντα ἐθεράπευσα, οὗτος δ' ἐμοὶ μεγίστων κακῶν αἴτιος γέγονεν und als ὀνόμασιν ἐναντίον καὶ τῇ δυνάμει wie οὐ γὰρ δίκαιον τοῦτον μὲν τὰ ἐμὰ ἔχοντα πλουτεῖν, ἐμὲ δὲ τὰ ὄντα προϊέμενον οὕτω πτωχεύειν. Aristoteles[244] kommt auf die ἀντικειμένη oder das ἀντίθετον bei der Behandlung der Periode und der λέξις ἐν κώλοις zu sprechen, die διῃρημένη oder ἀντικειμένη sein kann. Bei dieser wird in jedem κῶλον entweder mit jedem Entgegengesetzten der Gegensatz desselben zusammengestellt, oder das Prädikat scheint mit den Gegensätzen verbunden, z. B.:[245] ἀμφοτέρους δ' ὤνησαν, καὶ τοὺς ὑπομείναντας καὶ τοὺς ἀκολουθήσαντας· τοῖς μὲν γὰρ πλείω τῆς οἴκοι προσεκτήσαντο, τοῖς δ' ἱκανὴν τὴν οἴκοι κατέλιπον. Dieser Satz stammt aus dem ‚Panegyrikos' des Isokrates,[246] wie die folgenden von Aristoteles zur Erläuterung herangezogenen Beispiele: συμβαίνει πολλάκις ἐν ταύταις καὶ τοὺς φρονίμους ἀτυχεῖν καὶ τοὺς ἄφρονας κατορθοῦν.[247] Die Aristotelische Einteilung ist im Grunde immer die bestimmende geblieben. Rutilius Lupus[248] nimmt eine Art an, in der die gegensätzlichen Dinge unter sich verglichen werden: *alter eorum erat in dando benignus, alter in accipiendo astutus ... huius enim pudor erat omnibus iucundus, illius autem impudentia ipsi suavis, ceteris amara.* Das Gleiche könnte aber auch von nur einer Person ausgesagt werden. In einer zweiten Art werden von nur einem Subjekt entgegengesetzte Dinge ausgedrückt:[249] *non ille stultitia aut furore impulsus tam graves labores frustra subibat, sed ex acerbitate laboris iucundos voluptatis fructus sibi parabat.* Eine dritte Art wird durch das Beispiel des Demetrios von Phaleron[250] erläutert: *nobis primis dii immortales fruges dederunt: nos, quod soli accepimus, per omnes terras distribuimus. nobis maiores nostri rem publicam liberam reliquerunt: nos etiam socios nostros de servitute eripuimus.*

Aristoteles[251] spricht von der ἀντίθεσις und so auch Alexandros,[252] Herodian[253] und Iulius Rufinianus,[254] der sie auch σύγκρισις nennt. Ἀντίθετον heißt die Figur bei Anaximenes,[255] Tiberios,[256] Zonaios,[257] dem Anonymus,[258] Rutilius Lupus[259] und Aquila,[260] der sie auch als *compositum ex contrariis* bezeichnet. Alexandros betrachtet die Figur als σχῆμα λέξεως, Tiberios[261] sowohl als σχῆμα διανοίας als auch als σχῆμα λέξεως: dieses κατὰ κῶλον:[262] παρὰ τὰς τῶν χορηγῶν δαπάνας μικρὸν ἡμέρας μέρος ἡ χάρις τοῖς θεωμένοις ἐστί, παρὰ δὲ τὰς εἰς τὸν πόλεμον παρασκευῶν ἀφθονίας πάντα τὸν χρόνον ἡ σωτηρία πάσῃ τῇ πόλει oder κατὰ λέξιν:[263] ἐδίδασκες γράμματα, ἐγὼ δ' ἐφοίτων· ἐτέλεις, ἐγὼ δὲ ἐτελούμην· ἐγραμμάτευες, ἐγὼ δ' ἐθεώρουν·

---

[244] Arist. rhet. III 9,1409b 33 ff.
[245] Arist. rhet. III 9,1410a 2 ff.
[246] Isokr. or. IV 35 f.
[247] Isokr. or. IV 41.48.72.89.105.149.181.186.
[248] Rut. Lup. II 16 p. 19,19ff. H.
[249] Rut. Lup. II 16 p. 20,2ff. H.
[250] Rut. Lup. II 16 p. 20,6ff. H.
[251] Arist. rhet. III 9,1410a 24; 11,1412b 33.
[252] Alex. fig. II 21 p. 36,27 Sp III.
[253] Hdn. fig. p. 98,26 Sp III.
[254] Iul. Ruf. rhet. 37 p. 47,16 H.
[255] Anaxim. rhet. 26,1,1435b 25.
[256] Tib. fig. 18 p. 67,4; 41 p. 78,20 Sp III.
[257] Zonai. fig. II 20 p. 169,23 Sp III.
[258] Anon. fig. 2 p. 112,4; 18 p. 186,17 Sp III.
[259] Rut. Lup. II 16 p. 19,17 H.
[260] Aquila rhet. 22 p. 29,29 H.
[261] Tib. fig. 41 p. 78,20ff. Sp III.
[262] Demosth. or. XX 26.
[263] Demosth. or. XVIII 265.

ἐξέπιπτες, ἐγὼ δ' ἐσύριττον. Nach Alexandros²⁶⁴ entsteht das ἀντίθετον, ebenso wie bei Herodian,²⁶⁵ auf dreifache Weise:

1. wenn die ὀνόματα allein einen Gegensatz bilden, z. B. μᾶλλον γὰρ τιμῶσιν αἱ πόλεις τῶν ἀδίκως πλουτούντων τοὺς δικαίως πενομένους, καὶ τῶν παρανόμως νικώντων.

2. ὅταν αὐτὰ στρέφηται τὰ ὀνόματα: σὺ μὲν γὰρ ἔλαβες ὦ Δημάδη, δῶρα παρὰ Φιλίππου, ἐγὼ δὲ οὐκ ἔλαβον, καὶ προέπινες αὐτῷ κατὰ τῆς πόλεως εὐωχούμενος, ἐγὼ δ' οὐ συνέπινον.

3. wenn nur die πράγματα entgegengesetzt sind, mit dem Beispiel aus der Kranzrede des Demosthenes.²⁶⁶

2. Die Wortfiguren

a) *Die grammatischen Figuren.* Quintilian unterscheidet zwei Arten der σχήματα λέξεως: eine, die *loquendi rationem vocant*[1] und die man gewöhnlich grammatische Figuren nennt und die zweite, ein *acrius genus*,[2] das *maxime collocatione exquisitum est*, die rhetorischen Wortfiguren. Das ist auch die Einteilung des Fortunatian,[3] der drei Arten der σχήματα unterscheidet: neben den σχήματα διανοίας noch die σχήματα λόγου, die in der *elocutionis compositio* bestehen, und die in einzelnen Worten bestehenden σχήματα λέξεως, die mit dem Namen ἐξηλλαγμέναι bezeichnet werden können; das sind die grammatischen Figuren. Die rhetorischen Wortfiguren gewinnen nicht durch die grammatische Form, sondern durch den Sinn Kraft und Schönheit.[4] Die grammatischen sind eigentlich Fehler gegen die sprachliche Richtigkeit, Soloezismen, und werden nur durch die Absicht des Redners zu Figuren, durch die Autorität (*auctoritas*) dessen, der sie zuerst gebraucht hat, durch ihr Alter (*vetustas*) und durch die Gewohnheit (*consuetudo*); sie arbeiten dem durch die sich wiederholende gesetzliche Gleichmäßigkeit der Sprache eintretenden Überdruß entgegen; sparsam gebraucht wirken sie so wie in kleinen Dosen gegebene Gewürze, die die Speisen angenehmer machen.[5] Als eine Art der Wortfiguren hat sie nach dem Rhetor Tiberios[6] Kaikilios von Kaleakte als ἀλλοιώσεως σχῆμα in die Rhetorik eingeführt. So oder als ἀλλαγή bezeichnet sie Alexandros,[7] Zonaios[8] und Phoibammon[9] als ἐναλλαγή; Georgios Choiroboskos[10] nennt ἑτερογενές und ἑτεροπρόσωπον zwei εἴδη davon. Für sie haben Quintilian und Ps. Iulius Rufinianus,[11] der sie einführt, keine Bezeichnung: *sunt et aliae figurae, mire orationi decus ornamentumque tribuentes ... non tam sententiarum perpetuarum sunt figurae quam singulorum paene verborum, et quod carent appellationibus*

---

[264] Alex. fig. II 21 p. 36,27 ff. Sp III.
[265] Hdn. fig. p. 98,26 ff. Sp III:
 a) ὅταν ἀντικείμενα ὀνόματα λαμβάνηται.
 b) καὶ κατὰ διέξοδον.
 c) ὅταν ἀντιστέλληται κατάφασις ἀποφάσει wie schon bei Anaximenes.
[266] Alex. fig. II 21 p. 37,2 ff.; 6 ff. Sp III; vgl. Demosth. or. XVIII 265.

[1] Quint. inst. IX 3,2.
[2] Quint. inst. IX 3,28.
[3] Fortun. rhet. III 10 p. 126,24 ff. H.
[4] Quint. inst. IX 3,28.
[5] Quint. inst. IX 3,3 f.
[6] Tib. fig. 47 p. 80,18 Sp III.
[7] Alex. fig. II 14 p. 33,16 Sp III.
[8] Zonai. fig. II 11 p. 168,3 Sp III.
[9] Phoib. fig. I 5 p. 49,16 Sp III.
[10] Choirob. trop. p. 256,19.25 Sp III.
[11] Ps. Iul. Ruf. schem. lex. 27 p. 54,28 ff. H.

propriis. Der Verfasser der Schrift περὶ ὕψους¹² führt als κόσμου τε καὶ παντὸς ὕψους καὶ πάθους συνεργά an: τῶν πτώσεων χρόνων προσώπων ἀριθμῶν γενῶν ἐναλλάξεις.

Tiberios¹³ lehrt, daß die ἀλλοίωσις nach Kaikilios κατ' ὄνομα, πτώσεις, ἀριθμούς, πρόσωπα und χρόνους zustande kommt. Nach Alexandros¹⁴ gibt es viele Möglichkeiten für die Bildung von ἀλλοιώσεις oder ἀλλαγαί: ἀριθμοί, πτώσεις τῶν ὀνομάτων, τῶν ῥημάτων χρόνοι und πάθη. Für Zonaios¹⁵ sind es: γένος ὀνομάτων, ἀριθμοί, πτώσεις, ἐνέργειαι, πάθη und χρόνοι; als ἐναλλαγαί zählt Phoibammon¹⁶ auf: ἑτερογενές, ἑτεράριθμον, ἑτερόπτωτον, ἑτεροσχημάτιστον, ἑτερόχρονον, ἑτερoπρόσωπον, ἀποστροφὴ προσώπου und ἀντιστροφή. Nach Rutilius Lupus¹⁷ besteht die ἀλλοίωσις aus der *divisio* und *separatio* von Person und Sachen, was durch das Beispiel aus Hegesias erläutert wird: *diversa studia adulescentium animum adverteramus, tametsi fratres erant, uno atque eodem sanguine orti. alter in studio laudis versabatur et industriae ac virtutis viam gloriosam, sed laboriosam sequebatur: alter in augenda pecunia occupatus et habendi cupiditate depravatus summas divitias summam virtutem existimabat. hic nimirum magis erat laboriosus, qui laborem condendi, non utendi causa suscipiebat.* Die Forderung des Rutilius Lupus und sein Beispiel entsprechen dem des Alexandros für die ἐπαναφορά:¹⁸ ἐδίδασκες γράμματα, ἐγὼ δὲ ἐφοίτων· ἐτέλεις, ἐγὼ δ' ἐτελούμην und dem des Tiberios¹⁹ für das ἀντίθετον.

Quintilian²⁰ beginnt zuerst mit Figuren (sie werden erst später²¹ als ἑτεροίωσις, ἐξαλλαγή bezeichnet), die durch den Tausch des schwankenden Geschlechtes der *nomina* zustande kommen: *timidi dammae*;²² ebenso in dem der *verba*: *fabricatus est gladium*;²³ durch den Wechsel zwischen Aktiv und Passiv, des *numerus*, wenn ein Singular mit einem Plural verbunden wird: *gladio pugnacissima gens Romani*²⁴ und umgekehrt: *qui non risere parentes,*
*nec deus hunc mensa, dea nec dignata cubili est.*²⁵

Grammatische Figuren entstehen demnach:

1. durch von der Regel abweichende Behandlung der Nomina hinsichtlich

a) des γένος, z. B. *oculis capti talpae*;²⁶ τὰ παρὰ θάλασσαν φοβερά ἐστιν ἐρημίαι οὖσαι·²⁷ *tale tuum carmen nobis ... quale sopor fessis in gramine.*²⁸

b) des ἑτερόπτωτον,²⁹ d. h. des abweichenden Gebrauchs der Kasus. Ps. Iulius Rufinianus³⁰ hat sie alle einzeln durchgesprochen: Genitiv der Beziehung: *constans vir animi; amens animi*;³¹ Dativ der Beziehung: *pariter comitique onerique timentem*;³² *tunc*

---

[12] Anon. de sublim. 23,1 p. 274,4 ff. Sp. = p. 144,27 ff. Sp.–H.
[13] Tib. fig. 47 p. 80,19 f. Sp III.
[14] Alex. fig. II 14 p. 33,17 ff. Sp III.
[15] Zonai. fig. II 11 p. 168,4 ff. Sp III.
[16] Phoib. fig. I 5 p. 49,2.6.9.16.21.24.29; 50,3 Sp III.
[17] Rut. Lup. II 2 p. 13,11 ff. H.
[18] Demosth. or. XVIII 265; Alex. fig. II 3 p. 29,15 ff. Sp III.
[19] Tib. fig. 41 p. 78,27 ff. Sp III.
[20] Quint. inst. IX 3,6.
[21] Quint. inst. IX 3,12.
[22] Verg. ecl. VIII 28; Quint. inst. IX 3,6.
[23] Cic. Rab. Post. 3,7.
[24] Quint. inst. IX 3,8.
[25] Verg. ecl. IV 62 f.
[26] Verg. georg. I 183; Quint. inst. IX 3,6.
[27] Phoib. fig. I 5 p. 49,4 f. Sp III.
[28] Verg. ecl. V 45 f.
[29] Phoib. fig. I 5 p. 49,9 Sp III.
[30] Ps. Iul. Ruf. schem. lex. 28 – 31 p. 54,34 – 56,8 H.
[31] Verg. Aen. IV 203.
[32] Verg. Aen. II 729.

decuit metuisse tuis;[33] *Accusativus limitationis*: *roseas laniata genas*;[34] *manus iuvenem interea post terga revinctum*;[35] *Ablativus respectus*: *bis septem praestanti corpore Nymphae*.[36]

c) der *figura graeca*:[37] *solus tibi certet Amyntas*;[38] *placitone etiam pugnabis amori?*[39] Weglassung der Präposition: *maria aspera iuro*;[40] *Tyrrhenum navigat aequor*.[41]

d) der *figura per personas*,[42] die von Ps. Iulius Rufinianus durch folgende Beispiele belegt wird: *Vos, Iuppiter, precor*; *Vos, o Calliope, precor, aspirate canenti*;[43] *Vos, o patricius sanguis, quos vivere fas est*.[44] Ps. Iulius Rufinianus denkt dabei an das ἑτεροπρόσωπον Phoibammons,[45] die ὑποβολὴ προσώπου τοῦ λέγοντος, ὡς ὅταν ὀκνῶν εἰπεῖν ἀφ' ἑαυτοῦ, ὡς ἀπὸ ἑτέρου προσώπου λέγω. Es erscheint bei Alexandros[46] als das zu den σχήματα διανοίας gehörende σχῆμα ἀποστροφῆς und besteht darin, daß man aus Scheu, einen anderen persönlich wegen eines Fehlers zu tadeln, den Tadel an einen dritten richtet, der sich des gleichen Fehlers schuldig gemacht hat.

e) des *numerus*[47] bei Mengenbezeichnungen: ὑμεῖς ὦ βουλή;[48] *gladio pugnacissima gens Romani*.[49]

2. durch eigenartigen Gebrauch der Verba:

a) ἀριθμὸς ῥημάτων,[50] ἑτεράριθμον:[51] ῥᾷον γὰρ ἐτόλμα τις ἃ πρότερον ἀπεκρύπτετο μὴ καθ' ἡδονὴν ποιεῖν, ἀντίστροφον τὴν μεταβολὴν ὁρῶντες·[52] *pars in frusta secant veribusque trementia figunt*;[53] *saevitque animis ignobile vulgus*; ...
*tum, pietate gravem ac meritis si forte virum quem
conspexere, silent*.[54]

b) *figura per verborum qualitatem*: [55] *vapulo* mit passivischer Bedeutung:[56] *capita ante aram Phrygio velamur amictu*.[57]

c) *per modos temporum*:[58] *donec me flumine vivo abluero*.[59]

d) Infinitiv statt Substantiv: *nostram enim vitam vult intellegi*.[60]

e) Verb statt des Partizip: *magnum dat ferre talentum*.[61]

f) Partizip statt Verb: *volo datum*.[62]

---

[33] Verg. Aen. X 94.
[34] Verg. Aen. XII 606.
[35] Verg. Aen. II 57.
[36] Verg. Aen. I 71.
[37] Ps. Iul. Ruf. schem. lex. 32 p. 56,9ff. H.
[38] Verg. ecl. V 8.
[39] Verg. Aen. IV 38.
[40] Verg. Aen. VI 351.
[41] Verg. Aen. I 67.
[42] Ps. Iul. Ruf. schem. lex. 33 p. 56,15ff. H.
[43] Verg. Aen. IX 525.
[44] Pers. I 61.
[45] Phoib. fig. I 5 p. 49,24ff. Sp III.
[46] Alex. fig. I 20 p. 23,29ff. Sp III.
[47] Ps. Iul. Ruf. schem. lex. 34 p. 56,21 H: populus locuti sunt.
[48] Tib. fig. 47 p. 80,30 Sp III.
[49] Quint. inst. IX 3,8.
[50] Alex. fig. II 14 p. 34,9 Sp III; Tib. fig. 47 p. 80,27 Sp III.
[51] Phoib. fig. I 5 p. 49,6 Sp III.
[52] Alex. fig. II 14 p. 34,10ff. Sp III; vgl. Thuk. II 53,1.
[53] Verg. Aen. I 212.
[54] Verg. Aen. I 149.151f.
[55] Ps. Iul. Ruf. schem. lex. 37 p. 57,18ff. H.
[56] Quint. inst. IX 3,7.
[57] Verg. Aen. III 545.
[58] Ps. Iul. Ruf. schem. lex. 38 p. 57,24f. H.
[59] Verg. Aen. II 719f.
[60] Quint. inst. IX 3,9.
[61] Verg. Aen. V 248.
[62] Quint. inst. IX 3,9.

g) *per eclogam verborum*:⁶³ *donat habere viro decus et tutamen in armis*,⁶⁴ *telumque instare tremescit*;⁶⁵ *da sternere corpus*;⁶⁶ *da iungere dextram*.⁶⁷

h) σχῆμα ἑτεροσχημάτιστον, die ἐναλλαγὴ ῥήματος εἰς μετοχὴν; Partizipialkonstruktion: τρέχοντος ὅδε τόδε ἐγένετο statt ἐπειδὴ ἔτρεχεν ὅδε, τόδε ἐγένετο.⁶⁸

3. durch die *Präposition*:⁶⁹

a) *ad*: *explorare locos, quas vento accesserit oras*;⁷⁰ umgekehrt: *adgrediar ad illum*.

b) *in*: *inflavit cum pinguis ebur Tyrrhenus ad aras*;⁷¹ umgekehrt: *induerat Circe in vultus ac terga ferarum*.⁷²

4. durch die *figura per pronomina*: *nullus dixeris* statt *ne dixeris*.⁷³

5. *per eclogam adverbiorum*: *magnum tonat*;⁷⁴ *horrendumque intonat armis*;⁷⁵ *grave olentis Averni*;⁷⁶ *floribus suave olentis amaraci*.⁷⁷

6. durch die *figura per adverbiorum qualitatem*: *ad villam moror*; *terrae iacet* statt *in terra iacet*.⁷⁸

7. Phoibammon hat noch zwei σχήματα genannt:

a) ἀποστροφὴ προσώπου,⁷⁹ mit der sich der Redner vom Richter weg zu einer Person hinwendet, mit der er noch nicht gesprochen hat.

b) ἀντιστροφή,⁸⁰ die χαρακτήρων ἀντίδοσις τῶν συντεταγμένων ἀλλήλαις ἐν τῷ λόγῳ λέξεων, z. B. ἠχῶν ἔπεσα statt πεσὼν ἤχησα.

Quintilian⁸¹ bringt noch einige Beispiele von ἑτεροίωσις oder ἐξαλλαγή: die Wendung des Sallust: *neque ea res falsum me habuit*⁸² statt *non me fefellit* oder *non paeniturum* statt *non acturo paenitentiam*, *visuros*⁸³ statt *ad videndum missos*, das von Pollio getadelte *rebus agentibus*⁸⁴ des Labienus und das von Cicero zurückgewiesene *contumeliam fecit*.⁸⁵ Im Gebrauch geblieben ist *enimvero*, das eine Rede einleitende *nam*,⁸⁶ *tam magis – quam magis*, der Gebrauch von *dum*⁸⁷ in verschiedener Bedeutung unmittelbar nebeneinander, Sallusts⁸⁸ unpersönliches *amat*: *quae ira fieri amat*, die Unterdrückung der Präposition bei Vergil:⁸⁹ *Tyrrhenum navigat aequor*, die *adiectio*: *nam neque Parnasi vobis iuga, nam neque Pindi*,⁹⁰ der *Accusativus limitationis*: *saucius pectus*.⁹¹ Die Verse des Horaz:⁹² *Fabriciumque, hunc et intonsis Curium capillis* bilden keine Figur, weil sie sich über mehr als einen Satz erstrecken. Der Gegensatz zu den *figurae*

---

⁶³ Ps. Iul. Ruf. schem. lex. 41 p. 58,3 ff. H.
⁶⁴ Verg. Aen. V 262.
⁶⁵ Verg. Aen. XII 916.
⁶⁶ Verg. Aen. XII 97.
⁶⁷ Verg. Aen. VI 697.
⁶⁸ Phoib. fig. I 5 p. 49,16f.; 19f. Sp III.
⁶⁹ Ps. Iul. Ruf. schem. lex. 35f. p. 56,29ff.; 57,6ff. H.
⁷⁰ Verg. Aen. I 307.
⁷¹ Verg. georg. II 193.
⁷² Verg. Aen. VII 20.
⁷³ Ps. Iul. Ruf. schem. lex. 43 p. 58,18 H.
⁷⁴ Ps. Iul. Ruf. schem. lex. 42 p. 58,11ff. H.
⁷⁵ Verg. Aen. XII 700.
⁷⁶ Verg. Aen. VI 201.
⁷⁷ Catull carm. 61,6f.
⁷⁸ Ps. Iul. Ruf. schem. lex. 39 p. 57,26ff. H.
⁷⁹ Phoib. fig. I 5 p. 49,29 Sp III; Tib. fig. 7 p. 61,29f. Sp III.
⁸⁰ Phoib. fig. I 5 p. 50,3 ff. Sp III.
⁸¹ Quint. inst. IX 3,12ff.
⁸² Sall. Iug. 10,1.
⁸³ Sall. hist. fr. inc. 36 Maurenbrecher.
⁸⁴ Quint. inst. IX 3,13.
⁸⁵ Cic. Phil. III 9,22.
⁸⁶ Verg. georg. IV 445; Aen. VII 787f.; Quint. inst. IX 3,15.
⁸⁷ Catull carm. 62,45; Quint. inst. IX 3,16.
⁸⁸ Sall. Iug. 34,1.
⁸⁹ Verg. Aen. I 67; Quint. inst. IX 3,17.
⁹⁰ Verg. ecl. X 11; Quint. inst. IX 3,18.
⁹¹ Quint. inst. IX 3,17; siehe.S. 297.
⁹² Hor. carm. I 12,40f.

per adiectionem bilden die *figurae per detractionem*. Als Beispiel dient Quintilian der Vers aus dem ‚*Eunuchus*' des Terenz:[93] *accede ad ignem hunc, iam calesces plus satis*, wo das *quam* nach dem Komparativ fehlt. Die Ellipse des *quam* ist aber in der Umgangssprache keine Seltenheit, es dient also hier zur Charakteristik der *meretrix*.

Die Vertauschung von Komparativen und Positiven ist, wie Quintilian[94] sagt, allgemein üblich; er belegt das durch eine Stelle aus Ciceros erster Rede gegen Catilina.[95] Auch der *numerus* ist ins Schwanken geraten, wofür er aus Vergils ‚*Georgica*'[96] *sed nos immensum spatiis confecimus aequor* zitiert; aber es ist nicht so, daß da von einem einzigen in der Mehrzahl gesprochen wird; er denkt nicht an sich, sondern meint überhaupt die Menschheit bis auf seine Zeit. Wohl aber steht der Singular für den Plural in Wörtern mit Kumulativbedeutung: *haud secus ac patriis acer Romanus in armis*.[97] Der Mensch spricht nicht nur zu anderen, sondern verteilt für sich wie für andere gute Lehren;[98] er schlüpft auch in die Haut eines anderen, er unterbricht seine Schilderung durch eine *interpositio vel interclusio*, παρένθεσις, παρέμπτωσις;[99] er verwendet das Hyperbaton und etwas, das der ἀποστροφή ähnlich ist, wenn Vergil[100] sagt:

Decios Marios magnosque Camillos,
  Scipiadas duros bello et te, maxime Caesar,

er findet aber auch in der μετάβασις[101] wiederum zur Sache zurück: *quid loquar? aut ubi sum?*[102]

b) *Die rhetorischen Wortfiguren*. Quintilian[1] teilt die Wortfiguren in *schemata per mutationem, adiectionem, detractionem, ordinem* ein. Die gleichen Arten läßt er auch für das *acrius genus* der rhetorischen Wortfiguren gelten, *quod non tantum in ratione positum est loquendi, sed ipsis sensibus cum gratiam tum etiam vires accommodat*.[2] Ähnlich ist die Einteilung, die Phoibammon[3] sowohl für die Wortfiguren als auch für die Sinnfiguren gibt: πάντα τὰ σχήματα κατὰ δ' γίνονται τρόπους ἤτοι αἰτίας, κατὰ ἔνδειαν, κατὰ πλεονασμόν, κατὰ μετάθεσιν, κατὰ ἐναλλαγήν. Die letzte Gruppe umfaßt die grammatischen Wortfiguren.

Von den der ἔνδεια,[4] *detractio*, zugehörigen Figuren sagt Quintilian,[5] daß sie *brevitatis novitatisque maxime gratiam petunt*. Nach Phoibammon[6] gibt es nur drei *species* davon:

1. Das ἀσύνδετον.[7] Man versteht darunter die Weglassung einzelner Konjunktionen

---

[93] Ter. Eun. 85; Quint. inst. IX 3,18.
[94] Quint. inst. IX 3,19.
[95] Cic. Catil. I 2,5.
[96] Verg. georg. II 541; Quint. inst. IX 3,20.
[97] Verg. georg. III 346.
[98] Quint. inst. IX 3,21 f.
[99] Quint. inst. IX 3,23 f.
[100] Verg. georg. II 169 f.
[101] Quint. inst. IX 3,25.
[102] Verg. Aen. IV 595.

[1] Quint. inst. IX 3,27.
[2] Quint. inst. IX 3,28.
[3] Phoib. fig. I 1 p. 45,15 ff. Sp. III.
[4] Phoib. fig. I 2 p. 45,29 Sp III: περὶ ἐνδείας.
[5] Quint. inst. IX 3,58.
[6] Phoib. fig. I 1 p. 45,19 f. Sp III: ἀσύνδετον, ἀπὸ κοινοῦ, ἔλλειψις.
[7] Alex. fig. II 12 p. 32,29 Sp III: ἀσύνδετον ἢ διάλυσις; Phoib. fig. I 2 p. 45,30 Sp III; Tib. fig. 40 p. 77,27 Sp III; Hdn. fig. p. 102,19 Sp III; Zonai. fig. II 19 p. 169,18 Sp III; Ps. Iul. Ruf. schem. lex. 20 p. 52,30 H: ἀσύνδετον vel διάλυτον.

und Präpositionen, was die eigentlichen Asyndeta ergibt:[8] *nos aera, manus, navalia demus*,[9] wie auch ganzer Gruppen von Wörtern. Aquila,[10] der das ἀσύνδετον *solutum* nennt, verweist dafür auf *expecto vim edicti, severitatem praetoris, faveo aratori, cupio octuplo damnari Apronium*. Nach Hermogenes[11] ist das ἀσύνδετον ein ἠθικόν, es bringt Größe und ἦθος, Freude, Erstaunen und Schrecken zum Ausdruck, ohne beim Einzelnen zu verweilen.

2. Die ἔλλειψις,[12] *detractio*,[13] ist die Auslassung eines Verbs, das aus dem Zusammenhang leicht ergänzt werden kann, in der Hauptsache eine Form von εἶναι. Das unterscheidet sie von der Gedankenfigur ἀποσιώπησις, bei der das Ausgelassene nur schwer zu finden ist oder nur in einer längeren Ausführung dargelegt werden kann. Quintilian[14] rechnet zur ἔλλειψις auch den Wegfall eines Wortes aus Gründen der Schamhaftigkeit. Als Beispiel für die einfache ἔλλειψις diene: αὐτὸς ὁ πείθων τοὺς ἄλλους, αὐτὸς ὁ κελεύων·[15] für die ausgedehntere eine Partie aus einem verlorenen Brief Ciceros an Brutus:[16] *sermo nullus scilicet nisi de te; quid enim potius? tum Flavius, cras, inquit, tabellarii, et ego ibi demorans inter cenam exaravi*.

3. Eine *species* der ἔλλειψις ist das ζεῦγμα,[17] *ligatio vel adnexio*,[18] ὑπεζευγμένον, *iniunctum*,[19] ἐπεζευγμένον.[20] Sie besteht darin, daß ein Verb mit mehreren Objekten verbunden wird, z.B. Ῥοδίους μὲν συμμάχους ὄντας, Βυζαντίους δὲ συγγενεῖς, Τενεδίους τε πεποιημένους ἰσοπαλίαν, πλείους δὲ ἄλλους συμμάχους εὐηργέτησαν[21] oder πολλάκις ἐθαύμασα τῶν τὰς πανηγύρεις συναγαγόντων καὶ τοὺς γυμνικοὺς ἀγῶνας καταστησάντων.[22] In der σύλληψις[23] dagegen wird ein einziges Verb, das nur zu einem Substantiv paßt, in der gleichen Bedeutung auch noch mit einem anderen Substantiv verbunden, zu dem es nicht paßt, so daß man für dieses ein anderes passendes Verb ergänzen muß, z.B. *erigite mentes auresque vestras*;[24] *manus ac supplices voces ad Tiberium tendens*.[25] Diese Figur wird auch ἀπὸ κοινοῦ[26] genannt. Ζεῦγμα und σύλληψις gibt es in drei Formen:

a) ἐν γένει[27] z.B. ὁ ἔριφος καὶ ἡ αἴξ καὶ τὸ ἀρνίον μέλανες oder ἡ ὄρνις καὶ τὸ ὑποζύγιον ἰσχυραὶ ἢ στεραιαί oder ὁ ἀνήρ καὶ ἡ γυνή καὶ τὰ ζῶα εἰσὶ λευκά.

b) ἐν ἀριθμῷ,[28] z.B. οἱ στρατιῶται καὶ ὁ τριβοῦνος πολεμοῦσιν.

---

[8] Quint. inst. IX 4,23. [9] Verg. Aen. XI 329.
[10] Aquila rhet. 41 p. 35,9.13f. H; vgl. Cic. Verr. II 3,11,28.
[11] Hermog. meth. 11 p. 427,1f.; 7ff. R.
[12] Alex. fig. II 13 p. 33,7 Sp III; Phoib. fig. I 2 p. 46,7 Sp III; Tib. fig. 42 p. 78,32 Sp III; Aquila rhet. 46 p. 37,6 H.
[13] Quint. inst. IX 3,58; Aquila rhet. 46 p. 37,6,H.
[14] Quint. inst. IX 3,59.
[15] Phoib. fig. I 2 p. 46,9f. Sp III.
[16] Cic. epist. fr. VIII 12; Quint. inst. IX 3,58:
[17] Alex. fig. II 17 p. 35,17 Sp III; Zonai. fig. II 14 p. 168,23 Sp III; Anon. fig. 12 p. 185,6 Sp III; Ps. Iul. Ruf. schem. lex. 3 p. 48,21 H; Carm. de fig. V. 166 p. 69 H: nexum.
[18] Ps. Iul. Ruf. schem. lex. 3 p. 48,24 H.

[19] Aquila rhet. 44 p. 36,14 H.
[20] Quint. inst. IX 3,62; Anon. Seguer. rhet. p. 437,12 Sp. = 76 p. 366,16 Sp. - H. = p. 16,1 G.
[21] Anon. Seguer. rhet. p. 437,13ff. Sp. = 76 p. 366,18ff. Sp. - H. = p. 16,2ff. G.
[22] Isokr. or. IV 1.
[23] Hdn. fig. p. 100,6 Sp III; Anon. fig. p. 171,18 Sp III; Ps. Iul. Ruf. schem. lex. 2 p. 48, 10.20 H: conceptio.
[24] Cic. Sull. 11,33.
[25] Tac. ann. II 29,2.
[26] Phoib. fig. I 2 p. 46,3 Sp III; Hdn. fig. p. 94,17 Sp III.
[27] Anon. fig. p. 171,24ff. Sp III.
[28] Anon. fig. p. 172,6ff. Sp III.

c) ἐν προσώπῳ:²⁹ ἐγὼ καὶ σὺ καὶ ὁ Νικόλαος βουλόμεθα oder καὶ σὺ καὶ ὁ Φραγκίσκος ὑπνεῖτε.

Für die σύλληψις allein kennt der Anonymus noch die Form ἐν πτώσει,³⁰ z. B. ὁ ἵππος μετὰ τοῦ ὄνου τρέχουσιν. Weiter wird noch eine σύλληψις ὁμοία genannt, wenn die πτώσεις gleich sind, z. B. ἐγὼ καὶ ὁ Ἀντώνιος λέγομεν und eine σύλληψις ἀνομοία z. B. ὁ Ἀνδρέας μετ' ἐμοῦ φεύγομεν.³¹

Zu den ζεύγματα gehört auch die *adiunctio*,³² ἐπεζευγμένον. In dieser Figur werden mehrere κῶλα nur durch ein einziges Prädikat verbunden. Da sie wenigstens zwei, aber auch drei κῶλα haben kann, kann das Prädikat am Anfang oder Ende stehen.³³ Dann nennt es der Auctor ad Herennium³⁴ *adiunctio*; steht es aber in der Mitte, heißt es *coniunctio*, z. B. *formae dignitas aut morbo deflorescit aut vetustate*; am Anfang:³⁵ *vicit pudorem libido, timorem audacia, rationem amentia* oder am Ende:³⁶ *neque enim is es, Catilina, ut te aut pudor umquam a turpitudine aut metus a periculo aut ratio a furore revocaverit*. H. Lausberg³⁷ bemerkt, daß Alexandros das an die Spitze gestellte Prädikat πρόθεσις nenne. Alexandros³⁸ handelt nämlich vom Bau der Periode und führt dabei als Beispiel für eine πρώτη πρόθεσις aus dem ‚Panegyrikos' des Isokrates an: τίς γὰρ οὐκ ἂν ἡδέως μετάσχοι στρατείας τῆς ὑπ' Ἀθηναίων μὲν καὶ Λακεδαιμονίων στρατηγουμένης, ὑπὲρ δὲ τῆς τῶν συμμάχων ἐλευθερίας ἀθροιζομένης, ὑπὸ δὲ τῆς Ἑλλάδος ἁπάσης ἐκπεμπομένης, ἐπὶ δὲ τὴν τῶν βαρβάρων τιμωρίαν πορευομένης;

Es spielt keine Rolle, daß Alexandros von einer viergliedrigen Periode handelt, aber nur drei Glieder aufzählt und das letzte wegläßt; es ist aber entscheidend, daß er den Beginn der ganzen Stelle als πρώτη πρόθεσις bezeichnet und auch ihn deshalb nicht als Glied der Periode mitzählt, sondern als πρόθεσις, d. h. als Themaangabe betrachtet; das vorangestellte Prädikat steht also in der πρόθεσις und ist nicht πρόθεσις.

Die zweite Gruppe der von Phoibammon aufgestellten rhetorischen Wortfiguren bilden die εἴδη des πλεονασμός.

Die ταυτολογία³⁹ ist an sich ein Verstoß gegen die Kürze. Sie besteht in der absichtlichen Wiederholung des gleichen Wortes oder der gleichen Wortgruppe:⁴⁰ ὀξύς ἐστι καὶ ταχύς, ἀλλ' οὐ νωθὴς καὶ βραδύς,⁴¹ *mortem occumbere, obire diem, vivere vitam, oculis videre*⁴² u. a.

Die ἀναδίπλωσις,⁴³ auch ἐπαναδίπλωσις,⁴⁴ παλιλλογία⁴⁵ und ἐπανάληψις⁴⁶ ge-

---

²⁹ Anon. fig. p. 172,8ff. Sp III.
³⁰ Anon. fig. p. 171,24; 172,11ff. Sp III.
³¹ Anon. fig. p. 172,14ff. Sp III.
³² Auct. ad Herenn. IV 27,38.
³³ Quint. inst. IX 3,62.
³⁴ Auct. ad Herenn. IV 27,38.
³⁵ Cic. Cluent. 6,15; Quint. inst. IX 3,62.
³⁶ Cic. Catil. I 9,22.
³⁷ H. Lausberg, a.a.O. § 743 S. 371.
³⁸ Alex. fig. II 1 p. 28,18 Sp III; vgl. Isokr. or. IV 185.
³⁹ Phoib. fig. I 3 p. 46,12 Sp III; Anon. fig. 1 p. 182,7 Sp III; Aquila rhet. 39 p. 34,7 H; Schem. dian. 46 p. 76,30 H.
⁴⁰ Quint. inst. VIII 3,50.
⁴¹ Zonai. fig. II 1 p. 165,21ff. Sp III.
⁴² Ps. Iul. Ruf. schem. lex. 40 p. 57,30ff. H.
⁴³ Phoib. fig. I 3 p. 46,15 Sp III; Zonai. fig. II 3 p. 165,29 Sp III; Anon. fig. 3 p. 182,23 Sp III; Aquila rhet. 32 p. 32,6 H: reduplicatio; Ps. Iul. Ruf. schem. lex. 8 p. 50,13.18 H: duplicatio.
⁴⁴ Tib. fig. 25 p. 70,12 Sp III; Ps. Iul. Ruf. schem. lex. 9 p. 50,19.29 H: inclusio.
⁴⁵ Alex. fig. II 2 p. 29,5 Sp III nach Kerkinos; Zonai. fig. II 2 p. 165,24 Sp III; iteratio: Aquila rhet. 29 p. 31,12 H; Mart. Cap. rhet. 40 (532) p. 481,10f. H; Ps. Iul. Ruf. schem. lex. 7 p. 50,1.12 H: regressio.
⁴⁶ Alex. fig. I 13 p. 19,31 Sp III; Tib. fig. 26

nannt. Die ἀναδίπλωσις gehört zu den διπλασιασμοί, denen Apsines[47] Erregung und Steigerung der πάθη zuschreibt. Quintilian sagt von ihr, daß sie, wie *occidi, occidi, non Sp. Maelium*,[48] *amplificandi gratia* und wie in *a Corydon, Corydon*,[49] *miserandi gratia* verwendet werde. Ps. Iulius Rufinianus bezeichnet sie als *duplicatio*, Kerkinos als παλιλλογία. Nach Aquila[50] ist sie die absichtliche, unmittelbar nacheinander erfolgende Wiederholung eines einzelnen *nomen* oder *verbum*. Nach dem Auctor ad Herennium[51] – *conduplicatio* – macht die Wiederholung eines einzelnen Wortes oder auch mehrerer auf die Hörer einen starken Eindruck, vergleichbar einer Wunde, die eine öfter auf die gleiche Körperstelle gerichtete Waffe verursacht: *fuit, fuit ista quondam in hac re publica virtus*;[52] *erit, erit illud profecto tempus*; *vestras pecunias, pecunias dico? confiteretur, confiteretur, inquam, si fecisset; equites Romani illi, illi, inquit*;[53] *tu, tu, inquam, M. Antoni, principi C. Caesari ruenti atque omnia turbare cupienti causam belli patriae inferendi dedisti*;[54] *ferro, inquit, ferro*.[55]

Die ἀναδίπλωσις, *geminatio*,[56] besteht in der Wiederholung eines einzelnen Wortes, die ἐπανάληψις in der Wiederholung wenigstens zweier Wörter oder einer Wortgruppe, wie ἀλλ' οὐκ ἔστιν, οὐκ ἔστιν ὅπως ἡμάρτετε[57] oder τοῦ δ' ἐγὼ ἀντίος εἰμί, καὶ εἰ πυρὶ χεῖρας ἔοικεν, εἰ πυρὶ χεῖρας ἔοικε.[58] Zur Wiederholung einer größeren Wortgruppe bemerkt Quintilian,[59] daß sie einer *geminatio* ähnlich, aber kraftvoller wirke: *bona, miserum me! – consumptis enim lacrimis tamen infixus haeret animo dolor – bona, inquam, Cn. Pompei acerbissimae voci subiecta praeconis*.[60] Die ἐπανάληψις entsteht nach Rutilius[61] gewöhnlich durch Wiederholung eines Wortes, seiner Wichtigkeit entsprechend, notwendigerweise aber auch durch eine Gruppe von Wörtern. Als Beispiel wird folgender Satz angeführt: *cognitum enim est, te rem publicam venalem habuisse, cognitum est*. Aquila[62] erklärt den Namen der προσαπόδοσις, *redditio*, daraus, daß in ihr das gleiche *nomen* am Ende des ersten und am Anfang des zweiten κῶλον stehe. Tiberios[63] gibt für die ἐπανάληψις, die dadurch bestimmt wird, daß das gleiche Wort noch einmal im gleichen κῶλον vorkommt, das Beispiel: οὐ μόνον κρίνετε τούτους τήμερον, οὔ. Der Auctor ad Herennium[64] erläutert die *conduplicatio* als *iteratio* eines oder mehrerer Wörter zur *amplificatio* oder *miseratio* an drei Beispielen. Das erste entspricht der üblichen Auffassung der ἀναδίπλωσις: *tumultus, Gai Gracche, tumultus domesticos et intestinos conparas!* das zweite: *commotus non es, cum tibi pedes mater amplexaretur, non es commotus?* hat die Form, die Tiberios ἐπανάληψις, Ps. Iulius

p. 70,27 Sp III; Aquila rhet. 31 p. 31,32 H und Mart. Cap. rhet. 40 (532) p. 481,13 H: repetitio.
[47] Aps. rhet. 12 p. 406,11 Sp. = p. 328,22 Sp. – H.
[48] Cic. Mil. 27,72; Quint. inst. IX 3,28.
[49] Verg. ecl. II 69.
[50] Aquila rhet. 29 p. 31,12f. H.
[51] Auct. ad Herenn. IV 28,38.
[52] Cic. Catil. I 1,3.
[53] Cic. Mil. 26,69; 28,76; 29,80; 34,94.
[54] Cic. Phil. II 22,53.
[55] Cic. Caecin. 9,24.

[56] Quint. inst. IX 3,29.
[57] Demosth. or. XVIII 208; Alex. fig. I 13 p. 20,1ff. Sp III.
[58] Hom. Il. XX 371.
[59] Quint. inst. IX 3,29.
[60] Cic. Phil. II 26,64.
[61] Rut. Lup. I 11 p. 8,1ff. H.
[62] Aquila rhet. 33 p. 32,16ff. H.
[63] Tib. fig. 26 p. 70,27ff. Sp III; vgl. Demosth. or. XIX 232.
[64] Auct. ad Herenn. IV 28,38.

Rufinianus[65] ἐπαναδίπλωσις, *inclusio*, nennt. Das dritte Beispiel: *nunc audes etiam venire in horum conspectum, proditor patriae? proditor, inquam, patriae, venire audes in horum conspectum?* kehrt den ersten Satz vollständig um.

Wird bei einer Aufzählung das eben genannte Glied, bevor zum nächsten übergegangen wird, noch einmal wiederholt, wird immer so weiterfahrend jedesmal eine Steigerung erzielt,[66] entsteht das κλιμακωτὸν σχῆμα,[67] das nichts anderes ist als die πλεονάζουσα ἀναστροφή, die Figur der κλῖμαξ,[68] *gradatio*,[69] *gradatus*,[70] *ascensus, scala, gradiculi*.[71] Cicero[72] verwendet sie: *neque vero se populo solum, sed etiam senatui commisit, neque senatui modo, sed etiam publicis praesidiis et armis, neque his tantum, verum etiam eius potestati, cui senatus totam rem publicam, omnem Italiae pubem, cuncta populi Romani arma commiserat.* Statt jeweils dasselbe Wort zu wiederholen, kann man dafür auch ein Synonym verwenden,[73] um die starre Eintönigkeit zu lockern. Tiberios, Herodian und der Anonymus[74] verweisen dafür auf Homer,[75] wo die κλῖμαξ durch Verwendung der Antonomasie geschieht.

Die Figur der προσαπόδοσις, *redditio*,[76] ἐπαναδίπλωσις, ἐπανάληψις, *inclusio*, ist oben[77] schon erwähnt worden. Quintilian sagt: *respondent primis et ultima: multi et graves dolores inventi parentibus et propinquis, multi*.[78]

Werden mehrere κῶλα *acriter instanter*[79] mit dem gleichen Wort begonnen, ist das die Figur der ἐπαναφορά,[80] ἐπιβολή,[81] *repetitio*,[82] *relatum*,[83] *iteratio*.[84] Wie bei der κλῖμαξ kann auch bei der Anapher die Wiederholung des gleichen Wortes durch Synonyma abgelöst und gelockert werden:[85] *nihilne te nocturnum praesidium Palati, nihil urbis vigiliae, nihil timor populi, nihil concursus bonorum omnium, nihil hic munitissimus habendi senatus locus, nihil horum ora vultusque moverunt?*[86] und: *dolui, Athenienses, ubi illum clandestinum hostem impune intra murum vidi vagari: aegre tuli, quod omnium vestri facilitatem unius fallacia tentatam intellexi: commovit me, quod in accipienda iniuria plerosque laetitiam ostentantes cognovi.*[87]

---

[65] Ps. Iul. Ruf. schem. lex. 9 p. 50,19.29 H.

[66] Demosthenes verfährt so in der Kranzrede (or. XVIII 179): οὐκ εἶπον μὲν ταῦτα, οὐκ ἔγραψα δέ, οὐδ᾽ ἔγραψα μέν, οὐκ ἐπρέσβευσα δέ, οὐδ᾽ ἐπρέσβευσα μέν, οὐκ ἔπεισα δὲ Θηβαίους, ἀλλ᾽ ἀπὸ τῆς ἀρχῆς ἄχρι τῆς τελευτῆς διεξῆλθον.

[67] Hermog. id. I 12 p. 304,16.18f. R; Anon. fig. 40 p. 133,28; 7 p. 183,23 Sp III; Zonai. fig. II 7 p. 166,19 Sp III.

[68] Alex. fig. II 8 p. 31,10 Sp III; Tib. fig. 28 p. 72,6 Sp III; Hdn. fig. p. 99,26 Sp III; Aquila rhet. 40 p. 34,17 H; Ps. Iul. Ruf. schem. lex. 19 p. 52,24 H.

[69] Auct. ad Herenn. IV 25,34; Quint. inst. IX 3,54.

[70] Ps. Iul. Ruf. schem. lex. 19 p. 52,29 H.

[71] Aquila rhet. 40 p. 34,17f. H.

[72] Cic. Mil. 23,61.

[73] Alex. fig. II 8 p. 31,16 Sp III.

[74] Tib. fig. 28 p. 72,17ff. Sp III; Hdn. fig. p. 99,31ff. Sp III; Anon. fig. 40 p. 134,4ff. Sp III.

[75] Hom. Il. II 102ff.

[76] Aquila rhet. 33 p. 32,16 H; Mart. Cap. rhet. 41 (533) p. 481,23 H.

[77] Siehe S. 302f.

[78] Cic. Verr. II 5,45,119; Quint. inst. IX 3,34.

[79] Quint. inst. IX 3,30.

[80] Alex. fig. I 14 p. 20,30 Sp III; Phoib. fig. I 3 p. 46,21 Sp III; Aquila rhet. 34 p. 32,23 H; Ps. Iul. Ruf. schem. lex. 6 p. 49,26 H; Carm. de fig. V. 34 p. 64 H; Mart. Cap. rhet. 41 (534) p. 481,26 H.

[81] Rut. Lup. I 7 p. 6,6 H.

[82] Auct. ad Herenn. IV 13,19.

[83] Aquila rhet. 34 p. 32,23 H; Mart. Cap. rhet. 41 (534) p. 481,26 H: relatio.

[84] Ps. Iul. Ruf. schem. lex. 6 p. 49,39 H.

[85] Quint. inst. IX 3,45; Rut. Lup. I 7 p. 6,21 H; vgl. Alex. fig. I 14 p. 21,1ff.; 12ff. Sp III.

[86] Cic. Catil. I 1,1.

[87] Rut. Lup. I 7 p. 6,22ff. H.

Ἐπιφορά,⁸⁸ ἀντιστροφή,⁸⁹ *conversio*,⁹⁰ heißt das Gegenstück zur Anapher, die Wiederholung des gleichen Wortes am Kolonschluß: *Poenos populus Romanus iustitia vicit, armis vicit, liberalitate vicit.*⁹¹ Λέγεταί τι τῶν ὑμῖν συμφερόντων, ἄφωνος Αἰσχίνης· ἀντέκρουσέ τι καὶ γέγονεν, οἷον οὐκ ἔδει, πάρεστιν Αἰσχίνης.⁹² Quintilian⁹³ bemerkt, daß auch hier Synonyma Ersatz leisten können; er gibt als Beispiel dafür ein Stück aus einer verlorenen Rede Ciceros an: *vos enim statuistis, vos sententiam dixistis, vos iudicavistis* und fügt hinzu, daß einige die Figur συνωνυμία, andere *disiunctio* genannt hätten. Ebensogut allerdings läßt sich der Satz auch als Anapher auffassen oder, wenn man die Behandlung von Anfang und Ende der κῶλα wahrnimmt, als *complexio*.

Diese Figur, συμπλοκή,⁹⁴ κοινότης,⁹⁵ *conexum*,⁹⁶ *complexio*,⁹⁷ vereinigt Anapher und Epipher in einem κῶλον: *qui sunt qui foedera saepe ruperunt? Karthaginienses. qui sunt qui crudelissime bellum gesserunt? Karthaginienses. qui sunt qui Italiam deformaverunt? Karthaginienses. qui sunt qui sibi postulent ignosci? Karthaginienses.*⁹⁷

Die Änderung, die ein Wortkörper durch eine gewisse Ähnlichkeit, Gleichheit oder Verschiedenheit, durch Änderung von Buchstaben, Häufung der Kasusformen, Bedeutungswechsel und Änderung der Quantität erfährt, heißt παρονομασία,⁹⁸ παρήχησις,⁹⁹ *adnominatio*.¹⁰⁰ Die παρονομασία geschieht auf verschiedene Art und Weise:

1. durch Hinzufügung: *hic sibi posset temperare, nisi amori mallet obtemperare;*¹⁰¹ αἱ ἄμπελοί σου οὐ κλήματα φέρουσιν, ἀλλ' ἐγκλήματα.¹⁰²

2. durch Wegnahme: *si lenones vitasset tamquam leones, vitae tradidisset se;*¹⁰³ Στρατήγιος στρατηγὸς ᾑρέθη.¹⁰⁴

3. durch Umstellung von Buchstaben: *videte, iudices, utrum homini navo an vano credere malitis.*

4. durch Quantitätsänderung: *hinc avium dulcedo ducit ad avium; tantum curiam diligit quantum Curiam? hic, qui se magnifice iactat atque ostentat, venit ante quam Romam venit.*

---

⁸⁸ Rut. Lup. I 8 p. 6,27 H; Carm. de fig. V. 37 p. 65 H.
⁸⁹ Alex. fig. II 4 p. 29,27 Sp III; Tib. fig. 30 p. 74,1 Sp III; Anon. fig. 38 p. 132,4 Sp III; Zonai. fig. II 4 p. 166,3 Sp III; Aquila rhet. 35 p. 33,11 H.
⁹⁰ Auct. ad Herenn. IV 13,19; Aquila rhet. 35 p. 33,11 H: conversum.
⁹¹ Auct. ad Herenn. IV 13,19.
⁹² Demosth. or. XVIII 198; Alex. fig. II 4 p. 30,1 ff. Sp III.
⁹³ Cic. C. cont. Q. Metelli fr. XII 7 Schoell; Quint. inst. IX 3,45.
⁹⁴ Alex. fig. II 5 p. 30,7 Sp III; συμπλοκὴ ἢ σύνθεσις; Aquila rhet. 36 p. 33,17 H; Mart. Cap. rhet. 41 (534) p. 482,4 H.
⁹⁵ Rut. Lup. I 9 p. 7,7 H; Carm. de fig. V. 40 p. 65 H.
⁹⁶ Aquila rhet. 36 p. 33,17 H; Mart. Cap. rhet. 41 (534) p. 482,4 H: conexio.
⁹⁷ Auct. ad Herenn. IV 14,20.
⁹⁸ Alex. fig. II 20 p. 36,14 Sp III; Phoib. fig. I 3 p. 47,13 Sp III; Tib. fig. 27 p. 71,17 Sp III; Hdn. fig. p. 95,4 Sp III; Zonai. fig. II 15 p. 168, 29 Sp III; Rut. Lup. I 3 p. 4,27 H; Aquila rhet. 27 p. 30,32 H: levis immutatio; Ps. Iul. Ruf. schem. lex. 15 p. 51,23 H; Schem. dian. 35 p. 75,12 H: denominatio.
⁹⁹ Hermog. inv. IV 7 p. 194,4 R.
¹⁰⁰ Auct. ad Herenn. IV 21,29; Quint. inst. IX 3,66; Ps. Iul. Ruf. schem. lex. 15 p. 51,32 H: adnominatio vel adfictio.
¹⁰¹ Auct. ad Herenn. IV 21,29.
¹⁰² Alex. fig. II 20 p. 36,18f. Sp III.
¹⁰³ Auct. ad Herenn. IV 21,29.
¹⁰⁴ Phoib. fig. I 3 p. 47,14f. Sp III.

5. durch Änderung der Buchstaben: *deligere oportet quem velis diligere.*[105]
6. durch gleiche Endungen von verschiedenen Stämmen: *non verbis, sed armis.*[106]
7. durch Umkehr des Verbum: *ut abs te non emissus ex urbe, sed immissus in urbem esse videatur.*[107]
8. durch die Nebeneinanderstellung verschiedener Flexionsformen der *genera* und *numeri* der Substantiva und Pronomina entsteht das Polyptoton: *senatus est summum imperii consilium: senatui rei publicae cura mandatur: ad senatum in dubiis periculosisque rebus omnis civitas respicit ... pulchra autem haec fama continget civitati, si optime meritum civem damnaverimus. pulchrum erit exteras nationes existimare, infestiores nos esse bonis quam malis. pulchre communibus utilitatibus consulemus, si, quos oppressos et hostes cupiere, nos circumvenerimus ... grata semper singulis fuerunt, quae commodi eorum causa constituta sunt. gratum ... Africanus senatoribus fecit, qui primus eius ordinis subsellia a populo liberavit.*[108] Am bekanntesten ist das von Kleochares mit dem Namen des Demosthenes versehene Polyptoton:[109] Δημοσθένης ὑπέστη Φιλίππῳ· Δημοσθένους πένης μὲν ὁ βίος, μεγάλη δ' ἡ παρρησία· Δημοσθένει πολλῶν διδομένων οὐδὲν οὔτε πλῆθος οὔτε κάλλος ἄξιον ἐφάνη προδοσίας· Δημοσθένην Ἀλέξανδρος ἐξῄτει· τὸ διὰ τί παρ' αὐτοῖς λογίζεσθε· ἀδίκως τε ἀπέθανες, ὦ Δημόσθενες. Auch Formen der Pronomina werden zum πολύπτωτον verwendet. Quintilian[110] beruft sich dafür auf Caecilius, der dafür die Bezeichnung μεταβολή gebraucht hatte, und führt als Beispiel aus Cicero[111] an: *quod autem tempus veneni dandi illo die, illa frequentia? per quem porro datum? unde sumptum? quae porro interceptio poculi? cur non de integro autem datum?*

Das πολύπτωτον[112] läßt sich mit mehreren anderen Wortfiguren verbinden. So ist das Beispiel, das Alexandros für das πολύπτωτον gibt, eine συμπλοκή, *complexio:*[113] τίνι μὲν γὰρ φίλοι πλείους ἢ τῷ Περσῶν βασιλεῖ; τίς δὲ κοσμῶν φαίνεται ἀεὶ τοὺς περὶ αὐτὸν μᾶλλον ἢ ὁ βασιλεύς; τίνος δὲ δῶρα γιγνώσκεται μᾶλλον ἢ τὰ βασιλέως; An die Stelle des zweiten Wortes kann auch eines zum Stamm des ersten gehörigen treten, so daß in Wirklichkeit nicht das erste Wort, sondern nur seine Bedeutung wiederholt wird: *emit morte immortalitatem;*[114] *homo sum, humani nihil a me alienum puto;*[115] τῆς ἐμῆς εἴτε ἀπονοίας, εἴτε ἀνοίας.[116] Eine *reduplicatio*, ἀναδίπλωσις, ist: *si canimus silvas, silvae sint consule dignae.*[117] Anaphorisch ist auch das angeführte Beispiel des Aquila und das Spiel des Kleochares mit dem Namen des Demosthenes.[118] Eine polyptotische *geminatio* stellt dar:[119] *ut tum ad senem senex de senectute, sic in hoc libro ad amicum amicissimus de amicitia scripsi.* Eine *redditio* ist:[120] *divitias sine divitis esse. tu vero virtutem praefer divitiis.*

---

[105] Auct. ad Herenn. IV 21,29.
[106] Rut. Lup. II 12 p. 18,28f. H; vgl. Quint. inst. IX 3,75.
[107] Cic. Catil. I 11,27.
[108] Aquila rhet. 37 p. 33,23.26ff. H.
[109] Hdn. fig. p. 97,10ff. Sp III.
[110] Quint. inst. IX 3,38.
[111] Cic. Cluent. 60,167.
[112] Alex. fig. II 15 p. 34,23 Sp III; Hdn. fig. p. 97,8 Sp III; Anon. fig. 43 p. 138,31 Sp III; Quint. inst. IX 3,37; Aquila rhet. 37 p. 33,23 H: ex pluribus casibus; Carm. de fig. V. 106 p. 67 H: multiclinatum.
[113] Xen. Kyr. VIII 2,8; Alex. fig. II 15 p. 34, 25 ff. Sp III.
[114] Quint. inst. IX 3,71.
[115] Ter. Haut. 77.
[116] Zonai. fig. II 15 p. 169,1f. Sp III.
[117] Verg. ecl. IV 3.
[118] Siehe Anm. 108 f.
[119] Cic. Lael. 1,5.
[120] Auct. ad Herenn. IV 14,20.

Wird ein Wort innerhalb eines Satzgefüges bald in diesem, bald in einem anderen Sinne gebraucht, wie *cur eam rem tam studiose curas, quae tibi multas dabit curas?* oder *amari iucundum est, si curetur ne quid insit amari* oder *veniam ad vos, si mihi senatus det veniam*,[121] so heißt diese Figur *traductio*.[122] Ähnlich ist die ebenfalls *traductio* genannte häufigere Verwendung des gleichen Wortes, die der Auctor ad Herennium zuvor gibt, die in einer leisen Bedeutungsverschiebung besteht: *qui nihil habet in vita iucundius vita, is cum virtute vitam non potest colere* oder *eum hominem appellas, qui si fuisset homo, numquam tam crudeliter hominis vitam petisset. at erat inimicus. ergo inimicum sic ulcisci voluit, ut ipse sibi reperiretur inimicus?*

Διαφορά, *distinctio*,[123] ἀντίστασις,[124] ἀντιμετάθεσις, σύγκρισις, πλοκή,[125] *copulatio*,[126] wird die Figur genannt, die die Bedeutung des gleichen Wortes, wenn es wiederholt wird, positiv steigert, wie in *quando homo hostis, homo*,[127] oder negativ, wie in *una salus victis nullam sperare salutem*.[128] Wird die *distinctio* in Rede und Gegenrede durchgeführt, ist das die Figur der ἀνάκλασις, *reflexio*,[129] z. B. in dem Gespräch des Proculeius mit seinem Sohn, den der Vater ermahnte, vom väterlichen Vermögen Gebrauch zu machen und damit nicht bis zum Tode des Vaters zu warten, der Sohn aber sagt: *non se patris mortem exspectare*, worauf der Vater entgegnet: *immo oro meam mortem exspectes*.[130]

Es ist schon verschiedentlich bemerkt worden, daß bei den Figuren der Wiederholung statt des zu wiederholenden Wortes ein synonymer Ausdruck gebraucht werden kann. Werden aber mehrere Synonyma der steigernden Wirkung wegen nebeneinander gesetzt, entsteht die Figur der συνωνυμία.[131] Sie wird verwendet, wenn man glaubt, mit einem einzigen Wort nicht genug an Würde und Größe zum Ausdruck bringen zu können. Συνωνυμία ist: καὶ γιγνώσκεται μὲν ὑπὸ τῶν Περινθίων καὶ Βυζαντίων, οὐκ ἀγνοεῖται δὲ ὑπὸ Θετταλῶν δεσπόζειν, ἀλλ' οὐχ ἡγεῖσθαι τῶν συμμάχων προαιρούμενος, ὑποπτεύεται δὲ ὑπὸ Θηβαίων.[132] Sie läßt sich auch mit anderen Figuren in Verbindung bringen: mit der Anapher: *dediderim periculis omnibus, obtulerim insidiis, obiecerim invidiae*; mit der Epipher: *vos enim statuistis, vos sententiam dixistis, vos iudicavistis*.[133] Einige haben die συνωνυμία *disiunctio* genannt, weil es sich dabei um die Scheidung gleichbedeutender *nomina* handelt.[134] Die asyndetische Synonymie wurde von Caecilius πλεονασμός genannt, weil die Rede das Maß überschreitet.[135] Dabei nimmt die Rede gerne die Form des Asyndeton an:

---

[121] Auct. ad Herenn. IV 14,21.
[122] Auct. ad Herenn. IV 14,20.
[123] Rut. Lup. I 12 p. 8,14 H; Carm. de fig. V. 49 p. 65 H.
[124] Ps. Iul. Ruf. schem. lex. 24 p. 54,1.6 H: contentio.
[125] Alex. fig. II 22 p. 37,14f. Sp III.
[126] Aquila rhet. 28 p. 31,7 H.
[127] Quint. inst. IX 3,67.
[128] Verg. Aen. II 354; Ps. Iul. Ruf. schem. lex. 24 p. 54,3 H.
[129] Quint. inst. IX 3,68; Rut. Lup. I 5 p. 5,17. 24f. H; Carm. de fig. V. 13 p. 64 H.

[130] Rut. Lup. I 5 p. 5,19ff. H.
[131] Alex. fig. II 6 p. 30,14 Sp III; Quint. inst. IX 3,45; Aquila rhet. 38 p. 34,3 H und Mart. Cap. rhet. 41 (535) p. 482,10f. H: communio nominis.
[132] Demosth. or. XI 3f.; Alex. fig. II 6 p. 30,17ff. Sp III.
[133] Cic. C. cont. Q. Metelli fr. XII 7 Schoell; Quint. inst. IX 3,45.
[134] Quint. inst. IX 3,45.
[135] Quint. inst. IX 3,46.

prostravit, adflixit, perculit.[136] Es entsteht so eine *congeries verborum ac sententiarum idem significantium*, die sich von der Figur der *congeries* dadurch unterscheidet, daß in dieser eine Anzahl von Bezeichnungen vieler Dinge angehäuft, in jener aber nur von einer Sache gesprochen wird.[137] Die συνωνυμία erscheint häufig in dreigliedriger Form. Der συναθροισμός, die *plurium rerum congeries, enumeratio*,[138] die Aufzählung der einzelnen Glieder des Ganzen, gehört als *distributio* in die *partitio*,[139] als *recapitulatio* in die *peroratio*,[140] ist aber in jedem Teile der Rede möglich, um die Erinnerung des Richters zu stärken.[141] Der συναθροισμός will verschiedene Dinge, die συνωνυμία aber gleiche Dinge zum Ausdruck bringen.[142] Als Beispiel für den συναθροισμός führt Alexandros[143] aus Demosthenes an: ἀλλ' ὁ τὴν Εὔβοιαν ἐκεῖνος σφετεριζόμενος καὶ κατασκευάζων ἐπιτείχισμα ἐπὶ τὴν Ἀττικήν, καὶ Μεγάροις ἐπιχειρῶν, καὶ καταλαμβάνων Ὠρεόν, καὶ κατασκάπτων Πορθμόν, καὶ καθιστὰς ἐν μὲν Ὠρεῷ Φιλιστίδην τύραννον, ἐν δὲ Ἐρετρίᾳ Κλείταρχον, καὶ τὸν Ἑλλήσποντον ὑφ' ἑαυτὸν ποιούμενος καὶ τὸ Βυζάντιον πολιορκῶν, καὶ πόλεις Ἑλληνίδας τὰς μὲν ἀναιρῶν, εἰς ἃς δὲ καὶ τοὺς φυγάδας κατάγων, πότερον ταῦτα ποιῶν ἠδίκει καὶ παρεσπόνδει καὶ ἔλυε τὴν εἰρήνην ἢ οὔ;

Das ἐπίθετον ist, soweit die Rücksicht auf das πρέπον es erlaubt, eine Ergänzung eines Substantivs durch ein anderes oder durch ein Adjektiv oder durch eine umschreibende Erklärung. Es kann, sagt Aristoteles,[144] ἀπὸ φαύλου ἢ αἰσχροῦ, z. B. μητροφόντης oder ἀπὸ τοῦ βελτίονος wie πατρὸς ἀμύντωρ genommen werden. Löst es sich von einem Eigennamen, zu dem es gehört, und wird es selbständig gebraucht, wie Tydides für Diomedes oder Pelides für Achill, entsteht eine Antonomasie.[145] Mehrere Epitheta zu einem Substantiv zu setzen, wird in der Poesie als schwerfällig angesehen, nicht aber in der Prosa, weil von zwei Epitheta eine bessere Charakterisierung erwartet wird. Sogenannte pleonastische Epitheta wie γάλα λευκόν,[146] *dentes albi* und *umida vina* sind in der Poesie, nicht aber in der Prosa erlaubt. Epitheta wie *o scelus abominandum, o deformem libidinem* bedeuten in der Rede eine wichtige Aussage, ohne das Substantiv unbedeutend und nackt erschiene.[147] Metaphorische Epitheta,[148] die Eigenschaften beseelter Wesen auf unbeseelte übertragen, dienen besonders dem Schmuck der Rede, z. B. *cupiditas effrenata*,[149] *insanae substructiones*.[150] Metonymische Epitheta sind jene, die eine Eigenschaft der Wirkung auf die Ursache übertragen, wie *pallida mors*,[151] *pallentesque habitant Morbi tristisque Senectus*,[152] *praeceps ira, hilaris*

---

[136] Aquila rhet. 38 p. 34,6 H.
[137] Quint. inst. VIII 4,26; Aquila rhet. 38 p. 34,5 H.
[138] Alex. fig. I 9 p. 17,13 Sp III; Zonai. fig. I 7 p. 162,7 Sp III; Anon. fig. 7 p. 176,2 Sp III; Quint. inst. VIII 4,27; Rut. Lup. I 2 p. 4,12 H.
[139] Cic. inv. I 22,32; Quint. inst. IV 5,1.
[140] Quint. inst. VI 1,1; Fortun. rhet. II 31 p. 119,31 f. H.
[141] Fortun. rhet. II 31 p. 120,6 f. H.
[142] Vgl. Anm. 137.
[143] Demosth. or. XVIII 71; Alex. fig. I 9 p. 17,15 ff. Sp III.
[144] Arist. rhet. III 2,1405 b 21 ff.
[145] Quint. inst. VIII 6,29 f.; 43.
[146] Arist. rhet. III 3,1406 a 11 ff.
[147] Quint. inst. VIII 6,40.
[148] Quint. inst. VIII 6,41.
[149] Cic. Catil. I 10,25.
[150] Cic. Mil. 20,53.
[151] Hor. carm. I 4,13; Quint. inst. VIII 6,27.
[152] Verg. Aen. VI 275.

adulescentia, segne otium,[153] *turpis egestas*;[154] Adjektive, die zu einem *Genitivus possessivus* gehören, werden zum übergeordneten Substantiv gesetzt, wie *vimque deum infernam*,[155] oder das zum übergeordneten Substantiv gehörige zum Genitiv: *altae moenia Romae*,[156] *angusti . . . claustra Pelori*.[157] Der Genitiv kann sogar fehlen: *adulteros crines*[158] für *crines adulterae, tepidaque recentem caede locum*,[159] wo die zu den zwei Substantiven gehörigen Adjektive vertauscht sind.

Das πολυσύνδετον,[160] συνάφεια,[161] ist die fortgesetzte Verbindung koordinierter Wörter, κῶλα und κόμματα durch beiordnende Konjunktionen. Es bewirkt πλῆθος ἢ μέγεθος, wie in Ὄλυνθον μὲν δὴ καὶ Μεθώνην καὶ Ἀπολλωνίαν καὶ δύο καὶ τριάκοντα πόλεις ἐπὶ Θράκης ἐῶ.[162] Es kann aber auch den Eindruck der Langsamkeit hervorrufen, wie ἅμ' ἀκηκόαμέν τι καὶ τριηράρχους καθίσταμεν καὶ τούτοις ἀντιδόσεις ποιούμεθα καὶ περὶ χρημάτων πόρου σκοποῦμεν, καὶ μετὰ ταῦτα ἐμβαίνειν τοὺς μετοίκους ἔδοξε καὶ τοὺς χωρὶς οἰκοῦντας, εἶτ' αὐτοὺς πάλιν, εἶτ' ἀντεμβιβάζειν, εἶτ' ἐν ὅσῳ ταῦτα μέλλεται, προαπόλωλεν τὸ ἐφ' ὃ ἂν ἐκπλέωμεν.[163] Sieben Glieder verbindet Cicero:[164] *tum neque iudicium de modo iugerum dabatur, neque erat Artemidorus Cornelius recuperator, neque ab aratore magistratus Siculus tantum exigebat quantum decumanus ediderat, nec beneficium petebatur ab decumano, ut in iugera singula ternis medimnis decidere liceret, nec nummorum accessionem cogebatur arator dare nec ternas quinquagesimas frumenti addere: et tamen populo Romano magnus frumenti numerus mittebatur.* Es können auch, wie Cicero[165] es getan hat, Polysyndeton und Asyndeton miteinander verbunden werden: *hunc igitur, funesta rei publicae pestis, hunc tu civem ferro et armis et exercitus terrore et consulum scelere et audacissimorum hominum minis, servorum dilectu, obsessione templorum, occupatione fori, oppressione curiae, domo et patria, ne cum improbis boni ferro dimicarent, cedere coegisti, quem a senatu, quem a bonis omnibus, quem a cuncta Italia desideratum, arcessitum, revocatum conservandae rei publicae causa confiteris?*

c) *Die figurae per ordinem*. Als letzte Art der Wortfiguren führt Quintilian[1] die *figurae per ordinem*, σχήματα μεταθέσεως[2] ein. Dazu gehört das von Quintilian[3] unter die Tropen gerechnete ὑπερβατόν.[4] Phoibammon[5] unterscheidet davon:

1. Das ὑπερβατὸν ἐν λέξει, das wieder als τμῆσις auftreten kann wie κατὰ ταῦρον ἔφαγεν oder ὁλοκλήρου λέξεως ὑπερβιβαζομένης, wie ὁ δεῖνα τὸν δεῖνα ἐτύπτησεν ἑταῖρόν μου.

---

[153] Quint. inst. VIII 6,27.
[154] Verg. Aen. VI 276; Quint. inst. VIII 6,41.
[155] Verg. Aen. XII 199.
[156] Verg. Aen. I 7.
[157] Verg. Aen. III 411.
[158] Hor. carm. I 15,19f.
[159] Verg. Aen. IX 455f.
[160] Hermog. meth. 11 p. 426,18 R; Quint. inst. IX 3,50; Rut. Lup. I 14 p. 9,9 H; Carm. de fig. V. 52 p. 65 H: multiiugum.
[161] Demetr. eloc. 63 p. 277,6 Sp III.
[162] Demosth. or. IX 26; Hermog. meth. 11 p. 427,4 ff. R.
[163] Demosth. or. IV 36f.
[164] Cic. Verr. II 3,49,117.
[165] Cic. dom. 3,5.

[1] Quint. inst. IX 3,27.
[2] Phoib. fig. I 4 p. 48,4 Sp III.
[3] Quint. inst. VIII 6,62.
[4] Tib. fig. 32 p. 74,14 Sp III.
[5] Phoib. fig. I 4 p. 48,6 ff. Sp III.

2. Das ὑπερβατὸν ἐν λόγῳ, z. B. ἐξεβόησεν καὶ τὸ θέατρον ἤχησεν ἐπαινοῦντες τὸν ἄρχοντα.

3. Das ὑπερβατὸν ἐν πράγματι, wie ἡ θρέψασά με καὶ γεννησαμένη, d.h. ein ὕστερον πρότερον, das ein τρόπος ist.

Tiberios[6] teilt das ὑπερβατόν ein in:

1. ὑπερβατὸν κατὰ παρένθεσιν, wie ἀλλ' ἐπὶ τοῦ Δεκελικοῦ πολέμου (ἐν γὰρ, ὃ πάντες ἐμοῦ μᾶλλον ἐπίστασθε, μὴ ὑπομνησθῶ) πολλῶν καὶ δεινῶν συμβάντων.[7]

2. ὑπερβατὸν κατὰ ἀναστροφήν, wie τὴν τοῦ διαπράξασθαι ταῦτα, ἃ μηδεὶς πώποτε ἄλλος βασιλεὺς Μακεδόνων, δόξαν ἀντὶ τοῦ ζῆν καλῶς ᾑρημένος.[8]

Der Anonymus[9] schließt sich Tiberios an. Der Verfasser von περὶ ὕψους[10] bemerkt, daß die Rede durch die Loslösung aus der gewöhnlichen Folge den Charakter einer leidenschaftlichen Kampfrede erhält.

Wird nun von zwei syntaktisch aufeinander folgenden Wörtern das zweite vor das erste gesetzt, so ist das die Figur der ἀναστροφή.[11] Der Auctor ad Herennium[12] nennt das ὑπερβατόν *transgressio, quae verborum perturbat ordinem*. Das geschieht auf zweifache Art: *perversione*, d.h. durch die ἀναστροφή, und *transiectione*, durch das eigentliche ὑπερβατόν. Von den meisten Rhetoren, auch von Quintilian, wird die ἀναστροφή nicht als Figur, sondern als *tropus* aufgefaßt.[13] Tiberios aber, Phoibammon und der Anonymus[14] betrachten sie als Wortfigur. Sie besteht darin, daß die syntaktisch feste Folge zweier Wörter umgekehrt wird, und zwar beim Nomen: οὕνεκα τὸν Χρύσην ἠτίμησ' ἀρητῆρα Ἀτρεΐδης[15] statt τὸν ἀρητῆρα Χρύσην· bei der Präposition: *mecum, tecum, quibus de rebus*,[16] ἦλθεν ἐμοῦ μέτα[17] oder beim Adverb: ὄρνιθες ὥς· βόες ὥς.[18] Tiberios[19] erklärt die ἀναστροφή für identisch mit der ἐπαναδίπλωσις, in der das zweite κῶλον mit den Worten beginnt, mit denen das erste schließt, z. B. οὐ γὰρ δὴ Κτησιφῶντα μὲν δύναται διώκειν δι' ἐμέ, ἐμὲ δέ, εἴπερ ἐξελέγχειν ἐνόμιζεν, αὐτὸν οὐκ ἂν ἐγράψατο.[20] Der gleichen Ansicht sind Aquila, Zonaios und Ps. Iulius Rufinianus.[21] Der Anonymus[22] geht zu weit, wenn er aus Thukydides Σαμία μία[23] und αὐτίκα βοὴ ἦν[24] heranzieht. Tiberios[25] spricht noch von einer anderen Art der ἀναστροφή, in der Subjekt und Objekt zweier κῶλα miteinander vertauscht werden,

---

[6] Tib. fig. 32 p. 74,14ff. Sp III.
[7] Demosth. or. XXII 15.
[8] Demosth. or. II 15.
[9] Anon. fig. 41 p. 136,4f. Sp III.
[10] Anon. de sublim. 22,1 p. 272,18f. Sp. = p. 142,22f. Sp. – H.
[11] Phoib. fig. I 4 p. 48,18 Sp III; Quint. inst. VIII 6,65; Carm. de fig. V. 157 p. 69 H: reversio.
[12] Auct. ad Herenn. IV 32,44.
[13] Vgl. Tryph. trop. I 10 p. 197,10 Sp III; Greg. Kor. trop. 6 p. 218,26 Sp III; Choirob. trop. 6 p. 248,7 Sp III; Quint inst. VIII 6,65.
[14] Tib. fig. 25 p. 70,12 Sp III; Phoib. fig. I 4 p. 48,18 Sp III; Anon. fig. 39 p. 133,21 Sp III.
[15] Hom. Il. I 11f.; Tryph. trop. I 10 p. 197, 13ff. Sp III.
[16] Quint. inst. VIII 6,65.
[17] Phoib. fig. I 4 p. 48,20 Sp III.
[18] Hom. Il. III 2; Od. XXII 299; Tryph. trop. I 10 p. 197,18 Sp III.
[19] Tib. fig. 25 p. 70,12ff. Sp III.
[20] Demosth. or. XVIII 13.
[21] Aquila rhet. 32 p. 32,6 H; Zonai. fig. II 2 p. 165,24 Sp III; Ps. Iul. Ruf. schem. lex. 7 p. 50,1 H.
[22] Anon. fig. 39 p. 133,25f. Sp III.
[23] Thuk. VIII 16,1.
[24] Thuk. III 22,5.
[25] Tib. fig. 25 p. 70,21ff. Sp III.

z. B. οὐ γὰρ Αἰσχίνης διὰ τὴν εἰρήνην κρίνεται, οὔ· ἀλλ' ἡ εἰρήνη δι' Αἰσχίνην διαβέβληται.[26]

Die Bezeichnung ἰσόκωλον für eine rhetorische Wortfigur kennt Anaximenes[27] noch nicht, wohl aber παρίσωσις. Er sagt, daß sie ἔστιν, ὅταν δύο ἴσα λέγηται κῶλα. Sie müssen aber nicht vollständig gleich sein, es können viele kleine auch wenigen großen gleichgesetzt werden, so daß es ἴσα τὸ μέγεθος und ἴσα τὸν ἀριθμόν gibt. Das ist das Wesen der παρίσωσις: ἢ διὰ χρημάτων ἀπορίαν ἢ διὰ πολέμου μέγεθος· denn das ist weder ὅμοια noch ἐναντία, sondern ἴσα μόνον ἀλλήλοις.

Das ἰσόκωλον,[28] *exaequatum membris*,[29] *membra aequalia*,[30] ist nach dem Anonymus[31] eine φράσις δύο ἢ καὶ πλειόνων κώλων ἀπηκριβωμένων ἀλλήλοις πρὸς ἀντιστρόφου ἐμφέρειαν. Es entsteht *quotiens non pugnantibus inter se, sed paribus tantummodo verbis duo vel etiam plura membra, quae* κῶλα *dicimus, explicantur*, z. B.: *classem speciosissimam et robustissimam instruxit, exercitum pulcherrimum et fortissimum legit*; man könnte noch hinzufügen: *sociorum maximam et fidelissimam manum comparavit*, solange daraus kein Überdruß entsteht;[32] beim πάρισον[33] endigen die Wörter nach Hinzufügung von einem oder zwei Gliedern im ersten oder letzten Glied auf gleiche Weise: z. B. *neque gratia et divitiis locupletum corruptus, neque minis et denuntiatione potentium perterritus, neque difficultatibus et magnitudine rei a proposito deiectus*.[34] Die ‚Schemata dianoeas'[35] nennen das πάρισον *adsimilatio sententiae membris non dissimilibus et plerumque paribus et contrariis constans*, wofür sie als Zeugnis aus Ciceros Rede ‚Pro Cluentio' anführen: *etenim sicut aliis in locis parum firmamenti et parum virium veritas habet, sic in hoc loco falsa invidia imbecilla esse debet*. Bei einem nur aus zwei κῶλα bestehenden Isokolon liegt die Neigung zur Antithese nahe, besonders, wenn chiastische Stellung mithilft. Dafür führt der Anonymus aus der ‚Odyssee' an:[36] χρὴ ξεῖνον παρεόντα φιλεῖν, ἐθέλοντα δὲ πέμπειν. Weitere Beispiele: *satis eloquentiae, sapientiae parum*;[37] *non est nostri ingenii, vestri auxilii est*;[38] *dominetur in contionibus, iaceat in iudiciis*.[39]

Die παρίσωσις δ' ἐὰν ἴσα τὰ κῶλα des Aristoteles[40] deckt sich mit der Aussage des Anaximenes[41] παρίσωσις δέ ἐστι μέν, ὅταν δύο ἴσα λέγηται κῶλα. Neben die παρίσωσις stellen beide die παρομοίωσις.[42] Sie wird von Anaximenes[43] als eine Steigerung der παρίσωσις angesehen, weil sie nicht nur gleiche, sondern auch ähnliche κῶλα hat, besonders in den Schlüssen der κῶλα mit gleich vielen ähnlichen Worten, die am meisten ähnliche Buchstaben enthalten, wie πλήθει μὲν ἐνδεῶς,

---

[26] Demosth. or. XIX 97.

[27] Anaxim. rhet. 27,1435b 39ff.

[28] Anon. fig. p. 155,2 Sp III; Quint. inst. IX 3,80; Rut. Lup. II 15 p. 19,9 H; Aquila rhet. 23 p. 30,5 H.

[29] Aquila rhet. 23 p. 30,5 H.

[30] Quint. inst. IX 3,80.

[31] Anon. fig. p. 155,2f. Sp III.

[32] Aquila rhet. 23 p. 30,5ff. H.

[33] Quint. inst. IX 3,76 nach dem Stoiker Theon; Aquila rhet. 24 p. 30,12 H: *prope aequatum*; Schem. dian. 41 p. 76,4 H.

[34] Aquila rhet. 24 p. 30,15ff. H.

[35] Schem. dian. 41 p. 76,4ff. H; vgl. Cic. Cluent. 2,5.

[36] Anon. fig. p. 155,7 Sp III; vgl. Hom. Od. XV 74.

[37] Sall. Catil. 5,4.

[38] Cic. Cluent. 1,4.

[39] Cic. Cluent. 2,5.

[40] Arist. rhet. III 9,1410a 24f.

[41] Anaxim. rhet. 27,1435b 39.

[42] Anaxim. rhet. 28,1,1436a 5; Arist. rhet. III 9,1410a 25.

[43] Anaxim. rhet. 28,1,1436a 5ff.

δυνάμει δὲ ἐντελῶς. Nach Aristoteles[44] bedeutet παρομοίωσις, daß zwei einander entsprechende Glieder ähnlich lautende Anfänge oder Ausgänge haben. Eine derartige Ähnlichkeit muß entweder in den Anfangs- oder bei den Schlußworten vorhanden sein; am Anfang müssen ähnliche ὀνόματα stehen, am Schluß ähnliche Endsilben oder die Kasus eines und desselben Wortes oder das Wort selbst müssen gleich sein. Auch Demetrios[45] verlangt ähnliche Worte:

1. Am Anfang und am Ende des κῶλον. Als Beispiel dafür benützt er den gleichen Homervers wie Aristoteles: δωρητοί τ' ἐπέλοντο παράρρητοί τ' ἐπέεσσιν.[46]

2. Für den Schluß des κῶλον führt Aristoteles an:[47] ᾠήθης ἂν αὐτὸν οὐ παιδίον τετοκέναι, ἀλλ' αὐτὸν παιδίον γεγονέναι und ἐν πλείσταις δὲ φροντίσι καὶ ἐν ἐλαχίσταις ἐλπίσιν· Isokrates liebt solche Figuren, z.B. πολλάκις ἐθαύμασα τῶν τὰς πανηγύρεις συναγαγόντων καὶ τοὺς γυμνικοὺς ἀγῶνας καταστησάντων, ὅτι τὰς μὲν τῶν σωμάτων εὐτυχίας οὕτω μεγάλων δωρεῶν ἠξίωσαν τοῖς δ' ὑπὲρ τῶν κοινῶν ἰδίᾳ πονήσασι καὶ τὰς αὐτῶν ψυχὰς οὕτω παρασκευάσασιν ὥστε καὶ τοὺς ἄλλους ὠφελεῖν δύνασθαι·[48] οὐ πρότερον ἐπαύσατο, πρὶν ἐξεῦρε καὶ συνηνάγκασεν, ὃ πάντες θρυλοῦσιν, ὥστε τῷ στρατοπέδῳ πλεῦσαι μὲν διὰ τῆς ἠπείρου, πεζεῦσαι δὲ διὰ τῆς θαλάττης, τὸν μὲν Ἑλλήσποντον ζεύξας, τὸν δ' Ἄθω διορύξας.[49] Weitere Beispiele sind: *huic igitur socios vestros criminanti et ad bellum vos cohortanti et omnibus modis, ut in tumultu essetis, molienti.*[50]

3. Die πτώσεις ταὐτοῦ,[51] ὁμοιόπτωτον,[52] *simile casibus*,[53] *similiter cadens.*[54] Das ὁμοιόπτωτον besteht darin, daß in dem gleichen Satz zwei oder mehr Wörter mit gleichem Kasus gebraucht werden, z.B. *hominem laudem egentem virtutis, abundantem felicitatis? huic omnis in pecunia spes est, a sapientia est animus remotus; diligentia comparat divitias, neglegentia corrumpit animum, et tamen, cum ita vivit, neminem prae se ducit hominem.*[55] Ὦ πρὸς μὲν τὰ μεγάλα τῶν ἔργων ἁπάντων ἀνθρώπων ἀχρηστότατε, πρὸς δὲ τὴν ἐν λόγοις τόλμαν θαυμασιώτατε.[56] Das ὁμοιόπτωτον ist an keinen bestimmten Ort des Satzes gebunden. Die Entsprechung kann am Anfang, in der Mitte oder am Schluß stehen. Es gibt auch Variationsmöglichkeiten, so daß die Mitte eines Satzes mit dem Anfang oder das Ende mit der Mitte eines anderen korrespondiert. Auch Silbengleichheit kommt vor; die gleichen Kasus müssen nicht lautlich übereinstimmen; am besten scheinen jene κῶλα zu sein, bei denen Anfang und Ende übereinstimmen.[57]

4. ταὐτὸ ὄνομα:[58] σὺ δ' αὐτὸν καὶ ζῶντα ἔλεγες κακῶς καὶ νῦν γράφεις κακῶς. Das gleiche Beispiel führt auch Demetrios[59] für das ὁμοιοτέλευτον an.

---

[44] Arist. rhet. III 9,1410a 25ff.
[45] Demetr. eloc. 25 p. 266,26ff. Sp III.
[46] Hom. Il. IX 526; Arist. rhet. III 9,1410a 29f. fügt noch hinzu: ἀγρὸν γὰρ ἔλαβεν ἀργὸν παρ' αὐτοῦ.
[47] Arist. rhet. III 9,1410a 32ff.
[48] Isokr. or. IV 1.
[49] Isokr. or. IV 89.
[50] Aquila rhet. 25 p. 30,24f. H.
[51] Arist. rhet. III 9,1410a 34f.: ἀξιοῖ δὲ σταθῆναι χαλκοῦς, οὐκ ἄξιος ὢν χαλκοῦ;

[52] Alex. fig. II 19 p. 36,7 Sp III; Zonai. fig. II 18 p. 169,14 Sp III; Anon. fig. 16 p. 186,5 Sp III; Quint. inst. IX 3,78.
[53] Aquila rhet. 25 p. 30,22 H.
[54] Auct. ad Herenn. IV 20,28.
[55] Auct. ad Herenn. IV 20,28.
[56] Aischin. or. III 152; Alex. fig. II 19 p. 36, 9ff. Sp III.
[57] Quint. inst. IX 3,78.
[58] Arist. rhet. III 9,1410a 35f.
[59] Demetr. eloc. 26 p. 267,8ff. Sp III.

5. ἀπὸ συλλαβῆς:⁶⁰ τί ἂν ἔπαθες δεινόν, εἰ ἄνδρ' εἶδες ἀργόν; Als Mittel, ein ὁμοιοτέλευτον zu erzeugen, hat auch Zonaios:⁶¹ ὅταν πολλὰ κῶλα τὴν αὐτὴν συλλαβὴν ἔχωσι κατάληξιν angegeben.

Stimmen die Ausgänge zweier oder mehrerer κῶλα in der (auch unbetonten) Schlußsilbe oder in mehreren Silben der κῶλα oder in einem ganzen Wort überein, ist das die Figur des ὁμοιοτέλευτον,⁶² *similiter desinens*:⁶³ *in muros statim curritur, exercitus a sociis accersitur, dilectus iuventuti denuntiatur;*⁶⁴ *turpiter audes facere, nequiter studes dicere; vivis invidiose, delinquis studiose, loqueris odiose.*⁶⁵ Über den Umfang eines κῶλον gibt es keine Regel; es treten auch aus einem einzigen Wort bestehende κῶλα auf, z.B. λέγετε, φέρετε, χαίρετε·⁶⁶ *Hecuba hoc dolet, pudet, piget;*⁶⁷ *abiit, excessit, erupit, evasit.*⁶⁸ Die Kolonschlüsse fallen zumeist auf die letzte (unbetonte) Silbe, z.B. καὶ οὐ τὸ δυστύχημα ὀνειδίζω, ἀλλὰ τὸν τρόπον ἐξετάζω·⁶⁹ *audaciter territas, humiliter placas;*⁷⁰ es gibt aber auch reimartige zweisilbige Schlüsse wie *non modo ad salutem eius exstinguendam, sed etiam gloriam per tales viros infringendam*⁷¹ und mehrsilbige.

Der Gebrauch derartiger Figuren ist nach Demetrios⁷² nicht ohne Gefahr für den kraftvollen Redner, weil die Ähnlichkeit der κῶλα und die Antithesen die Gewalt der Rede zerstören. Sie passen nicht zu πάθος und ἦθος, die einfach und unpoetisch sein wollen. Auch der Auctor ad Herennium⁷³ warnt davor, diese Figuren zu oft zu verwenden, weil sie mehr der Ergötzung als dem Ernst dienen, die Würde und Glaubwürdigkeit der Rede verdrängen und geradezu beleidigen, weil Anmut und Heiterkeit und nicht Würde und Schönheit in ihnen herrschen; denn was stattlich und schön ist, kann lange gefallen; was aber nur fein und zierlich ist, greift bald den feinen Sinn des Gehörs durch Übersättigung an. Wenn wir also häufiger diese Schmuckmittel der Rede benützen, werden wir uns an einer für Knaben passenden Beredsamkeit erfreuen können, streuen wir aber nur hier und da diese Figuren in die Rede ein, werden wir ihr mit passend gesetzten Lichtern Glanz verleihen.

Die Gegenüberstellung zweier oder mehrerer gegensätzlicher Aussagen heißt ἀντίθεσις, ἀντίθετον,⁷⁴ *contrapositum*,⁷⁵ *contentio*,⁷⁶ *compositum ex contrariis*.⁷⁷ Von den meisten Rhetoren wird das ἀντίθετον zu den σχήματα λέξεως gerechnet; Cicero:⁷⁸ *his fere luminibus illustrant orationem sententiae* betrachtet die *contentio* als Sinnfigur.

---

⁶⁰ Arist. rhet. III 9,1410a 36f.
⁶¹ Zonai. fig. II 16 p. 169,3f. Sp III.
⁶² Arist. rhet. III 9,1410a 35; Alex. fig. II 18 p. 35,30 Sp III; Zonai. fig. II 16 p. 169,3 Sp III; Anon. fig. 14 p. 185,19 Sp III; Demetr. eloc. 26 p. 267,7 Sp III; Quint. inst. IX 3,77; Rut. Lup. II 14 p. 19,3 H; Aquila rhet. 26 p. 30,27 H: simile determinatione.
⁶³ Auct. ad Herenn. IV 20,28.
⁶⁴ Aquila rhet. 26 p. 30,30f. H.
⁶⁵ Auct. ad Herenn. IV 20,28.
⁶⁶ Zonai. fig. II 16 p. 169,8 Sp III.
⁶⁷ Quint. inst. IX 3,77.
⁶⁸ Cic. Catil. II 1,1; Quint. inst. IX 3,78.
⁶⁹ Aischin. or. III 78; Alex. fig. II 18 p. 36,4f. Sp III.
⁷⁰ Auct. ad Herenn. IV 20,28.
⁷¹ Cic. Mil. 2,5; Quint. inst. IX 3,77.
⁷² Demetr. eloc. 27 p. 267,13 ff. Sp III.
⁷³ Auct. ad Herenn. IV 23,32.
⁷⁴ Siehe S. 294; Anm. 251–260.
⁷⁵ Quint. inst. IX 3,81; Ps. Iul. Ruf. schem. lex. 13 p. 51,9.15 H: contrarium vel oppositio.
⁷⁶ Auct. ad Herenn. IV 15,21.
⁷⁷ Aquila rhet. 22 p. 29,29 H.
⁷⁸ Cic. de orat. III 53,205.

Rutilius Lupus behandelt das ἀντίθετον sowohl als Wort- wie als Sinnfigur,[79] ebenso Tiberios,[80] der Auctor ad Herennium[81] und Hermogenes.[82]

Anaximenes[83] hat das ἀντίθετον definiert als τὸ ἐναντίαν τὴν ὀνομασίαν ἅμα καὶ τὴν δύναμιν τοῖς ἀντικειμένοις ἔχον, ἢ τὸ ἕτερον τούτων. Aristoteles[84] erwähnt die ἀντικειμένη oder das ἀντίθετον bei der Behandlung der Periode und der λέξις ἐν κώλοις.

Es werden zwei Arten von ἀντικείμενα unterschieden, κατὰ ὀνόματα und κατὰ πράγματα. Ἀντικείμενα in Einzelworten sind z. B. ἀρετή und κακία, πλοῦτος und πενία, βίος und θάνατος, *pax* und *bellum*, *timor* und *audacia*, *amicus* und *inimicus*, *vetus* und *novus*, *calidus* und *frigidus*;[85] ἀντικείμενα in einem Satz sind z. B. τοῦ μὲν ἐπίπονον καὶ φιλοκίνδυνον τὸν βίον κατέστησεν, τῆς δὲ περίβλεπτον καὶ περιμάχητον τὴν φύσιν ἐποίησεν,[86] wo die einzelnen Wörter sich genau entsprechen. Als Beispiel für ἀντικείμενα κατὰ πράγματα kann folgender Satz dienen: ὥστε τῷ στρατοπέδῳ πλεῦσαι μὲν διὰ τῆς ἠπείρου, πεζεῦσαι δὲ διὰ τῆς θαλάττης, τὸν μὲν Ἑλλήσποντον ζεύξας, τὸν δ᾽ Ἄθω διορύξας.[87] Man brauche aber nicht immer ἀντικείμενα zu verwenden, sagt Alexandros,[88] sondern könne vielmehr διαφέροντα πράγματα einander entgegenstellen, wie ἐδίδασκες γράμματα, ἐγὼ δὲ ἐφοίτων· ἐτέλεις, ἐγὼ δὲ ἐτελούμην· ἐτριταγωνίστεις, ἐγὼ δὲ ἐθεώρουν· ἐγραμμάτευες, ἐγὼ δ᾽ ἐκκλησίαζον· ἐξέπιπτες, ἐγὼ δὲ ἐσύριττον.

Theophrast hat nach Dionys von Halikarnaß[89] das ἀντίθετον entstehen lassen:

1. ὅταν τῷ αὐτῷ τὰ ἐναντία
2. τῷ ἐναντίῳ τὰ αὐτά
3. τοῖς ἐναντίοις ἐναντία προκατηγορηθείη, wenn zu einem Subjekt entgegengesetzte Prädikate gefügt werden, entgegengesetzte Subjekte gleiche und entgegengesetzte Subjekte entgegengesetzte Prädikate haben.

Rutilius Lupus hat ebenfalls drei Arten der Entstehung des ἀντίθετον angenommen, von denen R. Volkmann[90] sagt, sie seien ihm trotz der dabeistehenden Beispiele völlig unverständlich geblieben:[91]

1. *cum contrariae res inter se conferuntur: alter eorum erat in dando benignus, alter in accipiendo astutus ... huius enim pudor erat omnibus iucundus, illius autem impudentia ipsi suavis, ceteris amara.* Den Vergleich kann auch eine Person an sich selber anstellen: *olim in adulescentia sedulo omnem gloriam sectabar: at nunc in senectute summum me ambitionum invasit odium. tum facile multis opitulabar: nunc iam me ipsum tueri vix possum.*

2. *alterum genus huius, quod in eadem sententia priori verbo contrarium quod est infert et*

---

[79] Quint. inst. IX 2,101.
[80] Tib. fig. 18 p. 67,4; 41 p. 78,20 Sp III.
[81] Auct. ad Herenn. IV 15,21; 45,58.
[82] Hermog. inv. IV 2 p. 173,2; 175,14f.: σχῆμα τοῦ λόγου; meth. 15 p. 431,17f. R: ἔστι δὲ διανοήματι διανόημα ἀντικείμενον.
[83] Anaxim. rhet. 26,1,1435 b 27 ff.
[84] Arist. rhet. III 9,1409 b 33 ff.
[85] Vgl. Cic. Q. Rosc. 7,21: *quid est hoc? probus improbum, pudens impudentem, periurum castus, callidum imperitus, liberalis avidum.*
[86] Isokr. or. X 17.
[87] Isokr. or. IV 89.
[88] Demosth. or. XVIII 265; Alex. fig. II 21 p. 37,8ff. Sp III; vgl. Tib. fig. 41 p. 78,27ff. Sp III.
[89] Dion. Hal. Lys. 14 p. 24,4ff. Us. – Rad.
[90] R. Volkmann, a.a.O. S. 486.
[91] Rut. Lup. II 16 p. 19,19ff.; 20,1ff.; 4ff. H.

coniungi solet: non ille stultitia aut furore impulsus tam graves labores frustra subibat, sed ex acerbitate laboris iucundos voluptatis fructus sibi parabat.

3. *aliud est, item quod superiori infertur, sed consequenter: nobis primis dii immortales fruges dederunt: nos, quod soli accepimus, per omnes terras distribuimus. nobis maiores nostri rem publicam liberam reliquerunt: nos etiam socios nostros de servitute eripuimus.* Ich glaube, es ist keine weitere Erklärung notwendig.

Alexandros[92] sagt, daß Antithesen auf mehrfache Weise entstehen. Als erste nennt er die ἀντικείμενα ὀνόματα in kurzen, knappen Gegenüberstellungen: ἐπιλούουσιν ἐν θερμοῖς ὕδασι ψυχροὺς ἄνδρας und in Sätzen: μᾶλλον γὰρ τιμῶσιν αἱ πόλεις τῶν ἀδίκως πλουτούντων τοὺς δικαίως πενομένους. Herodian[93] fügt noch hinzu: καὶ τῶν παρανόμως νικώντων τοὺς ἐννόμως ἡττωμένους, καὶ τῶν κακῶς ζώντων τοὺς καλῶς ἀποθνήσκοντας und nennt das Ganze κατὰ διέξοδον. Demetrios[94] setzt an die Stelle der ἀντικείμενα ὀνόματα die ἀντικείμενα τοῖς πράγμασιν: πλέων μὲν διὰ τῆς ἠπείρου, πεζεύων δὲ διὰ τῆς θαλάσσης oder τῇ τε λέξει καὶ τοῖς πράγμασιν. Das hat auch schon Alexandros[95] getan; er sagt, es sei nicht notwendig, nur aus den ἀντικείμενα ὀνόματα Antithesen zu bauen und meint, man solle ἀντικείμενα ἢ διαφέροντα πράγματα λαμβάνειν mischen. Für den Bau von Antithesen τὰ ὀνόματα μόνον ἀντικείμενα κῶλα verweist Demetrios[96] auf Isokrates, wo sich fast Wort für Wort entsprechen. Als zweite Art der Antithese nennt Alexandros[97] die Gegenüberstellung von konträren Begriffen: σὺ μὲν γὰρ ἔλαβες, ὦ Δημάδη, δῶρα παρὰ Φιλίππου, ἐγὼ δὲ οὐκ ἔλαβον, καὶ προέπινες αὐτῷ κατὰ τῆς πόλεως εὐωχούμενος, ἐγὼ δ' οὐ συνέπινον. – Τιμωρία γὰρ ἐπιτίμιον κακίας, οὐκ ἀρετῆς und πολέμῳ δὲ ἰσχὺν χορηγεῖ πλοῦτος, οὐ πενία.[98] Der Anonymus[99] hat offenbar nach Sopater auch ἀντίθετα in temporalen oder konditionalen Sätzen bemerkt: εἰ μὲν οὖν ὄνησις ἀγωνιζομένοις ἀκολουθεῖ, καλὸν ἀπολαύειν τῆς τύχης, εἰ δὲ Τρωσίν ἐστι τὸ νικᾶν ἐκ Διός, ἡμῖν δὲ πληροῦν ἀκοντίων τὴν γῆν μόνον, ἀναχωρῆσαι συμφέρον, νεκρὸν λαβοῦσι τὸν Πάτροκλον. Schließlich hat Demetrios[100] auf ein scheinbares ἀντίθετον in einem Vers Epicharms aufmerksam gemacht: τόκα μὲν ἐν τήνοις ἐγὼν ἦν, τόκα δὲ παρὰ τήνοις ἐγών. In beiden κῶλα wird das Gleiche gesagt, nur das Äußere einer Antithese wird nachgeahmt. Demetrios denkt deshalb daran, daß Epicharm die Redner verspotten wollte.

In dem Satz *dediderim periculis omnibus, obtulerim insidiis, obiecerim invidiae* (Verbum in jedem κῶλον am Anfang) und: *vos enim statuistis, vos sententiam dixistis, vos iudicavistis* (Verbum am Schluß) sind die Prädikate synonym;[101] sie haben äußerlich die Kennzeichen ihrer sprachlichen Bildung, sind aber gleich in der Bedeutung. Durch

---

[92] Alex. fig. II 21 p. 36,27ff. Sp III.
[93] Hdn. fig. p. 98,30ff. Sp III; Zonai. fig. II 20 p. 169,24ff. Sp III; Anon. fig. 18 p. 186,18ff. Sp III.
[94] Demetr. eloc. 22 p. 266,1ff. Sp III; vgl. Isokr. or. IV 89.
[95] Alex. fig. II 21 p. 37,7f. Sp III.
[96] Demetr. eloc. 23 p. 266,5ff. Sp III; vgl. Isokr. or. X 17.
[97] Alex. fig. II 21 p. 37,2ff. Sp III; Hdn. fig. p. 99,3ff. Sp III.
[98] Hdn. fig. p. 98,27ff. Sp III.
[99] Anon. fig. 2 p. 112,24ff. Sp III.
[100] Demetr. eloc. 24 p. 266,19ff. Sp III.
[101] Cic. C. cont. Q. Metelli fr. XII 7 Schoell; Quint. inst. IX 3,45.

sie wird der Hauptbegriff in einzelne Teile zerlegt; deshalb wird die Figur von den einen συνωνυμία, von den anderen *disiunctio* genannt; beides, sagt Quintilian,[102] zu Recht, weil es eine Scheidung gleichbedeutender *nomina* und eine Sammlung gleichbedeutender *verba* ist.

Wenn zu mehreren κῶλα nur ein Prädikat gesetzt wird, ist das die Figur der *adiunctio*,[103] *iniunctum*, ὑπεζευγμένον,[104] ἐπεζευγμένον.[105] Das Prädikat kann am Anfang oder am Schluß der κῶλα stehen: *vicit pudorem libido, timorem audacia, rationem amentia*;[106] *neque enim is es, Catilina, ut te aut pudor umquam a turpitudine aut metus a periculo aut ratio a furore revocaverit.*[107] Steht das Prädikat in der Mitte, nennt der Auctor ad Herennium[108] die Figur *coniunctio*: *formae dignitas aut morbo deflorescit aut vetustate*. Werden ähnliche Dinge durch Angabe ihrer Gegensätze geschieden wie

triste lupus stabulis, maturis frugibus imbres,
arboribus venti, nobis Amaryllidis irae,[109]

kommt die Figur der παραδιαστολή[110] zustande, die häufig in der Form der *ad(con)-iunctio* erscheint.

III. Die compositio

1. Die Lehre vom Satzbau

Die Lehre vom Satzbau der *verba coniuncta*, die *compositio*[1] oder *structura*,[2] befaßt sich mit dem auf die *delectatio* abzielenden, bewußt künstlerisch gestalteten Bau der Sätze und der Wortfolge in ihnen. Fortunatian[3] nennt dafür vier Hauptpunkte: die *conversio verborum*,[4] die periodische Abrundung der Rede, *adiectio*, *detractio* und *immutatio*. Die figürlichen Schmuckgedanken syntaktisch miteinander in Sätzen zu verbinden, unterscheidet man drei Möglichkeiten:

1. Die kunstlose, in der Umgangssprache und in Briefen übliche, in der Gerichtsrede bei der Zeugenbefragung, wo man eine dem Gespräch ähnliche Redeweise nachbilden wollte, auch ὑποκριτική genannte λέξις διαλελυμένη,[5] *oratio soluta*:[6] *oratio soluta nulla inter se necessitate numerorum, neque composita membris quibusdam vel determinata certa circumscriptione verborum. ea plerumque in sermone assiduo et in epistulis*

---

[102] Quint. inst. IX 3,45; siehe S. 306f.
[103] Auct. ad Herenn. IV 27,38.
[104] Aquila rhet. 44 p. 36,14 H.
[105] Quint. inst. IX 3,62.
[106] Cic. Cluent. 6,15.
[107] Cic. Catil. I 9,22.
[108] Auct. ad Herenn. IV 27,38.
[109] Verg. ecl. III 80f.
[110] Quint. inst. IX 3,65; Rut. Lup. I 4 p. 5,4 H; Ps. Iul. Ruf. schem. lex. 22 p. 53,23.30 H: discriminatio; Carm. de fig. V. 115 p. 67 H: subdistinctio.

[1] Quint. inst. IX 4,1.
[2] Fortun. rhet. III 10 p. 127,7 H.
[3] Fortun. rhet. III 10 p. 127,14f. H; vgl. Quint. inst. IX 3,27.
[4] Cic. de orat. III 49,190.
[5] Demetr. eloc. 193 p. 304,12f. Sp III.
[6] Quint. inst. IX 4,19; Aquila rhet. 18 p. 27, 12 H.

utimur: *interponitur autem et iudicialibus orationibus, ubi aliquid simile et proximum sermoni volumus effingere.*[7]

2. Die *oratio perpetua*, λέξις εἰρομένη,[8] aneinandergereihter Stil,[9] διῃρημένη ἑρμηνεία,[10] auseinandergerissener Stil, besteht darin, daß sie die Sätze parataktisch aufeinander folgen läßt, so daß die Gedanken geradeaus fortschreiten: *oratio ita conectitur, ut superiorem elocutionem semper proxima sequatur atque ita seriem quandam significatus rerum explicet;*[11] εἰρομένη ἣ οὐδὲν ἔχει τέλος καθ' αὑτήν, ἂν μὴ τὸ πρᾶγμα τὸ λεγόμενον τελειωθῇ·[12] – ἡ δέ τις διῃρημένη ἑρμηνεία καλεῖται, ἡ εἰς κῶλα λελυμένη οὐ μάλα ἀλλήλοις συνηρτημένα.[13]

3. Die dritte Art, Gedanken in einem Satz geordnet zum Ausdruck zu bringen, ist die Periode, die λέξις κατεστραμμένη,[14] ἑρμηνεία κατεστραμμένη,[15] *oratio vincta atque contexta,*[16] *conexa series,*[17] περίοδος,[18] *ambitus, circumductum, continuatio, conclusio,*[19] *circuitus orationis, ambitus, circuitus, comprehensio, circumscriptio, ambitus verborum,*[20] *conversio.*[21] Die von Demetrios als μάλα καλῶς καὶ πρεπόντως[22] gegebene anerkannte Definition der aristotelischen Periode lautet: λέγω δὲ περίοδον λέξιν ἔχουσαν ἀρχὴν καὶ τελευτὴν αὐτὴν καθ' αὑτὴν καὶ μέγεθος εὐσύνοπτον.[23] So ist die Periode angenehm und leicht zu merken. Gegenüber der unbegrenzten λέξις εἰρομένη ist sie begrenzt und deshalb angenehm, weil der Hörer immer die Vorstellung hat, etwas Vollendetes zu hören. Leicht faßlich ist sie, weil sie leicht im Gedächtnis zu behalten ist und der Rhythmus die beste Gedächtnisstütze ist. Während die λέξις εἰρομένη nicht in sich selbst, sondern nur im Schluß einen Ruhepunkt in der Gedankenentwicklung findet, werden die am Anfang der Periode aufgestellten Gedanken im Verlauf der Periode weiter entwickelt, bis diese durch immer neu hinzutretende Elemente in sich selbst einen Abschluß findet: περίοδος μὲν οὖν ἐστι λόγος ... αὐτοτελῆ διάνοιαν ἐκφέρων·[24] λόγος ἐν εὐπεριγράφῳ συνθέσει κώλων αὐτοτελῆ διάνοιαν ἀποτελῶν.[25]

Demetrios[26] erläutert die aristotelische Definition: Der Sprecher macht sofort klar, daß er an einem bestimmten Punkte beginnt und auch an einem solchen aufhört; er eilt dem Ende entgegen wie die losgelassenen Läufer, die auch schon bei Beginn des Laufes das Ziel vor sich haben. Nach der kreisförmigen Bahn nämlich ist die Periode benannt. Sie ist nur eine Zusammenfügung (σύνθεσις), und, löst man sie auf, bleiben die πράγματα die gleichen, die Periode jedoch gibt es nicht mehr. Demetrios er-

---

[7] Aquila rhet. 18 p. 27,12 ff. H.
[8] Aquila rhet. 18 p. 27,16 f. H.
[9] Arist. rhet. III 9,1409 a 24.
[10] Demetr. eloc. 12 p. 263,17 Sp III.
[11] Aquila rhet. 18 p. 27,17 ff. H.
[12] Arist. rhet. III 9,1409 a 30 f.
[13] Demetr. eloc. 12 p. 263,17 f. Sp III.
[14] Arist. rhet. III 9,1409 a 26.
[15] Demetr. eloc. 12 p. 263,12 f. Sp III.
[16] Quint. inst. IX 4,19.
[17] Quint. inst. IX 4,22.
[18] Arist. rhet. III 9,1409 a 35; Demetr. eloc.
10 p. 262,18 Sp III; Alex. fig. II 1 p. 27,17 Sp III.
[19] Quint. inst. IX 4,22.
[20] Cic. Brut. 8,34; 44,162; orat. 61,204.208; de orat. III 48,186.
[21] Iul. Vict. 22 p. 439,26 f. H.
[22] Demetr. eloc. 11 p. 262,29 Sp III.
[23] Arist. rhet. III 9,1409 a 35 ff.
[24] Alex. fig. II 1 p. 27,17 f. Sp III.
[25] Hdn. fig. p. 93,7 f. Sp III.
[26] Demetr. eloc. 11 p. 262,29 ff. Sp III.

läutert das an einem Beispiel aus der Rede des Demosthenes:[27] μάλιστα μὲν εἵνεκα τοῦ νομίζειν συμφέρειν τῇ πόλει λελύσθαι τὸν νόμον, εἶτα καὶ τοῦ παιδὸς εἵνεκα τοῦ Χαβρίου, ὡμολόγησα τούτοις, ὡς ἂν οἷός τε ὦ, συνερεῖν. Nach der Auflösung ist von der Periode nichts mehr vorhanden: συνερῶ τούτοις, ὦ ἄνδρες Ἀθηναῖοι· φίλος γάρ μοί ἐστιν ὁ υἱὸς Χαβρίου, πολὺ δὲ μᾶλλον τούτου ἡ πόλις, ᾗ συνειπεῖν με δίκαιόν ἐστιν.[28] Demetrios[29] hat noch das ἐνθύμημα von der Periode abgegrenzt. Der Unterschied zwischen beiden besteht darin, daß die Periode eine im Kreise verlaufende Komposition ist, das ἐνθύμημα aber seine Kraft zum Denken und in seiner Komposition hat. Löst man das Enthymem ὥσπερ γὰρ εἴ τις ἐκείνων ἑάλω, σὺ τάδ᾽ οὐκ ἂν ἔγραψας· οὕτως ἂν σὺ νῦν ἁλῷς, ἄλλος οὐ γράψει auf: μὴ ἐπιτρέπετε τοῖς τὰ παράνομα γράφουσιν· εἰ γὰρ ἐκωλύοντο, οὐκ ἂν νῦν οὗτος ταῦτα ἔγραφεν, οὐδ᾽ ἕτερος ἔτι γράψει τούτου νῦν ἁλόντος, fällt der Kreis der Periode aus, das Enthymem aber bleibt.[30]

Die Periode besteht aus längeren Teilen, den κῶλα, und aus kürzeren, den κόμματα.[31] Aristoteles[32] kennt nur die κῶλα, nicht die κόμματα. Die Lateiner nennen die κῶλα *membra*.[33] Für Aristoteles[34] ist nun die Periode gegliedert (ἐν κώλοις) oder einfach (ἀφελής); diese bezeichnet er auch als μονόκωλον. Wenn Quintilian[35] zwei Arten von Perioden unterscheidet, eine, die aus *membra et incisa, quae plures sensus habent*, besteht, meint er die Periode mit κῶλα und κόμματα. Die zweite, *simplex, cum sensus unus longiore ambitu circumducitur*, entspricht der περίοδος ἀφελής des Aristoteles. Demetrios[36] nennt περίοδοι μονόκωλοι, ἃς καλοῦσιν ἁπλᾶς περιόδους. Eine περίοδος μονόκωλος kann nach ihm entstehen, ὅταν τὸ κῶλον μῆκός τε ἔχῃ καὶ καμπὴν κατὰ τὸ τέλος wie Ἡροδότου Ἁλικαρνασσῆος ἱστορίης ἀπόδεξις ἥδε.[37] Sein Schluß lautet dann: ὑπ᾽ ἀμφοῖν μέντοι συνίσταται ἡ ἁπλῆ περίοδος, καὶ ὑπὸ τοῦ μήκους καὶ ὑπὸ τῆς καμπῆς τῆς περὶ τὸ τέλος, ὑπὸ δὲ θατέρου οὐδέ ποτε, und er befindet sich damit in Übereinstimmung mit Aristoteles: αἱ δὲ λίαν βραχύκωλοι οὐ περίοδος γίνεται.[38] Aquila[39] lehnt die Berechtigung von Perioden mit nur einem κῶλον ab: *ego autem non video, quem ad modum periodos cognominetur et non potius colon, si unum sit.*

Die ἐν κώλοις λέξις ist τετελειωμένη τε καὶ διῃρημένη καὶ εὐανάπνευστος.[40] Demetrios[41] vergleicht die κῶλα mit den μέτρα der Dichtung, weil sie ἀναπαύοντα τὸν λέγοντά τε καὶ τὰ λεγόμενα αὐτά, καὶ ἐν πολλοῖς ὅροις ὁρίζοντα τὸν λόγον, ἐπεί τοι μακρὸς ἂν εἴη καὶ ἄπειρος καὶ ἀτεχνῶς πνίγων τὸν λέγοντα.

Ein κῶλον, eine *res breviter absoluta sine totius sententiae demonstratione*,[42] ist ein Teil

---

[27] Demosth. or. XX 1; Demetr. eloc. 10 p. 262,20ff. Sp III.
[28] Demetr. eloc. 11 p. 263,8ff. Sp III.
[29] Demetr. eloc. 30 p. 268,16ff. Sp III.
[30] Demosth. or. XXIII 99; Demetr. eloc. 31 p. 268,26ff.; 29ff. Sp III.
[31] Longin. rhet. p. 309,13.16 Sp. = p. 193,7.10 Sp. – H; Demetr. eloc. 9 p. 262,5; 10 p. 262,16 Sp III; Quint. inst. IX 4,22; Aquila rhet. 18 p. 27,31f. H; Fortun. rhet. III 10 p. 127,8f. H; Iul. Vict. 22 p. 439,20 H.
[32] Arist. rhet. III 9,1409b 13.
[33] Auct. ad Herenn. IV 19,26; Cic. orat. 62,211; Quint. inst. IX 4,22.
[34] Arist. rhet. III 9,1409b 13.16f.
[35] Quint. inst. IX 4,124.
[36] Demetr. eloc. 17 p. 264,17ff.; 23ff. Sp III.
[37] Hdt. I 1,1.
[38] Arist. rhet. III 9,1409b 31.
[39] Aquila rhet. 18 p. 28,16ff. H.
[40] Arist. rhet. III 9,1409b 14f.
[41] Demetr. eloc. 1 p. 259,8ff. Sp III.
[42] Auct. ad Herenn. IV 19,26.

einer Periode⁴³ oder auch ein selbständiger Satz mit einem abgeschlossenen Gedanken: βούλεται μέντοι διάνοιαν ἀπαρτίζειν τὰ κῶλα ταῦτα, ποτὲ μὲν ὅλην διάνοιαν. Den letzten Teil des Satzes belegt Demetrios mit dem Beginn der ‚Genealogiai' des Hekataios: Ἑκαταῖος Μιλήσιος ὧδε μυθεῖται.⁴⁴ Das ist aber ein selbständiges κῶλον außerhalb des Bereiches einer Periode. Als Glied eines Ganzen kann es keinen Gedanken vollständig zum Ausdruck bringen, wohl aber ein μέρος ὅλης ὅλον, wie etwa die Finger etwas Ganzes der ganzen Hand sind.⁴⁵ Wenn Xenophon seine ‚Anabasis' mit den Worten beginnt: Δαρείου καὶ Παρυσάτιδος γίγνονται παῖδες δύο, πρεσβύτερος μὲν Ἀρταξέρξης, νεώτερος δὲ Κῦρος,⁴⁶ so ist der erste Satz ein κῶλον mit einem vollständigen, geschlossenen Gedanken und ebenso die beiden nächsten Teile, ein μέρος ὅλης ὅλον (περιόδου).⁴⁷

Ein κῶλον darf nicht zu lang und nicht zu kurz sein: δεῖ δὲ καὶ τὰ κῶλα καὶ τὰς περιόδους μήτε μειούρους εἶναι μήτε μακράς.⁴⁸ Zu lange κῶλα machen ihren Bau unübersichtlich und erschweren es dem Hörer zu folgen; zu kurze machen die Rede zu einer trockenen Zusammenstellung und lassen den vorwärtsdrängenden Hörer stolpern, wenn er vom pausierenden Redner zurückgehalten wird. Umgekehrt aber sind lange κῶλα am Platze, wenn es um große Dinge geht, so wie Platon im ‚Politikos'⁴⁹ sagt: τὸ γὰρ πᾶν τόδε ποτὲ μὲν αὐτὸς ὁ θεὸς συμποδηγεῖ πορευσόμενον καὶ συγκυκλεῖ. Bisweilen paßt auch ein kleines κῶλον gut zum Gegenstand der Darstellung. So sagt Xenophon,⁵⁰ als die Griechen zum Flusse Teleboas kamen: οὗτος δ' ἦν καλὸς μέν, μέγας δ' οὔ. Hier bringt die Kürze und der abgebrochene Rhythmus die Kleinheit des Flusses und seine Schönheit zum Ausdruck. Kurze κῶλα sind auch in der kraftvollen Rede angebracht; deshalb ist ja die lakonische Kürze berühmt. Befehle müssen kurz sein, Bitten und Klagen dagegen lang. Quintilian⁵¹ beruft sich auf Cicero dafür, daß eine Periode den Umfang von vier Senaren haben oder durch die Dauer eines Atemzuges begrenzt werden soll. Da nämlich nach Cicero⁵² *ex duobus enim versibus, id est membris*, das *membrum* einem Vers entspricht, muß man den Umfang einer Periode auf vier κῶλα berechnen. Das zweite Maß bei Quintilian, die Länge eines Atemzuges, geht ebenfalls auf Cicero⁵³ zurück: *constat enim ille ambitus et plena comprehensio e quattuor fere partibus, quae membra dicimus, ut et auris impleat et neque brevior sit quam satis sit neque longior.*

Wie die Größe der κῶλα wurde auch ihre Anzahl in einer Periode verschieden bestimmt. Die Mindestzahl kann nach der Herkunft ihres Namens nur zwei sein:⁵⁴ *habet perihodos membra minimum duo.*⁵⁵ Drei κῶλα gibt der Auctor ad Herennium⁵⁶ an:

---

⁴³ Arist. rhet. III 9,1409b 16.
⁴⁴ Demetr. eloc. 2 p. 259,12ff. Sp III.
⁴⁵ Demetr. eloc. 2 p. 259,17ff. Sp III.
⁴⁶ Xen. an. I 1,1; Demetr. eloc. 3 p. 259,23 ff. Sp III.
⁴⁷ Demetr. eloc. 3 p. 260,9 Sp III.
⁴⁸ Arist. rhet. III 9,1409b 17f.
⁴⁹ Plat. polit. 269c.
⁵⁰ Xen. an. IV 4,3; Demetr. eloc. 6 p. 261,6ff. Sp III.
⁵¹ Quint. inst. IX 4,125.

⁵² Cic. orat. 66,223.
⁵³ Cic. orat. 66,221.
⁵⁴ Aquila rhet. 18 p. 28,14 H; vgl. Longin. rhet. p. 309,24 Sp. = p. 193,18 Sp. – H; Alex. fig. II 1 p. 28,6 Sp III; Demetr. eloc. 16 p. 264,14 Sp III.
⁵⁵ Quint. inst. IX 4,125.
⁵⁶ Auct. ad Herenn. IV 19,26; vgl. Aquila rhet. 18 p. 28,14 H; Longin. rhet. p. 309,24 Sp. = p. 193,18 Sp. – H; Alex. fig. II 1 p. 28,9 Sp III; Demetr. eloc. 17 p. 264,17 Sp III.

ex duobus membris suis haec exornatio potest constare, sed commodissima et absolutissima est quae ex tribus constat. Vier κῶλα hält Quintilian[57] für das Mittelmaß, Cicero[58] für das Normalmaß. Es gibt auch Perioden mit mehr als vier κῶλα. Sie stören aber die Symmetrie der Periode und gehören schon nicht mehr zu ihr, sondern zu den διεξοδικοὶ λόγοι.[59] Demetrios[60] sagt von ihnen: οὐκέτ' ἂν ἐντὸς εἴη περιοδικῆς συμμετρίας.

Der zweite Bestandteil zur Bildung von Perioden ist das κόμμα,[61] *caesum,*[62] *incisum,*[63] *articulus.*[64] Soweit er selbst urteilen könne, meint Quintilian,[65] sei ein *incisum* ein *sensus non expleto numero conclusus.* Aquila[66] nennt das *caesum* eine *pars orationis, nondum ex duobus aut ex pluribus verbis quicquam absolute significans.* R. Volkmann[67] nennt das κόμμα „ein kleines Kolon oder das, was kleiner ist als ein Kolon". H. Lausberg[68] aber sagt: „Die kurzen Kola heißen κόμματα" und beruft sich dafür auf Demetrios:[69] ἡ δὲ τοιαύτη βραχύτης κατὰ τὴν σύνθεσιν κόμμα ὀνομάζεται, d. h. kleiner als ein κῶλον. Die *plerique* hatten es nach Quintilian[70] für eine *pars membri* erklärt. Longinos[71] sagt: τὸ κόμμα δὲ περιόδου μέρος ἂν εἴη τὸ ἐλάχιστον. Hermogenes hat sich zweimal[72] zu den κόμματα geäußert, die er zu der τραχύτης rechnet; einmal,[73] wo er über den Unterschied der σφοδρότης von der τραχύτης sagt, daß sie sich κατὰ τὰς ἐννοίας καὶ κατὰ τὰς λέξεις unterscheiden, fährt er fort: καὶ μὴν ἴσως καὶ κατὰ τὰ κῶλα διαφέρει · σφοδρὰ μὲν γὰρ καὶ τὰ μηδὲ κῶλα, κόμματα δέ, ἃ καὶ ἡ τραχύτης ἔχει· vorher[74] schon heißt es: κῶλα δὲ τραχέα τὰ βραχύτερα καὶ ἃ μηδὲ κῶλα, κόμματα δὲ καλεῖν ἄμεινον. Als Beispiel führt er da aus Demosthenes an: οὐκ ἐμβησόμεθα; οὐκ ἔξιμεν; οὐκ ἐπὶ τὴν ἐκείνου πλευσούμεθα;[75] und πότε οὖν, ὦ Ἀθηναῖοι, πότε ἃ χρὴ πράξομεν; ἐπειδὰν τί γένηται; ἐπειδὰν μὴ Δί' ἀνάγκη τις ᾖ; νῦν δὲ τί χρὴ τὰ γινόμενα ἡγεῖσθαι;[76] Es ist klar, daß κῶλον und κόμμα verschiedene Dinge sind. Es gibt aber auch noch Redeteile, die nicht einmal mehr κόμματα sein können, ἀλλ' ὡς ἐπὶ τὸ πλεῖστον κατ' ὄνομα ἀναπαύει τὸν λόγον:[77] in besonderer Erregung gesprochene Schimpfwörter, die in ihrer Kleinheit für die Bildung nicht mehr wichtig sind, die aber dadurch zeigen, wie groß ein κόμμα mindestens sein muß: ὁ φαρμακός, ὁ λοιμός·[78] ἀλλὰ μὴ σπερμολόγος, περίτριμμα ἀγορᾶς, ὄλεθρος γραμματεύς.[79]

---

[57] Quint. inst. IX 4,125; Perioden mit vier κῶλα erwähnen auch: Aquila rhet. 18 p. 28,15 H; Alex. fig. II 1 p. 28,12 Sp III; Demetr. eloc. 16 p. 264,15 Sp III.
[58] Cic. orat. 62,211.
[59] Alex. fig. II 1 p. 28,21 Sp III.
[60] Demetr. eloc. 16 p. 264,16 Sp III.
[61] Cic. orat. 62,211; Demetr. eloc. 9 p. 262,5 Sp III; Anon. fig. 5 p. 113,17 Sp III; Longin. rhet. p. 309,13 Sp. = p. 193,7 Sp. – H; Iul. Vict. 22 p. 439,21 H.
[62] Aquila rhet. 18 p. 27,31 H; Fortun. rhet. III 10 p. 127,8 H.
[63] Cic. orat. 62,211; Quint. inst. IX 4,22.122.
[64] Auct. ad Herenn. IV 19,26; Cic. de orat. III 48,186.

[65] Quint. inst. IX 4,122.
[66] Aquila rhet. 18 p. 28,3f. H.
[67] R. Volkmann, a.a.O. S. 506.
[68] H. Lausberg, a.a.O. § 934 S. 464.
[69] Demetr. eloc. 9 p. 262,5f. Sp III.
[70] Quint. inst. IX 4,122.
[71] Longin. rhet. p. 309,13 Sp. = p. 193,7 Sp. – H.
[72] Hermog. id. I 7 p. 259,14; 8 p. 263,12 R.
[73] Hermog. id. I 8 p. 263,9f.; 11 ff. R.
[74] Hermog. id. I 7 p. 259,13 ff. R.
[75] Demosth. or. IV 44.
[76] Demosth. or. IV 10.
[77] Hermog. id. I 8 p. 263,14ff. R.
[78] Demosth. or. XXV 80.
[79] Demosth. or. XVIII 127.

H. Lausberg[80] hat einen Gegensatz zwischen Demetrios und Aristoteles darin gesehen, daß dieser nur „mittellange Kola" als Teile einer Periode verlangt,[81] während Demetrios[82] sagt: ἔστι γὰρ περίοδος σύστημα ἐκ κώλων ἢ κομμάτων εὐκαταστρόφων πρὸς τὴν διάνοιαν τὴν ὑποκειμένην ἀπηρτισμένον. Die von H. Lausberg dazu gemachte Anmerkung: „Vgl. auch Anon. schem. III p. 113,25 οὔτε ὁ ὅρος σώζεται τοῦ κώλου οὔτε τοῦ κόμματος" gehört nicht hierher, weil da nur gesagt wird, daß die Definition von κῶλον und κόμμα nicht feststehe. Der zur Begründung seiner Aufstellung angeführte Satz, Demetrios lehre, daß eine Periode auch allein aus κόμματα gebildet werden könne, gibt sich als Begründung des vorausgehenden Satzes: τῶν μέντοι κώλων καὶ κομμάτων τοιούτων συντιθεμένων πρὸς ἄλληλα συνίστανται αἱ περίοδοι ὀνομαζόμεναι.[83] Demetrios widerspricht also nicht nur Aristoteles, sondern auch sich selbst. Das kann nicht gut sein; aber ἤ kann ebenso wie das lateinische *aut* im Sinne von *et* statt καὶ gebraucht werden. Er unterscheidet drei Arten der Periode; eine historische, eine rhetorische und eine dialogische.[84] Die rhetorische verlangt eine abgerundete, kreisförmige Rede, wie μάλιστα μὲν εἵνεκα τοῦ νομίζειν συμφέρειν τῇ πόλει λελύσθαι τὸν νόμον, εἶτα καὶ τοῦ παιδὸς εἵνεκα τοῦ Χαβρίου, ὡμολόγησα τούτοις, ὡς ἂν οἷός τε ὦ, συνερεῖν.[85]

Die dialogische Periode ist loser und einfacher als die historische, so daß sie sich kaum als Periode erkennen läßt: κατέβην χθὲς εἰς Πειραιᾶ μετὰ Γλαύκωνος τοῦ Ἀρίστωνος προσευξόμενός τε τῇ θεῷ καὶ ἅμα τὴν ἑορτὴν βουλόμενος θεάσασθαι τίνα τρόπον ποιήσουσιν ἅτε νῦν πρῶτον ἄγοντες.[86] Die historische Periode steht zwischen beiden, sie ist weder sehr locker, noch hat sie die runde Führung, sondern sie gewinnt durch ihre Einfachheit Glaubwürdigkeit: Δαρείου καὶ Παρυσάτιδος γίγνονται παῖδες δύο, πρεσβύτερος μὲν Ἀρταξέρξης, νεώτερος δὲ Κῦρος.[87]

2. *Die Lehre von der Wortfolge*

Neben der Lehre vom Satzbau gehört zur *compositio* auch die Lehre von der Wortfolge. In ihr sind drei Dinge notwendig: *ordo, iunctura* und *numerus*.[88]

a) *Der ordo*. Die Anordnung der Wörter ist von so großer Bedeutung, daß bei seiner Nichtbeachtung – trotz richtigen Periodenbaus und Rhythmus – die Rede nicht wohlgeordnet und kunstvoll erscheint.

α) *In singulis verbis* wird der *ordo* wirksam: bei den ἀσύνδετα. Bei ihnen muß vermieden werden, daß die Rede absinkt und ein schwächeres Wort auf ein stärkeres folgt, wenn z. B. ein *sacrilegus* einfach *fur* und ein *latro* nur *petulans* genannt wird; es muß vielmehr eine Steigerung erreicht werden: z. B. *tu istis faucibus, istis lateribus, ista gladiatoria totius corporis firmitate tantum vini in Hippiae nuptiis exhauseras*.[89]

---

[80] H. Lausberg, a. a. O. § 934 S. 464.
[81] Arist. rhet. III 9,1409 b 17 f.
[82] Demetr. eloc. 10 p. 262,18 ff. Sp III.
[83] Demetr. eloc. 10 p. 262,16 ff. Sp III.
[84] Demetr. eloc. 19 p. 265,3 ff. Sp III.
[85] Demosth. or. XX 1; Demetr. eloc. 20 p. 265, 11 ff. Sp III.
[86] Plat. rep. I 327a; Demetr. eloc. 21 p. 265, 21 ff. Sp III.
[87] Xen. an. I 1,1; Demetr. eloc. 19 p. 265,4 ff. Sp III.
[88] Quint. inst. IX 4,22 f.
[89] Cic. Phil. II 25,63.

β) Der *naturalis ordo*,⁹⁰ die natürliche Aufzählungsabfolge: Mann und Frau, Tag und Nacht, Aufgang und Untergang, und zwar in dieser Ordnung; löst man sie durch Umstellung auf, kann ein Wort überflüssig werden, z. B. kann man *fratres gemini* sagen, aber nicht *gemini fratres*, weil *geminus* den Begriff *frater* schon einschließt.

γ) Die von manchen Rhetoren erhobene Forderung,⁹¹ vor die Verba immer die Substantiva, die Verba vor die Adverbia, die Nomina vor die Adjektiva und Pronomina zu setzen, ist zu rigoros; denn auch das Gegenteil ist nicht unschön. Es grenzt fast an Aberglauben, die Verba je nach dem Tempus, das sie ausdrücken, anzuordnen, Vergangenheit vor Gegenwart und Zukunft zu stellen. Unbestritten jedoch ist die Regel, das Verb den Satzschluß bilden zu lassen.⁹² Eine Ausnahme von dieser Regel tritt ein, wenn ein wichtiges Wort besonders betont werden soll,⁹³ wie in der Fortsetzung des oben angeführten Satzes aus den ‚Philippicae':⁹⁴ *tantum vini in Hippiae nuptiis exhauseras, ut tibi necesse esset in populi Romani conspectu vomere postridie*, wo der Satz im letzten Wort *quasi mucro* konvergiert. Außerdem wird dadurch eine Klausel erreicht (Doppelcreticus),⁹⁵ wozu oft auch die Anwendung des Hyperbaton geeignet ist. Man darf ferner von diesem *rectus ordo* abweichen, um die ἀμφιβολία, *ambiguitas*,⁹⁶ zu vermeiden.

b) *Die iunctura. Iunctura* oder *coniunctio*⁹⁷ heißt das unmittelbare Nebeneinander von Wörtern, ganzen Sätzen und Satzteilen: *iunctura est in verbis, incisis, membris, perihodis*.⁹⁸ Bei der *iunctura in verbis* ist es, was den Umfang der Wörter angeht, verboten, lange oder kurze Wörter aneinander zu reihen⁹⁹ und überhaupt gleichlange aufeinander folgen zu lassen; denn mehrere kurze Silben, besonders Einsilber, erzeugen den Eindruck eines hüpfenden, mehrere lange den eines schleppenden Ganges. Verboten ist auch die Abfolge mehrerer langer oder kurzer Silben aufeinander: *orationis compositio, nisi varia est, et offendet similitudine et in adfectatione deprehenditur*;¹⁰⁰ *ne pigra, ne longa sint, ne, quod nunc maxime vitium est, brevium contextu resultent ac sonum reddant paene puerilium crepitaculorum*.¹⁰¹ Es ist auch darauf zu achten, daß die Schlußsilben eines Wortes nicht die gleichen sind wie die Anfangssilben des folgenden Wortes, wogegen aber selbst Cicero verstoßen hat: *res mihi invisae visae sunt, Brute*¹⁰² und *o fortunatam natam me consule Romam*.¹⁰³ Die letzte Silbe eines Wortes darf auch nicht zusammen mit der ersten des folgenden ein anstößiges Wort bilden, z. B. *cum notis hominibus*, was

---

⁹⁰ Quint. inst. IX 4,23 f.
⁹¹ Quint. inst. IX 4,24 f.
⁹² Quint. inst. IX 4,26; Fortun. rhet. III 11 p. 127,27 f. H.
⁹³ Quint. inst. IX 4,29 f.; Fortun. rhet. III 11 p. 127,28 f. H: nisi ... maiorem vim habeant novissime conlocata.
⁹⁴ Cic. Phil. II 25,63.
⁹⁵ Quint. inst. IX 4,26 f.; Fortun. rhet. III 11 p. 127,27 f. H: ut verbis plerumque in conclusione quam nominibus utamur, nisi et melius cadant nomina.

⁹⁶ Quint. inst. IX 4,32; Fortun. rhet. III 11 p. 127,29 H.
⁹⁷ Quint. inst. IX 4,32.147.
⁹⁸ Quint. inst. IX 4,32.
⁹⁹ Quint. inst. IX 4,42; Fortun. rhet. III 11 p. 127,18 f. H; Iul. Vict. 20 p. 433,4 f. H.
¹⁰⁰ Quint. inst. IX 4,60.
¹⁰¹ Quint. inst. IX 4,66.
¹⁰² Cic. epist. fr. VIII 13; Quint. inst. IX 4,41.
¹⁰³ Cic. fr. 17 in: Fragmenta Poetarum Epicorum et Lyricorum praeter Ennium et Lucilium, post Ae. Baehrens ed. W. Morel, Leipzig 1866, 1927² (Nachdr. Stuttgart 1963).

man durch Umstellung von *hominibus* (also *cum hominibus notis*) vermeiden kann.[104] Verboten ist es auch, mehrere Worte zu wiederholen, die sich in der Flexionsform gleich sind, besonders Worte im Genitiv des Plural: *illa quoque vitia sunt eiusdem loci, si cadentia similiter et similiter desinentia et eodem modo declinata multa iunguntur.*[105] Fortunatian[106] bemerkt: *ne plures genetivi plurales iungantur.*

Aber nicht nur für ganze Sätze, Wörter und Silben gibt es Vorschriften für das Zusammentreffen mit anderen, sondern auch für einzelne Laute.[107] Das Zusammentreffen von Vokalen und Konsonanten kommt nur für auslautendes m und anlautenden Vokal in Frage, z. B. *multum ille*[108] und *quantum erat*. Die Lösung erfolgt da durch συναλοιφή,[109] d. h. durch Verschleifung der beiden Wörter mit Ausstoßung des m, so daß die beiden Worte zusammengelesen werden *multille* und *quanterat*. Stößt man aber z. B. bei *coniugio Anchisa*[110] den anlautenden Vokal des zweiten Wortes aus, so daß sich *coniugio nchisa* ergibt, heißt das ἔκθλιψις.[111] Im Falle *leve praesidium est* spricht Quintilian[112] von einer Synaloephe, aber es ist keine Synaloephe, wie H. Lausberg[113] die Schwierigkeit löst: *praesidiu(m) (e)st*, weil neben dem auslautenden m auch noch der anlautende Vokal der nächsten Silbe verschwindet.

Treffen zwei *consonantes asperiores*,[114] worunter s und x, r und f und Doppel-s zu verstehen sind, aufeinander – besonders im letzten und vorletzten Wort des Satzes – ist das die *structura aspera*,[115] die zu meiden ist. Von der *structura hiulca*,[116] *hiatus, vocalium concursus*,[117] ist besonders der Zusammenstoß langer Vokale zu vermeiden, noch mehr, wenn es die gleichen Vokale sind, was aber selbst Cicero nicht ganz gemieden hat: *auctoritate publica armare.*[118] Ebenso verboten ist der Hiatus zwischen o, u und langem a: *quae cavo aut patulo maxime ore efferuntur.*[119] Weniger auffallend ist das Zusammenstoßen von e und i, noch weniger fühlbar ist der Hiatus zwischen langen und kurzen Vokalen und umgekehrt. Am wenigsten zu beanstanden ist er zwischen zwei kurzen Vokalen; immer kommt es darauf an, ob sie *oris habitu simili aut diverso pronuntiabuntur.*[120] Der Hiatus scheint Quintilian kein gewaltiges Vergehen zu sein, denn er ist sich selbst nicht im Klaren darüber, ob Nachlässigkeit oder ängstliche Sorgfalt dabei schlimmer ist.[121] Zu viel Sorgfalt haben Isokrates und seine Schüler, besonders Theopomp, auf die Meidung des Hiatus verwendet. Demosthenes und Cicero dagegen haben nur maßvoll auf die Meidung des Hiatus geachtet, weil die συναλοιφή, die Verschleifung der beiden Vokale, die Rede glatter, der Hiatus sie auch manchmal ansehnlicher macht und sie schmückt.[122] Cicero[123] sagt: *habet enim ille*

---

[104] Quint. inst. VIII 3,45.
[105] Quint. inst. IX 4,42.
[106] Fortun. rhet. III 11 p. 127,22 H.
[107] Quint. inst. IX 4,40.
[108] Verg. Aen. I 3.
[109] Quint. inst. IX 4,36.
[110] Verg. Aen. III 475.
[111] Consent. gramm. (Gramm. Lat. V p. 390, 11 ff.; 400,29 ff. Keil).
[112] Quint. inst. IX 4,109 f.
[113] H. Lausberg, a. a. O. § 972 S. 477.
[114] Quint. inst. IX 4,37: ars studiorum.

[115] Fortun. rhet. III 10 f. p. 127,12.18 H.
[116] Fortun. rhet. III 11 p. 127,17 f. H: ne hiulca sit vocalium et maxime longarum crebra concursione.
[117] Cic. orat. 23,77; Quint. inst. IX 4,33.
[118] Cic. Mil. 1,2.
[119] Quint. inst. IX 4,33.
[120] Quint. inst. IX 4,34.
[121] Quint. inst. IX 4,35.
[122] Quint. inst. IX 4,35 f.
[123] Cic. orat. 23,77.

tamquam hiatus et concursus vocalium molle quiddam et quod indicet non ingratam neglegentiam de re hominis magis quam de verbis laborantis.

Zu den Fehlern,[124] die gemieden werden sollen, gehört die öftere Wiederholung derselben Buchstaben, das *homoeoprophoron*, wie: *o Tite tute Tati tibi tanta tyranne tulisti.*[125]

a) Der *mytacismus*, der öfter nacheinander wiederholte Buchstabe m, wie: *mammam ipsam amo quasi meam animam.*

b) Der *iotacismus*: *Iunio Iuno Iovis iure irascitur.*

c) Der *lambdacismus*: *sol et luna luce lucent alba leni lactea.*

d) Das *polysigma*: *Sosia in solario soleas sarciebat suas.*

e) Das *dysprophoron*, d.h. die Zusammenstellung schwer auszusprechender Laute oder Wörter.

c) *Der numerus.* Gorgias von Leontinoi hat seine Rede mit klingenden Wortfiguren übersät und damit großen Beifall gefunden, die Grenzen zwischen Redekunst und Dichtung aber überschritten. Sein Zeitgenosse Thrasymachos von Chalkedon hat diese Figuren nur noch mit Maß zugelassen und sein Augenmerk dafür mehr dem Rhythmus zugewandt, die Rede, wie Dionys von Halikarnaß[126] sagt, bewußt künstlerisch gestaltet, indem er die rhythmische Periode schuf.[127] Es gab nach Dionys aber auch Leute, die dieses Verdienst dem Isokrates oder dem Lysias zuschreiben wollten. Zu ihnen gehört später auch Cicero, der im ‚Brutus'[128] von diesem Verdienst des Isokrates sagt: *exstitit igitur iam senibus illis quos paulo ante diximus* (dazu gehören auch Gorgias und Thrasymachos), *Isocrates ... cum cetera melius quam superiores tum primus intellexit etiam in soluta oratione, dum versum effugeres, modum tamen et numerum quendam oportere servari. ante hunc enim verborum quasi structura et quaedam ad numerum conclusio nulla erat aut, si quando erat, non apparebat eam dedita opera esse quaesitam.* In ‚De oratore'[129] schreibt er: *versus enim veteres illi in hac soluta oratione propemodum, hoc est, numeros quosdam nobis esse adhibendos putaverunt ... verborum et sententiarum modo interpunctas clausulas in orationibus esse voluerunt; idque princeps Isocrates instituisse fertur, ut inconditam antiquorum dicendi consuetudinem delectationis atque aurium causa ... numeris astringeret.* Er beruft sich dafür auf den Isokratesschüler Naukrates. Daß der Schüler seinem Lehrer den Ruhm zuschreiben will, ist verständlich, auch, daß Cicero ihm Glauben schenkt, zumal er sich in den Schriften des Isokrates noch von dessen Haltung in der Rhythmisierung überzeugen konnte, wahrscheinlich aber nicht mehr viel von Thrasymachos wußte. Im ‚Orator'[130] folgt er dann Theophrast, der ebenfalls nach Dionys[131] dem Thrasymachos die Einführung der künstlerischen Periode zugeschrie-

---

[124] Mart. Cap. rhet. 33 (514) p. 474,16ff. H.

[125] Enn. ann. fr. 109 Vahlen.

[126] Dion. Hal. Lys. 6 p. 14,9ff. Us.-Rad.

[127] E. Drerup, Untersuchungen zur älteren griechischen Prosaliteratur, Jb. f. kl. Phil. Suppl. XXVII (1902) S. 225ff.; W. Schmid, Über die klassische Theorie und Praxis des antiken Prosarhythmus, Hermes Einzelschr. 12 (1959).

[128] Cic. Brut. 8,32f.

[129] Cic. de orat. III 44,173.

[130] Cic. orat. 52,175.

[131] Dion. Hal. Lys. 6 p. 14,1f.; Dem. 3 p. 132,6 Us.-Rad.

ben hat: *neminem in eo genere scientius versatum Isocrate confitendum est, sed princeps inveniendi fuit Thrasymachus, cuius omnia nimis etiam exstant scripta numerose.*

An die Stelle der Klangfiguren des Gorgias tritt bei Thrasymachos der Rhythmus, die geregelte Abfolge der *pedes*, ὁ δὲ τοῦ σχήματος τῆς λέξεως ἀριθμὸς ῥυθμός ἐστιν,[132] *oratorius numerus* oder nur *numerus*,[133] die geregelte Aufeinanderfolge von langen und kurzen Silben. Zwei kurze Silben können zusammen auch als eine Länge betrachtet werden. Zwei oder auch mehrere Silben, aber nicht mehr als drei, machen zusammen einen Fuß aus,[134] so genannt, weil in alter Zeit der Fuß den Takt des Marschierens angab. Die Takte selbst wurden nach dem Bilde des Marschierens in Hebungen und Senkungen des Fußes als ἄρσις und θέσις[135] bezeichnet. An die Stelle des Fußes wurde später die Silbe gesetzt. Isokrates und Aristoteles verboten, in der Rede ganze Verse einzusetzen und verlangten Berücksichtigung der *numeri* statt des μέτρον: ῥυθμὸν δεῖ ἔχειν τὸν λόγον, μέτρον δὲ μή.[136] Theodektes und Theophrast taten dasselbe. Die Metra gehören ausschließlich der Poesie an. Mit dem Rhythmus trat die Rhetorik in Konkurrenz zur Poesie. Von Natur aus ist der Rede die Aufeinanderfolge von Längen und Kürzen, Hebungen und Senkungen eigen. Die kleinste Einheit heißt dabei ποῦς, *pes*.[137] Der Rhythmus ist also an sich noch keine Kunst (*ars*); dazu ist Ordnung und Begrenzung notwendig; denn τὸ δὲ ἄρρυθμον ἀπέραντον ...[138] εὔρυθμον δεῖ εἶναι τὴν λέξιν.[139]

Aufgabe der Kunst ist es also, die ἀρρυθμία in eine Ordnung zu bringen;[140] das geschieht in der Rhetorik wie in der Poesie.

Um den Gesetzen des *numerus* gerecht zu werden und gleichzeitig auch die Einheit des Satzes zu wahren, ist es notwendig, zwischen den zur Verfügung stehenden Wörtern die richtige Auswahl zu treffen, wenn notwendig, ebenso an Worten hinzuzufügen oder wegzunehmen, die gewöhnliche Wortstellung und die grammatische Wortform zu ändern, ohne jedoch so weit zu gehen, wie es der Dichtung erlaubt ist. Ort des *numerus* ist der Anfang des Satzes, die Mitte und das Ende.

Schon der Anfang[141] fordert in hohem Maße Sorgfalt, weil da der Hörer noch aufmerksam folgt; er hat es aber auch wieder leichter, weil er noch nicht auf den Zusammenhang der Gedanken mit dem Vorausgehenden achten muß und noch nicht die neuen κῶλα mit den früheren verbinden muß, sondern erst den Anfang nimmt. In der Mitte[142] aber soll man nicht nur darauf achten, daß die Worte unter sich zusammenhängen, sondern daß sie nicht schwerfällig und nicht lang sind und daß sie nicht – was als ein großer Fehler gilt – wie eine Kette von Kürzen hüpfen und einen Ton wie von einer Kinderrassel von sich geben. Am meisten aber muß man am

---

[132] Arist. rhet. III 8,1408b 28f.; Cic. orat. 20,67; Quint. inst. IX 4,45: numeros ῥυθμούς accipi volo; 54: nam sunt numeri rhythmi.

[133] Quint. inst. IX 4,57.61.

[134] Cic. de orat. III 47,182; Quint. inst. IX 4,47.

[135] Arist. probl. V 41,885b 6.

[136] Arist. rhet. III 8,1408b 30; Cic. orat. 51,172.

[137] Vgl. Plat. rep. III 400a; Cic. de orat. III 47,182; Quint. inst. IX 4,45.

[138] Arist. rhet. III 8,1408b 26.

[139] Arist. rhet. III 9,1409a 22.

[140] Quint. inst. IX 4,58; X 1,28.

[141] Quint. inst. IX 4,62f.

[142] Quint. inst. IX 4,66.

Der Redeschmuck

Schluß[143] der Periode auf die Klausel achten, weil da der Satz zu Ende ist und eine natürliche Pause verlangt, die ihn vom Anfang des nächsten scheidet.

Das Ohr folgt dem gleichmäßig fortlaufenden Ton wie einem fallenden Redefluß, und der Hörer fällt erst, wenn dieser Schwung zu Ende gekommen ist und Zeit zur Betrachtung gibt, sein Urteil. Auch von den *membra* und *incisa* wird verlangt, daß sie gut anfangen und schließen.[144] Die Rede soll aber nicht laut und abgerissen sein und, wenn die Begeisterung abklingt, Zeit zum Atemholen und zur Erquickung geben.[145] Quintilian führt den ersten Satz aus Ciceros Rede ‚*Pro Cluentio*'[146] an, um die Harmonie von *numerus* und Satzbild zu zeigen: *animadverti, iudices, omnem accusatoris orationem in duas divisam esse partes*. Der Satz beginnt steigend mit einem Anapaest, dem ein Spondeus folgt, dann ein Creticus, wieder zwei Spondeen, drei Cretici und noch ein Spondeus, und nach diesem ruhigen Mittelstück schließt er mit einem Dichoreus in zwei Zweisilbern, von dem Cicero[147] sagt, daß er *cadit praeclare*, wenn er nicht zu oft verwendet wird.

Der Rhythmus schließt in Nachahmung der Poesie die Verwendung ganzer Verse oder auch nur einzelner Versteile aus. Quintilian[148] hält Verse für *multo foedissimum*, wenn es sich um ganze Verse handelt; einzelne Versteile der Rede einzuverleiben, erscheint ihm *deforme*. Das gilt besonders, wenn es am Beginn der Periode geschieht und am meisten, wenn es in der Klausel eintreten sollte. Bisweilen ist es aber doch gut, wenn ein Versschluß die Periode einleitet und ein Versanfang sie schließt.[149] Livius[150] beginnt sein Geschichtswerk mit dem Hexameterteil *Facturus operae pretium sim*. Tacitus[151] eröffnet seine ‚*Annales*' mit einem ganzen Hexameter: *Urbem Romam a principio reges habuere*. Sicher geschieht das, um die Bedeutung des Werkes hervorzuheben. Viele Teile von Versen sind aber unabsichtlich beim Schreiben aus mangelnder Vorsicht in die Feder geraten, Zitate, die sich aus der Lektüre unwillkürlich im Gedächtnis festgesetzt hatten. Besonders ist das bei einer Folge von Jamben der Fall, weil unsere Rede zu einem großen Teil aus Jamben besteht.[152] Cicero[153] sind selbst ganze Verse entschlüpft, z. B.: *cum loquerer tanti gemitus fletusque fiebant*. Tacitus[154] schreibt *subiectis campis magna specie volitabant*. Häufiger sind es einzelne Versteile, die sich einschleichen: Cicero schließt den ersten Teil seiner Rede für Ligarius[155] mit dem Anfang eines Senars: *in Africa fuisse*. Tadelnswert ist der Hexameterschluß am Satzschluß in ‚*Pro S. Roscio Amerino*':[156] *sceleris abesse videtur* und ‚*In Verrem*':[157] *obsignare ac deportare liceret*, weil da Versende und Satzschluß zusammenfallen, während im ersten Beispiel der Satzschluß ein Versanfang ist, was als erlaubt gilt.

Thrasymachos hat den Paean zum Träger des Rhythmus gemacht, und Aristo-

---

[143] Quint. inst. IX 4,61.
[144] Quint. inst. IX 4,67.
[145] Quint. inst. IX 4,62.
[146] Cic. Cluent. 1,1; Quint. inst. IX 4,68.
[147] Cic. orat. 63,213.
[148] Quint. inst. IX 4,72.
[149] Cic. de orat. III 48,184.
[150] Liv. I 1,1.
[151] Tac. ann. I 1,1.
[152] Cic. de orat. III 44,175; orat. 56,189; Quint. inst. IX 4,72.
[153] Cic. Verr. II 4,50,110.
[154] Tac. ann. XV 9,1.
[155] Cic. Lig. 1,1.
[156] Cic. S. Rosc. 11,30.
[157] Cic. Verr. II 4,66,149.

teles[158] hat sich ihm angeschlossen. Zu seiner Zeit hat man ihn für den Anfang und das Ende einer Periode benützt. Da aber zwischen dem Anfang und dem Ende ein Unterschied sein muß, hat er für den Anfang den mit einer langen Silbe beginnenden Paean, den *paean primus*, und für das Ende den mit drei Kürzen beginnenden und mit einer Länge schließenden *paean posterior* verwendet. Cicero aber übt, sicher nicht als erster, Kritik an der Verwendung des *paean posterior*, weil die letzte Silbe ja schwankend gemessen werden kann, und er erklärt, daß ihm ein Creticus geeigneter scheine.[159] Er will den Paean aber nicht ganz verwerfen, sondern nur andere Maße vorziehen. An anderer Stelle[160] erklärt er, daß er mit Aristoteles nicht übereinstimme. Auch Quintilian[161] nimmt vorsichtig Stellung gegen den dritten Paean als Klausel, wenn er es bei der Klausel *innocentiae praesidium est* für besser hält, wenn ein Spondeus oder Bacchius vorausginge und man schriebe: *leve innocentiae praesidium est. non me capit*, sagt er (*ut a magnis viris dissentiam*), *paean, qui est ex tribus brevibus et longa: nam est et ipse una plus brevi anapaestos ... quidquid ita placuerit his, non video, nisi quod illum fere probaverunt, quibus loquendi magis quam orandi studium fuit*.

Mit dem Paean metrisch nahe verwandt ist der Creticus,[162] dessen Längen man nur aufzulösen braucht, um den *paean primus* oder *posterior* zu bekommen. Er läßt sich durch Hinzufügung von zwei (weil ein Fuß mindestens zwei Silben haben muß) oder drei Silben erweitern. Fügt man nur eine Silbe hinzu, erhält man einen Dichoreus.[163] Der Dichoreus kann durch ein viersilbiges Wort gebildet werden wie *poenas persolutas* und *temeritas fili comprobavit*[164] oder auch durch zwei *trochaei: unum quemque nostrum*[165] oder durch einen Trochaeus mit einem Spondeus wie: *sola curant*.[166] Die zwei Silben[167] einer Ergänzung können auch durch einen Spondeus erfolgen: *patientia nostra*[168] oder auch, da die letzte Silbe als *anceps* betrachtet werden darf, durch einen Trochaeus: *criminis causa*.[169] Trennt man aber die letzte Silbe des Creticus ab und fügt ein dreisilbiges Wort an wie *vultusque moverunt*,[170] wird die Klausel durch ein zweisilbiges und ein dreisilbiges Wort (*molossus*) gebildet[171] oder durch ein zweisilbiges und ein viersilbiges Wort: *esse videatur* (*ionicus minor*).[172] Die Vermehrung eines Creticus um drei Silben geschieht durch einen zweiten Creticus: *consules desumus*,[173] durch einen Trochaeus und einen *ionicus a maiore: iactabis audacia*,[174] durch Abtrennung der zweiten Länge des Creticus: *servare quam plurimos*,[175] durch die Schlußsilbe eines Wortes, einen Einsilber und noch einen Zweisilber: *coniurationem tuam non vides*,[176]

---

[158] Arist. rhet. III 8,1409a 2ff.; Quint. inst. IX 4,87.
[159] Cic. orat. 64,218; de orat. III 47,183; Quint. inst. IX 4,96; Iul. Vict. 20 p. 433,18f. H.
[160] Cic. orat. 63,214; a quo dissentio.
[161] Quint. inst. IX 4,110.
[162] Quint. inst. IX 4,81.107.
[163] Quint. inst. IX 4,103.
[164] Cic. orat. 63,214 aus einer Rede des Volkstribunen C. Carbo.
[165] Cic. Catil. I 1,2.
[166] Mart. Cap. rhet. 36 (521) p. 477,10ff. H.
[167] Iul. Vict. 20 p. 433,16f. H.
[168] Cic. Catil. I 1,1.
[169] Quint. inst. IX 4,97.
[170] Cic. Catil. I 1,1.
[171] Auch *esse pro nobis* (Quint. inst. IX 4,100) kann als Trochaeus + Molossus aufgefaßt werden.
[172] Quint. inst. IX 4,73; Mart. Cap. rhet. 37 (522) p. 477,23 H.
[173] Cic. Catil. I 1,3. [174] Cic. Catil. I 1,1.
[175] Cic. Lig. 12,38; Quint. inst. IX 4,107.
[176] Cic. Catil. I 1,1.

durch Zerlegung in einen Einsilber, Dreisilber und Zweisilber: *in senatum venit*,[177] *fortissimo viro dicere.*[178]

Einen dritten Weg zur Einteilung von Klauseln, den zur Zeit Neros schon Caesius Bassus[179] gegangen ist, hat H. Lausberg[180] eingeschlagen; er geht vom Klauselausgang aus, d. h., da die letzte Silbe *anceps* sein kann, von der Quantität der vorletzten Silbe. Man unterscheidet nun Klauseln mit kurzen und langen vorletzten Silben. Die Klausel mit zwei Kürzen vor der Endsilbe Trochaeus + Choriambus: *dixit hoc Cicero* wird von Quintilian[181] als *minus stabilis* bezeichnet. Die Klauseln Bacchius + Anapaest (∪ – – | – ∪ ∪ ∪̱) *leve innocentiae praesidium est*[182] und Spondeus + Anapaest (– – | ∪ ∪ ∪̱) unterscheiden sich deutlich vom Ausgang eines Pentameters und werden somit erlaubt. Als gut gilt die Klausel Creticus + Creticus.

Die Klausel mit langer vorletzter Silbe bei fünf Längen vor der Endsilbe ist der Molossus + Palimbacchius (– – | – – – | ∪) *civis Romanus sum.*[183] Die Klausel mit drei Längen vor der Endsilbe, Spondeus + Spondeus, wird nur in der Teilung – | – – | – zugelassen: *is contra nos*[184] und *sed vita vis.*[185] Für die Abfolge Spondeus + Trochaeus hat Quintilian[186] *nos possemus,*[187] *Romanus sum.*[188]

Nicht alle Klauseln, die selbst bei den besten Schriftstellern angetroffen werden, haben allgemeine Annahme gefunden. Es haben sich, wie für den *numerus* überhaupt, auch für die Klauseln bestimmte Gesetze herausgebildet, die für die richtige Wahl ausschlaggebend sind. Es muß ja eine gewisse Abwechslung vorhanden sein und nicht eine und dieselbe Klausel immer und überall wiederkehren. Eintönigkeit muß vermieden und *variatio* geschaffen werden. Ein zweites Gesetz will, wie schon gesagt wurde, vermeiden, daß sich Verse oder auch nur einzelne Versteile in die Prosa einschleichen und daß nur der Rhythmus, nicht die Metrik herrsche.[189] Kein Verstoß gegen dieses Gesetz ist es aber, wenn ein Versschluß einen Satz einleitet und umgekehrt ein Versbeginn einen Satz schließt. Ganz besonders muß das Satzende rein gehalten werden, weil in der hier entstehenden Pause das rhythmische Gefüge des Satzes am längsten und lautesten nachklingt.[190] Dem Tadel verfallen ist der Versschluß des daktylischen Hexameters,[191] des jambischen Trimeters[192] und des daktylischen Pentameters.[193] Das Gesetz der Abwechslung verlangt, daß die Aufeinanderfolge mehrerer langer oder kurzer Silben gemieden wird. Vom Creticus z. B. sagt C. Iulius Victor:[194] *ne creticus pes saepius frequentetur.* Fünf aufeinander folgende Längen sind verpönt. Jeden Satz mit derselben Klausel zu schließen, ist nicht erlaubt.[195] Eine Klausel muß

---

[177] Cic. Catil. I 1,2.
[178] Cic. Mil. 1,1.
[179] Gramm. Lat. VI p. 308–312 Keil.
[180] H. Lausberg, a. a. O. § 1022–1051 S. 497–503.
[181] Quint. inst. IX 4,106.
[182] Quint. inst. IX 4,110.
[183] Cic. Verr. II 5,62,162.
[184] Crassus bei Cic. orat. 66,223; Quint. inst. IX 4,101.
[185] Cic. Lig. 4,11; Mart. Cap. rhet. 35 (520) p. 476,22f. H.

[186] Quint. inst. IX 4,103.
[187] Cic. Lig. 4,10.
[188] Cic. Verr. II 5,62,162.
[189] Quint. inst. IX 4,72.
[190] Quint. inst. IX 4,61.
[191] Quint. inst. IX 4,75.
[192] Quint. inst. IX 4,109.
[193] Quint. inst. IX 4,66; Mart. Cap. rhet. 34 (518) p. 476,3 H: item penitus fugiendum breves syllabas continuare quam plures.
[194] Iul. Vict. 20 p. 433,27f. H.
[195] Cic. de orat. III 50,192.

mindestens zwei bis drei Füße umfassen.[196] Die Folge Spondeus + Pyrrhichius (– – | ᴗ ᴗ) und Spondeus + Jambus werden getadelt,[197] weil die vier letzten Silben Zweisilber sind. Die Folge Pyrrhichius + *paean posterior* (ᴗ ᴗ | ᴗ ú ᴗ –) steht der Forderung nach Abwechslung entgegen, ebenso die Folge Trochaeus + *paean posterior* (– ᴗ | ᴗ ú ᴗ –).[198] Verworfen wird die Klausel ᷄ ᴗ ᴗ ᷄ ᴗ ᴗ ṵ,[199] weil sie einer Pentameterhälfte entspricht und ebenso, wenn sie aus zwei Anapaesten besteht.[200] Eine schlechte Klausel ist die Folge Spondeus + Molossus.[201] Die Folge Spondeus + Spondeus[202] wird nur geduldet, wenn aufgeteilt wird ᷄ | ᷄ ᷄ | ᷄ ᷄. Die Klausel – ᴗ ᴗ – ṵ (Daktylus + Spondeus) ist verpönt, weil sie dem Hexameterschluß gleicht.[203]

d) *Der cursus.* Die im Laufe der Kaiserzeit unter dem Einfluß der gewöhnlichen Umgangssprache einsetzende Entwertung zunächst der natürlichen, dann auch der durch Übereinkunft gegebenen sogenannten Positionslänge mußte sich auch für das Gebiet des *numerus* und der Klausel bemerkbar machen, deren Grundlage durch diese Entwicklung verlorenging. Die Nachahmung richtiger Klauseln blieb, soweit Wortumfang und Betonung in Frage kam, die Quantität aber änderte sich oder richtiger, wurde nicht mehr empfunden und geachtet; an ihre Stelle trat der Wortakzent. Der im fünften Jahrhundert lebende Grammatiker Consentius[204] macht das so klar, daß die quantitätsmäßige richtige Klausel *copiam esse doctorum* in der Nachahmung *copiam esse ciborum* zwar die Klangform beibehält, die Quantität aber verändert oder mißachtet. Es bleibt also der äußere Wortklang, die grundlegende Quantität aber ist für den Hörer täuschend verändert. Der Wortakzent hat die Quantität ersetzt. Dadurch gingen aber auch Bestimmungen über die Zulässigkeit der Klauseln verloren, die Zahl der Klauseln wurde geringer, da in der Hauptsache nur die klangmäßig am meisten ins Ohr gehenden Klauseln nachgeahmt wurden. Man unterschied nur noch vier Formen, die gebraucht wurden und die man als *cursus* bezeichnete, wie Cicero[205] schon den *numerus* genannt hatte. Es sind dies:

a) *cursus planus*: *vincla perfregit*. Sein Vorbild ist die Klausel Creticus + Spondeus. Die Wortverteilung geschieht in der Folge Choreus + Molossus: *retributionem meretur*.

b) *cursus velox*. Beispiele: *vinculum fregeramus*; *exhibitum reputabo*; *subsidium mihi detis*; *quatenus me iuvetis*. Er hat als Vorbild die Klausel Creticus + Dichoreus und die gleiche Wortverteilung.

c) *cursus tardus* nach der Klausel Creticus + Creticus und die Wortverteilung nach Creticus + *ionicus a maiore* (᷄ ᴗ | ᷄ ᷄ ᴗ ṵ): *vincla perfregerat*; *felicitatis percipient*.

d) *cursus trispondiacus* nach dem Vorbild der Klausel Choreus + *ionicus minor* (᷄ ᴗ | ᴗ ᴗ ᷄ ṵ): *dolores detulerunt*; *excommunicationis*.[206]

---

[196] Quint. inst. IX 4,79; vgl. Cic. orat. 64,218.
[197] Mart. Cap. rhet. 36 (521) p. 476,26 ff. H.
[198] Quint. inst. IX 4,111: mea facilitas, nostra facilitas.
[199] Mart. Cap. rhet. 36 (521) p. 477,7 ff. H: omnia nempe vides.
[200] Quint. inst. IX 4,109.
[201] Mart. Cap. rhet. 37 (522) p. 477,17 ff. H.
[202] Quint. inst. IX 4,101.
[203] Quint. inst. IX 4,102.
[204] Consent. gramm. (Gramm. Lat. V p. 393, 16 ff. Keil).
[205] Cic. orat. 53,178.
[206] H. Lausberg, a.a.O. § 1052 S. 504 f.

DRITTES KAPITEL

DIE STILARTEN

Drei Dinge gehören nach dem Auctor ad Herennium[1] dazu, um die Leistungen des Redners, *inventio, dispositio, elocutio, memoria* und *pronuntiatio* vollziehen zu können: *ars, imitatio* und *exercitatio*. Durch die *imitatio*, sagt er, wird der Redner angetrieben, mit sorgfältiger Überlegung anderen im Reden ähnlich zu werden. Cicero[2] läßt den Antonius sagen, an erster Stelle seiner Unterweisung wolle er zeigen, was der Redner nachahmen solle; dazu solle noch die *exercitatio* kommen. Es solle aber nicht, wie viele es tun, das Leichte und auch nicht das besonders Hervorstechende nachgeahmt werden, weil dies meist fehlerhaft sei. Dann würdigt Cicero[3] die griechischen Redner generationsweise bis zu den Schülern des Isokrates, die alle Vorbilder nachahmten und selbst wieder Vorbilder wurden als *subtiles, acuti, breves, sententiisque magis quam verbis abundantes*, als solche, die den *sucus Periclis* bewahrten. Einige wollten *in acie* oder *in pompa illustres* sein. Später standen *dicendi molliora ac remissiora genera* in Blüte. Unter den römischen Rednern nennt er Caesar und Cotta als Vertreter einer bei römischen Rednern ungewöhnlichen Anmut und eines Witzes und C. Curio, der *verborum gravitate et elegantia et copia* seinen eigenen Stil geschaffen habe.[4] Hier hat Cicero *virtutes* und χαρακτῆρες gemischt. Dazwischen[5] hatte er noch Menekles aus Alabanda und seinen Bruder Hierokles erwähnt, die ganz Asien nachgeahmt hat. Er spielt damit auf die damals stark in Erscheinung tretende Auseinandersetzung zwischen den sogenannten Attikern und den von Cicero besonders bekämpften Asianern an.[6] Gerade er machte es notwendig, den Schülern einen Wegweiser mit kritischen Wertungen an die Hand zu geben, damit sie sich für ein Vorbild entscheiden können. Dem gleichen Zweck dienten auch die drei Bücher περὶ μιμήσεως des Dionys von Halikarnaß.

Der erste Grieche, der sich um eine künstlerische Gestaltung seiner Sprache bemühte, scheint Empedokles gewesen zu sein. Aristoteles hat seinen Stil gekennzeichnet, daß er Ὁμηρικός und δεινὸς περὶ τὴν φράσιν γέγονεν, μεταφορητικός τε ὢν καὶ τοῖς ἄλλοις τοῖς περὶ ποιητικὴν ἐπιτεύγμασι χρώμενος.[7] Gorgias hat von ihm gelernt und durch die Verwendung klingender rhetorischer Figuren und dichterischer

---

[1] Auct. ad Herenn. I 2,3.
[2] Cic. de orat. II 22,90.
[3] Cic. de orat. II 22,93 – 23,95.
[4] Cic. de orat. II 23,98.
[5] Cic. de orat. II 23,95.
[6] Über Asianismus und Attizismus: Cic. Brut. 13,51 f.; 17,68; 95,325; orat. 7,23; Tusc. II 1,3; Quint. inst. XII 10,16 ff.; Dion. Hal. orat. vet. 1 p. 3,15 ff. Us. – Rad; U. v. Wilamowitz-Moellendorff, Asianismus und Atticismus, Hermes 35 (1900) S. 1 ff.; W. Schmid, Der Attizismus in seinen Hauptvertretern I – V, Stuttgart 1887 – 1897; 1964².
[7] Diog. Laert. VIII 57; vgl. VS I p. 250 Nr. 29 A 10.

Wendungen Interesse und Entzücken erregt, aber gerade durch die das Maß überschreitende Verwendung von πάρισα und παρόμοια und die poetische Sprache eine gewisse Gleichförmigkeit in seinen Stil gebracht. Thrasymachos ist in seiner Sprache nüchterner, schlicht und rein. Dionys von Halikarnaß[8] sagt mit Berufung auf Theophrast über die Auffassung des Thrasymachos von einer Gliederung der λέξις: τρίτη λέξεως ἦν – nach der λέξις μεγαλοπρεπής und der λέξις ἰσχνή, über die Dionys gerade gesprochen hat – ἡ μικτή τε καὶ σύνθετος ἐκ τούτων τῶν δυοῖν, ἣν ὁ μὲν πρῶτος ἁρμοσάμενος καὶ καταστήσας εἰς τὸν νῦν ὑπάρχοντα κόσμον εἴτε Θρασύμαχος ὁ Καλχηδόνιος ἦν, ὡς οἴεται Θεόφραστος, εἴτε ἄλλος τις, οὐκ ἔχω λέγειν. Thrasymachos hatte ihr anscheinend keinen Namen gegeben, sie war nur μικτή τε καὶ σύνθετος ἐκ τούτων τῶν δυοῖν. Aristoteles[9] hatte sie μέσον genannt. Der Berichterstatter Dionys[10] selbst nennt sie zwar κοινή oder μέση, sie steht aber nicht zwischen der μεγαλοπρεπής und der ἰσχνή, sondern nach der αὐστηρὰ σύνθεσις und γλαφυρά. Es besteht also kein Anlaß zur Folgerung, Dionys hätte die Nachricht des Theophrast in seine Sprache umgesetzt. Noch weniger kommt für eine etwaige Änderung der Aussage des Thrasymachos Theophrast selbst in Frage. Er zählt nach Cicero als *orationis laudes* auf, daß der *sermo purus et Latinus* sei, *dilucide planeque dicetur*, *quid deceat*, was Cicero[11] ablehnt, *quod quartum numerat Theophrastus in orationis laudibus: ornatum illud suave et adfluens.*[12]

Aristoteles[13] hat einen Unterschied gemacht zwischen der λέξις γραφική und der λέξις ἀγωνιστική; die eine verlangt ἑλληνίζειν; wer das nicht beherrscht, aber dennoch seine Gedanken dem anderen mitteilen will, für den gibt es die λέξις γραφική. Als ἀκριβεστάτη aber erscheint ihm die γραφική, ihr gehört seine Liebe; die ἀγωνιστική jedoch ist ihm ὑποκριτικωτάτη. Die Scheidung in eine λέξις ἡδεῖα und eine μεγαλοπρεπής hält er für überflüssig.[14] Zuerst scheint Tauriskos, ein Schüler des Stoikers Krates von Mallos, über eine Art Stilkritik gehandelt zu haben. Nach Sextus Empiricus[15] stellte er nämlich der Philologie, die er κριτική nannte, drei Aufgaben: sie sollte sich zunächst mit dem λογικόν befassen, d.h. mit der grammatischen Betrachtung der λέξις, dann mit dem τριβικόν, das er aus der διάλεκτος, den πλάσματα (Figuren) und den χαρακτῆρες, das sind die *genera dicendi*, bestehen läßt, und schließlich mit dem ἱστορικόν, der wissenschaftlichen Beurteilung des Stoffes. Auch der Sophist und Sokratesschüler Antisthenes hat περὶ λέξεως ἢ περὶ χαρακτήρων[16] geschrieben. Daß auch Theophrast sich mit den *genera elocutionis* befaßt hat, wird schon dadurch bestätigt, daß Dionys[17] sich für die rhetorische Leistung des Thrasymachos auf Theophrast beruft. Dieser hat selbst in den *orationis laudes* vier *virtutes* an-

---

[8] Dion. Hal. Dem. 3 p. 132,3 ff. Us. – Rad.

[9] Arist. rhet. III 12,1414a 26.

[10] Dion. Hal. comp. 21 p. 95,16f.; 24 p. 120,11 Us. – Rad.

[11] Cic. orat. 23,79.

[12] Über die virtutes dicendi des Theophrast hat vollständig und aufschlußreich gehandelt: J. Stroux, De Theophrasti virtutibus dicendi, Leipzig 1912.

[13] Arist. rhet. III 12,1413b 4ff.

[14] Arist. rhet. III 12,1414a 20f.

[15] Sext. Emp. adv. math. I 248f.

[16] Diog. Laert. VI 15 am Anfang des Schriftenverzeichnisses.

[17] Dion. Hal. Dem. 3 p. 132,6 Us. – Rad.

genommen, wie man aus Cicero[18] schließen kann. Bei Dionys von Halikarnaß[19] liest man noch, daß Theophrast τὸ μέγα καὶ σεμνὸν καὶ περιττὸν ἐν λέξει aus der ἐκλογῇ τῶν ὀνομάτων καὶ τῆς ἐκ τούτων ἁρμονίας καὶ τῶν περιλαμβανόντων αὐτὰ σχημάτων zustande kommen ließ.

Die älteste geschlossene Darstellung der *genera elocutionis*,[20] *genera dicendi*,[21] χαρακτῆρες τῆς ἑρμηνείας[22] findet sich beim Auctor ad Herennium. Er unterscheidet drei als *figurae* bezeichnete *genera*:[23]

1. Die *figura gravis*, die aus einer glatten und schmuckvollen Konstruktion feierlicher Worte besteht.

2. Die *figura mediocris*, die aus einer niedrigeren, aber doch noch nicht untersten und vulgärsten Art der Umgangssprache besteht.

3. Die *figura attenuata*, die bis zur üblichen Umgangssprache hinabgesunken ist.

Für die *figura gravis* z.B. werden die schönsten Worte verwendet, *propria* wie *extranea*, die dafür gefunden werden. Es werden auch erhabene Gedanken ausgewählt, die für die *amplificatio* und *commiseratio* geeignet sind. Der Auctor ad Herennium bietet für alle drei Arten längere Beispiele. Mit der Wortwahl ist zugleich auch die *constructio verborum*[24] der drei Stilarten verschieden: die *figura gravis* erfordert eine *verborum gravium levis et ornata constructio*. Bei allen Figuren muß man sich davor hüten, in einen nahekommenden und ähnlichen Fehler zu verfallen: in der *figura gravis* sind das die *sufflata*, d.h. die Verwendung neuer oder auch alter Wörter, die entweder mühsam anderswoher übertragen oder auch wuchtiger sind, als es die Sache verlangt. Beim *genus mediocre*[25] besteht die Gefahr, in das saft- und kraftlose *genus dissolutum* abzugleiten, das man auch *fluctuans* nennen könnte. Und wer es nicht versteht, sich richtig in der *figura attenuata* zu bewegen, wird leicht in das *genus aridum et exsangue* abgleiten, das *exile* zu nennen nicht abwegig ist. In jeder Rede sollen diese drei Redegattungen miteinander abwechseln.

Cicero[26] spricht nur kurz von der *soluta variis modis multorumque generum oratio* und von ihrer Handhabung: *itaque ut tum graves sumus, tum subtiles, tum medium quiddam tenemus: sic institutam nostram sententiam sequitur orationis genus idque ad omnem aurium voluptatem et animorum motum mutatur et vertitur*. Im ‚Orator'[27] geht er ausführlich auf die *nota et formula* eines jeden *genus dicendi* ein. Er spricht da vom *orator tenuis*, vom *genus uberius aliquantoque robustius* und vom *gravis ornatus*.[28] Der attische Redner ist *summissus et humilis*, seine Rede *subtilis* und nicht *plurimi sanguinis*; sie hat aber einen gewissen *sucus* und eine ungetrübte Gesundheit. Dem Mangel an Kraft steht ein Reichtum an *suavitas* gegenüber. Frei vom Zwange des *numerus* ist die Rede nicht zügellos, sie meidet aber die Periode und Synaloephe und läßt den Hiatus zu; hervorstechender Schmuck wird ferngehalten, dafür aber sehr auf die Verwendung von

---

[18] Cic. orat. 23,79.
[19] Dion. Hal. Isokr. 3 p. 58,4 ff. Us. – Rad.
[20] Auct. ad Herenn. IV 8,11; Iul. Vict. 22 p. 438,8 H.
[21] Cic. orat. 21,69; Quint. inst. XII 10,58.
[22] Demetr. eloc. 35 p. 269,30 Sp III.
[23] Auct. ad Herenn. IV 8,11.
[24] Auct. ad Herenn. IV 10,15.
[25] Auct. ad Herenn. IV 11,16.
[26] Cic. de orat. III 45,177.
[27] Cic. orat. 23,75 – 28,99.
[28] Cic. orat. 24,81; 26,91; 28,97; vgl. 21,69: (genus) subtile, modicum, vehemens.

Sentenzen gesehen. Für die λέξις gelten die vier *virtutes: Latine, dilucide, plane dicere* und das πρέπον, *decorum*. Neubildungen von Wörtern sollen nur vorsichtig und spärlich gebraucht werden, Wort- und Sinnfiguren Lichter der Rede sein, ἴσα und πάρισα, παρόμοια, ὁμοιοτέλευτα, παρονομασίαι als gekünstelt gemieden werden. Witzige Bemerkungen, aber nur solche, die aus der Situation entstehen und nicht fertig von zu Hause mitgebracht werden, sollen eine Würze sein.[29]

Das zweite *genus dicendi*[30] ist kräftiger. Es hat weniger Kraft als das *genus tenue*, dafür aber mehr Anziehendes und Gefälliges. Aller Schmuck paßt zu ihm: Metaphern, Paronomasien, ὑπαλλαγαί, Metonymien, Allegorien, alle Wortfiguren und viele *sententiae* und *loci communes*.

Das dritte *genus*[31] ist reich ausgestattet mit würdigem Schmuck und mit höchster Kraft; ihm verdankt die Beredsamkeit ihre größte Macht. Diese Beredsamkeit leitet die Menschen und beeindruckt sie auf jede Weise; sie durchdringt sie, schleicht sich in ihr Fühlen ein, reißt altes Denken aus und streut Samen neuer Vorstellungen aus. Durch sie allein wird man ein großer Redner; wer sie beherrscht, kann nicht straucheln und nicht fallen; er steht an erster Stelle, würdig, feurig und flammend. Wenn er aber nur in dieser Art spricht und seine Fülle nicht mit den beiden anderen Arten mischt, wird er nicht geachtet; wer die erste Art pflegt, scharfsinnig, aber veraltet, wird als weise gelten; wer die mittlere Art pflegt, wird angenehm sprechen; wer aber nichts anderes als wortgewandt ist, wird nicht den Eindruck eines geistig gesunden Menschen machen. Wenn er einmal vor nicht vorbereiteten Hörern spricht, wird er wie ein Geisteskranker vor Gesunden oder wie ein Trunkener vor Nüchternen wirken.

Auch Quintilian[32] kennt drei *genera dicendi*:
1. *subtile*, ἰσχνόν.
2. *grande atque robustum*, ἁδρόν.
3. *medium ex duobus, floridum*, ἀνθηρόν.

Das *subtile* soll dem *docere* dienen und deshalb Scharfsinn erfordern; das zweite, mit *vis* begabt, soll dem *movere* und das dritte dem *delectare* oder dem *conciliare* dienen und deshalb mit *lenitas* ausgestattet sein. Das *subtile* findet im Erzählen und in Beweisen Verwendung; das mittlere *genus* hat viele Metaphern, angenehme Figuren und Abschweifungen. Die *compositio* muß passend sein, Sentenzen sollen die Rede lieblich gestalten, damit sie wie ein langsam dahinfließender Strom sei, leuchtend zwischen grünen, schattigen Wäldern. Jener aber, der Brücken abreißt und die Ufer überschwemmt, zwingt den Richter, dorthin zu gehen, wohin er ihn reißt. In diesem *genus* ruft der Redner auch Tote aus der Unterwelt und läßt das Vaterland laut rufen (*sermocinatio* und *fictio personae*). Die *amplificatio* hebt die Rede in das Übermaß empor.

Diese drei Arten sind aber nicht die einzigen Formen der Rede, zwischen zweien gibt es immer eine dritte, so daß unzählige Arten zustande kommen.[33] Je nach der

---

[29] Cic. orat. 23,76 – 26,90.
[30] Cic. orat. 26,91 – 27,96.
[31] Cic. orat. 28,97 – 99.
[32] Quint. inst. XII 10,58 – 62; vgl. C. Iulius Victor (22 p. 438,8f. H), der als genera dicendi das ἰσχνόν, tenue, μέσον, medium, und βαρύ, vehemens, nennt.
[33] Quint. inst. XII 10,66f.: species.

Sachlage wird sich der Redner für diese oder jene Art und selbst innerhalb der gleichen Rede entscheiden müssen: *dicet idem graviter, severe, acriter, vehementer, concitate, copiose, amare, comiter, remisse, subtiliter, blande, leniter, dulciter, breviter, urbane, non ubique similis, sed ubique par sibi. sic fiet cum id, propter quod maxime repertus est usus orationis, ut dicat utiliter et ad efficiendum quod intendit potenter, tum laudem quoque nec doctorum modo, sed etiam vulgi consequatur.*[34] Der Auctor ad Herennium[35] lehrt: *figuram in dicendo* (= *in genere dicendi*) *commutare oportet, ut gravem mediocris, mediocrem excipiat attenuata, deinde identidem commutentur, ut facile satietas varietate vitetur.* Und Cicero[36] sagt: *nihil sane est quod praecipi posse videatur, nisi ut figuram orationis plenioris et tenuioris et item illius mediocris ad id, quod agemus, accommodatam deligamus.*

Wenn Dionys von Halikarnaß[37] als Stilarten das μεγαλοπρεπές und das ἰσχνόν nennt und, ohne weiter dazu Stellung zu nehmen, hinzufügt, daß Thrasymachos noch eine dritte, aus beiden gemischte, μικτή, hinzufügt, müßte man annehmen können, daß er sich dessen Vorstellung zu eigen gemacht habe. An anderer Stelle[38] nennt er als die drei πλάσματα τῆς λέξεως oder χαρακτῆρες γενικώτατοι den χαρακτὴρ ὑψηλός, mit seinem Hauptvertreter Thukydides[39] als Beispiel dafür, den ἰσχνός, dessen Vertreter Lysias[40] ist, den χαρακτὴρ μεταξὺ τούτων = μέσος, den er für den besten hält und den er vor allem bei Isokrates und Platon findet,[41] der für die Volks- und Gerichtsrede am geeignetsten ist. Auch da befindet er sich in Übereinstimmung mit Thrasymachos. Anders dagegen teilt er in der Schrift περὶ τῆς Δημοσθένους λέξεως, wie später Demetrios, auch die Komposition (σύνθεσις) entsprechend der λέξις in drei Teile:[42]

1. ἁρμονία αὐστηρὰ καὶ φιλάρχαια καὶ σεμνὴ καὶ φεύγουσα ἅπαν τὸ κομψόν. Sie wird in der Prosa hauptsächlich durch Thukydides vertreten, in der Dichtung durch Aischylos und Pindar außer den Παρθένια. Diese Kompositionsart liebt große, vielsilbige Wörter, läßt den Hiatus zu und sucht harte Konsonantenverbindungen und einen kräftigen Rhythmus in einfachen Perioden.

2. ἁρμονία γλαφυρὰ καὶ λιγυρὰ καὶ θεατρικὴ καὶ πολὺ τὸ κομψὸν καὶ αἱμύλον ἐπιφαίνουσα, ᾗ πανηγύρεις τε κηλοῦνται καὶ ὁ συμφορητὸς ὄχλος. Sie sucht weiche, wohlklingende Wörter, meidet den Hiatus und harte Konsonantenverbindungen, sieht auf abgerundete Perioden mit angenehmen Rhythmen und liebt klingende Figuren. Als ihre Hauptvertreter werden unter den Dichtern Hesiod, Sappho und Anakreon genannt, unter den Prosaschriftstellern Isokrates und seine Anhänger.

---

[34] Quint. inst. XII 10,71 f.

[35] Auct. ad Herenn. IV 11,16.

[36] Cic. de orat. III 55,212; vgl. orat. 21,69: *sed quot officia oratoris, tot sunt genera dicendi: subtile in probando, modicum in delectando, vehemens in flectendo.*

[37] Dion. Hal. Dem. 3 p. 132,3 Us. – Rad.

[38] Dion. Hal. Dem. 33 p. 203,9f.; 34 p. 203,24 Us. – Rad.

[39] Dion. Hal. Dem. 1 p. 130,1 ff. Us. – Rad: ἐξηλλαγμένη καὶ περιττὴ καὶ ἐγκατάσκευος καὶ τοῖς ἐπιθέτοις κόσμοις ἅπασι συμπεπληρωμένη λέξις.

[40] Dion. Hal. Dem. 2 p. 130,6ff. Us. – Rad: Lysias hat die λέξις ἡ λιτὴ καὶ ἀφελὴς καὶ δοκοῦσα κατασκευήν τε ἰσχὺν τὴν πρὸς ἰδιώτην ἔχειν λόγον καὶ ὁμοιότητα.

[41] Dion. Hal. Dem. 3 p. 132,3 ff.; 33 p. 203, 15 f. Us. – Rad.

[42] Dion. Hal. Dem. 36 p. 209,4ff.; comp. 22 p. 96,10ff.; 23 p. 111,18ff.; 24 p. 120,11ff. Us. – Rad., wo diese Arten dann ausführlich charakterisiert werden.

3. Die dritte ἁρμονία mischt die Vorzüge der beiden ersten. Sie wird Homer, Herodot, Platon und Demosthenes zugeschrieben, der sie zur Vollendung geführt hat.

In den Kreis des Dionys von Halikarnaß gehört Kaikilios von Kaleakte, gegen dessen verlorene Schrift περὶ ὕψους ein unbekannter Zeitgenosse eine Kritik geschrieben hat, die aber nur durch größere Lücken entstellt auf uns gekommen ist. Zur Bestimmung des ὕψος mag die Bemerkung in der Einleitung dienen: οὐ γὰρ εἰς πειθὼ τοὺς ἀκροωμένους, ἀλλ᾽ εἰς ἔκστασιν ἄγει τὰ ὑπερφυᾶ[43] und λέγω δὲ τὸ μεγαλοφυές, χρὴ κἀνταῦθα, καὶ εἰ δωρητὸν τὸ πρᾶγμα μᾶλλον – das war die Meinung der Gegner – ἢ κτητόν, ὅμως καθ᾽ ὅσον οἷόν τε τὰς ψυχὰς ἀνατρέφειν πρὸς τὰ μεγέθη καὶ ὥσπερ ἐγκύμονας ἀεὶ ποιεῖν γενναίου παραστήματος.[44] Dann wird die Frage, ob es eine τέχνη des ὕψος oder des βάθος gebe, bejaht, im Gegensatz zu denen, die es für einen schweren Irrtum halten, Vorschriften einer Kunstlehre dafür aufzustellen.[45] Anschließend wird das richtige Maß des ὕψος festgelegt; es wird gegen Fehlerhaftes abgegrenzt, zunächst gegen die παρατράγῳδα, wie: τὸ πρὸς οὐρανὸν ἐξεμεῖν und τὸν Βορέαν αὐλητὴν ποιεῖν. Durch diese Maßnahme wird die φράσις eher geschwächt als verstärkt. Ausdrücke wie: Ξέρξης ὁ τῶν Περσῶν Ζεύς und γῦπες ἔμψυχοι τάφοι des Gorgias und ähnliche des Kallisthenes und noch mehr des Kleitarchos sind nicht ὑψηλά, sondern μετέωρα.[46] Schwulst gehört zu den Übeln, vor denen man sich am wenigsten hüten kann; denn alle, die nach Großem streben, wagen es nicht zuzugeben, daß das Abgleiten von der Größe doch nur eine edle Verfehlung sei, aus Angst vor dem Vorwurf, schwach und trocken zu sein. Der Schwulst will das ὕψος noch übersteigern, das Knabenhafte, μειρακιῶδες, ist der Größe entgegen, ebenso wie Niedriges, Kleinmütiges und Schülerhaftes.[47] Das ψυχρόν, das sich vor allem bei dem Historiker Timaios findet, ist die zweite Fehlerart.[48] Theophrast nennt es das ὑπερβάλλον τὴν οἰκείαν ἀπαγγελίαν.[49] Es wird dem Kaikilios vorgehalten, weil er, um Alexander zu loben, geschrieben habe: ὃς τὴν Ἀσίαν ὅλην ἐν ἐλάττοσιν ἔτεσι παρέλαβεν, ἢ ὅσοις τὸν ὑπὲρ τοῦ πρὸς Πέρσας πολέμου πανηγυρικὸν λόγον Ἰσοκράτης ἔγραψεν.[50] Fünf Urquellen gibt es für die ὑψηγορία.[51] Die beiden ersten hängen in der Hauptsache mit dem Wesen des ὕψος zusammen:

1. Die stärkste ist die, die im Gedanken Großes erreichen will (τὸ περὶ τὰς νοήσεις ἁδρεπήβολον).

2. Die zweite Quelle ist die große leidenschaftliche Begeisterung (τὸ σφοδρὸν καὶ ἐνθουσιαστικὸν πάθος).

Die drei weiteren Quellen sind durch die Kunst gegeben:

3. Die Bildung von σχήματα νοήσεως und λέξεως.

---

[43] Anon. de sublim. 1,4 p. 246,4f. Sp. = p. 106,15f. Sp.-H.

[44] Anon. de sublim. 9,1 p. 253,15ff. Sp. = p. 116,20ff. Sp.-H.

[45] Anon. de sublim. 2,1 p. 246,17ff. Sp. = p. 107,3ff. Sp.-H.

[46] Anon. de sublim. 3,1f. p. 247,21ff.; 30ff. Sp. = p. 108,19ff.; 109,8ff. Sp.-H.

[47] Anon. de sublim. 3,3f. p. 248,7ff.; 15ff. Sp. = p. 109,17ff.; 25ff. Sp.-H.

[48] Anon. de sublim. 4,1 p. 248,32ff. Sp. = p. 110,18ff. Sp.-H.

[49] Demetr. eloc. 114 p. 287,26f. Sp III.

[50] Anon. de sublim. 4,2 p. 249,8ff. Sp. = p. 111,1ff. Sp.-H.

[51] Anon. de sublim. 8,1 p. 252,7ff. Sp. = p. 114,24ff. Sp.-H.

4. Die γενναία φράσις, deren Teile die ἐκλογὴ ὀνομάτων und die tropische und selbst gebildete λέξις sind.

5. ἡ ἐν ἀξιώματι καὶ διάρσει σύνθεσις, der würdige und gehobene Ausdruck, der alle genannten Arten zusammenfaßt.

Alle fünf hat Kaikilios wie das πάθος außer acht gelassen. Darauf beginnt der Hauptteil der Schrift, die Behandlung des μεγαλοφυές, die gleich wieder von einer größeren Lücke unterbrochen wird.

Gellius[52] nennt als die drei, sowohl für die Poesie als auch für die *oratio soluta* tauglichen, von den Griechen χαρακτῆρες genannten *genera dicendi*: den ἁδρόν, *uberem*, der *dignitas atque amplitudo* besitzt, den ἰσχνόν, *gracilem*, dem *venustas et subtilitas* zukommt, und den μέσον, *mediocrem*, der zwischen beiden liegt und an den Eigenschaften beider teil hat. Fehlerhaft wird das ἁδρόν durch *sufflata atque tumida*, das ἰσχνόν durch *squalentia et ieiunidica* und das *mediocre* durch *incerta et ambigua*. Vertreter der *ubertas* ist Pacuvius, der *gracilitas* Lucilius, der *mediocritas* Terenz.

Fortunatian[53] kennt aus einer peripatetischen Quelle drei Hauptarten der *characteres elocutionis*: ποσότης, ποιότης, πηλικότης.

1. Hinsichtlich der ποσότης gibt es wieder drei *genera*:[54]

a) ἁδρόν, *id est amplum sive sublime*, das *genus vehemens*,[55] *grande atque robustum*.[56] Es zerfällt in αὐστηρόν und ἀνθηρόν.[57] Ihm steht das *tumidum* und *inflatum*, *sufflatum*[58] gegenüber.

b) ἰσχνόν, *id est tenue sive subtile*, das *aut severius aut floridius* ist; es hat das *aridum ac siccum* als Gegensatz.

c) μέσον, *id est mediocre sive moderatum* mit dem Gegensatz: *tepidum ac dissolutum et velut enerve*.

2. Die ποιότης hat ebenfalls drei *genera*: δραματικόν, διηγηματικόν, μικτόν.

3. Die *genera* der πηλικότης sind: μακρόν, βραχύ, μέσον.[59]

Die unter dem Namen des Demetrios von Phaleron überlieferte, aber wahrscheinlich erst um die Wende vom ersten zum zweiten nachchristlichen Jahrhundert entstandene rhetorische Lehrschrift, περὶ ἑρμηνείας hat die bis dahin gewöhnlich genannten χαρακτῆρες: ἰσχνός, μεγαλοπρεπής, γλαφυρός um einen vierten, die δεινότης, vermehrt.[60] Diese vier können aber gegenseitig Verbindungen eingehen, so daß wieder neue χαρακτῆρες entstehen; nur der μεγαλοπρεπής kann sich mit dem ἰσχνός nicht verbinden. Der zur Zeit des Demetrios auch λόγιος genannte χαρακτήρ μεγαλοπρεπής[61] zeigt sich in der διάνοια, λέξις und σύνθεσις. Die μεγαλοπρέπεια wird durch den Paean bestimmt, so daß das κῶλον mit einer Länge beginnt und mit einer Länge schließt. An Stelle des Paean können aber auch andere paeanähnliche

---

[52] Gell. VI 14,1–6.
[53] Fortun. rhet. III 9 p. 125,29f. H.
[54] Fortun. rhet. III 9 p. 126,1ff. H.
[55] Cic. orat. 21,69.
[56] Quint. inst. XII 10,58.
[57] Fortun. rhet. III 9 p. 126,4 H.
[58] Auct. ad Herenn. IV 10,15.
[59] Fortun. rhet. III 9 p. 126,9f.; 15 H.
[60] Demetr. eloc. 36 p. 270,2ff. Sp III.
[61] Demetr. eloc. 38–113 p. 270,24–287,18 Sp III.

Rhythmen verwendet werden. Auch die Länge der κῶλα verleiht Größe, ebenso die Abrundung der Periode. Selbst schlechttönende Worte oder Wortverbindungen scheut sie nicht, wie auch nicht die Hiate und das Zusammenstoßen von rauhen Konsonanten. Nützlich sind lange Vokale und Diphtonge, Neubildungen von Wörtern, mäßiger Gebrauch von Metaphern und Figuren, z. B. ἀνθυπαλλαγή wie das Homerische οἱ δὲ δύο σκόπελοι ὁ μὲν οὐρανὸν εὐρὺν ἱκάνει.[62] Das Gegenstück zur μεγαλοπρέπεια ist das ψυχρόν, die ungewöhnliche Übersteigerung des Ausdrucks, die Verwendung von allem, was überflüssig oder schwülstig ist.[63]

Der χαρακτὴρ γλαφυρός[64] ist χαριεντισμὸς καὶ ἱλαρὸς λόγος.[65] Er kann anmutig und heiter, witzig sogar und fast komödienhaft sein. Die Anmut kann in den πράγματα an sich liegen, z. B. in Nymphengärten, Hochzeitsliedern oder Liebesliedern, was alles den Inhalt von Sapphos Dichtungen ausmacht. Was aber schon sachlich schön ist, kann durch die λέξις noch gehoben werden; manche Dinge, die reizlos sind, lassen sich doch mit Anmut darstellen. Erste Quelle der χάρις ist die Kürze. In dem Satz τῷ ὄντι τούτῳ οὐδὲν μέτεστι τῆς Ἑλλάδος, ἐπεὶ ἐγὼ αὐτὸν εἶδον, ὡσπερεὶ Λυδόν, ἀμφότερα τὰ ὦτα τετρυπημένον· καὶ εἶχεν οὕτως[66] wirkt der kurze Abschluß καὶ εἶχεν οὕτως lieblich. Ein Wort, das reizlos an der Spitze oder in der Mitte eines κῶλον steht, kann am Ende doch durch die Anordnung reizvoll werden. Der χαρακτὴρ γλαφυρός liebt ausgewählte, schöne Wörter mit schönen klingenden Vokalen und Diphtongen, zusammengesetzte Wörter und Figuren wie die ἀναδίπλωσις in Sapphos[67] Vers παρθενία, παρθενία, ποῖ με λιποῦσα οἴχη; Das Gegenstück zum χαρακτὴρ γλαφυρός ist das κακόζηλον.[68] Es kann ähnlich wie der ψυχρὸς χαρακτήρ entweder ἐν διανοίᾳ liegen, wie: Κένταυρος ἑαυτὸν ἱππεύων, oder ἐν ὀνόματι, wie ἐγέλα που ῥόδον ἡδύχροον (da ist ἐγέλα am falschen Platze und ἡδύχροον dürfte nicht einmal in einer Dichtung stehen, ebenso wenig wie ὅτι δέ γε ταῖς ὑπεσύριζε πίτυς αὔραις.), oder in der σύνθεσις: σείων μελίην Πηλιάδα δεξιὸν κατ' ὦμον[69] statt σείων Πηλιάδα μελίην κατὰ δεξιὸν ὦμον.

Für den ἰσχνὸς χαρακτήρ[70] genügen schon an sich unbedeutende Dinge; er will einfach und klar sein und meidet deshalb zusammengesetzte Wörter, aber auch die gelockerte Rede ist nicht zu ihm passend, weil sie Anfang und Ende der κῶλα nicht leicht erkennen läßt. Er meidet mehrdeutige Ausdrücke, sagt aber nicht zu viel und nicht zu wenig, manches der Deutlichkeit wegen sogar zweimal. Perioden und κῶλα sollen kurz sein. Das Gegenstück zum ἰσχνὸς χαρακτήρ ist der ξηρός,[71] der ebenfalls auf dreifache Weise entsteht:[72]

---

[62] Hom. Od. XII 73; Demetr. eloc. 60 p. 276,13f. Sp III.

[63] Demetr. eloc. 114 p. 287,19f.; 26 Sp III; vgl. Arist. rhet. III 3,1405b 35ff.

[64] Demetr. eloc. 128 – 189 p. 290,24 – 303,25 Sp III.

[65] Demetr. eloc. 128 p. 290,24 Sp III.

[66] Xen. an. III 1,31; Demetr. eloc. 137 p. 292, 30ff. Sp III.

[67] Sappho fr. 114 Lobel-Page; Demetr. eloc. 140 p. 293,31ff. Sp III.

[68] Demetr. eloc. 186 – 189 p. 302,27 – 303,25 Sp III.

[69] Hom. Il. XXII 133.

[70] Demetr. eloc. 190 – 239 p. 303,27 – 314,12 Sp III.

[71] Demetr. eloc. 236 p. 313,10 Sp III.

[72] Demetr. eloc. 236 – 238 p. 313,11ff.; 16ff.; 24ff.; 29ff. Sp III.

Die Stilarten

1. ἐν διανοίᾳ: κατέβαινεν ὁ Ξέρξης μετὰ πάντων τῶν ἑαυτοῦ, wo es eigentlich heißen müßte: μετὰ τῆς Ἀσίας, weil sonst die Sache verkleinert wird (ταπείνωσις).

2. περὶ τὴν λέξιν: ἄττα γὰρ ὁ Φάλαρις ἠνώχλει τοῖς Ἀκραγαντίνοις, wo ἄττα und ἠνώχλει fehlgegriffen sind, weil es um eine Seeschlacht und um die Grausamkeit eines Tyrannen geht.

3. ἐν συνθέσει: ὁ βίος βραχύς, ἡ δὲ τέχνη μακρά, ὁ δὲ καιρὸς ὀξύς, ἡ δὲ πεῖρα σφαλερά, weil es zu viele kleine κόμματα sind; oder wenn einer den Aristeides anklagt, weil er bei der Seeschlacht von Salamis gefehlt habe und sagt: ἀλλ' αὐτόκλητος, ὅτι ἡ μὲν Δημήτηρ ἦλθε καὶ συνεναυμάχει, Ἀριστείδης δὲ οὔ; denn der Kolonschluß auf zwei Einsilber ist unschön.

Demetrios bezeichnet die ἰσχνότης auch als χαρακτήρ des Briefes, zusammen mit dem χαρίεν.[73]

Während δεινός und δεινότης bei Dionys von Halikarnaß[74] noch zur Bezeichnung der allseitigen Beherrschung jeder Stilart verwendet wird, die sich vor allem für den Redner des λόγος πολιτικός ergibt, werden sie von Demetrios[75] als χαρακτῆρες der kräftigen und leidenschaftlichen Rede angesehen. Die δεινότης entsteht wie die anderen Stilarten auch aus drei Quellen: διάνοια, λέξις und σύνθεσις, aus dieser zuerst, wenn die κόμματα die κῶλα überwiegen; denn die Größe verhindert die δεινότης.[76] Die Kürze ist auch der Grund, daß σύμβολα, besonders zusammen mit der Allegorie die δεινότης fördern, wie χαμόθεν οἱ τέττιγες ὑμῖν ᾄσονται.[77] Δεινόν ist meist auch das Mißtönende.[78]

Die Perioden in der δεινότης sind häufig, aber klein; ebenso sind die κόμματα häufiger als die κῶλα; meist sind die Perioden nur zweigliederig.[79] Die δεινότης ist aber auch der Grund dafür, daß die Kleinheit die Klarheit hindern kann und κακοφωνίαι[80] entstehen. Partikel wie δέ und τέ werden, was sonst gemieden wird, an den Schluß der κῶλα gestellt: οὐκ εὐφήμησε μέν, ἄξιον ὄντα, ἠτίμασε δέ oder ἔγραψε δὲ ὑπὸ τῆς ἀφροσύνης τε, ὑπὸ τῆς ἀσεβείας τε· τὰ ἱερά τε τὰ ὅσιά τε.[81] Von den σχήματα passen zur δεινότης die σχήματα διανοίας:[82] Ὄλυνθον μὲν δὴ καὶ Μεθώνην καὶ Ἀπολλωνίαν καὶ δύο καὶ τριάκοντα πόλεις τὰς ἐπὶ Θρᾴκης ἐῶ· die προσωποποιία:[83] δόξατε ὑμῖν τοὺς προγόνους ὀνειδίζειν καὶ λέγειν τάδε τινὰ ἢ τὴν Ἑλλάδα ἢ τὴν πατρίδα, λαβοῦσαν γυναικὸς σχῆμα und die ἀποσιώπησις.[84] Wortfiguren: die ἀναδίπλωσις:[85] Θῆβαι δέ, Θῆβαι, πόλις ἀστυγείτων· die ἀναφορά[86] z.B.: ἐπὶ σαυτὸν καλεῖς, ἐπὶ τοὺς νόμους καλεῖς, ἐπὶ τὴν δημοκρατίαν καλεῖς· die κλῖμαξ:[87] οὐκ εἶπον

---

[73] Demetr. eloc. 223 – 235 p. 310,30 – 313,8 Sp III.
[74] Vgl. Dion. Hal. Dem. 8ff. p. 143,11ff. Us. – Rad.
[75] Demetr. eloc. 240 – 286 p. 314,14 – 323,5 Sp III.
[76] Demetr. eloc. 241 p. 314,24ff. Sp III.
[77] Demetr. eloc. 243 p. 315,3ff. Sp III.
[78] Demetr. eloc. 246 p. 315,20 Sp III.
[79] Demetr. eloc. 252 p. 316,28ff. Sp III.
[80] Demetr. eloc. 255 p. 317,8ff. Sp III.
[81] Demetr. eloc. 257f. p. 317,20ff.; 28f. Sp III.

[82] Demosth. or. IX 26; Demetr. eloc. 263 p. 318,24ff. Sp III.
[83] Demetr. eloc. 265 p. 319,1ff. Sp III.
[84] Demetr. eloc. 253 p. 316,31f.; 264 p. 318,31 Sp III.
[85] Aischin. or. III 133; Demetr. eloc. 267 p. 319,13ff. Sp III.
[86] Aischin. or. III 202; Demetr. eloc. 268 p. 319,18ff. Sp III.
[87] Demosth. or. XVIII 179; Demetr. eloc. 270 p. 320,3ff. Sp III.

μὲν ταῦτα, οὐκ ἔγραψα δέ· οὐδ' ἔγραψα μέν, οὐκ ἐπρέσβευσα δέ· οὐδ' ἐπρέσβευσα μέν, οὐκ ἔπεισα δὲ Θηβαίους· rhetorische Fragen, die ἐπιμονή, εὐφημισμός, um ein δύσφημα zu einem εὔφημα, aus einem ἀσέβημα ein εὐσέβημα zu machen, die δεινότης aus ἔμφασις, ἀλληγορία und ὑπερβολή: οὐ τέθνηκεν Ἀλέξανδρος, ὦ ἄνδρες Ἀθηναῖοι· ὦζε γὰρ ἂν ἡ οἰκουμένη τοῦ νεκροῦ.[88] Ebenso:[89] πόλιν, οὐ τὴν ἐπὶ προγόνων τὴν ναύμαχον, ἀλλὰ γραῦν, σανδάλια ὑποδεδεμένην καὶ πτισάνην ῥοφῶσαν und:[90] τοῦτο τὸ ψήφισμα οὐκ ἐγὼ ἔγραψα, ἀλλ' ὁ πόλεμος τῷ Ἀλεξάνδρου δόρατι γράφων und ferner: ἔοικε γὰρ ἡ Μακεδονικὴ δύναμις, ἀπολωλεκυῖα τὸν Ἀλέξανδρον, τῷ Κύκλωπι τετυφλωμένῳ. Das Gegenstück zur δεινότης ist der χαρακτὴρ ἄχαρις.

Demetrios[91] stellt zum Gedanken des Aristoteles,[92] daß bei zwei entgegengesetzten ἀρεταὶ λέξεως das μέσον am Platze sei, weiterführend fest, daß durch die Mischung zweier gegensätzlicher χαρακτῆρες und dazu noch durch den persönlichen Stil des Redners immer wieder neue geschaffen werden. Daraus läßt sich erkennen, daß die bis dahin geltende Dreizahl der χαρακτῆρες nicht ausreiche.

Der sogenannte Aristeides betrachtet nun weitergehend die δεινότης nicht mehr als χαρακτήρ, als Stilart, sondern als eine ἰδέα. Diese Bezeichnung findet sich schon bei Isokrates für eine rhetorische Gestaltung: σὺ δ' οἷς προσήκει τοὺς λοιδοροῦντας· ὥστε οὐ μόνον τῆς ἀληθείας αὐτῶν ἀλλὰ καὶ τῆς ἰδέας ὅλης, δι' ἧς εὐλογεῖν δεῖ, φαίνει διημαρτηκώς·[93] οἱ δὲ κοινοὶ καὶ πιστοὶ καὶ τούτοις ὅμοιοι τῶν λόγων διὰ πολλῶν ἰδεῶν καὶ καιρῶν δυσκαταμαθήτων εὑρίσκονταί τε καὶ λέγονται.[94] φημὶ γὰρ ἐγὼ τῶν μὲν ἰδεῶν, ἐξ ὧν τοὺς λόγους ἅπαντας καὶ λέγομεν καὶ συντίθεμεν, λαβεῖν τὴν ἐπιστήμην οὐκ εἶναι τῶν πάνυ χαλεπῶν.[95] Auch Theophrast hat, wie Simplicius[96] berichtet, ἰδέαι τοῦ λόγου im Sinne von ἀρεταί und χαρακτῆρες gebraucht; ebenso der Verfasser von περὶ ὕψους:[97] ἐπεὶ δὲ πέντε πηγαί τινές εἰσιν αἱ τῆς ὑψηγορίας γονιμώταται, (προϋποκειμένης ὥσπερ ἐδάφους τινὸς κοινοῦ ταῖς πέντε ταύταις ἰδέαις τῆς ἐν τῷ λέγειν δυνάμεως, ἧς ὅλως χωρὶς οὐδέν) πρῶτον μὲν καὶ κράτιστον. Auch die unter dem Namen des Aristeides in zwei Bänden überlieferte Schrift περὶ τῶν ἰδεῶν καὶ ἀρετῶν, ἐξ ὧν συνίσταται ὁ πολιτικὸς λόγος[98] (der Titel paßt nur für das erste Buch) befaßt sich zunächst mit der von Aristoteles[99] gegenüber der λέξις γραφική noch zurückgesetzten λέξις ἀγωνιστική, dem λόγος πολιτικός. Es werden folgende Grundformen (ἰδέαι) behandelt:[100] σεμνότης, βαρύτης, περιβολή, ἀξιοπιστία, σφοδρότης, ἔμφασις, δεινότης, ἐπιμέλεια, γλυκύτης, σαφήνεια und καθαρότης, βραχύτης und συντομία, κόλασις. Das zweite Buch, das mit ἦθος beginnt und mit γλυκύτης schließt, handelt vom λόγος ἀφελής im Unterschied zum λόγος πολιτι-

---

[88] Demetr. eloc. 279–283 p. 321,15–322,18 Sp III.
[89] Demetr. eloc. 285 p. 322,25ff. Sp III.
[90] Demetr. eloc. 284 p. 322,19ff. Sp III.
[91] Demetr. eloc. 36f. p. 270,2ff. Sp III.
[92] Arist. rhet. III 12,1414a 26.
[93] Isokr. or. XI 33.
[94] Isokr. or. X 11; vgl. XV 54.58.
[95] Isokr. or. XIII 16.
[96] Simpl. in cat. p. 10,30 Kalbfleisch.
[97] Anon. de sublim. 8,1 p. 252,7ff. Sp. = p. 114,24ff. Sp.–H.
[98] Aristeid. rhet. I 1,459, (Rhet. Gr. V p. 1,5f. Schmid).
[99] Arist. rhet. III 12,1413 b 4.8f.
[100] Aristeid. rhet. I 1,459, (Rhet. Gr. V p. 1,9ff. Schmid).

κός.¹⁰¹ Dabei werden aber noch einmal ἰδέαι behandelt, die dem λόγος πολιτικός eigen sind, z. B. die σεμνότης,¹⁰² περιβολή¹⁰³ und γλυκύτης,¹⁰⁴ wie im ersten Buch, verbunden mit Beispielen und feinen Darstellungen. Eine ἰδέα entsteht:¹⁰⁵

1. κατὰ γνώμην, d. h. κατὰ τὸν νοῦν καὶ τὰ ἐπινοήματα, ἐν οἷς εὑρίσκεται τὰ πράγματα.

2. κατὰ σχῆμα, d. h. κατὰ τὸν τύπον τοῦ λόγου, ἐν ᾧ ἐκφερόμενα τὰ νοήματα ἤτοι τοιόνδε ἢ τοιόνδε τὸν λόγον φαίνεσθαι ποιεῖ.

3. κατὰ ἀπαγγελίαν, d. h. κατὰ αὐτὴν τὴν λέξιν.

An anderer Stelle¹⁰⁶ aber wird die ἀπαγγελία als ἥτις ἐστὶν ἐν λέξει, ἐν σχήματι, ἐν ῥυθμῷ erläutert. Eine Ausnahme macht nur die δεινότης: während sie noch bei Demetrios wie die anderen χαρακτῆρες aus διάνοια, λέξις und σύνθεσις hervorgeht, entsteht sie bei Aristeides nur noch aus der γνώμη allein. Mit einer gewissen Schärfe sagt dieser nämlich: δεινότης δὲ γίνεται κατὰ γνώμην μοναχῶς, εἰ δέ τις κατ' ἄλλο τι οἴεται, πλεῖστον διαμαρτάνει.¹⁰⁷ Er setzt sich da offenbar mit einem anderen, früheren oder gleichzeitigen Rhetor gegensätzlicher Meinung auseinander. Die neue Form der δεινότης als eine Form der λέξις gibt dem Redner die Möglichkeit, was ihm schädlich oder nützlich erscheint, vorwegzunehmen (προκατάληψις) und jeden möglichen Einwand vorher zurückzuweisen (προκατασκευή).¹⁰⁸

Hermogenes von Tarsos hat zur Zeit des Kaisers Mark Aurel, als die praktische Beredsamkeit keine Rolle mehr spielte, ein die ganze Rhetorik in drei Teilen, περὶ εὑρέσεως, περὶ στάσεων und περὶ ἰδεῶν darstellendes Werk geschaffen, das nur noch dem Unterricht und der literarischen Kritik dienen sollte. Der dritte Teil, um den es sich jetzt handelt, war in zwei Bücher geteilt. Im ersten wurde gehandelt:

1. περὶ σαφηνείας,¹⁰⁹ die in die zwei εἴδη, die εὐκρίνεια und καθαρότης, geteilt ist.

2. περὶ ἀξιώματος τοῦ λόγου καὶ μεγέθους¹¹⁰ mit den Unterteilen σεμνότης, τραχύτης, σφοδρότης, λαμπρότης, ἀκμή, περιβολή und μεστότης.

3. περὶ ἐπιμελείας καὶ κάλλους.¹¹¹

Im zweiten Buche wird gehandelt:

1. περὶ γοργότητος.¹¹²

2. περὶ ἤθους¹¹³ mit der ἀφέλεια, γλυκύτης, δριμύτης καὶ τὸ ὀξέως λέγειν ὡραῖός τε καὶ ἁβρὸς καὶ ἡδονὴν ἔχων λόγος, ἐπιείκεια.

3. περὶ ἀληθινοῦ λόγου¹¹⁴ mit περὶ βαρύτητος.

---

[101] Aristeid. rhet. II 1,512, (Rhet. Gr. V p. 70, 18 ff. Schmid).
[102] Aristeid. rhet. II 53,530, (Rhet. Gr. V p. 94,14 Schmid).
[103] Aristeid. rhet. II 59,532, (Rhet. Gr. V p. 96,8 Schmid).
[104] Aristeid. rhet. II 64,534, (Rhet. Gr. V p. 98,22 Schmid).
[105] Aristeid. rhet. I 2,459, (Rhet. Gr. V p. 2,4 ff. Schmid).
[106] Aristeid. rhet. II 2,512, (Rhet. Gr. V p. 71,9 Schmid).
[107] Aristeid. rhet. I 124,497, (Rhet. Gr. V p. 48,19 f. Schmid).
[108] Aristeid. rhet. I 126,498, (Rhet. Gr. V p. 50,1 f. Schmid).
[109] Hermog. id. I 2 – 4 p. 226,14 – 241,9 R.
[110] Hermog. id. I 5 – 11 p. 241,10 – 296,3 R.
[111] Hermog. id. I 12 p. 296,4 – 311,25 R.
[112] Hermog. id. II 1 p. 312,2 – 320,15 R.
[113] Hermog. id. II 2 – 6 p. 320,16 – 352,14 R.
[114] Hermog. id. II 7 – 8 p. 352,15 – 368,21 R.

4. περὶ δεινότητος.[115]

5. περὶ λόγου πολιτικοῦ[116] mit περὶ τοῦ ἁπλῶς πολιτικοῦ, περὶ τοῦ ἁπλῶς πανηγυρικοῦ.

Angehängt hat Hermogenes noch ein Buch περὶ μεθόδου δεινότητος.[117]

„Wenn irgend etwas", so leitet Hermogenes[118] sein Buch ein, „halte ich es für eines der notwendigsten Dinge, bei den Rednern der alten wie der neuen Zeit, zu erkennen, wie und wann die ἰδέαι τοῦ λόγου zustande kommen; denn die Beurteilung der Erzeugnisse anderer, ob sie richtig sind oder nicht, mag das nun einen alten oder einen modernen Redner betreffen, ist ohne Kenntnis der ἰδέαι nicht möglich."

Das Ideal des Redners, der die Rede in ihrer Buntheit wie kein anderer behandelt hat, ist nach der Meinung des Hermogenes Demosthenes. Von den sieben von Hermogenes hier aufgestellten Grundbegriffen der Rede:[119] σαφήνεια, μέγεθος, κάλλος, γοργότης, ἦθος, ἀλήθεια und δεινότης stehen die einen ganz allein für sich, die anderen haben sich andere ἰδέαι untergeordnet, durch die sie erst selbst entstehen, andere treten gegenseitig mit einander in Verbindung.[120] Jede Rede hat einen Gedanken (ἔννοια), eine μέθοδος περὶ τὴν ἔννοιαν und eine λέξις mit einer ἰδιότης, d. h. mit einer eigenen Bedeutung, mit σχήματα, κῶλα und eine σύνθεσις mit ἀνάπαυσις (Schluß) und Rhythmus.[121] Alle ἰδέαι entstehen aus: ἔννοια, μέθοδος, λέξις, σχῆμα, κῶλον, συνθήκη, ἀνάπαυσις und ῥυθμός.[122] Die ἰδέαι können sich dadurch vermehren, daß zu der einen ἰδέα noch etwas anderes hinzukommt, aber unter den Alten ist so gut wie keiner zu finden, der das anerkennt.[123]

An erster Stelle steht die σαφήνεια, die durch die εὐκρίνεια und die καθαρότης, Deutlichkeit und Reinheit, gestaltet wird.[124] Dazu werden allgemein verständliche Worte gefordert, Tropen vermieden; auf den Hiatus wird keine Rücksicht genommen. Von den Figuren sind Fragen des Redners an sich selbst und an die Hörer beliebt, die er aber selbst beantwortet. Die Darstellung soll nach der natürlichen Folge geschehen, deshalb sollen auch Einwände vor ihrer Widerlegung gebracht werden.[125] Sie muß durch Aufzählung und Teilung gegliedert werden, damit sie nicht unklar und verworren erscheint,[126] Partikel müssen in ihrer Entsprechung gesetzt werden. Die volle Kraft der ἰδέαι behalten κῶλα, συνθῆκαι, ἀναπαύσεις und ῥυθμοί.[127] Das Gegenteil der σαφήνεια, die ἀσάφεια, führt zum εὐτελές, dem Vulgären, und zum ταπεινόν; das Gegenteil der εὐκρίνεια ist die σύγχυσις, die Verworrenheit.[128]

Das μέγεθος, auch ἀξίωμα und ὄγκος genannt, umfaßt die σεμνότης und περιβολή (beide können auch selbständig sein), die τραχύτης, λαμπρότης, ἀκμή und σφοδρότης.[129] Die σεμνότης wird bewirkt durch würdevolle Gedanken über die Götter und

---

[115] Hermog. id. II 9 p. 368,22 – 380,10 R.
[116] Hermog. id. II 10 – 12 p. 380,11 – 413,11 R.
[117] Hermog. meth. 1 – 37 p. 414,2 – 456,3 R.
[118] Hermog. id. I 1 p. 213,4 ff. R.
[119] Hermog. id. I 1 p. 217,21 ff.; 225,9 f. R.
[120] Hermog. id. I 1 p. 218,3 ff. R.
[121] Hermog. id. I 1 p. 218,18 ff. R.
[122] Hermog. id. I 1 p. 220,5 ff. R.
[123] Hermog. id. I 1 p. 221,2 ff. R.
[124] Hermog. id. I 2 p. 226,14 f. R.
[125] Hermog. id. I 4 p. 238,6 f. R.
[126] Hermog. id. I 4 p. 238,21 f. R.
[127] Hermog. id. I 4 p. 240,16 f. R.
[128] Hermog. id. I 4 p. 240,21 ff.; 241,8 f. R.
[129] Hermog. id. I 5 p. 241,13 f.; 242,3 ff. R.

ihre Taten,[130] über Naturerscheinungen, aber auch durch Gedanken über die Seele, den Weltkreis, die Bewegung der Erde und des Meeres, Überschwemmung und neues Sinken des Wassers und dergleichen, über das Leben, darüber, was von Natur und was durch Satzung geschieht, über die Unsterblichkeit der Seele, über Gerechtigkeit[131] u.a. Die würdevolle Rede, σεμνότης, besteht in der erhabenen, ohne Zweifel vorgetragenen Rede. Allegorien machen sie feierlich, auch emphatische Reden über die Mystik und Weihen gehören dazu.[132] Die erhabene Sprache ist breit und schwülstig, liebt lange Vokale, wie langes a und o;[133] auch Tropen passen zur erhabenen Rede, wenn sie maßvoll verwendet werden,[134] ebenso Nomina und ihnen ähnliche Wörter, wenig Zeitwörter.[135] Würdig sind Figuren, die rein sind, auch etwas von der kommenden Aussage im Voraus ankündigen (ἐπίκρισις). Apostrophen und Hypostrophen sind gar nicht zu gebrauchen.[136] Die κῶλα der erhabenen Rede müssen kurz sein. Die Komposition darf nicht kleinlich gegen den Hiatus sein, der Rhythmus kann daktylisch, anapaestisch, paeonisch, manchmal auch jambisch und spondeisch sein, aber nicht trochaeisch und ionisch.[137]

In der τραχύτης,[138] in der eine Person geringeren Standes eine höher gestellte, etwa den Richter, mit heftigen Vorwürfen offen angreift,[139] soll die λέξις hart sein, hart an sich wie bei: ἀταρπός und ἔμαρπτεν, oder hart gebildet, wie καταπεπατημένον φορεῖτε.[140] Figuren haben die Form eines Befehls oder einer Frage.[141] Die Komposition sucht den Hiatus und meidet alles, was rhythmisch ist; die κῶλα sollen so klein sein, daß man sie κόμματα nennen möchte.[142] Die mit der τραχύτης verwandte σφοδρότης richtet den Tadel an niedriger gestellte Personen und gegen alles, dessen Tadel die Hörer erfreut. In diesem Falle werden offen und rücksichtslos in derben Ausdrücken und selbstgebildeten, harten Worten Schmähungen vorgebracht.[143] Apostrophen und Fragen werden an den Gegner gerichtet.[144] Die Schroffheit der τραχύτης wird durch die λαμπρότης[145] gemildert. Gedanken entsprechen der λαμπρότης, wenn der Redner selbst an sie glaubt und stolz darauf ist, daß er gut gehandelt hat oder daß die Hörer sich darüber freuen. Glänzend ist auch, was mit Würde gesagt wird.[146] Von den Figuren sind der λαμπρότης angemessen die ἀναιρέσεις:[147] οὐ λίθοις ἐτείχισα τὴν πόλιν οὐδὲ πλίνθοις ἐγώ, οὐδ' ἐπὶ τούτοις μέγιστον τῶν ἐμαυτοῦ φρονῶ, das sind negative Ausdrücke; ebenso ἀποστάσεις, wenn die Gedanken in eigenen kurzen Sätzen aneinander gereiht werden. Die κῶλα sollen etwas länger sein und asyndetisch aneinander gefügt werden.[148] Bringt man die τραχύτης

---

[130] Hermog. id. I 6 p. 242,22f. R.
[131] Hermog. id. I 6 p. 245,3ff. R.
[132] Hermog. id. I 6 p. 246,16ff.; 23ff. R.
[133] Hermog. id. I 6 p. 247,12f.; 16 R.
[134] Hermog. id. I 6 p. 248,9ff. R.
[135] Hermog. id. I 6 p. 249,12ff. R.
[136] Hermog. id. I 6 p. 250,6ff.; 23f. R.
[137] Hermog. id. I 6 p. 251,14f.; 21ff. R.
[138] Hermog. id. I 7 p. 254,24 R.
[139] Hermog. id. I 7 p. 255,25ff. R.
[140] Hermog. id. I 7 p. 258,7f.; 14f. R; vgl. Hom. Od. XIV 1; Il. XIV 346; Demosth. or. VII 45.
[141] Hermog. id. I 7 p. 258,19.21 R.
[142] Hermog. id. I 7 p. 259,13f.; 19ff. R.
[143] Hermog. id. I 8 p. 260,17ff.; 261,2ff. R.
[144] Hermog. id. I 8 p. 262,15.17 R.
[145] Hermog. id. I 9 p. 264,7 R.
[146] Hermog. id. I 9 p. 265,1ff. R.
[147] Hermog. id. I 9 p. 267,8ff. R; vgl. Demosth. or. XVIII 299.
[148] Hermog. id. I 9 p. 268,21ff. R.

und σφοδρότης mit der λαμπρότης zusammen, entsteht die ἀκμή,[149] die höchste Kraft der Darstellung.

Die περιβολή zeigt sich in Gedanken, die ausführlich durch zudem von außen hergenommene andere amplifiziert werden, berichtet auch von dem, was erst geschehen würde, wenn das Vorliegende nicht geschähe.[150] Sie verwendet häufig Synonyma, verweilt gerne bei einem Punkt (ἐπιμονή).[151] An Figuren werden alle verwendet, die durch Aufzählung, Einteilung, Unterscheidung, Wiederaufnahme nach einer παρένθεσις gebildet werden.[152]

Das κάλλος[153] besteht nur im reinen Ausdruck, aus kleinen, wenige Silben enthaltenden Wörtern und in der Komposition.[154] Von den Figuren sind also beliebt: παρισώσεις, ἐπαναφοραί und κλῖμαξ, ὑπερβατόν. Der Hiatus wird gemieden;[155] die κῶλα sollen nicht zu klein sein, sondern etwas länger, das letzte länger als das vorausgehende.[156] Verlangt wird rhythmische, bis an den Vers herangehende Komposition. Der Schluß soll durch eine lange Endsilbe nach zwei oder drei Kürzen gebildet werden.[157]

Das zweite Buch beginnt mit der γοργότης.[158] Die ihr eigene Lebhaftigkeit gewährt ihr die μέθοδος und die λέξις.[159] Kurze Einwendungen werden durch kurze Antworten erledigt (ἀποστροφή).[160] Die Kürze wird durch vielfache Einschnitte, asyndetische Aufzählungen und abgerundete, kurze Sätze deutlich gemacht. Der Hiatus wird sorgfältig vermieden.[161] Die κῶλα sollen kurz, der Rhythmus trochaeisch sein, der Schluß durch einen Trochaeus erfolgen.[162]

Das ἦθος[163] für sich allein oder auch mit anderen ἰδέαι zusammen wird durch die ἀφέλεια und ἐπιείκεια gestaltet.[164] Die Gedanken der ἀφέλεια, Naivität, bewegen sich in Beispielen der Natur und enthalten so nichts an Tiefe, sind vielmehr geradezu einfältig und darüber hinaus manchmal fast trivial.[165] Findet sich die ἀφέλεια mit dem κάλλος zusammen, entsteht daraus die γλυκύτης. Dahin gehören Erzählungen aus dem Mythos, die einen lebhaften Vortrag erfordern, Erzählungen aus der Zeit der Heroen, überhaupt alles, was unsere Phantasie bewegt, auch schöne Landschaften, Anrufungen der Götter, wie: καλῶ δὲ τοὺς θεοὺς πάντας καὶ πάσας, ὅσοι τὴν χώραν ἔχουσι τὴν Ἀττικήν, καὶ τὸν Ἀπόλλω τὸν Πύθιον· Beteuerungen bei berühmten Ahnen: οὔ, μὰ τοὺς ἐν Μαραθῶνι προκινδυνεύσαντες τῶν προγόνων.[166] Die λέξις[167] der ἀφέλεια ist rein, es gibt aber auch Wortbildungen, die den Charakter des Kindlichen tragen: ἀδελφίζειν,[168] κλαυσίγελως.[169] Auch dichterische Epitheta machen die

---

[149] Hermog. id. I 10 p. 269,11ff. R.
[150] Hermog. id. I 11 p. 278,2.13f.; 281,1ff.; 15ff.; 282,8ff. R.
[151] Hermog. id. I 11 p. 285,20ff. R.
[152] Hermog. id. I 11 p. 286,24ff. R.
[153] Hermog. id. I 12 p. 296,7 R.
[154] Hermog. id. I 12 p. 298,10ff. R.
[155] Hermog. id. I 12 p. 299,9f.; 302,10; 304,16; 305,16 R.
[156] Hermog. id. I 12 p. 306,23ff. R.
[157] Hermog. id. I 12 p. 308,13ff.; 309,20ff. R.
[158] Hermog. id. II 1 p. 312,5 R.
[159] Hermog. id. II 1 p. 312,9f. R.
[160] Hermog. id. II 1 p. 313,19 R.
[161] Hermog. id. II 1 p. 317,6ff. R.
[162] Hermog. id. II 1 p. 319,14ff. R.
[163] Hermog. id. II 2 p. 320,16 R.
[164] Hermog. id. II 2 p. 321,19 R.
[165] Hermog. id. II 3 p. 322,5ff. R.
[166] Demosth. or. XVIII 141.208; Hermog. id. II 3 p. 326,26ff.; 327,15f. R.
[167] Hermog. id. II 3 p. 328,16ff. R.
[168] Isokr. or. XIX 30.
[169] Xen. Hell. VII 2,9.

Rede lieblich. Das Einstreuen einiger Worte eines Dichters passen gut zum Charakter der γλυκύτης.[170]

Der ἀφέλεια folgen kontrastierend die δριμύτης, scharfer Witz, und ὀξύτης, Scharfsinn.[171] Ihre ἔννοιαι zeigen ἐξ ἐπιπολῆς βαθεῖαι gewisse Tiefe, die schon an der Oberfläche liegt[172] und die sich mehr in der Methode als in den Gedanken offenbart, wie etwa in der παρονομασία,[173] die mit der verschiedenen Bedeutung der Wörter spielt. Die ἐπιείκεια,[174] die Billigkeit, mit der jemand sich mit einer geringeren Bestrafung des Gegners begnügt, statt sein Recht bis zum letzten zu wahren, wie z. B. Demosthenes,[175] der, statt den Konon des Kleiderdiebstahls zu beschuldigen, ihn nur wegen Mißhandlung anklagt, oder wenn der Redner, ohne zur Menge zu gehören, darlegt, daß diese ebenso handelte wie er selbst: ἐγὼ δ', ὅπερ ἂν καὶ ὑμῶν ἕκαστος ὑβρισθεὶς προείλετο πρᾶξαι, τοῦτο καὶ αὐτὸς ἐποίησα·[176] die λέξις ist in diesem Falle rein und schmucklos, ebenso wie die σχήματα und κῶλα, die συνθήκη, ἀνάπαυσις und der ῥυθμός.[177]

Der ἀληθινὸς λόγος,[178] die innerliche und wahre, geradezu aus der Seele kommende Rede, geschieht in der Hauptsache durch die μέθοδος, aber auch durch die ἔννοια, wie im σχετλιασμός: αὐτὸς ὢν οἶμαι θαυμάσιος στρατιώτης, ὦ Ζεῦ[179] oder: ἀλλ' Ἀνδροτίων ὑμῖν πομπείων ἐπισκευαστής, Ἀνδροτίων, ὦ γῆ καὶ θεοί oder: καὶ Χαρίδημον εἰ χρὴ φρουρεῖν, βουλεύεσθε; Χαρίδημον; οἴμοι.[180] Man kann diese Ausrufungen auch zur μέθοδος nehmen, ebenso die asyndetische Zurückweisung von Einwürfen.[181] Eine andere Art[182] der μέθοδος besteht darin, bei Zornausbrüchen in Anakoluthen zu sprechen und den Eindruck zu erwecken, als ob man aus der leidenschaftlichen Erregung zurückkehre: ἐπειδὴ τοίνυν ἡ μὲν εὐσεβὴς καὶ δικαία ψῆφος ἅπασι δέδεικται, δεῖ δέ με ὡς ἔοικε καίπερ οὐ φιλολοίδορον ὄντα... οὐκ ἀπορῶν δ', ὅ τι χρὴ περὶ σοῦ καὶ τῶν σῶν εἰπεῖν, ἀπορῶ, τοῦ πρώτου μνησθῶ.[183] Wieder eine andere Art ist es, eine schlechte Vorbereitung vorzuspiegeln, als hätte man etwas übersehen und wolle es jetzt nachtragen: ἀλλὰ γὰρ μικροῦ με παρῆλθε und ἀλλὰ γὰρ ἐμπέπτωκα εἰς λόγους, οὓς αὐτίκα μάλα ὕστερον ἁρμόσει λέγειν.[184] Die λέξις[185] soll rauh und kräftig sein und besonders bei Anklagen im Zorn neugebildete Wörter haben, wie: ἰαμβειοφάγος und ἔπειτα ὦ κατάρατε καὶ γραμματοκύφων.[186] An Figuren sind angebracht: ἀποσιώπησις:[187] ἀλλ' ἐμοὶ μὲν – οὐ βούλομαι δὲ δυσχερὲς

---

[170] Hermog. id. II 4 p. 338,20ff. R.
[171] Hermog. id. II 5 p. 339,16 R.
[172] Hermog. id. II 5 p. 339,19f. R.
[173] Hermog. id. II 5 p. 342,19ff. R.
[174] Hermog. id. II 6 p. 345,6ff. R.
[175] Demosth. or. LIV 1.24.
[176] Demosth. or. XXI 1; Hermog. id. II 6 p. 345,19f. R.
[177] Hermog. id. II 6 p. 352,10ff. R.
[178] Hermog. id. II 7 p. 352,16ff. R.
[179] Demosth. or. XIX 113; Hermog. id. II 7 p. 352,24 R.
[180] Demosth. or. XXII 78; XXIII 210; Hermog. id. II 7 p. 353,3f.; 6f. R.
[181] Hermog. id. II 7 p. 357,19ff. R.
[182] Hermog. id. II 7 p. 357,23ff. R.
[183] Demosth. or. XVIII 126.129; Hermog. id. II 7 p. 358,1ff.; 3ff. R.
[184] Demosth. or. XXI 110; XVIII 42; Hermog. id. II 7 p. 359,10ff. R.
[185] Hermog. id. II 7 p. 359,16ff. R.
[186] Demosth. or. XVIII 139.209; Hermog. id. II 7 p. 359,19ff. R.
[187] Hermog. id. II 7 p. 361,12f. R.

οὐδὲν εἰπεῖν ἀρχόμενος τοῦ λόγου·[188] ἀποστροφή:[189] παρὰ σοὶ κατέλυον, Αἰσχίνη, καὶ σὺ προὐξένεις αὐτῶν·[190] drängende Fragen wegen der Ironie: σὺ δὲ ὅμοιος, Αἰσχίνη; ὁ δὲ ἀδελφὸς ὁ σός; ἄλλος δέ τις τῶν νῦν ῥητόρων·[191] διαπόρησις:[192] εἶτα, ὦ – τί ἂν εἰπών σέ τις ὀρθῶς προσείποι;[193] ἐνδιάθετον und δεικτικόν:[194] οὗτός ἐστιν ὁ τὰ Θηβαίων νῦν ὀδυρόμενος πάθη·[195] ἐπίκρισις:[196] πόθεν; πολλοῦ γε καὶ δεῖ.[197] Κῶλα, συνθήκη, ἀνάπαυσις, ῥυθμοί sind ähnlich wie in der σφοδρότης.[198] Die βαρύτης beinhaltet alle Schmähreden, wenn sich z. B. jemand darüber beklagt, daß er für seine Wohltaten nur Undank geerntet habe.[199]

Die δεινότης, sagt Hermogenes,[200] ist die richtige Verwendung aller besprochener ἰδέαι und ihres Gegenteils, nicht aber, was die Gegner des Hermogenes dafür ausgeben.[201] Alle ἰδέαι zusammen ergeben den λόγος πολιτικός: ὁ πολιτικὸς τοίνυν καλούμενος λόγος γίνεται μὲν διὰ πασῶν τῶν προειρημένων ἰδεῶν.[202] Teile des λόγος πολιτικός sind: συμβουλευτικός, δικανικός und πανηγυρικός.[203] Im ersten steht, was Größe hervorbringt, an der Spitze, in der Gerichtsrede herrscht das ἦθος vor, ἐπιείκεια und ἀφέλεια,[204] im Panegyrikos entsteht die Größe durch alle εἴδη außer der τραχύτης und σφοδρότης.[205]

Hermogenes war nicht der erste, der περὶ ἰδεῶν geschrieben hat. Vor ihm haben, wie Tzetzes[206] berichtet, Dionys, Basilikos und Zenon über ἰδέαι geschrieben. Hermogenes selbst spricht auch von anderen, die das gleiche Thema behandelt hätten: ἐπειδὴ δὲ ἐκείνων δήπουθεν ἕνεκα – λέγω τῶν κατ' ἄνδρα εὐδοκιμούντων – καὶ ταύτης δεόμεθα τῆς πραγματείας, ἀνάγκη προχειρισαμένους ἡμᾶς τὸν μάλιστα τῶν ἄλλων ποικίλως χρησάμενον τῷ λόγῳ καὶ σχεδὸν ἐξ ἁπάσης ἰδέας συμμιγεῖ διὰ τούτου περὶ ἁπασῶν εἰπεῖν τῶν ἰδεῶν·[207] und οὐδὲ γὰρ ἔστιν, ὅστις πρὸ ἡμῶν ὅσα ἐμὲ γιγνώσκειν εἰς τήνδε τὴν ἡμέραν ἀκριβές τι περὶ τούτων πραγματευσάμενος φαίνεται, ὅσοι δὲ καὶ ἥψαντο, τεταραγμένως καὶ λίαν ἀπιστοῦντες σφίσιν αὐτοῖς περὶ ὧν εἶπον εἰρήκασιν.[208] An keiner dieser Stellen behauptet Hermogenes, daß er als erster über ἰδέαι geschrieben habe, es geht daraus hervor, daß er es einfach umfassender und geordneter getan habe als seine Vorgänger. Er erwartet auch, daß sie über ihn lachen und spotten werden, was er aber ihnen gegenüber auch zu tun gedenkt, weil sie nur noch über Kleinigkeiten anderer Meinung sein könnten: ὅλως δὲ περὶ πάντων ἐφεξῆς οὕτως ἡμῖν ἴσως ἂν ἐρεσχελήσωσιν. ἡμεῖς δὲ οὐ διοισόμεθα πρὸς αὐτούς, ἀλλ' ἔστω μέν, εἰ βούλοιτό τις, πρῶτον, εἰ δὲ βούλοιτο, τελευταῖον ἢ μέσον τῇ δυνάμει τῶν προειρημένων ὁ ῥυθμός.[209]

---

[188] Demosth. or. XVIII 3; Hermog. id. II 7 p. 361,13ff. R.
[189] Hermog. id. II 7 p. 360,14f. R.
[190] Demosth. or. XVIII 82.
[191] Demosth. or. XVIII 318; Hermog. id. II 7 p. 360,21f. R.
[192] Hermog. id. II 7 p. 361,5f. R.
[193] Demosth. or. XVIII 22.
[194] Hermog. id. II 7 p. 361,2ff. R.
[195] Demosth. or. XVIII 41.
[196] Hermog. id. II 7 p. 361,17f. R.
[197] Demosth. or. XVIII 47.
[198] Hermog. id. II 7 p. 363,17ff. R.
[199] Hermog. id. II 8 p. 364,2ff. R.
[200] Hermog. id. II 9 p. 368,23ff. R.
[201] Hermog. id. II 9 p. 372,20ff. R.
[202] Hermog. id. II 10 p. 380,12f. R.
[203] Hermog. id. II 10 p. 384,14ff. R.
[204] Hermog. id. II 10 p. 386,4f. R.
[205] Hermog. id. II 10 p. 387,5ff. R.
[206] Siehe S. 271; Anm. 25.
[207] Hermog. id. I 1 p. 215,5ff. R.
[208] Hermog. id. I 1 p. 216,17ff. R.
[209] Hermog. id. I 1 p. 223,15ff. R.

Wie ist nun sein Verhältnis zu Aristeides? Dieser hat mit Hermogenes eine Anzahl von ἰδέαι gemeinsam: σαφήνεια, καθαρότης, ἦθος, σεμνότης, σφοδρότης, περιβολή, ἐπιμέλεια, γλυκύτης, δεινότης. Das mag aber nicht viel besagen; wer über ἰδέαι schrieb, mußte Kenntnis von ihnen haben, eine teilweise, nackte Übereinstimmung kann nicht viel bedeuten, weil noch die Verschiedenheit in anderen Stücken hinzukommt. Aristeides behandelt zusätzlich zu Hermogenes: die ἔμφασις, ἀξιοπιστία und die κόλασις, Hermogenes jedoch hat mit μέγεθος, τραχύτης, λαμπρότης, ἀκμή, γοργότης und δριμύτης wichtigere Stücke als Aristeides. Aber daraus kann auch keine eindeutige Folgerung gezogen werden; es ließe sich vielleicht nur sagen, daß Aristeides, wenn er ihre Wichtigkeit erkannt hätte, sie nicht leicht hätte übergehen können. Entscheidend ist aber wohl, daß Hermogenes gegenüber seinen Vorgängern ein System entwickelt hat, Aristeides nicht. Er muß also zu denen gehört haben, die Hermogenes getadelt hat. Zeitlich kann daher Aristeides vor Hermogenes eingeordnet werden.

VIERTER ABSCHNITT

DIE MEMORIA

Eine Rede mußte bei Griechen und Römern frei gesprochen werden, wenn sie nicht lediglich für den Unterricht diente oder als literarische Leistung galt und zum Lesen bestimmt war. Ausnahmen gab es nur selten. Cicero hat die erste Rede nach seiner Rückkehr vor dem Senat vorgelesen, nachdem er zuvor eine namentliche Danksagung an einige Personen gesprochen hatte; so berichtet er selbst in der Rede ‚*Pro Plancio*'.[1] Der Zwang, frei zu sprechen, setzte eine vorausgehende schriftliche Fixierung der Rede und den auswendig gehaltenen Vortrag voraus, wozu ein angeborenes gutes Gedächtnis notwendig war. Es gab im Altertum Leute, die sich eines solchen rühmen konnten. Der Ältere Seneca[2] z. B. erzählt, er habe 2000 Namen in der gleichen Reihenfolge aufzählen können, in der sie ihm vorgesprochen waren und sie lange im Gedächtnis behalten. Sicher haben die Rhetoren ihre Schüler solche Gedächtnisübungen gelehrt und ihnen dabei auch Hilfsmittel und Gedächtnisstützen an die Hand gegeben. Die Grundlage zu einer Technik der Gedächtniskunst soll, wie Cicero[3] erzählt, Simonides von Keos gegeben haben, indem er als Grundprinzip dafür die Ordnung aufstellte. Hippias[4] rühmte sich, fünfzig Namen hersagen zu können. Auf dem Wege zur wissenschaftlichen Betrachtung des Gedächtnisses befand sich Antiphon,[5] der in seinen ῥητορικαὶ τέχναι dargelegt habe, daß das Wahrnehmen von Gegenwärtigem κατὰ φύσιν geschehe, das Vergangene aber zu behalten, παρὰ φύσιν· da also das Behalten παρὰ φύσιν vollzogen werde, sei Nachdenken und Übung das Beste. Quintilian erzählt,[6] Theodektes habe eine beliebige Anzahl von Versen, die er gehört habe, sofort wiedergeben können. Quintilian fügt hinzu, es solle auch zu seiner Zeit noch Leute geben, die das könnten, ihm selbst aber sei es nie geglückt, bei einer solchen Aufführung dabei zu sein.

Cicero[7] definiert die *memoria* so: *memoria est firma animi rerum ac verborum perceptio*. Der Auctor ad Herennium[8] nennt die *memoria* den *thesaurus inventorum atque omnium partium rhetoricae custos*. Er unterscheidet auch eine *naturalis* und eine *artificiosa memoria*. In dieser gibt es *loci* und *imagines*. Die *loci*, ein Haus, ein Säulenpaar, ein Bogen,[9] z. B. lassen sich durch die *naturalis memoria* leicht festhalten, die *imagines* sind selbst geschaffene Merkbilder:[10] ein Anker z. B. für eine Sache, die mit Schiffen zu tun hat; sie werden nun über die *loci* des Stoffes verteilt. Von den *loci*, die man in Gruppen zu je fünf aufteilt, um Irrtümer zu vermeiden, kennzeichnet man den fünften mit einer goldenen Hand, den zehnten mit dem Namen *Decumus* eines Bekannten. Der *locus* führt nun zusammen mit der *imago* zu dem gesuchten Ort oder Wort.[11] Um diese Arbeit etwas zu erleichtern, haben viele Griechen,[12] die über das Gedächtnis ge-

---

[1] Cic. Planc. 30,74.
[2] Sen. contr. I praef. 2.
[3] Cic. de orat. II 86,351.
[4] Plat. Hipp. mai. 285e.
[5] Longin. rhet. p. 318,9ff. Sp. = p. 204,17ff. Sp.-H.
[6] Quint. inst. XI 2,51.
[7] Cic. inv. I 7,9.
[8] Auct. ad Herenn. III 16,28; Fortun. rhet. III 13 p. 128,21 H.
[9] Auct. ad Herenn. III 16,29.
[10] Auct. ad Herenn. III 20,33.
[11] Auct. ad Herenn. III 18,31.
[12] Auct. ad Herenn. III 23,38.

schrieben haben, die *imagines* vieler Worte schon zusammengetragen. Wer aber diese Arbeit scheut und selber über ein gutes natürliches Gedächtnis verfügt, braucht sich nur die *loci* zu merken und durch Übung sein Gedächtnis immer wieder zu verbessern. Das angegebene Verfahren wird aber auch ihnen von Nutzen sein können, weil es Sicherheit gibt. Cicero[13] weist kurz auf das erwähnte Verfahren hin, Quintilian[14] ebenso. Dieser fügt aber noch für diejenigen, die ein gutes Gedächtnis besitzen, Ratschläge für das leichte Auswendiglernen hinzu. Vor allem soll, was auswendig zu lernen ist, gut ausgearbeitet und wohl gegliedert sein. Man soll in Teilstücken auswendig lernen, die aber nicht zu klein sein sollen,[15] weil sonst wieder zu viele aneinandergereiht werden müßten und damit das Gedächtnis verwirrten. Man soll sich an das Konzept halten und sich den Text nach Seiten und Zeilen merken; besonders schwierige Stellen kann man sich dabei am Rande anmerken. Kinder[16] sollen täglich lernen, mit leichten und kleinen Stücken anfangen. Gelesenes soll man halblaut hersagen, um gleichzeitig mit den Augen und dem Gehör zu lernen. Es ist notwendig, vollkommen wörtlich auswendig zu lernen und sich dabei nicht auf das Glück zu verlassen. Wer aber kein gutes Gedächtnis hat und wem die Zeit mangelt, begnüge sich mit einem Umriß und versuche, den Ausdruck im Augenblick des Sprechens selbst zu gestalten.

[13] Cic. de orat. II 87,358 ff.
[14] Quint. inst. XI 2,17 ff.
[15] Quint. inst. XI 2,27.
[16] Quint. inst. XI 2,41.

FÜNFTER ABSCHNITT

DIE PRONUNTIATIO

Die *pronuntiatio*[1] oder *actio*,[2] ὑπόκρισις,[3] ist der Teil der Rhetorik, der zuletzt als fünfter in das System aufgenommen wurde. Aristoteles[4] sagt von ihm: τρίτον δὲ τούτων ὃ δύναμιν μὲν ἔχει μεγίστην, οὔπω δ' ἐπικεχείρηται, τὰ περὶ τὴν ὑπόκρισιν. καὶ γὰρ εἰς τὴν τραγικὴν καὶ ῥαψῳδίαν ὀψὲ παρῆλθεν· ὑπεκρίνοντο γὰρ αὐτοὶ τὰς τραγῳδίας οἱ ποιηταὶ τὸ πρῶτον.

Die Definition der ὑπόκρισις durch Longinos[5] lautet: ὑπόκρισίς ἐστι μίμησις τῶν κατ' ἀλήθειαν ἑκάστῳ παρισταμένων ἠθῶν καὶ παθῶν καὶ διάθεσις σώματός τε καὶ τόνου φωνῆς πρόσφορος τοῖς ὑποκειμένοις πράγμασι. Cicero[6] bestimmt die *pronuntiatio* als *ex rerum et verborum dignitate vocis et corporis moderatio*. Von der *actio* sagt Cicero im ‚Orator':[7] *est enim actio quasi corporis quaedam eloquentia, cum constet e voce atque motu*; in ‚De oratore'[8] heißt es: *est enim actio quasi sermo corporis*. Quintilian[9] leitet sein Kapitel über die *pronuntiatio* folgendermaßen ein: *pronuntiatio a plerisque actio dicitur, sed prius nomen a voce, sequens a gestu videtur accipere*. Entsprechend dieser Aussagen teilt sich die *pronuntiatio* in eine *figura vocis* und in einen *motus corporis*.[10] Die *figura vocis* teilt sich wieder in die

1. *magnitudo*, die hauptsächlich von der Natur gebildet und vermehrt wird.

2. *firmitudo vocis*, die ihre Entstehung sorgfältiger Pflege verdankt und der nachahmenden Übung.

3. *mollitudo*, die erlaubt, die Rede zu unseren Gunsten zu drehen und zu wenden, wie man will, was durch die Übung in den Deklamationen bewirkt wird.

Der Auctor ad Herennium[11] gibt nun Ratschläge und Anweisungen zur Pflege der Stimme. Stark kann man die Stimme erhalten, wenn man die Anfänge mit möglichst ruhiger und gesenkter Stimme spricht; durch heftiges, lautes Sprechen wird nämlich die Arterie verletzt. Längere Zwischenräume soll man wahrnehmen, weil die Stimme sich durch das Atmen erholen kann und die Arterie zur Ruhe kommt, die Sätze durch die Teilung abgerundet werden und die Hörer Zeit zum Nachdenken bekommen. Schrille Ausrufe muß man meiden; durch allzu lauten Beifall werden die Arterien verwundet und aller Glanz der Stimme geht verloren. Das Nachlassen des anhaltenden Schreiens erhält die Stimme, und die so gebotene Abwechslung erfreut die Hörer. In einem einzigen Atemzug vieles zu sagen, paßt für den Schluß der Rede; der Schlund wird nämlich heiß, die Adern schwellen an und die Stimme wird auf einen

---

[1] Auct. ad Herenn. III 11,19; Cic. inv. I 7,9; Quint. inst. XI 3,1; Fortun. rhet. III 15 p. 130,5 H; Iul. Vict. 24 p. 440,31 H.

[2] Cic. de orat. III 56,213; orat. 17,55; Quint. inst. XI 3,1.

[3] Arist. rhet. III 1,1403 b 22; Dion. Hal. Dem. 53 p. 243,21 f. Us. – Rad; Longin. rhet. p. 310, 22 Sp. = p. 194,21 Sp.– H.

[4] Arist. rhet. III 1,1403 b 20 ff.

[5] Longin. rhet. p. 310,22 ff. Sp. = p. 194,21 ff. Sp. – H.

[6] Cic. inv. I 7,9.

[7] Cic. orat. 17,55.

[8] Cic. de orat. III 59,222.

[9] Quint. inst. XI 3,1.

[10] Auct. ad Herenn. III 11,19 f.

[11] Auct. ad Herenn. III 12,21.

gleichmäßigen Ton abgestimmt. Alles, was wir für die Erhaltung der Stimme für gut halten, zielt auf ihren Wohlklang ab und findet den Beifall der Hörer.

Die *mollitudo*[12] der Stimme wird eingeteilt in den *sermo*, die gehaltene und der Umgangssprache nahe Rede, die *contentio*, die heftige zum Beweisen und zum Widerlegen geeignete, leidenschaftliche Rede, und die *amplificatio*, die Steigerung, die im Hörer Zorn und Mitleid erweckt.

1. Der *sermo* umfaßt vier Arten:

a) *dignitas*, das Nachlassen der Stimme, mit einer gewissen Würde.

b) *demonstratio*, die mit gelassener Stimme die Möglichkeit oder Unmöglichkeit einer Sache darlegt.

c) *narratio*, die Darlegung von geschehen oder so viel als geschehenen Dingen.

d) *iocatio*, die ein sittsames und freies Lachen erregen kann.

2. Die *contentio* teilt sich wieder in die *continuatio*, die laute Beschleunigung einer Aussage, und die *distributio*, die Rede mit wenigen kurzen Intervallen.

3. Die *amplificatio*[13] gliedert sich in die *cohortatio*, die durch Steigerung eines Vergehens den Hörer in Zorn versetzt, und *conquestio*, die durch Steigerung des Unglücks im Hörer Mitleid wachruft.

Die zweite Erscheinungsform ist der *motus corporis*,[14] der *gestus*, durch den das Vorgetragene glaubhafter gemacht werden soll. Er kann sich in *gestus* und *vultus* äußern. Der *vultus* kann Tüchtigkeit und Tatkraft verraten. Im *gestus* darf weder Schönheit noch Häßlichkeit auffallen, damit man nicht den Eindruck erweckt, man sei ein Schauspieler oder Zungendrescher. Beim *sermo cum dignitate* spricht man, fest an einer Stelle stehend, mit einer leichten Bewegung der rechten Hand, heiter oder traurig, mit ruhiger, zum Gesprächsstoff passender Miene. Bei einer *demonstratio* aber lehnt man den Körper vom Halse ab zurück, damit man den Blick schnell auf die Zuschauer richten kann, wenn man sie über etwas belehren oder zu etwas auffordern will. Bei einer *narratio* verhält man sich so wie beim *sermo cum dignitate*; man zeigt ein heiteres Gesicht, ohne die Haltung zu ändern. In einer *continuatio*[15] muß die Bewegung des Armes schnell, die Miene beweglich und der Blick durchdringend sein. Bei einer *distributio* streckt man schnell den Arm vor, geht etwas auf und ab, stampft etwas mit dem rechten Fuß und richtet den Blick durchbohrend auf einen Punkt. Bei der amplifizierenden *cohortatio* paßt eine etwas langsame und überlegene Geste gut, alles Übrige ist so wie bei der *contentio cum continuatione*. Bei der *conquestio* mit Amplifikation soll man wie die Frauen laut klagen, sich die Haare raufen und dann wieder mit ruhiger und gleichmäßiger Geste eine betrübte und verwirrte Miene zeigen.

Über die gleichen Dinge hat auch Cicero[16] gehandelt, geschieden nach Stimme und *actio*. Quintilian[17] hat das ganze dritte Kapitel des elften Buches dazu verwendet. Er gliedert auch nach *vox* und *gestus*, denen er noch den *amictus* hinzufügt. Daraus spricht

---

[12] Auct. ad Herenn. III 13,23 f.
[13] Auct. ad Herenn. III 14,24.
[14] Auct. ad Herenn. III 15,26.
[15] Auct. ad Herenn. III 15,27.

[16] Cic. de orat. III 56,213 – 61,227; orat. 17, 54 – 18,60.
[17] Quint. inst. XI 3,141.

auch wieder das Wissen um die Bedeutung der *pronuntiatio*. Aristoteles[18] hat sie schon eingeführt mit der Bemerkung, daß sie δύναμις μεγίστη besitze. So begründet der Auctor ad Herennium[19] seine Absicht, über die *pronuntiatio* zu schreiben, mit der Bemerkung, viele hätten schon erklärt, daß sie für die Redner höchst wichtig sei, sehr wichtig zur Überredung.

[18] Arist. rhet. III 1,1403 b 21.   [19] Auct. ad Herenn. III 11,19.

REGISTER,

bearbeitet von Joachim Hopp

I. NAMENSREGISTER

Die im Quellenregister erfaßten Autoren sind – bis auf wenige Ausnahmen – im Namensregister nicht eigens aufgeführt.

P. Aelius Aristeides 338f., 345
Agathon (athenischer Tragiker, Lobrede auf den Eros im ‚Symposion') 191, 193, 259
Aischylos 333
Akademie 216
C. Albutius Silus (Rhetor) 4, 5, 11, 45, 215, 216
Alexandros, Sohn des Numenios, (Rhetor) 61, 75, 79, 81, 82, 90, 95, 96, 102, 120, 148, 149, 159, 218, 219, 271, 273, 274, 275, 291, 294, 301
Alkibiades (athenischer Politiker u. Feldherr) 188, 195, 196, 203; (Lobrede auf Sokrates) 195
Alkibiades (Vater des athenischen Politikers u. Feldherrn) 1, 188, 195, 196, 203
Anakreon (Lyriker aus Teos) 333
Anaximenes v. Lampsakos 9, 11[118], 89, 158, 183, 194f., 197, 213, 214f., 247, 295[265]
Androkles (athenischer Demagoge und Redner) 109
L. Annaeus Seneca (der Ältere) 4
Antiphon (athenischer Redner) περὶ τοῦ Ἡρῴδου φόνου 55–57; ῥητορικαὶ τέχναι 349
Antisthenes v. Athen (Sophist und Sokratesschüler) 330
M. Antonius (Unterredner in ‚De oratore') 5, 43, 45, 113, 166, 329
Anytos (Hauptankläger des Sokrates) 183
Apollodoros v. Pergamon 3, 10, 18, 31, 62, 64, 75, 81, 218, 219

Apollodoreer (Anhänger des Apollodoros) 61, 79, 81, 219
Apollonios (ὁ μαλακός aus Alabanda) 163
Apollonios Molon (Rhetor) 273
Apsines v. Gadara 271
Aquila Romanus (Rhetor) 271
Aquilius (Quelle für C. Iulius Victor) 116
Archinos v. Athen 181
Areopag 2, 56, 62, 148, 218
Ariston v. Kos (Schüler des Kritolaos) 3, 5
Aristoteles v. Stageira (Definition der Rhetorik) 3[11], 5, 5[34], 6; (‚Gryllos') 4; (Einteilung der Beredsamkeit in drei genera) 6, 9f., 10[103], 11, 12, 15, 36f., 174, 177, 222, 251, 288; (Teile der Rede) 11, 11[118], 213, 215; (Gerichtsrede) 54[17], 57, 58, 92, 222; (‚Sophistes') 53; (συναγωγὴ τεχνῶν) 53, 113, 214, 248; (Θεοδέκτεια) 148, 248; (Definition der Periode) 316; 4, 75, 89, 96, 104; (Topik) 107–110, 111, 113, 116, 126; (γελοῖον) 139–141, 144, 146f.; 170, 171, 172, 177, 179, 197, 208, 248, 294, 320
C. Artorius Proculus 273
Asianischer Stil, Asianismus, Asianer 123, 329, 329[6]
C. Asinius Pollio 298
Aspasia (Frau des Perikles) 181, 192, 193, 193[133], 194
Athenaios v. Naukratis(?) 273
Athenaios (Rhetor) 3, 6[52], 15, 43, 213[7]
Athenodorus v. Rhodos 6[52]

Attiker, Attizismus 149, 329, 329[6]
Auctor ad Herennium 22, 89, 92; (Topik) 111; 217, 282
Augustinus 4, 12
C. Aurelius Cotta 329
Bakchylides (griech. Chorlyriker) 177
Basilikos (Rhetor in Nikomedeia) 271, 344
Busiris 1, 184–187, 209
Caecilius (Rhetor) 43, 105, 305, 306
Caesius Bassus (lat. Metriker) 327
Charmadas (griech.: Charmides, Akademiker) 97[28]
Chrysippos v. Soloi (Stoiker) 4, 5, 149
A. Cornelius Celsus (Enzyklopädist) 3, 68, 80, 199, 274f., 288[168], 290[188]
M. Cornelius Fronto 203
Demetrios v. Phaleron 320, 333, 335–338
Demokrates (Lehrer des Augustinus in der Rhetorik) 19
Demosthenes 7, 74, 142, 147, 217, 285, 305, 322, 334, 340
Dion v. Alexandrien 216
Dionys v. Halikarnaß 3, 6; (τέχνη) 27, 271; (περὶ μιμήσεως) 329; 330, 334, 344
Cn. Domitius Afer 99, 141, 142
Domitius Marsus 141
Eleatische Dialektik 55
Empedokles v. Akragas 53; (ὁμηρικῶς καὶ μεταφορητικῶς) 247, 259; 271, 329
Epicharmos (Komödiendichter) 314
Eryximachos (aus dem ‚Symposion' bekannter Arzt) 202

Euagoras 188–190, 203
Eudemos v. Rhodos (Akademiker) 110, 111, 116
Euenos v. Paros (Sophist und Dichter) 8
Eumenius (Lehrer der Rhetorik aus Augustodunum) 205
M. Fabius Quintilianus 6[52], 9[81], 11, 22, 73, 141f. (*de risu*), 271, 279, 295
Favorinus (Rhetor aus Arelate) 203
M. Furius Bibaculus (Lyriker aus Cremona) 268[106]
Gorgias der Jüngere (Rhetor) 271
Gorgias v. Leontinoi (Schüler des Empedokles) 247, 259, 329; (Schüler des Korax) 1, 55, 221; (Lehrer des Isokrates) 1, 2, 259; (Definition der Rhetorik) 2, 3, 4, 5, 5[34]; (εἰκός-Lehre) 8; (Disposition der Rede) 55f., 57, 215, 221; (γελοῖον) 139, 146; (fingierte Verteidigungsrede des Palamedes) 1, 55f., 221; (Lobrede u. ihre Theorie) 177f., 187–190, 193–196, 208, 209; (Lobrede auf Helena) 1, 55, 56[28], 182f., 184, 187, 194, 195, 196, 203, 221; (Ὀλυμπικὸς λόγος) 1, 178, 226; (Πυθικὸς λόγος) 1, 178; (Lobrede auf Elis) 1, 178, 227; (ἐπιτάφιος) 1, 179f., 194, 195, 196; (Lob des Achill) 179; (griech. Kunstprosa) 1, 53, 247, 259, 271, 272, 323, 324, 329f., 334
Grammatiker 7, 261, 262, 268
Harpokration 69[90], 85, 102
Hegesias v. Magnesia 296
Hekataios v. Milet 318
Helena 1, 56[28], 107, 182–184, 187, 209, 225, 256
Herakleides (Sophist aus Lykien) 203
Heraklit v. Ephesos 271
Hermagoras v. Temnos (der Ältere) 3, 3[13], 4, 5, 6, 10, 15, 15[10/19], 16[20], 17, 18, 19, 21, 25, 28[8/10]; (Statuslehre) 29ff., 32[72], 36, 37, 42, 42[174/177], 43, 44, 45, 174, 229ff.; 62, 89, 90, 116, 216, 218
Hermagoras v. Gadara (der Jüngere) 218, 223
Hermippos v. Smyrna 191
Hermogenes v. Tarsos 5, 37, 45, 63, 73, 88, 229, 235, 236f., 238, 271, 339ff.
Herodian 271
Herodot 334
Hesiod 333
Hierokles aus Alabanda 329
Hippias v. Elis 349
Homer 202, 253, 266, 267, 268, 334; (Homerische Epen) 1, 177
Q. Hortensius Hortalus 20, 151
Hypereides (Redner) 281
Iphikrates (Stratege u. Redner) 107, 108, 284
Isokrates v. Athen (Schüler des Gorgias) 1, 2f., 259; (rednerische Tätigkeit) 1f., (τελικὰ κεφάλαια in den Reden) 170; (epideiktische Reden) 177, 178[21], 179, 183ff., 203, 208, 209, 225, 226; (Lehre des Enkomion) 187f.; (prosaisches Enkomion) 1, 190; (Gegner im ‚Menexenos') 193–196; (τέχνη) 196; (griech. Kunstprosa) 2, 247, 248, 249, 252, 259, 322, 323, 324, 329, 333; 29, 57, 215
C. Iulius Caesar 210, 329
C. Iulius Caesar Strabo 141, 142, 143 (*de facetiis*)
Kaikilios v. Kaleakte 271, 273, 295, 296, 334, 335
Kallikles (Schüler des Gorgias) 194
Kallisthenes v. Olynth 334
Kerkinos (Rhetor) 301[45], 302
Kleanthes v. Assos 4, 5
Kleitarchos 334
Kleochares aus Myrlea 305
Korax (Syrakusaner, Lehrer des Gorgias) 1; 2 (Definition der Rhetorik); 8, 55[26], 57, 215 (εἰκός-Lehre); 52, 53, 53[1/12], 54, 54[15], 55, 57, 58, 78, 89, 214, 219, 220, 221, 222 (Gliederung der Rede); 1, 53, 213, 214, 221 (τέχνη ῥητορική)
Krates v. Mallos 330
Kritolaos v. Phaselis 3, 6
Kriton (Freund des Sokrates) 193, 195
Latinus Pacatus Drepanius (Rhetor aus Gallien) 205
L. Licinius Crassus 5, 48, 114, 144[72], 166, 175, 255, 327[184]
Likymnios (Lyriker u. Rhetor aus Chios) 8, 8[70]
C. Lucilius 335
Lukian aus Samosata 203
Q. Lutatius Catulus 113
Lysias (athenischer Redner) 8, 107, 181, 194, 247, 323, 333, 333[40]
Machaon 183
Mamertinus (Rede auf Julian) 205
Meletos (Ankläger des Sokrates) 134, 183
Menekles aus Alabanda 329
Menexenos (Freund u. Schüler des Sokrates) 182, 192, 193, 195
P. Mucius Scaevola 98
Q. Mucius Scaevola 5
Naukrates v. Erythrai (Isokratesschüler) 29, 181, 323
Nazarius (Rede auf Constantin) 205
Neokles (Verfasser einer rhet. τέχνη) 61, 75, 79, 81, 96, 97, 102, 104, 105, 106, 107, 110, 111, 120, 148, 149, 152, 159, 160[120], 219
M. Pacuvius 335
Panaitios v. Rhodos 173, 174
Perikles 134, 180, 181, 182, 192, 193, 329
Peripatos 260; 141, 335 (peripatetische Quelle)
Phaidros (Gesprächspartner des Sokrates) 8, 149, 194, 202, 203
Phoibammon 271
Pindar 177, 333

Namensregister

Platon 2f., 4, 6⁵²; (Verurteilung der Enkomien) 182, 191–195; 196, 333, 334

C. Plinius Caecilius Secundus 205, 206

Plutarch v. Athen (Neuplatoniker) 2⁷, 4

Polos v. Akragas (Schüler des Gorgias) 8, 8⁷⁰ (μουσεῖα λόγων)

Polykrates v. Athen 183f. („Helena'); 1, 184–187, 194, 195, 203, 209 („Busiris'); 203 („Klytaimnestra'); 203²⁰³

M. Porcius Cato (der Ältere) 4, 200¹⁸¹

Prodikos v. Keos 202

Progymnasmatiker 156

Protagoras v. Abdera 7; 8 (ὀρθοέπεια)

Pythagoras aus Samos 177, 186

'Rhetorik an Alexander' 8f., 197

Rutilius Lupus 271

Sappho (Lyrikerin) 108, 333, 336

C. Scribonius Curio 329

Simonides v. Keos 349

Sokrates v. Athen 2, 4, 8, 92, 120, 134, 149, 185; (im ‚Menexenos') 181–183, 191–195, 259; (Sokratiker) 1

Sophisten 6, 7, 193, 202

Stesichoros (Lyriker) 183, 184, 187

Stoa, Stoiker 4, 5, 6, 58, 171, 248, 250, 251, 252

Syrianos (Neuplatoniker) 3

Tauriskos (Schüler des Krates v. Mallos) 330

Techniker 4, 5, 96, 101, 208

Teisias (Syrakusaner, Schüler des Korax) 1; 2 (Definition der Rhetorik); 8 (εἰκός-Lehre); 52, 53, 53¹, 54¹⁵, 213, 214, 221 (Gliederung der Rede)

P. Terentius Afer 335

Theaitetos (im ‚Sophistes') 9

Theodektes v. Phaselis 3, 84, 85, 248, 324, 349

Theodoros v. Byzanz 77, 222

Theodoros v. Gadara 3, 17, 29, 32⁷³, 43, 75, 78, 79, 81, 85, 144, 216, 218, 241

Theodoreer (Anhänger des Theodoros) 61, 62, 79, 81, 219

Theon v. Alexandrien 43, 310⁸³

Theopomp v. Chios 322

Theophrast v. Eresos 11, 84, 104; 141 (γελοῖον); 177, 197, 247, 248, 249, 251, 252, 260, 313, 323, 324, 330, 330¹², 331, 334, 338 (λέξις)

Theoretiker 74, 214

Thrasymachos v. Chalkedon 8 (ἀφορμαὶ ῥητορικαί u. συμβουλευτικαί, ἔλεοι, ὑπερβάλλοντες), 11, 177, 215; 247, 259, 323, 324, 325 (rhythmische Periode); 330, 333 (Gliederung der λέξις)

Thukydides 181, 192, 217, 249, 258, 333

Tiberios 271

Timaios v. Tauromenion 334

Troilos v. Side 55, 56, 57, 214

M. Tullius Cicero 4, 11f., 15, 18, 22, 37, 61, 74, 81, 90, 91, 92; (Topik) 111–113; 121, 124, 129, 135, 137; (*ridiculum*) 141ff.; 182, 197, 260, 263, 268, 271, 322

M. Tullius Tiro 141

Johannes Tzetzes (Grammatiker) 140

C. Valgius Rufus 105

Verginius Flavus 46

C. Vibius Crispus 258

Xenokrates v. Chalkedon 3, 4, 5

Xenophanes v. Kolophon 109, 110

Zenon v. Athen (Rhetor) 216, 237, 241, 344

Zenon v. Kition (Stoiker) 85, 88, 120

Zenon v. Laodicea 75

Zopyros v. Klazomenai 29

Zosimos v. Askalon od. Gaza 183, 184

II. WORT- UND SACHREGISTER

Die *kursiv* gedruckten Zahlen bezeichnen die Hauptstellen.

1. LATEINISCH UND DEUTSCH

abnuentia 28[5]
abscisio 290
absolutio 94
absurdum 146; ad-um 132
abundantia verba 252
abusio 261, 262, *266*; s. auch κατάχρησις
accidens, ex-ti 36, per-tia 36 (*status qualitatis*)
accomodata verba 250; – e dicere ad persuadendum 3, 11
accusatio, – o aut petitio (straf- oder zivilrechtliche Anklage) 10; – o mutua, concertativa 31
actio a) Prozeß(führung) 16, 16[26], 17, 22, 45; b) Verhandlungsrede 100, 137, 138; c) Handeln (allgemein) 202; d) Vortrag (*pronuntiatio*) 11, 22, 154, 215, 216, *353–355*; – o gratiarum (Dankrede) 205 f.; – o perpetua 137
actor(es) 64, 123
ad aliquid 18; (fünfter *status*) 43
addubitatio 287[154]
adfectatio mala 252
adfectus 97, *158ff.*, 282; – us movere 149; – us concitatus 158; – us mitis atque compositus 159
adfictio (= *adnominatio*) 304[100]
adfluens narratio 85; – ens ornatum 84, 249, 251[65], 330
adgressio 105
adiectio 298; figurae, schemata per – onem 299; (Mittel der *compositio*) 315
adiuncta negotio 112, 113, 118
adiunctio 301, 315

admirabilis, – is causa 66; – e genus 24, *25*, 71, 223
adnexio 300
adnominatio 304; – o vel adfictio 304[100]
adsumptio a) Glied des Syllogismus 104f., 129, 136; b) *qualitas adsumptiva* 236
aenigma, Rätsel s. αἴνιγμα
aequalia membra 310
aequare, prope – atum 310[33]
aequitas 43[194] (als *status rationalis*); 174
aequum 174
Aesopische Fabeln 120, 122[30]
Affekt(e) 11, 22, 31, 57, 58, 69, 87, 88, 90, 97, 136, 137, 149, 154, 158, *160ff.*, 228, 229, 255, 282, 290
affirmatio 28, 103
allegoria s. ἀλληγορία
Allegorie(n) 262, 263, 268, 332, 337, 341
aloga (ἄλογα) plasmata (schwer zu behandelnde Fälle) 20, 21
altercatio (römisches Gerichtsverfahren) 134, 135, *137f.*, 146
altus (von der Steigerung) - ius atque - ius insurgentia verba 257
ambiguitas (*status legalis*) 44, 44[1], *50f.*, 117[216]; (*dispositio* der) 241 f.; 251, 321
ambiguum 44[7], 50, 241; – a 145
ambitus (Satzperiode) 316; – us verborum 316
amictus 354
Amphibolie s. ἀμφιβολία
amplificatio a) Steigerung (allgemein) 77, 90, 118, 209[242], 237, 302, 331 (in der *figura gravis*), 332; b) als Teil der peroratio 148, 149, 150, *153–158*; (*locus communis*) certae rei – o 114, *155f.*; (*locus communis*) dubiae rei – o 114f., 155; c) genera – onis 157f., (als Schmuckmittel) 255–257; d) beim Vortrag 354
amplum sive sublime genus dicendi 335
an (in *status*-Fragen) 16[22], 17, 18, 30, 32, 33, 33[80], 34, 34[88], 36, 43, 46, 115, 232, 233
Anapaest 325, 327, 328; anapaestischer Rhythmus 341
Anapher s. ἀναφορά
anastrophe, Anastrophe s. ἀναστροφή
anceps, – s genus 24, *25f.*, 223; – s (syllaba) 326, 327
anticategoria 31
anticipatio 277, 277[18]
antiquitas (von Wörtern) 260
Antithese(n) 131, 310, *312–314*
antitheton s. ἀντίθετον
antonomasia, Antonomasie s. ἀντονομασία
Antwort a) als Beweismittel 134f., 284; b) als Figur 287
apertus, – a narratio 82, 82[65]; – a partitio, propositio 95; – e loqui 250
apodixis 105; – is imperfecta 105
Apologie (als Gattungsbegriff) 56[28], 182–185, 187, 196, 209, 221
apologus 144
Apostrophe(n) s. ἀποστροφή
appellationes, suae cuiusque rei 250

appositum 264

approbatio a) Glied des Syllogismus 103, 104; – o adsumptionis 105; b) Teil des Konjekturalstatus 111[159], 230

apte loqui 250; – e collocata verba 250

arcessita verba 252

argumentatio (Beweis) a) als Teil der Rede 58, 59, 59[45], 78, 83, 89, 90, *95ff.*, 101f., 102[77], 124, 125, 126, 127f. (genus - onis), 129, 136, 216, 217, 220, 221, 222; b) Einzelbeweis 95, 95[4], 102; – o firmissima 95; – ones ἄτεχνοι 98; absolutissima et perfectissima – o (fünfgliedriger Syllogismus) 105

argumentum, – a: a) als *genus narrationis* 76, 76[17]; b) Beweis: genera – orum 29[27]; – a artificialia, inartificialia 98, 124; c) Beweisgrund 97, 98 (– a sine arte), 99 (bei den unkünstlichen Beweisen); 102, 102[77], 126, 217, 222; loci – orum 107–119 d) Teil des Konjekturalstatus 111, 111[159], 230; – i elocutio 102; – um proprium 119; – a sumpta 126f.; per – um 262

aridum genus 331, 335

ars a) von der Rhetorik 5, 5[36/41]; – s pertenuis 5; quasi – s 5; – s fallendi 5, 5[41], 6[52]; b) allgemein (Kunstlehre) 7, 7[59/60], 15, 141, 217, 324 (gegenüber dem ἀπέραντον), 329

articulus (κόμμα) 319

artificialis, – is ordo 217; – is dispositio 218; – e genus (argumentorum) 29[27], 116

artificiosus, – us ordo 216, 218; – a eloquentia 5; – a memoria 349; – um genus 217

ascensus (*gradatio*) 303

aspera structura 322

assertio negotialis vel iudicialis (*genus narrationis*) 76[17]

Asyndeton(a) s. ἀσύνδετον

Asystaton, – a 18–22; asystatae 20

attentio 70

attentum facere 25, 64, 64[49], *69f.*, 223

attenuata figura 331, 333

attributa personis 111f., 119; – a negotiis 111, 112f., 118, 119

auctoritas a) von jem. ausgehende Autorität 98, 124; b) allgemeiner Weisheitsspruch 111, 122; – as deorum 122; c) normgebender Sprachgebrauch angesehener Schriftsteller 250, 295

augere 255, 264f.

Auswendiglernen 7, 8, 194, *349f.*

aversio 283, 284

Bacchius 326, 327

barbarismus 250

Beispiel(e) 75, *119–122*, 129, 132, 135, 147, 219, 228, 229, 267

bellum (*ridiculum*) 139

benevolum facere 25, *64ff.*, 64[49], 223

beratende Beredsamkeit (Rede) 3, 10, 54, 57f., 69, 121, 131, 152, *167–176*, 178, 198, 215, 219, 226, 227, 228, 281

Beweis(e), Beweisführung 6, 8, 56, 59, 73, 78, 80, 81, 87, 89, 90, 91, 92, *95–137*; 147, 150, 151, 153, 209, 219, 220, 221, 222, (*dispositio* des) 227–229, 233, 247, 253, 332

bonus vir 4, 64, 67, 70, 200; – a oratio 4; – a (als Lobgegenstand) – a externa, corporis 201f.

brevis a) von der *narratio* 82f., 82[70], 248; b) von der *partitio* u. *propositio* 95; c) in der *elocutio* 251

brevitas a) in der *narratio* 82f., 85, 85[106]; b) in der *partitio* 94; c) in der *recapitulatio* 150, 153; d) in der *elocutio* 248, 274

Brief 315; Briefstil 337

cacosyntheta 21

cacosystatae materiae causarum 20f.

caesum (κόμμα) 319

caliginosissimus modus 19

capitula finalia (τελικὰ κεφάλαια) 169

capitulatim referre 150

casus (als Entschuldigung für die Tat) 41, 41[167], 112, 239; (Wortfigur) ex pluribus – ibus 305[112]

causa, – ae a) konkreter Rechtsfall, Prozeß (*quaestio finita*) 15[5], 16, 16[26], 17[39], 18, 22, 23, 25, 26, 30, 64, 71, 73, 80, 90, 92, 94, 95, 115, 119, 216, 287; (Aristotelische) genera – arum 6, *9f.*, 11, 12, 15, 36f., 174, 177, 222, 251, 288; genera, species – ae 22f., 86; – a ethica, pathetica 22; – a simplex, coniuncta, concertativa 23, 23[97]; genera, modi – arum (Vertretbarkeit) *24–26*, 70, 223; – a iudicialis 22, 175, 227; – a coniuncta, longa, obscura 59, 220; – a multiplex 59; – a infrequens 62; – a honesta 26, 62; – a admirabilis 66; – ae civiles 76; – a conparativa 79; – a legalis 80, 92, 221; – a extranea 171; – a coniecturalis 229; b) Begründung, Ursache, Motiv 31, 32, 115, 231; (als Teil des Konjekturalstatus) 111, 117f., 126, 229, 230, 232[181]

causativum litis (Begründung der Behauptung des Klägers) 26, 27, 28, 32

certus, – a persona 197; (*locus communis*) – ae rei (amplificatio) 114, 155

characteres elocutionis 335

Choreus 328

Choriambus 327

circuitio (Verfahrensmöglichkeit der *insinuatio*) 71, 72

circuitus a) von der περίφρασις: – us eloquendi 269;

b) von der Periode 316, – us orationis 316
circumductum 316
circumitio 261, *269*, 269[136]
circumlocutio 269[137]
circumscriptio 316
circumstantia(e) 16[19], 17, 17[39], 19, 21, 22
civilis, – is materia 3, 3[16]; – is usus 6[51]; – es quaestiones 3, 3[12/13], 6[49], 9, 15; – es positiones 17[32]; – es causae 76
cohortatio 354
collatio a) Teil des Konjekturalstatus 111[159], 230; b) παραβολή 119, *122*
collectio (*status legalis*) 44, *51f.*; (*dispositio* der) 242f.
collectivus status 44[9], 243; collectivum 44[9]
collocatio 213; collocare 216; – ata verba 249
color(es) 27, 86f., 274f., 279; figurae – rum 274
commentatio, commentum 102
commiseratio a) als Teil der *peroratio* 148, 149, 158, *162ff.*; b) in der *figura gravis* 331
commoratio 135[3]
communicatio 288; – o consilii 288[164]
communio nominis 306[131]
communis(es) a) locus(i): allgemein 73, 90, 115, 119, 137, 157, 162, 198, 230, 233, 236, 237, 239, 240, 332; b) *genera*: – is locus certae rei 114, 155, dubiae rei 114, 119, 155; – es loci per indignationem oder conquestionem 155; c) – es loci der *amplificatio* 155f., – der *misericordia* 163f.; d) – is partitio 59; e) – e (exordium) 74, 74[141]; 131
commutabile (exordium) 74, 74[141]
comparabile (Teil der *argumentatio probabilis*) 119, 126; (Widerlegung) 127
comparatio a) als Teil des *status qualitatis* 39f., 39[143/149]; (*dispositio* der) 237f.; b) als *amplificatio* 157, 256
comparativus, – a quaestio 15; – a causa 79; – um genus 24, 31; (vom *status* der *comparatio*) 39
compensatio 39, 237, 238
complexio a) Glied des Syllogismus 105, 217; b) Teil der *argumentatio necessaria* 126, 127[28]; c) Wortfigur 304, 305
compositio 217, 249, 252, *315–328*, 332; – o otiosa 252; – o elocutionis 295; Komposition 262, 317, 341, 342
compositum (exordium) 74; – um ex contrariis 294, 312
comprehensio a) Teil der *argumentatio necessaria* 127; b) Periode 316
conceptio 300[23]
concertativus, – a causa 23, 23[97]; – a accusatio 31
concessio a) Teil des *status qualitatis* 40, 41, 41[164]; (*dispositio* der) 238f.; b) Figur 280, 281
conciliare 11[113], 97[28], 332
conciliatio 293
concisa narratio 87[119]
conclusio a) Schluß der Rede (*peroratio*) 58, 58[36], 89, 147, 217, 222; b) Schlußfolgerung (Glied des Syllogismus) 103, 105, 127; – o simplex (Teil der *argumentatio necessaria*) 126; (Widerlegung) 127; c) Satzschluß: non in longum dilata – o 251; d) Periode 316
concursus vocalium 322
conduplicatio 302
conexio 304[96], conexum 304
confessio (quaedam) 278, 281; – o nihil nocitura 280
confictio a) – o moralis 291; b) – o personae 292
confirmatio a) Beweis durch Bestätigung (als Teil der Rede) 58, 58[36/40/42], 59; (προηγούμενα) 60, 221; 92, *95ff.*, 217, 222, 223; b) als Glied des Syllogismus – o rationis 105, 217
conformatio (*figura*) 273, 276
confutatio (negativer Beweis, Widerlegung) 58[36/37], 95, *124ff.*, 217, 222
congeries a) – es verborum ac sententiarum idem significantium 157, 158, 256, 307; b) – es plurium rerum 307
congregatio rerum 149
coniectura (als *status rationalis*) 29, *30–32*, 43f., 43[194]; (*loci*) 117f., 126, 230f., 232[181]: – a ex causa, persona, facto ipso; – ae status 30, 129; (*dispositio* der) 229–233
coniecturalis status *30–32*, 86, 117[216], 174; (*dispositio* des) 229–233; – is causa 229; – is controversia 238; Konjekturalstatus 86, 126, 174, (Teile) 111, *229f.*
coniunctio a) Figur 301, 315; b) von der Wortfolge 321; verba ex – one facta 269
coniunctus, – a ex pluribus quaesti 15, 23; – a causa 23, 23[97]; – a controversia 31f.; – um genus 23f.; – a verba 250, 315
conpensativus, – us status 39, 238[223]; – a constitutio 39[145]; – a qualitas 39
conquestio (als Affekt in der *peroratio*) 148, 158, 162, 163; locus communis per – onem 155; (beim Vortrag) 354
consecutio (Teil des Konjekturalstatus) 111[159], 230, 231; (bei den *negotio adiuncta*) 112f.
consensio 278, 281f.
consensus eruditorum 250
consilium (a): a) Absicht des Redners 26f.; b) Planung der Tat 31, 32[61], 231; c) Teil der *inventio* 216
constitutio (*status causae*) 29, 29[24]; – o definitiva 32; – o iuridicialis 36; – o generalis

36, 36^116; – o compensativa 39^145; – o legalis 44f.; – ones legitimae 45
constructio verborum 331
consuetudo (Richtlinie für die sprachliche Korrektheit) 250, 295
consultatio a) θέσις 15; b) (öffentlich) beratende Rede 167, 174
contentio 306^124, 312; (beim Vortrag) 354; legum controversiarum – o 44^5
continens 28
continuata verba 260
continuatio a) Periode 316; b) beim Vortrag 354
contio(nes) 167, 227
contionalis (oratio) 9^81, 167, 169; – e genus 10
contrapositum 312
contrarium a) allgemein 114; ex – o 263; – a 129; b) – um (Enthymem) 102; c) – um vom ἀντίθετον 312^75; d) in den status: leges – ae 44, 44^1, 48–50, 117^216; (dispositio) 242
controversia a) allgemein (Streitfrage) 15^6, 16, 16^26, 20, 28^1, (simplex, coniuncta) 31f., 37, 59; genus – ae 23f.; figurae – arum (Vertretbarkeit) 24; b) status: – ae legales 31; – a nominis 32, 32^67; – a generis 36, 36^108/111; – a coniecturalis 238; c) – a figurata (ductus) 27, 28, 275
conventa (als unkünstl. Beweise) 98
conversio a) bei der Widerlegung 127; b) Figur 283, 304; c) Periode 316; – o verborum 315
conversum 304^90
copiose loqui 136
copulatio 306
correctio 279f., 293; – o praecedens 279; – o superioris rei 280^48
credibilis (von der narratio) 82, 82^66, 248; – e (Teil der argumentatio probabilis) 126; (Widerlegung) 126f.
Creticus 325, 326, 327, 328
cultus 252
cumulus (peroratio) 147
cursus (als Klausel) 328; – us planus, tardus, trispondiacus, velox 328
Daktylus 328; daktylischer Rhythmus 341
decere, quid – eat 249, 330
decorum 85, 332; – e loqui 250
decreta (als unkünstl. Beweise) 98
de eodem et altero, id est περὶ τοῦ αὐτοῦ καὶ θατέρου (= finitio) 32
defensio (officium des genus iudiciale) 9
definitio a) als status 29, 31, 32–36, 32^71, 34^89, 43^194, 45, 50, 51, 129; (dispositio der) 233f.; – o legalis 45; b) als Figur 293, 293^235; – o universa 113
Definition (status) 32–36; 115f.; (der Rhetorik) 2–7
definitivus, – a constitutio 32; – um 45^14
deformatio vel effiguratio 292
Deklamationen 7, 22, 353
delectare 11, 12, 12^129/130/133, 332, 333^36
delectatio 77, 91, 264, 315; – o in exornatione 198
deliberatio 10, 129, 167–176; – o privata 227; quasi – o 288
deliberativum genus 10, 10^103, 37, 167ff.
Demegorie 66, 75, 79, 179, 214, 218, 219, 227
demonstratio(nes) a) Lobreden 203, 204; b) von der evidentia 252, 288; c) beim Vortrag 354
demonstrativus, – a materia 198; – um genus 10, 10^103, 177ff., 197
denominatio 261, 268, 268^110, 304^98
depravatio oris 145
deprecatio a) – o defensoris 28; b) Teil der concessio 41, 41^173, 49; (dispositio der) 239f.
depulsio 9, 137; – o defensoris 28, 32; – o criminis 30^80
detractio a) Entstehungskategorie der Figuren 299; figurae, schemata per – onem 299; b) ἔλλειψις 300; c) Mittel der compositio 315
dicacitas 139, 146
Dichoreus 325, 326, 328
dictio (Darstellung durch die Rede) 21, 22; – o festiva, urbana 264
differens (Artunterschied bei der Definition) 116
dignitas a) bei der Beratung 172; b) als virtus elocutionis 250; c) feierlicher Charakter 260, 261; d) beim Vortrag 354; – s atque amplitudo 335; narratio cum – te 85, 248
digressio 89–91; (genus der narratio) 76
digressus 89
dilucidus, – a narratio 82, 82^65; – um 251; – e dicere (loqui) 85, 249, 250, 330, 332
disceptatio 21, 22
disciplina quaedam dicendi 213
discriminatio 315^110
disiunctio 304, 306, 315
dispositio (Stoffgliederung, Disposition) 8, 11, 11^127, 137, 213–243 (bes. 215–218), 329; – o naturalis, artificialis, utilitatis 218
dissimile (exemplum) 121
dissimulatio a) als insinuatio 71f.; b) beim Lachen 146
dissolutio (= contra dicta dissolvere) 222
dissolutum genus 331, 335
dissuadere 167, 175
dissuasio 10, 167
distinctio 306
distributio a) Aufzählung in der partitio 94, 307; b) beim Vortrag 354
divinatio 31
divisio (partitio) 58^36/37, 150,

151, 217, 222; (allgemein) 35, 296
docere 3, 11, 12, 12[129/133], 97[28], 332
docilem facere 25f., 64, 64[49], 70, 223
Doppelcreticus 321
dubitatio 287f.
dubius, – um genus 24, 24[104], 70f., 223; (locus communis) – ae rei (amplificatio) 114f., 155
ductus *26–28*, 275, 275[72]
duplicatio 301[43], 302
duplices positiones 17[38]; – es sententiae 258
dysprophoron 323
effiguratio 292
egressio 59, 59[45], *89–91*, 219, 220, 222
egressus 59, 89, 222
Eide (als unkünstl. Beweise) 29, 97, *100*, 125, 129, 229
Einleitung 25, *60–75*
elegantia (Kombination von Latinitas u. perspicuitas = explanatio) 249, 250
elementum, – a 107 (*loci argumentorum*); 169, 174 (*capitula finalia*); – um rhetorices 213
Ellipse 83, 262, 299
elocutio (Darstellung der Rede) 5[34], 11, 11[127], 215, 216, (Rede allgemein) 216, 217, 218, 247ff., 247[6], 329; – o argumenti 102; – o Latina 250
elocutiuncula Sallustiana 263
eloquens 12, 12[130/133]
eloquentia 12; artificiosa – a 5
eloqui 247
emendata verba 250; – e loqui 250
emendatio 279
emphasis 274
enerve genus dicendi 335
enthymema, Enthymem(e) 75, 99, *102–104*, 106, 107, 120, 123, 135, 136, 219, 227, 228, 259, 270, 317; – a ex consequentibus, repugnantibus 102f.
enumeratio a) als *recapitulatio*

60, 147, 148, 149, 150; b) als *partitio* 93; c) als Teil der *argumentatio necessaria* 126, 127; d) als Figur 307; – o partium 113
epichirema, Epichirem *104–106*, 123, 130, 135, 136, 150
epideiktische Beredsamkeit (Reden) 10, 61, 75, 79, 170, 171, *177–210*, 209[242], 215, 218, 219, 222, 225
epilogus, Epilog 57, 59, 59[45], 60, 61, 62, 69, 78, 120, 133, 146, *147–166*, 147[1], 222, – i 147[1]
Epipher s. ἐπιφορά
epitheton, Epitheton s. ἐπίθετον
error (beim Täter) 41, 41[167], 239
Erzählung 73, 74, *75–89*, 146, 214, 218f.; (*dispositio* der) 227; 248
ethica 204
ethopoeia s. ἠθοποιία
etymologia, Etymologie (als *locus* für die Definition) 33, 33[79], 115; finis per – am 35
evidens narratio 85, 248; – s probatio 102
evidentia 84, 85, 251, 252, 274, 288
exaequatum membris 310
exaggeratio 149, 158
excessus 59, 220, 222[111]
exclamatio 282
excursus 89, 219; Exkurs 87, 90f.
excusatio (im *status qualitatis*) 40[158], 239
exemplum (Beispiel) 119ff.; 119[3/4]; – um dissimile, impar 121
exercitatio 7, 7[59/60], 329
exile genus 331
exordium (Einleitung, Teil der Rede) 25f., 25[113], 58, 58[36], *61–75*, 150, 216, 222; 223f.
exornatio(nes) a) Glied des Syllogismus 105, 119[3], 217; b) – o(nes) verborum 250,

261, 271, 273; c) – o(nes) sententiarum 250, 271, 273
expetenda fugiendaque (Gegenstand der beratenden Rede) 168
explanatio (*perspicuitas*) 249, 250
explicatio rerum (*elocutio*) 11, 216, 247
expolitio 135, 135[2], 228
expositio a) von der *partitio* 93; b) Glied des Syllogismus 217
expressio 291
exsangue genus 331
extranea causa 171; – a verba 331
exultantia verba 252
Fabel 72, 75, 76, 90, 120, 122; Aesopische Fabeln 120, 122[30]
fabula (Teil der Erzählung) 76, 76[17]; 144
facetiae 139, 146; de – iis 141
facetum 138, 139; – e dictum 139
facile 174
factum, ex – o ipso (*locus* des Konjekturalstatus) 118, 126, 230, 232[181]; – a (als Lobgegenstand) 202
facultas (Möglichkeit zur Durchführung der Tat) 32, 32[62], 112, 115, 118
festivitas 139; (Gegensatz zu *gravitas*) 270
festivus, – a dictio 264; – a oratio 139; – um 139
fictio nominis 269; – o personae 292[223], 332; a – one 115
figura, – ae a) – ae causarum (Formen der Rechtsfälle) 23; b) – ae materiarum, controversiarum (Formen der Vertretbarkeit eines Prozeßgegenstandes) 24–26; c) – ae (Figuren) 271, 272; – ae verborum 272, 282, 287; – ae sententiarum 272, 282, 284; d) von den grammatischen Wortfiguren: – a per eclogam adverbiorum, verborum 298, – a graeca 297, – a per personas 297, – a per

pronomina 298, – a per verborum, adverbiorum qualitatem 297, 298; von den Wortfiguren: – a per adiectionem, detractionem 299; – ae per ordinem 308 ff.; e) – ae colorum 274; f) Form des Ausdrucks (Stil): – a attenuata, gravis, mediocris 331, 333; g) vom Vortrag: – a vocis 353

figuratio vel expressio 291

figuratus sermo 275; – a verba 250

Figuren 1, 75, 88, 122, 153, 247, 255, 259, 261, *270–315*, 323, 324, 329, 333, 336, 340, 341, 342, 343 f.

finis (*status*) 32, 35 f.; – is per etymologiam 35; (Zweck) 5, 17, (*deliberatio*) 171–173

finita quaestio 17, 17[39], 30

finitio a) als *status* 29, 32, 43, 44, 45, 293; b) *locus* bei den Beweisen: – o generis 115 f.; ex – one seu fine 115; c) als Figur 293

finitivus, – us status 32, – a quaestio 32[70]

firmamentum a) Begründung des Standpunktes durch den Beklagten 28, 33; b) von der *argumentatio* 58[42], 95

firmitudo vocis 353

flectere 12, 12[130/133], 333[36]

floridus, – a oratio 253; – um genus 332, 335

fluctuans genus 331

Folter(aussagen) als unkünstl. Beweis 29, 97, *101*, 120, 125, 129, 228, 229

forma (Artbegriff bei der Definition) 116; – ae (Figuren) 271, – ae et lumina 271; – ae enthymematon et epichirematon 104, 106

fortuna (als Anlaß zur Tat) 41[167/169], 239

Frage a) als Beweismittel 133–135, 284; b) als Figur *284–287*, 340, 341, 344; (rhetorische) 133, 284, 338

geminatio 258, *302*, 305

generalis, – is constitutio 36, 36[116]; – is quaestio 15; – e (exordium) 74

genethliacus s. γενεθλιακὸς λόγος

genus, – era I) von der Herkunft 121; II) Gattung(sbegriff): 1) allgemein 34, 94, 115, 262; 2) bei der Definition 115 f.; 3) von der Rede a) – era causarum, rerum von den Aristotelischen Redegattungen 6, *9 f.*, 10[103], 11, 12, 15, 36 f., 174, 177, 222, 251, 288; – us iudiciale 9, 10, 10[103], 18, 29, 92; – us deliberativum 10, 10[103], 37, *167 ff.*; – us contionale 10; – us demonstrativum 10, 10[103], *177 ff.*, 197; – us laudativum 10, 159, *177 ff.*; b) in der *quaestio infinita*: – us infinitum 15; – us cognitionis 16[20]; c) – era causae *22 f.*, 86; – era controversiae 23 f.; – us publicum sive commune controversiarum 23; – us simplex 23; – us coniunctum 23; – us conparativum 23 f., 31; d) von der verschiedenen Behandlung (Vertretbarkeit) von Rechtsfällen: – era causarum *24–26*, 70, 223; – us admirabile 24, *25*, 71, 223; – us anceps 24, *25 f.*, 223; – us dubium 24, 24[104], *70 f.*, 223; – us honestum 24, 24[104], *25*, 62, *70*, 223; – us humile 24, 24[104], *25 f.*, *70*, 223; – us obscurum 24, *25*, 26, 71, 223; – us turpe 24, 24[104], 71[109], 223; e) von den *status*: – us rationale 23 f., 29, 30; – us legale 23 f., 29; – us comparativum 39; f) in der *inventio*: – era der narratio 76, 76[17], 77, 89, – us a causis civilibus remotum 85, 85[100]; – era partitionis 93; – era argumentorum 29[27], – us artificiale 29[27], 116, – us inartifi-

ciale 29[27]; – us conclusionis 105; – era der Enthymeme 104, 106; – us argumentationis (fehlerhaft) 127–129; – era des ridiculum 141, *143 f.*, – era sententiarum 258; g) in der *dispositio*: – era der dispositio 217; – us artificiosum 217; h) in der *elocutio* (von den Stilarten): – era elocutionis 330, 331; – era dicendi 330, 331 f., 332[32], 333[36], 335; – era der ποσότης, ποιότης, πηλικότης 335; gute Stilarten: – us amplum 335, floridum 332, 335, gracile 335, grande 332, 335, mediocre 335, medium 88, 331, 332, 332[32], moderatum 335, modicum 331[28], 333[36], robustum 332, 335, sublime 335, subtile 331[28], 332, 333[36], 335, tenue 332, 332[32], 335, uber 335, uberius aliquantoque robustius 331, vehemens 331[28], 332[32], 333[36], 335; schlechte Stilarten: – us aridum, dissolutum 331, 335, enerve 335, exile, exsangue, fluctuans 331, inflatum, siccum, sufflatum, tepidum, tumidum 335; s. auch die einzelnen Lemmata

gerichtliche Beredsamkeit, Gerichtsrede 3, 8, 10, *52–60* (Teile der Gerichtsrede), 66, 75, 76, 77, 79, 92, 135, 147, 149, 153, 159, 170, 177, 178, 198, 214, 215, 219, 221, 222, 226, 228, 229, 281, 284, 315, 333, 344

gestio negotii *112*, 118

gestus 154, 354

Gleichnis(se) 119, 122 (παραβολή), 135, 253, 254, 263, 265

Gnome(n) 75, 123 f., 147, 227, 228, 258

gracile genus dicendi 335

gradatio, gradatus, gradiculi 303

grande genus dicendi 332, 335

gravis, – is ornatus 331; (vom Redner) 331; – is figura 331, 333
gravitas (Gegensatz: *festivitas*) 270
Hexameter 325, 328; daktylischer Hexameter 327
Hiat(us) 2, 249, *322f.*, 331, 333, 336, 340, 341, 342
hilaritas 139, 143, 274
historia (Teil der Erzählung) 76, 76[17]; Geschichte als Quelle für Beispiele 121
hiulca structura 322, 322[116]
homoeoprophoron 323
Homonym(ie) s. ὁμωνυμία
honestas (Ziel der *deliberatio*) 172–174
honestus, – a causa 26, 62; – um 10, 171–174; – um genus 24, 24[104], 25, 62, 70, 223
humilis, – is orator 331; – e genus 24, 24[104], *25f.*, 70, 223
hyperbaton, Hyperbaton s. ὑπερβατόν
hyperbole, Hyperbel s. ὑπερβολή
Hypostasen 64/65, 121
Hypostrophen (kurze parenthetische Einschaltungen) 341
Hypothesen s. ὑπόθεσις
ignorantia (beim Täter) 41[167]
illusio 263
illustratio 252, 288
illustre 85, 251
imaginatio 288[171]
imago(ines) a) von der *similitudo* 119; b) mnemotechnische Merkbilder 349f.; – es rerum 255
imitatio 7, 7[59/60], 329; – o morum alienorum 291[208]
immutatio (Mittel der *compositio*) 315; – o verborum (*tropus*) 261[1]; – o levis 304[98]; schemata per (im)mutationem 299
impar (exemplum) 121
imprudentia (als Entschuldigung des Täters) 41[167], 112, 239

impulsio *117f.*, 230
inartificiale genus (argumentorum) 29[27]; – es probationes 120
incerta et ambigua 335
incisum, – a (κόμμα) 317, *319f.*, 321, 325
inclusio 301[33], 303
incrementum (als *genus amplificationis*) 157, 255f.
indicia (Angaben) 32
indignatio (als Affekt in der *peroratio*) 60, 148, 158; locus communis per – onem 155f.
inductio (Induktion) 120, 136
infinitus, – a quaestio 15, 16, 30; – um genus 15
infirmatio (bei der Widerlegung der *complexio*) 127; – o rationis 33
inflatum genus dicendi 335
initium confirmationis (*propositio*) 221
iniunctum 300, 315
inopinatum 288
inrationabilia plasmata 20
inreticentia 279[41]
inrisio 264[32]
inscientia (als Entschuldigung des Täters) 112
insimulatio 28
insinuatio (Art des *exordium*) 25, 56, 66, *71f.*, 122, 144, 147, 223, *224*
inspectio (Betrachtung) 16, 16[19], 17
instrumentum (Werkzeug bei der Tat) 115
intellectio a) Durchdenken des Falles vor der *inventio* 11, 15, 26, 28, 213, 216; b) Figur der *synecdoche* 261, 270
intellectus 17
intellegere 11, 216
intentio (Anklage vor Gericht) 9/10, 28 (accusatoris), 30, 32, 137
interpositio vel interclusio 266, 299
interrogatio a) vom Befragen der Zeugen 100, 137; – o in

Vatinium 135, 137; b) als Figur der Frage 285[120]
interrogatum 285
interruptio 290, 290[189]
inusitata verba 260, 271
inutile 10, 171
invenire 11, 216
inventio (Auffindung der Hauptgesichtspunkte) 3, 5[34], 11, 11[127], 15, 59, 137, 213, 215, 216 (rerum et elocutionis), 329
iocatio (beim Vortrag) 354
iocus 138, 145
ionicus minor, – us a maiore 326, 328; ionischer Rhythmus 341
iotacismus 323
ironia, Ironie 139, 144, 151, 153, 224, 229, 261, 262, *263f.*, 280, 289, 344
iteratio 301[45], 303
iudicare 11, (de inventis) 216; iudicatum (ergangenes Gerichtsurteil) 38; 98 (als unkünstl. Beweis); 126, 129 (Teil der *argumentatio probabilis*); 127 (Widerlegung)
iudicatio a) abschließendes Fällen des Urteils 16, 17, 26; b) Beurteilungsfrage des Richters 28, 30, 33, 35; – ones (κρίσεις) 122
iucunditas 84, 85
iucundus, – a narratio 85; – a oratio 253; – um 173, 248
iudicialis, – e genus 9, 9[81], 10, 10[103], 18, 29, 92
iudicium (Urteil/-skraft) 11, 215, 216, 218; – a (κρίσεις) 122
iunctura 320, *321–323*
iuridicialis, – is constitutio 36; – is qualitas 37, 37[127], 38, 43, 234; – is qualitas absoluta *38f.*, 38[133/136], 117[216], 234f.; – is qualitas adsumptiva 38, 38[133], *39–41*, 49, 117[216], 235–240
ius iurandum (als unkünstl. Beweis) 98
iustum 174

Jamben 325, 328; jambischer Trimeter 327; jambischer Rhythmus 341
Klauseln 325–328
künstlicher Beweis 87, 97, *101–119*
Lachen, das Lächerliche 72, 133, *138–147*, 226, 265
lambdacismus 323
Latinitas (Stilqualität) 249, 250, 250[44]
Latinus, – us sermo 85, 249, 330; – a elocutio 250; – um 251; – a verba 250; – e loqui, dicere 250, 332
laudabile 172
laudatio, – ones 177, 204, 209, 210; – ones funebres 197; Lobreden *177ff.*, (Arten) 203ff.
laudativum genus 10, 159, *177ff.*
laus 10, 198; – des (Lobreden) 197; – des orationis 249, 330
legalis, – is constitutio 44f.; – is definitio 45; – is causa 80, 92, 221; – e genus 23f., 29; – es controversiae 31; – es status 43, *44–52*, 44[1], 117[216], 152, 174, 175, *240–243*
legitimum 174; – ae constitutiones 45
lenitas (Eigenschaft des *genus medium*) 332
lepos 139
lex, leges (Gesetze als Rechtsnorm) 29, 38; 97, *98*, 125, 129, 132 (als unkünstl. Beweise); – es contrariae (als *status legalis*) 44, 44[1], *48–50*, 117[216], (*dispositio* der) 242; – um controversiarum status 44[5], 48; – um controversiarum contentio 44[5]
libera oratio 279[41]
licentia 279
ligatio vel adnexio 300
lis 16, 16[26]
litigator 67f.
Lob- und Tadel(reden) 177f., 196ff., 200ff.
locus, – i a) Ort 112, 115, 121; b) mnemotechnisches Hilfsmittel zur Einteilung 349f.; c) Fundstätten der Beweise: – i argumentorum 107ff.; – i ab eo quod rem attingit 113, 114; – i qui adsumuntur extrinsecus 113; – i a(b) causa (Ursache), facultate, fictione, instrumento, loco, modo, personis, rebus, tempore, ex finitio seu fine 115f.; – i ante, circa, post rem, in re 116f.; – i der *coniectura* 117f., 126; – i der einzelnen *status* 117[216]; – us certus accusatoris et defensoris 114[184]; thetische – i 113, 119; – i der *ridicula* 145f.; locus communis, proprius s. communis, proprius
locutio, data – o certae personae 291
longus, – a causa 59, 220; – um (exordium) 74, 74[141]
lucidus, – a narratio 82, 82[65/70], 248; – a partitio, propositio 95
lumina (Figuren) 271, – a et formae 271; quasi – a 251; – a orationis (Sentenzen) 124; – a sententiarum 272; – a verborum 272
magnificentia 84, 85, 248
magnitudo vocis 353
manifesta narratio 82, 82[65]
materia civilis (Gegenstand des öffentlichen Lebens) 3, 3[16]; – a demonstrativa 198; – ae inopinabiles 203
mediocris, – is figura 331, 335; – e genus 335
medium genus 88, 331, 332, 332[32]
membrum, – a (κῶλον) 310, *317–319*, 321, 325
memoria (Gedächtnis, Auswendiglernen) 11, 11[127], 137, 215, 216, 329, *349f.*; – a artificiosa, naturalis 349
metalepsis s. μετάληψις
metaphora, Metapher(n) 73, 74, 75, 137, 144, 154, 259, 260, 261, 262, 263, 265, *266–268*, 271, 332, 336
metonymia, Metonymie s. μετωνυμία
minuere (Gegenteil: *augere*) 255, 264f.
minutio 153
mirabilis oratio 253
miseratio (Teil der *peroratio*) 60, 148, 158, *162ff.*, 302
misericordia 162; loci – ae 163
mixtum genus 23, 24
mixtura (verborum) 266
moderatum genus 335
modicum genus 331[28], 333[36]
modus a) Figuration nur eines Teiles der Rede 27f., 274f.; b) von der Durchführung der Tat 112, 115; c) beim *exemplum dissimile* 121; – us caliginosissimus 19; – i causarum 24; – i vel mores (*tropus*) 261; per – os temporum (bei den grammatischen Wortfiguren) 297
mollitudo vocis 353, 354
Molossus 326, 326[171], 327, 328
morata narratio 85, 248; – a oratio 85
mos a) als Rechtsnorm 38; b) als Norm der *narratio verisimilis* 84; c) – res (moralische Qualitäten des Redners) 4; d) – res (*tropus*) 261
motus (*tropus*) 261; – us corporis 11, 216, 353, *354*; – us animorum 149
movere 3, 11, 12, 12[129], 97[28], 332
multiclinatum 305[112]
multiiugum 308[160]
Musterbeispiele, – stücke 1, 8, 194, 196
mytacismus 323
narratio (Erzählung des Hergangs, Teil der Rede) 57, 58, 58[36/41/42], 59, 59[45], 61, 61[12], 62, 63, *75–89*, 90, 91, 92, 150, 216, 217, 220, 222, 222[111], 223; (*dispositio* der) 227; 229; (beim Vortrag) 354; Arten der – o: principalis – o

77; repetita – o 78, 85; aperta, dilucida, manifesta, perspicua – o 82, 82⁶⁵; brevis – o 82f., 82⁷⁰, 248; credibilis – o 82, 82⁶⁶, 248; plana – o 82⁶⁵, 248; lucida – o 82, 82⁶⁵/⁷⁰, 248; probabilis – o 82, 82⁶⁶; verisimilis – o 82, 82⁶⁶/⁷⁰, 248; adfluens, iucunda – o 85; evidens, morata, cum dignitate – o 85, 248; suavis – o 85, 85¹⁰⁰; concisa – o 87¹¹⁹
natura a) natürliche Begabung 7, 7⁵⁹, 8⁶²; b) als Norm der *narratio verisimilis* 84
naturalis, – is ordo 217f.; – dispositio 218; – is memoria 349
necessarius, – a argumentatio 126f.; – um 173, 174; – ae virtutes 82–85, 86; – a 173; non – a 173
necessitas a) rednerisches *officium* 12; b) als Entschuldigung der Tat 41, 41¹⁶⁷/¹⁷⁰, 112, 238f.; c) beim Ratgeben (*necesse*) 168
necessitudo (als Entschuldigung der Tat) 41¹⁶⁷/¹⁷⁰, 239
negatio 28, 30
negotialis, – is qualitas 37, 37¹¹⁹⁻¹²²/¹²⁷, 234, – is pars 197
negotium, – a (Peristase) 18⁴⁵; (in den *loci argumentorum*) attributa – iis 111, 112f., 118, 119; adiuncta – io 112, 113, 118; gestio – ii 112, 118
nexum 300¹⁷
nitor 251
nominatio 261, *269* (ὀνοματοποιΐα)
nota et formula cuiusque generis dicendi 331
notatio 114
novata verba 260, 271
numerus a) Anzahl 262; b) grammatisch 296, 297, 299; c) Rhythmus 320, *323–328*, 324¹³², 331; oratorius – us 324
oblivio (als Entschuldigungsgrund) 41, 41¹⁶⁷, 239

obscenitas 145
obscurus, – a causa 59, 220; – um genus 24, *25*, 26, 71, 223; – a vitia 127
obsecratio vel obtestatio 282
obticentia 290
occasio 112
officium, – a oratoris (Aufgaben des Redners) a) bezüglich der Hörer 3, 6, 6⁵¹, 11, 12, 333³⁶; b) nach den Aristotelischen *genera* 9f.; c) hinsichtlich der Arbeitsgänge des Redners 11, 79, 213, 216, 329; – um des Proömium 69f., 74; – um der *deliberatio* 169
onomatopoeia s. ὀνοματοποιΐα
opinio (als Norm der *narratio verisimilis*) 84
oppositio 312⁷⁵
opus a) Rede als Kunstwerk 4; b) Aufgabe, Arbeitsstadium: – us rhetorices 213; – era oratoris 213; – era figurarum (Wirkungsmöglichkeiten) 276
oracula (als unkünstl. Beweise) 98
oratio: bona 4; contionalis 9⁸¹, 167, 169; festiva 139; florida 253; iucunda 253; libera 279⁴¹; mirabilis 253; morata 85; ornata 251; perpetua 316; soluta 315f., 331, 335; sublimis 253; subtilis 331; vincta atque contexta 316
ordinatio 11, 216
ordo a) *dispositio* (von der natürlichen Anordnung der Teile der Rede) 11, 213, *216–218*; – o artificiosus 216, 218; – o artificialis 217; – o naturalis 217f.; b) Anordnung der Wörter 320f.; – o rectus 251, 321; – o naturalis 321; schemata per – inem 299; figurae per – inem 308ff.; c) – o rerum (Verlauf) 227
ornamenta 253; – a elocutionis 137

ornare, – ata oratio 251; – atum illud suave et adfluens 84, 249, 251⁶⁵, 330; – ata verba 250; – ate loqui 136, 250
ornatus 251, 255, 257, *260*; – us verborum collocatorum, simplicium 249; – us audacior 264; – us gravis 331
ostentatio 197
pactum, – a (Vertrag als Rechtsnorm) 38; (als unkünstl. Beweis) 97, 98, *100f.*, 125
Paean 247, 259, 325, 326, 335; paean primus, posterior 326, 328; paeonischer Rhythmus 341
Palimbacchius 327
Panegyrikos, panegyrische Rede 73, *204f.*, 344
Parabel s. παραβολή
Parapleroma 262
Paronomasie s. παρονομασία
pars, – tes (Teil) a) allgemein (von der θέσις) – s causae 15; quasi – s causae 17; 93, 94, – s syllogismi 105, 111, 221; b) von der Rede (von den Arbeitsgängen) – tes rhetorices 11, 213, 215; – s rationis orandi 213; – s artificii 213; – tes oratoris officii 213; (vom Teil des Ganzen) – tes orationis 58, 58³⁸, 60; – tes elocutionis 216; (vom Teil eines kleineren Ganzen) – s membri, orationis 319; c) (Gattung, Art) – s negotialis 197; – tes suadendi 173; – tes deliberationis 174
partitio (Einteilung) a) allgemein 35; b) als Teil der Rede 58, 58³⁷, 59, 59⁴⁵, 60, *91–95*, 151, 218, 220, 222, 222¹¹¹, 223, 307; – o communis 59
paucitas 94
Pentameter 327, 328; daktyl. Pentameter 327
percontatio 285¹²⁶
perelegans 139

Wort- und Sachregister

perihodos 321; – os simplex 317; Periode(n) 2, 247, 259, 260, 270, 272, 294, 301, 313, *316–320*, 323, 325, 326, 331, 333, 336, 337
periphrasis s. περίφρασις
Peristasen 18, 18⁴⁵, 84, 111, 113, 115, 116, 135, 240
permissio 281
permutatio 261, *262f.*
peroratio (Schluß der Rede) 56²⁸, 58, 58⁴⁰/⁴¹/⁴², 59, 90, 114, *147–166*, 216, 220, 222, 222¹¹¹, 223, 307
perpetua oratio 316
persona, – ae 31, 64; als *locus argumentorum*: – is attributa 111f., 119; a personis 115; als *locus* des Konjekturalstatus 117f., 126, 230, 232¹⁸¹; principium a nostra – a 67, 159; – a certa 197
perspicuitas a) in der *narratio 83f.*, 85; b) in der *elocutio 250f.*, 252, 254/55, 260, 262
perspicuus, – a narratio 82, 82⁶⁵; – um ac probabile 252; – um vitium 127; – a verba 250; – e loqui 250
persuadere, persuasio, persuasibilis (als Leistung der Rhetorik) 3, 3¹¹⁻¹⁶, 12¹³³; dicere ad – dendum accomodate 3, 11
perversio 265, 309
pes, pedes (metrisch) 324
planus, – us cursus 328; – us sermo 251; – a narratio 82⁶⁵, 248; – e dicere (loqui) 85, 249, 250, 330, 332
Pleonasmus 248, 252, 262
Polyptoton s. πολύπτωτον
polysigma 323
positiones (θέσεις) 17, 17³²; – es privatae, inspectivae sive intellectivae 17; – es activae, civiles 17³²; – es duplices, simplices 17³⁸
possibile 168, 173, 174
potestas (im Täter liegende Fähigkeit) 32, 32⁶², 118
praecepta, contra – a 74, 74¹⁴¹

praeceptio 277
praecisio 290
praedictio 278f.
praedulcia verba 252
praeexercitationes, praeexercitamina 16
praeiudicia (als unkünstl. Beweise) 98
praelocutio laboriosa 71
praemunitio 277f., 279
praeparatio 31, 59, 220, 277, 277²¹, 279
praescriptio (παραγραφή) 42
praestructio 59, 220, 277²¹, 279
praesumptio 277
praeteritio 83, 221, 289, 289¹⁷⁹
Predigt, kirchliche 4
principalis narratio 77
principium, – a (von der Einleitung als Teil der Rede) 24, 25¹¹⁴, 58⁴², 59, 59⁴⁵, *61ff.*, 217, 220, 222; (Art des *exordium*) 71, 223f.; – um subdolum, – a longiora (von der *insinuatio*) 71; – um a nostra persona 67, 159
probabilis, – is narratio 82, 82⁶⁶; – is sermo 251; – is oratio 251; – e (als Teil des Konjekturalstatus) 111, 111¹⁵⁹, 229f.; – e (als *argumentatio probabilis*) 119, 126; – e 251f.
probare 11¹¹³, 12, 12¹³⁰, 333³⁶
probatio (Beweis) 58⁴¹, 95, 137, 222, 222¹¹¹; – ones inartificiales 120; evidens – o 102; correptior – o 103
pronominatio 261, *263*
pronuntiatio (Vortrag) 11, 11¹²⁷, 137, 215, 216, 217, 263, 329, *353–355*
prooemium 56²⁸, 58⁴¹, 60¹, 220, 222, 222¹¹¹; Proömium 56, *61–75*, 79, 81, 82, 90, 125, 148, 150, 153, 158, 159, 162, 178, 214, *218*, 219; (*dispositio* des) 223–227; 277; s. auch προοίμιον
propositio a) als Teil der Rede (Ankündigung des Themas u. des Beweiszieles) 59, 59⁴⁵, 80, *91–95*, 221, 222, 222¹¹¹;

b) Vordersatz im Syllogismus 103, 104, 105; (Widerlegung) 127
propositum (*quaestio infinita*) 15, 15⁸, 17; – um actionis, cognitionis 17
proprius, – us locus accusatoris 118, defensoris 118f.; 149, 155, 230; – ii loci 118, 119, 230; – um (spezielles Merkmal bei der Definition) 116; – um argumentum 119; – um verbum 251, 266, 268; – a verba 249, 250, 251, 260, 262, 331
prosopopoeia, Prosopopoeie s. προσωποποιΐα
prudentia 112
publicum sive commune controversiarum genus 22f.
purgatio (Teil der *concessio*) 41, 41¹⁶⁵/¹⁶⁷, 112, 238; (*dispositio* der) 239
purus, – us sermo 85, 249, 330; – e loqui 250
pusilla verba 252
Pyrrhichius 328
quaesitum 285
quaestio, – ones (Frage als Gegenstand der Untersuchung) 23, 30 (– o facti), 43, 92; – o simplex, coniuncta (ex pluribus, ex comparatione) 15, 23, absoluta, conparativa 15; a) – ones civiles (allgemein verständliche Fragen des öffentlichen Lebens) 3, 3¹²/¹³, 6⁴⁹, 9, 15; b) als θέσις 15, 15¹⁹, 16²⁰, 60; – o infinita 15, 16, 30, generalis, philosopho conveniens 15; c) als ὑπόθεσις – o finita 17, 17³⁹, 30, specialis 15; d) bei den *status* 29; – o summa 29; – ones rationales 29; – o finitiva 32⁷⁰; – o actionis 42; – ones sive actionis sive translationis 42¹⁷⁸; e) – ones 59, epilogica – o 60; f) mit der Folter verbundene Untersuchungen (als unkünstl. Beweise) 97, 98, *101*

quale sit 43, 43[195], 115
qualitas a) als *status* 29, 36–41, 44, 46, 86, 117[216], 174, 210; (*dispositio* der) 234–240; – as negotialis 37, 37[119–122/127], 234; – as iuridicialis 37, 37[127], 38, 234; – as iuridicialis absoluta *38f.*, 38[133/136]; 117[216], 234f.; – as iuridicialis adsumptiva 38, 38[133], *39–41*, 49, 117[216], 235–240; – as conpensativa 39; b) allgemein 130; – as structurae 11
quantitas (als *status*) 43; – as verborum 11
quid sit (in *status*-Fragen) 33, 33[80], 43, 43[195], 115, 233; – d potissimum faciendum sit 171
ratio a) Begründung des eigenen Standpunktes durch den Beklagten 28; b) Glied des Syllogismus 105, 217; c) Begründung bei Gnomen 123; – o subiecta 258; d) Lehrsystem 141; e) als sprachregelnde Norm 250; – o Latine atque emendate loquendi 250; – o faciendi 115
ratiocinatio a) als *status legalis* (Syllogismus) 44, 45, 50, *51f.*; (*dispositio* der) 242f.; b) Schlußfolgerungsmethode in der *argumentatio* (Syllogismus, Enthymem, Epicherem) 102, 105, 136; c) Motiv des Täters 117, 118, 229, 230; d) *genus amplificationis* 157f., 256; e) Figur 286
ratiocinativum 44[1/10]
ratiocinativus status 44[10]
rationalis, – e genus 23f., 29, 30; – es status *28–44*, 45, 229–240; – es quaestiones 29
recapitulatio 83; (Teil der *peroratio*) 56[28], 60, 147, 148, 149, *150–153*, 158, 221, 307
rectum 172
redditio *302*, 303, 305; – o contraria 254
reduplicatio 301[43], 305
reflexio 306

refutatio (Widerlegung, Teil der Rede) 56, 57, 58, 58[41], 60, 95, *124–133*, 137, 222, 222[111]; – o accusationis 30[30]
regressio 301[45]
regulae loquendi 250
relatio a) als Teil des *status qualitatis 39*, 39[148], 40, 237; – o criminis 39, 39[141], 40; (*dispositio* der) 236f.; b) als Figur 303[83]
relativus status 39[141]; – a (pars) 38[135]
relatum 303
remotio (Teil des *status qualitatis*) 40, 40[160/161]; 237; – o criminis *40*, 40[160/161], 132; (*dispositio* der) 238
remotivus status 40
renovatio 147, 148
repetita narratio 78, 85
repetitio a) von der *peroratio*: – o rerum 149; b) als Figur 302[46], 303
repraesentatio 252
reprehensio a) als *status* (*translatio*) 42; b) als Teil der Rede (*refutatio*) 58, 58[37], 59, 59[45], 95, *124–129*, 133, 221 (ἀναγκαῖα), 222, 223
res a) gedanklicher Inhalt 11, 216; b) (Tat)sache 64, 149, 158, 203, 288; ridiculum in re (Sachwitz) 143f.; a re digressio 91; (*argumentorum locus*) 115–117; res iudicatae 98 (als unkünstl. Beweise); res maximae 168; res expetendae 168, 172; res animi, corporis, externae 200
responsa (als unkünstl. Beweise) 98
reticentia 290
reversio 309[11]
rhetores, rhetorici 2
Rhythmus 2, 190, 259, 316, 318, 320, *323–329*, 333, 336, 340, 341, 342; rhythmische Periode 247, 259, 260, 270, 272, 323
ridiculus, – a res 138; – um

138–147; *genera* des – um 143ff.
risus captatus 138, 139
robur (als *virtus elocutionis*) 251
robustum genus dicendi 332, 335
rumores (als unkünstl. Beweise) 97, 98, *101*
sal(es) 138, 141
salsum 138
sannio 145
scala 303
schema (Figur) – a per suggestionem 286; venustum – a 286, 286[140], 287; – ata per adiectionem, detractionem, mutationem, ordinem 299; – a (= *inopinatum*) 288
Schmuck der Rede (allgemein) 62, 73, 85, 88, 94, 119, 121, 124, 136, 178, 190, 226, 249, 252, 255, *260*, 262, 264, 265, 269, 271, 307, 315, 322, 331, 332
scientia a) von der Rhetorik (Wissenschaft) 3[12], 5, 5[41]; – a bene dicendi 4, 4[24], 5; – a recte dicendi 4; b) bei den θέσεις (theoretische Besinnung) 17; c) geistige Tätigkeit (allgemein) 202
scriptum a) Text des Gesetzes 45, 47, 48, 50, 51, 240; b) als *status legalis*: – um et voluntas 44, 44[1], *46–48*, 51, 117[216]; (*dispositio* des) 240f.; – um et sententia 44[3]; – i et voluntatis status 44[3], 48; – i et voluntatis quaestio 46
scurrile 139
Senar 318, 325
senatus consulta (als unkünstl. Beweise) 98
sententia, – ae a) Sentenz 99, 104, *122–124*, 227, *257f.*, 274, 332; – ae simplices 257f.; – ae duplices 258; b) von der *voluntas* des Gesetzestextes 240; c) figurae – arum 272, 282, 284
separatio (Trennung, allgemein) 296

Wort- und Sachregister

separatum (exordium) 74, 74¹⁴¹
sequens 264
series, conexa – es (von der Periode) 316
sermo (Ausdrucksweise, Stil), – o Latinus, purus 85, 249, 330; – o planus, probabilis 251; – o figuratus 275; (beim Vortrag) 354
sermocinatio 291, 332
siccum genus 335
signum, – a a) Anzeichen bei der Tat 32, 99, 232; b) Teil des Konjekturalstatus 111, 111¹⁵⁹, 230; c) Teil der *argumentatio probabilis* 126, 127
similis, – e casibus 311; – e determinatione 312⁶²; – iter cadens 311; – iter desinens 312
similitudo, – ines (Beispiel) a) als Beweismittel *119–122*, 119³; b) als Schmuckmittel (*ornatus*) 253f.; c) per – inem (Teil der Allegorie) 262
simplex, – ex perihodos 317; – ex quaestio 15, 23; – ex causa 23, 23⁹⁷; – ex genus 23; – ex controversia 31f.; – ices positiones 17³⁸; – ices sententiae 257f.; – ices voces 269; – cia verba 249, 260
simulatio 146, 263, 280, 281, 287
singula verba 250
Sinnfigur(en) 271, 274, *275–295*, 312, 313, 332; s. auch σχήματα διανοίας
soloecismus, Soloezismen 8, 250, 295
solutus, – a oratio *315f.*, 331, 335; – um 300
sonus vocis 11
species a) Art einer Gattung: 78, 93, 95, 105, 115, 173, 262, 332³³ (allgemein); 20 (der Asystata); 22f. (*causae*); 34 (der *definitiones duplices*); 37 (des *status*); 38, 46 (der *qualitas*); 40, 236 (der *qualitas adsumptiva*); 44 (der *constitutiones legales*); 51f. (des Syllogismus); 146 (des Lächerlichen); 173 (der *honestas*); 228 (der Gerichtsrede); 264 (der Ironie); 277 (der *praesumptio*); 299 (der Wortfiguren); 300 (der ἔλλειψις); b) Artbegriff bei der Definition 115

Spondeus 325, 326, 327, 328; spondeischer Rhythmus 341
Sprichwörter 122, 257, 264
squalentia et ieiunidica 335
status (Hauptfragestellung) 18, 21, 23, *28–30* 31, 32, 36, 42, 43 (– us facti, nominis, generis, actionis), 44, 46, 110; 117, 117²¹⁶ (*loci*); 124, 126, 132, 134, 152; – us rationales *28–44*, 45; (*dispositio* der) 229–240; – us legales *44–52*, 44¹, 117²¹⁶, 152, 174, 175; (*dispositio* der) 240–243; – us incidens 175; – us ambiguitatis, coniecturae, (de)finitionis, generis legalis, rationalis, legum controversiarum, qualitatis, scripti et voluntatis, syllogismi, translationis; s. die einzelnen Lemmata
Statuslehre *29ff.*, 110, 152, 174f., 209, (*dispositio* der) 229ff.
structura (*compositio*) 315ff.; – a aspera 322; – a hiulca 322, 322¹¹⁶
suadere 167, 175
suasio 10, 167
suasoria (ae) 43, 167, 178
suavis, – is narratio 85, 85¹⁰⁰; – e 85, 139, 251; – e ornatum 84, 249, 251⁶⁵, 330
suavitas 12, 331
subdistinctio 315¹¹⁰
subdolum principium (von der *insinuatio*) 71
subiectio 286, 287
sublimis, – is oratio 253; – e genus 335
subtilis (vom Redner) 331; – is oratio 331; – e genus 331²⁸, 332, 333³⁶, 335
subtilitas 335
sucus 329, 331
suffessio 280⁶³
sufflatum, – a 331, 335
summissus orator 331
sumpta (argumenta) 126, 127
superlatio 261, 264⁴⁵
supervacua operositas 252
sustentatio 288
syllogismus, Syllogismus a) als *status* 51f., 117²¹⁶, (*dispositio* des) 242f.; b) als Methode *102–106*, 135, 136; – us imperfectus, pars – i 103
symbuleutische Beredsamkeit (Rede) 1, 10, 54, 57, 153, 159, *166–176*, 178, 197, 214, 215, 222, 227
Synaloephe s. συναλοιφή
synecdoche, Synekdoche s. συνεκδοχή
Synonyma, Synonymie 83, 190, 280, 303, 304, 306, 342
tabulae (Urkunden als unkünstl. Beweise) 98, 100f.
tardus cursus 328
Tautologie s. ταυτολογία
tempus (als *locus argumentorum*) 112, 115, 121
tenuis, – is orator 331; – e genus 332, 332³², 335
tepidum genus dicendi 335
termini technici 251
testes (als unkünstl. Beweise) 97, 98, *99f.*
testimonia (als unkünstl. Beweise) 98, *99f.*; – a divina 98; (als *auctoritates*) 122
thema malae opinionis 71
Thesen s. θέσις
tmesis s. τμῆσις
Topik der Beweise 107–119
topographiae 204
tormentum, – a (als unkünstl. Beweis) 98, *101*
traductio 306
transgressio 261, *265f.*, 309
transiectio 265, 309; – o verborum 249
translatio a) als *status* 29, *42–44*,

$42^{183/185}$, $43^{187/192}$, 45, 56, 117^{216}, 232; – o rationalis, legalis 45; (*dispositio* der) 240; – o criminis (= *relatio*) 39^{141}, 236; b) von der Metapher 261, *266–268*
translatum (exordium) 74, 74^{141}; – a verba 260, 262, 271
transumptio 266
trispondiacus cursus 328
Trochaeus 326, 326^{171}, 327, 328, 342; trochaeischer Rhythmus 341, 342
tropus 261–266, 273, 309; Tropen 73, 74, 75, 83, 255, *261–270*, 271, 272, 274, 275, 308, 340, 341; (Unterschied zwischen Tropen u. Figuren) 272f.
tumidum genus 335; – a verba 252; – a 335
turpe 10; – e genus 24, 24^{104}, 71^{109}, 223
uber genus dicendi 335; – ius aliquantoque robustius genus 331
unkünstlicher Beweis 87, *97–101*, 122, 125
urbanitas 138, 139, 142
urbanum 139
usitata verba 249
usus dicendi (Rederoutine) von der Rhetorik 5^{41}
utile 10, *171–174*
utilitas 168, 169, *171–174*, 218; dispositio – tatis 218
utrum potius 31; – m potius faciendum sit 171
variatio (*numerus*-Gesetz) 327f.
varie loqui 136
vehemens genus dicendi 331^{28}, 332^{32}, 333^{36}, 335
velox cursus 328
venia (Teil des *status qualitatis*) 40; – a purgativa 41; – a deprecativa 41^{172}; – alis (qualitas) 237
venustas 335
venustum 139; – um schema 286, 286^{140}, 287
verbum, – a (sprachliche Form, Gegensatz: *res*) 11, ridiculum in – o 145, 216, 217, 288; Arten: – a propria 249, 250, 251, 260, 262, 266, 268, 331; – a collocata, usitata 249; – a simplicia 249, 260; – a accomodata, apte collocata, emendata, figurata, Latina, ornata, perspicua, singula 250; – a coniuncta 250, 315; – a abundantia, arcessita, exultantia, praedulcia, pusilla, tumida 252; – a continuata 260; – a inusitata, novata 260, 271; – a translata 260, 262, 271; – a ex coniunctione facta 269; – a extranea 331
verisimilis narratio 82, $82^{66/70}$, 248; – e 84
vestigia (Spuren als Anhaltspunkt für die Tat) 32
vetustas (Richtlinie für die sprachliche Korrektheit) 250, 295
victoria (durch die Rede) 12
vincta atque contexta oratio 316
vir bonus 4, 64, 67, 70, 200
virtus, – utes a) ethisch (Gegenstand des Lobes) 196, 201f.; (personifiziert) 293; b) gedankliche u. sprachliche Qualität: – es narrationis 82ff.; – es necessariae 82–85, 86; – es adsumptae (ad ornandum) 84–86; – es der *partitio* u. *propositio* 93, 95; – utes (dicendi) 136, 249, 250, 254, 265, 274, 329, 330, 330^{12}, 332
vis (beim *genus grande*) 332; – s ac facultas oratoris 213
visio 255
vita (Teil des Konjekturalstatus) 111, *229f.*
vitium, – a (Fehler, Verstoß) – a des Proömium 74f.; – a gegen die *brevitas* 83; – a narrationis 87f.; – a des *genus argumentationis* 127f.; *aenigma* als – um 262; – um perspicuum 127; – a obscura 127
vituperatio 10; – ones (Tadelreden) 177f., 196, 197, 208, 210
voluntas a) Wille des Gesetzgebers 47, 48, 51, 240; b) scriptum et – s (als *status legalis*) 44, 44^1, *46–48*, 51, 117^{216}, 240f.; c) vom Täter 118
vox (als Bestandteil der *pronuntiatio*) 216, 354; (von der Wortbildung) – ces simplices 269
vulgare (exordium) 74, 74^{141}
vultus (beim Vortrag) 216, 354
Witz 137, 142ff. a) Wortwitz 91, 143f.; b) Sachwitz 143f., 145f.
Wortfigur(en) 259, 265, 272, 274, 279, 290, *295–315*, 323, 332, 337; (grammatische) 295–299, (rhetorische) 299–308; s. auch σχήματα λέξεως
Zeugen, Zeugnisse (als unkünstl. Beweise) 29, 86, 97, 98, *99f.*, 120, 125, 129, 137, 229

2. GRIECHISCH

ἁβρὸς λόγος 339
ἀγαθά, τὰ ἔξω τῆς ἀρετῆς 182, 200
ἀγῶνες (Beweis) 54¹⁴, 55, 56, 57, 219, 220
ἀγωνιστικὴ λέξις 260, 330, 338
ἀδιανόητα 251
ἄδικον 9, 170
ἄδοξον σχῆμα 24, 24¹⁰⁵, 25f., 70
ἀδρεπήβολον, τὸ περὶ τὰς νοήσεις 334
ἀδρὸν γένος 332, 335
ἀδύνατον 168, 171
αἴνιγμα (aenigma, Rätsel) 262, 268
αἰσχρόν (turpe) 10, 170, 198
Αἰσώπειοι καὶ Λιβυκοὶ λόγοι 122³⁰
αἰτία (Teil des Proömium) 72; – αι 84
αἰτιολογία (Aetiologie) 286f., 286¹⁴⁰
αἴτιον a) causativum litis 26, 28, 28⁸, 32; b) συνέχον: – ον αἰτίου 28¹⁰, – ον ἐξ αἰτίου 28¹⁰
ἀκίνδυνον 170, 174
ἀκμή (höchste Kraft der Darstellung) 339, 340, 342, 345
ἀκρίβεια διαλέκτου 252
ἄκυρον (ὄνομα) 250
ἀλήθεια 340
ἀληθής, – ης διήγησις 77; – εῖς γνῶμαι 258
ἀληθινὸς λόγος 339, 343f.
ἀλλά (at, Formel der subiectio) 286
ἀλλαγή 295; – αἱ 296
ἀλληγορία (allegoria) 262f., 338
ἀλλοίωσις 296; (Bildung der – εις) 296; – εως σχῆμα 295
ἄλυτον εἰκός 106
ἁμάρτημα 140
ἀμεταφορητικόν 74
ἀμφιβολία (Amphibolie) a) als status 31, 44, 50f., 129; (τάξις) 241f.; b) als tropus 262; c) als sprachlicher Fehler 321
ἀμφίβολον, μή 260
ἀμφιδιόρθωσις 280
ἀμφίδοξον σχῆμα 24, 24¹⁰⁵, 26, 70f.
ἀναγκαῖον 107 (σημεῖον), 168, 170, 171, 173, 174, 198; – αι ἀρεταὶ λέξεως 249; – α (reprehensio) 60, 221
ἀναδίπλωσις a) reduplicatio 301, 302, 305, 336, 337; b) geminatio 302
ἀναιρέσεις 341
ἀνακεφαλαίωσις a) pars orationis 58, 60, 221; b) Teil des Epilogs 147, 148–153, 158, 191
ἀνάκλασις 306
ἀνακλητικά 162
ἀνακοίνωσις 288
ἀναμιμνῄσκειν κεφαλαιωδῶς 150
ἀνάμνησις (ἀνακεφαλαίωσις) 147, 148–153; (τόποι) 151–153
ἀνανέωσις (pars orationis) 59, 220
ἀνάπαυσις (Schluß, clausula) 340, 343, 344
ἀνασκευή (refutatio, Widerlegung) 16, 16²⁶, 95, 124
ἀναστροφή (anastrophe, Anastrophe) a) als tropus 262, 265, 265⁵⁷; b) als Wortfigur 309f.; – ἡ πλεονάζουσα 303
ἀναφορά (Anapher) 303, 304, 305, 306, 337
ἀνθηρὸν γένος 332, 335
ἀνθυπαλλαγή 336
ἀνθυποφορά 130, 136
ἀνταπόδοσις a) Teil des Proömium 72; b) redditio contraria 254
ἀντέγκλημα (relatio criminis) 39, 39¹³⁹/¹⁴⁷; (τάξις) 236f.
ἀντιδιήγησις 77
ἀντίδικος (adversarius, Gegner) πρὸς τὸν – ον 56, 144, 147, 221, 222; – οι 66; πρὸς τοὺς – ους 57, 58, 222, 228f.
ἀντίθεσις a) qualitas adsumptiva 38–41, 42, 234; (τάξις) 235–240; b) Behauptung des Gegners 124, 130 (ἄτεχνος, ἔντεχνος, παραδειγματική), 131, 132; c) – εις (für die stilistische Gestaltung) 259, 271; d) als Sinn- und Wortfigur 294f., 312ff.
ἀντιθετικαί 237
ἀντίθετον, – α (antitheton) 248, 270; (als Sinn- und Wortfigur) 293–295, 295²⁶⁵, 296, 312ff.
ἀντικείμενα 313; – α ὀνόματα, πράγματα 313, 314; – ἡ λέξις (ἀντίθετον) 294, 313
ἀντίληψις (qualitas absoluta) 38f., 42, 234; (τάξις) 234f.
ἀντιμετάθεσις 306
ἀντινομία (leges contrariae) 44, 48–50, 242; (τάξις) 242
ἀντιπαραβολή 222
ἀντιπαράστασις 129, 130, 233, 234
ἀντιπρότασις 136
ἀντίστασις a) comparatio als status 39f., 39¹⁴²; (τάξις) 237f.; b) distinctio 306
ἀντιστροφή 296, 298, 304
ἀντισυλλογισμός (Gegensyllogismen) 126, 228
ἀντίφρασις a) Ironie 262, 264; b) παράλειψις 289
ἀντονομασία (antonomasia, Antonomasie) 262, 263, 264, 303, 307
ἀξιοπιστία 338, 345
ἀξίωμα 340f.; – α τοῦ λόγου 339
ἀξίωσις (Teil des Proömium) 72

ἀπαγγελία (διήγησις) 57, 222; (λέξις) 339
ἀπαγωγὴ εἰς ἄτοπον 132
ἀπειλή 270
ἀπίστως, μή – ως ποιεῖν 248
ἁπλοῦς, – οὖς τρόπος ὀνομάτων 248, 266; – αἱ θέσεις 17; – αἱ γνῶμαι 258, – ἃ ὀνόματα 249
ἀπόδειξις (evidens probatio) 102, 149, 156
ἀπόδοσις (Teil des Proömium) 72
ἀποθέσεις ἄδοξοι 203
ἀπὸ κοινοῦ 299⁶, 300
ἀπόκρισις 271; – εις 222
ἀπολογία a) vor Gericht 9; b) als Gattungsbegriff 182, 183, 185
ἀπολογητικόν 74; – ὸν εἶδος 9, 29, 170, 197, 213²²
ἀπόλογος (Fabel) 75
ἀπολογούμενοι 65f.
ἀποποίησις 276
ἀπορία 287
ἀποσιώπησις 165, 255, 276, 290f., 300, 337, 343
ἀποστάσεις 341
ἀποστροφή (Apostrophen) 74, 87, 276, 282–284, 291, 299, 341, 342, 344; – ἡ προσώπου 296, 298; – ἧς σχῆμα 297
ἀποτρεπτικὸν εἶδος 9, 167, 197, 213²²
ἀποτρέπων λόγος 258
ἀποτροπή (im genus deliberativum) 10, 167
ἀπόφασις a) Verneinung 28, 30, 32, 174, 209; b) Figur: sive αἰτιολογία 286¹⁴⁰
ἀρετή a) – αἱ des Proömium 63f.; – αἱ τῆς διηγήσεως 82, 85, 248, 249, 251; b) – αἱ τῆς λέξεως (virtutes dicendi, Stilqualitäten) 249, 250, 251, 252, 338; (ἀναγκαῖαι) 249; (ἐπίθετοι) 249; c) als Gegenstand des Lobes 180, 184, 187, 188f., 191, 198–200; d) – ἡ πολιτική 7
ἄρθρα 249
ἁρμονία a) beim Vortrag 215; b) als τάξις 249, 331; c) als σύνθεσις 333f.
ἀρρυθμία 324
ἄρρυθμον τῆς λέξεως σχῆμα 270; – ον ἀπέραντον 324
ἄρσις 324
ἀσάφεια 85, 340
ἄσκησις (exercitatio) 7
ἀστεϊσμός (feiner Witz, Selbstironie) 85, 262, 263, 264, 264⁴⁰
ἀστεῖον γράφειν 248; – α τῶν ἀποφθεγμάτων 144; – α λέγειν (vom Feinen und Gefälligen in der Sprache) 247, 260
ἀσύμφορον 170
ἀσύνδετον (Asyndeton) 248, 299f., 299⁶, 306, 308; – ον ἢ διάλυσις 299⁷; – ον vel διάλυτον 299⁷; – α (Asyndeta) 83, 300, 320
ἀσύστατον, – α 18–22
ἄτεχνοι πίστεις (unkünstliche Beweise) 29, 96, 97ff., 113, 129, 132
ἄτομα ὀνόματα 249
ἄτοπον (Möglichkeit der Fragestellung) 134
αὔξειν, τό (als Enthymem) 153
αὔξησις (amplificatio) 85, 88; (im Epilog) 148, 153–158; 183, 194, 206, 208f., 219, 226, 229, 252, 263, 276
αὐστηρὸν γένος 335; – ἁ ἁρμονία 333; – ἁ σύνθεσις 330
ἀφέλεια a) natürliche Einfachheit als Schmuckmittel 255; b) Naivität 339, 342, 343, 344
ἀφελὴς λόγος 338; – ἧς περίοδος 317
ἀφήγησις 78
ἄφοδος 91
ἀφορμαί, ῥητορικαί, συμβουλευτικοί (des Thrasymachos) 8; – αἱ 17
ἄχαρις χαρακτήρ 338
βάθος 334
βαρὺ γένος 332³²
βαρύτης 338, 339, 344; πάνυ ἐν – τητι διήγησις 88

βάσανος (als unkünstl. Beweis) 101
βασιλικὸς λόγος 205
βάσις (Teil des Proömium) 72
βεβαίωσις a) Teil des Proömium 72; b) Beweis 57, 95, 124, 222, (des Anklägers) 228
βίαιον εἶδος (der λύσις) 130, 131
βλαβερόν 10, 170
βραχυλογία 254; – γεῖν 248
βραχύς a) ἀρετὴ der διήγησις: – εῖα 82; – έως ποιεῖν 248; b) von der kurzen Rede: – ὑ γένος 335
βραχύτης 262, 338
βωμολοχία 144
γαμικὸς λόγος 207
γελοῖον 138–147; (Definition des) 139f., 142f.; – ον γένος ἀπὸ τῆς λέξεως 140; – ον γένος ἐκ τῶν πραγμάτων 140, 141
γενεθλιακὸς λόγος (genethliacus) 205, 207f.
γένος, – η a) Gattung, allgemein 9, 75, 120; b) Gattung der Rede 9, 10, 75, 107, 170, 198, 213, 224, 225; c) grammatisches genus 296
γλαφυρὸς χαρακτήρ 260, 335, 336; – ἁ ἁρμονία 333; – ἁ σύνθεσις 330
γλυκύτης (Lieblichkeit der Darstellung) 338, 339, 342f., 345
γλῶτται (Archaismen) 260
γνώμη (γνῶμαι) a) als Beweismittel 122–124, 122³⁹; (Definition der) 122f.; b) als κοινὸς τόπος der amplificatio 157; c) als Schmuckmittel 85, 257f.; d) Entstehungsart der ἰδέαι und der δεινότης 339
γνωμικόν 74; – ὸν εἶδος der Enthymeme und Epichireme 103f.
γνωμολογία 8
γνωσιγραφία 152
γοργότης (Lebhaftigkeit der

Griechisch

Darstellung) 339, 340, *342*, 345
γραφική λέξις 260, 330, 338
γυμνάσματα 7
δέησις 282
δεικτικόν 344; – ὸν εἶδος der Enthymeme und Epichireme 103f., 106
δεινὸς χαρακτήρ 260, *337f.*
δεινότης a) als χαρακτὴρ τῆς λέξεως 335, *337f.*; b) als Beherrschung der Stilarten 337; c) als ἰδέα 338, 339, 340, 344, 345
δείνωσις a) Teil des Epilogs 60, 147, 148, 149; (bei den πάθη) 158, 162; b) als Schmuckmittel 165, 255, 257
δήλωσις 224
δημηγορία, – αι (öffentlich beratende Rede) 167, 177
δημηγορικὸν γένος 9, *167ff.*, 178, 197, 198, 213, 224, 227, 248
διαβολὴ τοῦ ἀντιδίκου 66
διαθεῖναί πως (Stimmung des Hörers) 96, 158
διάθεσις (*dispositio*) 213, 213[16], 216
διαίρεσις a) als *pars orationis* 59 (ἀναγκαία, προηγουμένη), 135, 147; b) als Einteilung des Stoffes bei der οἰκονομία 217; κατὰ – ιν 235
διακοπή (*diacope*) 265, 265[57]
διαλεκτικὸν γένος 285
διάλεκτος 330
διάλογος 292
διάλυσις (*dialysis*) a) als λύσις 124; b) Art des ὑπερβατόν 265[57], 266; c) als ἀσύνδετον 299[7]
διάλυτον (ἀσύνδετον) 299[7]
διάνοια a) Wille des Gesetzgebers 44[2], 47, 129, 241; b) Gedanken(inhalt) der χαρακτῆρες τῆς λέξεως 335, 336, 337, 339
διαπλασιασμοί 162, 302
διαπόρησις 276, *287f.*, 344; – εις 162, 165
διασκευή 78

διασυρμός 139, *264*, 276
διατύπωσις 275, 276, *289*, 289[177]; – ις τοῦ πράγματος 157
διαφορά 306
διεξοδικοὶ λόγοι 319
διέξοδος (*pars orationis*) 55, 59, *89–91*, 219, 220; κατὰ – ον ἀντίθεσις 314
διήγημα 76
διηγηματικόν (Darstellungsweise) 335
διήγησις (*narratio*, Erzählung des Hergangs) 55, 55[19], 57, 58, *75–89*; – ις γενική, εἰδική, ἐπὶ κριτῶν λεγομένη 77; – ις μερική 77, 77[26]; – ις ἐγκατάσκευος 78[33], 88, 88[123]; 147, 148, 149, 220, 222, 223; (τάξις) 227; (ἀρεταί) 82, 84f., 248, 249, 251; ὡς – ις 58; παθητικαί – εις 88, 288; τόποι – εως 88; (Satzform) 270
δικαιολογία 36, 37, 37[127], *38f.*, 45; – α κατ' ἀντίληψιν, κατ' ἀντίθεσιν 38; – αι (Gerichtsreden) 167
δικαιολογικὴ στάσις 38, 234; – ἡ ποιότης 38
δίκαιον 9, 38, 153, 157, 169, 170, 170[57], 173, 173[83], 174, 240
δικανικός, – ὸς λόγος 344; – ὸν γένος 9, 10, 29, 57, 187, 197, 213, 214
δίλημμα (διλήμματον) 127[28]
διόρθωσις (*correctio*) 279f.
διπλασιολογία 8
διπλοῦς, – αῖ θέσεις 17; – ᾶ ὀνόματα 260
δόξα τοῦ λέγοντος 96, 159, 227
δραματικόν (Darstellungsweise) 76, 335
δριμύτης (scharfer Witz) 339, *343*, 345
δύναμις a) Rhetorik als Fertigkeit 5, 6; – ις τεχνικὴ πιθανοῦ λόγου 3; – ις τοῦ εὖ λέγειν 4, 5[35]; – ις περὶ λόγον 5[44]; b) als *materia causae*

115; c) Wirkung der Rede 198
δυνατόν 38, 157, 170, 173, 178[83], 174, 198, 240
δυσπαρακολούθητον σχῆμα 24, 71
ἐγκωμιαστικαὶ διηγήσεις 88
ἐγκωμιαστικὸν γένος 177, 194; – ὸν εἶδος 9, 153f., 170, 187, 197, 200, 213[22]
ἐγκώμιον (Enkomion) *182ff.*; (Lehre des) 187f.; (Muster des) 188–190; (prosaisches) 1, 190
ἔθος 174
εἶδος, – η (Art, Gattung) 9 (der τέχνη πιθανουργική); 9, 170, 197, 208, 213, 221, 247 (der λόγοι πολιτικοί); 75, *103f.* (des Enthymems); 76f. (der Erzählung); 78 (der παραδιήγησις); 94 (*partes*); 96f. (der πίστεις); 120 (– ος ἀπὸ τοῦ πράγματος); 120, 122 (der Beispiele); 123 (der begründenden Gnomen); 161 (der πάθη); 167 (des γένος δημηγορικόν); 222; 240 (der *status legales*); 274 (der σχήματα λέξεως u. διανοίας); 275 (des *ductus*); 295f. (der ἐναλλαγή); 301ff. (des Pleonasmus); 339 (der σαφήνεια); 344 (der ἰδέαι)
εἰκασμός 262
εἰκονολογία 8
εἰκός (Wahrscheinlichkeit, vor allem in der rhetorischen Beweisführung) 8, 54, 55, 55[26], 56, 57, 107, 120, 194, 214, 215, 221, 227, 228; (in der *narratio*) 84; – ὸς εὔλογον, πιθανόν, ἄλυτον 106; – ὸς φαινόμενον 215; κατὰ τὸ – ός 97, 106, 120; – ότα 106, 125, 221
εἰκών, εἰκόνες (*imago*) 119, 253, 259, 262
εἰρομένη λέξις 316
εἰρωνεία (*ironia*) 144, 247, 262, *263f.*, 264[40], 273, 276; – ας

σχῆμα 270; s. auch *ironia*, Ironie
εἰσφορὰ νόμων 152; – ἀ ψηφίσματος 152
ἔκβασις (*pars deliberationis*) 174
ἐκβησόμενον 38, 131, 174, 240
ἐκβολὴ τοῦ ἐλέου 157
ἔκθλιψις (in der Metrik) 322
ἔκλειψις παντελής (von der ἀποσιώπησις) 290
ἐκλογὴ τῶν ὀνομάτων 217, 249, 331, 335
ἐκφώνησις 282
ἐλεγκτικὸν εἶδος der Enthymeme und Epichireme 103f.
ἔλεγχος 222
ἔλεος (Teil des Epilogs) 149, 158, *162–166*; (τόποι) 164f.; – ος *sive* οἶκτος 60, 148; – οι (des Thrasymachos) 8, 11
ἔλλειψις 252, 299[6], *300*
ἑλληνίζειν 250[43], 259f., 330
Ἑλληνισμός (Sprachrichtigkeit) 85, 249, *250*, 252
ἔμμετρον τῆς λέξεως σχῆμα 270
ἐμπειρία (Erfahrung, Routine) von der Rhetorik 6, 9
ἔμφασις a) als *tropus* 262; b) als Figur 157, *254f.*, 276, 338; c) als ἰδέα 338, 345; κατὰ – ιν σχῆμα 27
ἐναλλαγή a) κατὰ – ήν (Einteilungskategorie der σχήματα) 276, 299; b) grammatische Figur 295, *296–299*
ἐναντίον σχῆμα 27
ἐνάργεια (*evidentia*) 84, 88, 252, *288f.*
ἔνδεια, *detractio* (Einteilungskategorie der σχήματα) 299, 299[4]; κατὰ – αν 276, 299
ἐνδιάθετον 344
ἔνδοξος, – ος γνώμη 122f., 257; – ον 38, 170, 173, 173[83], 174, 240; – ον σχῆμα 24, 24[105], *25*, *70*; – α ἐπιτηδεύματα 200
ἐνέργεια a) als Schmuckmittel 255, 267; b) als *tropus* 262
ἐνθύμημα, – ατα (Syllogismus der Rhetorik) *102–106*, 153, 208, 317; (σχήματα) 104
ἐνθυμηματικόν 74; – ά 106; τόποι τῶν – ὧν ἐπιχειρημάτων 107, 117
ἔννοια (Gedankeninhalt der Rede) 340, 343; σχήματα τῶν – ὧν 274
ἔννομον 170[57]
ἔνστασις *126*, 129, 130, 232, 234
ἐντευκτικὸς λόγος 9[81]
ἔντεχνοι πίστεις (künstliche Beweise) 75, 96, 97, *101ff.*, 106, 107, 113, 119, 120, 130, 159, 214
ἐντολή 270
ἐξαλλαγή a) κατὰ – ήν (Parodieren dialektischer Eigentümlichkeiten) 140; b) grammatische Figur 296, *298f.*
ἐξεργασία (*expolitio*) 217, 228
ἐξέτασις διανοίας 132; – ις τοῦ ἐναντίου 156
ἐξεταστικὸν εἶδος 9, 170, 197, 213[22]
ἐξηλλαγμέναι (grammatische Figuren) 295
ἐξουθενισμός (Art der Ironie) 264
ἐπαγωγή (Induktion) 102, 120; – ἡ συνεστραμμένη (Enthymem) 103
ἔπαινος 10, 191, 198, 200, 215
ἐπαναδίπλωσις (*inclusio*) *301f.*, 303, 309; (*redditio*) 303
ἐπανάληψις a) als *tropus* 262; b) als *repetitio* 165, 301, *302*; c) als *redditio* 303
ἐπανάμνησις 88
ἐπαναφορά 296, *303*, 342
ἐπεζευγμένον 83, 300, *301*, 315
ἐπεισόδια 83
ἐπενθύμημα (Epenthymem) 104
ἐπεξέλεγχος 222
ἐπερώτησις 285; – εως σχῆμα 270
ἐπιβατήριος λόγος 207
ἐπιβολή 303
ἐπιδεικτικός, – ὸς λόγος 61[5];
– ἡ ποιότης 36; – ὃν γένος 9, 10, 37, 158, *177ff.*, 197
ἐπιδιήγησις 77, 78, 85, 88, 222
ἐπιδιόρθωσις 276, 280
ἐπιείκεια 85, 339, 342, *343*, 344
ἐπιθαλάμιος λόγος 207
ἐπίθετοι (πίστεις) 95, 96, 97, 113; (ἀρεταὶ τῆς λέξεως) 249
ἐπίθετον, *epitheton*, Epitheton 83, 260, 342; (als *tropus*) 262, 263, *264*; (als rhetorische Wortfigur) 307f.
ἐπικερτόμησις 262, 264
ἐπίκρισις 341, 344
ἐπίλογος a) Schluß der Rede 54[14], 55, 55[19], 56, 57, 58, 60, 144, *147ff.*, 220, 221, 222, 223; b) Begründung bei der γνώμη *123*, 147, *257*
ἐπιμέλεια 338, 339, 345
ἐπιμονή 135[3], 276, 338, 342; (auch κατὰ τοῦ αὐτοῦ genannt) 135[3]
ἐπιστήμη (von der Rhetorik) 6; – ἡ λογική 5, 5[35]; – ἡ πειθοῦς 3[8]; – ἡ τοῦ εὖ λέγειν 4, 5; – ἡ τοῦ ὀρθῶς λέγειν 5
ἐπιστολικός (Brief) χαρακτήρ 337
ἐπιτάφιος λόγος (Epitaphios, Gefallenenrede) 1; (des Gorgias) 179f.; (des Perikles) 180f.; (des Lysias) 181; (des Sokrates) 181f., *192–194*; 208; (System des) 180f., 195, 196
ἐπιτροπή 281
ἐπιτροχασμός 276
ἐπιφορά, Epipher, *304*, 306
ἐπιφώνημα 257
ἐπιχείρημα 102, 103, *105f.*; – α πλαστόν 115[186]; στοιχεῖα δεικτικῶν – άτων 107–110
ἐπιχειρηματικὸν (= μικτόν) σχῆμα der Enthymeme 104
ἔργον τοῦ ῥήτορος 213
ἑρμηνεία διῃρημένη 316; – α καθαρά 252; – α κατεστραμμένη 316
ἐρώτημα 285
ἐρώτησις a) Befragung nach

Griechisch

dem Beweisverfahren 134; – εἰς 147, 222; b) Satzform 270; c) Figur 276, *285*
ἐσβολὴ τοῦ ἐλέου 165; (τόποι) 164f.
ἐσχηματισμένον 74; – α προβλήματα (*ductus*) 27, 275, 275[73]; – ος λόγος 275
ἑτεράριθμον 296, *297*
ἑτερογενές 295, 296
ἑτεροίωσις 296, *298f.*
ἑτεροπρόσωπον 295, 296, 297
ἑτερόπτωτον 296
ἑτεροσχημάτιστον 296, *298*
ἑτερόχρονον 296, 297
εὐδαιμονίζειν, εὐδαιμονισμός 200
εὐδοκιμοῦντα 144
εὔδοξον 170
εὔκολος 73, 74[136]; – α καὶ μέτρια σχήματα 74
εὐκρίνεια (Übersichtlichkeit der Darstellung) 339, *340*
εὖ λέγειν 4, 5, 217
εὐλογεῖν 187
εὔπορον 173
εὕρεσις (*inventio*, Auffinden der Hauptgesichtspunkte) 11, 11[118], 96, 213, *215*, 217, 247
εὐρυθμίαι 259
εὔρυθμον 324
εὐσεβές 174
εὐτελές 340
εὐφημία 88
εὐφημισμός 338
εὐχή 270
ἔφοδος 66, 71
ζεῦγμα 300f.
ζήτημα (Hauptfrage bei einem bestimmten Thema) 28, 92; – ατα 229; – ατα πολιτικά (*quaestiones civiles*) 3[13], 4, 5[35], 6, 9, 29
ἡδονή 85, 252
ἡδύ 139 (γελοῖον); 169, 170, 174; 259; – εἶα (διήγησις) 85
ἠθικός, – αἱ διηγήσεις 88; – αἱ ἠθοποιΐαι 292; – αἱ πίστεις 97
ἠθοποιΐα (*ethopoeia*) 152, 248, 252, 274, 276, *291f.*

ἦθος a) Affekt (im Epilog) *158ff.*; (ἦθος und πάθος) 97, *158–160*; b) allgemein 292, 300, 312; c) das Charakteristische der Darstellung 338, 339, 340, *342*, 344, 345; d) ἦθος τοῦ λέγοντος (Charakter des Sprechers) 84, 96, 97, 158, 159, 160f., 257; – ἡ κατὰ πάθη 160
θέσις (Thesis) a) *quaestio infinita 15–18*, 15[6], 15[19], 16[20], 16[21/26], 17[27], 18[46], 115, 197; – εἰς 30, 37, 174; b) – εἰς der Wörter 248; c) Senkung des Fußes 324
θεωρητικαὶ θέσεις 17
θεωρός 197, 198
ἰδέα(ι) τοῦ λόγου (Grundformen der Darstellung) 338–345
ἴδιος, – οἱ τόποι 110, 118; – α ὀνόματα 259
ἰδιότης 340; περὶ – τητος, id est de proprietate (= *finitio*) 32
ἱλαρὸς λόγος 336
ἴσα (bei der stilistischen Gestaltung) 271, 332; – α τὸ μέγεθος, τὸν ἀριθμόν 310
ἰσάζον (*commune*) 131
ἰσόκωλον (α) 2, *310*
ἱστορικόν 330; – ὸν διήγημα 76
ἰσχνὸς χαρακτήρ, – ὸν γένος 260, 332, 332[32], 333, 335, *336f.*; – ἡ λέξις 330
ἰσχνότης 337
καθαρότης (Reinheit der Darstellung) 338, 339, *340*, 345
καινὰ ὀνόματα 266; – ὰ λέγειν 144
καιρός a) – Lehre (Berücksichtigung der Zeit, des Ortes u. der Umstände) 55[26]; b) richtiger Zeitpunkt für die Anwendung rhetorischer Mittel 148
κακέμφατον 252
κακόζηλον 252, 336
κακοτεχνία (Rhetorik) 5, 5[41]
κακοφωνία 337

κάλλος (Schönheit der Darstellung) 339, 340, *342*
καλόν (*honestum*) 10, 169, 170, 170[57], 174, 198; (ethisch) 198–200; 219
καταδιήγησις 77, 78, 87
κατασκευή a) Teil des Proömium 72; b) ἀρετή der Erzählung 85; c) Beweis 16, 16[26], 95; d) ἀρετή τῆς λέξεως (= κόσμος) 252; – ἡ τροπική 252
κατάστασις 54, 54[14], 55, 78, 79, 219
κατάφασις (bejahende Behauptung) 28, 28[2], 30, 32, 174, 209
κατάχρησις (Katachrese) 157, 256, 262, *266*; s. auch *abusio*
κατεστραμμένη λέξις 316
κατηγορία 9; – ρεῖν 187
κατηγορικὸν εἶδος 9, 170, 197, 213[22]
κατήγοροι 65
κεφάλαιον a) στάσις 29; b) Inhaltsangabe der πρόθεσις 78
κλητικὸς λόγος *205*, 207
κλῖμαξ *303*, 337, 342
κλιμακωτὸν σχῆμα 303
κοινός, – ὸς τόπος 156, 164; – ἡ στάσις 36; – ἡ σύνθεσις 330; – οἱ τόποι 110f., 118, 119; –ὰ ὀνόματα 252
κοινότης 304
κοινωνία 288
κόλασις 338, 345
κόμμα(τα) 249, 260, 289, 308, 317, *319f.*, 337, 341
κρινόμενον (Gegenstand richterlicher Entscheidung) 28, 30
κρίσ(ε)ις a) *auctoritas* 111, *122*; b) Eigenschaft der *dispositio* 216
κριτική (Philologie) 330
κύριος, – ία φράσις 249; – α ὀνόματα 250, 252, 259
κῶλον (α) 2, 73, 249, 260, 289, 294, 301, 302, 303, 304, 308, 309, 310, 311, 312, 314, 315, *317–319*, 319[57], 320, 324,

335, 336, 337, 340, 341, 342, 343, 344; ἀντίθετον κατὰ – ον 294
λαμπρότης (Glanz der Darstellung) 339, 340, *341f.*, 345
λεκτικὸς τόπος 55, 217
λέξις (*elocutio*, Lehre vom Ausdruck oder von der Darstellung) 11, 11^118, 22, 53; (der ἀρεταί der Erzählung) 83f.; 213, 215, *247–345*, 248, 249, 250, 259, 263, 330, 332, 333, 335, 336, 339, 340, 341, 342, 343; (Ausdruck der χαρακτῆρες τῆς – εως) 335, 336, 337, 339; – ις ἐν κώλοις 294, 313, 317; – ις ἀγωνιστική 260, 330, 338; – ις ἀντικειμένη 294, 313; – ις γραφική 260, 330, 338; – ις διαλελυμένη 315; – ις διῃρημένη 294; – ις εἰρομένη 316; – ις ἡδεῖα 330; – ις ἰσχνή 330; – ις κατεστραμμένη 316; – ις μεγαλοπρεπής 330; – ις μικτή 330, 333; ἀντίθετον κατὰ – ιν 294f.
λήμματα (Vordersätze) 129
λογικός, – όν (Aufgabe der Philologie) 330; (*status*) – ὸν γένος 29, 42; – αἱ στάσεις *30–44*, 44, 46; (τάξις) *229–240*; – αἱ πίστεις 97
λόγιος χαρακτήρ 335
λόγος, ἐν αὑτῷ τῷ – ῳ (πίστεις) 96, 158; – οι (Fabel) 122^30; Beispiele κατὰ – ον, παρὰ – ον 121; Stoff für Lobreden 200, 203
λύσις (*refutatio*) 56, 57, 95, *124–133*; – ις κατὰ ἀνατροπήν (direkte Widerlegung) 130f.; – ις κατὰ μέθοδον (indirekte Widerlegung) 130, 131f.
μάθησις 7
μακαρίζειν, μακαρισμός 200
μακρολογία 252
μακρὸν γένος (*orationis*) 335
μαρτυρίαι (als unkünstl. Beweise) 99f.

μέγα, τὸ ἐν λέξει 249, 331
μεγαλοπρέπεια a) ἀρετή der Erzählung 84, 85, 248; b) Stilart 335f.
μεγαλοπρεπὴς χαρακτήρ 260, *335f.*; – ἡς λέξις 330; τὸ – ές 252, 333
μεγαλοφυές 334, 335
μέγεθος a) beim Vortrag 215; b) Größe der Darstellung 339, 340, 345
μέθοδος (Ausführung der Gedanken) 340, 342, 343
μείωσις (Gegenteil zur αὔξησις) 88, 148, 153, 226, 255, 263, 276; μειοῦν 153, 153^60
μελέτη (*exercitatio*) 7
μερικὴ διήγησις 77, 77^26
μέρος, – ος ὅλης ὅλον περιόδου 318; – η τῆς λέξεως 249
μέσος, – ος χαρακτήρ 333; – η σύνθεσις 330; – η ἁρμονία 334; – ον γένος a) Stilart 330, 332^32, 335, 338; b) von der Länge der Rede 335; – αι διηγήσεις 88; – ως λέγειν 248
μεστότης 339
μεταβάλλειν (von Wörtern) 266
μετάβασις 299; – ις προσώπων 283
μεταβολή 305
μετάθεσις a) Entstehungskategorie der σχήματα 276, 299; b) als Figurengattung (*per ordinem*) – εως σχήματα, 308ff.
μετάληψις (*metalepsis*) a) als *status* 29, *42–44*, 45, 152; (τάξις) *240*; b) als *tropus* 262, *266*; – ις ἄγραφος, ἔγγραφος 43, 240
μετάνοια 280
μετάστασις (*remotio criminis*) als *status* 40; (τάξις) *238*
μετατύπωσις 262
μεταφέροντες τρόποι (ὀνομάτων) 248
μεταφορά (*metaphora*) 261, *266–268*; – ὰ πλεονάζουσα 267; s. auch Metaphern

μεταφορικὰ ὀνόματα 259
μετέωρα 334
μέτρον(α), Metren (in der Poesie) 259, 317, 324; (Metrik) 327
μετωνυμία, *metonymia*, Metonymie(n) 262, *268f.*, 271, 332
μηκύνειν 248
μικτός, – ἡ διαίρεσις 59; – ἡ λέξις 330, 333; – όν (Sinnfigur) 276; – ὸν γένος 335; – αἱ ἠθοποιΐαι 292
μίμησις a) Nachahmung von Vorbildern 7; b) Figur 291
μνήμη (*memoria*) 11^118, 215
μονόκωλος περίοδος 317
μονομερὴς ἐπίλογος 149
μόρια στοιχειώδη 249; – α περιστάσεως 17
μυθικὸν εἶδος (Art des διηγήματα) 76
μυκτηρισμός (gegen andere gerichtete Ironie) 139, 262, *264*, 264^40
νοήματα 217; συστρέφειν τὰ – α καὶ στρογγύλως ἐκφέρειν 252; οἰκονομία ἐν – ασιν 217
νόησις (*intellectio*) 15, 213, 213^21; – εως σχήματα 334
νομικός, – ἡ ποιότης 45; (*status*) – ὸν γένος 29; – αἱ στάσεις 38, *44–52*, 44^1, 240; (τάξις) *240–243*
νόμιμον 38, 157, 169, 170, 173, 174, 240
ξένα ὀνόματα 266
ξενικόν 259
ξηρὸς χαρακτήρ 336f.
ὄγκος a) von der Würde des sprachlichen Ausdrucks u. der Darstellung 260, 340; b) Schwulst 334
ὁδοποίησις (vom Proömium) 61, 61^6
οἰκεῖα ὀνόματα 259
οἰκονομία a) *dispositio* 213; b) *ordo artificiosus* 11, *216–218*; οἰκονομικόν 217
οἶκτος 60, 148, 158, 162
οἴμη, οἶμος 60, 60^2
ὁμοείδεια 252

ὁμοιόπτωτον 311
ὁμοιοτέλευτον(α) 270, 311, 312, 332
ὁμοιότητες 248, 270
ὁμοίωσις 262
ὁμωνυμία, Homonym(ie) 140, 140³⁴, 144, 168
ὄνομα(ατα) 249, 295, 311; ταὐτὸ - α 311; οἰκονομία ἐν - ασι 217
ὀνοματοποιία, onomatopoeia, 261, 262, 269
ὀξύτης (Scharfsinn) 343
ὁρικὴ στάσις 32, 32⁶⁷
ὁρισμός a) als status 33⁸⁰; b) als Figur 293
ὅρκος (als unkünstl. Beweis) 100
ὅρος (definitio) status: 29, 32–36, 44, 45, 130, 152; (τάξις) 233f.
ὅσιον 174
παθητικαὶ διηγήσεις 88, 288; - αἱ ἠθοποιΐαι 292; - αἱ πίστεις 97; - ὃν εἶδος 149
πάθος, -η (Pathos) 84, 96, 136, 140; (im Epilog) 148, 158–166; (πάθος und ἦθος) 97, 158f., 160; 218, 282, 292, 302, 312. σφοδρὸν καὶ ἐνθουσιαστικὸν – ος 334f.
παίγνιον 193, 194
παλιλλογία a) als recapitulatio (im Epilog) 57, 147, 150, 221, 222; b) als Figur der reduplicatio 301f.
πανηγυρικὸς λόγος 205f., 344
παραβολή, - αἱ (Parabel) 119, 120, 122, 122²⁹, 253f., 262
παραγραφή (= μετάληψις ἔγγραφος) 42, 43, 56, 240; - ἡ τελεία u. ἀτελής 43, 240
παραγραφικόν 232, 235
παράδειγμα, - ατα a) Induktion der Rhetorik 102, 106; κατὰ - α 97, 106, 120; b) Grundlage des Induktionsbeweises (exemplum) 119–122; c) bei den unkünstl. Beweisen 132; d) als tropus 262

παραδειγματικόν a) vitium des Proömium 74; b) εἶδος der Enthymeme und Epichireme 103f., 106; - ά 106; - αἱ πίστεις 129
παραδιαστολή 315
παραδιήγησις 77, 78, 89, 90
παράδοξος, - ος γνώμη 122f., 257; - ον a) allgemein 144; b) σχῆμα 24, 24¹⁰⁵, 25, 66, 71, 71¹⁰⁹; c) Figur (inopinatum) 288; - α 108, 203
παράλειψις 88, 289f., - ις ἤτοι ὑποσιώπησις 276; - εως σχῆμα 270
παράνομον 170
παρασιώπησις 248, 262
παρασκευή 217
παρατράγῳδα 334
παραψόγος, - οι (nach Euenos v. Paros) 8
παρέκβασις (pars orationis) 54¹⁴/¹⁷, 55, 56, 57, 59, 78, 83, 89–91, 219, 220; (als tropus) 262
παρέκθεσις 54¹⁴/¹⁷, 55, 219
παρέμπτωσις 299
παρένθεσις 266, 299, 342
παρέπαινος (nach Euenos v. Paros) 8
παρεπόμενα 111, 116, 116²⁰⁰
παρήχησις 304
πάρισον(α) 310, 330, 332
παρίσωσις 248, 259, 270, 310, 342; - εως σχῆμα 270
παροιμία (Ironie) 262, 264
παρόμοια 2, 330, 332
παρομοίωσις 310f.; ἐκ - εως γνώμη 257, 258
παρομολογία 280
παρονομασία(ι), (Paronomasien) 140³⁷; 271, 304f., 332, 343
παρορμητικὴ στάσις 43
παρρησία 279
παρωνυμία, Paronymie 140
πείθειν (in den Rhetorikdefinitionen) 3, 3¹¹⁻¹⁴, 4²¹ᵃ
πειθώ 84⁹³; - οὓς δημιουργός (Rhetorikdefinition) 2, 2⁷, 3⁹
πεποιημένα 269
περιβολή (Ausführlichkeit der

Darstellung) 338, 339, 340, 342, 345
περίοδος, - οι (Periode) 249, 316–320; - ος ἁπλῆ, ἀφελής, μονόκωλος, ἐν κώλοις 317
περισσολογία 269
περιττόν, τὸ ἐν λέξει 249, 331
περίστασις 17, 18, 75
περιστατικὰ προοίμια 69
περίφρασις (periphrasis) 261, 262, 269; Periphrasen 83
πεῦσις 152, 276, 285
πηλικότης (character elocutionis) 335
πιθανός, - ἡ (ἀρετὴ der Erzählung) 82; - όν (ἀρετὴ τῆς λέξεως) 252; - αἱ γνῶμαι 258; - ὧς εἰπεῖν 3
πιθανότης 85
πιστή (ἀρετὴ der Erzählung) 82, 84
πίστις, - εις (Beweis als Teil der Rede = argumentatio, einzelne Beweise = argumenta) 55¹⁹, 57, 58, 60, 61, 92, 95ff., 101, 102, 106, 124, 144, 147, 148, 208, 221, 222, 223; - ἐν τῷ ἤθει τοῦ λέγοντος, ἐν τῷ τὸν ἀκροατὴν διαθεῖναί πως, ἐν αὐτῷ τῷ λόγῳ 96, 97, 158; - ἀπὸ τοῦ πράγματος 97, 106, 120; - ἀπὸ τοῦ πάθους 97
πλάγιον σχῆμα 27
πλάσεις 162
πλάσματα a) Figuren 330; b) Stilarten - α τῆς λέξεως 333
πλασματικὸν εἶδος (Art des διήγημα) 76
πλεονασμός a) κατὰ - όν (Entstehungskategorie der σχήματα) 276, 299; b) Arten des - ὅς 301ff.; c) asyndetische Synonymie 306
πλοκή 306
ποικιλίαι 259
ποιότης a) status (qualitas) 29, 36–42, 36¹⁰⁵, 44, 234; (τάξις) 234–240; - ης νομική 45; b) character elocutionis 335
πολιτικός, - ὸς λόγος 337, 338,

339, 340, *344*; – οἱ λόγοι 9, 193, 197, 198, 213; – αἱ θέσεις 17; – ὂν ἢ ἰδιωτικὸν εἶδος 76; – ἃ ζητήματα 3[13], 4, 5[35], 6, 9, 29; – ὂν πρᾶγμα 6[50]
πολύπτωτον (Polyptoton) 305
πολυσύνδετον 308
ποσότης (character elocutionis) 335
ποῦς 324
πρᾶγμα, – ατα 66, 77, 78, 144, 217, 232, 295, 316, 336; αὐτὸ τὸ – α 156; διαφέροντα – ατα 313
πραγματικός, – ὃς τόπος 55, 217; (status) – ἡ ποιότης 36, 37, 37[119/127], 197; ἔγγραφος, ἄγραφος 38; – ἡ στάσις 37f., 234, 240; – ἡ οἰκονομία 217; – ὂν εἶδος 149
πρακτικαὶ θέσεις 17
πράξεις (Stoff für Lobreden) *200*, 203, 208
πρέπον a) ἀρετή der Erzählung 85; b) als eines der τελικὰ κεφάλαια 130, 153, 157, 170, 173, 174; c) als Stilqualität (Angemessenheit des Ausdrucks) 217, 251, 252, 259, 260, 292, 307, 332
πρεσβευτικὸς λόγος 206
προαιρέσεις (Stoff für Lobreden) *200*, 203
προαναφώνησις 262
προαύλιον 61, 61[4], 225
προγυμνάσματα 7, 16
προδιήγησις 77, 78, 222
προδιόρθωσις 276, 279, 280
προέκθεσις (pars orationis) 59, 220; (πρόθεσις) 92
προθεραπεία 279
πρόθεσις (propositio) 56[28], 58, 59, 61, 78, *92–95*, 170, 182, 221, 222, 301; πρώτη – ις 301
προηγούμενα (= confirmatio) 60, 221
προκατάληψις a) Vorwegnahme der Argumente des Gegners 57, 60, 222, 225; b) Figur 276, 277, 279, 339

προκατασκευή 54, 219; (partitio u. propositio) 93; (Figur) 277, 279, 339
προκατάστασις 54, 219, 223; (προδιήγησις) 78
προκλήσεις 98
πρόλημψις 21
προληπτικὸν σχῆμα 277, 277[18]
πρόληψις 277–279
πρόλογος 60
προοίμιον (Einleitung der Rede) 54, 54[17], 55, 55[19], 56, 57, 58, *60–75*, 78, 79, 148, 149, 219, 220, 221, 222; (τάξις) 223, *224–227*
προπαρασκευή 59, 220; (Figur) 277, 279
προπεμπτικὸς λόγος 207
προσαπόδοσις 302, 303
προσήνεια 85
προσοχή 66, 70[97]
προσποιεῖσθαι (bei der Ironie) 247, 263, 273, 289
πρός τι (ad aliquid) 17, 18
προσφώνησις 207
προσωποποιΐα, prosopopoeia, Prosopopoeie 87, 151, 165, 170, 176, 274, 276, *292f.*, 337
πρόσωπον 65, 232, 276
πρότασις a) Teil des Proömium 72; b) Ankündigung des gegnerischen Arguments 136
προτρεπτικὴ στάσις 43
προτρεπτικὸν εἶδος 9, 167, 170, 197, 213[22]
προτρέπων λόγος 258
προτροπή 10, 167
προϋπεργασία 277, 279
πύσματα 285
ῥᾴδιον 169, 170, 173, 174
ῥήματα 249
ῥητόν (Wortlaut des Gesetzes) 46; – ὂν καὶ διάνοια 44[2], 240; (τάξις) *241*; κατὰ – ὂν καὶ ὑπεξαίρεσιν (στάσις) 44, 46, 132
ῥήτωρ (Antragsteller, Lehrer der Beredsamkeit) 2
ῥυθμός (numerus) 215, 324, 324[132], 340, 343, 344
σαρκασμός 262, *264*, 264[32]

σαφήνεια a) ἀρετή der Erzählung 85; b) ἀρετὴ τῆς λέξεως 251, *252*; c) Deutlichkeit der Darstellung (ἰδέα) 338, 339, *340*, 345
σαφής a) ἀρετή der Erzählung 82; –ῶς ποιεῖν 248; –ές b) als eines der τελικὰ κεφάλαια 173; c) ἀρετὴ τῆς λέξεως *250ff.*, 250[54], 259; (Fehler dagegen) 252
σεμνόν, τὸ ἐν λέξει 249, 331
σεμνότης (Würde) 338, 339, *340f.*, 345
σημεῖον, – α (Indizien) 106f.
σκοποί (τέλη) 198[176]
σκῶμμα 139, 264; παρὰ γράμμα – ατα 144
στάσις (status) 28f.
στοιχεῖον, – α (elementum) 169, 174, 213; – α τοῦ πράγματος 17; –α δεικτικῶν ἐπιχειρημάτων 107–110; – α τοῦ λόγου 247f.
στοχασμός (coniectura) als status 29, *30–32*, 44, 45, 130, 152; (τάξις) *232f.*
συγγνώμη (in der qualitas adsumptiva) 40, *41*, 112; (τάξις) *238–240*
σύγκρισις (Synkrisis) a) als κοινὸς τόπος 156; b) vergleichendes Lob 189; c) als ἀντίθεσις 294; d) distinctio 306; – ις τῶν ἀμφοτέροις δικαίων 152
σύγχυσις (synchysis) 265[57], 266; (Verworrenheit der Darstellung) 340
συγχώρησις 280
συλλαβή, ἀπὸ – ῆς 312
σύλληψις 262, *300f.*
συλλογισμός (status) 44, *51f.*, 242; (τάξις) *243*
συλλογιστικὸν εἶδος der Enthymeme und Epichireme 103f.
συμβεβηκός, κατὰ – ός 36
σύμβολα 337
συμβόλαια 129
συμβουλαί 198
συμβουλεύειν 58

Griechisch

συμβουλευτικός, – ὃς λόγος 344; – ἡ ποιότης 36; – ὃν γένος 10, 37, 167ff., 213
συμπέρασμα 257
συμπλοκή 304, 305; – ἡ ἡ σύνθεσις 304^94; κατὰ – ἥν 235
συμφέρον 10, 38, 153, 157, 169, 170, 170^57, 173, 173^83, 174, 240
συναγωγή (Teil des Proömium) 72
συναθροισμός (plurium rerum congeries) 158, 307
συναλοιφή (Synaloephe) 322, 331
συνάφεια 308
σύνδεσμοι 249, 259
συνεζευγμέναι γνῶμαι 258
συνεκδοχή (synecdoche) 261, 270, 271
συνέχον 28, 28^10, 33
συνήθη ὀνόματα 252
σύνθεσις a) Komposition (compositio) 249, 316, 333, 335, 340; – ις τῶν ἐκλεγέντων 217; (der χαρακτῆρες τῆς λέξεως) 335, 336, 337, 339; b) – ις ἡ συμπλοκή (complexio) 304^94
σύνθετος, – ος τρόπος ὀνομάτων 248, 266; – α ὀνόματα 249
συνθήκη (stilistische Komposition) 340, 343, 344; – αι (als unkünstl. Beweise) 100f.
συνοικείωσις 293
συντακτικὸς λόγος 207
συντελικὴ στάσις 43
συντομία a) ἀρετή der Erzählung 85; – α ἐν τοῖς πράγμασιν, ἐν ταῖς λέξεσιν 83^83; b) ἀρετή der recapitulatio 150; c) ἀρετή τῆς λέξεως 252, 262; d) als ἰδέα 338
σύντομος (ἀρετή der Erzählung) 82; – ως 82^79; (ταχέως) 248
συνωνυμία 304, 306f., 315
σύστασις τοῦ οἰκείου προσώπου 66

σφοδραὶ διηγήσεις 88
σφοδρότης (Heftigkeit des Ausdrucks) 319, 338, 339, 340, 341f., 344, 345
σχετλιασμός 257, 343
σχῆμα, – ατα a) genera causarum 24–26; b) Figuren (allgemein) 75, 249, 261, 270ff., 273 (Definitionen), 274, 275, 295, 331, 337, 339, 340, 343; – ατα (τοῦ) λόγου 295, 313^82; – ατα διανοίας (Sinnfiguren) 273 (Definitionen), 274, 275–295, 297, 337; – ατα λέξεως (Wortfiguren) 74, 140, 270, 273 (Definitionen), 274, 276, 284, 285, 288, 294, 295–315, 334; (Unterscheidung der – ατα διανοίας von den – ατα λέξεως) 275f., 276f.
τάξις (dispositio) 8, 11, 11^118, 213–243; 247, 249; (des Proömium) 223ff.; (der Erzählung) 227; (der Beweise) 227ff.; (der status rationales) 229ff.; (der status legales) 240ff.; – ις ὀνομάτων 248, 266
ταπεινόν 340
ταπείνωσις a) Gegensatz zur αὔξησις 153, 337; (ταπεινοῦν) 153^61; b) Fehler gegen das σαφές 252
ταυτολογία (Tautologien) 83, 252, 301
τέκμαρ 106
τεκμήριον 106f.; κατὰ – ον 97, 106, 120
τελικὰ κεφάλαια 9, 10, 37, 75, 129, 130, 131, 153, 157, 169f., 173f.
τέλος, τέλη a) Hauptgesichtspunkte 10, 169, 170ff., 174, 198; b) Ziel, Zweck 10, 63, 66
τεταγμένα ὀνόματα 266
τέχνη (von der Rhetorik als Kunstlehre) 5, 6; (Methode des Erwerbs) 7; – η λυσιτελοῦσα 5, – η πιθανουργική, δικανική, δημηγορική, προσομιλητική 9, 9^81, – η

εὑρετική, κριτική, ἑρμηνευτική 216; – αι (Musterstücke) 194
τμῆσις (tmesis) 265, 308
τόπος, – οι (Suchformel, locus, für das Auffinden von Argumenten) 98; (der διήγησις) 88; 107–111, 113 (thetische – οι), 115, 116f. (Topik der Beweise); 151f. (der recapitulatio); 164f. (der commiseratio); 195 (des Epitaphios); – οι ἴδιοι 110, 118; – οι κοινοί 110f., 118, 119, 156f., 164
τραχύτης (Schroffheit der Darstellung) 319, 339, 340, 341, 344, 345
τριβή (Rhetorik) 5^41, 6
τριβικόν 330
τρόπος a) modus (als locus) 115; b) tropus (verborum immutatio) 261–270, 309; (Definitionen) 273; – οι ὀνομάτων 248, 266; – οι τῆς γνώμης 122; κατὰ – ους ἤτοι αἰτίας (Entstehungskategorie der σχήματα) 299
ὕλη 115
ὑπαλλαγή, – αί 332; a) als tropus (μετωνυμία) 268; b) als Wortfigur der correctio 280
ὑπαλλακτικὴ στάσις 43
ὑπεζευγμένον 300, 315
ὑπεξαίρεσις (pars orationis) 60, 221
ὑπερβάλλον τὴν οἰκείαν ἀπαγγελίαν (vom ψυχρόν) 334
ὑπερβάλλοντες (des Thrasymachos) 8
ὑπερβατόν, hyperbaton a) tropus 261, 262, 265f.; b) Wortfigur 308f., 342; Hyperbaton 248, 299, 321
ὑπερβολή, hyperbole 262, 264f., 274, 338; ἐξ – ῆς γνῶμαι 257f.; Hyperbel 144, 262
ὑπερβολικαὶ γνῶμαι 258
ὑπογραφή, – αί 152, 157, 165
ὑποδήλωσις (nach Euenos v. Paros) 8

ὑποδιήγησις 77f.
ὑπόθεσις, – εις, Hypothesis (quaestio finita) 15, 15[6], 16, 16[26], 17, 17[27/39], 18, 18[46], 22, 30, 115, 152, 174; καθ' – ιν 115; – εων σχήματα 275
ὑπόκρισις (Vortrag) 11, 11[118], 215, *353–355*
ὑποκριτική (λέξις) 315
ὑπομονή 288
ὑπόσχεσις 92
ὑποτύπωσις 151
ὑποφορά a) gegnerisches Argument 130, 136; b) Figur 285f.
ὕστερον πρότερον 309
ὑψηγορία 334f.
ὑψηλὸς χαρακτήρ 333
ὕψος, περὶ – ους 334
φαντασία 165, 255
φράσις (elocutio) 247, 250, 263, 334; ἐπὶ τὸ κρεῖττον ἢ χεῖρον – ις 88; κυρία, τροπική – ις 249; γενναία – ις 335
φύσις (natürliche Begabung) 7; ἐκ τῆς ἰδίας – εως γνῶμαι *257*, 258
χαρακτῆρες (τῆς λέξεως, Stilarten) 329, 330, 335, 337, 338, 339; – ες τῆς ἑρμηνείας 260, 331; – ες γενικώτατοι 333; – ὴρ ἄχαρις 338, γλαφυρός 260, 335, 336, δεινός 260, 337f., ἐπιστολικός 337, ἰσχνός 260, 333, 335, 336f., λόγιος 335, μέσος 333, ὑψηλός 333, χαρίεις 337
χαρακτηρισμός 262
χαρίεις χαρακτήρ (χαρίεν) 337
χαριεντισμός 262, 263, *264*, 336
χάρις 252, 259, 336
χλευασμός 263, 264[40]; – ός sive ἐπικερτόμησις 264
χρεία (Sentenz, bedeutender Ausspruch oder exemplarische Handlungsweise) 16[26]
χρήσιμον 174
χρῆσις 96; – ις τῶν παρεσκευασμένων 217
χρησμοί 129
χρῶμα 274
ψεκτικὸν εἶδος 9, 170, 197, 200, 213[22]
ψηφίσματα 129
ψόγος 10
ψυχρόν 260, 264, 334, 336
ὡραῖος λόγος 339
ὡς (beim Unterschied zwischen Metapher und Beispiel) 267; – περ (Einleitung von εἰκόνες) 253
ὠφέλιμον 219

III. QUELLENREGISTER

Aischines
Oratio
III 78: 312[69]
133: 337[85]
152: 311[56]
202: 337[86]
206: 29[14]

Aischylos
Agamemnon
1356: 269[129]

Alexandros
περὶ σχημάτων

I 1 p. 9,6ff. Sp III: 275[1]
p. 10,14ff. Sp III: 276[13]
2 p. 11,2f. Sp III: 273[47]
p. 11,18ff. Sp III: 274[65]
p. 12,29f. Sp III: 274[65]
p. 13,11f. Sp III: 274[65]
p. 13,24f. Sp III: 276[2]
p. 13,29f. Sp III 276[2]
p. 14,1f. Sp III: 276[2]
p. 14,6ff. Sp III: 276[2]
p. 14,11f. Sp III: 276[2]
3 p. 14,26 Sp III: 279[46]
4 p. 15,6 Sp III: 280[48]
5 p. 15,20 Sp III: 280[50]
p. 15,22f. Sp III: 280[51]
6 p. 16,10 Sp III: 277[19]
p. 16,10ff. Sp III: 277[23]
8 p. 17,4 Sp III: 286[140]
p. 17,4f. Sp III: 286[141]
9 p. 17,13 Sp III: 307[138]
p. 17,15ff. Sp III: 307[143]
12 p. 19,15 Sp III: 292[221]
p. 19,15ff. Sp III: 292[227]
13 p. 19,31 Sp III: 301[46]
p. 20,1ff. Sp III: 302[57]
14 p. 20,30 Sp III: 303[80]
p. 21,1ff. Sp III: 303[85]
p. 21,12ff. Sp III: 303[85]
15 p. 21,24 Sp III: 291[203]
p. 21,24ff. Sp III: 291[209]
16 p. 22,7 Sp III: 290[186]
p. 22,8f. Sp III: 291[197]
p. 22,13f. Sp III: 291[199]
19 p. 23,10 Sp III: 289[179]
p. 23,21ff. Sp III: 290[184]
20 p. 23,29ff. Sp III: 283[101]; 297[46]
p. 24,4ff. Sp III: 283[103]
p. 24,7ff. Sp III: 284[104]
21 p. 24,22 Sp III: 287[154]
22 p. 24,31 Sp III: 285[120]
23 p. 25,6 Sp III: 285[126]
24 p. 25,13ff. Sp III: 289[175]
II 1 p. 27,10ff. Sp III: 272[32]
p. 27,17 Sp III: 316[18]
p. 27,17f. Sp III: 316[24]
p. 28,6 Sp III: 318[54]
p. 28,9 Sp III: 318[56]
p. 28,12 Sp III: 319[57]
p. 28,18 Sp III: 301[38]
p. 28,21 Sp III: 319[59]
2 p. 29,5 Sp III: 301[45]
3 p. 29,15ff. Sp III: 296[18]
4 p. 29,27 Sp III: 304[89]
p. 30,1ff. Sp III: 304[92]
5 p. 30,7 Sp III: 304[94]
6 p. 30,14 Sp III: 306[131]
p. 30,17ff. Sp III: 306[132]
8 p. 31,10 Sp III: 303[68]
p. 31,16 Sp III: 303[73]
10 p. 32,14ff. Sp III: 269[139]
12 p. 32,29 Sp III: 299[7]
13 p. 33,7 Sp III: 300[12]
14 p. 33,16 Sp III: 295[7]
p. 33,17ff. Sp III: 296[14]
p. 34,9 Sp III: 297[50]
p. 34,10ff. Sp III: 297[52]
15 p. 34,23 Sp III: 305[112]
p. 34,25ff. Sp III: 305[113]
17 p. 35,17 Sp III: 300[17]
18 p. 35,30 Sp III: 312[62]
p. 36,4f. Sp III: 312[69]
19 p. 36,7 Sp III: 311[52]
p. 36,9ff. Sp III: 311[56]
20 p. 36,14 Sp III: 304[98]
p. 36,18f. Sp III: 304[102]
21 p. 36,27 Sp III: 294[252]
p. 36,27ff. Sp III: 295[264]; 314[92]
p. 37,2ff. Sp III: 295[266]; 314[97]
p. 37,6ff. Sp III: 295[266]
p. 37,7 Sp III: 314[95]
p. 37,8ff. Sp III: 313[88]
22 p. 37,14f. Sp III: 306[125]
28 p. 40,21f. Sp III: 280[57]
p. 40,25f. Sp III: 280[60]
p. 40,28 Sp III: 280[58]

περὶ ῥητορικῶν ἀφορμῶν
Rhet. Gr. IX p. 334,17f.
W = 3,10f. Sp III: 203[204]

Anaximenes
Ars rhetorica
1421b 3: 53[1]
1,1, 1421b 7ff.: 9[77]; 197[156]; 213[22]
1421b 8: 167[2]
1421b 9: 167[14]
1,2, 1421b 13: 167[8]
1421b 13ff.: 197[160]
1421b 14: 167[5]
1421b 14f.: 167[6]
1,3, 1421b 21ff.: 167[20]
1,4, 1421b 23ff.: 169[37]
1421b 24: 170[43]
1421b 24ff.: 198[174]
1,12, 1422a 19ff.: 169[38]
1422a 20f.: 168[29]
2,1, 1423a 14: 167[4]
2,2, 1423a 22ff.: 168[33]
2,3–35, 1423a 30–1425b 35: 168[33]
2,28, 1425a 27f.: 153[67]
3,1, 1425b 36ff.: 153[65]; 187[92]; 194[140]
1425b 38ff.: 170[58]
1425b 40ff.: 198[173]
3,6, 1426a 20: 153[58/61]
3,6–12, 1426a 20–1426b 12: 153[71]

3,6–14, 1426a 20–1426b 22: 194[143]
3,13, 1426b 13: 153[61]
3,14, 1426b 16ff.: 208[232]
  1426b 18ff.: 153[66]
4,1, 1426b 28: 124[3]
4,2, 1426b 31f.: 170[56]
4,7, 1427a 22ff.: 29[16]
  1427a 26f.: 170[57]
6,1, 1427b 40f.: 170[59]
6,2, 1428a 2ff.: 153[66]
  1428a 3f.: 153[64]
7,2, 1428a 16ff.: 95[16]
  1428a 17: 95[2]
  1428a 17f.: 119[8]
  1428a 17ff.: 113[170]
  1428a 20: 119[8]
  1428a 23f.: 96[25]; 97[32]
7,3, 1428a 25: 213[1]
7,4, 1428a 26ff.: 106[138]
7,5f., 1428a 35ff.: 107[154]
7,5, 1428a 36ff.: 215[29]
  1428b 6ff.: 107[154]
7,6, 1428b 9f.: 215[30]
7,7, 1428b 12ff.: 215[31]
8,1, 1429a 22ff.: 120[13]
  1429a 25ff.: 120[17]
8,2, 1429a 29ff.: 121[20]
8,9f., 1429b 26ff.: 121[20]
9,1, 1430a 14ff.: 106[142]
10,1, 1430a 23f.: 102[84]
11,1, 1430b 1f.: 122[39]
11,1–5, 1430b 2–23: 257[133]
11,2, 1430b 3ff.: 122[43]
11,3, 1430b 9f.: 258[145]
12,1f., 1430b 30ff.: 106[140]
14,8, 1431b 10: 159[111]
15,1–3, 1431b 20ff.: 99[51]
16, 1432a 12ff.: 101[71]
17,1, 1432a 34ff.: 100[60]
17,3, 1432b 9f.: 247[12]
18,1, 1432b 11: 277[19]
  1432b 11ff.: 277[22]
20,1, 1433b 29ff.: 147[6]
  1433b 31ff.: 150[45]
21,1, 1434a 17: 289[183]
  1434a 17f.: 247[13]; 263[27]
  1434a 19: 270[4]
21,1f., 1434a 25f.: 289[183]
22,1, 1434a 34ff.: 248[14]
22,3, 1434b 1: 248[17]

22,5, 1434b 11: 248[18]
  1434b 15: 247[1]
22,6, 1434b 18: 248[19]
22,8, 1434b 29f.: 248[15]
23, 1434b 33ff.: 248[21]
23,1f., 1434b 33f.: 266[73]
  1434b 40: 266[73]
25,4, 1435b 15: 247[1]
26, 1435b 25ff.: 293[243]
26,1, 1435b 25: 294[255]
  1435b 25f.: 270[1]
26,1–28,1, 1435b 25–1436a 12: 248[20]
26,1, 1435b 27ff.: 313[83]
27, 1435b 39: 310[41]
  1435b 39f.: 310[27]
  1436a 3: 270[5]
28,1, 1436a 5: 310[42]
  1436a 5ff.: 310[43]
28,2, 1436a 18f.: 213[2]
29–37, 1436a 33–1445b 24: 57[30]
29,1, 1436a 33: 60[1]
  1436a 33ff.: 63[32]; 221[98]; 223[121]
29,1–5, 1436a 33ff.: 224[129]
29,1, 1436a 35ff.: 63[43]
29,6, 1436b 17ff.: 224[131]
29,7, 1436b 19ff.: 62[17]
  1436b 20ff.: 224[132]
  1436b 22ff.: 159[112]
29,8f., 1436b 28ff.: 224[133]
  1436b 29ff.: 66[70]
29,9, 1436b 32f.: 68[83]
29,10, 1436b 37ff.: 64[55]
  1436b 38ff.: 225[134]
29,10ff., 1436b 38ff.: 66[71]
29,11ff., 1437a 1ff.: 225[135]
29,17ff., 1437a 31ff.: 225[136]
29,23f., 1437b 18ff.: 66[72]; 69[87]; 225[137]
29,25f., 1437b 28ff.: 66[72]; 69[89]; 225[138]
29,28, 1438a 2: 79[42]
30,1, 1438a 3ff.: 75[4]; 222[99]; 227[145]
30,4, 1438a 21f.: 248[22]
  1438a 22: 82[71]
30,5, 1438a 22ff.: 82[68]
  1438a 23f.: 82[79]
30,8, 1438a 38ff.: 83[84]
30,9, 1438b 3f.: 84[89]

30,10, 1438b 7: 270[6]
31,1–3, 1438b 14(ff.)–25: 81[58]; 227[146]
32,1, 1438b 30: 95[1]; 222[100]
32,2–6, 1438b 37ff.: 227[150]
32,7, 1439a 27ff.: 293[236]
32,9, 1439b 2: 222[101]
33,1, 1439b 5f.: 153[67]
34,1, 1439b 17f.: 160[123]
  1439b 18: 158[101]
34,4, 1439b 25ff.: 162[151]
34,8, 1440a 5: 213[4]
34,12, 1440a 28f.: 160[124]
35,2, 1440b 8: 224[130]
35,3, 1440b 16: 182[57]
  1440b 16ff.: 200[184]
35,4, 1440b 22ff.: 200[186]
35,11–14, 1441a 16ff.: 208[241]
35,16, 1441b 14: 247[1]
36,5, 1442a 9ff.: 159[112]
36,16, 1442b 28ff.: 224[130]
36,17f., 1442b 33ff.: 228[156]
36,19, 1443a 5f.: 124[10]
36,19–23, 1443a 6ff.: 228[157]
36,19, 1443a 7: 222[102]
36,29, 1443b 15: 222[103]
  1443b 15ff.: 149[25]; 229[158]
36,30f., 1443b 23ff.: 229[159]
36,33, 1443b 38f.: 229[160]
36,35f., 1444a 5ff.: 229[161]
36,43, 1444b 8: 222[105]
  1444b 8ff.: 134[1]; 284[115]
36,45, 1444b 21ff.: 150[35]
  1444b 26ff.: 149[26]
36,46, 1444b 34: 270[7]
36,49, 1445a 17: 160[125]
36,51, 1445a 27: 147[1]
37,1, 1445a 33: 213[4]
38,10, 1446a 26: 222[104]

Anonymi
περὶ ὕψους
1,4 p. 246,4f. Sp. = 106,15f. Sp.–H: 334[43]
2,1 p. 246,17ff. Sp. = 107,3ff. Sp.–H: 334[45]
3,1 p. 247,21ff. Sp. = 108,19ff. Sp.–H: 334[46]
3,2 p. 247,30ff. Sp. = 109,8ff. Sp.–H: 179[35]; 334[46]
3,3f. p. 248,7ff. 15ff. Sp. =

109,17ff. 25ff.
Sp.-H: 334⁴⁷
4,1 p. 248,32ff. Sp. =
110,18ff. Sp.-H: 334⁴⁸
4,2 p. 249,8ff. Sp. = 111,1ff.
Sp.-H: 334⁵⁰
8,1 p. 252,7ff. Sp. = 114,24ff.
Sp.-H: 334⁵¹; 338⁹⁷
9,1 p. 253,15ff. Sp. =
116,20ff. Sp.-H: 334⁴⁴
12,1f. p. 260,26f. 261,2ff. Sp.
= 127,5f. 14ff.
Sp.-H: 208²⁴⁰
15,2 p. 264,10f. Sp. = 131,18
Sp.-H: 288¹⁷¹
18,1 p. 270,5 Sp. = 139,17
Sp.-H: 285¹²⁸
22,1 p. 272,18f. Sp. = 142,22f.
Sp.-H: 309¹⁰
23,1 p. 274,4ff. Sp. = 144,27ff.
Sp.-H: 296¹²
34,2 p. 284,15 Sp. = 159,13
Sp.-H: 139¹⁶
p. 284,16 Sp. = 159,14
Sp.-H: 139¹⁴
38,5 p. 288,32 Sp. = 165,18
Sp.-H: 139³¹

περὶ τῶν τοῦ λόγου σχημάτων
p. 110,3–142,28 Sp III: 272³⁶
2 p. 112,4 Sp III: 294²⁵⁸
p. 112,24ff. Sp III: 314⁹⁹
5 p. 113,17 Sp III: 319⁶¹
16 p. 118,17 Sp III: 275⁷¹
p. 118,17ff. Sp III: 275⁷⁷
20 p. 121,14 Sp III: 287¹⁴⁹
26 p. 123,26ff. Sp III: 283⁹⁹
30 p. 127,1 Sp III: 275⁸¹
38 p. 132,4 Sp III: 304⁸⁹
39 p. 133,21 Sp III: 309¹⁴
p. 133,25f. Sp III: 309²²
40 p. 133,28 Sp III: 303⁶⁷
p. 134,4ff. Sp III: 303⁷⁴
41 p. 136,4f. Sp III: 309⁹
43 p. 138,31 Sp III: 305¹¹²
47 p. 142,9 Sp III: 290¹⁸⁶
48 p. 148,22 Sp III: 280⁴⁸
p. 155,2 Sp III: 310²⁸
p. 155,2f. Sp III: 310³¹
p. 155,7 Sp III: 310³⁶

p. 158,1 Sp III: 277¹⁸
p. 158,2 Sp III: 277²⁵

περὶ σχημάτων
p. 171,18 Sp III: 300²³
p. 171,24 Sp III: 301³⁰
p. 171,24ff. Sp III: 300²⁷
p. 172,6ff. Sp III: 300²⁸
p. 172,8ff. Sp III: 301²⁹
p. 172,11ff. Sp III: 301³⁰
p. 172,14ff. Sp III: 301³¹

περὶ τῶν σχημάτων τοῦ λόγου
p. 174,4f. Sp III: 274⁶⁷
1 p. 174,12 Sp III: 279⁴⁶
2 p. 174,18 Sp III: 280⁴⁸
3 p. 175,5 Sp III: 280⁵⁰
p. 175,7f. Sp III: 280⁵²
4 p. 175,11 Sp III: 277¹⁹
6 p. 175,24 Sp III: 286¹⁴⁰
p. 175,24f. Sp III: 286¹⁴²
7 p. 176,2 Sp III: 307¹³⁸
10 p. 177,2 Sp III: 291²⁰³
p. 177,2f. Sp III: 291²¹¹
11 p. 177,9 Sp III: 292²²¹
p. 177,9f. Sp III: 292²²⁷
13 p. 178,5 Sp III: 291¹⁹⁷
p. 178,6ff. Sp III: 291²⁰¹
14 p. 178,16ff. Sp III: 289¹⁸⁰
16 p. 179,12 Sp III: 287¹⁵⁴
17 p. 179,20 Sp III: 285¹²⁰
18 p. 179,27 Sp III: 285¹²⁶
19 p. 180,5f. Sp III: 289¹⁷⁷
1 p. 182,7 Sp III: 301³⁹
3 p. 182,23 Sp III: 301⁴³
7 p. 183,23 Sp III: 303⁶⁷
12 p. 185,6 Sp III: 300¹⁷
14 p. 185,19 Sp III: 312⁶²
16 p. 186,5 Sp III: 311⁵²
18 p. 186,17 Sp III: 294²⁵⁸
p. 186,18ff. Sp III: 314⁹³
22 p. 187,23 Sp III: 280⁵⁷

περὶ ῥητορικῆς
p. 323,9ff. Sp. = 210,22ff.
Sp.-H: 274⁶⁴

περὶ ποιητικῶν τρόπων
11 p. 211,16 Sp III: 264⁴⁵
16 p. 212,14 Sp III: 292²²¹
p. 212,14f. Sp III: 292²²⁷

Anonymus Seguerianus
τέχνη τοῦ πολιτικοῦ λόγου
1 p. 427,4f. Sp. = 352,7
Sp.-H. = 1,2 G: 60¹
p. 427,4ff. Sp. = 352,7ff.
Sp.-H. = 1,2ff. G: 223¹¹⁸
p. 427,7f. Sp. = 352,9f.
Sp.-H. = 1,4f. G: 125¹⁵
4 p. 427,15ff. Sp. = 352,18ff. Sp.-H. = 1,13ff. G: 60²
6 p. 427,24f. Sp. = 353,7ff.
Sp.-H. = 2,2f. G: 159¹⁰⁸
7 p. 428,5f. Sp. = 353,15f.
Sp.-H. = 2,8f. G: 64⁵⁸
8 p. 428,18f. Sp. = 354,4f.
Sp.-H. = 3,1f. G: 69⁹⁰
9 p. 428,19f. Sp. = 354,5f.
Sp.-H. = 3,3f. G: 63⁴²
p. 428,20f. Sp. = 354,6f.
Sp.-H. = 3,4f. G: 63⁴⁵
14 p. 429,6ff. Sp. = 355,5ff. Sp.-H. = 4,1ff. G: 69⁹²; 70⁹⁷
16–18 p. 429,20ff. Sp. = 355,21ff. Sp.-H. = 4,16ff. G: 67⁷⁸
21–25 p. 430,21ff. Sp. = 357,9ff. Sp.-H. = 6,2ff. G: 218⁶⁸
26 p. 431,1ff. Sp. = 357,22ff. Sp.-H. = 6,13ff. G: 61⁹
27ff. p. 431,10ff. Sp. = 358,6ff. Sp.-H. = 7,3ff. G: 62²¹
p. 431,14f. Sp. = 358,10f. Sp.-H. = 7,6f. G: 148¹⁴
31f. p. 431,29ff. Sp. = 359,1ff. Sp.-H. = 8,3ff. G: 61¹⁰; 148¹⁴
32 p. 432,1ff. Sp. = 359,6ff. Sp.-H. = 8,7ff. G: 218⁶⁹

33 p. 432,5 ff. Sp. =
  359,10 ff. Sp.-H. =
  8,11 ff. G: 62²²
 p. 432,14 f. Sp. =
  359,19 ff. Sp.-H. =
  8,19 ff. G: 148¹⁴; 218⁶⁹
34f. p. 432,24 ff. Sp. =
  360,2 ff. Sp.-H. =
  9,4 ff. G: 62²⁴
46f. p. 434,17 ff. Sp. =
  362,13 ff. Sp.-H. =
  11,10 ff. G: 75⁹
48 p. 434,23 f. Sp. =
  362,20 f. Sp.-H. =
  11,17 f. G: 75⁷
49 p. 434,25 ff. Sp. =
  363,1 ff. Sp.-H. =
  11,19 ff. G: 75⁸
50 p. 434,30 f. Sp. =
  363,6 f. Sp.-H. =
  12,3 f. G: 75⁵
50f. p. 434,31 ff. Sp. =
  363,7 ff. Sp.-H. =
  12,4 ff. G: 75⁶
52 ff. p. 435,6 ff. Sp. =
  363,14 ff. Sp.-H. =
  12,10 ff. G: 77²¹
57 p. 435,27 f. Sp. =
  364,11 ff. Sp.-H. =
  13,12 f. G: 78²⁹
 p. 435,28 Sp. = 364,12
  Sp.-H. = 13,12 f. G:
  78³⁶
61 p. 436,4 Sp. = 364,21
  Sp.-H. = 14,2 G: 89¹
 p. 436,4 ff. Sp. =
  364,21 ff. Sp.-H. =
  14,1 ff. G: 78³⁰
 p. 436,6 ff. Sp. = 364,23 ff.
  Sp.-H. = 14,3 ff. G:
  89¹³
62 p. 436,10 ff. Sp. =
  365,3 ff. Sp.-H. =
  14,7 ff. G: 90²¹
63 p. 436,14 Sp. = 365,7 f.
  Sp.-H. = 14,11 G:
  82⁷⁶
63 ff. p. 436,15 ff. Sp. =
  365,8 ff. Sp.-H. =
  14,12 ff. G: 83⁸⁴
64 p. 436,16 f. Sp. =
  365,9 ff. Sp.-H. =
  14,13 f. G: 83⁸³
67 ff. p. 436,25 ff. Sp. =
  365,19 ff. Sp.-H. =
  14,21 ff. G: 83⁸⁶
76 p. 437,12 Sp. = 366,16
  Sp.-H. = 16,1 G:
  300²⁰
 p. 437,13 ff. Sp. =
  366,18 ff. Sp.-H. =
  16,2 ff. G: 300²¹
80 ff. p. 437,29 ff. Sp. =
  367,12 ff. Sp.-H. =
  16,18 ff. G: 84⁸⁸
85 ff. p. 438,14 ff. Sp. =
  368,6 ff. Sp.-H. =
  17,13 ff. G: 84⁸⁸
89 ff. p. 438,25 ff. Sp. =
  368,18 ff. Sp.-H. =
  18,7 ff. G: 84⁹⁰
96 p. 439,9 f. Sp. =
  369,13 f. Sp.-H. =
  19,5 f. G: 84⁹³
99 p. 439,15 ff. Sp. =
  369,19 ff. Sp.-H. =
  19,10 ff. G: 85¹⁰⁸
100 p. 439,19 ff. Sp. =
  369,23 ff. Sp.-H. =
  19,15 ff. G: 86¹¹¹
101 p. 439,23 ff. Sp. =
  370,4 ff. Sp.-H. =
  19,19 ff. G: 85⁹⁶
103f. p. 440,1 ff. 4 ff. Sp. =
  370,14 ff. 17 ff. Sp.-H.
  = 20,8 ff. 11 ff. G:
  85¹⁰⁴
105 p. 440,8 ff. Sp. =
  370,22 ff. Sp.-H. =
  20,15 ff. G: 88¹²⁹
113–131 p. 441,1–443,6 Sp. =
  372,1–374,23 Sp.-H. =
  22,1–25,4 G: 219⁷³
113 ff. p. 441,1 ff. Sp. =
  372,1 ff. Sp.-H. =
  22,1 ff. G: 79⁴⁷
116 ff. p. 441,17 ff. Sp. =
  372,18 ff. Sp.-H. =
  22,17 ff. G: 79⁴⁸
121f. p. 441,29 ff. Sp. =
  373,4 ff. Sp.-H. =
  23,2 ff. G: 79⁵⁰
124 p. 442,10 ff. Sp. =
  373,18 ff. Sp.-H. =
  23,15 ff. G: 81⁶⁰
125 ff. p. 442,13 ff. Sp. =
  373,21 ff. Sp.-H. =
  23,19 ff. G: 81⁶¹
126 p. 442,15 Sp. = 373,23 f.
  Sp.-H. = 23,20 f. G:
  61¹²
132–135 p. 443,8 ff. 12 ff. 18 ff.
  21 ff. Sp. = 374,24 ff.
  375,1 ff. 8 ff. 12 ff. Sp.-
  H. = 25,5 ff. 8 ff. 15 ff.
  18 ff. G: 81⁶²
143f. p. 445,12 f. 17 Sp. =
  377,18 f. 23 f. Sp.-H. =
  27,9 f. 14 G: 95¹³
144 p. 445,17 ff. Sp. =
  377,24 ff. Sp.-H. =
  27,15 ff. G: 102⁷⁹
145 p. 445,23 Sp. = 378,4 f.
  Sp.-H. = 27,21 G:
  95¹⁷
 p. 445,25 ff. Sp. =
  378,6 ff. Sp.-H. =
  27,23 f. G: 122³⁸
 p. 446,1 Sp. = 378,13 f.
  Sp.-H. = 27,29 f. G:
  96¹⁸
147 p. 446,4 f. Sp. =
  378,17 f. Sp.-H. =
  28,3 f. G: 96¹⁹
147–149 p. 446,5 ff. Sp. =
  378,18 ff. Sp.-H. =
  28,4 ff. G: 97³⁰
149 p. 446,14. 16 Sp. =
  379,3.5 Sp.-H. =
  28,13.15 G: 106¹⁴⁵
151 p. 446,23 f. Sp. =
  379,13 Sp.-H. =
  29,4 f. G: 106¹⁴⁶
152 p. 446,25 ff. Sp. =
  379,15 ff. Sp.-H. =
  29,6 ff. G: 106¹⁴⁷
154–156 p. 447,3–13 Sp. =
  379,25–380,10 Sp.-H.
  = 29,15–30,5 G: 120¹⁴
157 p. 447,14 ff. Sp. =
  380,11 ff. Sp.-H. =
  30,6 ff. G: 102⁸⁸
158 p. 447,18 f. Sp. =
  380,15 f. Sp.-H. =
  30,10 f. G: 105¹³¹

p. 447,18ff. Sp. =
380,15ff. Sp.-H. =
30,10f. G: 102⁹⁰
159 p. 447,21f. Sp. =
380,18f. Sp.-H. =
30,12f. G: 102⁸⁹
161 p. 447,29 Sp. = 381,1
Sp.-H. = 30,21 G: 92²
166 p. 448,11f. Sp. =
381,16f. Sp.-H. =
31,8 G: 92⁶
170 p. 448,25ff. Sp. =
382,5ff. Sp.-H. =
32,7ff. G: 110¹⁵⁶
171–181 p. 448,30–450,7 Sp.
= 382,11–384,4 Sp.-
H. = 32,12–35,3 G:
110¹⁵⁷
178 p. 449,21ff. Sp. =
383,13ff. Sp.-H. =
33,13ff. G: 116²⁰⁰
186 p. 451,3 Sp. = 385,9
Sp.-H. = 36,14 G:
95⁹; 124²
p. 451,3ff. Sp. =
385,9ff. Sp.-H. =
36,14ff. G: 125¹⁶
186–191 p. 451,3–452,7 Sp. =
385,9–386,21 Sp.-H. =
36,14–38,3 G: 125¹⁹
187f. p. 451,5ff. 15ff. Sp. =
385,12ff. 21ff. Sp.-H.
=36,16ff. 37,3ff. G:
129³⁹
198–200 p. 453,1ff. Sp. =
387,22ff. Sp.-H. =
39,16ff. G: 148¹³
198 p. 453,3f. Sp. = 388,1
Sp.-H. = 39,17f. G:
149²³
203 p. 453,18ff. Sp. =
388,16ff. Sp.-H. =
40,15ff. G: 149³¹
p. 453,19 Sp. = 388,17
Sp.-H. = 40,16 G:
147⁷
207 p. 454,1ff. Sp. =
389,6ff. Sp.-H. =
41,10ff. G: 149³³
208f. p. 454,5ff. Sp. =
389,10ff. Sp.-H. =
41,14ff. G: 148¹⁶

210 p. 454,14ff. Sp. =
389,19ff. Sp.-H. =
41,22ff. G: 150⁴⁰
215–218 p. 455,2ff. 11ff. 20ff.
27ff. Sp. = 390,15–
391,18 Sp.-H. =
42,17–43,18 G: 152⁵³
221 p. 456,8ff. Sp. =
392,4ff. Sp.-H. =
44,4ff. G: 153⁵⁴
222 p. 456,17f. Sp. =
392,14f. Sp.-H. =
44,13f. G: 159¹⁰⁷
223 p. 456,18ff. Sp. =
392,15ff. Sp.-H. =
44,14ff. G: 159¹⁰⁸
224–228 p. 456,20ff. Sp. =
392,17–393,5 Sp.-H. =
44,16–45,10 G: 161¹³⁸
225 p. 456,24 Sp. = 392,22
Sp.-H. = 44,20 G:
158¹⁰¹
230 p. 457,5 Sp. = 393,9
Sp.-H. = 45,13 G:
153⁵⁸
p. 457,6 Sp. = 393,11
Sp.-H. = 45,14 G:
153⁶⁰
233 p. 457,14ff. Sp. =
393,19ff. Sp.-H. =
46,1ff. G: 165¹⁶³
234 p. 457,21 Sp. = 393,26
Sp.-H. = 46,7 G: 165¹⁶²
236 p. 457,28ff. Sp. =
394,8ff. Sp.-H. =
46,14ff. G: 147⁵

Antiphon
Oratio
V: 56²⁹

Apsines
τέχνη ῥητορική
1–12 p. 331,4–391,2 Sp. =
217,3–306,15 Sp.-H:
223¹²⁰
1 p. 331,5 Sp. = 217,4 Sp.-
H: 60¹
p. 331,6f. Sp. = 217,5f.
Sp.-H: 64⁵⁴
2 p. 336,25f. Sp. = 224,13f.
Sp.-H: 66⁶⁹

p. 337,12ff. Sp. =
225,11ff. Sp.-H: 66⁶⁹
p. 337,26ff. Sp. =
226,4ff. Sp.-H: 66⁶⁹
p. 343,14 Sp. = 235,6
Sp.-H: 274⁶⁹
3 p. 344,17 Sp. = 236,19
Sp.-H: 275⁷¹
p. 344,17ff. Sp. =
236,19ff. Sp.-H: 70⁹⁶
4 p. 348,12ff. Sp. =
242,13ff. Sp.-H: 78³⁸
p. 352,3f. Sp. = 248,9
Sp.-H: 275⁷¹
5 p. 353,4 Sp. = 249,16f.
Sp.-H: 76¹⁰
p. 353,19ff. Sp. =
250,12ff. Sp.-H: 79⁴⁶
p. 353,24ff. Sp. =
250,18ff. Sp.-H: 78⁴⁰
p. 358,5ff. Sp. =
257,17ff. Sp.-H: 88¹²⁸
p. 358,18ff. Sp. =
258,8ff. Sp.-H: 288¹⁶²
p. 358,20 Sp. = 258,10f.
Sp.-H: 165¹⁶¹; 287¹⁵⁴;
288¹⁵⁹
p. 358,26–30 Sp. =
258,16–21 Sp.-H: 165¹⁶¹
6 p. 360,4 Sp. = 260,18
Sp.-H: 95¹⁷; 124¹
p. 360,4ff. Sp. =
260,18ff. Sp.-H: 130⁵²
p. 361,5 Sp. = 262,6f.
Sp.-H: 131⁶³
p. 364,3ff. Sp. =
266,17ff. Sp.-H: 136⁹
7 p. 365,15 Sp. = 268,21
Sp.-H: 95⁹; 124²
p. 365,15f. Sp. =
268,21f. Sp.-H: 130⁵³
p. 365,20ff. Sp. =
269,4ff. Sp.-H: 130⁵⁵
p. 365,25f. Sp. =
269,10f. Sp.-H: 130⁵⁴
p. 365,28f. Sp. =
269,13f. Sp.-H: 131⁵⁷
p. 366,2 Sp. = 269,16
Sp.-H: 131⁵⁶
p. 366,3ff. Sp. =
269,17ff. Sp.-H: 131⁵⁸

p. 366,10ff. Sp. =
270,3ff. Sp.–H: 131[61]
p. 366,18ff. Sp. =
270,12ff. Sp.–H: 131[62]
p. 366,23ff. Sp. =
270,18ff. Sp.–H: 131[65]
p. 366,26ff. Sp. =
270,21ff. Sp.–H: 131[66]
p. 367,8 Sp. = 271,12
Sp.–H: 131[68]
p. 367,8f. Sp. =
271,12f. Sp.–H: 131[69]
p. 367,17ff. Sp. =
271,22ff. Sp.–H: 131[68]
p. 367,26ff. Sp. =
272,6ff. Sp.–H: 131[69]
p. 368,5ff. Sp. =
272,18ff. Sp.–H: 132[75]
p. 368,21f. Sp. =
273,14f. Sp.–H: 132[76]
p. 368,24ff. Sp. =
273,18ff. Sp.–H: 132[74]
p. 369,14ff. Sp. =
274,21ff. Sp.–H: 132[77]
p. 369,21ff. Sp. =
275,4ff. Sp.–H: 132[70]
p. 369,27ff. Sp. =
275,10ff. Sp.–H: 132[73]
p. 370,11f. Sp. =
276,1f. Sp.–H: 132[72]
p. 370,13ff. Sp. =
276,3ff. Sp.–H: 132[71]
p. 370,21ff. Sp. =
276,11ff. Sp.–H: 133[82]
p. 371,17f. Sp. =
277,19ff. Sp.–H: 133[83]
8 p. 372,29ff. Sp. =
279,19ff. Sp.–H: 122[29]
p. 373,6ff. Sp. =
280,6ff. Sp.–H: 121[22]
p. 373,23ff. Sp. =
281,1ff. Sp.–H: 121[24]
9 p. 375,15f. Sp. =
283,13f. Sp.–H: 132[78]
p. 376,6f. Sp. =
284,15f. Sp.–H: 132[79]
p. 376,9ff. Sp. =
284,18ff. Sp.–H: 133[80]
p. 376,15 Sp. = 285,2
Sp.–H: 133[81]
10 p. 376,20f. Sp. =
285,7f. Sp.–H: 106[133]

p. 376,22ff. Sp. =
285,9ff. Sp.–H: 117[213]
p. 376,24f. Sp. = 285,12
Sp.–H: 127[28]
p. 376,27f. Sp. =
285,14f. Sp.–H: 103[107]
p. 379,10ff. Sp. =
289,8ff. Sp.–H: 117[214]
p. 379,13ff. Sp. =
289,11ff. Sp.–H: 117[214]
p. 380,7ff. Sp. =
290,16ff. Sp.–H: 117[214]
p. 380,11ff. Sp. =
290,19ff. Sp.–H: 117[214]
11 p. 380,23f. Sp. =
291,9f. Sp.–H: 173[85]
12 p. 384,13f. Sp. = 296,15
Sp.–H: 147[11]; 149[24]
p. 384,14 Sp. = 296,15
Sp.–H: 158[95/101]
p. 384,17f. Sp. =
296,18f. Sp.–H: 147[7]
p. 384,21ff. Sp. =
297,4ff. Sp.–H: 149[30]
p. 385,24ff. Sp. =
298,15ff. Sp.–H: 150[41]
p. 386,5–390,24 Sp. =
299,6–306,5 Sp.–H:
151[52]
p. 391,4 Sp. = 306,17
Sp.–H: 158[101]
p. 391,5ff. Sp. =
306,17ff. Sp.–H: 164[156]
p. 392,20–404,30 Sp. =
308,20–326,23 Sp.–H:
164[157]
p. 405,10–406,32 Sp. =
327,8–329,23 Sp.–H:
161[145]
p. 406,3 Sp. = 328,14
Sp.–H: 287[154]
p. 406,4f. Sp. =
328,15f. Sp.–H: 288[159]
p. 406,11 Sp. = 328,22
Sp.–H: 302[47]
p. 407,4 Sp. = 330,3
Sp.–H: 275[73]

Aquila Romanus
De figuris sententiarum et elocutionis liber
p. 22,8f. H: 261[2]

1 p. 23,8ff. H: 279[46]
3 p. 23,22 H: 292[221/223]
p. 23,24f. H: 292[227]
4 p. 23,30 H: 291[203/204]
5 p. 24,8 H: 290[186/187]
p. 24,13 H: 291[200]
7 p. 24,21 H: 263[24]
p. 24,21f. H: 263[28]
8 p. 24,25 H: 289[179]
9 p. 25,3ff. H: 284[106]
10 p. 25,11 H: 287[154]
p. 25,13ff. H: 288[160]
11 p. 25,19 H: 285[121]
12 p. 25,26 H: 285[127]
16 p. 26,26 H: 36[113]
18 p. 27,12 H: 315[6]
p. 27,12ff. H: 316[7]
p. 27,16f. H: 316[8]
p. 27,17ff. H: 316[11]
p. 27,31 H: 319[62]
p. 27,31f. H: 317[31]
p. 28,3f. H: 319[66]
p. 28,14 H: 318[54/56]
p. 28,15 H: 319[57]
p. 28,16ff. H: 317[39]
20 p. 28,31ff. H: 277[15]
22 p. 29,29 H: 294[260]; 312[77]
23 p. 30,5 H: 310[28/29]
p. 30,5ff. H: 310[32]
24 p. 30,12 H: 310[33]
p. 30,15ff. H: 310[34]
25 p. 30,22 H: 311[53]
p. 30,24f. H: 311[50]
26 p. 30,27 H: 312[62]
p. 30,30f. H: 312[64]
27 p. 30,32 H: 304[98]
28 p. 31,7 H: 306[126]
29 p. 31,12 H: 301[45]
p. 31,12f. H: 302[50]
31 p. 31,32 H: 302[46]
32 p. 32,6 H: 301[43]; 309[21]
33 p. 32,16 H: 303[76]
p. 32,16ff. H: 302[62]
34 p. 32,23 H: 303[80/83]
35 p. 33,11 H: 304[89/90]
36 p. 33,17 H: 304[94/96]
37 p. 33,23 H: 305[108/112]
p. 33,26ff. H: 305[108]
38 p. 34,3 H: 306[131]
p. 34,5 H: 307[137]
p. 34,6 H: 307[136]
39 p. 34,7 H: 301[39]

40 p. 34,17 H: 303[68]
   p. 34,17f. H: 303[71]
41 p. 35,9 H: 300[10]
   p. 35,13f. H: 300[10]
44 p. 36,14 H: 300[19]; 315[104]
46 p. 37,6 H: 300[12/13]

Aristeides
περὶ τῶν ἰδεῶν καὶ ἀρετῶν
I   1,459, (Rhet. Gr. V p.
    1,5f. Schmid): 338[98]
    1,459, (Rhet. Gr. V p.
    1,9ff. Schmid): 338[100]
    2,459, (Rhet. Gr. V p.
    2,4ff. Schmid): 339[105]
    124,497, (Rhet. Gr. V p.
    48,19f. Schmid): 339[107]
    126,498, (Rhet. Gr. V p.
    50,1f. Schmid): 339[108]
    151,503, (Rhet. Gr. V p.
    58,12ff. Schmid): 174[88]
II 1,512, (Rhet. Gr. V p.
    70,18ff. Schmid): 339[101]
    2,512, (Rhet. Gr. V p.
    71,9 Schmid): 339[106]
    53,530, (Rhet. Gr. V p.
    94,14 Schmid): 339[102]
    59,532, (Rhet. Gr. V p.
    96,8 Schmid): 339[103]
    64,534, (Rhet. Gr. V p.
    98,22 Schmid): 339[104]

Aristophanes
Acharnenses
475: 140[88]

Fragmenta
198: 247[9]

Nubes
145: 141[42]
222: 140[38]

Ranae
495: 141[43]
499: 141[43]
1156: 140[35]

Aristoteles
Analytica priora
II 27,70a 3ff.: 106[139]

De arte poetica
5, 1449a 31ff.: 139[30]
   1449a 33f.: 143[61]
   1449a 34: 145[78]
19, 1456b 9: 270[10]
    1456b 11f.: 270[10]
20–22, 1456b 20–1459a 16: 259[8]
20, 1456b 20f.: 249[32]
21, 1457b 1: 250[58]
    1457b 6ff.: 267[83]
    1457b 20ff.: 267[88]
    1458a 5f.: 140[39]
22, 1458b 2: 140[39]

Problemata
V 41, 885b 6: 324[135]

Ars rhetorica
I 1, 1354a 10ff.: 214[26]
      1354a 11: 5[34]
      1354a 17: 158[101]
      1354a 27f.: 75[2]
   2, 1355b 25f.: 3[11]; 5[34]
      1355b 35: 95[2/17]
      1355b 37: 97[33]
      1355b 37ff.: 96[22]
      1356a 1–20: 158[104]
      1356a 2ff.: 96[23]
      1356a 4ff.: 96[24]
      1356a 5ff.: 159[109]
      1356a 14ff.: 96[26]
      1356a 19f.: 96[27]
      1356b 1ff.: 102[80]
      1356b 3: 120[9]
      1356b 5: 120[9]
      1356b 14f.: 120[12]
      1357a 32: 106[137]
      1357b 3ff.: 107[148]
      1357b 4: 106[141]
      1357b 5f.: 106[143]
      1357b 9f.: 106[141]
      1357b 26: 120[9]
   3, 1358a 36ff.: 9[82]; 197[163]
      1358b 7: 10[90]; 167[1]
      1358b 7f.: 10[103]
      1358b 8: 10[97]; 177[1]
      1358b 8f.: 10[95]; 167[15]
      1358b 9: 167[7]
      1358b 11: 9[84/87]
      1358b 12f.: 10[101]
      1358b 13ff.: 198[172]

      1358b 14f.: 167[21]
      1358b 20: 169[39]
      1358b 20ff.: 171[60]
      1358b 22: 10[94]
      1358b 25: 10[100]
      1358b 27f.: 198[177]
      1358b 38ff.: 171[61]; 198[177]
      1359a 19ff.: 171[63]
   4, 1359a 30f.: 168[24]
      1359a 32ff.: 168[28]
      1359a 38f.: 168[30]
      1359b 21ff.: 169[34]
   7, 1365a 13ff.: 253[88]
   9, 1366a 24: 198[176]
      1366a 28ff.: 203[200]
      1366a 33ff.: 198[178]
      1366a 36ff.: 198[178]
      1366b 1ff.: 199[179]
      1366b 25–1367b 7: 199[181]
      1367b 22ff.: 200[185]
      1367b 31: 215[32]
      1367b 32ff.: 200[187]; 208[237]
      1367b 37ff.: 198[175]
      1368a 10: 208[231]
      1368a 10ff.: 209[242]
      1368a 22f.: 208[238]
      1368a 26ff.: 208[231]
      1368a 27: 208[238]
  11, 1371b 27f.: 199[180]
      1371b 36: 139[17]
      1372a 1f.: 139[29]
  14, 1374b 25ff.: 29[17]
  15, 1375a 22ff.: 29[27]
      1375a 24f.: 97[33]
      1375a 25ff.: 98[50]
      1375b 26ff.: 99[52]
      1376a 33: 100[65]
      1376b 7ff.: 100[68]
      1376b 31ff.: 101[72]
      1377a 8ff.: 100[61]
II 1, 1378a 8: 66[73]
      1378a 19ff.: 159[106]
   2–11, 1378a 30–1388b 28: 160[126]
   8, 1385b 13: 158[101]
   12–17, 1388b 31–1391b 3: 160[127]
   12, 1388b 32ff.: 160[128]
   20, 1393a 28ff.: 120[16]

1393a 30: 122^{29}
1393a 30f.: 122^{30}
1393b 4: 122^{29}
1394a 1: 122^{32}
1394a 9ff.: 120^{18}
21, 1394a 21ff.: 123^{44}
1394a 25: 258^{142}
1394a 27: 257^{136}
1394b 7ff.: 123^{45}
1394b 17ff.: 123^{46}
1394b 28ff.: 123^{47}
1394b 30: 257^{136}
1395a 2ff.: 123^{49}
1395a 8ff.: 257^{138}
1395a 19ff.: 257^{139}
1395b 1ff.: 258^{140}
1395b 13ff.: 159^{110}
1395b 14ff.: 258^{140}
22, 1395b 22: 107^{149}
1396a 25ff.: 179^{32}
1396b 20: 107^{151}
1396b 23ff.: 103^{102}
23, 1397a 7–1400b 25: 107^{155}
1397b 12: 103^{101}
1397b 15: 103^{101}
1398a 3: 131^{59}
1400b 26ff.: 103^{102}
24, 1401a 5f.: 270^{8}
1401a 8: 270^{8}
1401a 13f.: 140^{34}
1401b 15: 203^{203}
1402a 17f.: 54^{16}
1402a 17ff.: 214^{27}
1402a 18: 53^{1}
1402a 26ff.: 214^{27}
25, 1402a 31: 126^{20}
1402a 35ff.: 126^{21}
26, 1403a 16: 153$^{58/60}$
1403a 18ff.: 153^{68}; 208^{239}
III 1, 1403b 6ff.: 213^{5}
1403b 7: 213^{3}
1403b 7f.: 247^{5}
1403b 8: 213^{20}; 247^{1}
1403b 15: 11^{116}; 247^{1}
1403b 18ff.: 215^{34}
1403b 20: 247^{1}
1403b 20ff.: 11^{119}; 353^{4}
1403b 21: 355^{18}
1403b 22: 353^{3}
1403b 27: 215^{35}

1403b 31: 215^{35}
1403b 36: 247^{1}
1404a 14f.: 11^{122}
1404a 15: 8^{66}
2, 1404b 1f.: 250^{54}
1404b 1ff.: 259^{7}
1404b 3f.: 251^{67}
1404b 5f.: 259^{9}
1404b 8: 140^{39}
1404b 26: 248^{30}
1404b 31f.: 259^{9}
1404b 39ff.: 140^{35}
1405a 8f.: 259^{9}
1405b 21ff.: 307^{144}
1405b 29ff.: 140^{38}
3, 1405b 35f.: 260^{12}
1405b 35ff.: 264^{43}; 336^{63}
1406a 7: 260^{12}
1406a 10: 260^{12}
1406a 10ff.: 264^{43}
1406a 11f.: 264^{42}; 307^{146}
4, 1406b 20: 259^{9}
1406b 20ff.: 267^{80}
1406b 24f.: 253^{93}
5, 1407a 19f.: 250^{43}
1407a 20f.: 260^{10}
1407a 21: 249^{31}
1407a 31f.: 260^{10}
1407b 7f.: 260^{10}
1407b 9f.: 260^{10}
6, 1407b 26: 260^{11}
7, 1408a 10ff.: 260^{11}
1408a 23f.: 161^{142}
8, 1408b 21f.: 270^{9}
1408b 21ff.: 260^{11}
1408b 26: 324^{138}
1408b 28f.: 324^{132}
1408b 30: 324^{136}
1409a 2ff.: 326^{158}
9, 1409a 22: 324^{139}
1409a 24: 316^{9}
1409a 26: 316^{14}
1409a 30f.: 316^{12}
1409a 35: 316^{18}
1409a 35ff.: 316^{23}
1409b 13: 317$^{32/34}$
1409b 13ff.: 260^{11}
1409b 14f.: 317^{40}
1409b 16: 318^{43}
1409b 16f.: 317^{34}

1409b 17f.: 318^{48}; 320^{81}
1409b 31: 317^{38}
1409b 33ff.: 294^{244}; 313^{84}
1410a 2ff.: 294^{245}
1410a 24: 294^{251}
1410a 24f.: 270^{2}; 310^{40}
1410a 25: 310^{42}
1410a 25ff.: 311^{44}
1410a 29f.: 311^{46}
1410a 32ff.: 311^{47}
1410a 34f.: 311^{51}
1410a 35: 312^{62}
1410a 35f.: 311^{58}
1410a 36f.: 312^{60}
1410b 2: 270^{3}
1410b 2f.: 248^{25}
10, 1410b 6f.: 144^{72}
1410b 7: 260^{11}
1410b 13: 144^{73}
1410b 17ff.: 267^{81}
1411a 1ff.: 260^{11}
11, 1411b 31f.: 266^{71}
1411b 31ff.: 267^{92}
1412a 19f.: 144^{74}
1412a 22ff.: 144^{74}
1412a 34ff.: 144^{75}
1412b 5f.: 144^{76}
1412b 33: 294^{251}
1413a 21ff.: 144^{77}
1413a 30ff.: 265^{51}
12, 1413b 4: 260^{11}; 338^{99}
1413b 4ff.: 330^{13}
1413b 8f.: 338^{99}
1414a 20: 248^{26}
1414a 20f.: 330^{14}
1414a 26: 330^{9}; 338^{92}
1414a 30: 213^{4}
13, 1414a 31f.: 222^{106}
1414a 35: 92^{2}
1414a 35f.: 58^{32}; 222^{106}
1414a 36: 95^{2}
1414a 37f.: 75^{1}; 79^{43}
1414a 37ff.: 222^{107}
1414b 5: 147^{1}
1414b 7.: 92^{2}
1414b 7f.: 61^{11}
1414b 8: 60^{1}
1414b 8f.: 58^{34}
1414b 8ff.: 222^{108}
1414b 14f.: 77^{23}

1414b 15: 78³⁵
14, 1414b 19: 60¹
1414b 19ff.: 225¹³⁹
1414b 20: 60³
1414b 20f.: 61⁶
1414b 23f.: 61⁴
1414b 24ff.: 61⁵
1414b 31: 178¹⁶
1414b 31f.: 178¹⁸
1414b 35ff.: 226¹⁴⁰
1415a 1ff.: 226¹⁴¹
1415a 8ff.: 226¹⁴²
1415a 12f.: 61⁴; 70⁹⁸
1415a 22ff.: 223¹²²; 226¹⁴²
1415a 23f.: 63³³
1415a 24f.: 218⁶⁴
1415a 25ff.: 226¹⁴³
1415a 34ff.: 226¹⁴³
1415a 35ff.: 63⁴⁴
1415a 36f.: 218⁶⁵
1415b 5ff.: 218⁶³
1415b 33ff.: 218⁶⁶; 227¹⁴⁴
1415b 34ff.: 62¹⁸; 178²⁴
1415b 38ff.: 178²⁵
1416a 1f.: 178²³
15, 1416a 33: 42¹⁸⁰
16, 1416b 16f.: 219⁷⁰
1416b 16ff.: 75³
1416b 26f.: 79⁴³; 219⁷⁰
1416b 30: 248²⁴
1416b 30–1417b 20: 82⁸²
1416b 34ff.: 248²⁴
1417a 8: 219⁷¹
1417b 10f.: 81⁵⁹
1417b 12f.: 219⁷²
1417b 12ff.: 79⁴³; 227¹⁴⁷
17, 1417b 21ff.: 125¹⁷
1417b 23: 30³⁰
1417b 23ff.: 29¹⁷
1417b 25f.: 36¹⁰⁴
1417b 30ff.: 219⁷⁴
1417b 32ff.: 209²⁴⁶
1418a 1ff.: 228¹⁵¹
1418a 29ff.: 179²⁸
1418b 5f.: 58³³; 124¹¹
1418b 5ff.: 125¹⁸
1418b 7ff.: 228¹⁵²

18, 1418b 40ff.: 134²; 284¹¹⁶
1419a 1ff.: 134⁴
1419a 5ff.: 134⁵
1419a 12f.: 135⁶
1419a 13ff.: 135⁷
1419b 3: 138²
1419b 4ff.: 139²⁸
1419b 8: 144⁷¹
19, 1419b 10: 147¹
1419b 10ff.: 148¹⁵
1419b 12: 153⁶¹
1419b 25: 158¹⁰¹
1419b 30ff.: 150³⁶
1419b 33ff.: 151⁴⁶
1420a 6f.: 153⁵⁷

Sophistici elenchi
3, 165b 15ff.: 140³⁶
4, 165b 30f.: 140⁹⁴
166b 10ff.: 140⁴¹
34, 183b 31f.: 53¹

Athenaios
Deipnosophistai
VIII 348a: 141⁴⁶
X 416a: 8⁶⁷

Athanasios v. Alexandria
προλεγόμενα
P. S. 12 p. 180,17 R: 179³³

Auctor ad Herennium
Ad C. Herennium de ratione dicendi
I 1,1: 3¹⁸; 5³⁶/⁴⁰
    2,2: 3¹⁸; 6⁵¹; 9⁸⁶; 10⁸⁹/⁹¹/⁹⁶ ⁹⁸/¹⁰²/¹⁰⁴; 167³/¹²/¹⁶; 177³; 197¹⁶⁵; 213¹¹
    2,3: 7⁶⁰; 11¹¹⁵; 215³⁶; 247⁶; 329¹
    3,4: 58³⁶; 61⁷/⁸; 63³⁹; 93¹³; 95¹¹; 147³; 222¹⁰⁹
    3,5: 24¹⁰⁰/¹⁰⁴; 25¹⁰⁷/¹¹³; 70¹⁰³; 71¹⁰⁹
    4,6: 64⁴⁶; 71¹⁰⁹/¹¹⁵/¹¹⁸; 223¹²⁴
    4,7: 69⁹²; 70⁹⁵/⁹⁸
    4,8: 64⁵⁶; 159¹¹³
    5,8: 67⁷⁴; 68⁸¹/⁸³; 69⁸⁶; 159¹¹⁴; 160¹²⁹

6,9f.: 72¹²²
6,9–7,11: 224¹²⁸
6,10: 119²; 122³⁴; 138⁵; 144⁶⁹; 147⁹⁴
7,11: 73¹³²; 74¹⁴⁰
8,12: 76¹³
8,13: 76¹⁷/¹⁸; 77²⁷
9,14: 82⁶⁵/⁶⁶/⁷²; 83⁸⁴
9,15: 82⁷⁷; 84⁸⁸
9,16: 84⁹⁰
10,17: 93¹⁴/¹⁶
10,18: 124⁶/¹²
11,18: 28⁴/⁷; 232¹⁸¹
11,19: 44³/⁵/⁷/¹⁰; 45¹³
12,20: 44⁷
12,21: 32⁷¹
12,21f.: 45¹³
12,22: 42¹⁷⁵/¹⁸²/¹⁸³
13,23: 44¹⁰
13,24: 39¹⁴¹
14,24: 36¹⁰⁷; 38¹³³/¹³⁵; 39¹⁴³; 40¹⁵⁵/¹⁵⁸; 41¹⁶⁵/¹⁶⁷
15,25: 40¹⁶¹
16,26: 28⁹/¹¹/¹²
II 2,2: 95¹¹
    2,3: 111¹⁵⁹; 229¹⁶⁴
    2,3–8,12: 126²²
    2,3–17,26: 229¹⁶²
    3,5: 111¹⁶⁰; 229¹⁶⁶
    4,6: 111¹⁶¹; 230¹⁶⁷
    5,8: 111¹⁶²; 230¹⁶⁸
    6,9: 97³⁴; 99⁵³; 101⁶⁹; 118²²⁹/²³¹; 155⁷⁷; 230¹⁶⁹
    7,10: 101⁷³
    7,11: 97³⁴; 99⁵³
    9,13: 240²³⁹/²⁴¹
    10,14: 240²⁴¹
    10,15: 242²⁵⁶
    11,16: 44⁷; 241²⁴⁹
    12,17: 233¹⁹²
    12,18: 44¹⁰; 242²⁶³
    13,19: 98⁴⁶; 234²⁰¹
    14,21f.: 237²²⁰
    15,22: 236²¹¹
    16,23f.: 239²³⁰
    16,24: 239²³²
    17,25: 41¹⁷²/¹⁷³
    17,25f.: 239²³³
    17,26: 238²²⁸
    18,27: 95⁴

18,28: 105^115; 135^4
19,30: 105^116
29,46: 119^3
30,47: 147^8/9; 148^17; 150^37/42; 151^47; 153^59/69; 154^76; 158^99
30,48f.: 155^80
31,50: 160^130; 164^154
III 1,1: 213^9
2,2: 171^65/69; 175^94
2,3: 172^74
4,7: 172^74; 227^148
6,10: 200^188
6,11: 159^115
8,15: 178^21
9,16: 213^18
9,16f.: 217^57
11,19: 11^120; 353^1; 355^19
11,19f.: 353^10
12,21: 353^11
13,23f.: 354^12
14,24: 354^13
15,26: 354^14
15,27: 354^15
16,28: 349^8
16,29: 349^9
18,31: 349^11
20,33: 349^10
23,38: 349^12
IV 7,10: 11^117; 247^3
8,11: 331^20/23
10,15: 331^24; 335^58
11,16: 331^25; 333^35
12,17: 250^44/53/56
12,17f.: 249^39
13,18: 271^11; 273^56
13,19: 303^82; 304^90/91
13,19–30,41: 271^21
14,20: 304^97; 305^120; 306^122
14,21: 306^121
15,21: 312^76; 313^81
15,22: 282^86
16,23f.: 286^145
17,24: 122^40; 258^141
17,24f.: 257^134
17,25: 123^51
18,25: 102^83
19,26: 317^33/42; 318^56; 319^64
20,28: 311^54/55; 312^63/65/70
21,29: 304^100/101/103; 305^105
23,32: 312^73
23,33: 286^134/137

24,34: 286^138
25,34: 303^69
27,38: 301^32/34; 315^103/108
28,38: 302^51/64
29,40: 287^156; 288^161
30,41: 290^192/195
31,42: 261^7; 263^18; 273^39
31,42–34,46: 261^8; 271^22
32,43: 268^110/114/119; 269^136
32,44: 265^52/55; 309^12
33,44: 264^45; 270^143
33,45: 270^150
34,45: 266^70/77
34,46: 262^16; 263^26
35,47–55,69: 271^23
36,48: 279^42/43
42,54: 135^2/3
44,58: 135^3
45,58: 313^81
52,65: 291^207
54,67: 290^193
55,68: 252^83; 288^174

Augustinus
De doctrina christiana
IV 17,34f.: 12^133

De rhetorica
1 p. 137,4ff. H: 11^128; 15^3
p. 137,5 H: 213^21
p. 137,8 H: 216^42
p. 137,12f. H: 216^42; 247^4
p. 137,14 H: 216^42
p. 137,19 H: 216^42
3 p. 138,30f. H: 3^13
4 p. 139,3ff. H: 6^49
5 p. 140,1 H: 15^16
p. 140,1f. H: 15^19
p. 140,7ff. H: 18^46
p. 140,9 H: 15^7
6 p. 140,19f. H: 16^24
p. 140,22ff. H: 16^24
p. 140,26ff. H: 17^27
7 p. 141,8 H: 15^17
p. 141,11f. H: 17^41
p. 141,15f. H: 17^42
p. 141,20f. H: 17^43
8 p. 142,10ff. H: 17^44
9 p. 142,15 H: 29^26
p. 142,20ff. H: 29^28
p. 142,21 H: 30^33
p. 142,26 H: 32^72

p. 142,27 H: 32^73
p. 142,28f. H: 32^74
10 p. 143,1ff. H: 44^201
p. 143,11 H: 42^174/181
p. 143,12 H: 42^175/179
11 p. 143,18f. H: 29^26; 44^1
p. 143,19 H: 44^3
p. 143,19ff. H: 45^11
p. 143,20 H: 44^2/4/5
p. 143,21 H: 44^6/7
p. 143,22 H: 44^8
p. 143,28f. H: 28^2
p. 144,2 H: 28^5
p. 144,5 H: 29^23
12 p. 144,18f. H: 29^20
13 p. 144,24 H: 28^8/10
p. 144,25 H: 28^12
p. 145,4 H: 28^10
15 p. 146,1 H: 18^50
p. 146,1f. H: 20^67
p. 146,3ff. H: 19^51
p. 146,6ff. H: 19^53
p. 146,10ff. H: 19^54
p. 146,22f. H: 21^73
16 p. 146,24ff. H: 19^55
p. 146,25 H: 21^74
p. 147,6ff. H: 19^56
p. 147,9ff. H: 20^61
p. 147,14 H: 21^75
17 p. 147,20f. H: 24^102
p. 147,21ff. H: 24^105
p. 147,23 H: 71^109
p. 148,1ff. H: 24^105
18 p. 148,4f. H: 25^108
p. 148,12 H: 71^109
p. 148,17ff. H: 70^104
19 p. 148,30f. H: 62^19
p. 148,30ff. H: 25^114
p. 149,4f. H: 25^116
p. 149,4ff. H: 62^20
p. 149,10 H: 61^8
20 p. 149,28ff. H: 26^121
21 p. 150,17f. H: 71^112
p. 150,17ff. H: 25^117
p. 150,18 H: 71^116
p. 150,25ff. H: 26^120
p. 150,29ff. H: 70^104

Beda Venerabilis
De schematibus et tropis
p. 611,21 H: 261^3
p. 612,12 H: 266^64

p. 614,29 H: 266[63]
p. 616,23 H: 264[32]

Carmen de figuris vel schematibus
V. 13 p. 64 H: 306[129]
V. 34 p. 64 H: 303[80]
V. 37 p. 65 H: 304[88]
V. 40 p. 65 H: 304[95]
V. 49 p. 65 H: 306[123]
V. 52 p. 65 H: 308[160]
V. 97 p. 67 H: 293[235]
V. 106 p. 67 H: 305[112]
V. 115 p. 67 H: 315[110]
V. 121 p. 68 H: 280[63]
V. 124 p. 68 H: 277[18]
V. 130 p. 68 H: 279[41]
V. 142 p. 68 H: 293[238]
V. 157 p. 69 H: 309[11]
V. 166 p. 69 H: 300[17]

C. Valerius Catullus
Carmina
61,6f.: 298[77]
62,45: 298[87]

Flavius Sosipater Charisius grammaticus
Gramm. Lat. I p. 275,7f. Keil: 265[57]

Choiroboskos
περὶ τρόπων ποιητικῶν
6 p. 248,7 Sp III: 309[13]
p. 256,19 Sp III: 295[10]
p. 256,25 Sp III: 295[10]

M. Tullius Cicero
Pro A. Licinio Archia poeta
8,19: 254[98]

Pro L. Balbo
5,13: 282[83]

Brutus de claris oratoribus
6,23: 4[26]
8,32f.: 323[128]
8,34: 316[20]
12,46: 53[1/2/6/7]; 214[24]
13,51f.: 329[6]
17,68: 329[6]

17,69: 261[1]; 271[14]
44,162: 316[20]
49,185: 11[113]; 12[129]
50,188: 161[133/140]
79,275: 271[12]
95,325: 329[6]
95,326: 123[50]

Pro A. Caecina
9,24: 302[55]

Pro M. Caelio
1,1: 69[91]
13,31: 70[101]
14,33: 292[228]
17,39: 287[152]

In L. Catilinam
I 1,1: 285[119]; 303[86]; 326[168/170/174/176]
  1,2: 280[59]; 282[89]; 326[165]; 327[177]
  1,3: 256[124]; 302[52]; 326[173]
  2,5: 299[95]
  5,10: 281[72]
  5,12: 268[102]
  7,17: 157[88]
  9,22: 301[36]; 315[107]
  10,25: 307[149]
  11,27: 293[229]; 305[107]
II 1,1: 312[68]

Pro A. Cluentio Habito
1,1: 81[63]; 325[146]
1,4: 288[160]; 310[38]
2,5: 310[35/39]
4,9: 81[63]; 281[74]
5,11–10,29: 88[131]
6,15: 301[35]; 315[106]
6,15f.: 91[81]
6,18: 91[35]
7,19: 91[35]
23,63: 281[75]
26,70ff.: 292[220]
60,167: 305[111]

Pro rege Deiotaro
2,4: 279[39]
2,5: 69[91]
3,8: 282[80]

Divinatio in Caecilium
1,1: 278[31]
2,5: 278[31]
10,30: 151[51]

De domo sua ad pontifices
3,5: 308[165]

Epistularum fragmenta
VIII 10: 270[151]
  12: 300[16]
  13: 321[102]

De inventione
I 1,2: 7[61]
  5,6: 5[37]
  5,7: 6[48]; 10[91/98/103/105]; 167[3]; 177[3]; 197[166]
  6,8: 15[7/16/19]; 16[20]; 17[39]
  7,9: 11[117]; 213[6/18]; 215[37]; 247[3/6]; 349[7]; 353[1/6]
  8,10: 9[85]; 10[88]; 21[86]; 29[18/24]; 30[32]; 32[67/69]; 36[108/109]; 42[178]; 43[193]
  9,12: 10[93]; 36[108]; 167[11]
  10,13: 28[3/6]
  11,14: 36[109/116]; 37[119/120]
  11,15: 38[133/135]; 39[141/143]; 40[155/158/160]; 41[165/172]
  11,16: 42[181]; 43[192]
  12,17: 23[94]; 30[39]; 31[56]
  13,17: 44[3/5/7/10]; 45[14]; 46[29]
  13,18: 28[9/11]
  14,19: 58[37]; 61[7]; 95[6/7/10]; 124[5]; 147[3]; 222[110]
  15,20: 24[100]; 25[109/113]; 61[7/8]; 63[40]; 64[47]; 71[109/115/119]; 223[125]
  15,21: 25[114/118]; 26[121]; 62[25]
  16,21: 26[122]; 71[107]
  16,22: 64[57]; 67[75]; 68[81/83]; 69[86]; 159[113]; 160[116/129]
  16,23: 69[92]; 70[98]
  17,23–25: 224[128]
  17,23ff.: 72[122]
  17,25: 138[4]; 144[70]; 147[95]

18,25: 73¹³⁰
18,26: 74¹⁴¹
19,27: 76¹⁵/¹⁷/¹⁸; 77²⁷;
      85¹⁰⁰; 89¹⁰
20,28: 82⁶⁵/⁶⁶/⁷³; 83⁸⁴
20,29: 83⁸⁵; 84⁸⁸
21,29: 84⁹⁰
21,30: 79⁴⁴
22,31: 93¹⁷; 94²⁸
22,31f.: 94²⁴
22,32: 307¹³⁹
24,34: 95⁶/¹⁴; 111¹⁶³
24,34–25,36: 111¹⁶⁵
24,34ff.: 118²²²
26,37–28,43: 112¹⁶⁶
26,38: 115¹⁹¹; 231¹⁷³
27,41: 115¹⁹³
28,41–43: 113¹⁷²
29,44: 95⁴
29,45: 127²⁸
30,47: 119⁶
30,49: 119⁶
31,51: 102⁸⁵; 120¹⁰
34,57: 102⁸⁵; 105¹¹⁹
34,58f.: 135⁴
35,60: 105¹¹⁸
35,61: 104¹¹³
37,67: 104¹¹⁴
40,72: 103⁹²
40,74: 103⁹⁴
41,76: 136¹³
42,78: 124¹³
42,79: 126²⁴
43,80–44,83: 126²⁶
45,83: 127²⁷
45,83–46,86: 127²⁹
47,87–48,89: 127³⁰
48,89–50,94: 127³¹
48,90: 131⁶⁰
50,94f.: 128³²
51,96: 128³³
51,97: 89³/⁸/¹⁵; 90²⁴
52,98: 147³/⁹; 148¹⁸;
      150³⁸/⁴³; 151⁴⁸;
      158⁹⁶/⁹⁸
52,100: 151⁴⁸
53,101–54,104: 155⁸¹
54,104f.: 156⁸²
55,106: 162¹⁴⁷/¹⁵²
55,107–56,109: 163¹⁵³
II 2,6: 53¹/²
   2,7: 196¹⁵⁵

4,12: 10¹⁰⁹
4,14–51,154: 229¹⁶³
5,16: 118²²⁸; 119²³⁴;
      232¹⁸¹
5,16f.: 117²¹⁸; 230¹⁷⁰
5,16–16,51: 126²³
5,17: 229¹⁶⁵
5,19: 118²²¹; 154⁷²
6,20: 118²²¹
7,24: 32⁶²; 118²²¹
8,25: 118²²²
9,28: 117²¹⁹
9,28–31: 230¹⁷¹
12,38: 118²²⁰
12,38–42: 231¹⁷²
12,39f.: 118²²³
12,41f.: 118²²³
13,43: 32⁶⁵
13,44: 118²²⁴
14,45: 118²²⁵
14,46: 97³⁵; 101⁶⁹
14,47: 119²³³
15,48: 114¹⁸⁴; 155⁷⁸/⁷⁹
15,48f.: 155⁷⁷
16,50: 117²¹⁶; 119²³²/²³⁴/²³⁶
16,51: 114¹⁸⁴
17,52: 32⁶⁹/⁷⁵; 33⁷⁷
17,53f.: 233¹⁹³
17,54: 33⁷⁸
18,55: 117²¹⁶
18,55f.: 233¹⁹⁴
19,57: 42¹⁸³
19,58: 42¹⁸⁴
20,61: 117²¹⁶
21,62: 36¹⁰⁹; 37¹¹⁹/¹²⁰
22,68: 98³⁶/⁴⁷; 100⁶⁶;
      155⁷⁸
23,69: 38¹³³; 234²⁰¹
23,71: 117²¹⁶
24,71: 38¹³⁵; 39¹⁴¹;
      40¹⁵⁵/¹⁵⁸
24,71f.: 39¹⁴³
26,77f.: 117²¹⁶; 237²²¹
26,78: 39¹⁴¹
27,79ff.: 236²¹²
28,85f.: 117²¹⁶
29,86: 40¹⁵⁵/¹⁶¹
30,90: 117²¹⁶
30,94: 117²¹⁶
31,94: 40¹⁵⁸; 41¹⁶⁴/¹⁶⁵/¹⁶⁷
31,96: 41¹⁶⁹
32,98: 41¹⁷⁰

33,101f.: 117²¹⁶; 239²³¹
34,104: 41¹⁷²/¹⁷³
34,104ff.: 239²³³
35,108: 117²¹⁶
36,109: 117²¹⁶
39,115: 46²⁹
40,116: 44³/⁵/⁷/¹⁰; 45¹⁴
40,117f.: 241²⁵⁰
41,119: 241²⁵⁰
41,121: 117²¹⁶; 241²⁵⁰
42,121–48,143: 240²⁴²
43,125: 117²¹⁶
48,143: 117²¹⁶
49,144: 48⁴²
49,145–147: 49⁴⁶
49,147: 117²¹⁶
50,148: 44¹⁰
50,150: 117²¹⁶; 242²⁶⁴
50,152: 117²¹⁶
51,153: 45¹⁴
52,157: 168²⁵
52,158: 172⁷⁰
53,159: 201¹⁸⁹
53,159–54,165: 172⁷¹
55,166: 172⁷²
56,168f.: 172⁷³
59,177f.: 201¹⁹⁰

Laelius de amicitia
   1,5: 305¹¹⁹

Pro Q. Ligario
   1,1: 325¹⁵⁵
   1,2: 280⁶²
   1,2f.: 70¹⁰⁰
   1,2–10,30: 89¹³²
   3,7: 287¹⁵¹
   3,9: 257¹³⁰; 291²⁰²
   4,10: 327¹⁸⁷
   4,11: 327¹⁸⁵
   5,15: 254¹⁰⁴
   12,38: 258¹⁴⁷; 326¹⁷⁵

Pro T. Annio Milone
   1,1: 327¹⁷⁸
   1,1ff.: 69⁹¹
   1,2: 322¹¹⁸
   1,3: 68⁸⁴
   2,5: 31²⁷¹
   3,7: 278³³
   12,33: 91²⁸
   20,53: 307¹⁵⁰

23,61: 303[72]
26,69: 302[53]
27,72: 302[48]
28,76: 302[53]
29,80: 302[53]
31,85: 282[81]
34,93: 292[218]
34,94: 266[62]; 302[53]

Pro L. Murena
2,3–4,10: 91[30]
13,29: 254[100]
17,36: 254[100]

De officiis
I 3,9f.: 173[78]

De optimo genere oratorum
1,3: 11[113]
3,7: 258[152]
5,14: 271[13]

Orator ad M. Brutum
7,23: 329[6]
9,30: 258[150]
9,32: 258[151]
11,37: 177[8]
12,39: 177[6]
14,45: 16[21]; 33[76]; 43[195]; 45[14]
14,46: 15[4]
17,54–18,60: 354[16]
17,55: 353[2/7]
20,67: 324[132]
21,69: 11[113]; 12[130/131]; 331[21/28]; 333[36]; 335[55]
21,70: 85[99]
23,75–28,99: 331[27]
23,76–26,90: 332[29]
23,77: 322[117/123]
23,79: 85[93]; 249[37]; 330[11]; 331[18]
24,79: 84[92]; 251[65]
24,80f.: 249[38]
24,81: 266[75]; 331[28]
25,83: 271[12]
26,87: 139[11]
26,90: 142[59]
26,91: 331[28]
26,91–27,96: 332[30]

27,93: 268[109]
28,97: 331[28]
28,97–99: 332[31]
29,100: 12[132]
35,122: 58[40]
37,128: 97[28]
37,130: 162[150]
38,131: 140[32]; 160[132]; 166[167]
39,134–41,139: 274[60]
40,137: 135[3]
41,139: 274[61]
44,151: 182[50]
51,172: 324[136]
52,175: 323[130]
53,178: 328[205]
54,181: 271[15]
56,189: 325[152]
61,204: 316[20]
61,208: 316[20]
62,211: 317[33]; 319[61/63]
63,213: 325[147]
63,214: 326[160/164]
64,218: 326[159]; 328[196]
66,221: 318[53]; 319[58]
66,223: 318[52]; 327[184]
67,223: 286[135]

De oratore
I 4,14ff.: 7[61]
12,52: 2[4]
15,65: 175[97]
19,87: 97[28]
23,107: 5[38]
25,113: 7[62]
28,126: 8[62]
31,138: 3[19]; 11[112]
31,141: 10[107]
31,142: 213[12]; 215[41]; 217[56]
32,144: 250[47]
39,180: 47[37]
II 7,30: 5[39]
8,32: 5[39]
19,80: 8[9]
19,80f.: 90[16]
21,89ff.: 7[61]
22,90: 329[2]
22,93–23,95: 329[3]
23,95: 329[5]
23,98: 139[21]; 329[4]

26,112: 46[27]
27,115: 11[113]; 97[28]
27,116: 29[27]; 98[38]
27,116f.: 96[22]
27,120: 136[15]
28,121: 97[28]
28,124: 166[168]
29,128: 97[28]
36,152: 113[174]
38,160: 113[175]
39,163: 113[168]
39,164f.: 113[176]
39,166: 113[172]; 114[178]
39,166–40,172: 114[177]
40,167: 114[178]
40,170: 114[182]
43,182–184: 160[118]
44,185: 160[131]
45,189: 161[141]
45,189f.: 161[144]
51,206: 140[32]
52,209: 140[32]
54,216: 138[6/7]; 139[11/24]; 142[51]
54,217: 138[3]; 141[44]
54,218: 139[11]
54,219: 139[10/19/21]; 142[52]
54,221: 139[20]
56,227: 139[19/21]
56,228: 138[8/9]
56,229f.: 142[56]
57,231: 141[48]; 142[56]
57,232: 5[39]; 144[72]
58,235: 142[60]
58,236: 139[20]; 142[53]; 143[61]
58,236f.: 143[62]
59,238f.: 143[63]
59,240f.: 143[65]
59,242: 143[66]
60,244: 143[67]
60,245: 139[18/23]
61,248: 138[6]; 144[68]; 145[78/80]
61,251f.: 145[79]
62,253: 145[80]
63,255: 139[26]; 145[80]
63,256: 140[37]
64,260: 145[80]
65,262: 139[26]
66,264: 145[80]
67,269: 139[25]; 145[82]
67,270: 139[22]

69,280: 145[83]
70,281: 139[18]
71,286: 140[38]
71,289: 145[81]
77,310: 97[28]
78,315: 73[128]
79,320: 62[25]; 73[126/129]
80,326: 83[84/85]
80,329: 84[88]
81,333: 168[27]; 175[96]
82,334: 171[67]
82,334–336: 172[75]
82,335: 169[35]
82,337: 175[98]
84,341: 177[7/9]
84,342–85,347: 201[191]
86,351: 349[3]
87,358ff.: 350[13]
III 25,100: 139[19]
28,109: 15[9/11]
30,120: 16[21]
37,149–43,170: 271[27]
37,149f.: 260[15]
38,153–155: 260[16]
38,154: 269[125]
38,155: 266[70/75]
41,164: 268[103]
42,167: 262[13]; 268[113/116/121]
42,168: 269[122]; 270[146/149]
44,173: 323[129]
44,175: 325[152]
45,177: 331[26]
47,182: 324[134/137]
47,183: 326[159]
48,184: 325[149]
48,186: 316[20]; 319[64]
49,190: 315[4]
50,192: 327[195]
50,196: 268[117]
52,200: 276[12]
53,202: 135[3]; 288[173]
53,202–205: 272[28]
53,203: 89[134]; 89[3]; 91[34]
53,204: 288[165/166]
53,205: 290[187]; 312[78]
54,206f.: 272[29]
54,207: 282[86]
55,212: 333[36]
56,213: 353[2]
56,213–61,227: 354[16]
59,222: 353[8]

Partitiones oratoriae
1,3: 11[124]; 216[50]
1,4: 58[42]
3,10: 198[169]
4,11: 167[19]; 198[170]
5,15: 58[42]
6,19: 251[63/68]
6,20: 252[84]; 288[173]
8,27: 58[42]
8,28: 160[117]
9,31: 76[11]; 84[92]; 85[103]
9,32: 85[100]
11,40: 122[35]
13,46: 97[28]
14,48: 98[37]
15,52: 153[59/63]
15,52f.: 149[27]
15,53: 153[70]; 154[73]
18,61: 158[8/11/12]; 17[28/39]
18,62: 17[29/30/36]
19,65: 32[74]; 34[89]
21,72: 198[171]
22,74–23,79: 201[192]
24,83–25,88: 173[76]
24,83f.: 168[31]
24,86: 173[77]
29,102: 29[24]; 43[194]
30,104: 43[194]
31,107: 46[27/30]
34,117f.: 101[74]
40,139: 216[49]

Philippica in M. Antonium
II 22,53: 302[54]
25,63: 256[121/123/127]; 265[46]; 320[89]; 321[94]
26,64: 302[60]
27,67: 256[128]
III 9,22: 298[85]
IX 1,3: 174[93]

Pro Cn. Plancio
30,74: 349[1]

Pro Quinctio
17,55f.: 292[219]
25,80: 282[90]

Pro C. Rabirio Postumo
1,1: 278[35]
3,7: 296[23]

Pro Q. Roscio comoedo
7,21: 313[85]

Pro Sex. Roscio Amerino
11,30: 325[156]
15,43f.: 284[108]
16,45: 279[47]
29,79ff.: 284[108]
32,89: 284[108]
48,144: 282[85]
49,144: 284[109]

Pro P. Sulla
11,33: 300[24]

Topica
1,1: 113[173]
2,8: 113[169]
2,9f.: 113[176]
3,11f.: 114[178]
3,11–4,23: 114[177]
3,13: 114[179]
3,13f.: 116[197]
3,16: 114[180]
4,18: 114[181]
4,18f.: 114[182]
4,22: 114[183]
4,24: 98[39]
10,45: 115[186]
21,80: 15[8]
21,81f.: 17[29]
21,82: 17[36]; 32[71]
22,84f.: 34[89]
22,85: 32[74]
23,87: 32[74]; 34[89]
23,89: 168[26]
24,91: 10[107]
25,93: 28[1]; 29[24]; 30[30]
25,94: 210[252]
26,97: 64[48]; 82[65/66/67]; 84[93]; 85[101]; 248[27]
26,98: 149[28]

Pro M. Tullio
6,14: 89[133]
22,52: 286[143]

Tusculanae disputationes
II 1,3: 329[6]

In Verrem
II 1,1,1: 69[91]
3,9: 154[75]; 255[118]

6,15: 68[85]	10 p. 262,16 Sp III: 317[31]	193 p. 304,12f. Sp III: 315[5]
2,1,1ff.: 204[208]	p. 262,16ff. Sp III: 320[83]	223–225 p. 310,30–313,8
3,11,28: 300[10]	p. 262,18 Sp III: 316[18]	Sp III: 337[73]
49,117: 308[164]	p. 262,18ff. Sp III: 320[82]	236 p. 313,10 Sp III: 336[71]
4,1,2: 278[37]	p. 262,20ff. Sp III: 317[27]	236–238 p. 313,11ff. Sp III: 336[72]
17,37: 281[77]	11 p. 262,29 Sp III: 316[22]	p. 313,16ff. Sp III: 336[72]
22,48: 204[208]	p. 262,29ff. Sp III: 316[26]	p. 313,24ff. Sp III: 336[72]
50,110: 325[153]	p. 263,8ff. Sp III: 317[28]	p. 313,29ff. Sp III: 336[72]
55,123: 121[28]	12 p. 263,12f. Sp III: 316[15]	240–286 p. 314,14–323,5
66,149: 325[157]	p. 263,17 Sp III: 316[10]	Sp III: 337[75]
5,5,10: 288[169]	p. 263,17f. Sp III: 316[13]	241 p. 314,24ff. Sp III: 337[76]
33,86: 253[85]	16 p. 264,14 Sp III: 318[54]	243 p. 315,3ff. Sp III: 337[77]
44,117: 281[67]	p. 264,15 Sp III: 319[57]	246 p. 315,20 Sp III: 337[78]
45,118: 257[131]	p. 264,16 Sp III: 319[60]	252 p. 316,28ff. Sp III: 337[79]
45,119: 303[78]	17 p. 264,17 Sp III: 318[56]	253 p. 316,31f. Sp III: 337[84]
52,136: 151[50]	p. 264,17ff. Sp III: 317[36]	255 p. 317,8ff. Sp III: 337[80]
62,162: 327[183/188]	p. 264,23ff. Sp III: 317[36]	257f. p. 317,20ff. Sp III: 337[81]
63,163: 282[82]	19 p. 265,3ff. Sp III: 320[84]	p. 317,28f. Sp III: 337[81]
66,170: 157[85]; 255[119]	p. 265,4ff. Sp III: 320[87]	263–271 p. 318,24–320,14
72,184ff.: 151[50]	20 p. 265,11ff. Sp III: 320[85]	Sp III: 249[36]
	21 p. 265,21ff. Sp III: 320[86]	263 p. 318,24ff. Sp III: 337[82]
Orationum deperditarum	22 p. 266,1ff. Sp III: 314[94]	264 p. 318,31 Sp III: 337[84]
fragmenta	23 p. 266,5ff. Sp III: 314[96]	265 p. 319,1ff. Sp III: 337[83]
fr. VI 1 Schoell: 253[86]	24 p. 266,19ff. Sp III: 314[100]	267 p. 319,13ff. Sp III: 337[85]
fr. XII 7 Schoell: 304[93]; 306[133]; 314[101]	25 p. 266,26ff. Sp III: 311[45]	268 p. 319,18ff. Sp III: 337[86]
FPL fr. 17: 321[103]	26 p. 267,7 Sp III: 312[62]	270 p. 320,3ff. Sp III: 337[87]
	p. 267,8ff. Sp III: 311[59]	279–283 p. 321,15–322,18
Clemens v. Alexandria	27 p. 267,13ff. Sp III: 312[72]	Sp III: 338[88]
Stromateis	30 p. 268,16ff. Sp III: 317[29]	284 p. 322,19ff. Sp III: 338[90]
I 51 (II 33,18 St.): 178[19]	31 p. 268,26ff. Sp III: 317[30]	285 p. 322,25ff. Sp III: 338[89]
	p. 268,29ff. Sp III: 317[30]	287 p. 323,7 Sp III: 275[71]
P. Consentius	35 p. 269,30 Sp III: 331[22]	p. 323,7ff. Sp III: 275[79]
Ars grammatica	36 p. 270,2f. Sp III: 260[14]	
Gramm. Lat. V p. 390,11ff. Keil: 322[111]	p. 270,2ff. Sp III: 335[60]	**Demosthenes**
p. 393,16ff. Keil: 328[204]	36f. p. 270,2ff. Sp III: 338[91]	*Orationes*
p. 400,29ff. Keil: 322[11]	38–113 p. 270,24–287,18 Sp III: 335[61]	II 1: 63[31]
	60 p. 276,13f. Sp III: 336[62]	3: 63[31]
Demetrios v. Phaleron	63 p. 277,6 Sp III: 308[161]	5: 63[31]
περὶ ἑρμηνείας	80 p. 280,29 Sp III: 267[82]	15: 309[8]
1 p. 259,8ff. Sp III: 317[41]	114 p. 287,19f. Sp III: 336[63]	III 1: 63[30]
2 p. 259,12ff. Sp III: 318[44]	p. 287,26 Sp III: 336[63]	3: 63[30]
p. 259,17ff. Sp III: 318[45]	p. 287,26f. Sp III: 334[49]	IV 10: 319[76]
3 p. 259,23ff. Sp III: 318[46]	128 p. 290,24 Sp III: 336[65]	36f.: 308[163]
p. 260,9 Sp III: 318[47]	128–189 p. 290,24–303,25 Sp III: 336[64]	44: 319[75]
6 p. 261,6ff. Sp III: 318[50]	137 p. 292,30ff. Sp III: 336[66]	VI 7: 285[132]
9 p. 262,5 Sp III: 317[31]; 319[61]	140 p. 293,31ff. Sp III: 336[67]	19: 284[107]
	186–189 p. 302,27–303,25 Sp III: 336[68]	VII 45: 341[140]
p. 262,5f. Sp III: 319[69]	190–239 p. 303,27–314,12 Sp III: 336[70]	IX 26: 308[162]; 337[82]

XI 3f.: 306[132]
XVIII 3: 291[198]; 344[188]
13: 309[20]
22: 344[193]
41: 344[195]
42: 343[184]
47: 344[197]
63: 285[123]
71: 307[143]
82: 344[190]
103: 291[199]
126: 343[183]
127: 319[79]
129: 343[183]
130: 280[60]
139: 343[186]
141: 342[166]
179: 303[66]; 337[87]
198: 304[92]
208: 302[57]; 342[166]
209: 343[186]
265: 294[263]; 295[266]; 296[18]; 313[88]
299: 341[147]
318: 344[191]
XIX 25: 287[150]
65: 253[90]
97: 310[26]
113: 343[179]
232: 302[63]
XX 1: 317[27]; 320[85]
26: 294[262]
XXI 1: 290[184]; 343[176]
62: 284[105]
77: 61[12]
110: 343[184]
XXII 15: 309[7]
65f.: 285[130]
78: 282[91]; 343[180]
XXIII 99: 317[30]
210: 282[92]; 343[180]
XXV 80: 319[78]
LIV 1: 343[175]
3ff.: 253[91]
24: 343[175]

Diogenes Laertios
De clarorum philosophorum vitis
II 55: 191[117]
III 95: 197[159]
V 18: 7[58]
46: 141[45]

47: 248[28]
48: 11[123]
VI 15: 330[16]
VII 43: 58[35]; 213[4]
59: 85[97]; 251[64]; 252[80]
122: 4[25]
VIII 57: 53[4/5]; 247[8]; 259[1]; 329[7]

Dionysios v. Halikarnaß
De compositione verborum
16 p. 66,8 ff. Us.-Rad: 249[35]
21 p. 95,16f. Us.-Rad: 330[10]
22 p. 96,10 ff. Us.-Rad: 333[42]
23 p. 111,18 ff. Us.-Rad: 333[42]
24 p. 120,11 Us.-Rad: 330[10]
p. 120,11 ff. Us.-Rad: 333[42]

De Demosthene
1 p. 127,4–6 Us.-Rad: 177[12]
p. 127,4 ff. Us.-Rad: 215[33]
p. 130,1 ff. Us.-Rad: 333[39]
2 p. 130,6 ff. Us.-Rad: 333[40]
3 p. 132,3 Us.-Rad: 333[37]
p. 132,3 ff. Us.-Rad: 330[8]; 333[41]
p. 132,4 ff. Us.-Rad: 247[10]
p. 132,6 Us.-Rad: 323[131]; 330[17]
8ff. p. 143,11 ff. Us.-Rad: 337[74]
33 p. 203,9f. Us.-Rad: 333[38]
p. 203,15f. Us.-Rad: 333[41]
34 p. 203,24 Us.-Rad: 333[38]
36 p. 209,4 ff. Us.-Rad: 333[42]
51 p. 240,15 Us.-Rad: 213[17]
p. 240,15 ff. Us.-Rad: 217[59]
53 p. 243,21f. Us.-Rad: 353[3]

De Isocrate
3 p. 58,4 ff. Us.-Rad: 249[33]; 331[19]
4 p. 60,17 Us.-Rad: 217[60]
11 p. 70,15 ff. Us.-Rad: 252[81]

De Lysia
6 p. 14,1f. Us.-Rad: 247[11]; 323[131]
p. 14,9 ff. Us.-Rad: 323[126]
14 p. 24,4 ff. Us.-Rad: 313[89]
19 p. 30,20 ff. Us.-Rad: 97[28]

De oratoribus veteribus
1 p. 3,15 ff. Us.-Rad: 329[6]

Ars rhetorica
II 4 p. 263,6 ff. Us.-Rad: 207[228]
VI 1 p. 278,6 Us.-Rad: 181[46]
VIII 2 p. 295,15 ff. Us.-Rad: 27[135]

De Thukydide
9f. p. 335,15–338,9 Us.-Rad: 217[58]
22 p. 358,8 ff. Us.-Rad: 249[34]

Doxopatres
ὁμιλίαι εἰς 'Ἀφθόνιον
Rhet. Gr. II p. 104,14f.
W: 5[40]
p. 119,16 ff.
W: 53[11]
p. 140,12f.
W: 53[2]
p. 140,14 ff.
W: 54[13]

προλεγόμενα τῆς ῥητορικῆς
Rhet. Gr. VI p. 12,14
W: 53[2]
p. 12,14f.
W: 213[23]
p. 12,16 ff.
W: 57[31]
p. 13,2 ff.
W: 53[11]
p. 13,10 f.
W: 220[81]
p. 14,2
W: 2[5]
p. 21,4f.
W: 178[15]

Emporius
Praeceptum demonstrativae materiae
p. 567,8 ff. H: 198[168]
p. 567,25 ff. H: 202[194]
p. 569,25 ff. H: 204[211]
p. 569,28 ff. H: 203[197]
p. 569,31 ff. H: 204[211]

Praeceptum deliberativae materiae
p. 571,6ff. H: 174[87]
p. 571,9 H: 169[42]
p. 571,16ff. H: 171[68]

Q. Ennius
Annales
fr. 109 Vahlen: 323[125]
fr. 160 Vahlen: 267[90]

C. Chirius Fortunatianus
Ars rhetorica
I 1 p. 81,9f. H: 6[49]
   p. 81,16 H: 177[1]
   p. 81,17 H: 177[2]
   p. 81,17f. H: 167[17]
   p. 81,21 H: 213[14/18]
   p. 81,21f. H: 11[127]
   p. 81,22f. H: 213[14]
  2 p. 82,1 H: 28[1]
   p. 82,2 H: 28[6]
   p. 82,2f. H: 28[3]
   p. 82,4 H: 28[2/6]
   p. 82,5 H: 28[5]
   p. 82,6 H: 28[2]
   p. 82,6f. H: 28[8]
   p. 82,8 H: 28[5]
   p. 82,8f. H: 28[10]
   p. 82,10f. H: 28[12]
   p. 82,14f. H: 18[50]
   p. 82,15f. H: 19[51]
   p. 82,17ff. H: 19[52]
   p. 82,22f. H: 21[73]
   p. 82,22ff. H: 19[54]
   p. 82,27ff. H: 19[55]
   p. 83,3 H: 21[74]
   p. 83,5 H: 21[75]
   p. 83,5ff. H: 19[56]
  3 p. 83,10ff. H: 19[59]
   p. 83,14ff. H: 20[60]
   p. 83,20ff. H: 20[63]
   p. 83,24ff. H: 20[64]
   p. 83,27ff. H: 20[65]
   p. 83,34 H: 20[66]; 21[78]
   p. 84,1ff. H: 20[72]
  4 p. 84,4ff. H: 20[68]
   p. 84,7ff. H: 20[69]
   p. 84,14ff. H: 20[70]
   p. 84,21f. H: 20[71]
  5 p. 84,24 H: 26[123]; 275[72]
   p. 84,25 H: 27[132]; 274[70]
   p. 84,27ff. H: 26[125]; 275[75]
   p. 85,5ff. H: 26[127]
  6 p. 85,10ff. H: 26[127]
   p. 85,14f. H: 26[126]
   p. 85,15ff. H: 26[127]
   p. 85,18ff. H: 27[128]
   p. 85,24ff. H: 27[129]
   p. 85,31ff. H: 27[130]
   p. 86,4ff. H: 27[131]
  7 p. 86,29f. H: 27[132]
  8 p. 86,34 H: 23[96]
  8f. p. 87,1–88,16 H: 23[99]
  10 p. 88,21 H: 22[93]
   p. 88,28ff. H: 22[91]
   p. 88,32ff. H: 22[92]
   p. 89,5ff. H: 22[90]
   p. 89,9ff. H: 22[93]
   p. 89,13ff. H: 22[93]
  11 p. 89,25 H: 29[26]
   p. 89,29f. H: 29[28]
   p. 89,30 H: 42[175]
   p. 89,31 H: 42[177]
   p. 90,3ff. H: 232[181]
  12 p. 91,1 H: 31[48/49]
  13 p. 91,5 H: 32[70]
   p. 91,7ff. H: 33[82]
   p. 91,17ff. H: 33[84]
  14 p. 91,22 H: 35[95]
   p. 91,22ff. H: 33[85]
   p. 91,28ff. H: 33[86]
   p. 91,34ff. H: 33[86]
   p. 92,4f. H: 37[119]
   p. 92,12 H: 38[133]
   p. 92,14f. H: 235[207]
  15 p. 93,3 H: 38[135]
   p. 93,5 H: 39[140/145]; 40[154/159]
   p. 93,6 H: 39[141]
   p. 93,11 H: 40[156]
   p. 93,16ff. H: 40[163]
   p. 93,20 H: 39[145]; 238[223]
   p. 93,23ff. H: 40[152]
  16 p. 93,32 H: 40[159]; 41[166]
   p. 93,32f. H: 41[167]
   p. 94,1f. H: 41[168]
   p. 94,4ff. H: 41[169]
   p. 94,7ff. H: 41[170]
   p. 94,11ff. H: 41[171]
   p. 94,14 H: 41[172]
  22 p. 97,26 H: 44[1]
   p. 97,27 H: 44[3/5/7/9]
   p. 97,27ff. H: 45[17]
   p. 97,30 H: 42[175]
   p. 97,30f. H: 42[185]
   p. 97,32–98,27 H: 43[186]
  23 p. 99,1 H: 44[3/5]
  24 p. 99,18 H: 44[7]
  25 p. 100,9 H: 44[9]
   p. 100,11 H: 44[9]
   p. 100,11f. H: 52[68]
   p. 100,13f. H: 52[63]
   p. 100,15ff. H: 52[64]
   p. 100,21f. H: 52[65]
   p. 100,23ff. H: 52[66]
   p. 100,26 H: 52[67]
  27 p. 101,11 H: 39[140]
  28 p. 101,19 H: 31[44]
   p. 101,26 H: 30[43]
II 1 p. 103,1f. H: 116[204]
  5 p. 105,9ff. H: 232[182]
  6 p. 105,20ff. H: 234[197]
   p. 105,23ff. H: 235[207]
   p. 105,26ff. H: 236[213]
   p. 105,29 H: 40[159]
  7 p. 106,9ff. H: 174[90]
   p. 106,16 H: 174[90]
  10 p. 107,19ff. H: 241[244]
   p. 107,31ff. H: 242[258]
   p. 108,3ff. H: 50[47]
  11 p. 108,7ff. H: 242[253]
   p. 108,11ff. H: 243[267]
  12 p. 108,23 H: 61[8]
   p. 108,23f. H: 59[46]; 147[2]; 222[114]
   p. 108,23ff. H: 220[83]
   p. 108,25ff. H: 59[47]
   p. 108,27ff. H: 60[59]; 221[93]
  13 p. 109,1 H: 64[50]
   p. 109,2f. H: 24[102]
   p. 109,5 H: 71[109]
   p. 109,8f. H: 71[106]
   p. 109,9 H: 71[109]
   p. 109,10 H: 71[107]
  14 p. 109,13 H: 71[115]
   p. 109,13f. H: 71[120]
   p. 109,13ff. H: 224[128]
   p. 109,15 H: 61[7]
   p. 109,20f. H: 64[57]
  15 p. 110,1f. H: 74[144]

p. 110,3 H: 60[1]
p. 110,7f. H: 74[145]
p. 110,20f. H: 59[48]; 220[84]
p. 110,22 H: 277[16/21]
p. 110,22f. H: 277[17]
p. 110,22ff. H: 59[49]; 220[85]
16 p. 111,1ff. H: 79[45]
p. 111,8 H: 87[119]
p. 111,16ff. H: 87[119]
17 p. 111,28 H: 82[81]
p. 111,28f. H: 82[65/74]
p. 111,29 H: 82[66]
18 p. 111,30ff. H: 77[22]
19 p. 112,5ff. H: 77[25]
p. 112,10f. H: 78[31]
p. 112,11ff. H: 78[34]; 87[122]
p. 112,15f. H: 78[39]
p. 112,22ff. H: 87[121]
p. 112,24 H: 282[87]
p. 112,30ff. H: 220[88]
p. 113,1f. H: 70[98]
20 p. 113,6ff. H: 61[13]
p. 113,12ff. H: 89[134]
p. 113,14ff. H: 59[50]; 220[86]
p. 113,15 H: 89[1/2]
p. 113,15ff. H: 90[23]
p. 113,25f. H: 62[16]
p. 113,25ff. H: 59[51]; 220[87]
p. 113,29 H: 277[21]
21 p. 113,31ff. H: 59[52]; 220[88]
p. 113,34ff. H: 93[22]
p. 114,9ff. H: 95[30]
22 p. 114,19ff. H: 95[30]
p. 115,1ff. H: 59[52]
p. 115,4 H: 221[89]
p. 115,4ff. H: 59[53]
23 p. 115,9 H: 95[4]; 221[91]
p. 115,10ff. H: 102[77]
p. 115,11f. H: 95[15]
p. 115,15 H: 29[27]; 96[17]
p. 115,16f. H: 116[199]
p. 115, 18f. H: 116[204]
p. 115,21ff. H: 116[206]
p. 115,26ff. H: 116[207]
p. 115,28f. H: 74[146]
p. 116,3ff. H: 116[208]

24 p. 116,8ff. H: 117[210]
p. 116,13ff. H: 117[211]
25 p. 116,22f. H: 29[27]; 98[41]
p. 116,24ff. H: 98[48]
28 p. 118,10f. H: 120[10]
29 p. 118,30f. H: 105[123]
p. 118,34 H: 103[108]
p. 119,7 H: 135[2]
30 p. 119,19ff. H: 60[54]; 221[90]
p. 119,25ff. H: 60[57]
31 p. 119,30ff. H: 60[58]; 221[92]
p. 119,31 H: 147[1/7]
p. 119,31f. H: 147[8]; 307[140]
p. 119,31ff. H: 148[21]
p. 119,32 H: 147[9]; 158[95/96/101/102]
p. 119,33 H: 158[100]
p. 120,1 H: 153[56]
p. 120,2f. H: 60[58]
p. 120,6f. H: 307[141]
p. 120,8 H: 158[95]
p. 120,10 H: 158[98/100]
p. 120,12 H: 147[2]
III 1 p. 120,22ff. H: 218[62]
p. 120,24 H: 213[15]
3 p. 121,25 H: 247[3]
6 p. 124,14 H: 250[59]
8 p. 125,8 H: 247[3]
9 p. 125,29f. H: 335[53]
p. 126,1ff. H: 335[54]
p. 126,4 H: 335[57]
p. 126,9f. H: 335[59]
p. 126,15 H: 335[59]
10 p. 126,24ff. H: 295[3]
p. 127,5f. H: 276[3]
p. 127,7 H: 315[2]
p. 127,8 H: 319[62]
p. 127,8f. H: 317[31]
p. 127,12 H: 322[115]
p. 127,14f. H: 315[3]
11 p. 127,17f. H: 322[116]
p. 127,18 H: 322[115]
p. 127,18f. H: 321[99]
p. 127,22 H: 322[106]
p. 127,27f. H: 321[92/95]
p. 127,28f. H: 321[93]
p. 127,29 H: 321[96]
13 p. 128,21 H: 349[8]
15 p. 130,5 H: 353[1]

A. Gellius
Noctes Atticae
VI 14,1–6: 335[52]
XVII 12,1: 203[201]

Gorgias v. Leontinoi
Helena
1–2: 56[28]
20–21: 56[28]

Grammatici Latini
VI p. 308–312 Keil: 327[179]

Gregorios v. Korinth
περὶ τρόπων
p. 215,10ff. Sp III: 273[42]
6 p. 218,26 Sp III: 309[13]

Grillius
Commentum in Ciceronis rhetorica
p. 6,1–7,18 M: 21[85]
p. 6,22ff. M: 22[87]
p. 6,25ff. M: 22[87]
p. 8,2ff. M: 39[148]
p. 8,9 M: 21[79]
p. 8,15 M: 21[84]
§ 8 p. 42,21 M: 15[10]
p. 43,4 M: 15[10]
p. 46,14 M: 42[181]
§ 11 p. 53,5–54,14 M: 21[85]
p. 54,20 M: 18[50]
§ 12 p. 55,16 M: 36[115]
p. 55,19 M: 36[109]
p. 55,21ff. M: 36[117]
p. 55,24f. M: 37[119]
p. 56,2f. M: 36[115]
§ 14 p. 67,10ff. M: 37[127]
§ 15 p. 68,22ff. M: 38[137]
p. 68,25f. M: 38[136]
p. 69,16 M: 40[154]
p. 69,16f. M: 40[160]
p. 71,1ff. M: 41[164]
p. 71,3ff. M: 41[168]
p. 71,7f. M: 41[169]
p. 71,9ff. M: 41[170]
§ 17 p. 74,7 M: 44[3/5]
p. 74,8 M: 44[7/10]; 45[16]
p. 74,11 M: 45[16]
p. 74,18 M: 44[3]
p. 75,4 M: 44[5]
p. 75,15f. M: 49[46]

p. 75,19 M: 44[7]
p. 76,23 M: 44[10]
p. 76,24f. M: 52[68]
p. 76,25ff. M: 52[63]
p. 77,1ff. M: 52[64]
p. 77,6ff. M: 52[65]
p. 77,9ff. M: 52[66]
p. 77,14ff. M: 52[67]
p. 78,1 M: 45[16]
p. 78,2ff. M: 45[21]
§ 18 p. 81,6ff. M: 58[38]
§ 20 p. 83,22 M: 61[7]
p. 84,12 M: 24[100]
p. 84,14f. M: 25[115]
p. 84,22 M: 71[109]
p. 85,15ff. M: 25[111]
p. 86,9ff. M: 71[121]
§ 21 p. 87,17 M: 71[109]
p. 87,18f. M: 71[115]
p. 87,19f. M. 71[121]
p. 88,12ff. M: 26[119]

Hermogenes
περὶ ἰδεῶν
I 1 p. 213,4ff. R: 340[118]
p. 215,5ff. R: 344[207]
p. 216,17ff. R: 344[208]
p. 217,21ff. R: 340[119]
p. 218,3ff. R: 340[120]
p. 218,18ff. R: 340[121]
p. 220,5ff. R: 340[122]
p. 221,2ff. R: 340[123]
p. 223,15ff. R: 344[209]
p. 225,9f. R: 340[119]
2–4 p. 226,14–241,9 R: 339[109]
2 p. 226,14f. R: 340[124]
4 p. 238,6f. R: 340[125]
p. 238,21f. R: 340[126]
p. 240,16f. R: 340[127]
p. 240,21ff. R: 340[128]
p. 241,8f. R: 340[128]
5–11 p. 241,10–296,3 R: 339[110]
5 p. 241,13f. R: 340[129]
p. 242,3ff. R: 340[129]
6 p. 242,22f. R: 341[130]
p. 245,3ff. R: 341[131]
p. 246,16ff. R: 341[132]
p. 246,23ff. R: 341[132]
p. 247,12f. R: 341[133]
p. 247,16 R: 341[133]

p. 248,9ff. R: 341[134]
p. 249,12ff. R: 341[135]
p. 250,6ff. R: 341[136]
p. 250,23f. R: 341[136]
p. 251,14f. R: 341[137]
p. 251,21ff. R: 341[137]
7 p. 254,24 R: 341[138]
p. 255,25ff. R: 341[139]
p. 258,7f. 341[140]
p. 258,14f. R: 341[140]
p. 258,19 R: 341[141]
p. 258,21 R: 341[141]
p. 259,13f. R: 341[142]
p. 259,13ff. R: 319[74]
p. 259,14 R: 319[72]
p. 259,19ff. R: 341[142]
8 p. 260,17ff. R: 341[143]
p. 261,2ff. R: 341[143]
p. 262,15 R: 341[144]
p. 262,17 R: 341[144]
p. 263,9f. R: 319[73]
p. 263,11ff. R: 319[73]
p. 263,12 R: 319[72]
p. 263,14ff. R: 319[77]
9 p. 264,7 R: 341[145]
p. 265,1ff. R: 341[146]
p. 267,8ff. R: 341[147]
p. 268,21ff. R: 341[148]
10 p. 269,11ff. R: 342[149]
11 p. 278,2 R: 342[150]
p. 278,13f. R: 342[150]
p. 281,1ff. R: 342[150]
p. 281,15ff. R: 342[150]
p. 282,8ff. R: 342[150]
p. 285,20ff. R: 342[151]
p. 286,5ff. R: 285[123]
p. 286,24ff. R: 342[152]
12 p. 296,4–311,25 R: 339[111]
p. 296,7 R: 342[153]
p. 298,10ff. R: 342[154]
p. 299,9f. R: 342[155]
p. 302,10 R: 342[155]
p. 304,16 R: 303[67]; 342[155]
p. 304,18f. R: 303[67]
p. 305,16 R: 342[155]
p. 306,23ff. R: 342[156]
p. 308,13ff. R: 342[157]
p. 309,20ff. R: 342[157]
II 1 p. 312,2–320,15 R: 339[112]

p. 312,5 R: 342[158]
p. 312,9f. R: 342[159]
p. 313,19 R: 342[160]
p. 317,6ff. R: 342[161]
p. 319,14ff. R: 342[162]
2–6 p. 320,16–352,14 R: 339[113]
2 p. 320,16 R: 342[163]
p. 321,19 R: 342[164]
3 p. 322,5ff. R: 342[165]
p. 326,26ff. R: 342[166]
p. 327,15f. R: 342[166]
p. 328,16ff. R: 342[167]
4 p. 338,20ff. R: 343[170]
5 p. 339,16 R: 343[171]
p. 339,19f. R: 343[172]
p. 342,19ff. R: 343[173]
6 p. 345,6ff. R: 343[174]
p. 345,19f. R: 343[176]
p. 352,10ff. R: 343[177]
7–8 p. 352,15–368,21 R: 339[114]
7 p. 352,16ff. R: 343[178]
p. 352,24 R: 343[179]
p. 353,3f. R: 343[180]
p. 353,6f. R: 343[180]
p. 357,19ff. R: 343[181]
p. 357,23ff. R: 343[182]
p. 358,1ff. R: 343[183]
p. 358,3ff. R: 343[183]
p. 359,10ff. R: 343[184]
p. 359,16ff. R: 343[185]
p. 359,19ff. R: 343[186]
p. 360,14f. R: 344[189]
p. 360,21f. R: 344[191]
p. 361,2ff. R: 344[194]
p. 361,5f. R: 344[192]
p. 361,12f. R: 343[187]
p. 361,13ff. R: 344[188]
p. 361,17f. R: 344[196]
p. 363,17ff. R: 344[198]
8 p. 364,2ff. R: 344[199]
9 p. 368,22–380,10 R: 340[115]
p. 368,23ff. R: 344[200]
p. 372,20ff. R: 344[201]
10–12 p. 380,11–413,11 R: 340[116]
10 p. 380,12f. R: 344[202]
p. 384,14ff. R: 344[203]
p. 386,4f. R: 344[204]
p. 387,5ff. R: 344[205]

περὶ εὑρέσεως
I 1 p. 93,5 R: 60[1]
   p. 93,5ff. R: 11[114];
      65[62]
   p. 93,15ff. R: 65[63]
   p. 94,6ff. R: 65[63]
   p. 95,17ff. R: 65[64]
   p. 98,1ff. R: 65[64]
   p. 99,9ff. R: 65[64]
   p. 100,12ff. R: 65[65]
  5 p. 106,15ff. R: 72[124]
   p. 107,3ff. R: 73[134]
II 1 p. 109,3ff. R: 78[37]
  7 p. 122,18 R: 78[33]
   p. 123,1ff. R: 78[33]
   p. 123,2f. R: 88[123]
   p. 123,5ff. R: 78[33]
III 1 p. 126,7 R: 124[2]
  2 p. 126,17 R: 277[17]
   p. 126,19ff. R: 93[23]
   p. 127,8f. R: 93[23]
   p. 128,7ff. R: 92[6]
  3 p. 138,15ff. R: 130[44]
   p. 138,16 R: 130[42]
  4 p. 132,2ff. R: 125[15]
   p. 133,25ff. R: 136[6]
   p. 134,1 R: 130[48]
   p. 134,6ff. R: 130[49]
  5 p. 140,19f. R: 115[190]
  6 p. 136,21 R: 129[41]
   p. 136,23ff. R: 130[43]
   p. 137,17–138,5 R: 130[46]
  8 p. 150,23 R: 135[5]
   p. 152,3ff. R: 135[5]
  9 p. 152,10f. R: 104[112]
   p. 153,20ff. R: 104[112]
 10 p. 154,16 R: 135[5]
   p. 156,3 R: 135[5]
 11 p. 158,20 R: 115[186]
IV 2 p. 173,2 R: 313[82]
   p. 175,14f. R: 313[82]
  6 p. 192,6 R: 127[28]
  7 p. 194,4 R: 304[99]
 13 p. 204,17ff. R: 27[136]
   p. 205,1ff. R: 27[136]
   p. 205,9ff. R: 27[136]
   p. 206,1ff. R: 27[136]

περὶ μεθόδου δεινότητος
 1–37 p. 414,2–456,3 R: 340[117]

 10 p. 425,11 R: 285[128]
 11 p. 426,18 R: 308[160]
   p. 427,1f. R: 300[11]
   p. 427,4ff. R: 308[162]
   p. 427,7ff. R: 300[11]
 12 p. 427,16f. R: 92[3]
 15 p. 431,17f. R: 313[82]
 33 p. 450,1f. R: 253[89]
   p. 450,10f. R: 253[89]
   p. 450,20ff. R: 253[89]

προγυμνάσματα
 tit. p. 1–27 R: 16[23]
  2 p. 4,6f. R: 76[19]
   p. 4,16ff. R: 76[19]
  3 p. 8,7 R: 111[158]
  4 p. 8,16ff. R: 122[42]
   p. 8,17 R: 258[143]
   p. 9,4ff. R: 258[144]
  6 p. 11,22–14,15 R: 156[83]
   p. 14,6f. R: 169[40]
   p. 14,7f. R: 173[81]
  9 p. 20,7 R: 291[203/208]
   p. 20,7f. R: 248[16]
   p. 20,11f. R: 293[230]
   p. 20,19ff. R: 291[215]
   p. 20,24ff. R: 291[215]
   p. 21,6ff. R: 292[217]
   p. 21,10ff. R: 291[216]
 11 p. 25,3 R: 17[31]
   p. 25,6f. R: 17[34]
   p. 25,7f. R: 17[37]
   p. 25,10 R: 17[31]
   p. 25,11 R: 17[34]
   p. 25,16f. R: 18[47]
   p. 25,16ff. R: 17[38]
   p. 25,19f. R: 18[47]
   p. 25,22f. R: 9[83]
   p. 26,1f. R: 173[82]
 12 p. 27,1f. R: 173[80]

περὶ τῶν στάσεων
 1 p. 29,1ff. R: 16[20]
   p. 32,9 R: 18[50]
   p. 32,10ff. R: 21[76]
   p. 33,17f. R: 21[77]
   p. 33,18ff. R: 21[81]
   p. 34,2 R: 21[82]
   p. 34,9ff. R: 21[83]
   p. 34,14f. R: 21[80]
 2 p. 36,9 R: 30[33]
   p. 37,2 R: 30[38]

   p. 37,5 R: 32[68]
   p. 37,5ff. R: 32[67]
   p. 37,14ff. R: 36[105]
   p. 37,17ff. R: 46[28]
   p. 37,19f. R: 29[26]
   p. 38,1ff. R: 37[127]
   p. 38,3 R: 37[119]; 234[200]
   p. 38,9 R: 37[119]; 38[131]; 234[200]
   p. 38,13 R: 38[132]; 234[200]
   p. 38,17f. R: 38[134]; 234[200]
   p. 38,21ff. R: 39[142]
   p. 39,3ff. R: 39[139]
   p. 39,9 R: 40[153]
   p. 39,11 R: 40[157]
   p. 39,20f. R: 29[26]
   p. 39,21 R: 44[1]; 240[238]
   p. 39,23f. R: 46[30]
   p. 40,3ff. R: 46[31]
   p. 40,8 R: 44[2]
   p. 40,15 R: 44[8]
   p. 41,1 R: 44[4]
   p. 41,2ff. R: 48[40]
   p. 41,13 R: 44[6]
   p. 41,16ff. R: 50[52]
   p. 41,20ff. R: 50[50]
   p. 42,5f. R: 42[174]
   p. 42,11 R: 42[176]; 43[189]
   p. 42,12 R: 43[188]
   p. 42,13 R: 43[190]
   p. 42,14 R: 43[189]
 3 p. 43,17ff. R: 232[180]
   p. 44,1–11 R: 232[185]
   p. 45,1 R: 232[186]
   p. 47,8 R: 232[187]
   p. 48,3ff. R: 232[188]
   p. 48,10ff. R: 233[190]
   p. 48,14ff. R: 130[47]
   p. 49,7ff. R: 232[189]
   p. 50,20ff. R: 233[191]
   p. 52,20f. R: 173[79]
   p. 53,14 R: 30[38]
   p. 53,15ff. R: 30[39]
   p. 56,21ff. R: 30[42]
   p. 56,24ff. R: 31[44]
   p. 57,11ff. R: 31[45]
   p. 58,2ff. R: 31[46]
 4 p. 59,11 R: 32[68]
   p. 59,11ff. R: 233[196]
   p. 59,18ff. R: 35[100]
   p. 61,21ff. R: 34[93]

Quellenregister 405

p. 62,1ff. R: 34⁹⁴
p. 62,3ff. R: 33⁸⁴
p. 62,11ff. R: 34⁹⁴
p. 64,4ff. R: 34⁹⁴
p. 64,15 R: 34⁹²
p. 64,15ff. R: 34⁹⁴
p. 65,1ff. R: 34⁹⁴
5 p. 65,10ff. R: 38¹³²; 234²⁰²
p. 67,22f. R: 234²⁰³
p. 68,5f. R: 235²⁰⁴
p. 68,10ff. R: 235²⁰⁴
p. 70,1ff. R: 235²⁰⁵
p. 70,14ff. R: 235²⁰⁵
6 p. 72,2 R: 39¹³⁹/¹⁴²; 40¹⁵³/¹⁵⁷
p. 72,3ff. R: 38¹³⁴; 237²¹⁷
7 p. 76,4–79,16 R: 37¹²⁸
p. 76,4f. R: 38¹²⁹
p. 76,6ff. R: 38¹²⁹
p. 76,12ff. R: 38¹²⁹
p. 77,3ff. R: 38¹²⁹
p. 77,6ff. R: 38¹²⁹
p. 77,20ff. R: 38¹²⁹
p. 78,22ff. R: 38¹²⁹
p. 79,7ff. R: 38¹²⁹
8 p. 79,18 R: 42¹⁷⁴
p. 79,18ff. R: 240²³⁶
p. 81,1ff. R: 240²³⁷
9 p. 82,5ff. R: 44²; 241²⁴⁵
10 p. 83,20ff. R: 44⁴
p. 84,4f. R: 242²⁵⁹
11 p. 88,4ff. R: 44⁸; 243²⁶⁶
p. 89,16ff. R: 52⁶⁹
12 p. 90,6ff. R: 44⁶; 241²⁵²

Herodianos
περὶ σχημάτων
p. 85,4–90,14 Sp III: 272³⁵
p. 85,4f. Sp III: 273⁵⁵
p. 88,28ff. Sp III: 283⁹⁷
p. 90,23ff. Sp III: 273⁵⁴
p. 91,16f. Sp III: 276⁵
p. 93,7f. Sp III: 316²⁵
p. 94,17 Sp III: 300²⁶
p. 95,4 Sp III: 304⁹⁸
p. 95,12f. Sp III: 291¹⁹⁸
p. 95,17 Sp III: 279⁴⁵
p. 95,22 Sp III: 279⁴⁶
p. 95,30 Sp III: 280⁴⁸
p. 96,2ff. Sp III: 284¹¹³

p. 97,8 Sp III: 305¹¹²
p. 97,10ff. Sp III: 305¹⁰⁹
p. 98,9ff. Sp III: 293²³⁵
p. 98,21 Sp III: 281⁶⁹
p. 98,26 Sp III: 294²⁵³
p. 98,26ff. Sp III: 295²⁶⁵
p. 98,27ff. Sp III: 314⁹⁸
p. 98,30ff. Sp III: 314⁹³
p. 99,3ff. Sp III: 314⁹⁷
p. 99,26 Sp III: 303⁶⁸
p. 99,31ff. Sp III: 303⁷⁴
p. 100,6 Sp III: 300²³
p. 102,19 Sp III: 299⁷

Herodot
Historiae
I 1,1: 317³⁷

Homer
Ilias
I 11f.: 309¹⁵
121: 269¹³⁰
122ff.: 283¹⁰⁰
149ff.: 283¹⁰⁰
511: 269¹³⁰
II 102ff.: 303⁷⁵
272: 267⁸⁵
284ff.: 283¹⁰²; 291²¹⁴
314: 269¹³²
III 2: 309¹⁸
156ff.: 256¹²⁵
IV 126: 267⁹⁵
VII 104: 283⁹⁸
IX 526: 311⁴⁶
592–594: 253⁸⁸
XI 574: 267⁹⁶
822ff.: 277²⁶
XII 3–33: 277²⁷
XIII 587: 267⁹⁴
XIV 346: 341¹⁴⁰
XV 542: 267⁹⁷
XVI 161: 269¹³⁴
XX 371: 302⁵⁸
XXI 261: 269¹³³
XXII 133: 336⁶⁹

Odysseia
I 185: 267⁸⁴
V 323: 269¹³³
X 398f.: 265⁵⁹
XI 523: 254¹⁰⁵
598: 267⁹³

XII 73: 336⁶²
XIV 1: 341¹⁴⁰
XV 74: 310³⁶
299: 266⁶⁸
XXII 299: 309¹⁸

Q. Horatius Flaccus
Carmina
I 4,13: 268¹²⁰; 307¹⁵¹
12,40f.: 298⁹²
15,19f.: 308¹⁵⁸
17,21: 263²¹
IV 13,12: 268¹⁰⁵

Saturae sive sermones
II 5,41: 268¹⁰⁶

Iamblichos
De vita Pythagorae
166: 177¹⁰

Inscriptiones Graecae
I² 45,20: 2²

Isidorus
Origines sive etymologiae
II 15 p. 515,12f. H: 15⁸

Isokrates
Epistulae
IX: 190¹⁰⁸
1–5: 191¹⁰⁹

Orationes
II: 1
III: 1
IV: 1
1: 300²²; 311⁴⁸
8: 195¹⁵²
28–99: 181⁴⁸
35f.: 294²⁴⁶
41: 294²⁴⁷
48: 294²⁴⁷
72: 294²⁴⁷
89: 294²⁴⁷; 311⁴⁹; 313⁸⁷; 314⁹⁴
105: 294²⁴⁷
125: 179²⁷
129: 179²⁷
133–186: 170⁴⁶
149: 294²⁴⁷
181: 294²⁴⁷

185: 301³⁸
186: 294²⁴⁷
187–189: 170⁴⁶
V: 2
    4: 250⁴²
    16: 170⁴⁷
    27: 259²
    32–34: 170⁴⁸
    35–38: 170⁴⁸
    39–56: 170⁴⁸
    57–67: 170⁴⁸
    61: 144⁷⁶
    68–80: 170⁴⁸
    89–104: 170⁴⁹
    116–132: 170⁴⁹
    133–136: 170⁴⁹
VI: 2
    17–33: 170⁵¹
    34–57: 170⁵¹
    58–69: 170⁵¹
    90–98: 170⁵¹
    110: 170⁵²
VIII: 2
    10: 286¹⁴⁴
    16: 170⁵⁴
    56: 290¹⁸⁵
    66: 170⁵⁵
    69f.: 170⁵⁵
    81: 290¹⁸⁵
IX: 1; 188⁹⁷
    1–11: 190¹⁰⁷
    9: 266⁷²
    10: 259⁴
    12–21: 188⁹⁸
    22–32: 189⁹⁹
    33f.: 189¹⁰⁰
    35–40: 189¹⁰²
    41–46: 190¹⁰³
    51–65: 190¹⁰⁴
    70: 190¹⁰⁵
    73–76: 190¹⁰⁶
X: 1
    1–13: 183⁶⁵
    5: 195¹⁵⁰
    11: 338⁹⁴
    12: 203²⁰²
    14: 56²⁸; 182⁵⁶/⁵⁹; 209²⁴³
    14f.: 183⁶⁶
    15: 183⁶³
    16f.: 183⁶⁷
    17: 313⁸⁶; 314⁹⁶

18–22: 184⁶⁸
23–30: 184⁶⁹
31–37: 184⁷⁰
38: 184⁷¹
39–48: 184⁷²
45: 209²⁴⁴
49–52f.: 184⁷³
54–60: 184⁷⁴
61–65: 184⁷⁵
67–69: 184⁷⁶
XI: 1
    1–4: 185⁷⁹
    4: 184⁷⁷; 187⁹⁰; 194¹⁴¹; 208²³⁴
    5: 184⁷⁷; 185⁸⁰
    6: 187⁹⁰
    7f.: 185⁸⁰
    9: 182⁶⁰; 185⁸⁰
    10: 185⁸¹
    11–14: 185⁸²
    15–20: 185⁸³
    21–23: 186⁸⁴
    24–29: 186⁸⁵
    30–33: 186⁸⁶
    33: 187⁹⁰/⁹³; 195¹⁴⁴; 209²⁴⁸; 338⁹³
    34: 209²⁴⁷
    34f.: 186⁸⁷
    36: 209²⁴⁵
    36–43: 187⁸⁸
    44: 185⁷⁸; 187⁹⁰
    44–50: 187⁸⁹
XII: 2
    2: 259³
XIII: 1
    14ff.: 7⁵⁶
    16: 338⁹⁵
XIV: 1
    8–10: 170⁵⁰
    11–32: 170⁵⁰
    33–41: 170⁵⁰
    42–55: 170⁵⁰
XV: 2
    54: 338⁹⁴
    58: 338⁹⁴
    187: 3⁸; 7⁵⁶
XVI: 188⁹⁴
    5–21: 188⁹⁵
    25–42: 188⁹⁶
    40: 285¹²⁵
XVIII: 1
XIX: 1

10–15: 170⁴⁴
16: 170⁴⁵
30: 342¹⁶⁸

Iulius Rufinianus
De figuris sententiarum et elocutionis
1 p. 38,3 H: 263²⁵
2 p. 39,3 ff. H: 264³⁶
3 p. 39,11 H: 139¹⁴
   p. 39,11f. H: 264³⁷
4 p. 39,16 ff. H: 264³³
5 p. 39,24 H: 139¹⁵
   p. 39,24f. H: 264³⁸
6 p. 39,31f. H: 264³⁹
7 p. 40,10 H: 264³²
8 p. 40,19 H: 286¹⁴⁰
   p. 40,19 ff. H: 286¹⁴³
9 p. 40,32 H: 287¹⁵⁴/¹⁵⁵
   p. 40,32 ff. H: 287¹⁵⁸
10 p. 41,8 H: 288¹⁶³/¹⁶⁵
16 p. 43,6 H: 282⁷⁸
27 p. 45,15 H: 281⁶⁹
32 p. 46,9 H: 277¹⁶/²⁰/³⁰
   p. 46,10 ff. H: 278³²
33 p. 46,17 H: 279⁴¹/⁴²
34 p. 46,24 H: 288¹⁶⁸
37 p. 47,16 H: 294²⁵⁴

Iulius Severianus
Praecepta artis rhetoricae
5 p. 357,14 H: 61⁸
6 p. 357,17 H: 82⁶⁵
   p. 357,17f. H: 82⁷⁰
   p. 357,18 H: 82⁶⁶
   p. 357,18 ff. H: 84⁸⁸
   p. 357,21 ff. H: 83⁸⁴
   p. 357,24 ff. H: 84⁹⁰
7 p. 358,18 ff. H: 80⁵¹
   p. 358,28 H: 76¹²
8 p. 359,8f. H: 228¹⁵⁵
15 p. 363,3f. H: 118²²⁷
16 p. 363,14f. H: 118²²⁷
18 p. 365,22 H: 161¹³⁶
23 p. 369,19 H: 61⁸
24 p. 370,2 H: 147¹

C. Iulius Victor
Ars rhetorica
prooem. p. 373,16 H: 213¹⁰
1 p. 373,27 H: 61⁸
   p. 373,27f. H: 59⁴³

	p. 373,27ff. H: 222[116]
	p. 373,32 H: 60[1]
2	p. 374,29ff. H: 19[57]
	p. 374,37ff. H: 19[58]
	p. 375,3ff. H: 19[58]
	p. 375,4 H: 274[68]
	p. 375,7ff. H: 19[58]; 20[62]
3,1	p. 376,24f. H: 44[3]; 45[18]
	p. 376,25 H: 44[5/7/9]
3,2	p. 376,31 H: 30[38]
	p. 377,6ff. H: 31[47]
	p. 377,8 H: 31[48]
	p. 377,11ff. H: 31[52]
	p. 377,14f. H: 31[53]
	p. 377,15f. H: 31[55]
3,3	p. 377,32f. H: 33[84]
	p. 378,2ff. H: 35[96]
	p. 378,5ff. H: 33[84]
	p. 378,8ff. H: 35[97]
	p. 378,14ff. H: 35[99]
	p. 378,21ff. H: 35[99]
	p. 378,26f. H: 35[95]
	p. 378,26ff. H: 35[99]
	p. 378,27f. H: 36[102]
	p. 378,30f. H: 36[103]
3,5	p. 379,4 H: 37[119]
	p. 379,4f. H: 37[125]
	p. 379,28f. H: 174[92]
3,6	p. 380,12 H: 37[119]
	p. 380,13f. H: 37[127]
	p. 380,18 H: 38[135]
3,7	p. 380,20ff. H: 38[133]
3,8	p. 381,9 H: 39[139/142]
	p. 381,9f. H: 40[153]
	p. 381,10 H: 40[157]
	p. 381,15 H: 39[142]
	p. 381,19ff. H: 40[152]
	p. 381,23 H: 40[153]
	p. 381,26f. H: 40[161]
	p. 381,31 H: 40[157]
3,9	p. 382,4 H: 42[177]
	p. 382,6f. H: 42[185]
	p. 382,15f. H: 43[187]
3,10	p. 382,22ff. H: 45[19]
3,11–15	p. 383,1–385,31 H: 45[18]
3,11	p. 383,2 H: 44[1]
	p. 383,2f. H: 44[7]
	p. 383,3 H: 44[6/8/9]
	p. 383,4 H: 44[4]
	p. 383,5 H: 44[2]
3,13	p. 383,30f. H: 48[44]

	p. 383,32ff. H: 48[43]
	p. 383,34f. H: 48[44]
3,14	p. 384,16ff. H: 241[247]
3,15	p. 384,26 H: 44[9]
	p. 384,29ff. H: 51[58]
	p. 384,31ff. H: 51[59]
	p. 384,33ff. H: 51[60]
	p. 385,1ff. H: 52[62]
	p. 385,3f. H: 52[63]
	p. 385,4f. H: 52[65]
	p. 385,5f. H: 52[66]
	p. 385,6f. H: 52[67]
4,2	p. 386,32ff. H: 232[184]
	p. 387,9 H: 29[27]
4,3	p. 388,32f. H: 234[199]
4,4	p. 389,26 H: 174[92]
4,5	p. 390,16ff. H: 235[209]
	p. 390,18f. H: 38[136]
4,6	p. 391,1ff. H: 237[216]
	p. 391,4ff. H: 238[226]
	p. 392,1 H: 40[159]
4,9	p. 393,34ff. H: 242[261]
	p. 393,35ff. H: 49[46]
4,10	p. 394,23ff. H: 242[254]
4,11	p. 394,34 H: 44[9]
	p. 394,34f. H: 243[268]
5	p. 395,20 H: 96[17]
5–11: 59[45]
6,1–4	p. 395,22–403,27 H: 117[217]
6,1	p. 395,22ff. H: 116[202]
	p. 395,24f. H: 116[205]
6,3	p. 400,30f. H: 30[30]
6,4	p. 402,8f. H: 116[209]
6,5	p. 403,31 H: 98[43]
6,6	p. 405,16ff. H: 100[63]
	p. 406,32–407,3 H: 98[43]
10	p. 411,2 H: 103[97]
11	p. 411,37 H: 105[130]
	p. 412,1 H: 103[98]
	p. 412,1f. H: 105[130]
	p. 412,4ff. H: 103[100]
	p. 412,22ff. H: 104[109]
	p. 412,24ff. H: 104[110]
	p. 412,27ff. H: 104[110]
	p. 412,31ff. H: 104[110]
	p. 413,2ff. H: 104[110]
	p. 413,12ff. H: 104[110]
	p. 413,21ff. H: 104[110]
12	p. 414,9–38 H: 127[29]
12: 59[45]

| 13 | p. 416,30ff. H: 221[89] |
| | p. 417,5ff. H: 59[53] |
| 13: 59[45] |
| 14 | p. 421,15 H: 61[8] |
| | p. 421,15f. H: 59[44] |
| 14: 59[45] |
15	p. 421,19 H: 60[1]
	p. 421,23f. H: 73[126]
	p. 421,24ff. H: 63[27]
	p. 421,26ff. H: 62[15]
	p. 421,33f. H: 64[52]
	p. 422,5f. H: 68[81]
	p. 422,6ff. H: 68[83]
	p. 422,32ff. H: 69[92]
	p. 423,3 H: 70[98]
	p. 423,17f. H: 73[131]
15: 59[43]
16	p. 423,36 H: 82[65/66/75]
	p. 424,1ff. H: 83[84]
	p. 424,12ff. H: 87[121]
	p. 424,22ff. H: 84[88]
	p. 424,26ff. H: 84[90]
	p. 424,39ff. H: 81[61]
	p. 425,2 H: 77[26]
	p. 425,8 H: 88[123]
	p. 425,22ff. H: 81[61]
	p. 425,27ff. H: 81[61]
	p. 425,34ff. H: 80[51]
	p. 426,16 H: 31[48]
	p. 426,30f. H: 90[17]
	p. 426,30ff. H: 87[121]
16: 59[45]
17	p. 427,29 H: 89[7]
	p. 428,10ff. H: 91[26]
	p. 428,14 H: 138[7]
	p. 428,17 H: 138[3]
	p. 429,2 H: 89[1/6]
	p. 429,2ff. H: 59[50]
	p. 429,3f. H: 89[12]
17: 59[45]
18	p. 429,16 H: 147[1/9]
	p. 429,16f. H: 148[20]
	p. 430,12 H: 158[96]
	p. 430,13 H: 158[98]
18: 59[45]
20	p. 431,13 H: 247[3/6]
	p. 431,14 H: 250[45]
	p. 431,26 H: 250[59]
	p. 433,4f. H: 321[99]
	p. 433,16f. H: 326[167]
	p. 433,18f. H: 326[159]
	p. 433,27f. H: 327[194]

p. 433,33 H: 135³
p. 433,33f. H: 285¹²⁴
22 p. 438,8 H: 331²⁰
p. 438,8f. H: 332³²
p. 439,20 H: 317³¹
p. 439,21 H: 319⁶¹
p. 439,26f. H: 316²¹
p. 439,32f. H: 160¹²⁰
p. 439,36f. H: 160¹²⁰
p. 439,37f. H: 161¹³⁷
24 p. 440,31 H: 353¹

Johannes Sikeliotes
σχόλια εἰς τὰς ἰδέας τοῦ Ἑρμογένους
Rhet. Gr. VI p. 470, 20 W: 177¹¹

Kokondrios
περὶ τρόπων
p. 230, 6ff. Sp III: 273⁴¹

T. Livius
Ab urbe condita
I 1,1: 325¹⁵⁰

Longinos
ἐκ τῶν Λογγίνου
15 p. 327, 7f. Sp. = 16 p. 215, 20f. Sp.-H: 173⁸³

τέχνη ῥητορική
p. 302, 28f. Sp. = 184,9f. Sp.-H: 223¹¹⁹
p. 309, 13 Sp. = 193,7 Sp.-H: 317³¹; 319⁶¹/⁷¹
p. 309, 16 Sp. = 193,10 Sp.-H: 317³¹
p. 309, 24 Sp. = 193,18 Sp.-H: 318⁵⁴/⁵⁶
p. 310, 10ff. Sp. = 194,9ff. Sp.-H: 274⁶³
p. 310, 22 Sp. = 194,21 Sp.-H: 353³
p. 310, 22ff. Sp. = 194, 21ff. Sp.-H: 353⁵
p. 318, 9ff. Sp. = 204,17ff. Sp.-H: 349⁵
p. 319, 28ff. Sp. = 206, 19ff. Sp.-H: 173⁸⁴

T. Lucretius Carus
De rerum natura
IV 388: 265⁵⁸
832: 265⁵⁸

Lysias
Orationes
II 3–66: 181⁴⁴
48ff.: 180³⁸
67ff.: 181⁴⁵
XII 24–26: 135⁶

Martianus Minneus Felix Capella
De arte rhetorica
3 (434) p. 453,5 H: 53¹
11 (453) p. 458,31 H: 42¹⁷⁷
17 (467) p. 462,13ff. H: 37¹²⁶
20 (470) p. 463,35f. H: 26¹²⁴; 275⁷²
p. 464,1ff. H: 26¹²⁵; 275⁷⁶
p. 464,3ff. H: 27¹²⁸
p. 464,5ff. H: 27¹²⁹
p. 464,7ff. H: 27¹³⁰
p. 464,10ff. H: 27¹³¹
p. 464,16 H: 27¹³³
33 (514) p. 474,16ff. H: 323¹²⁴
34 (518) p. 476,3 H: 327¹⁹³
35 (520) p. 476,22f. H: 327¹⁸⁵
36 (521) p. 476,26ff. H: 328¹⁹⁷
p. 477,7ff. H: 328¹⁹⁹
p. 477,10ff. H: 326¹⁶⁶
37 (522) p. 477,17ff. H: 328²⁰¹
p. 477,23 H: 326¹⁷²
38 (523) p. 478,3 H: 289¹⁷⁹
p. 478,6f. H: 287¹⁵⁴
40 (532) p. 481,10f. H: 301⁴⁵
p. 481,13 H: 302⁴⁶
41 (533) p. 481,23 H: 303⁷⁶
(534) p. 481,26 H: 303⁸⁰/⁸³
p. 482,4 H: 304⁹⁴/⁹⁶
(535) p. 482,10f. H: 306¹³¹
46 (550) p. 486,16f. H: 76¹⁷
(551) p. 486,22 H: 82⁶⁵/⁶⁶
p. 486,22f. H: 82⁷⁰
(552) p. 486,31f. H: 77²⁴
p. 487,6 H: 89¹/³
p. 487,6ff. H: 59⁵⁰
49 (559) p. 489,21 H: 117²¹²
53 (565) p. 491,18 H: 147⁹

p. 491,18f. H: 158⁹⁶
p. 491,20 H: 158¹⁰¹

Maximos Planudes
προλεγόμενα τῆς ῥητορικῆς
Rhet. Gr. V
p. 213,16f. W: 5⁴⁴
p. 213,22ff. W: 3¹⁷
p. 215,19ff. W: 53⁶; 213²³
p. 215,22f. W: 55²⁰; 220⁸⁰
p. 217,17 W: 213²¹
p. 365,8ff. W: 63²⁹
p. 366,15 W: 71¹¹⁸

σχόλια εἰς τοῦ Ἑρμογένους εὑρέσεις
p. 382,9ff. W: 73¹³⁵
p. 382,14ff. W: 74¹³⁷
p. 383,1ff. W: 74¹³⁶
p. 390,4ff. W: 79⁴⁹
p. 395,12f. W: 105¹²⁴
p. 395,14f. W: 105¹³²
p. 403,11f. W: 103⁹¹
p. 406,18 W: 103¹⁰²
p. 406,18ff. W: 103¹⁰⁷

σχόλια εἰς τοῦ Ἑρμογένους ἰδέας
Rhet. Gr. V
p. 548,8ff. W: 177¹⁴
p. 549,1ff. W: 180⁴⁰; 195¹⁴⁶

Menandros
περὶ ἐπιδεικτικῶν
Rhet. Gr. IX
II 1f. p. 158, 7ff. 174,4ff. W =344, 16ff. 351, 21ff. Sp III: 204²⁰⁹
II 2f. p. 164, 1ff. 177, 14ff. W =346, 27ff. 353,5ff. Sp III: 204²⁰⁷
1 p. 213,3ff. W = 368,3ff. Sp III: 205²¹⁴
3 p. 231,4ff. W = 377,32ff. Sp III: 207²²⁵
5 p. 257,4ff. W = 395,2 f. Sp III: 207²²⁶
6 p. 263,16ff. W = 399,12 f. Sp III: 207²²⁸
8 p. 279,23ff. W = 412,4ff. Sp III: 207²²⁹

Quellenregister

10 p. 284, 4ff. W = 414,32ff. Sp III: 207²²⁴
11 p. 287,10ff. W = 418,6ff. Sp III: 208²³⁰
13 p. 297, 4ff. W = 423,6ff. Sp III: 206²²²
14 p. 298, 13ff. W = 424,3ff. Sp III: 205²¹²
15 p. 309, 3ff. W = 430,9ff. Sp III: 207²²⁷

Minukianos
περὶ ἐπιχειρημάτων
1 p. 417,4f. Sp. = 340,2f. Sp.-H: 95¹⁷
p. 417,7f. Sp. = 340,5f. Sp.-H: 98⁴⁴
p. 417,8f. Sp. = 340,6f. Sp.-H: 96²²
p. 417,10ff. Sp. = 340,8ff. Sp.-H: 97²⁹
p. 417,20ff. Sp. = 341,1ff. Sp.-H: 97²⁹
p. 417,23ff. Sp. = 341,4ff. Sp.-H: 97²⁹
p. 417,26f. Sp. = 341,7ff. Sp.-H: 105¹²⁷; 106¹³⁵
2 p. 418,1f. Sp. = 341,10f. Sp.-H: 106¹³³
p. 418,2f. Sp. = 341,11f. Sp.-H: 121²¹
p. 418,11f. Sp. = 341,20f. Sp.-H: 254⁹⁶
p. 418,11ff. Sp. = 341,20ff. Sp.-H: 121²³
p. 419,2 Sp. = 342,18 Sp.-H: 253⁹⁴
3 p. 419,12ff. Sp. = 343,4ff. Sp.-H: 102⁸¹
p. 419,24f. Sp. = 343,17 Sp.-H: 103⁹⁹
p. 419,31f. Sp. = 343,24f. Sp.-H: 107¹⁵⁰
p. 419,31ff. Sp. = 343,24ff. Sp.-H: 117²¹⁵

Pausanias
Perihegesis
VI 17, 8: 54¹⁵

Περὶ ἐρωτήσεως
p. 165–168 Sp. = 1–7 Sp.-H: 134³

p. 165,8ff. Sp. = 1,8ff. Sp.-H: 134⁴
p. 165,15ff. Sp. = 2,1ff. Sp.-H: 134⁵
p. 165,25ff. Sp. = 2,12ff. Sp.-H: 135⁶
p. 166,10ff. Sp. = 2,23ff. Sp.-H: 135⁷

A. Persius Flaccus
Saturae
I 61: 297⁴⁴

Philodemos
περὶ ῥητορικῆς
I p. 202,18 Sudhaus: 60⁵⁵

Philostratos
Epistulae
73 p. 257, 6f. Kayser: 178¹⁷
Vitae Sophistarum
I 9 p. 12,10f. Kayser: 178²⁰
p. 12,13 Kayser: 178¹⁷
p. 12,18ff. Kayser: 179³⁴
p. 12,28f. Kayser: 179³⁶

Phoibammon
περὶ σχημάτων ῥητορικῶν
I 1 p. 44,2f. Sp III: 273⁴⁹
p. 44,8f. Sp III: 273⁵⁰
p. 44,12f. Sp III: 273⁵¹
p. 45,2ff. Sp III: 276⁶
p. 45,15ff. Sp III: 273⁴⁸; 276⁷; 299³
p. 45,18f. Sp III: 272³⁴
p. 45,19f. Sp III: 276⁸; 299⁶
p. 45,20ff. Sp III: 276⁹
p. 45,23f. Sp III: 276¹⁰
p. 45,25ff. Sp III: 276¹¹
2 p. 45,29 Sp III: 299⁴
p. 45,30 Sp III: 299⁷
p. 46,3 Sp III: 300²⁶
p. 46,7 Sp III: 300¹²
p. 46,9f. Sp III: 300¹⁵
3 p. 46,12 Sp III: 301³⁹
p. 46,15 Sp III: 301⁴³
p. 46,21 Sp III: 303⁸⁰
p. 47,13 Sp III: 304⁹⁸
p. 47,14f. Sp III: 304¹⁰⁴
4 p. 48,4 Sp III: 308²
p. 48,6ff. Sp III: 308⁵

p. 48,18 Sp III: 309¹¹/¹⁴
p. 48,20 Sp III: 309¹⁷
5 p. 49,2 Sp III: 296¹⁶
p. 49,4f. Sp III: 296²⁷
p. 49,6 Sp III: 296¹⁶; 297⁵¹
p. 49,9 Sp III: 296¹⁶/²⁹
p. 49,16 Sp III: 295⁹; 296¹⁶
p. 49, 16f. Sp III: 298⁶⁸
p. 49,19f. Sp III: 298⁶⁸
p. 49,21 Sp III: 296¹⁶
p. 49,24 Sp III: 296¹⁶
p. 49,24ff. Sp III: 297⁴⁵
p. 49,29 Sp III: 296¹⁶; 298⁷⁹
p. 49,29ff. Sp III: 284¹¹²
p. 50,3 Sp III: 296¹⁶
p. 50,3ff. Sp III: 298⁸⁰
II 1 p. 50,8f. Sp III: 276⁸
p. 50,10 Sp III: 290¹⁸⁶/¹⁹⁰
p. 50,11ff. Sp III: 290¹⁹⁴
2 p. 50,21ff. Sp III: 276⁹
p. 51,2 Sp III: 279⁴⁶
p. 51,6 Sp III: 280⁴⁸
p. 51,10 Sp III: 277¹⁹
p. 51,10ff. Sp III: 277²⁴
p. 51,14 Sp III: 289¹⁷⁹
p. 51,18f. Sp III: 289¹⁷⁶
3 p. 52,8ff. Sp III: 276¹⁰
p. 52,11ff. Sp III: 291²¹²
p. 52,14 Sp III: 292²²¹
p. 52,20 Sp III: 291²⁰³
p. 52,26 Sp III: 291²⁰³
p. 53,4 Sp III: 285¹²⁸
4 p. 53,22f. Sp III: 276¹¹
p. 54,1 Sp III: 287¹⁵⁴

Photios
Bibliotheca
cod. 260 p. 487b: 181⁴⁹

Platon
Apologia
27bc: 134⁵
Euthydemos
304d: 193¹³¹
  e: 195¹⁴⁹
Gorgias
447c: 194¹³⁸
449a: 6⁵³
  d–450e: 2¹
452e: 2⁶
453a: 2⁶; 4³¹

454a: 4³¹
456c: 5⁴⁸
457a: 5⁴⁸
462b: 6⁵²
    b–e: 4³¹
463a–d: 4³¹
    d: 6⁵²
508c: 4²²
Hippias maior
285e: 349⁴
Leges
VII 801c–802a: 191¹¹⁸
Menexenos
234a–236d: 192¹²²
    ab: 195¹⁴⁸
    b: 182⁵²
    c: 182⁵¹; 193¹³⁰/¹³³
235a: 193¹³⁴; 194¹³⁹; 195¹⁴⁵;
        208²³⁶; 259⁶
    c: 182⁵³; 193¹²³/¹³⁵
    d: 193¹³³
236b: 181⁴⁷; 193¹³³; 194¹³⁷
    c: 182⁵⁴; 193¹²³
239b: 180³⁹
249b: 182⁵⁵
249de: 193¹²⁴/¹²⁹
    e: 193¹³²
Phaidros
243a: 183⁶²
260cde: 6⁵³
261a: 2¹
266d: 8⁷³
    d–267a: 8⁶⁴
267a: 8⁷²; 53¹; 54¹⁶; 187⁹¹;
        194¹⁴²; 208²³³
    a–d: 8⁶³
    bc: 8⁶⁹/⁷¹
    c: 8⁷⁰
    d: 149³⁴
269d: 7⁵⁷
270c: 6⁵³
271b: 6⁵³
273cd: 6⁵³
277e: 6⁵³
Politikos
269c: 318⁴⁹
De re publica
    I 327a: 320⁸⁶
    III 400a: 324¹³⁷
    X 607a: 191¹¹⁹
Sophistes
222c: 9⁸¹

Symposion
177ab: 202¹⁹⁵
    b: 203¹⁹⁹/²⁰²
198a–199c: 259⁵
    b: 191¹²⁰
    bc: 193¹³⁶
    cd: 195¹⁴⁵
    c–e: 192¹²¹
    de: 208²³⁵
215aff.: 195¹⁵¹

C. Plinius Caecilius Secundus
Panegyricus
1–4: 206²¹⁵
4–24: 206²¹⁶
25–43: 206²¹⁷
44–56: 206²¹⁸
56–80: 206²¹⁹
81–89: 206²²⁰
89: 284¹¹¹
90–93: 206²²¹

Plutarch
Quaestiones convivales
I 2,3: 8⁶⁸

Priscianus
Praeexercitamenta rhetorica
tit. p. 551–560 H: 16²³
1 p. 551,2f. H: 122³¹
2 p. 552,13 H: 76²⁰
6 p. 555,1–556,9 H: 156⁸³
    p. 555,10f. H: 169⁴¹
    p. 555,11 H: 173⁸¹
7 p. 556,11ff. H: 198¹⁶⁷
    p. 556,20ff. H: 204²¹⁰
    p. 557, 4ff. H: 203¹⁹⁸
    p. 557,9 H: 203¹⁹⁸
11 p. 559,11f. H: 17³²
    p. 559,17 H: 17³
    p. 559,18 H: 17³²
    p. 559,20f. H: 17³⁷
    p. 559,23f. H: 17³⁵
    p. 559,26f. H: 17³⁸
    p. 559,31 H: 173⁸²
12 p. 560,2f. H: 173⁸⁰

Προλεγόμενα τῆς
Ἑρμογένους ῥητορικῆς
Rhet. Gr. IV
    p. 11,14 W: 53⁹
    p. 11,14ff. W: 213²³
    p. 12,17 W: 89¹⁴
    p. 12,17f. W: 55¹⁸; 220⁷⁸
    p. 19,20 W: 2⁵

Prolegomenon Sylloge
4 p. 25,11 R: 53²
    p. 25,11ff. R: 213²³
    p. 25,13ff. R: 57³¹
    p. 25,17ff. R: 53¹¹
    p. 26,4ff. R: 220⁸¹
    p. 26,21 R: 2⁵
    p. 34,12 R: 178¹⁵
5 p. 52,3ff. R: 213²³
    p. 52,5 R: 53⁹
    p. 52,7ff. R: 53¹⁰
    p. 52,8ff. R: 54¹⁷; 219⁷⁶
    p. 52,12ff. R: 54¹⁴
7 p. 65,8 R: 5⁴⁴
    p. 65,14ff. R: 3¹⁷
    p. 67,3ff. R: 53⁶; 213²³
    p. 67,6f. R: 55²⁰; 220⁸⁰
    p. 69,1 R: 213²¹
9 p. 107,2f. R: 5⁴⁰
    p. 126,5ff. R: 53¹¹
    p. 150,13f. R: 53²
    p. 150,15ff. R: 54¹³
12 p. 180,17 R: 179³³
13 p. 189,13ff. R: 53⁶
    p. 189,17 R: 55¹⁹; 220⁷⁹
    p. 206,19 R: 55¹⁹
    p. 206,20 R: 71¹¹⁸
17 p. 269,21 R: 53⁹
    p. 269,21ff. R: 213²³
    p. 270,22f. R: 55¹⁸; 89¹⁴;
        220⁷⁸
    p. 277,18 R: 2⁵

Ps. Iulius Rufinianus
De schematis dianoeas
1 p. 59,5 H: 275⁷⁴
    p. 59,6 H: 275⁷⁸
    p. 59,17ff. H: 275⁷⁸
    p. 60,9f. H: 275⁷⁸
2 p. 60,15 H: 277¹⁹
    p. 60,15f. H: 277²⁸
    p. 60,21 H: 277²⁸
3 p. 60,22 H: 277¹⁷
    p. 60,22f. H: 279³⁸
    p. 60,30 H: 277²¹
12 p. 62,16f. H: 289¹⁸²
13 p. 62,23 H: 291²⁰³
    p. 62,24f. H: 291²⁰⁵

Quellenregister

14 p. 62,26 H: 292[221]
   p. 62,27f. H: 292[222]
15 p. 62,29 H: 288[171]

De schematis lexeos
2 p. 48,10 H: 300[23]
   p. 48,20 H: 300[23]
3 p. 48,21 H: 300[17]
   p. 48,24 H: 300[18]
6 p. 49,26 H: 303[80]
   p. 49,39 H: 303[84]
7 p. 50,1 H: 301[45]; 309[21]
   p. 50,12 H: 301[45]
8 p. 50,13 H: 301[43]
   p. 50,18 H: 301[43]
9 p. 50,19 H: 301[44]; 303[65]
   p. 50,29 H: 301[44]; 303[65]
13 p. 51,9 H: 312[75]
   p. 51,15 H: 312[75]
15 p. 51,23 H: 304[98]
   p. 51,32 H: 304[100]
19 p. 52,24 H: 303[68]
   p. 52,29 H: 303[70]
20 p. 52,30 H: 299[7]
22 p. 53,23 H: 315[110]
   p. 53,30 H: 315[110]
24 p. 54,1 H: 306[124]
   p. 54,3 H: 306[128]
   p. 54,6 H: 306[124]
26 p. 54,20ff. H: 283[94]
27 p. 54,28ff. H: 295[11]
28–31 p. 54,34–56,8 H: 296[03]
32 p. 56,9ff. H: 297[37]
33 p. 56,15ff. H: 297[42]
34 p. 56,21 H: 297[47]
35f. p. 56,29ff. H: 298[69]
   p. 57,6ff. H: 298[69]
37 p. 57,18ff. H: 297[55]
38 p. 57,24f. H: 297[58]
39 p. 57,26ff. H: 298[78]
40 p. 57,30ff. H: 301[42]
41 p. 58,3ff. H: 298[63]
42 p. 58,11ff. H: 298[74]
43 p. 58,18 H: 298[73]

M. Fabius Quintilianus
Institutio oratoria
  I prooem. 9: 200[183]
    5,5: 250[53]
      34: 250[53]
      65: 269[126]
    6,1: 250[49/50]

2: 250[51]
3: 250[49]
28: 250[49]
29: 33[79]
39: 250[50]
42: 250[51]
43: 250[52]
45: 250[52]
7,1: 250[48]
II 4,18: 95[3/8]; 124[4]
  25: 167[3]
14,5: 4[30]; 5[47]
15,2: 5[41]
   4: 3[8]; 196[154]
   6–13: 5[34]
   10: 3[10]
   12: 3[15]
   13: 3[11]
   16: 4[33]
   19: 3[12]; 5[45]
   21: 3[16]; 216[43]
   22: 3[20]
   23: 5[41]
   23f.: 6[52]
   34: 4[24]; 5[43]
   36: 4[29]; 5[46]
   38: 4[30]; 5[47]
17,1: 5[37]
  7: 5[31]
  43: 4[30]
21,21: 15[7]
  22: 16[20]
  23: 10[107]
III 1,1: 10[108]
  8: 53[1/3/6]
  3,1: 11[115]; 213[8/18]; 215[38]
   4: 10[111]; 11[121]; 215[39]; 216[46]
   5: 11[125]
   5f.: 215[40]
   7: 168[22]; 216[50]
   8: 217[55]
   8f.: 216[48]
   9: 217[61]
   11: 213[13]
   13: 213[6/7]
   14: 10[91/106]
4,1: 167[10]
  6: 10[110]
  9: 9[78]; 197[157]
  10: 9[81]
  11: 178[21]; 183[61]

12: 10[99]; 177[1/2/4]
15: 167[18]
16: 10[100]
5,1: 7[59]
  2: 11[113]; 12[129]
  4: 29[26]
  5: 15[4/8/13/15/18]
  7: 15[5]; 17[39]
  8: 17[33]
  8f.: 18[48]
  9: 15[14]
  13: 16[22]
  14: 15[16]
  17: 18[45]
6,2: 29[19/21]
  3: 28[1/13]
  4: 29[24/25]
  5: 30[31/33]; 32[70/71]
  8f.: 46[32]
  33: 37[119]; 38[130]
  43: 44[7/8/10]
  44: 33[76]
  45f.: 45[26]
  45–48: 43[196]
  46: 44[2/4/5/6/7/8/9/10]; 45[24]
  47: 38[130]
  49: 32[71]
  51: 43[197]
  53: 43[198]
  55: 43[199]
  56: 29[28]; 36[112]
  57: 37[119/124]
  58: 37[123]
  60: 42[180/181]
  61: 44[1/2/3]
  62: 45[25]
  66: 45[23]
  66f.: 44[200]
  67: 29[26]
  68: 42[175]
  80: 33[76]
  84: 42[178]
  88: 44[6/8]
  89: 45[22]
7,1: 10[102]; 177[5]
  1–3: 197[164]
  5: 219[75]
  5f.: 209[250]
  6: 209[249]
  12f.: 202[193]
  15f.: 202[193]

25: 199¹⁸²
26f.: 203²⁰⁶
28: 10⁹⁹; 178²²; 203²⁰⁵; 210²⁵¹
8,1: 171⁶⁶
  4f.: 174⁹³
  6: 10⁹⁶; 167¹³/¹⁸
  10: 167¹¹/¹³
  10f.: 227¹⁴⁹
  14: 169³⁶
  15: 168²³
  16f.: 174⁹³
  20: 167¹³
  22: 173⁸⁶
  22f.: 168³²
  25: 10⁹³; 168³²
  25–29: 173⁸⁶
  33: 171⁶⁴
  34: 167¹³
  36–39: 175⁹⁵
  48: 175⁹⁹
  49: 170⁵³; 176¹⁰⁰
  65: 167⁹
  67: 167⁹
9,1: 9⁸⁵; 10⁸⁸; 58⁴¹; 60¹; 91¹; 95⁵/¹²; 222¹¹¹
  5: 92⁵
10,1: 30³⁹/⁴¹
  3: 23⁹⁵; 31⁵⁷
  4: 31⁴⁸/⁴⁹
11,1: 28⁹/¹¹
  2: 29²²
  4: 28⁹/¹²
  6: 28¹⁰
  27: 29²²
IV prooem. 6: 222¹¹¹
  1: 222¹¹²
  1,1: 60¹; 61⁷/⁸
  2f.: 60²
  5: 63⁴¹; 64⁴⁹
  6: 64⁵³
  6f.: 64⁵⁹; 67⁷⁹
  7f.: 67⁷⁶
  9: 67⁷⁷
  11f.: 68⁸²
  13: 67⁸⁰
  14: 68⁸¹
  16–21: 68⁸³
  23: 69⁸⁶
  24: 63²⁶
  27f.: 69⁸⁸
  30f.: 69⁹¹

33: 69⁹²/⁹³
34: 69⁹⁴; 70⁹⁸
37–39: 70⁹⁹
40: 24¹⁰⁰/¹⁰⁶; 71¹⁰⁹
41: 63²⁶; 71¹⁰⁷
42: 71¹¹⁴
42ff.: 224¹²⁸
42–49: 72¹²²
50: 64⁶⁰
51: 65⁶¹
54: 72¹²³
58–60: 73¹³³
62: 73¹²⁶
63–70: 74¹³⁹
71: 74¹⁴²
72: 218⁶⁷
2: 222¹¹²
2,4–8: 80⁵¹
  9: 80⁵²
  11: 76¹⁶; 77²⁸
  11–13: 80⁵³
  14ff.: 80⁵⁴
  17–19: 80⁵⁵
  20: 81⁵⁷
  24: 81⁶⁰
  24ff.: 61¹³
  28: 81⁶¹
  31: 75⁵; 76¹⁴; 82⁶⁴/⁶⁵/⁶⁶; 248²³
  33: 82⁷⁸; 86¹¹²
  35: 82⁸⁰
  36: 82⁶⁷
  36ff.: 84⁸⁸
  40: 82⁶⁷
  40ff.: 83⁸⁴
  46: 85¹⁰⁶
  52: 82⁶⁶/⁶⁷
  52ff.: 84⁹⁰
  61: 84⁹¹; 85⁹⁴
  63: 84⁹¹/⁹³; 85¹⁰⁵; 248²⁶
  64: 85⁹⁵/¹⁰²
  66: 86¹¹³
  68: 86¹¹⁴
  68–71: 86¹¹⁷
  75–77: 86¹¹⁵
  81–84: 86¹¹⁶
  82: 81⁵⁷
  85: 80⁵⁶; 81⁶³
  88–100: 87¹¹⁸
  101f.: 87¹²⁰
  103f.: 91³²
  103–110: 87¹²¹

107: 85¹⁰⁰
116: 85¹⁰⁶; 88¹²⁵
117–121: 88¹²⁶
119: 85¹¹⁰
125f.: 88¹²⁷
128: 85¹⁰⁷; 88¹²⁴
129–131: 88¹³⁰
132: 89¹³⁵
3,1: 90¹⁸
  2: 90¹⁹
  4: 90²⁰
  12: 89¹/⁵/⁶/⁷; 222¹¹³
  12f.: 91²⁶
  13: 90²²
  14: 89¹/¹¹; 90²⁰
  15: 90²⁵
  16f.: 91²⁷
  17: 90²²; 91²⁹/³³
4: 222¹¹³
4,1: 92⁴
  1f.: 92⁷
  2: 92¹⁰
  3f.: 92¹¹
  5: 92⁸; 93¹⁹
  8f.: 92⁹
5: 222¹¹³
5,1: 92¹²; 93¹⁸; 307¹³⁹
  1f.: 94²⁵
  3: 93¹⁵
  4f.: 94²⁶
  8: 94²⁷
  22–25: 95²⁹
  26: 93¹⁸
  26f.: 95³¹
  28: 93²⁰; 95³⁰
V prooem. 5: 95⁵
1,1: 29²⁷; 95¹⁷; 96²²
  2: 96²⁰; 98⁴⁰
2,1: 98⁴⁵
  1–7,34: 98⁴⁰
  2: 98⁴⁹
3,1: 101⁷⁶
4,1: 101⁷⁰
  2: 101⁷⁵
  5: 100⁶⁷
  6: 100⁶²
  6,6: 100⁶⁴
  7: 99⁵⁴
7,1: 100⁵⁶
  3: 100⁵⁷
  4–6: 100⁵⁶
  6: 135⁸; 137¹

7: 99⁵⁵
8–37: 100⁵⁹
10f.: 100⁵⁸
35: 98⁴²
9,9: 32⁶⁴
10: 222¹²
10–13: 124¹⁴
10,1: 102⁸⁶
  1f.: 102⁸²
  2: 102⁸³; 103¹⁰³
  2f.: 105¹²⁹
  3: 103⁹⁷
  4: 105¹²⁰
  5: 105¹²¹
  7: 102⁷⁸; 105¹²¹/¹²⁵
  8: 105¹²⁶
  20: 107¹⁵²
  23: 115¹⁸⁷
  24–30: 115¹⁸⁸
  32f.: 115¹⁸⁹
  33: 115¹⁹⁰
  37: 115¹⁹¹
  42: 115¹⁹²
  45: 115¹⁹²
  49: 115¹⁹³
  51f.: 115¹⁹⁴
  53: 115¹⁹⁵
  54f.: 115¹⁹⁶
  55: 33⁷⁹
  73f.: 116¹⁹⁸
  86: 116²⁰⁹
  86f.: 116¹⁹⁸
  95–97: 115¹⁸⁶
  104: 17⁴¹
11,1: 119¹/⁷
  5: 119³; 121²⁵
  6: 119⁴; 120¹⁵
  7: 121²⁷/²⁸
  9f.: 121²⁶
  13: 121²⁷
  19: 122³³
  23: 122²⁹
  36: 111¹⁵⁸
  36f.: 122³⁶
  42: 122³⁷
  43: 120¹⁹
12,4: 135¹
  4–6: 228¹⁵³
  8: 136¹⁰/¹¹
  14: 228¹⁵⁴
13: 124⁹; 222¹¹²
13,1: 124⁷

1–3: 124⁸
4ff.: 129³⁵
15f.: 129³⁶
21: 131⁶⁷
22: 129³⁷; 131⁶⁴
23–28: 129³⁸
24: 132⁷⁷
25: 136⁷/¹²
27: 136⁸
29: 131⁶⁰
36ff.: 133⁸⁴
37: 136¹¹
51: 136¹¹
56f.: 136¹⁶
14,1f.: 102⁸⁷
  4: 102⁸⁷
  6: 105¹¹⁷
  14: 105¹²²
  17: 103¹⁰⁵
  20f.: 129³⁴
  24: 103⁹⁶
  25: 103¹⁰⁴/¹⁰⁶
  27ff.: 136¹⁴
  33f.: 136¹⁶
VI 1: 222¹¹²
  1,1: 147²/³/⁴/⁷; 149²⁹;
    150³⁹; 158⁹⁴; 307¹⁴⁰
  2: 153⁵⁵
  3: 151⁴⁹
  7: 97³¹; 147¹; 149³²
  8: 150⁴⁴
  9–12: 165¹⁶⁴
  21: 165¹⁶⁵
  23: 162¹⁴⁶/¹⁴⁸; 164¹⁵⁵
  24: 165¹⁶⁵
  25: 165¹⁶⁰
  30–45: 166¹⁶⁶
  33: 282⁸⁴
  51: 158¹⁰³; 162¹⁴⁹
  2,6: 161¹³⁴
  8f.: 159¹⁰⁵
  9: 160¹¹⁹
  10: 160¹²¹
  12: 160¹²²
  13: 160¹¹⁹
  20: 161¹³⁵
  21: 161¹³⁹
  26: 161¹⁴³
  29: 165¹⁵⁹; 255¹¹²
  32: 252⁸²; 288¹⁷¹/¹⁷²
  3,1: 142⁵⁴
  1–3: 142⁵⁸

5: 141⁴⁷
8: 142⁵⁵
11: 142⁵⁷
14: 139²⁵
17: 139²⁵
18: 138³
18f.: 138⁸
20: 138⁹; 139¹³
21: 138⁶; 139¹²
22: 138³
22–24: 145⁸⁴
26: 145⁸⁴
28–31: 143⁶⁴
35–39: 146⁸⁵
42: 139¹¹; 141⁴⁹; 146⁸⁶
45: 146⁸⁷
45–48: 146⁸⁸
53: 140³⁷
53f.: 146⁸⁹
57ff.: 146⁹⁰
84f.: 146⁹¹
96: 146⁹²
99: 146⁹³
102: 141⁵⁰
4,1: 137²
2–7: 137³
8–13: 137⁴
14–16: 138⁵
17–21: 138⁶
VII 1,6: 30²⁹
  8: 29²⁴
  2,1: 30³⁴
  2: 30³⁵/³⁶
  6: 30³⁷
  7: 232¹⁸¹
  8: 31⁵⁴
  9: 31⁴⁸/⁵⁰
  18: 31⁴⁸
  20: 31⁴⁸/⁵¹
  22: 31⁵⁸
  23f.: 31⁵²
  26: 31⁴⁸
  27: 31⁵⁹
  27–50: 231¹⁷⁴
  28f.: 231¹⁷⁵
  35: 32⁶⁰
  35f.: 231¹⁷⁶
  40: 231¹⁷⁶
  42: 32⁶¹
  42–44: 231¹⁷⁷
  44f.: 32⁶²; 232¹⁷⁸
  46f.: 32⁶³; 232¹⁷⁹

3,1: 33[77]
  4: 32[66]
  7: 35[100]
  8f.: 34[89]
  9: 33[83]
  10: 34[88]; 35[98/100]
  19ff.: 233[195]
  21f.: 33[84]
  23: 33[81]
  25: 33[79]
  28: 33[80]
4,1: 36[106]
  2: 36[118]
  4: 38[132/133]; 39[138]
  4–6: 38[136]; 235[206]
  5: 234[201]
  7: 38[134/135]
  7ff.: 238[225]
  8: 39[139/147]
  9: 39[150]
  12: 39[142/144]; 40[151]
  13: 40[162]; 41[170]
  13f.: 40[161]
  14: 40[153/158/163]; 41[167]
  15: 41[169]
  17: 41[172]
  18f.: 41[173]
5,1: 42[178]
  6: 46[30]
6: 44[3]
6,1: 46[33]
  2–4: 47[35]
  4: 47[34]
  5–8: 47[36]; 240[243]
  9f.: 47[37]
  11: 48[38]
7: 44[5]
7,1: 48[39]
  2: 48[41]
  2f.: 48[44]
  3: 48[43]
  4–6: 49[45]
  7: 242[257]
  7–9: 49[46]
  10: 46[30]
8: 44[9]
8,1: 44[8]
  1f.: 51[57]
  3: 44[10]; 51[58/59]
  4: 51[60/61]; 52[62]
  6: 52[63]
  7: 243[265]

9: 44[7]
9,1: 44[6]
  2: 50[48]; 140[34]
  2ff.: 241[251]
  4: 50[51]
  4f.: 50[49/53]
  6: 50[50]
  8: 50[54]
  9: 50[55]
  14f.: 50[56]
VIII prooem. 6: 11[117]; 213[19]
  15: 247[7]
1,1: 247[2]; 250[40]
  2: 250[46]
2: 250[55]
2,1: 250[60]
  3: 269[141]
  4f.: 251[61]
  7: 251[61]
  11: 255[107]
  12: 251[61]
  14: 266[63]
  14–17: 251[61]
  20f.: 251[61]
  22: 250[59]; 251[62]
3,15: 260[17]
  24: 260[18]
  30: 260[19]
  32: 260[19]
  38: 260[20]
  42: 251[66/69]
  44: 252[72]
  45: 322[104]
  48: 252[73]
  50: 252[74]; 301[40]
  52: 252[75]
  53: 252[76/77]
  55: 252[76]
  56: 252[78]
  61f.: 252[82]
  64: 253[85]
  66: 253[86]
  67–69: 253[87]
  72: 253[92]
  74: 253[95]
  74f.: 254[97]
  75: 254[98]
  77: 254[99]
  79f.: 254[100]
  82: 254[101/102]
  83: 254[103]; 255[110]
  84f.: 254[106]

  85: 254[104]
  87f.: 255[111]
  89: 255[114/115]
4: 209[242]
4,1: 154[74]; 255[116]
  2: 154[75]; 255[118]
  3: 153[59]; 157[84]; 255[117]
  3–5: 157[85]
  4f.: 255[119]
  7: 157[87]; 255[120]
  8: 256[121]
  9f.: 157[88]
  10: 256[123]
  11: 157[89]
  13f.: 256[124]
  15: 157[90]
  16: 256[127]
  17f.: 158[91]
  20: 256[126]
  20–22: 158[92]
  21f.: 256[125]
  24f.: 158[92]
  25: 256[128]
  26: 157[90]; 256[129]; 307[137]
  26f.: 158[93]
  27: 257[130/131]; 307[138]
  28: 153[62]
5,3: 122[41]
  4: 257[135]
  4f.: 123[48]
  4–7: 258[146]
  7: 258[147]
  7f.: 124[53]
  11: 257[137]
  15–19: 258[148]
  20f.: 258[149]
  25–34: 124[52]
6,1: 261[1]
  1f.: 262[12]
  4: 261[9]; 266[69/70/74]
  5: 266[78]
  6: 266[75]
  7: 266[76]
  8f.: 267[79]
  9f.: 267[89]
  11f.: 267[98]
  14f.: 268[101]
  15: 268[102/103]
  17f.: 268[104]
  19: 261[9]; 270[142/145]
  20: 270[146/147/151]
  23: 261[9]; 268[112]

24: 268[113/115]
25: 268[118]
27: 268[120]; 307[151]; 308[153]
28: 270[142]
29: 261[9]; 263[19]
29f.: 307[145]
30: 263[22]
31: 261[9]; 269[123]
31f.: 269[125]
34: 261[9]; 266[64]
36: 157[86]; 256[122]; 266[66]
37: 261[9]; 266[67]
40: 261[9]; 264[42]; 307[147]
40f.: 264[41]
41: 307[148]; 308[154]
43: 307[145]
44: 261[9]; 262[14]
49–51: 263[17]
52: 261[9]; 262[13]
54: 261[9]; 263[23/29]
54–56: 264[30]
57–59: 264[31]
59: 139[16]; 261[9]; 269[137]
59f.: 269[138]
61: 269[137/140]
62: 261[9]; 265[52/54]; 308[3]
65: 265[54/61]; 309[11/13/16]
66f.: 265[53]
67: 261[9]; 264[44/45]
68: 265[46/47]
69: 265[48/49]
73–75: 265[50]
74: 138[1]; 139[27]
IX 1,1f.: 261[1]
2: 261[5]; 273[38]
3: 261[6]
4: 261[4]; 273[43]
7: 273[46]
11: 273[44]
14: 273[45]
18: 274[57]
19: 272[37]
28: 89[3]; 91[34]
30: 288[165]
36: 274[59]
37–45: 274[60]
45: 274[61]
2: 272[30]
2,3f.: 276[4]
4: 135[3]
6: 284[114]
6f.: 284[118]

7: 285[119]
8–11: 284[117]
12f.: 287[153]
14: 287[148/151]
15: 286[133]
16f.: 277[29]
17: 278[34/37]; 279[38]
19: 287[156/157]
20: 288[165]
22: 288[169]
22f.: 288[167]
23: 288[168]
24: 288[170]
25: 281[68/70]
26: 282[89]
27: 279[41/42]; 282[86]
29: 292[221/223]
31: 291[207]; 292[221]
31f.: 292[224]
36: 293[231]
38: 282[93]
39: 284[110]
47: 289[181]
51: 280[61]; 281[65]
51f.: 278[36]; 281[73]
52: 281[77]
54: 290[186/188/189/191/196]
55: 291[200]
56: 91[28]
57: 291[202]
58: 291[203/208]
64: 255[108]
65: 27[134]; 28[138]; 275[74]
66: 275[78]
67: 28[137]
68: 28[139]
101: 313[79]
102: 271[17]
106: 271[20]
3: 272[31]
3,2: 295[1]
3f.: 295[5]
6: 296[20/22/26]
7: 297[56]
8: 296[24]; 297[49]
9: 297[60/62]
12: 140[39]; 296[21]
12ff.: 298[81]
13: 298[84]
15: 298[86]
16: 298[87]
17: 298[89/91]

18: 298[90]; 299[93]
19: 299[94]
20: 270[153]; 299[96]
21f.: 299[98]
23: 266[62]
23f.: 299[99]
25: 299[101]
27: 299[1]; 308[1]; 315[3]
28: 295[2/4]; 299[2]; 302[48]
29: 302[56/59]
30: 303[79]
34: 303[78]
37: 305[112]
38: 305[110]
45: 303[85]; 304[93]; 306[131/133/134]; 314[101]; 315[102]
46: 306[135]
50: 308[160]
54: 303[69]
58: 299[5]; 300[13/16]
59: 300[14]
62: 300[20]; 301[33/35]; 315[105]
64: 293[242]
65: 315[110]
66: 304[100]
67: 306[127]
68: 306[129]
71: 305[114]
75: 305[106]
76: 310[33]
77: 312[62/67/71]
78: 311[52/57]; 312[68]
80: 310[28/30]
81: 312[75]
87: 91[36]
89: 271[24/26]
93: 287[147]
97f.: 282[88]
98: 122[41]
4,1: 315[1]
18: 167[9]
19: 315[6]; 316[16]
22: 316[17/19]; 317[31/33]; 319[63]
22f.: 320[88]
23: 300[8]
23f.: 321[90]
24f.: 321[91]
26: 321[92]
26f.: 321[95]

29f.: 321[93]
32: 321[96/97/98]
33: 322[117/119]
34: 322[120]
35: 322[121]
35f.: 322[122]
36: 322[109]
37: 322[114]
40: 322[107]
41: 321[102]
42: 321[99]; 322[105]
45: 324[132/137]
47: 324[134]
54: 324[132]
57: 324[133]
58: 324[140]
60: 321[100]
61: 324[133]; 325[143]; 327[190]
62: 325[145]
62f.: 324[141]
66: 321[101]; 324[142]; 327[193]
67: 325[144]
68: 325[146]
72: 325[148/152]; 327[189]
73: 326[172]
75: 327[191]
79: 328[196]
81: 326[162]
87: 326[158]
96: 326[159]
97: 326[169]
100: 326[171]
101: 327[184]; 328[202]
102: 328[203]
103: 326[163]; 327[186]
106: 327[181]
107: 326[162/175]
109: 327[192]; 328[200]
109f.: 322[112]
110: 326[161]; 327[182]
111: 328[198]
122: 319[63/65/70]
124: 317[35]
125: 318[51/55]; 319[57]
130: 10[92]
147: 321[97]
X 1,28: 324[140]
49: 89[4]
7,15: 255[113]
XI 1,6ff.: 252[79]

2,17ff.: 350[14]
27: 350[15]
41: 350[16]
51: 349[6]
3,1: 353[1/2/9]
141: 354[17]
XII 1,1: 4[28]
10,16ff.: 329[6]
58: 331[21]; 335[56]
58–62: 332[32]
59: 11[113]
66f.: 332[33]
71f.: 333[34]

Rhetores Graeci
ed. Chr. Walz
III p. 610,6f.: 55[21]; 220[82]
p. 611,3ff.: 6[50]
p. 649,16ff.: 3[21]
IV p. 575,7ff.: 79[41]
p. 770,16: 43[191]
VI p. 34,29f.: 213[16]
p. 35,8f.: 213[16]
VII p. 6,6ff.: 53[6]
p. 6,9f.: 55[19]; 220[79]
p. 20,26: 55[19]
p. 20,27: 71[118]
p. 33,29ff.: 2[7]; 4[32]
p. 52,16f.: 63[36]
p. 52,19f.: 63[38]
p. 53,1ff.: 65[65]
p. 53,11ff.: 61[12]
p. 54,2f.: 60[2]
p. 54,3ff.: 66[67]
p. 54,6: 71[118]
p. 54,18ff.: 66[66]
p. 56,7: 60[2]
p. 56,10ff.: 63[34]
p. 64,8ff.: 62[22]
p. 65,7ff.: 62[22]
p. 65,20f.: 63[35]
p. 65,21ff.: 66[68]
p. 66,9ff.: 68[83]
p. 67,13ff.: 69[90]
p. 68,6f.: 63[37]
p. 68,10f.: 74[138]
p. 68,13ff.: 63[28]
p. 68,24ff.: 72[125]
p. 69,21ff.: 72[125]
p. 70,11–71,29: 63[28]
p. 510,27f.: 5[40]
VII,2 p. 717,1ff.: 74[136]

p. 717,6f.: 74[136]
p. 717,19f.: 75[148]
p. 752,7f.: 105[124]
p. 766,4ff.: 104[111]
p. 766,13f.: 104[111]

Rufos
περὶ τρόπων
24 p. 467,7ff. Sp. = 25 p. 404,1ff. Sp.-H: 78[32]
26 p. 467,18f. Sp. = 27 p. 404,13f. Sp.-H: 105[128]

Rutilius Lupus
Schemata lexeos
I 2 p. 4,12 H: 307[138]
3 p. 4,27 H: 304[98]
4 p. 5,4 H: 315[110]
5 p. 5,17 H: 306[129]
p. 5,19ff. H: 306[130]
p. 5,24f. H: 306[129]
7 p. 6,6 H: 303[81]
p. 6,21 H: 303[85]
p. 6,22ff. H: 303[87]
8 p. 6,27 H: 304[88]
9 p. 7,7 H: 304[95]
11 p. 8,1ff. H: 302[61]
12 p. 8,14 H: 306[123]
14 p. 9,9 H: 308[160]
16 p. 10,4 H: 280[49]
p. 10,9f. H: 280[60]
19 p. 11,13 H: 280[63]
p. 11,13ff. H: 281[65]
21 p. 12,5 H: 291[203]
II 2 p. 13,11ff. H: 296[17]
4 p. 14,14 H: 277[18]
5 p. 14,30f. H: 33[80]
p. 14,30ff. H: 293[237]
6 p. 15,5 H: 292[221]
p. 15,5ff. H: 292[226]
p. 15,8ff. H: 293[232]
9 p. 17,12ff. H: 293[239]
p. 17,22ff. H: 293[241]
10 p. 18,3 H: 287[155]
12 p. 18,28f. H: 305[106]
14 p. 19,3 H: 312[62]
15 p. 19,9 H: 310[28]
16 p. 19,17 H: 294[259]
p. 19,19ff. H: 294[248]; 313[91]
p. 20,1ff. H: 313[91]
p. 20,2ff. H: 294[249]

Quellenregister

p. 20,4ff. H: 313[91]
p. 20,6ff. H: 294[250]
17 p. 20,12 H: 281[69]
p. 20,14ff. H: 281[71]
18 p. 20,20 H: 279[41]
p. 20,21f. H: 279[44]
19 p. 21,8 H: 287[146]
p. 21,10ff. H: 286[144]

C. Sallustius Crispus
De coniuratione Catilinae
5,4: 310[57]
Historiae
II fr. 77 Maurenbrecher:
254[102]
fr. inc. 36 Maurenbrecher:
298[83]
De bello Iugurthino
10,1: 298[82]
34,1: 298[88]

Sappho
Carmina
fr. 114 Lobel-Page: 336[67]

Schemata dianoeas
1 p. 71,1 H: 288[171]
2 p. 71,8 H: 279[45]
3 p. 72,3 H: 280[48]
4 p. 72,6 H: 280[50]
p. 72,6f. H: 280[54]
5 p. 72,12 H: 291[203/206]
6 p. 72,15 H: 292[221]
p. 72,15f. H: 292[225]
7 p. 72,21 H: 135[3]
22 p. 74,3 H: 285[122]
23 p. 74,5 H: 285[126]
24 p. 74,8 H: 288[164]
26 p. 74,15 H: 280[64]
29 p. 74,27 H: 289[179]
30 p. 74,30 H: 290[186]
32 p. 75,3 H: 287[154]
35 p. 75,12 H: 304[98]
39 p. 75,27 H: 285[120]
40 p. 76,1 H: 285[126]
41 p. 76,4 H: 310[33]
p. 76,4ff. H: 310[35]
46 p. 76,30 H: 301[39]

Σχόλια εἰς στάσεις τοῦ Ἑρμογένους
Rhet. Gr. IV
p. 63,9ff. W: 5[35]

p. 223,5 W: 36[114]
p. 337,26ff. W: 96[21]
p. 701,2ff. W: 174[88]
p. 713,3ff. W: 174[89]

Scholia in Aristophanem
Aves
880: 8[65]

L. Annaeus Seneca (d. Ältere)
Controversiae
I praef. 2: 349[2]
9: 200[183]
VII praef. 5: 216[45]

Sextus Empiricus
Adversus mathematicos
I 248f.: 330[15]
II 2: 2[7]
6: 4[23]; 5[42]
61: 3[9/12]; 5[42]
62: 3[8/13/14]; 6[52]
VII 6: 53[3]

Simplicius
In Aristotelis categorias commentarium
p. 10,24 Kalbfleisch: 248[29]
p. 10,30 Kalbfleisch: 338[96]

Sopatros
εἰς τὴν Ἑρμογένους τέχνην
Rhet. Gr. V
p. 6,20ff. W: 54[13]
p. 7,9ff. W: 55[26]
p. 7,14ff. W: 29[15]
p. 15,17f. W: 4[27]; 5[35]
p. 182,16f. W: 174[89]

Sophokles
Fragmenta
963 Pearson: 269[131]
Oedipus Coloneus
348: 269[128]

Suda-Lexikon
I,2 p. 729 Adler: 8[65]

C. Suetonius Tranquillus
De grammaticis
4,6: 7[54]

Sulpitius Victor
Institutiones oratoriae
1 p. 313,17f. H: 6[49]
p. 314,7 H: 15[8]
2 p. 314,9 H: 15[16]
p. 314,9f. H: 16[19]
p. 314,10f. H: 17[39]
p. 314,13ff. H: 18[49]
p. 314,19ff. H: 18[49]
3 p. 314,25 H: 16[19]
p. 314,25f. H: 16[25]
p. 314,26f. H: 17[40]
p. 314,33f. H: 16[25]
p. 314,34ff. H: 16[26]
p. 314,36 H: 95[3/8]
p. 315,2 H: 124[4]
4 p. 315,6f. H: 11[126]; 216[51]
p. 315,7 H: 15[1]
p. 315,7ff. H: 213[21]
p. 315,10ff. H: 15[2]
p. 315,15ff. H: 15[6]
p. 315,17 H: 28[1]
5 p. 315,22ff. H: 22[88]
6 p. 316,5ff. H: 22[89]
p. 316,9ff. H: 22[89]
p. 316,13ff. H: 22[89]
p. 316,18ff. H: 22[89]
7 p. 316,24 H: 24[101]
p. 316,25 H: 71[109]
p. 316,30f. H: 71[113]
p. 316,32ff. H: 71[110]
8 p. 317,17ff. H: 70[105]
p. 317,24f. H: 25[112]
p. 317,25ff. H: 71[108]
9 p. 317,32f. H: 23[97]
p. 318,5 H: 39[145]
10 p. 318,22 H: 23[98]; 31[50]
p. 318,25 H: 37[119]
13 p. 320,8 H: 216[52]
14 p. 320,9 H: 213[18]
p. 320,9ff. H: 11[126]
p. 320,9–30 H: 216[53]
p. 320,13 H: 213[15]
15 p. 320,32 H: 247[3]
15f. p. 320,32–321,27 H: 217[54]
15 p. 320,34 H: 250[44]
p. 320,36 H: 250[55]
p. 321,1f. H: 250[57]
p. 321,2ff. H: 251[71]
p. 321,6ff. H: 251[71]
p. 321,9ff. H: 251[70]
17 p. 322,4 H: 61[7]

p. 322,4ff. H: 58³⁹; 222¹¹⁷
p. 322,11 H: 61⁷
p. 322,15 H: 71¹¹⁵/¹¹⁷
p. 322,15ff. H: 224¹²⁸
18 p. 322,19f. H: 64⁵¹
p. 322,26 H: 74¹⁴³
19 p. 322,35 H: 82⁶⁵
p. 322,36 H: 82⁶⁶/⁶⁹
p. 322,36f. H: 83⁸⁷
p. 323,1ff. H: 83⁸⁴
p. 323,7 H: 291²⁰³
20 p. 323,16ff. H: 84⁹⁰
22 p. 324,16 H: 124⁵
23 p. 324,21 H: 147¹/²
p. 324,22 H: 147¹⁰; 158⁹⁷/⁹⁹
p. 324,22f. H: 148²²
p. 324,23 H: 147⁷
p. 324,24 H: 158⁹⁹
p. 324,24f. H: 148²²
p. 324,29 H: 158⁹⁷
p. 324,29f. H: 148²²
p. 324,29ff. H: 153⁶⁶
24 p. 325,9 H: 38¹³⁵
p. 325,15 H: 44¹/³
p. 325,15f. H: 44⁵; 45¹²
p. 325,16 H: 44⁷/⁹
25 p. 325,26ff. H: 232¹⁸³
27 p. 327,8 H: 30³⁸
29 p. 328,16 H: 30⁴⁰
p. 328,24 H: 30⁴⁰
p. 328,24f. H: 31⁴⁴
30 p. 328,30f. H: 31⁴⁴
31 p. 329,30 H: 30⁴⁰
p. 329,30f. H: 31⁴⁵
33 p. 331,10ff. H: 31⁴⁶
35 p. 332,27 H: 30⁴⁰
36 p. 333,30 H: 30⁴⁰; 31⁴⁸
p. 333,32f. H: 31⁵²
p. 334,14 H: 30⁴⁰
38 p. 336,16 H: 39¹⁴⁵
p. 336,19f. H: 32⁷⁰
39 p. 336,32f. H: 234¹⁹⁸
p. 337,8f. H: 32⁷⁰
40 p. 337,17 H: 32⁷⁰
41 p. 338,1ff. H: 34⁸⁷
p. 338,3 H: 32⁷⁰
p. 338,5ff. H: 34⁹⁰
p. 338,8ff. H: 35¹⁰⁰
p. 338,19ff. H: 34⁹¹
42 p. 338,31 H: 42¹⁷⁷
44 p. 340,14f. H: 42¹⁷⁷

p. 340,19f. H: 42¹⁸⁵
45 p. 341,29f. H: 237²¹⁵
46 p. 342,4 H: 37¹²¹
p. 342,7 H: 174⁹¹
50 p. 344,9ff. H: 235²⁰⁸
52 p. 345,17 H: 39¹⁴⁵; 238²²²
p. 345,18ff. H: 238²²⁴
p. 345,23ff. H: 40¹⁵²
53 p. 346,21 H: 39¹⁴⁰
p. 346,23ff. H: 236²¹⁴
54 p. 347,14 H: 40¹⁵⁴
p. 347,14f. H: 40¹⁶¹
55 p. 348,32 H: 40¹⁵⁹
p. 348,34ff. H: 239²³⁴
57 p. 350,6 H: 38¹³³
61 p. 351,17f. H: 44³
p. 351,20ff. H: 241²⁴⁶
62 p. 352,8 H: 44⁵
p. 352,11ff. H: 242²⁶⁰

Syrianos
In Hermogenem commentaria
I p. 90,12ff. R: 177¹³
II p. 11,17–21 R: 9⁷⁹; 197¹⁵⁸
p. 157,4ff. R: 79⁴¹
p. 158,3 R: 43¹⁹¹

C. Cornelius Tacitus
Annales
I 1,1: 325¹⁵¹
II 29,2: 300²⁵
XV 9,1: 325¹⁵⁴

P. Terentius Afer
Eunuchus
85: 299⁹³
Hautontimorumenos
77: 305¹¹⁵

Theon v. Alexandria
προγυμνάσματα
5 p. 97,26 Sp II: 285¹²²

Thukydides
I 68,2: 269¹³⁹
II 35–46: 180⁴¹
36,4: 180³⁷
42: 181⁴²
46: 181⁴³
53,1: 297⁵²
III 22,5: 309²⁴
30,1: 62²³
VIII 16,1: 309²³

Tiberios
περὶ σχημάτων
1 p. 59,6ff. Sp III: 273⁵²
p. 59,11ff. Sp III: 273⁵³
2 p. 59,23 Sp III: 272³³
5 p. 60,27 Sp III: 289¹⁷⁹
6 p. 61,14 Sp III: 287¹⁵⁴
7 p. 61,29f. Sp III: 298⁷⁹
8 p. 62,7 Sp III: 279⁴⁶
9 p. 62,18 Sp III: 280⁴⁸
10 p. 62,26 Sp III: 290¹⁸⁶
11 p. 63,6 Sp III: 291²⁰³
p. 63,6ff. Sp III: 291²¹³
18 p. 67,4 Sp III: 294²⁵⁶; 313⁸⁰
19 p. 67,13ff. Sp III: 285¹²⁹
23 p. 69,23ff. Sp III: 277¹⁴
25 p. 70,12 Sp III: 301⁴⁴; 309¹⁴
p. 70,12ff. Sp III: 309¹⁹
p. 70,21ff. Sp III: 309²⁵
26 p. 70,27 Sp III: 301/2⁴⁶
p. 70,27ff. Sp III: 302⁶³
27 p. 71,17 Sp III: 304⁹⁸
28 p. 72,6 Sp III: 303⁶⁸
p. 72,17ff. Sp III: 303⁷⁴
30 p. 74,1 Sp III: 304⁸⁹
32 p. 74,14 Sp III: 308⁴
p. 74,14ff. Sp III: 309⁶
39 p. 77,5ff. Sp III: 285¹³¹
p. 77,6ff. Sp III: 286¹³⁶
40 p. 77,27 Sp III: 299⁷
41 p. 78,20 Sp III: 294²⁵⁶; 313⁸⁰
p. 78,20ff. Sp III: 294²⁶¹
p. 78,27ff. Sp III: 296¹⁹; 313⁸⁸
42 p. 78,32 Sp III: 300¹²
43 p. 79,16ff. Sp III: 289¹⁷⁸
p. 79,24ff. Sp III: 275⁸²
47 p. 80,18 Sp III: 295⁶
p. 80,19f. Sp III: 296¹³
p. 80,27 Sp III: 297⁵⁰
p. 80,30 Sp III: 297⁴⁸

Troilos
προλεγόμενα τῆς ῥητορικῆς Ἑρμογένους
Rhet. Gr. VI
p. 48,26ff. W: 213²³
p. 48,27f. W: 53⁹
p. 48,29ff. W: 53¹⁰
p. 49,1ff. W: 54¹⁷; 219⁷⁶
p. 49,5ff. W: 54¹⁴

Tryphon
περὶ τρόπων
I   p. 191,12ff. Sp III: 273[40]
     p. 191,15ff. Sp III: 262[10]
  1 p. 191,24 Sp III: 266[69]
     p. 192,11ff. Sp III: 267[83]
  2 p. 192,21 Sp III: 266[64]
  3 p. 193,9ff. Sp III: 262[15]
  4 p. 193,14 Sp III: 262[13]
  5 p. 195,10 Sp III: 266[67]
     p. 195,12f. Sp III: 266[68]
  6 p. 195,20 Sp III: 268[108]
     p. 195,20f. Sp III: 268[111]
  7 p. 195,28 Sp III: 270[142]
     p. 195,28f. Sp III: 270[144]
  8 p. 196,13f. Sp III: 269[124]
     p. 196,15ff. Sp III: 269[127]
  9 p. 197,4ff. Sp III: 269[135]
10 p. 197,10 Sp III: 265[60]; 309[13]
     p. 197,13ff. Sp III: 309[15]
     p. 197,18 Sp III: 309[18]
11 p. 197,20ff. Sp III: 265[56]
II   p. 198,23ff. Sp III: 262[11]
  1 p. 198,31 Sp III: 264[45]
  2 p. 199,15ff. Sp III: 255[109]
     p. 199,17 Sp III: 254[105]
15 p. 204,4 Sp III: 264[34]
18 p. 204,24ff. Sp III: 263[20]
19 p. 205,12ff. Sp III: 264[40]
     p. 205,14 Sp III: 139[16]
20 p. 205,17 Sp III: 264[32]
21 p. 205,23 Sp III: 139[16]
22 p. 205,28 Sp III: 264[37]
23 p. 206,5 Sp III: 264[36]
24 p. 206,12 Sp III: 264[33]
25 p. 206,19 Sp III: 264[35]

P. Vergilius Maro
Aeneis
I   3: 322[108]
     7: 308[156]
    67: 297[41]; 298[89]
    71: 297[36]
  109: 266[63]
  149: 297[54]
  151f.: 297[54]
  212: 297[53]
  307: 298[70]
II 15: 266[65]
   20: 270[152]
   57: 297[35]
  256: 270[147]
  262: 254[106]
  311f.: 268[118]
  354: 306[128]
  719f.: 297[59]
  729: 296[32]
III 411: 308[157]
  475: 322[110]
  545: 297[57]
  600: 282[79]
  631: 254[106]
IV 38: 297[39]
  173f.: 293[231]
  203: 296[31]
  408ff.: 283[96]
  595: 299[102]
V 248: 297[61]
  262: 298[64]
  319: 265[48]
VI   1: 267[91]
   16: 268[107]
   19: 268[107]
  201: 298[76]
  275: 268[120]; 307[152]
  276: 308[154]
  311: 270[148]
  351: 297[40]
  697: 298[67]
VII 20: 298[72]
  787f.: 298[86]
  808f.: 265[49]
VIII 691f.: 265[47]
  728: 268[99]
IX 455f.: 308[159]
  525: 297[43]
  773: 268[100]
X 94: 297[33]
XI 329: 300[9]
XII 97: 298[66]
  199: 308[155]
  606: 297[34]
  700: 298[75]
  916: 298[65]

Eclogae
II 69: 302[49]
III 80f.: 315[109]
IV   3: 305[117]
   62f.: 296[25]
V   8: 297[38]
   45f.: 296[28]
VIII 28: 296[22]
X 11: 298[90]

Georgica
I 183: 296[26]
II 146: 283[95]
  159f.: 283[95]
  169f.: 299[100]
  169ff.: 283[95]
  193: 298[71]
  541: 270[154]; 299[96]
III 346: 270[155]; 299[97]
IV 59: 268[107]
  445: 298[86]

Q. Fabius Laurentius Victorinus
Explanationes in rhetoricam M. Tullii Ciceronis
I 5 p. 171,7ff. H: 36[110]
  6 p. 176,9f. H: 16[21]
  8 p. 179,21 H: 32[72]
 11 p. 189,37f. H: 37[119]
     p. 189,38f. H: 37[127]
     p. 190,18f. H: 37[119]
     p. 190,22 H: 37[121]
     p. 190,32 H: 38[133]
     p. 190,32f. H: 38[135]
     p. 190,44 H: 38[133]
     p. 191,1 H: 38[135]
     p. 191,2f. H: 39[146]
     p. 191,3f. H: 39[149]; 237[219]
     p. 191,12 H: 40[155]
     p. 191,15 H: 40[158]
     p. 191,18 H: 41[167]
     p. 191,26 H: 40[155]
     p. 192,2 H: 39[141]
     p. 192,32f. H: 43[192]
 12 p. 193,20f. H: 46[30]
     p. 193,23 H: 44[3]
     p. 193,24 H: 44[5/7/9]
     p. 193,25 H: 44[10]; 45[15]
 14 p. 194,35 H: 61[7]
 15 p. 195,15f. H: 71[110]
     p. 195,16 H: 24[100]
     p. 196,15 H: 71[109]
     p. 196,37ff. H: 25[110]
 24 p. 213,43ff. H: 111[164]
 26 p. 220,22 H: 107[153]
 27 p. 225,23f. H: 41[167]
 28 p. 228,10f. H: 119[5]
 29 p. 232,1ff. H: 102[77]
 37 p. 245,17 H: 103[95]
 38 p. 246,23ff. H: 103[93]
 42 p. 248,16f. H: 126[25]

p. 248,19ff. H: 126[25]
52 p. 256,3 H: 148[19]
II 14 p. 270,15 H: 147[1]
15 p. 271,10 H: 119[237]
p. 271,14 H: 119[237]
16 p. 271,36f. H: 119[235]
p. 271,40 H: 115[185];
119[237]
p. 271,42f. H: 118[230]
p. 272,4ff. H: 119[238]
p. 272,10ff. H: 119[238]
17 p. 272,35f. H: 39[145]
22 p. 281,13 H: 37[121]
23 p. 281,17f. H: 37[122]
p. 281,19ff. H: 37[119]
24 p. 281,34 H: 39[145]
26 p. 284,6 H: 39[140]
29 p. 285,23 H: 40[155]
p. 285,26ff. H: 40[161]
31 p. 286,30 H: 40[158]
39 p. 290,23 H: 50[55]
p. 291,11ff. H: 50[55]
49 p. 297,39ff. H: 48[43]
p. 298,13ff. H: 49[46]
51 p. 300,13f. H: 45[15]
p. 300,14ff. H: 45[20]

**Fragmente der Vor-
sokratiker**
I p. 156 Nr. 22 B 25: 271[16]
p. 161 Nr. 22 B 48: 271[16]
p. 250 Nr. 29 A 10: 329[7]
p. 368 Nr. 31 B 138: 267[86]
B 143: 267[86]
II p. 284 Nr. 82 B 5a: 179[33]
p. 285 Nr. 82 B 5b: 179[36]
Nr. 82 B 6: 195[146]
p. 285f. Nr. 82 B 6: 180[40]
p. 287 Nr. 82 B 7: 178[16]
Nr. 82 B 8: 178[19]
Nr. 82 B 9: 178[20]
p. 294–303 Nr. 82 B 11a:
56[27]

Xenophon
Agesilaos
I 1: 191[110]
1–5: 191[112]
6: 191[113]
III 1–VI 8: 191[114]
VII 1–X 4: 191[115]
X 3: 191[111]
XI 1–16: 191[116]
Anabasis
I 1,1: 318[46]; 320[87]
III 1,31: 336[66]
IV 4,3: 318[50]
Hellenika
VII 2,9: 342[169]
Kyrupaedia
I 1,1: 269[139]
VIII 2,8: 305[113]

Memorabilia
II 1,21ff.: 293[231]

Zonaios
περὶ σχημάτων τῶν κατὰ
λόγον
I 3 p. 161,19ff. Sp III: 280[53]
7 p. 162,7 Sp III: 307[138]
10 p. 162,22f. Sp III: 291[210]
II 1 p. 165,21ff. Sp III: 301[41]
2 p. 165,24 Sp III: 301[45];
309[21]
3 p. 165,29 Sp III: 301[43]
4 p. 166,3 Sp III: 304[89]
7 p. 166,19 Sp III: 303[67]
11 p. 168,3 Sp III: 295[8]
p. 168,4ff. Sp III: 296[15]
14 p. 168,23 Sp III: 300[17]
15 p. 168,29 Sp III: 304[98]
p. 169,1f. Sp III: 305[116]
16 p. 169,3 Sp III: 312[62]
p. 169,3f. Sp III: 312[61]
p. 169,8 Sp III: 312[66]
18 p. 169,14 Sp III: 311[52]
19 p. 169,18 Sp III: 299[7]
20 p. 169,23 Sp III: 294[257]
p. 169,24ff. Sp III: 314[93]
24 p. 170,7 Sp III: 280[57]